陈伯达传

叶永烈 著

四川人民出版社

图书在版编目（CIP）数据

陈伯达传 / 叶永烈著. — 成都：四川人民出版社，2016.7（2021年12月重印）
ISBN 978-7-220-09814-7

Ⅰ．①陈… Ⅱ．①叶… Ⅲ．①陈伯达（1904～1989）－传记 Ⅳ．①K827=7

中国版本图书馆CIP数据核字（2016）第104488号

陈伯达传

叶永烈 著

责任编辑	汤万星　王定宇
整体设计	蒋宏工作室
责任校对	袁晓红
责任印制	葛红梅　王　俊
出版发行	四川人民出版社（成都市槐树街2号）
网　　址	http://www.scpph.com
E-mail	sichuanrmcbs@sina.com
新浪微博	@四川人民出版社官博
发行部业务电话	(028) 86259457　86259453
防盗版举报电话	(028) 86259457
照　　排	北京九章文化有限公司
印　　刷	北京文昌阁彩色印刷有限责任公司
成品尺寸	170mm×240mm
印　　张	40
字　　数	781千
版　　次	2016年7月第1版
印　　次	2021年12月第10次
书　　号	ISBN 978-7-220-09814-7
定　　价	68.00元

■版权所有·侵权必究
本书若出现印装质量问题，请与我社发行部联系调换
电话：(010) 67693301

目 录

序 /1

卷首语 /1

第一章　陈伯达的晚年 ……………………………………1

1989年9月20日中午，85岁的陈伯达正在吃饭，突发心肌梗塞，头一歪，碰到墙上，从此撒手西去。作者作为陈伯达晚年唯一采访者，为您揭开陈伯达神秘的晚年生活内幕……

陈伯达之死 ……………………………………………… 2
服刑18年终于期满 ……………………………………… 8
从"第四把交椅"上摔下来 …………………………… 10
在秦城监狱过着"特殊囚犯"的生活 ………………… 12
押上最高法庭被告席 …………………………………… 15
王力呼吁假释陈伯达 …………………………………… 21
陈晓农照料保外就医的父亲 …………………………… 25
我来到鲜为人知的陈伯达之家 ………………………… 32
从他的晚年之作看他的心态 …………………………… 36
迟暮的周扬关心着迟暮的陈伯达 ……………………… 42
香港记者在五年后才获知的"幕后新闻" …………… 49
胡耀邦读了陈伯达晚年文稿 …………………………… 51
陈伯达评论"四人帮" ………………………………… 54

第二章　最初的人生之路 59

　　"伯达"是笔名。陈伯达的本名叫"陈声训"。上私塾的时候，老师给他改名，叫"陈建相，字尚友"。他最初喜欢写诗，甚至写小说，是一个文艺青年……

"四代书香"的底细 60
陈伯达的23个名字 63
以倒数第一名考入集美师范 66
小学教员·编辑 68
当上《厦声报》驻沪记者 71
发表一生中唯一的小说 73
摇晃于红黑之间 77
在广州倒向右翼 80
"秀才"成了"少校" 82

第三章　初入中共 87

　　陈伯达作为一个进步青年，23岁时在上海加入中国共产党，被派往苏联莫斯科中山大学学习。回国之后，派往天津工作。人地生疏的他，刚到天津就被捕了。在狱中，他坚持说，自己名叫"王通"……

在上海加入中共 88
策反张贞未遂 89
进入莫斯科中山大学 91
他曾同情托派 93
与诸有仁初恋 96
厦门遇险 97
王明刚刚掌权 99
在天津英租界被捕 101
胡鄂公、杨献珍组织营救 104
张贞救他出狱 107

第四章　走出人生的低谷 113

　　陈伯达好不容易走出监狱，他成为中共北方局宣传部部长，发动新启蒙运动，成为颇有建树的理论家。他的名字，开始为知识界所熟悉。他还成为中共北平市委"三人领导小组"成员之一……

吉鸿昌资助出版《论谭嗣同》 114
在北平差一点又被捕 116
在天津主编《华北烽火》 122
成为中共北方局宣传部部长 124
发起"新启蒙运动" 128
建议文学界两个口号之争应该休战 134
担任北平市委"三人委员会"成员 136

第五章　跃为延安"理论家" 139

陈伯达进入延安，引起毛泽东的注意，进而成为毛泽东的秘书。从此，他成为延安理论界的权威人士。就在这个时候，他露出"左"的面目，嗅出作家王实味的"异味"，率先进行批判……

初见"大明星"蓝苹 140
滑入错误的低谷 143
引起毛泽东的注意 145
与毛泽东探讨中国古代哲学 146
担任毛泽东秘书 149
首先嗅出王实味的"异味" 154
充当批判王实味的"排头兵" 161
于炳然蒙冤 167
抨击蒋介石的《中国之命运》 171
第二次婚姻 177
当选中共七届中央候补委员 181
写作《中国四大家族》 186
写作《人民公敌蒋介石》 188
在阜平做过"好事" 192

第六章　五十年代的荣耀 197

作为毛泽东的秘书，陈伯达深受毛泽东的器重。他跟随毛泽东访问苏联。他负责编辑《毛泽东选集》，负责起草《关于无产阶级专政的历史经验》，参与起草中共"八大"政治报告，起草诸多重要的中共中央文件，成为中共中央一支笔……

搬入中南海 198
跟随毛泽东访问苏联 201
"老鼠搬家"事件和《红罂粟》事件 205
第三次婚姻 212
公务员眼中的陈伯达 214
秘书眼中的陈伯达 216
编辑《毛泽东选集》 218
起草农业合作化决议 225
赶紧从高岗那里滑脚 227
首先提出"百家争鸣" 230
毛泽东抨击赫鲁晓夫秘密报告 235
起草《关于无产阶级专政的历史经验》 241
进入中共中央政治局 247
陪同毛泽东再访苏联 255
发明"人民公社" 257
担任《红旗》总编辑 262
毛泽东嘱令陈伯达和张春桥同行 266
在郑州遭到毛泽东痛斥 271
在庐山上弄错风向 277
就"严重右倾"作深刻反省 280
"反戈一击"彭德怀 284

第七章　"文革"前奏 293

陈伯达的政治地位不断提高，他负责起草社会主义教育运动的纲领性文件"二十三条"，负责起草"文化大革命"的纲领性文件"五一六通知"，还帮助江青起草《林彪委托江青同志召开的部队文艺工作座谈会纪要》……

长子陈小达自杀……294
起草人民公社"六十条"……298
批判"现代修正主义"……302
毛泽东黉夜口授"二十三条"……306
提出"电子中心论"……314
毛泽东在长沙召见五"秀才"……317
与江青互相利用……319
帮助江青炮制"纪要"……329
起草"五一六通知"……333

第八章 中央文革小组组长……337

"文革"开始了，陈伯达进入政治生涯的巅峰时期，他担任中央文革小组组长，而且成为中共中央政治局常务委员，成为"第四号人物"。他以"中央首长"的身份，发表各种各样讲话与指示，为"文革"推波助澜……

与江青一起为中央文革小组组阁……338
田家英之死……342
接管《人民日报》……345
"欢呼"聂元梓的大字报……349
江青透露了底细……352
在毛、刘对峙的日子里……354
和江青一起点火于北大……359
掀起反工作组浪潮……363
跃为第五号人物……369
主笔"十六条"……372
鼎盛之中暗伏着危机……376
批判"资产阶级反动路线"……380
中央工作会议上的激烈斗争……383
批判"血统论"和制止武斗……389

第九章　发疯的时刻 397

陈伯达曾自称,"在'文化大革命'中,我愚蠢至极,负罪很多。'文化大革命'是一个疯狂的年代,那时候我是一个发疯的人。"确实如此,陈伯达在那"疯狂的年代"犯下许多罪行。与此同时,由于他与江青的矛盾日深,他在鼎盛中屡陷危机……

林彪踢来的"皮球" 398
发往安亭的急电 400
为"第一夫人"捧场 405
陈家墙上的可疑脚印 408
接管陆定一专案 410
清除中央文革小组中的异己 414
打倒陶铸 416
阎红彦之死 423
支持上海的"一月革命" 427
阻拦调查康生 430
又一次鼓吹"公社" 433
与江青的尖锐冲突 438
自杀风波 442

第十章　日渐失势 447

陈伯达日现颓势。尤其是1967年8月1日出版的《红旗》杂志第12期发表所谓"揪军内一小撮"社论,受到毛泽东尖锐批评,作为中央文革小组组长的陈伯达不得不"端出"组员王力、关锋。此后不久戚本禹倒台,陈伯达也摇摇欲坠了……

叶剑英、徐向前拍案质问 448
处于垮台边缘 450
2月18日夜成了转折点 454
反击"二月逆流" 457
"乘胜追击"刘少奇 461
连夜赶写《伟大的历史文件》 465
批斗刘、邓、陶 469

利用"七二〇事件"大做文章 473
鼓吹"揪军内一小撮" 478
端出"王、关、林" 482
所谓"批判极左思潮" 487
总结"无产阶级专政下继续革命理论" 490
煽动"冀东大冤案" 493
戚本禹垮台 497
"大树特树"风波 501
"武装冲击"钓鱼台的真相 504
掀起抓"小爬虫""变色龙"运动 508

第十一章　与林彪结盟 515

陈伯达受到毛泽东的多次批评，受到江青的排挤，他倒向了林彪，而林彪手下有黄永胜、吴法宪、李作鹏、邱会作四员大将，却没有"相"。在历史上，陈伯达与林彪并无多少联系，这时由于特殊的政治需要，彼此很快结盟……

第三次家庭破裂 516
跟林彪建立"热线"联系 519
"中共中央非常委员会"案件 521
起草"九大"政治报告的激烈争斗 524
总算保住第四把交椅 530
毛家湾的座上客 534
"天才"之争 536
国家主席之争 540

第十二章　兵败庐山 547

在1970年8月的庐山会议上，陈伯达积极为林彪出谋划策，毛泽东把反击的目标指向陈伯达，写了批陈檄文《我的一点意见》，宣告了陈伯达政治生涯的终结。随后全国掀起"批陈整风"运动，直至1971年9月13日林彪摔死于蒙古温都尔汗，于是"批陈整风"改为"批林批陈"，陈伯达被戴上"国民党反共分子、托派、叛徒、特务、修正主义分子"五顶大帽子……

火急查找论"天才"语录 548

与林彪暗中密商 549
林彪发动突然袭击 551
最为忙碌、兴奋的一天 557
"翻车了,倒大霉了!" 559
毛泽东怒斥陈伯达 562
最后一次求见毛泽东 570
城门失火,殃及汪东兴 574
毛泽东认定陈伯达是"可疑分子" 578
毛泽东借助批陈"挖墙脚" 582
"批陈整风"推向全党全国 585
从"批陈"到"批林批陈" 589
陈伯达被戴上五顶"帽子" 593

尾声　形形色色的评价 597

历史如同油画,近看看不清,站远了才能看清楚。陈伯达究竟是什么样的历史人物?作者罗列了形形色色关于陈伯达的评价,供您参考……

附　录 607

附录一　陈伯达著作目录 608
附录二　陈伯达晚年文稿目录 620

后　记 / 623

序

为了写作本书,我曾多次专程赴京采访陈伯达本人,还采访了陈伯达亲属、秘书以及有关人员。

在掌握大量第一手资料的基础上,我于1989年5月9日写出《陈伯达传》初稿。本来想请陈伯达本人审阅全稿,但他因年迈体衰不能读这样的长篇,对我说:"相信你会如实地写。相信你会写得好。"

1989年9月20日,陈伯达因心肌梗塞突然去世。去世前的一星期,我还采访他,为他拍了许多照片,他题字送我——这成为他一生的绝照和绝笔。

在陈伯达去世之后,我补写了《陈伯达之死》。这样,在1989年10月3日,完成全书初稿。

在陈伯达刚刚去世之际,限于当时的情况,有些内容尚不能公开,初稿删去10万字,以《陈伯达其人》为书名,35万字,于1990年3月由时代文艺出版社出版。出版之前,胡乔木曾审看了《陈伯达其人》一书清样。

后来,在1993年,恢复初稿全文及原书名《陈伯达传》,并作若干修改,45万字,于1993年11月由作家出版社出版。出版前,经中共中央党史研究室副主任郑惠审读全书。

此后,我对《陈伯达传》作了一些补充和修改,篇幅扩充至58万字,收录于人民日报出版社1999年出版的《叶永烈文集》。

本次再版,根据最新研究资料进行了修改。

在本书的写作过程中，曾经得到陈伯达之子陈晓农的许多帮助和支持，深表感谢。

叶永烈

2016 年 4 月 9 日

于上海"沉思斋"

卷首语

陈伯达在接受本书作者独家采访时，回顾自己的一生，不胜感慨地说：

我是一个犯了大罪的人，在"文化大革命"中，我愚蠢至极，负罪很多。"文化大革命"是一个疯狂的年代，那时候我是一个发疯的人。

我的一生是一个悲剧，我是一个悲剧人物，希望人们从我的悲剧中吸取教训。年已久远，我又衰老，老年人的记忆不好，而且又常常容易自己护短。如果说我的回忆能为大家提供一些史料，我就慢慢谈一些。

不过，我要再三说明，人的记忆往往不可靠。你要把我的回忆跟别人的回忆加以核对，特别是要跟当时的记录、文章、档案核对。我的记忆如有欠实之处，请以当时的文字记载为准。

我是一个罪人。我的回忆，只是一个罪人的回忆。

古人云："能补过者，君子也。"但我不过是一个不足齿数的小小的"小人"之辈，我仍愿永远地批评自己，以求能够稍稍弥补我的罪过。……

第一章
陈伯达的晚年

1989年9月20日中午，85岁的陈伯达正在吃饭，突发心肌梗塞，头一歪，碰到墙上，从此撒手西去。作者作为陈伯达晚年唯一采访者，为您揭开陈伯达神秘的晚年生活内幕……

陈伯达之死

1989年9月17日傍晚开始，北京骤降暴雨，竟整整下了一夜。

翌日，气温剧降。正出差在京的我，一身夏装，耐不住飕飕秋风，踏着水湿的柏油马路，赶紧去买了件薄毛衣御寒。

9月20日中午，在北京朝阳区一幢六层楼房的最高层，85岁的陈伯达正在吃饭。诚如当时在场的他的儿媳小张所述："父亲突然头一歪，碰到墙上，食物吐出……"

儿媳赶紧敲响隔壁房间的门，那里住着公安人员老萧。老萧马上拨电话到某医院，20分钟之内，医生就赶到了。

可是，陈伯达的心脏已停止跳动，抢救无效。经医生诊断，陈伯达因天气骤凉，死于心肌梗塞。

陈伯达是和他的儿子陈晓农、儿媳小张以及小孙子生活在一起的。陈伯达突然发病之际，陈晓农却不在家，而在北京驶往河北石家庄的列车上——他的母亲余文菲住在那里，每隔一两个月，他总要去看望、照料一下母亲。余文菲是陈伯达的第二个妻子，已经离婚多年。陈晓农是陈伯达和余文菲所生的孩子。

据陈晓农事后告诉笔者："前几年父亲住院已检查出患有老年性冠心病，但因他心电图一向较好，又从未有过明显的心绞痛，仅是超声检查有冠脉硬化，所以医生和我们都缺乏足够的重视。9月20日那天，北京天气很冷，早上刚下过雨。我9时多临走时，看父亲睡得正香，不忍叫醒他，给他加了条毯子，又把毛裤放到床前椅上。我爱人说父亲

1989年9月13日，叶永烈最后一次采访陈伯达时为他拍照。七天后，陈伯达去世

起来后,即说天冷。现在想来,天气骤冷易使血管收缩,老人血管已脆,经受不住,这可能是发生心肌梗塞的原因……"

当天下午,陈伯达所在单位负责人徐主任等赶来,和陈伯达的子女商议后事处理。子女明确表示:"听从组织意见,而且父亲生前也一再说过,他去世后一切从简。"

根据领导意见,陈伯达以他原名陈建相,送往北京八宝山火化。

尽管八宝山不知举行过多少回遗体告别仪式,但是陈伯达的遗体告别仪式与众不同:没有讣告,没有悼词。前来与他作最后诀别的人,都是闻讯而来的,没有接到任何正式的、以组织名义发出的通知。

9月28日上午10时20分,陈伯达的遗体出现在八宝山第一告别室,那里挂着他的遗像。这些年来他总是躲着照相机的镜头,连家中都找不到他现成的遗像。陈晓农记起去年冬天一位朋友为他拍过一次照片,赶紧请摄影者找出其中一张底片放大,才算有了一张遗像。

在哀乐声中,40多人向他的遗体投去了最后一瞥。这些人有的是陈伯达的亲戚,有的是他的老朋友,有的是他的老秘书,有的是他的旧部下,有的是他的学生。

陈伯达的遗体旁,放着许多花圈。花圈上写着:"陈建相先生千古!"由于一般人并不知道陈伯达的原名叫陈建相,所以没有引起人们太多的注意。其中,有一个花圈署名"刘叔宴"。刘叔宴是陈伯达分居多年的妻子,她没有参加陈伯达的追悼会,但是送了花圈,表示自己的怀念之意。

陈伯达的遗体告别仪式虽然只在很小的范围内举行,但是很快惊动了那些竖着耳朵的新闻记者们。

最早披露陈伯达去世消息的是"美国之音"和英国的"BBC"电台。他们在9月29日播出了陈伯达在北京病逝的新闻,介绍了陈伯达的生平。

同日,香港《大公报》在第二版下部,刊载了两则报道,其中提及在北京八宝山举行的陈伯达遗体告别仪式。

9月30日,新华社从北京发出电讯,电文如下:

本社记者从有关方面获悉,陈伯达已于9月20日因心肌梗塞在他的家中去世。85岁的陈伯达于去年10月刑满释放。

海外记者不了解"八宝山第一告别室"的具体情况,曾在报道中称陈伯达死后享受"高级官员待遇"。1995年10月30日,陈伯达之子陈晓农在给笔者的信中,对此作出了解释:

"将八宝山第一告别室说成高级官员待遇,这是搞错了。八宝山有两部分:一为革命公墓,是领导干部治丧处所;一为八宝山殡仪馆,是老百姓和普通干部治丧处所。二者之间有墙隔断。骨灰安放地也不同,领导人在革命公墓,老百姓在老山骨灰堂。第一告别室是殡仪馆这边较大的一间,同样大的还有室号并不相连的几间,但这些均非高级官员治丧处所,其场地条件也远比革命公墓礼堂简陋。"

陈伯达的骨灰,最初安放在北京八宝山老山骨灰堂。1991年2月,由陈晓农和妻子小张护送,从北京来到福建惠安县岭头村老家,安放在陈伯达出生的老屋里。这样,陈伯达从生命的起点,走过漫长而又起伏的85个春秋的人生之路,最后又回到了那里。

从陈伯达刑满释放,到他遽然病逝,这一年间我多次在北京访问了他。就在他去世前一星期——1989年9月13日——他还跟我谈了一下午。

那天天气炎热,我穿着短袖衬衫,走上6楼已经出汗了。轻轻叩门,有人从门上的内窥镜里看了看我,迅即开了门。那是他的儿媳,认得我。她和丈夫(陈伯达的儿子陈晓农)一起,照料着陈伯达的晚年生活。

进屋之后,我发觉所有的窗都紧闭着,很闷。可是,陈伯达内穿长袖衬衫、卫生裤,外穿藏青哔叽中山装、蓝长裤,草绿色袜子,圆口黑布鞋,甚至还戴一顶藏青哔叽帽。他跟我,仿佛差了一个季节!

我在他的书房里坐定。那里放着一对沙发,铺着墨绿色的地毯,宽大的书桌上堆满了翻开的书。这里通常是他会客的地方。对于他的家,我是熟悉的。有一次谈到夜深误了公共汽车末班车,我就住在他家。不过,这一回我发觉,书桌上放着砚台、一大把毛笔、一大堆宣纸。

这是过去未曾有过的。

"你在练书法?"我问他。

"嗯,锻炼锻炼身体。"他用一口浓重的闽南话答道。说着,眉毛一扬。眉梢的一根眉毛,足有五厘米长,弯弯地垂了下来。

当时,他完全正常,毫无病态——正因为这样,他在一个星期后突然去世,使我颇为吃惊。

如果说病,他倒是有一种老年人的通病,即健忘症。不过,只是对近事健忘,而对年轻时的经历记得清清楚楚。他甚至连常来给他看病的医生也不认得。

"你还记得我是谁吗?"我问他。

"哦,上海的叶永烈。"他倒认出我来了,说道,"我的那篇小说《寒天》,是你帮我找到的!"

他提及的小说《寒天》,是他21岁时写的,发表于1925年第1卷第9期《现代评论》,是他一生中写的唯一的小说。他曾托我寻找,我在上海帮他查到了。大抵因为午睡刚刚醒来，他的情绪很好。我请他回首往事，他一桩一桩地谈着，记得十分清晰。

他说自己的母亲是福建崇武县獭窟人（怕我听不清楚地名，特地写下"獭窟"两字）。他说："小时候，我按我们当地的习惯，对母亲叫娘，对祖母叫阿妈。"

说到这里，他大笑起来。他记得，郑成功当年收复台湾，是从崇武下海的。

他说他年轻时喜欢写诗，曾写过一首长诗寄给郭沫若，郭沫若帮他作了修改。可惜那首长诗未发表，原稿已无从觅寻。

他向我讲述了 1927 年 4 月底在上海加入中国共产党的经过。

他回忆起自己的初恋，跟诸有仁的认识过程，赴苏留学的经过。

他谈了从苏联回国后，怎样在天津被捕。

他谈及怎样和黄敬一起前往延安，他跟江青第一次见面的经过，毛泽东怎样帮助他修改《评〈中国之命运〉》《中国四大家族》。

他谈到了田家英、孙维世，谈到了张贞、李大章、王若飞、张申府……

谈兴正浓，忽然听见一阵叩门声。他的儿媳领着三位客人进来。

为首的一位干部模样，穿一身浅灰色中山装，身材壮实，50 多岁，他手里提着两盒北京"稻香村"月饼。

他的后面是一位穿连衫裙的青年妇女，秘书模样，手提一袋苹果。

最后一位是轿车司机，手提一只塑料桶，几条活鱼正在桶里甩着尾巴。

"陈老，明天是中秋节，给您送月饼！"领头的那一位，用一口道地的北京话说道。

"为什么给我送月饼？你是哪里的？是医院里的？"陈伯达觉得奇怪。

陈伯达的奇怪，引起来访者的奇怪。

"陈老，我们来过好多回，您怎么不记得啦？"那位女的说道，"每个月，是我给您送工资。他是你的领导，也跟您见过好多回。"

"见过八九回了！"原来，来访者是陈伯达当时所在单位的主任，姓徐。

徐主任对陈伯达说："去年 10 月，您刑满时，分配在我们单位里。当时，我还在您刑满仪式上发表了讲话，您不记得了吗？"

"真该死，真该死，我把'顶头上司'都忘了。"陈伯达一说，大家都笑了。笑罢，陈伯达正色道："我上了年纪，记性不好，请你们多多原谅。我是犯了大罪的人，活在世上是多余的。你们为什么还给我这样的人送月饼？"

"您已经刑满，而且已经分配到我们单位里，我们就有责任关心您、帮助您。"徐主任说道。

"这么多年，第一次有人给我送月饼！"陈伯达的眼眶润湿了，话音显得激动，"谢谢你们，谢谢你们的关心！"

"这月饼是软的，适合老人吃，还有鱼、苹果。祝您过一个愉快的中秋节！"

"太谢谢了，我实在心中有愧！"

言谈之中，陈伯达完全正常。他说："我过去归公安局管。他们常来，所以我认得他们。自从归你们管以后，你们一两个月来一回，加上我记性又差，连自己的领导都不认得了，太对不起了。"

"最近身体好吗？"徐主任问。

"快完蛋啦！快完蛋啦！"陈伯达一边说着，一边大笑。

"最近在家里忙些什么？"徐主任又问。

"我在研究《本草纲目》《易经》，也常看《诗经》。"陈伯达说，"我小时候念私塾，读四书五经。不过，老师教不了《易经》，就没有教。所以，现在我看《易经》。另外，还练练字。"

他朝书桌指了指。我走过去，把桌上的条幅拿出来，给大家观看。他写的，大都是《诗经》《论语》上的句子。

他的字，写得端端正正。我忽然发觉一个奇怪的"规律"，说道："你每一次写字，总是把第一个字写得很大，然后越写越小！"

他哈哈笑了，说道："我上了年纪。写第一个字时，精力充足，所以写得大。写到后来，没有力气了，所以越写越小。'虎头蛇尾'！"

他写的条幅，差不多都署"仲晦"两字。我问"仲晦"是什么意思。他答道："这'仲晦'不算正式笔名，是我写字时用的。从50年代起，我给别人题字，落款总写'仲晦'，'仲'与'伯'相对，'晦'与'达'相对。"

他说着，从书橱里拿出刻着"仲晦"两字的方章。那是在"文革"前，一位友人刻好送他的。

"陈老，您给我们单位也留点墨宝吧！"徐主任说。

"墨宝？我的字很蹩脚，算不上'墨宝'。"陈伯达答道，"如果要写的话，我就用《诗经》中的一句话，表示我的心情——'战战兢兢，如临深渊，如履薄冰'。我是犯了大罪的人。我一想到我在'文革'中犯下的大罪，我的心情就会变得沉重，就会'战战兢兢'。"

说到这里，陈伯达的神情变得十分严肃。

当客人们告辞时，他站了起来，缓缓地移动着脚步，稍稍弯着腰，为客人们送行。

徐主任说："过些日子，再来看你！"

陈伯达送走客人，回过头来，又在沙发上坐下，继续跟我谈他的历史。我的录音机不断录下他的谈话。

我知道他是很不喜欢拍照的人。这一回，我拿出照相机给他拍照，他没有拒绝。这样，我很顺利地给他拍了十来张彩照。

他不分寒暑，总爱戴着帽子。上一回我给他拍照，他也一直戴着帽子。我曾请他摘下帽子，他不肯，并且说他过去拍照，都戴着帽子。这一回，我再三请他拿下帽子，他答应了。其实，他并非秃子，只是平常怕感冒，热天也戴帽子。

保外就医的陈伯达，看报纸和写文章是他生活的主要内容

他居然戴好老花眼镜，拿起茶几上的《人民日报》，摆好姿势，让我拍照。我赶紧抓住机会拍照。

我请他题诗送我。他用《论语·微子》中的《楚狂接舆歌》相赠："往者不可谏，来者犹可追。"

这句诗，十分恰当、确切地表达了他悔过自新的心态。

不过，他没有盖章——尽管刚才他出示过"仲晦"方章。后来我才知道，陈伯达的习惯是当场题字之后是不盖章的，只有当你把他的题字裱好，他才盖章。在他看来，你裱好他的字，这表明你是非常尊重他的题字，所以他才盖章。可惜，当我把他的题字请人裱好之后，他已经过世，无法给我盖章了。

一直谈到暮色降临高楼，我向他告辞。

临行，我问他有什么事要我办。他说，他在1937年3月，曾由上海新知书店出版过文集《真理的追求》。他已经没有这本书了，如能在上海查到此书，请把书中的《论谭嗣同》一文复印送他——因为他手头虽有1934年2月由上海人文印务社出版的《论谭嗣同》单行本，但是印错之处太多，何况此文收入文集时，他又作了相当多的修改。我答应回上海之后查找《真理的追求》一书，尽快把复印件寄给他。

不料，一个星期之后，他漫长的一生便画上了终止符。

我给他拍的那些彩照，成为他一生中最后的照片。

他凝固在我的录音磁带上的声音，成为他留在人世的最后的声音。

他题写的《楚狂接舆歌》，成为他一生的绝笔。

"往者不可谏，来者犹可追。"——这成了他向世人的"告别词"。

当他离世之后，我在录音机旁重听他的声音，思绪飞到了一年前的那些日子里……

服刑18年终于期满

1988年10月底，北京已是一片深秋气氛，我从上海专程赶往那里进行采访。

五年来，我在采写长卷《"四人帮"兴亡》的同时，已经注意到另一位"文革"要人——陈伯达——收集、整理了许多有关陈伯达的资料，准备写作陈伯达长篇传记。可是，我一直没有着手写《陈伯达传》，因为我从公安部得悉，1988年10月17日是他刑满之日。我等待着这一天，以便能够直接访问他，使传记能够更加翔实、准确。……

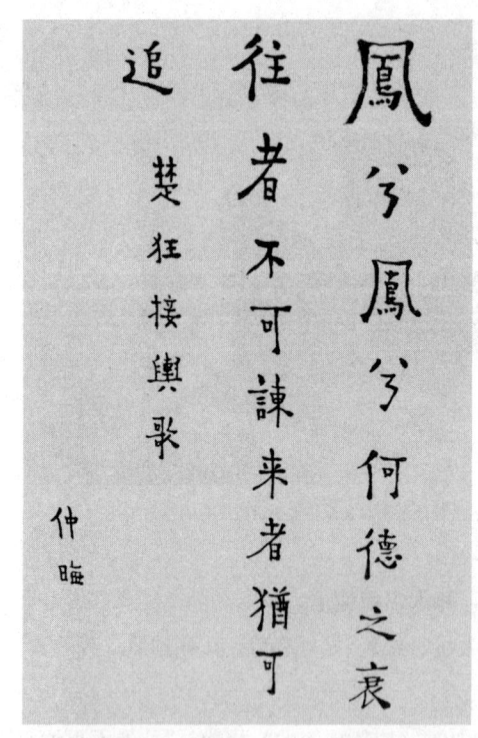

1989年9月13日陈伯达（仲晦）为叶永烈写的这幅字成为陈伯达一生的绝笔

这一天终于到来了。

他毕竟已是耄耋老翁，体弱多病，在刑满前已经保外就医多年。

1988年9月26日，他因患急性前列腺肥大症，又一次住进医院。

于是，到了1988年10月17日，他的获释仪式，便在医院里举行。

上午10时，医院里来了许多身穿便服的公安人员，陈伯达所住的单间病房里，顿时变得拥挤起来，负责拍照、录音、录像的公安人员在忙碌着。

公安部副部长于桑郑重其事地向陈伯达宣布："今天，是你服刑18年的期满之日……"

85岁的陈伯达坐在病床上面对着录音话筒，只是低声地喃喃几句，似乎并未对刑期的结束表现出过分的高兴。

接着，宣布把陈伯达分配到北京市某单位工作。那个单位的领导人徐主任也说了几句话。

简短的仪式，就这样结束了。

陈伯达，久经沧桑的历史老人，不论谁都无法回避——他是研究中国当代史必须涉及的人物。他是中华人民共和国最高人民法院特别法庭所审判的林彪、江青反革命集团案的 16 名主犯之一；在"文革"中，他是中央文革小组组长，经历过"文革"的人没有一个不知道他的；他还曾是毛泽东多年的政治秘书，中共中央的一支笔，《红旗》杂志总编辑。

为了使读者在进入正题之前，能对陈伯达有一个简要的了解，下面全文引述《简明不列颠百科全书》（*Concise Encyclopaedia Britannica*）中文版第 2 卷第 262 页"陈伯达"条目（中国大百科全书出版社 1985 年版）：

> 陈伯达 Chen Bo da（CHEN PO-TA）(1904~　) 福建惠安人。1927 年加入中国共产党，同年去莫斯科中山大学学习。1930 年从苏联回国，在北平中国大学任教。1937 年在延安中共中央党校、马列学院教书，并在中共中央宣传部、中央军委、中央秘书处、中央政治研究室等机构工作。在此期间写过《中国四大家族》《介绍窃国大盗袁世凯》《人民公敌蒋介石》等政治论著，成为在党内有影响的理论宣传家之一。1945 年在中国共产党第七次全国代表大会上被选为中央候补委员。七届二中全会递补为中央委员。中共八大后当选中央政治局候补委员。曾任中共中央宣传部副部长、中国科学院副院长及党中央机关刊物《红旗》杂志总编辑等职。著有《毛泽东论中国革命》等书，并协助毛泽东起草过一些党的文件。"文化大革命"（1966~1976）期间任中央文化革命小组组长、中共中央政治局常委。因积极参与林彪、江青夺取党和国家最高权力的阴谋活动，1973 年中国共产党第十次全国代表大会上被开除出党。1976 年 9 月被捕。作为林彪、江青反革命集团主犯之一，1981 年 1 月 25 日被中华人民共和国最高人民法院特别法庭判处有期徒刑 18 年。

这一条目基本上是准确的，但有一处明显的错误：陈伯达被捕，不在"1976 年 9 月"，而是 1970 年 10 月 18 日。或者严格地说，在 1970 年 10 月 18 日被拘押，直至 1976 年 9 月才补办了逮捕手续。

叶永烈采访刑满释放后的陈伯达（右）

从"第四把交椅"上摔下来

且把时间倒拨回到1970年8月。

当时,毛泽东主席第二次选择了庐山作为中共中央全会开会的地方。从1970年8月23日至9月6日在庐山召开的中共九届二中全会,成为陈伯达一生政治生涯的终点。他,一下子成了全党批判的对象。毛泽东写了《我的一点意见》,号召全党"不要上号称懂得马克思,而实际上根本不懂马克思那样一些人的当"。毛泽东的这段话,是针对陈伯达来说的。陈伯达顿时从政治的巅峰,跌入了峡谷之中。

毛泽东在庐山发动了一场新的运动(名曰"批陈整风"),并迅速推向全国。"批陈",也就是批陈伯达。

陈伯达怏怏地从庐山回到了北京,他闷闷地步入北京地安门大街米粮库胡同家中。那是一座宽敞的四合院,原是外交部副部长、中国人民解放军副总参谋长李克农上将的住所。陈伯达怕冷,搬进去时修了个玻璃走廊。这位"大秀才"嗜书如命,乃"万卷户",秘书"二王"——王文耀、王保春——特地为他请人修了个书库。书库里,放满陈伯达个人的藏书:3万多册自然科学书籍,3万多册社会科学书籍。另外,还有一间房子专放线装古书。

陈伯达不抽烟、不喝酒,"像样子"的衣服也没几件。他的一些稿费,花在买书上。此刻,原本门庭若市的陈宅,冷冷落落、门可罗雀。他躲进了书房。平素与书为友的他,如今竟怎么也看不进书。

陈伯达产生一种强烈的愿望:见一见毛泽东主席!他毕竟是在毛泽东身边工作多年的政治秘书,希望向毛主席倾吐心中的痛楚。

陈伯达一次次给主席那个小个子秘书徐业夫挂电话,求见主席。得到的答复,要么是"主席已经休息"了,要么是"主席正忙"。反正休息了不能见,工作时也不能见。显然,毛泽东婉拒了他的求见。

陈伯达亲笔写下的回忆中,有这样一段:

> 回北京后,想再三求毛主席、中央宽恕。晚上,打电话到毛主席处,想求见他。过了一会儿,毛主席的秘书回电话:毛主席刚开完会,很疲乏。当然,我不好再求。打电话给康生,康生不接,要曹一欧(引者注:应为曹轶欧,即康生之妻)接,她也不接。
>
> 但是,当打电话给周恩来同志时,周恩来同志的秘书要我稍等。不一会儿,周恩来同志来接了。说话的语气是亲切的,这是我终生难忘的。

周恩来同志不因为一个人犯过错误，遇到困难，就加以鄙弃，却是给以希望。我想，这是崇高的共产主义的道德。

回北京后，有几个晚上，到郊外散步，为的排遣自己的苦闷。后来，得到通知，不要再出去，国庆节将到，怕遇见外国人……

"遇见外国人"怕什么？何况又是晚上，又是郊外，会"遇见外国人"？

"第四把交椅"上的陈伯达

就连他的秘书也接到通知，不许往外走，不许往外打电话。不言而喻，陈伯达失去了行动的自由。

陈伯达在他的手稿中，继续写道：

从此，即禁闭在自己家里，开始，整本参考消息（引者注：即通常所称"大参考"）还给，以后也不给了。

有迹象，是要逮捕送监。我感到绝望，托那位管药的同志：在要实行逮捕时，请他设法把一批安眠药给我。我这样一说，他不愿意出事，把药都退给医务所了。

我的确不想坐自己的监（引者注：此处"自己"指"自己人"的意思）。

这一天毕竟来临了——1970年10月18日。

这一天，陈宅原先的警卫调走了，新来的8341部队不再是"保卫中央首长安全"，却是对他实行就地监禁。后来，他的刑期就从这一天算起。正因为这样，他被判处18年徒刑，刑满之日为本书一开头便提到的1988年10月17日——不多一天，不少一日。

在1970年10月18日这一天，他的两位秘书王文耀、王保春也失去了自由，他们被押送到北京政法学院，隔离起来。

也就在这一天，陈伯达不再配有轿车：黑色的"红旗"、灰色的"吉姆"和褐色的"伏尔加"，他的司机于子云也被拘押。

就连他家的女工、保姆，原福建泉州制药厂女工陈顺意，也在这一天被关押。

陈伯达在1966年8月中共八届十一中全会上，被选为中共中央政治局常委，当时他名列第五。1967年初，在陶铸被打倒之后，他成为"第四号人物"。如今，他这个"第

11

四号人物",被一笔勾销了。

在秦城监狱过着"特殊囚犯"的生活

过着如坐针毡、度日如年的日子。

如此这般,陈伯达度过了漫长的10个月又25天。

日历翻到了震惊中外的一天——1971年9月13日。

陈伯达吃了安眠药,正在梦乡漫游。凌晨1点55分,一架编号为"256"的三叉戟飞机,由中国境内越过中蒙边界414号界桩上空,飞入蒙古境内。没多久,这架飞机的踪迹从中国空军的雷达荧光屏上消失。

飞机上坐着谁?中国方面是知道的:中共中央副主席林彪,他的妻子、中共中央政治局委员叶群,他的儿子、中国人民解放军空军司令部办公室副主任兼作战部副部长林立果。

那架飞机越过边界之后,去向不明,下落不知。

周恩来通过长途电话向各大军区负责人通报了紧急情况,并发布命令:

"庐山会议上第一个讲话的那个人,带着老婆、儿子叛国逃跑了!部队立即进入一级战备,以应付一切可能发生的情况!"

知道那架飞机"折戟沉沙"的消息,是在翌日下午——我国驻蒙古大使馆发来报告。

就在林彪生死未卜的13日凌晨至14日下午之间,已经被软禁了十多个月的陈伯达受到了密切注意——尽管他对庐山会议后的林彪情况一无所知。

9月13日凌晨,安眠药的药力已经发作,陈伯达刚刚迷迷糊糊入眠,突然听见有人大声地在喊他,那声音是陌生的。

陈伯达吃力地睁开惺忪睡眼,看见几个穿着军装的彪形大汉站在他的床前。当他尚未弄清发生了什么事,不由分说,两个大汉像抓小鸡似的,一个夹着他的一只胳膊,把他从床上拉起,塞进了汽车。

1971年9月13日凌晨,林彪乘坐的军用飞机在蒙古境内坠毁

第一章
陈伯达的晚年

汽车在茫茫夜幕中开了很久,陈伯达不知道他将被押往哪里,两个军人依然左右挟持着他,表情严肃,一言不发。

汽车出了北京城,奔驰在郊区的公路上。

凌晨,汽车驰抵一个高墙包围着的地方。虽然陈伯达当时并不知道这里是秦城监狱,但是他下车一看,便明白落到了什么样的地方。

他在回忆手稿中写道:

> 当逮捕送到监狱时,我在狱门口不愿进去,大声说道:"我在阜平是做过一件好事的!"

什么"阜平"?河北省西部的阜平也。

陈伯达为什么要在押入秦城监狱时,大声提及这么个小县城?他在那里到底做过什么"好事"?

这"好事"他往日从未在人前提到过,此时此刻万不得已,才大声地喊了出来。这"好事"他知,毛泽东知。

这"好事"是怎么一回事?这将在本书第五章详细述及。

刚入秦城的时候,陈伯达被关在条件很差的牢房里,连床都没有。他想一死了之:

> 记忆初进狱时,睡在地上草垫子上,看守的同志在门外很难察觉我在做什么。我在铺盖的掩护下,暗中的做法是想自杀了事的……

忽然,连他自己都未曾想到,他的监狱生活大为改善。他在秦城过的日子,竟比家里还舒服。有专门的炊事员为他掌勺,还不时前来征求他对伙食的意见!在秦城监狱里,像他这样的待遇,是颇为罕见的。

诚如他所回忆的那样:

> 过了几天,或许我在监狱门口说的那句话已往上报告(引者注:即把陈伯达所说"我在阜平是做过一件好事的"这句话向毛泽东汇报),于是把我转移到一个三楼上(整个三楼只关闭我一个),睡床了(引者注:据陈伯达告诉笔者,那是一幢小楼的三楼。陈伯达可以在三楼自由走动,可以看书读报)。生活特别优待,每天都有大夫来看,吃得很好,甚至比在家里吃得要好。我的性命能到今天,经常感谢秦城管理的同志。当然,他们是执行党的意见的。

我非常感谢党，感谢毛主席和周恩来同志。

我想：只要还活着，问题是可以说清楚的。因此，心情慢慢地平静下来，断了自杀的念头。

我是很感念、永远感念毛主席的。就个人关系来说，在30年中，他给我重大的教育，使我能够稍微知道中国革命的某些道理。毛主席的帮助给了我研究中国问题的一些条件。虽然我极浅薄，常犯错误，即使看过一点材料，写过一点东西，也毛病百出，经不起严格审查，这只能说明我的无能。我真正感到求知之难。学生不成器，是不能怪先生的。

我承认毛主席是一位伟大的天才人物，他在中国历史上的贡献是前无古人的。当然，历史上任何天才人物，即使是无产阶级的伟大人物，也不可能不会有某些缺点或错误。略读一下马克思、恩格斯的书信，似乎可以使人略知这类问题的一二……

陈伯达对于毛泽东主席迄今仍怀着深深的崇敬之情。尽管在中共九届二中全会上，毛泽东狠狠地抨击了陈伯达的关于天才的观点，而他至今仍认为毛泽东是"一位伟大的天才人物"。

由于毛泽东的关照，陈伯达在那高墙四围、哨卡林立的秦城监狱中，居然过着颇为优裕的生活。这时，批林批陈运动，正以排山倒海之势席卷全中国。陈伯达在狱中，每天细细地读着报纸。

陈伯达的"特殊囚犯"生活，持续到毛泽东去世。

此后，他的铁窗待遇与黄永胜、吴法宪、李作鹏、邱会作大致相同。

1978年，他因病送入公安部属下的北京复兴医院诊疗。他所住的是单间病房，约十平方米。屋里一张床，一个马桶，一个自来水龙头和一个小水斗。公安人员看守着那一扇小门。窗上装着毛玻璃，窗外装着铁栏杆。小门的插销不是装在门里，而是装在门外——他无法闩门，而看守却可以把他闩在屋内。

1979年，他的病房里多了一块地毯。

在1979年12月，在石家庄工作的他的儿子陈晓农获准前来探监。这是他和儿子陈晓农九年多以来第一次见面。见面使陈伯达兴奋不已，也使陈晓农感触万分。在此之前，陈晓农不仅不知父亲在哪里，甚至连父亲是否尚在人世都不清楚。

此后，在1980年5月初，陈晓农再度获准从石家庄前往北京探望父亲陈伯达。

押上最高法庭被告席

1980年11月20日，76岁的陈伯达在聚光灯的照耀下，出现在大庭广众之前。沉寂多年的他，成为众多的照相机、电影摄影机、电视摄像机镜头聚焦之点。通过报纸、电视、广播，人们得知他被押上最高法庭的被告席，第一个直觉式的反应是："哦，陈伯达还活着！"

被告席上站着十名被告，陈伯达排在第五个，即江青、张春桥、姚文元、王洪文、陈伯达、黄永胜、吴法宪、李作鹏、邱会作、江腾蛟。

在十名被告中，最年轻的是王洪文，45岁；最年长的，便是陈伯达。那九名被告都是自己走上被告席的，而陈伯达则是由两名法警左右挟扶，步入法庭。

他的中式棉袄外，罩了一件旧的咔叽绿军装，戴着一副老式深色边框的眼镜，看上去目光呆滞。他虽然步履蹒跚，头脑还算清楚。

在接受审判之前，陈伯达曾给预审员写下这样一张条子：

> 我日夕想沾点党的弥天盖地的雨露，尽自己一切可能，洗去自己在"文化大革命"中的种种罪恶……
> 顺附近年写的小诗一首：
> 人苦不如知，
> 行年七十五，
> 始知七十四年之非。
> 然无产阶级不负苦心人，
> 宜勉力。[1]

陈伯达在年轻的时候喜欢写诗。他已经很久没有诗兴了，面对严峻的审判，居然写下这样的诗句。

陈伯达在秦城监狱关押了多年，只习惯于接受专案组的审问。如今要面对特别法庭的公开审判，他的思想经历了一个过程。

起初，在1980年1月10日，陈伯达在狱中找工作人员谈话，作了这样的表态："我的精神、肉体都是属于党的，党对我怎么处理都行。"

然而，后来他对起诉书中诸多细节上又进行辩解，说道："我的问题是党内问题，

---

[1] 肖思科：《超级审判》下部，第629页，济南出版社1992年版。

陈伯达被押上历史审判台

运动开始哪有不犯错误的？党内处理可以体谅，现在罪大恶极，怎么处理都行，但不是救人的办法。"

他的脑子中，还怀念"老办法"："如果毛主席还在，说一句话就好了。我不轻易流泪，今天我哭了，现在没有办法了。"

随着开庭日期的临近，监管人员征求陈伯达的意见：要不要请律师？陈伯达说："我一急，就说不出话来，要个律师吧。"

陈伯达要请律师，当然还有另一个原因，那就是他的一口福建话，在法庭上别人很难听懂。

陈伯达写了这样一张条子：

我要律师，为我辩护。

陈伯达
1980 年 11 月 11 日

翌日，陈伯达又给中央纪律检查委员会写了一封信：

我在这个关键时刻，谨向尊严的中央纪律检查委员会提出恳切的请求，请求委员会派一个或两个同志同我谈一次或两次话，让我陈情。我知道这个请求是狂妄的,请予宽恕!谨不胜待命之至。[1]

陈伯达还托人传话:"我希望陈云、邓小平、彭真考虑给我一条出路。对我的案子,大的方面讲是宽,可实际上就是关死。我活不到85岁了。我承认我有罪,但也要考虑当时前前后后的情况。搞了一辈子革命,落了三条罪,现在打倒了,报上什么罪名都给我加,有些我实在不知道……以后再不胡闹了,希望给我一条出路,把我放出来,研究点经济史、历史,在死之前为党为人民做一点无害的工作,搞出一点小名堂。"

在开庭前,陈伯达的心情更为错综复杂。他说:"这个法庭我看有点害怕,照那么多相干什么?弄到外边叫人都知道。……从整个案子看,可以判处死刑,但不一定采取这个措施。如能平民愤,那么杀掉也可以的……"

尽管陈伯达心乱如麻,他还是被押上了特别法庭。他和另九名主犯一起,站在那里,听取中华人民共和国最高人民检察院特别检察厅起诉书。

起诉书在提及陈伯达时,是这么说的:

被告人陈伯达,男,76岁,福建省惠安县人。逮捕前任中共第九届中央委员、政治局委员、政治局常务委员会委员。在押。

1980年11月23日,陈伯达写下了《读起诉书》,表明他作为被告对起诉书的态度:

读起诉书,对林彪江青反革命集团的罪恶,心情激愤……起诉书对于林贼谋害伟大领袖毛主席,策动反革命武装政变,以及"四人帮"策动上海武装叛乱这两个反革命事变的滔天罪行,揭露深刻,感人至深。特别对于林彪谋害毛主席事实的揭露,令人惊心动魄,普天同愤。

起诉书中还列举有的许多的(引者注:原文如此)、大量的事,是我到监狱以前发生的,也为我完全不知道的,完全没有听说过。

我过去虽然入党时间不短,但缺乏无产阶级意识,没有认识林彪、江青这两个反革命集团的真面目,在文化革命中一度和他们混杂共处,确实死有余辜。

我的一些重大问题,起诉书本着伟大党中央的惩前毖后、治病救人的方

---

[1] 肖思科:《超级审判》下部,第633页,济南出版社1992年版。

陈伯达传

针，加以起诉，同时，各方面的同志也没有对我深究。党的大恩大德，如天如地，使我感动不能自已。

余息尚存，一心想报答伟大的党，报答伟大的全国人民，报答伟大的人民解放军。

平心而论，在十名主犯之中，陈伯达的认罪态度算是比较好的。

作为被告，陈伯达在1980年11月20日与另九名被告一起，出庭听取起诉书之后，曾于11月28日及29日两次出庭接受庭审。他是十名被告中接受庭审次数最少的一个：江青五次，张春桥三次，姚文元三次，王洪文三次，黄永胜五次，吴法宪四次，李作鹏四次，邱会作五次，江腾蛟四次。

特别监察厅厅长黄火青宣读起诉书

对于陈伯达的第一次庭审，主要是三项内容：伙同江青、康生批斗刘少奇；诬陷迫害陆定一；利用"中央非常委员会"传单案诬陷党和国家领导人。

对陈伯达进行第二次庭审，则是另两项内容：制造冀东冤案；提出"横扫一切牛鬼蛇神"。

1980年12月18日，最高人民法院就陈伯达问题进行辩论。

上午9时起，陈伯达用他那令人难以听懂的"福建普通话"，为自己进行了一个小时的辩护。

在陈伯达结束讲话之后，他的辩护律师甘雨沛站了起来，为他作了如下辩护：

依照我国刑事诉讼法的有关规定，我们接受委托，作为被告陈伯达的辩护人（引者注：陈伯达的另一位辩护律师为傅志仁）。我们接受委托之后，认真查阅和研究了本案的案卷材料，多次会见了陈伯达……

我们对本案已经有了一个清楚的了解，特提出以下几点辩护意见：

一、被告陈伯达在林彪、江青反革命集团中的地位和作用问题……被告陈伯达在诬陷、迫害刘少奇这一共同犯罪活动中，负有一定罪责，但他的地位和作用不同于林彪、江青、康生、张春桥等人……被告陈伯达早在1970年庐山会议时就已被揭露，同年10月即被隔离审查……而事实上，林彪、江青反革命集团在陈伯达被揭露以后，还继续进行犯罪活动长达六年之久……他不能对这些罪行负责。

二、关于被告陈伯达在冀东事件中应负的罪责问题……他负有不可推卸的罪责，但是，成千上万人被诬陷、迫害，数千人死伤的后果，也并非仅仅由于被告陈伯达的话所能造成的，实际上还存在一些其他因素……因此，陈伯达对此严重后果，应负一定罪责，而不能负全部责任。

三、关于被告陈伯达的态度问题。被告陈伯达在庭审过程中，承认了全部犯罪事实和所造成的后果，承认他的"罪恶是重大的"，并一再向法庭表示他承担罪责，接受应得的惩罚，态度是比较好的。

以上三点辩护意见，请法庭在评议本案，确定被告陈伯达的刑罚时，作为从轻的理由予以考虑。

在辩护律师结束发言后，陈伯达再度要求陈述，说了三点意见：

"批判刘少奇这个问题我负有大罪，我只说一句。

"对陆定一同志，在专案组上我写了那个三条，也是有罪的。

"第三，冀东的问题，我说了那些话是有罪的……"

至此，主持法庭辩论的审判长曾汉周宣告："现在宣布辩论终结。陈伯达，你还有什么要说的吗？"

陈伯达第三次在法庭上发言。他请求法庭对他宽大处理。他说，"整个案子可以判处死刑"，但是"不一定采取这个措施"，当然，如果"不能平民愤，那么杀掉也可以"。

陈伯达陈述毕，审判长对他说道："被告人陈伯达，法庭要进行评议，你等候宣判。听懂了吗？"

陈伯达答道："听懂了。"

法庭辩论至此结束。

陈伯达受审的总体记录如下：

最高人民法院特别法庭开庭审判陈伯达概况表

日　期	被告人	庭审主要内容
1980年11月20日	十名主犯	宣读起诉书
1980年11月28日	陈伯达	伙同江青、康生批斗刘少奇；诬陷迫害陆定一；利用"中央非常委员会"传单案诬陷党和国家领导人
1980年11月29日	陈伯达	制造冀东冤案；提出"横扫一切牛鬼蛇神"

续表

日　期	被告人	庭审主要内容
1980年12月18日	陈伯达	法庭辩论
1981年1月25日	十名主犯	法庭宣判

最高人民法院特别法庭开庭审问陈伯达出示证据统计表

被告人	出示证据（件）	出庭证人（人名）	合计
陈伯达	24	1	26

一个多月以后，1981年1月25日，宣判的日子终于来临。

那天，十名被告一起被押上法庭。

中华人民共和国最高人民法院特别法庭的判决书长达1.6万言，前半部由庭长江华宣读，后半部则由副庭长伍修权宣读。

判决书中这样提到陈伯达的罪行：

> 被告人陈伯达，以推翻人民民主专政为目的，积极参加反革命集团，是反革命集团的主犯。
>
> 陈伯达积极参与林彪、江青夺取最高权力的活动。
>
> 陈伯达控制宣传舆论工具，进行反革命宣传煽动，1966年提出"横扫一切牛鬼蛇神"等口号，煽动对广大干部和群众的迫害镇压。
>
> 1967年7月，陈伯达伙同江青、康生决定对刘少奇进行人身迫害，从此剥夺了他的行动自由。
>
> 1966年底至1968年，陈伯达多次诬陷国务院副总理陆定一是"现行反革命""叛徒""内奸"，并决定对他进行人身摧残。1967年12月，陈伯达在唐山说，中共冀东地区组织"可能是国共合作的党，实际上可能是国民党在这里起作用，叛徒在这里起作用"。由于陈伯达的煽动，使冀东冤案造成严重的后果，大批干部和群众受到迫害。
>
> 被告人陈伯达犯有《中华人民共和国刑法》第98条积极参加反革命集团罪，第92条阴谋颠覆政府罪，第102条反革命宣传煽动罪，第138条诬告陷害罪。

判决书指出，陈伯达"供认了自己的犯罪事实"。这表明，陈伯达是认罪的。但是陈伯达对笔者说，1966年提出"横扫一切牛鬼蛇神"等口号的其实是毛泽东，他只是执行者而已。

对陈伯达应该怎样判决呢？

据说，曾做过一次"民意调查"：当时，北京的京西宾馆住着一批前来出席特别法庭审判的解放军代表。有人请他们进行了投票。结果如下：

赞成判陈伯达死缓的，15 人，占 20%；

赞成判陈伯达无期徒刑的，32 人，占 43%；

赞成判陈伯达 20 年有期徒刑的，27 人，占 36%。

当然，"民意调查"只是一种调查罢了，如何判决，还必须依靠法律。

最高人民法院特别法庭宣布："判处被告人陈伯达有期徒刑 18 年。"

1981 年，最高人民法院特别法庭经公审，判处陈伯达有期徒刑 18 年

判决书上还对刑期作了明确的注释："以上判处有期徒刑的被告人的刑期，自判决执行之日起计算，判决执行以前羁押的日期，以羁押一日折抵刑期一日。"因此，陈伯达的刑期，实际上便是从 1970 年 10 月 18 日软禁之日起算。

也就是说，在宣判时，陈伯达已经服刑 10 年多。再过 7 年多——到 1988 年 10 月 17 日——刑满。

王力呼吁假释陈伯达

就在全中国以至全世界都关注着对"林彪、江青反革命集团"的审判的那些日子里，在北京秦城监狱关押着的另一位"大秀才"，却只是风闻这一举世瞩目的审判，不知其详。

他极为关注这一审判，曾经多次要求看《人民日报》，却遭拒绝——平日是给他看《人民日报》的。狱方明确告诉他，因为这一时期《人民日报》所载报道，有些内容涉及他，而他的问题尚未定案，所以不能给他看《人民日报》。

这位"大秀才"，便是当年中央文革小组的成员王力。

笔者曾多次采访过王力。

王力比陈伯达小 17 岁，所以，平常王力总是称陈伯达为"老夫子"。

王力本来跟陈伯达没有什么交往。解放初，王力在上海担任中共中央华东局宣传部宣传处处长兼秘书长。1953年，王力被派往越南，出任胡志明领导下的越南劳动党的宣传文教顾问组组长，1955年10月回国后，担任中共中央国际活动指导委员会副秘书长。

王力开始与陈伯达共事，是在1958年。毛泽东提议创办中共中央理论刊物《红旗》，陈伯达被任命为总编辑，而王力被任命为编委（后来升为副总编辑）。从此，王力成为"老夫子"手下的一员文将。王力的笔头快，陈伯达起草文件时，喜欢找他合作，陈伯达出主意、出提纲，而王力则迅速按照"老夫子"的意图完成文稿。

自1960年起，王力列席中共中央书记处会议。自1963年起，王力任中共中央对外联络部副部长。自1964年起，王力列席中共中央政治局会议。

当中央文革小组成立的时候，陈伯达担任组长，王力成为组员。

在"文革"中，王力多了一项"任务"——陈伯达在群众场合发表演说时，总是说："请王力同志为我'翻译'。"于是，王力便成了陈伯达特殊的"翻译"。

王力的倒台比陈伯达早。

1967年第12期《红旗》杂志发表了社论《无产阶级必须牢牢掌握枪杆子——纪念中国人民解放军建军四十周年》，提出"揪军内一小撮"，亦即揪出"军内一小撮走资本主义道路的当权派"。

毛泽东阅罢大怒，斥责社论为"大毒草"！因为"揪军内一小撮"，势必会使斗争的矛头指向军队。

本来，首先应对此事负责的是《红旗》总编辑陈伯达，但是，陈伯达把责任推到了王力、关锋头上。

1967年8月30日，王力与关锋同时下台——先是隔离审查，然后被押往秦城监狱……

王力在秦城监狱过着与世隔绝的生活达十几年之久。尽管如此，凭着他敏感的政治神经，他关注着特别法庭的审判，关注着陈伯达的命运。

1981年7月5日，王力在秦城监狱就陈伯达问题，上书"邓力群同志并党中央耀邦、小平、彭真、乔木、克诚同志"。

王力写道："'历史决议'没有点陈伯达的名，是科学态度，是英明的。"

王力所说的"历史决议"，是指中共十一届六中全会所通过的《关于建国以来党的若干历史问题的决议》。

这一决议在报上发表之后，普通的读者谁都没有注意其中极为细微的变化，即"没有点陈伯达的名"。然而，关押在秦城监狱的王力，凭借着他敏感的政治嗅觉，马上注意到这一点，并表示拥护："'历史决议'没有点陈伯达的名，是科学态度，是英明的。"

至于中共十一届六中全会所通过的《关于建国以来党的若干历史问题的决议》为

什么"不点陈伯达的名",其中内情非三言两语所能道明。本书后文将详尽写及此事,此处暂且按下不表。

敏感的王力,正是由于"'历史决议'没有点陈伯达的名",萌发了给中共中央写这封信的念头。

王力在信中先是批判了陈伯达:

"陈伯达长期有教条主义和'左'倾机会主义,对毛泽东同志晚年的'左'倾错误思想起助长作用。'文革'头一年,我和他朝夕相处,才知道他品质不好,极端个人主义,看风使舵,左右逢源,投机取巧。我当面和在会上都这样批评过他。'文革'头一年陈伯达干的坏事,我早已向党中央作了揭露。"

王力说:

"对陈伯达判刑问题,我没有发言权,因为(审判前后)那四个月不给我报纸看,至今不知道怎么判的,而且把我关起来以后,他又干了三年的'革革命'(引者注:即'革''革命'),坏事不会少。这方面我就不说了,只提供他有关'文革'的另一方面的情况,供中央参考。"

王力在信中详尽地列举了他所亲知的八点陈伯达的"另一方面的情况",以事实来说明"'历史决议'没有点陈伯达的名,是科学态度,是英明的":

一、1964年12月的一天拂晓前,陈伯达找我,说毛主席刚才口授要起草一个文件(即后来的"二十三条");还说:"主席要整少奇同志了,少奇同志是很纯的共产主义者呀!"

他同我商量怎么办。商定由他约请彭真、陶铸同志一起去告知少奇同志,劝少奇同志赶快向毛主席当面检讨。这样,我国人民的这场大灾难推迟了。

二、"历史决议"中列举的"五一六通知"中那些尖端的错误观点,在陈伯达负责起草的初稿中完全没有。而且,说"二月提纲"是"彻头彻尾的修正主义文件",也是后来康生要加上的,那时彭真同志正在钓鱼台8楼。

三、八届十一中全会上,毛主席、林彪讲话后,毛主席要陈伯达讲话。那次讲话,陈伯达就说他不过是刘盆子(注:西汉亡后,一个放牛的,因为是宗室,被抬出来当皇帝的)。意思很清楚,他说他不过是傀儡而已,"文革"小组是江青当家。

四、1967年1月4日,陈伯达讲话,突然打倒了陶铸同志,应负有严重罪责。但是,那次会议确实是江青组织的,临开会前他还不知道。毛主席批评他以后,他先后同关锋、康生、总理谈话,诉述江青逼得他活不下去了,表示要自杀。他也多次向我表示要自杀,并已查过列宁的文章,以拉法格为例,证明共产主义者可以自杀。

五、1967年1月14日，张春桥在上海提出的夺权口号传到北京，陈伯达在工人体育场十万人大会上讲话，提出上海的夺权是资产阶级反动路线的新形式，自下而上，只应监督，不应夺权（注：1966年6月陈伯达就提出夺权，那还是根据1964年中央在四清中自上而下的夺权斗争的指示，实际上只是改组）。当天，受到了毛主席的批评。

毛主席肯定了上海自下而上的夺权的口号和做法，陈伯达才改变了。

六、1967年二三月间，毛主席召集政治局会议。散会时，要所有到会的人都立即去出席军委扩大会议，并且人人要讲话。陈伯达说今天有事不能去。毛主席大怒，对着陈伯达和大家说："不愿意干的人，给我统统滚！"这是我所经历的毛主席说的一句最无原则的话，令人痛心。这次会议，现在党的领导人剑英、先念同志在场。

七、（1967年8月底）我同关锋同志在一起时，他告诉我：（1967年7月21日）江青提出了"文攻武卫"，是针对陈伯达的。因为陈伯达前一天提出，要收缴各个群众组织的武装。

八、"十大"政治报告提到：陈伯达原来起草的"九大"的政治报告，主张今后以生产为中心（林彪决不会参加起草）。毛主席反对以后，才重新起草了后来的政治报告。尽管陈伯达绝不会像十一届三中全会那样鲜明，但是如果经过查对确实是那样的话，那么，在这个问题上，陈伯达还有可取之处。

王力所列的八条，此处只引用他的原文。其中详情，亦非三言两语所能说清，将在本书后文中详述。

王力在逐点列举陈伯达的"另一方面的情况"后，向中共中央提出了重要建议：

以上这些，我过去虽陆续向领导反映过几点，但未系统讲，更没有写过。如调查证实，我建议党中央考虑这些因素。陈伯达的寿命不会太长了，如他不坚持错误，还是以给他赎罪的机会为宜。我不知判他什么刑？只知他没有被判处死刑，又已经关了十年以上，那末，按照《刑法》也具有假释的条件了。"恩所加，则思无因喜而谬赏；罚所及，则思无因怒而滥刑。"这个千古名言，不幸，毛泽东同志的晚年没有做到。今后，仍然值得警戒。

王力长期在中共高层工作，应当说是有相当政治水平的。尽管他写这封信，是在得知"'历史决议'没有点陈伯达的名"的前提下写的，但是毕竟还是有一定见解的。

何况他自己当时也在囹圄之中，能够写这封信，是不容易的。

就个人关系而言，王力与陈伯达过去有合作，也有诸多矛盾。特别是王力下台，跟陈伯达朝他身上推卸责任不无关系。

不过，就法律语言来说，假释的人，只要不再犯事，一般认为假释之日亦即释放之日。陈伯达作为"林彪、江青反革命集团"的16名主犯之一，是由最高人民法院特别法庭判决的，要对他"假释"是要经过一系列法律程序的。所以，王力的这封信要求"假释陈伯达"，实际上是很难办到的。

然而，在王力发出此信之后十天，1981年7月15日上午，中共中央派出两人前往公安部所属北京复兴医院的犯人病房，向正在那里住院的陈伯达口头传达了中央精神。

晚年的王力

据陈伯达回忆，话的大意是：

"这几年陈本人写的东西有些是好的，有些是为自己辩解的，以后不要再在细节问题上纠缠了。对于'文革'中的事情，有些他是知道的，但多数他是不知道的，这些情况中央是了解的。他过去也做过一些有益的工作，与那几个人是不同的……现在先找个地方住下来治病，治好病不再回去。"

其中所说的陈伯达"与那几个人是不同的"，这"那几个人"显然是指江青、康生、张春桥。

至于"现在先找个地方住下来治病，治好病不再回去"，则显然透露了保外就医之意。

陈晓农照料保外就医的父亲

那是1981年8月初，正在石家庄工作的陈晓农收到北京来信，要他尽快进京，商谈父亲陈伯达的治疗问题。

屈指算来，这是陈晓农第四次获准探望父亲。除了在1979年12月、1980年5月两度探监之外，在宣判后不久，1981年3月，儿子陈晓农曾第三次获准探监。

1981年8月5日，陈晓农从石家庄来到北京。翌日清早，陈晓农就直奔公安部所属复兴医院。通常，犯人生病，住在这所医院里。江青在关押期间患病，便曾多次住在这所医院。这所医院的病房，类似监房。陈伯达生病，也多次住这里。就在陈晓农这回来到复兴医院时，李作鹏正住在这所医院。

令陈晓农感到惊讶的是，那里公安部的监管干部告诉他：陈伯达原本住在这里，昨天被送往北京友谊医院干部病房！另外，陈伯达现在已改由北京市公安局监管。

且不说陈伯达所住的北京友谊医院是北京的大医院，而且居然住进了那里的干部病房。陈伯达从复兴医院监房式的病房，一下子"大跃进"，"跃"入北京友谊医院的干部病房，这意味着他获得了格外优待的保外就医。

也就是说，陈伯达保外就医的日子是1981年8月5日。

陈伯达从复兴医院来到友谊医院，实际上也就是1981年7月15日那两人所传达的中央精神："现在先找个地方住下来治病。"

陈晓农随即赶往北京友谊医院，发觉父亲所住的病房里还有带浴盆的卫生间，下午定时供应热水，跟复兴医院里的犯人病房简直天差地别，伙食也好多了。陈伯达告诉儿子，由于生病，已经几年没有洗澡，昨天来到友谊医院，痛痛快快地洗了个热水澡，舒服极了！

就在陈晓农这次探望父亲期间，北京市公安局的王科长与他商量了有关陈伯达治疗、护理问题。至于日后如何安排陈伯达的生活，当时定不下来。陈晓农在北京待了几天，又回到了石家庄。

陈伯达的病情已经缓解，却仍羁留在北京友谊医院干部病房。医院已经几次三番催促他出院，但是，陈伯达仍在那里住着，前后达两个来月。

陈伯达羁留在北京友谊医院迟迟没有出院，其中的原因是中央已经指示"治好病不再回去"，这"回去"当然是指回秦

今日北京友谊医院。1981年，陈伯达保外就医时曾在这里的干部病房居留多日

城监狱。

陈伯达不回秦城监狱,而他日后的生活一下子难以安排。

陈伯达住到哪里去呢?显然,他已无法回到米粮库胡同那座四合院里。

北京市公安局为他寻觅新居,征求他的意见,他说:"希望住平房。"

他向来住平房。不论他进京以后最初在中南海住的迎春堂,还是后来在新建胡同、米粮库胡同的住处,都是四合院、平房,或者是两层楼房。他不爱住高楼,尤其是他已上了年纪,上上下下诸多不便。

可是,在北京寻找独门独院的平房并不容易。新盖的几乎都是楼房。

公安部门考虑到他的安全,几经研究,还是为他在北京东郊安排了一幢僻远的新楼顶层的一套房间。

公安人员住在他的隔壁,便于进行监管并以防种种不测——因为他毕竟曾是中共中央政治局常委。另外,有公安人员作为他的邻居,可以挡掉一切未经许可的来访者。

房子解决了,接踵而来的问题是:谁来照料他呢?

他曾有过三次婚姻,生有三子一女:

最初的妻子叫诸有仁,生过一个儿子,取名陈小达。陈小达1958年毕业于莫斯科大学物理系,回国后遇上挫折,一时想不开,于1960年不幸自杀身亡。

陈伯达与诸有仁离婚之后,与余文菲结合,又生一个儿子,取名陈小农。这名字是田家英取的。陈小农长大之后,觉得人家还称他"小农"不舒服,于是,在20世纪80年代初,趁他的户口从石家庄迁往北京的时候,改名陈晓农。本书为了前后文统一起见,在此处作一交代之后,都用陈晓农这一名字。

陈伯达跟余文菲离婚后,与刘肃晏(后来改名刘叔晏)结婚,先生一女,取名陈岭梅,在南京从事电子技术工作;再生一子,取名陈小弟,后来改为陈晓悌、陈晓云,在北方某大学教物理。笔者见过陈小弟,文弱书生一个。另外,刘叔晏与前夫刘光曾生一女,叫刘小英。

在"文革"中,陈伯达与刘叔晏不和,曾分居。他俩说过离婚,但又未办过正式离婚手续。

虽然诸有仁、余文菲、刘叔晏都健在,诸有仁在浙江新安江,余文菲在河北石家庄,刘叔晏在山东济南(1982年回到北京),却又都无法与他再在一起生活。

按照中央有关文件规定,可以安排陈伯达的一个子女照料他的晚年生活。

在陈伯达的子女之中,小儿子陈小弟在陈伯达倒台之后,才八九岁的他被无端关了三年,精神上受到很大的刺激。笔者曾在1988年11月4日采访陈小弟。他是一个道地的书生,消瘦,理平头,一身深蓝色的中山装,看上去如同1960年代的大学生。小弟生活自理能力很差,屋里乱糟糟的。由小弟照料陈伯达,显然不是太合适。

陈伯达唯一的女儿陈岭梅，在陈伯达倒台后，根据当时有关部门的规定，离开北方，转业到南京工作。虽然她对陈伯达一直非常挂念，但是由于离北京较远，联系不便。

公安部门考虑到陈晓农与陈伯达的关系比较融洽，而且是中共党员，在离北京很近的石家庄，决定请陈晓农来照料他。

陈晓农从小就生活在陈伯达身边。1965年，陈晓农在北京念完高中。他的学习成绩不错，完全有可能考入大学。他想报考大学文科，父亲陈伯达劝他别读文科。就在这时，毛泽东发出知识青年上山下乡的号召，陈晓农决定响应，陈伯达非常支持儿子的决定。

如今，很多人以为知识青年上山下乡是"文革"中才出现的事，其实早在"文革"前毛泽东就已经发出这一号召。在"文革"中，知识青年上山下乡带有"运动性""强制性"，你不去也得去。然而，在1965年，却还是完全听凭自愿的。正因为这样，作为高干子弟的陈晓农，当时主动报名上山下乡是不容易的。

陈晓农就这样决定走上山下乡之路。

当时，内蒙古有关部门得知陈伯达之子要上山下乡，马上指名要陈晓农。这样，陈晓农前往内蒙古临河县狼山公社（今内蒙古巴彦淖尔市临河区狼山镇）务农（有些书刊误传为去"北大荒"）。[1]

由于陈晓农有着不同于众的家庭背景，他的行动理所当然为新闻传媒所关注。1965年8月10日，《北京日报》第二版报道了陈晓农响应党的号召、走上山下乡之路的新闻。

陈晓农去到内蒙古务农，受到当地的重视，加上他自己也确实努力，所以下乡一年之后，他就被内蒙古推荐，回到北京向应届高中毕业生作报告，介绍内蒙古情况，介绍自己下乡的体会。

1990年2月15日，陈晓农在致笔者的信中说：

"此次回石（引者注：指石家庄），翻检旧物，偶又看到父亲1966年7月给我的一封信的抄件。在我下乡期间，父亲曾给我写过两封信，原件都于1971年夏上交给党组织，以表明父亲和我的关系。还有一封信忘了抄在何处，一时未找到。现在这一封，看过的同学较多……当然你的书已写好，这些材料不一定有用，但还是抄下来，供你参考吧。"

当时，本书初版本已经出版，无法补入。这回，趁本书修订再版，补入陈晓农抄

---

[1] 本书编者恰为内蒙古临河人，所以，编者年少时就曾耳闻中共"大官"陈伯达的儿子在当地下乡。当时的老百姓谈及此事有两点情感溢于言表，一是为有中央"大官"子弟在当地下乡感到荣幸，二是对这位"大官"送子务农表示敬佩。——编者注

寄的陈伯达1966年7月20日的信：

小农：

听说你明天要回去，今天下午7时来看你，不遇，甚憾。你继续到下面去，很好，很好。要真正向贫下中农学习，作为一个普普通通、老老实实的劳动者，并且要随时拿这一点来考察自己，不断教育自己。要拜群众做老师，恭恭敬敬地学。不要经常以为自己是一个什么干部的子弟，就觉得自己有点特殊的样子。党和人民把你养成人了，此后一切，每时每刻，都是要想怎样才能报答党和人民的恩惠。个人主义是资产阶级的东西，是最最害人的东西。永远永远不要让个人主义盘踞你的脑子，这样，才能看得宽，看得远，才能前进，才有前途，才会使自己成为人民血肉的部分。不管怎样，我们总只是群众海洋的一滴水。我本人也有缺点，决不能学。但是我总认为，我的生命是属于人民的，为人民而生，为人民而死。这是毛主席的教训，党的教训，希望你永远记着。

匆匆

祝路上平安

爸爸
7月20日下午8时

此后，在1998年7月23日，陈晓农又给笔者寄来陈伯达在1965年9月22日和同年10月9日的两封信。

陈伯达1965年写给陈晓农的信如下：

小农：

你以前来的两次信，都收到了。你给岑梅（编者注：指陈岭梅）的信，也看过了。我和妈妈（引者注：指陈晓农的继母刘叔晏）最近都有些事，迟迟未复，让你心里着急，这是我的不是。

你决心到乡里去做普通劳动者，这是值得高兴的事。一个年青人，如果不同劳动群众打成一片，熟悉群众的各种事项，知道他们的心，而同群众格格不入，将来是不能有所成就的。

希望你在劳动方面多多注意，要学习各种技能。睡觉最好要有八点钟时间。这样，对劳动和其他工作，都会做得更好。如果睡觉太少，第二天精神不佳，就必然会影响劳动和其他工作，实际会降低质量。对这点，如有机会，

内蒙古临河农村一景。陈伯达次子陈晓农曾在这里插队落户（王晓婕摄）

可同领导者和同志们商量一下，看看怎样办才有利。

初到乡村，一切不熟悉，当然会有些困难，但持之有恒，困难可以逐步克服的。

家里一切都好。妈妈有病（几天内可好），近日到医院住，所以不能给你回信，但她是很关心你的。小英考上了护士，很高兴，岑梅、弟弟，都好，请放心。有些事，由岑梅给你写详细点，我不多说了。

祝平安！

爸爸

9月22日

陈伯达1965年10月9日写给陈晓农的信，则是附在陈晓农的继母刘叔晏的信上的：

小农：

妈妈的话说得很对，你要记住。遇事要有耐心，要安静思索，要同群众商量，有什么困难都是可以克服的。熟悉群众，熟悉劳动，不论在什么条件下都要能很好地生活下去，坚持下去，就会成一个有用的人。

匆匆，祝好！

爸爸

9日

陈晓农在内蒙古农村的"广阔天地"经受了锻炼。然而，在内蒙古两年后，陈晓农调到了石家庄工作。

曾有传言，说"陈晓农从北大荒回来后，分配到国防科工委工作。陈伯达又指示陈晓农去石家庄华北某工厂锻炼"……

据陈晓农告诉笔者，他从未"分配到国防科工委工作"。他离开内蒙古，是因为"文革"开始之后，内蒙古很乱，老有人想拿他做文章——因为当地知道他的"老爸"是"显赫"的中央文革小组组长。

陈晓农意识到不能再在内蒙古待下去了。

到哪里去好呢？陈伯达希望儿子能够到工厂当个普通工人。他与天津市的关系不错，甚至曾经一度分管天津。天津市副市长王亢之以及天津市公安局局长江枫，都是他多年的老朋友，他托天津的老朋友帮助安排陈晓农到天津的工厂，做一个普通工人。

陈晓农到了天津才两天，正值江青点名批判陈伯达在天津的老朋友。于是，陈晓农无法在天津得到安排。

这时，正值李雪峰主持河北省工作。陈伯达跟李雪峰的关系也不错，就托李雪峰给陈晓农安排工作。

陈晓农记得，父亲陈伯达带他去见李雪峰。陈伯达当着陈晓农的面对李雪峰说："绝对不要让他当干部。让他当工人，从学徒学起。"

于是，李雪峰把陈晓农安排在河北省会石家庄的一家工厂——石家庄制药厂——当徒工。

为了不让别人知道他是陈伯达的儿子，陈晓农在石家庄改名"林岩"（据陈晓农告诉笔者，这名字是他自己取的）。

就这样，陈晓农在"热闹非凡"的"文革"中，一直安安静静地在石家庄做徒工。1970年10月，陈晓农满师，由学徒工转正为工人。这时，他希望回北京探望父亲。他写信给家中，陈伯达的秘书回信，说陈伯达最近不在北京，不要在这时回北京——当时，他一点也不知道父亲在庐山出事，正软禁在北京家中。

过了些日子，他又写信给家中，回信不是陈伯达秘书写的，而是在他家负责看守的"8341"部队写的。回信明确告诉他，不许回北京。

不久，陈晓农才明白，父亲陈伯达倒台了！

有关部门通知陈晓农，不许离开石家庄，不许与任何亲属通信！

从此，陈晓农就一直留在石家庄这家工厂。

陈晓农在1979年与同系统另一药厂女工小张结婚，生一子。陈晓农的母亲余文菲从武汉迁往石家庄，住在那里的老干部休养所，得到陈晓农的照料。

此时，公安部门选中了陈晓农，决定请陈晓农前往北京照料陈伯达。陈晓农本人倒是愿意的，但是，母亲余文菲在石家庄，已经年迈体弱，也需要他的照料。

余文菲通情达理。尽管她与陈伯达早在1948年已经离婚，她又是那么的需要陈晓农的照料，但她还是赞同陈晓农前往北京照料陈伯达。

陈晓农对母亲的感情也很深。他在石家庄，托人照料母亲，安排好母亲的晚年生活，这才在1981年底与妻子、幼儿一起迁到北京，与父亲陈伯达住在一起。如前文所述，他趁迁移户口之际，向公安部门申请改名，把"陈小农"改为"陈晓农"。

此后，陈晓农虽然与父亲生活在一起，但是每隔一段时间，总会去石家庄看望母亲余文菲。

由于公安部门的精心安排，陈伯达在过了十来年孤独的囚禁生活之后，过着安定温暖的晚年，享受天伦之乐。远在南京的女儿陈岭梅也多次赶来北京看望父亲，并与父亲保持着经常的通信，也使陈伯达感到欣慰——这一切，外人莫知，还以为他囚居秦城呢。其实，即便在秦城，他也受到特殊照顾，这也是外界从不知道的。

我来到鲜为人知的陈伯达之家

一次又一次，我访问了鲜为人知的陈伯达之家。

他家居住面积有六七十平方米，有客厅、书房、他的卧室、儿子和儿媳的卧室、灶间、卫生间。

已经步入不惑之年的陈晓农，为人随和、诚挚，妻子小张贤惠、朴实，他们精心地照料着陈伯达。

陈伯达的卧室大约十多平方米，整洁而简朴：一张三尺半宽的单人床，硬板，铺

叶永烈（右）曾多次到陈伯达家中采访

着蓝白方格床单，一个硕大的鸭绒枕头。床边是一个床头柜、两个玻璃书橱，窗边放着一个五斗柜，地上铺着地毯。

我注意到两个小小的细节：

寒天，抽水马桶的坐圈上，套上了一个用毛线编织成的套子。不言而喻，这是考虑到陈伯达上了年纪，格外怕冷；

陈伯达的枕头特别的大，又特别的软。显然，这是为了让老人"安枕无忧"。

这两个小小的细节，反映出儿子和儿媳对于陈伯达无微不至的照料。

屋里的"常客"是他那7岁、上小学二年级的孙子。小孙子给他带来了欢乐和安慰。

他的视力不错，耳朵也还可以。每天晚间的电视新闻节目，他是必看的。倘若电视台播京剧或者古装故事片，他喜欢看。一般性现代剧目他不大看，但是他喜欢看根据名著改编的电视剧。那些年轻人谈恋爱之类的电视片，他不看。

他最大的兴趣是看书读报。

他看《人民日报》，看《参考消息》，看《北京晚报》，很注意国内外的形势，也很仔细读那些与"文革"有关的文章。他的邻居很好，倘若陈家无人下楼取报，邻居就把报带上来，插在他家门把手上。

他不断地要儿子给他买书。

陈伯达曾是"万卷户"。他的个人藏书，远远超过万册。他过去住四合院，家中用几个房间堆放藏书。

陈伯达的大部分工资和稿费收入用于买书。陈伯达过去有稿费收入，自1958年起，他自己提出不再领取稿费，以支援国家建设。从此，他就没有再领过稿费。

陈伯达之子陈晓农曾回忆说：

父亲的稿费，他自己只说过1958年以后他没有再领取过稿费。但这些稿费到哪里去了，他一次也没有说起过。他去世后，我才听到他以前的秘书说，他1958年以后的稿费和他作为人大代表、政协常委的那份工资，都捐给科学院图书馆了，是秘书亲手经办的。

陈伯达保外就医之后，每月领生活费100元。据笔者对吴法宪、李作鹏等情况的了解，他们当时与陈伯达一样，也是每月领生活费100元。

陈伯达每月100元的生活费，其中三分之一用于购书。这30多元购书费对于陈伯达来说，当然是远远不够的。所以，除了自己购书外，他不得不托老朋友向有关部门借来一部分书。

从1983年2月起，陈伯达的生活费增加到每月200元。这时，陈伯达购书的费用才稍稍宽裕一些。吴法宪、李作鹏等，当时的生活费也增加到每月 200 元。

陈伯达很想让有关部门发还他众多的藏书，但是，迟迟未能发还。在 1981 年 11 月 16 日，有关部门曾发还陈伯达一些被褥之类的日常生活用品。陈伯达希望能够找到一些书，结果只找到几本袖珍本《毛泽东选集》和《毛主席语录》而已！

直至 1995 年，有关部门请示了中共中央总书记江泽民之后，这才发还陈伯达的藏书，只是这时陈伯达去世已经六年了！即便是发还的藏书，也只找到一小部分，不过 1270 册而已！

正因为这样，我发觉，在陈伯达的书橱里放着的书，很多是这几年出版的新书，即便《西游记》也是人民文学出版社新的版本。

陈伯达阅读兴趣广泛，偏重于读那些学术性强的著作。我随手记下他书橱里的书：马克思著《资本论》精装本，《毛泽东新闻工作文选》《鲁迅杂文选》《毛泽东选集》《刘少奇选集》《周恩来选集》《朱德选集》《中国哲学发展史》《中国哲学史》《隋唐演义》《五代史演义》《戊戌喋血记》《柳宗元集》《彭德怀自述》《苏联经济史论文集》《逻辑学》《美学》《罗马史》《西方美术史话》《哲学史讲演录》，曹聚仁著《我与我的世界》，《谭嗣同文选注》《〈红楼梦〉诗词注释》《史记》《基督山恩仇记》……一本打开在那里、看了一半的书是《圣经故事》。

陈晓农告诉笔者，父亲陈伯达在晚年喜欢文学名著，曾要他特地去买莎士比亚、托尔斯泰的作品。

书如海。从书海中撷取的这些令他产生兴趣的书，反映了陈伯达晚年的精神世界。

陈伯达，依然秀才本色，读书看报是他最大的乐趣所在。他的思想机器还在不停地运转，他在思索着。高楼清静，几乎没有什么杂音——只是偶尔听见住在这幢楼里的一位著名女歌唱家练唱时飘来的甜美的歌声。

他不断把自己的思绪凝成文字，所幸他的手不抖不颤，仍能握笔著文。虽然正在服刑期间的他无法发表他的文稿，他却还是在那里写作。

他的文稿，有些被人送上去，受到中央有关部门的重视，排印出来，在一定的范围内分发。这些印出来的文章，除了标明作者陈伯达的名字外，没有注明什么单位印的，也没注明印数和分发范围。不过，印刷所用的是上好的道林纸，16 开，大字仿宋体排

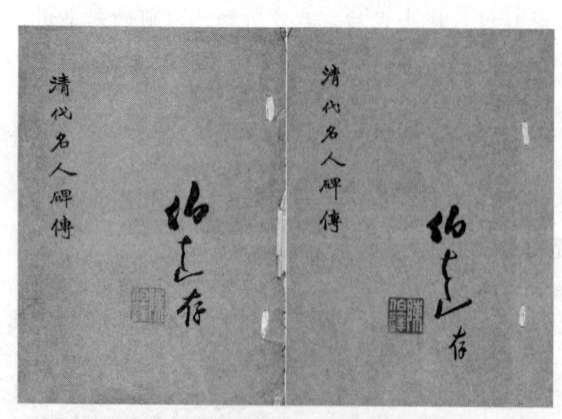

陈伯达喜欢读书，藏书也颇丰富。图为他藏书之一种

印，可以看出不是一般的机关所印，是在相当高的政治层次中分发。

我细阅了他的这些未曾公之于世的文稿，开列若干文稿的题目和写作年月，以供读者了解他独处高楼时在思索些什么：

1982年1月，《试论一下日本的"生产率运动"》；

1982年3月，《美日两国垄断资本的角逐和两国的"精神危机"》；

1982年5月22日，《求知难》；

1982年6月22日，《认识的渐变和突变——从"坛经"看中国佛学中的顿渐两派》；

1982年8月4日，《"黑格尔反对绝对……"》（读书笔记）；

1982年9月18日，《儒法两家"其实却是兄弟"——评"四人帮"杂记》；

1982年9月26日，为上文写了《附记》；

1982年12月22日，《事物一分为二（读书笔记三则）》；

1983年3月23日，《"电子学革命"的公开战秘密战》；

1983年，《〈石头记〉里的一段公案——关于贾宝玉、林黛玉、薛宝钗的姻缘问题》；

1983年9月，《试说社会主义农业的若干问题》；

1983年12月初，《同痛苦转变进行搏斗——电子学革命问题杂缀》；

1984年6月26日，《评美国人的两本书——〈大趋势〉和〈第三次浪潮〉》；

1985年3月，《基督教东来记——利玛窦〈中国札记〉和史式微〈江南传教史〉二书述略》；

1985年6月17日，《读书四记》，即《辩证法和理性》《略说"尺度"》《关于唯意志论、反理性主义、直觉主义、实用主义等等》《记黑格尔、恩格斯、列宁谈形式逻辑》；

1986年1月，《长思》；

1986年春，《关于日本垄断资本主义的点滴》；

1986年11月4日，《农业合作化的若干材料》；

……

他也写了一些历史事件的回忆。

他一般先写草稿。从他的草稿上可以看出勾勾画画、删删改改，画满各种修改记号。改定之后，他再整整齐齐抄写一遍，保持着以往的写作习惯。

他用蓝色圆珠笔，写在北京市场上供应的那种绿格400字稿纸上。文末签署的日期，一般指完成之日，并不意味着是这一天写的。有的文章几千字，也有不少文章上万字。他的字迹清楚，容易辨认，简体汉字中掺杂着许多繁体汉字。

陈伯达的这些新作，过多地引述经典著作，似乎缺乏他1940年代作品的那股灵气，那种犀利的笔锋。但是作为八十老翁，他思路还是颇为流畅的，观点也颇有见地。以上披露的他的手稿，都是在他从最高法庭的被告席上退下之后写的。他的思想没有停留在不断的自我谴责或者颓废郁闷之中，他把目光从高楼投向远处。正因为这样，他连美国人新著《大趋势》《第三次浪潮》都加以研读，加以评论。

从他的晚年之作看他的心态

陈伯达晚年之作究竟是什么样的？我从他众多的手稿中选出两篇比较短小的，一篇是《求知难》，一篇是《〈石头记〉里的一段公案——关于贾宝玉、林黛玉、薛宝钗的姻缘问题》，全文收录在下面。

《求知难》是陈伯达读了《西游记》之后引发出的一点感想，写于1982年5月22日。

陈伯达仍保持他当年的习惯，每写一篇文章，总要署名。只是他晚年很少署"陈伯达"，而是署各种各样的笔名。《求知难》署笔名"纪训"。

我问他，"纪训"是什么意思？

他说："'纪训'还不明白？就是'记取教训'之意嘛！"

现按原文照录于下：

求知难
纪训

鲁迅的《中国小说史略》说过《西游记》一书："第十四回至九十九回俱记入竺途中遇难之事，九者穷也，物极于九，九九八十一，故有八十一难。"《西游记》所写的，"就是他（唐僧）灾难的簿子"。

引人兴趣的，是书中特写的美猴王——孙悟空。当他和群猴"朝游花果山，暮宿水帘洞"不胜欢乐的时光，他说："我虽在欢喜之时，却有点远虑，故此烦恼。"众猴听他一片话后，"俱以无常为虑"。原来孙悟空们梦想的，是一个这样的世境："收来成一担，行歌市上，易米三升。更无些子争竞，时价平平。不曾机谋巧算，没荣辱，恬淡延生。"这是一群小生产者梦想的天国。从这点出发，孙悟空逐渐生出力量。他见"东方天色微舒白，西路金光大显明，将床铺摇响，大喊道：天光了！天光了！起耶！"

孙悟空跪在他最早的祖师榻前要求学道，他听到他祖师觉来自吟："难！难！难！"自从他一心一意求道，也自己说过："这个却难！却难！"但当祖师一说"世上无难事，只怕有心人"，他叩头礼拜了。

在玄奘西行之前，《西游记》就突出了孙悟空，而且特别点出"难"字，从而写出了这个战胜八十一难的主要主人公的机智和无畏的勇士——齐天大圣。

猪八戒入伙,和孙悟空不一样。特别是他认为自己在路上"身挑着重担,老大难挨",想"养养精神"。孙悟空批评他,说"……既是秉正沙门,须是要吃辛受苦,才做得徒弟"。八戒不易接受孙悟空的告诫。一过什么富贵庄院,八戒便禁不住诱惑,"一似针戳屁股,左扭右扭的,忍耐不住","动了凡心"。孙悟空和猪八戒的矛盾,造成了八十一难中特大的悲剧。三打白骨精,由于八戒的调唆,胡说八道,使唐僧认定孙悟空只是一个"无心向善之辈,有意作恶之人",是"歹人",写了贬书,再三要他回去。这件事害了唐僧,苦了沙和尚,猪八戒自己也遭了惨败。直到后来八戒按照白马所设的计谋行事,加上自己"请将不如激将"的妙想,终于把孙悟空感动了。行者决心去拿此时唐僧们所遇到的妖精。在走过东洋大海时,行者"下海去净净身子",用现代的用语来说,也有自我反省,自我批评,他说:"我自从回来,这几回弄得身上有些妖精气了。师父是个爱干净的,恐怕嫌我。"八戒"于此始识得行者是片真心,更无他意"。

显然,《西游记》是把这一段故事的经历当成重大的转折来写的。这段经历说明:在极端困难的路程中,在自己的一伙人中,由于内部矛盾的过度激化,就会出现致命的悲剧。

唐僧们到了"西方极乐世界",见到如来佛,总算达到西行的目的。

但是希望带来了失望。

行者嚷道:"如来!我师徒们受了万蛰千魔,自东土拜到此地,蒙如来吩咐传经,被阿傩、伽叶掯财不遂,通同作弊,故意将无字的白纸本教我们拿去。我们拿他去何用?望如来敕治!"

对行者这个责问,佛祖笑道:"你且休嚷。他两个问你要人事之情,我已知矣。但只是经不可轻传,亦不可空取。向时众比丘圣僧下山,曾将此经在舍卫国赵长者家与他诵了一遍,保他家生者安全,亡者超脱,只讨得他三斗三升米粒黄金回来,我还说他们忒卖贱了,教后代儿孙没钱使用。你如今空手来取,是以传了白本。白本者乃无字真经,倒也是好的。因你东土众生,愚迷不悟,只可以此传之耳。"即叫"阿傩、伽叶,快将有字的真经,每部中各捡几卷与他,来此报数"。

阿傩、伽叶二尊者复领众,到珍楼宝阁之下,仍向唐僧要些人事。三藏(即玄奘)无物奉承,即命沙僧取紫金钵盂,双手奉上道:弟子委是穷寒路遥,不曾备得人事。这钵盂乃唐王亲手所赐,教弟子持此,沿路化斋,今特奉上,聊表寸心,万望尊者将此收下……只是以有字真经赐下……那阿傩接了,但微微而笑。被那些管珍楼的力士,管香积的庖丁,看阁的尊者,你抹他脸,我扑他

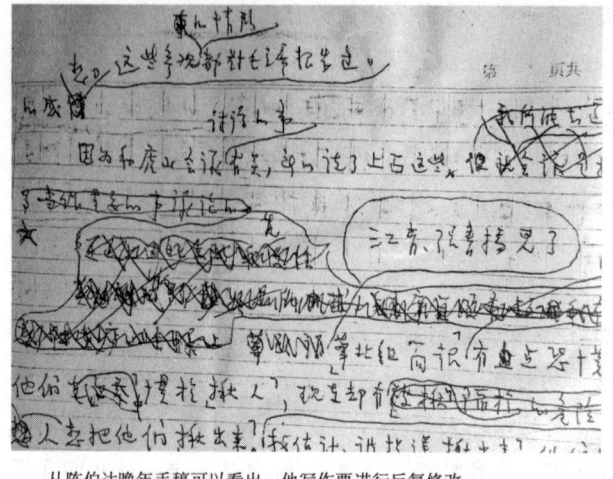

从陈伯达晚年手稿可以看出，他写作要进行反复修改

背，弹指的，扭唇的，一个个笑道：不羞！不羞！需索取经的人事。须臾，把脸皮都羞皱了，只是拿着钵盂不放。伽叶却才进阁捡经，一一查与三藏。三藏却叫："徒弟们，你们都好生看看，莫似前番。"

这事是唐僧们原来没有想到的。

马克思的著名一段话："宗教里的苦难既是现实苦难的表现，又是对这种现实的苦难的抗议。宗教是被压迫生灵的叹息，又是无情世界的感情，正像它是没有精神的制度的精神一样，宗教是人民的鸦片。"（《黑格尔法哲学批判导言》）佛教的发展也正是这样。

取经联系到索取行贿，这件事已点出佛教的发展同样属于富有阶级的宗教，是为奴隶主和封建主服务的宗教，是奴隶主、封建主的宗教。当然，它跟赤裸裸的吃人肉的那些妖怪不同。

在唐僧西行的路程中，那些妖怪总想拿唐僧们身上的肉去饱餐一顿，但幸亏齐天大圣出了大力，避免了被吃的灾难。

齐天大圣——这一个好赫赫的名字！他不只是"圣"，而且是"大圣"；不只是地上的圣，而且是天上的圣；不只是天上的圣，而且是和天一样大，一样高，一样并立的大圣。这是在一个孤立小天地中生活的小生产者反映出来的自高自大的面貌。在孤立的小生产者的周围，包围着很多同一模样的小生产者，因此，一个美猴王可以一下子变成千百个或千万个美猴王，就如他那根铁棒一样，可大可小，可粗可细，可长可短，有时可以"变做绣花针儿"。

一个小生产者也可能到处冲撞，也可以"大闹天宫"，因为财产不多，丢掉也不值得可惜；但又经常思念故乡，去时容易，回时也容易。例如，当唐僧在路上赶他走时，他就重新挂起"重修花果山，复整水帘洞，齐天大圣"的杂彩花旗，逍遥自在，乐业安居。小生产者平常各干各的，各顾各的，但在接触到共同利害的时候，也能成"一窝蜂"，也能在一定时候"齐齐整整，把一座花果山造得似铁桶金城"。旧社会农村发生不同氏族大械斗的时候，就有这种情况。

美猴王有群猴和他在一起，他代表了群猴的利益。孙悟空把花果山当做他的靠山，他的稳便的后方。

但他怎样又变成一个佛教徒呢？

小生产者具有两重性：有时可以这样，有时可以那样。任何宗教都信神。孙悟空原来信道教的神，现在又信佛教的神，如鲁迅的解释，"释迦与老君同流"（《中国小说史略》）。这对小生产者来说，并不可怪。

小生产者从来没有，也不能形成一个独立的力量。这是一个类似"一盘散沙"的阶级。他们盼望的，正如孙悟空给一个庄上人家祝福的："子孙繁衍，六畜安生，年年风调雨顺，岁岁雨顺风调。"孙悟空自许"上天有路，入地有门；步日月无影，入金石无碍；水不能溺，火不能焚"，但他却不能向百姓作"年年成熟，岁岁丰登"的许诺，他认为这是"天赐"的。

孙悟空那样相信自己上天下地的本事，却极端恐惧唐僧针对他所念的"紧箍咒"，因为唐僧一念这咒，对他的头脑引起不能忍受的痛苦。这是封建主用以束缚小生产者——他们的行动，他们的智慧——的枷锁。孙悟空不能打碎这个枷锁，而只能乞求唐僧"莫念！莫念！"来暂且避免痛苦。在宣布他为"斗战胜佛"后，他才消除这个对他的经常的威胁。但这已不能算是"斗战胜佛"的胜利，而是表现他对佛教的无条件的屈服，即"斗战胜佛"变成了屈服佛。

唐僧、孙悟空经历的，是求佛道，求神道。求神道，所谓求神拜佛——这是多么荒诞啊！

《西游记》所写的，不过是一些骗人的神迹，一些荒诞的奇迹。《西游记》仅仅是一堆幻景——幻想的幻景，幻景的幻想。但是，人类经历无知、愚蠢、迷信，到会有所知、会有所启发、会有某些清楚，这是一个长期的非常曲折的过程，这个过程需要多长时间，只能由各国具体的历史来决定。有的由东向西走，有的由西向东走，结果会碰在一起。

唐僧们求佛道、求神道，也有可能带来他们没有意识到的另一种产品。

唐僧玄奘西行取经是实有其事的，经过很大的艰难，也是实有其事的。但"孙悟空""猪八戒"等当然是虚构的，事实当然不是小说《西游记》所写的神奇古怪。中印佛教徒历代的往来，以及玄奘这次西行，对沟通中印的文化，扩大中国人的某些眼界，增加中国人的某些知识，起了它的作用。中国人有某些思想，是受到佛学的影响而独立发展起来的。

恩格斯说："辩证的思维——正因为它是以概念本性的研究为前提——只对于人才是可能的，并且只对于较高发展的阶段上的人（佛教徒和希腊人）

陈伯达传

陈伯达在家中谈他的读书心得

才是可能的，而其充分的发展还晚得多，在近代哲学中才达到……"（《自然辩证法》201页）

《西游记》写道："一佛国在一沙中……一粒沙含大千界。"

无限大和无限小的对立统一：无限大在无限小中，无限小含有无限大。这或许可说是原始佛教徒的"天才的直觉"的原始辩证法的萌芽。

不以人们的意志为转移，在历史发展的过程中，甚至背离最初出发的目的，经过这样那样的弯路，"山穷水尽疑无路"[1]，而爬到求知的某些彼岸。不过，这种知，又往往是片面的、不全的。

"行动在先"，"原始为动"。如古代人说过，"人未有先养子而后嫁者也"。实践开辟着求知的道路。求知的过程，即在实践——首先在实践的过程中。人们只能在实践过程中逐步探索，逐步打开求知的眼界。列宁在《伟大的创举》中讲过："一位日本学者，为了帮助人们战胜梅毒，耐心地试验了605种药品，直到制出满足一定要求的第606种药品为止……"求知不会只是八十一难，而是如人们习惯说的常常经过千难万难，而且也会遭遇失败。

求知，总是克服一件，又会遇到新的一件，随着历史的前进，将永无底止。

陈伯达读《红楼梦》，他对贾宝玉、林黛玉、薛宝钗这个"三角"的见解，独树一帜，很有新意。他的《〈石头记〉里的一段公案——关于贾宝玉、林黛玉、薛宝钗的姻缘问题》也只千把字，文字流畅，可以一口气读完：

《石头记》里的一段公案
——关于贾宝玉、林黛玉、薛宝钗的姻缘问题

《石头记》（即通称《红楼梦》）写该小说的主人翁之一林黛玉，她说了如下的话："我是一无所有……"

"我……原是无依无靠投奔了来的。"（第四十五回）

林黛玉的父亲林如海是巡盐御史——这是封建社会里的一件肥差事——

---

[1] 陈伯达原文如此。——编者注

又曾是"世禄之家"（第二回）。林如海死后，林家并没有什么别人继承他的遗产，为什么他的女儿变成"一无所有"呢？怎样来判别这一段公案呢？

根据道光壬辰年间的王希廉的评刻本，第七十二回中，贾琏为着对付太监"张口一千两"的勒索，同凤姐谈过"这会子再发个二三百万的财就好了"。（陈注：抄自1974年人民文学出版社本子的注说）这个秘密当是贾琏在林如海死后拿得他遗下的一注大财产。

陈伯达晚年手稿之一

第十四回写道："林姑老爷（林如海）是九月初三巳时殁的。二爷（即贾琏）带了林姑娘同送林姑老爷的灵到苏州。大约赶年底回来。"

第十六回写道："且喜贾琏与黛玉回来，先遣人报信，明日就可到家了。"

"琏二爷和林姑娘进府了。"

从这些话看，除了贾琏带来林黛玉，再没有写出还带来些什么，真像是两手空空的。

第十六回又写道："贾琏自回家见过众人，回至房中，又值凤姐事繁，无片刻闲空，见贾琏远路归来，少不得拨冗接待。因房内别无外人，便笑道：国舅老爷大喜！国舅老爷一路风尘辛苦！小的听见昨日的头起报马来说，今日大驾归府，略预备了一杯水酒掸尘，不知可赐光谬领否？贾琏笑道：岂敢！岂敢！多承，多承！"

当贾琏归来的时候，这一对贾府总管家夫妇彼此何等得意，何等"大喜"！

亲戚死了，哪里来的"大喜"？不在别的，只大喜在贾琏已经窃夺了林家的全部遗产。因此，这一对总管家夫妇才在"房内别无外人"之时，流露了自己的"喜"不自禁之态。

这一对总管夫妇对人讳莫如深的秘密，也骗过了那个当时还年幼而又娇养成长的林黛玉小姐。即使林黛玉知道这件事，因为"寄人篱下"，也只得忍气吞声，"纵有许多照应，自己无处不要留心"。（第八十七回）

林黛玉知道她"这里并没亲人"。（第九十八回）

在林黛玉要断气时，连林黛玉的丫头紫鹃也说："这些人怎么竟这样狠毒

冷淡。""这几天连一人问的也没有。"(第九十七回)

贾府总管人凤姐是做出这样决定的:"现放着天配的姻缘,何用别处去找。"

"一个宝玉,一个金锁。"(第八十回)

真正叫做门当户对。

一个"珍珠如土金如铁"的薛家小姐,终归打败了一个"一无所有"的林家小姐。正是《石头记》中这个主要婚事的结局,说明了在阶级社会中,财产关系和婚姻关系的联系。

正如恩格斯所说,婚事"是根据他们的财产来规定价格的"。

恩格斯接着说:"当事人双方的相互爱慕应当高于其他一切而成为婚姻基础的事情,在统治阶级的实践中是自古以来都没有的。"(恩格斯:《家庭、私有财产和国家的起源》)

陈伯达从经济角度阐述、剖析林黛玉悲剧的原因,不同于红学家们以往的种种诠释。不论他见解如何,在红学研究中,可作为一家之言,则是确实无疑的。

从以上所全文转录的陈伯达晚年所写的两篇文稿,读者可以窥见他的心态,可以知道这个"躲进小楼成一统"而与世人隔绝的老人究竟在思索着什么。

迟暮的周扬关心着迟暮的陈伯达

令人惊讶的是,陈伯达晚年所写的《求知难》,居然在1982年第10期的《读书》杂志上公开发表——尽管署笔名"纪训"而未署"陈伯达"——这在当时也是一个奇迹!

须知,《读书》杂志是三联书店出版的一本高品味的知识界杂志,在知识分子中享有颇高的声誉。笔者的文友、剧作家沙叶新曾对《读书》杂志有一句幽默而精辟的评价:"书可以不读,《读书》不可不读。"

须知,当时作为"林彪、江青反革命集团"16名主犯之一的陈伯达尚在服刑期间,他被剥夺政治权利,怎么可能公开发表文章呢?

其实,这连陈伯达本人也根本没有想到!

既然《求知难》并不是陈伯达本人向《读书》杂志投的稿,《读书》杂志怎么会发表他的文章呢?

在《陈伯达传》初版中,没有涉及幕后深层次的这一问题。

事情要从1982年4月22日说起。那天,有两位陈伯达的老朋友经过公安部门的批准,前去看望陈伯达。在这两位老朋友中,有一位跟周扬很熟悉。这位老朋友前些日子去看过周扬，跟周扬说起陈伯达。周扬说，如果可能，希望晤一晤陈伯达。周扬本人当时不便直接找陈伯达，就请这位朋友传达这一意思。

周扬，本名周起应，湖南益阳人氏，比陈伯达小4岁。解放前，周扬在上海从事文学界的中共地下工作，而陈伯达则在北平做中共地下工作。不

晚年的周扬

过，当周扬与鲁迅之间为"国防文学"与"民族革命战争的大众文学"两个口号相争的时候，陈伯达曾发表文章，主张"休战"。

他们曾于1937年春在上海相识，又先后来到延安，在延安有过交往。

解放后，周扬一直是中国文学界的领导人，担任过中央文化部副部长、中国文联副主席、中国作家协会副主席、中共中央宣传部副部长，而陈伯达虽然不算是他的"顶头上司"，职务却总是高于周扬。他们曾一度都住在北京中南海，而且是邻居。不过，他们各自忙于各自的工作，彼此来往并不多。

他们在工作上有过一次交往，是在"四清"运动的时候。那时，毛泽东已经对周扬领导下的文艺工作很不满意，所以毛泽东在跟陈伯达的一次谈话中，谈到周扬，希望周扬能够"下去"——也就是下乡。由于毛泽东是跟陈伯达谈的，所以陈伯达也就对周扬下乡一事给予关心。

陈伯达曾这样回忆：

> 毛主席希望周扬同志下去，因为毛主席从来就是希望搞文化工作的同志多接触群众。毛主席跟我那次谈话，无非就是希望很殷切，所以说了些厉害的话，例如："如不肯下去，可以派军队让他下去。"我觉得，这类话完全是一片好意。随后周扬到了天津。我跟天津市委说，周扬同志身体不好，给他找一个近郊的地方，有事进城方便些。周扬同志去了小站以后，我去看他。那时他是住在支部书记那里。记得我跟他建议过，可以不住在支部书记的家，接触群众要方便些。周扬同志同意，搬了另一个地方……

"文革"一开始，周扬作为"四条汉子"之首，受到重炮猛轰。陈伯达作为"中央文化革命小组"组长，也曾抨击过周扬。周扬在"文革"之初，便身陷囹圄。

43

此后，陈伯达进入中共中央政治局常务委员会，成为"第四号人物"，处于一生的巅峰。

在1970年8月的中共九届二中全会上，陈伯达遭到批判，从此下台。不久，也身陷囹圄，与周扬一样。

然而，在粉碎"四人帮"之后，周扬复出，重新担任中国文联副主席、中国作家协会副主席以及中国社会科学院顾问。陈伯达呢，作为"林彪、江青反革命集团"的16名主犯之一，被押上了历史的审判台。

平心而论，周扬在"文革"前，囿于当时的历史条件，在中国文艺界曾推行"左"的路线，不论是"反胡风"，不论是"反右派"，还是批判"丁、陈反革命集团"（注："丁"，即丁玲；"陈"，即陈企霞）……复出后的周扬，却有了深刻的反思。在批判"两个凡是"的过程中，周扬大声疾呼，冲锋陷阵，敢作敢为。周扬还真心实意地向当年受到他错误批判的文艺界人士道歉，从此深得文艺界的拥戴。

陈伯达并非当年受到周扬错误批判的人，而是犯了严重错误甚至严重罪行的人，周扬怎么关心起陈伯达来了呢？

迟暮的周扬，十分求实。他从有关部门了解到陈伯达的一些情况，决定与陈伯达一晤——这在当时是需要相当勇气的。在周扬看来，即便像陈伯达这样的"林彪、江青反革命集团"的主犯之一，在他作出悔悟之后，也值得关心。

面对周扬的主动约晤，陈伯达当即答应了。在陈伯达的迟暮之年，还没有一个像周扬这样高级别的人物，以朋友的身份主动约晤他。

翌日上午，陈伯达把希望与周扬晤谈的请求告知住在隔壁的公安人员。

陈伯达的要求，迅速得到答复。当天下午，公安人员便通知陈伯达，经过请示有关部门，同意他与周扬会晤。

由于周扬前往陈伯达住处看望诸多不便，于是，请公安部门派人陪送陈伯达前往北京西单绒线胡同附近安儿胡同周扬家中晤谈，时间定在当天晚上7时。

陈伯达之子陈晓农记得，那天傍晚6时20分，公安部门派出两位工作人员和一辆轿车，前来接陈伯达。陈晓农想陪父亲一道去，公安人员告知，他不能一起去。

本来，估计见面之后，谈一两个小时也就差不多了。不料，直到深夜11时15分，陈伯达才在公安人员陪同下回到家中。原来，两位老人阔别16年，一见面，谈得非常融洽，话就多了，竟然谈了四个小时！

据陈晓农回忆，那天夜里陈伯达回来时，显得有些兴奋，但是也已经有点疲惫。陈伯达只是简单地跟儿子说了几句之后，就上床休息了。

翌日早上，陈伯达起床比平常晚。起床后，陈伯达详细地向儿子讲述了昨晚的情况。陈晓农意识到这是一次很重要的会晤，随即作了笔记。

据陈伯达说,周扬所住,是黄炎培旧宅,是个比较大的四合院。谈话在会客室里进行,公安人员在另一处休息,并不参加他们的谈话。除了周扬之外,还有周扬夫人苏灵扬以及周扬秘书一起参加谈话。

以下是陈晓农当时所记陈伯达回忆与周扬的谈话部分内容:

周　扬:你若不是担任了后来那样高的职位,情况也就不会那样了。《红楼梦》里说:"世人都说神仙好,惟有功名忘不了!"你没有能及时退身,地位到了那样高,打倒陶铸后,又位居第四。

陈伯达:但实际上并不由自己。周总理找我谈话三次,要我当组长(引者注:指中央文革小组组长),我都拒绝了。最后周总理说:"你是共产党员,难道中央不能安排你的工作吗?"他这样说,我无法再推辞,只好当了。至于排第四位,开始调整常委(引者注:指中共中央政治局常委)的名单就是把我排在周总理后面,我不同意,找到主席,说无论如何不能把我排在那样前面。主席拿起笔来把排在最后一位的陶铸同志的名字勾到我的名字前面,对我说:"你看这样行了吧?"打倒陶铸同志是后来的事。

周　扬:我被关起来后,在监狱里听广播,开始还能听到你的名字,后来再听不到有你的名字,知道你倒了。我也很难过。"文革"中你的帽子戴得最多了,是首屈一指的。这次讨论历史问题决议(引者注:指中共十一届六中全会所通过的《关于建国以来党的若干历史问题的决议》),有几位同志为你讲了话,我也讲了几句,但主要是那几位同志讲的。现在采取了区别,对你有些优待。

陈伯达:我自己以为优待我是因为我在阜平救过毛主席。1948年春天国民党飞机轰炸阜平,那天早上我听到飞机响,赶紧跑到毛主席那里,他正在犹豫,我说飞机就在头顶上,要赶快走,他听我一说,就走了。他绕过一道墙,听警卫员说我还未走,回头喊了我,我催他快走……看到他已走到安全地方,我赶快离开,刚跑到院子外,炸弹就已经投下来了,正好炸在院子当中,房子玻璃全被弹片打碎了……如果晚一步是很危险的。这件事本来从没有对别人说过。1971年逮捕我,我在监狱门口不肯进去,大声说过"我救过毛主席!"开始关我的地方条件很差……大概我说的话传上去了,几天后把我转到一个三层楼上,生活很优待……

周　扬:那时我也在阜平,听说毛主席那次很危险,但不知道是你救了毛主席。

陈伯达:我垮台主要是因为和江青发生冲突,在庐山我还和周总理谈到过,江青曾几次想离开主席。

周　扬：你在庐山是主张设国家主席的，当然现在也还要设国家主席，但和你们那时不同，你们那时是要让林彪当国家主席。

陈伯达：我没有提过林彪当国家主席，我只是提请毛主席当国家主席。

周　扬：……"文革"的后遗症很多，现在的青年人不听说啊，这个问题不知道怎么解决？

陈伯达：这个情况我不了解。我没有接触。

周　扬："文革"开始时，你为什么把给别人的题字都收回去了？是不是怕别人连累你？

陈伯达：那倒不是，那时我实际上也是随时可能倒的人，也怕牵连别人。所以运动开始以后，我就把散在下面的题字收回了。有些人并没有什么事，我也把题字收回了么。

周　扬：可是我这里就还有一幅，怎么没有收呢？

陈伯达：漏掉的也有吧，我跟你不熟么，不记得你是哪里的，当然就漏掉了。

周　扬：你现在写些什么东西？

陈伯达：主要搞点经济问题的材料，也写了几篇与文艺有关的文字，不知你看到了没有（陈提到几篇文章题目）？

周　扬：我没有看到。

陈伯达：那我可以向上面提一下，把和文艺有关的文章交给你看。将来如果能放我的话，你看能不能让我在你领导的文联做点小事情，比如搞点材料，我可能还做得来。进你们文联的门，也需要有点东西（指作品）吧，这几篇文艺的文章也算是我的一点东西。

周　扬：这到时候再说吧。

陈伯达：你现在看些什么书？

周　扬：我有时候看些文学史方面的书（指指客厅桌上的书，陈看到有不少是外国文学史方面的书）。

陈伯达：你对俄国文学史很熟悉了，我最近看了一本《巴纳耶娃回忆录》，你看过没有？

周　扬：没有看过。巴纳耶娃是个什么人物？过去好像没听说过。（陈做了介绍，周让秘书记下了书名。该书是上海译文出版社1981年出版的，译者是蒋路、凌芝。）

陈伯达：这本书值得看一看，作者很熟悉19世纪俄国文学界的情况，接触过很多作家。书里讲了屠格涅夫很多事情，也有其他文学家的事情。

周　扬：我现在准备出版自己的文集，很多时间都用在这件事上。

　　陈伯达：你的书出来以后可不可以送给我一本？

　　周　扬：可以。

　　以上的谈话记录，当然很简短。四个小时的谈话，不可能只这么几句。很遗憾，当时陈晓农未被准许同去。不过，他能够在事后马上请陈伯达作了回忆，并作了这样的记录，终究是很不错的了。

　　在这次谈话中，陈伯达跟周扬说及"写了几篇与文艺有关系的文字，不知你看到了没有？"

　　陈伯达提到几篇文章题目，其中就有那篇《求知难》。周扬说："我没有看到。"于是，陈伯达便说："那我可以向上面提一下，把和文艺有关的文章交给你看。"

　　陈伯达果然"向上面提一下"。于是，陈伯达所写的几篇"与文艺有关系的文字"，便交到了周扬手中。

　　陈晓农记得，此后不久，北京市公安局安排陈伯达前往香山春游。对于陈伯达来说，这简直是破天荒的，他已经十几年没有春游了。

　　很可惜，公安部门仍然不准许陈晓农陪同。

　　不过，笔者在陈伯达家中见到了这次春游时公安人员为陈伯达所拍的彩色照片，陈伯达显得兴致勃勃。陈伯达当时已经七十有八，而且平日闭门不出，居然登上了香山"鬼见愁"！

　　据陈晓农回忆，1982年11月的一天，那两位曾经来访过的老朋友，经过公安部门的同意，再度前来看望陈伯达。他们刚刚入座，那位与周扬相熟的朋友，便从包里拿出一本杂志，送给陈伯达。

　　这是上月10日出版的第10期《读书》杂志，上面刊登了《求知难》，署名"纪训"。

　　陈伯达完全想不到，自己写的文章竟然能够公开发表——尽管作为"笔杆子"，他曾经发表过众多的文章。然而，在他的晚年，在他被判刑期间，能够公开发表文章，这确实出乎他的意料！

　　那位朋友只是很简单地告诉他，《求知难》是经过周扬阅后发表的。

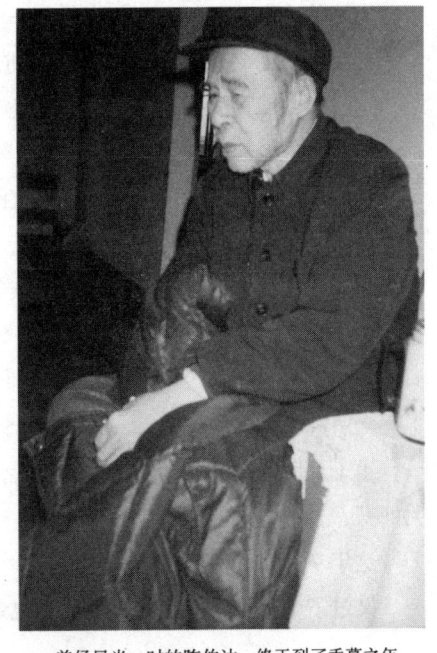

曾经风光一时的陈伯达，终于到了垂暮之年

又过了一个月，这两位老朋友又一次来访，才把《求知难》发表的内情详细告诉陈伯达：

自从陈伯达向"上面"提出之后，《求知难》等文章由"上面"转到了周扬手中，周扬颇为赞赏。不久，《中国社会科学》杂志总编辑、历史学家黎澍去看望周扬，见到了陈伯达的这些新作。尽管黎澍在1970年代末曾经发表多篇文章，严厉地批判过陈伯达，但是他和周扬一样，十分欣赏陈伯达的新作。

过了几天，黎澍向周扬借去陈伯达文稿。黎澍经过仔细阅读，选中了《求知难》，认为这篇文章适合公开发表。

黎澍把《求知难》托人送交《读书》杂志，在当年第10期刊出了。

对于《求知难》的发表，陈伯达十分感动，说出发自内心的话语：

"一个人一旦有事（引者注：出事之意），大家就都六亲不认，这个风气实在不好。所以，我要感谢周扬，还有几位帮助发表我文章的同志。"

确实，在陈伯达晚年，长期处于被"六亲"所"不认"的极度孤独之中。周扬不避嫌，向他伸出友谊之手，使陈伯达为之动容。

自从那次见面之后，周扬与陈伯达曾相约再度晤谈。

遗憾的是，1983年9月，陈伯达病了，腿疼痛不已，住进北京北郊的中国人民解放军262医院。

就在陈伯达住院期间，他从报上看到对于异化和人道主义的批判，矛头直指周扬。当陈伯达出院不久，周扬在批判声中病倒了。

1984年秋，陈伯达再度病倒，住进北京卫戍区292医院。

这时候，周扬的病情转重，长期处于昏迷状态。

从此两位老人无缘再相会，但是，彼此常托人表示问候。

1989年的到来，把周扬夫妇和陈伯达都带到了另一个世界：

这年7月31日，周扬辞世。

在周扬去世之后，陈伯达闻讯，亲笔写下挽联：

创延安鲁艺，育一代桃李。

由于众所周知的原因，他不能写上"陈伯达"三字，而只能署上鲜为人知的笔名："仲晦"。

这年9月20日，陈伯达去世。

又过了一个月，周扬夫人苏灵扬也走了。

香港记者在五年后才获知的"幕后新闻"

在《求知难》公开发表之后，引起"连锁反应"——陈伯达的另一篇新作也得以公开发表。

这一回，与发表《求知难》一样，陈伯达在事先毫无所知。

这一回，推荐发表陈伯达新作的，不是周扬，也不是黎澍，而是中共中央政治局委员胡乔木！

胡乔木细读了陈伯达新作，认为其中的《认识的渐变和突变——从〈坛经〉看中国佛学中的顿渐两派》一文，颇有新意，而且适合于公开发表。于是，写下一段批示，大意是此文可以考虑在外地的党内刊物上发表，但应保密（包括对作者）。

根据这一批示，陈伯达的这篇文章后来在1983年7月出版的中共辽宁省委党内刊物《理论与实践》第2期上发表，署名"程殊"。

由于遵照胡乔木的批示，注意保密，所以直到五年之后——1988年——才被香港记者获悉，当作"中国大陆幕后大新闻"在香港披露，说陈伯达居然公开发表文章云云，其中提到了那篇《认识的渐变和突变——从〈坛经〉看中国佛学中的顿渐两派》。不过，《读书》杂志的影响比《理论与实践》杂志更大，香港记者却没有提到那篇《求知难》。当然，这是由于《读书》杂志的"保密"工作做得更好，香港记者不知此事。

在写作本书初版本之际——1988年至1989年——《求知难》和《认识的渐变和突变——从〈坛经〉看中国佛学中的顿渐两派》两文的发表内情，以及周扬和陈伯达的交往，都还属于保密范围，不便披露。如今，时间已经过去多年，已经到了可以公开披露的时候，所以也就补入本书的修订本。

与《求知难》相比，《认识的渐变和突变——从〈坛经〉看中国佛学中的顿渐两派》更具学术性。陈伯达以崭新的视角，剖析中国佛学中的顿渐两派。从这篇文章，既可看出陈伯达的博识和学术造诣，也可以了解晚年陈伯达的思绪。

《认识的渐变和突变——从〈坛经〉看中国佛学中的顿渐两派》一文比较长，这里只能摘录若干片断，供读者鉴赏：

"顿悟成佛"——这是公元4世纪，中国佛教徒首先提出的。谢灵运张大其说，提出顿悟和渐悟的差别。随后，中国的佛学、佛教中逐步形成为顿渐两大宗派。在中国佛学的历史中，顿渐两派曾经有过激烈的斗争，并且在某种程度上，在某个方面，或这样或那样地影响到中国历史上的思想界。曹溪和尚慧能在这个斗争中成为顿宗发展新阶段的一个开创人物。

从唯物论看，所谓顿悟和渐悟，在哲学上属于认识论的问题。自然界和人类社会的发展，都经历过各种不同性质的渐变和突变。人类对客观存在、客观事物的认识，不论对大的或小的事物的认识，也都有一个由渐变到突变的过程。通过人的不断行动，不断实践，进行对事物的探索，如螺旋式的发展，由迷（迷是佛学的用语）到悟——即由不悟到悟之——甚少，到悟之较多，到能够悟到某个事物的发展、变化的规律（或其中的某些规律）。各种事物本身的复杂程度并不一样，但事物本身究竟是复杂的，因此，人类认识事物都必须爬过或大或小的艰难的阶梯。在爬梯的时候，并不是一切都会顺利，随时都可能跌下。当然，跌了还可能再爬，又跌又爬；但有的人就永远跌下去，再爬不起来。

人在行动中，在实践中，人对事物（自然界的事物或社会事物）的认识经过某种渐变，时间或长或短，而结果，或终于有所大悟（佛家的通俗用语，叫"大彻大悟"）。相反的，或终于没有所悟。有所大悟，即悟到其事物的多方面，悟到该事物的全面，悟到该事物的发展的总趋势。这是人在实践中沿着渐变道路对事物所产生的认识上的某种突变。这种突变是认识运动"渐进过程的中断"。这是认识运动的渐变和突变的统一，如用佛家的语言，或许叫做渐悟和顿悟的统一。

世界的运动没有尽头，人的认识运动也没有尽头。人总是"在实践中不断开辟认识真理的道路"，由低级攀登到更高的一级，由一个突变攀登到另一个突变，由一个认识运动的渐变和突变的矛盾统一，过渡、转化为另一个新的认识运动的渐变和突变的矛盾统一，永远这样往复，不会终止。

……

佛家顿宗的首创者——道生——也提有"悟事有难易"之说。可是，中国佛学史上顿宗没有发展这个观点。顿宗一般发展所说的顿悟，同唯物论相反，如顿宗一派人所说的："一闻言下便悟"，"悟即须臾"。这是一套主观唯心论。

人类认识事物的过程，并不是平坦的道路。而佛学中顿派所追求的，却是一种很简单而轻便的——主观唯心论的道路。

顿宗自身的矛盾是：一方面，反对了局限于渐悟的片面性；另方面，自己却陷在局限于主观唯心论的角落上，走上了另一个极端的片面性。

慧能和尚及其徒弟们的局限性和片面性，有它的社会根基。这就是小生产者的局限性和片面性。小生产者自视甚卑，几乎无地自容；又自视甚高，几乎目空一切；常常二者兼而有之。

在中国佛学、佛教中，慧能本来是一个名不出众的极其普通的劳动者，一个在市上卖柴的人，后来当了和尚，也只是一个不认识字的和尚。在佛寺里，他在碓房踏碓，从事舂米，如柳宗元关于他的碑文所写的，"能劳苦役"。这是封建社会中的一个小生产者。他在佛学上的活动，表现的是小生产者的意识形态。

……

顿宗的教义向两个方面发展：

一方面，直线地继续走向极度的主观唯心论：否认渐悟，"以心传心"，陷于虚妄，只能"颠倒妄想"。

另方面，物极必反，不自觉地走向一种泛神论："人皆有佛性"，"若识众生，即是佛性"，"众生是佛"。这是近似泛神论的。

……

中国佛学、佛教中顿渐两派的大的斗争发生在7世纪到8世纪，同欧洲这些宗教改革比较起来，经济条件和阶级条件有显然差别。中国不少佛教寺院也有或多或少的财产，特别是有些大寺院有较多的财产，这类寺院的财产在不同的封建王朝之间，在各教派势力时起时落之间，也有所变化，但一般地说，没有像欧洲罗马天主教拥有那样大的地产。中国佛学、佛教顿渐两派的斗争的出现，不仅是在隋末农民大起义的风暴才过去不远，而且市民阶级、城市平民在经济上、政治上的力量，也不能同欧洲的宗教改革时代相比。

胡耀邦读了陈伯达晚年文稿

1982年4月23日，周扬在跟陈伯达谈话时，有几句话透露了极为重要的信息：

"这次讨论历史问题决议，有几位同志为你讲了话，我也讲了几句，但主要是那几位同志讲的。现在采取了区别，对你有些优待。"

周扬所说的"历史问题决议"，是指中共十一届六中全会所通过的《关于建国以来党的若干历史问题的决议》。

中共十一届六中全会是在1981年6月27日至29日召开的，会议审议并通过了《关于建国以来党的若干历史问题的决议》。

周扬说了在讨论这一重要决议时，"有几位同志为你讲了话，我也讲了几句，但主要是那几位同志讲的"，但是没有点明那为陈伯达讲话的"有几位同志"究竟是哪几位同志。

周扬所说"现在采取了区别，对你有些优待"，但是又没有具体说明"区别"了什么，"优待"了什么。

笔者作了细细的了解，并研读了《关于建国以来党的若干历史问题的决议》，发现在"决议"关于"文革"的那一大段文字中，并没有点陈伯达的名。其中特别是这么一句:"林彪、江青、康生、张春桥等人主要利用所谓中央文革小组的名义……"

这里,点了林彪以及中央文革小组第一副组长江青、中央文革小组顾问康生、中央文革小组副组长张春桥的名字,却没有提到中央文革小组组长陈伯达,显然不是一种疏忽。

陈伯达在"文革"中犯有严重罪行,而且是"林彪、江青反革命集团"的16名主犯之一,这有中华人民共和国最高人民法院特别法庭的判决书为据,陈伯达本人也是承认这些罪行的。

但是,即便在这16名主犯之中,也还是注意了区别。在《关于建国以来党的若干历史问题的决议》中,没有点陈伯达的名,而是把他包括在"林彪、江青、康生、张春桥等人"的"等人"之中,这就是"采取了区别"。

这就是说,一方面,陈伯达是"林彪、江青反革命集团"的16名主犯之一;另一方面,陈伯达又与同为"林彪、江青反革命集团"主犯的林彪、江青、康生、张春桥有所区别。

这里用得着毛泽东的一句名言:"没有区别,就没有党的政策。"

前文写及,1981年7月5日王力在秦城监狱就陈伯达问题上书中共中央。王力一开头写道:"'历史决议'没有点陈伯达的名,是科学态度,是英明的。"王力当时在秦城监狱,处于与外界隔绝的境地,从《人民日报》上读到《关于建国以来党的若干历史问题的决议》,就马上注意到"没有点陈伯达的名"。

同样,当《关于建国以来党的若干历史问题的决议》一发表,长期从事中共中央文件起草工作的陈伯达,也马上敏感地注意到这一"区别"。但是,他当时并不了解幕后的内情。

直至周扬跟陈伯达作了简略的说明,陈伯达才明白是怎么回事。

在与周扬的谈话中,陈伯达曾说:"那我可以向上面提一下,把和文艺有关的文章交给你看。"

陈伯达所说的"上面",究竟是谁?为什么陈伯达的新作,不由陈伯达直接交给周扬,反而要由"上面"交给周扬呢?

在本章前文中,曾写及:

"他的文稿,有些被人送上去,受到中央有关部门的重视,排印出来,在一定的范围内分发。这些印出来的文章,除了标明作者陈伯达的名字外,没有注明什么单位印的,也没注明印数和分发范围。不过,印刷所用的是上好的道林纸,16开,大字仿宋体排印,可以看出不是一般的机关所印,是在相当高的政治层次中分发。"

笔者在王力那里采访时,也见到了王力的一些文稿,被用上好的道林纸印出。这种印刷品的格式,与中共中央文件极为相似,只是没有"红头"而已。可以说,这是一种

"无头文件"！不言而喻，这些"无头文件"是在排印中共中央文件的印刷厂里印刷的。

笔者问王力，才明白其中的内情——据说，这是邓小平创议的。

在毛泽东时代，凡是被打倒的人，只能待在那里写交代。邓小平却认为那些被打倒的高层政治人物，有着丰富的政治经验，值得充分调动这些人的积极性。特别是这些人在被打倒之后，成了道地的旁观者。常言道："当局者迷，旁观者清。"旁观者倒是有着客观、清醒的长处。邓小平鼓励这些人给中共中央写文章，谈什么都可以。如果文章有参考价值，就印成"无头文件"，在中共高层小范围内分发。

陈伯达、王力，都成了这种"无头文件"的积极撰稿人。

也有的文章，被用复印机复印，在中共高层分发。

陈伯达的《求知难》《认识的渐变和突变——从〈坛经〉看中国佛学中的顿渐两派》等，送往"上面"，最初就是被复印在"上面"散发。

陈伯达在保外初期，有一条与中共中央总书记胡耀邦以及中共中央书记处直接联系的渠道。陈伯达的文稿，被复印多份，直送胡耀邦、胡乔木以及中共中央书记处有关人员。

胡耀邦看了陈伯达的文稿，曾指出：

"陈伯达不要老写读书笔记了，可以就中国近代历史中一些重大的问题写些可以对后代起教育作用的东西。"

首肯陈伯达的《认识的渐变和突变——从〈坛经〉看中国佛学中的顿渐两派》一文的，也是胡耀邦。胡乔木也看了此文。

胡耀邦还对陈伯达晚年的生活、医疗等问题作了指示。

就个人关系而言，过去陈伯达身居高位时，与胡耀邦并无深交。但是，胡耀邦对于所有的人和事，都坚持以实事求是的态度对待，即使是像陈伯达这样早已被完全打倒的人，他仍从全面的历史的高度，予以冷静的分析，做出妥善的处理。在他的主持下，中央书记处认真贯彻《关于建国以来党的若干历史问题的决议》，实施了将陈伯达与林彪、江青、康生、张春桥相区别的政策。

陈伯达之子陈晓农引用他一位朋友的一句话，这么评论胡耀邦：

"胡耀邦是一位在陈伯达已经被推入绝境后仍把陈伯达当人看的中共高级领导人。"

1980年代初的胡耀邦

陈伯达评论"四人帮"

在陈伯达家中,笔者见到一篇被印成"无头文件"的文章,题为《儒法两家"其实却是兄弟"——评"四人帮"杂记》。

笔者以为,在陈伯达的晚年文稿之中,这是一篇很重要的文章。

诚如胡耀邦看了陈伯达一些晚年文稿之后所说:"陈伯达不要老写读书笔记了,可以就中国近代历史中一些重大的问题写些可以对后代起教育作用的东西。"这篇文章就是针对中国历史进程中的重大问题——"四人帮"——而写的。

尽管陈伯达在"文革"中,与"四人帮"中的三个人——江青、张春桥、姚文元——共事于中央文革小组,但是陈伯达不是"四人帮"的"帮"中之人。

在种种批判"四人帮"的文章中,陈伯达所写的文章别具一格。他从自己特殊的身份、特殊的视角,对"四人帮"进行批判。

陈伯达选择了在他倒台之后"四人帮"所搞的那场"尊法反儒"运动作为切入点。

陈伯达写道:

"四人帮"发动所谓"尊法反儒"的喧嚷,则是在打倒我之后,当然把我放在"尊儒"之列。在延安初期,我写过一篇关于孔子的文字,幼稚浅薄,自不待言。此文发表前,先请教毛主席,记得毛主席对我的原稿加进了一些相当重要的意见。毛主席写给我的原文,我记得在1971年我被关押之前,一直保存着,现在是否还在,我就不知道了。"四人帮"批我关于孔子的文字,其中所引的材料,除了我年幼无知时所写的外,大概引自《解放周报》,似乎也把毛主席的意见当作我的意见,胡乱加以批判。

陈伯达对所谓的"儒法斗争"进行了剖析。他这么写道:

"文革"中的"四人帮",(从左至右)王洪文、张春桥、江青、姚文元

所谓"儒法斗争","四人帮"大大喧嚷一个时候。据一本书记载:"四人帮"认为,"两千多年来的儒法斗争,一直影响到现在,继续到现在,还会影响到今后"。"现在也一定有儒","党内也有儒"。在"四人帮"看来,中国历史上一切学派,不分阶级差别,不分时代,都绕在儒法两家之间团团转;不仅"儒法斗争"是春秋战国时期百家争鸣的"中心",其他各家"学派"只是或者思想上属于法家,或者思想上属于儒家,而且两千多年来的思想上斗争是这样,而且两千多年来一切政治的斗争,也只是"儒法两家"的斗争。

按照"四人帮"的观点,大概可以得出这样的结论:历代劳动者,他们不懂得什么思考,在政治上也没有什么自己的要求。他们在思想上政治上是儒家或法家的隶属,或者可以说,都只是法家的隶属。而到现在,在无产阶级的当权时代,"四人帮"妄图夺权,按照他们的自我广告,他们是法家的继承人,是法家的正统派,而一切违背"四人帮"意见的,都一律算是儒家。因此,"四人帮"要代表法家行事,对于他们所认为是属于儒家的,必须加以清算,加以讨伐。

儒法两家是两千多年前出现的。正像列宁对欧洲资产阶级所说明的一样,中国封建社会两千多年来,封建地主阶级也有两种管理方式,两种统治方法。儒法两家便是代表他们的两种管理方式,两种统治方法。这两种管理方式,两种统治方法,有个一致的目的:维护封建主的统治,维护封建制度。

儒法两家的"道"和"术",在历史上惯称所谓王霸之道,王霸之术。这两种道术的统治方法,其情况是怎样的呢?

封建制度的拥护者孟子这样说:"霸者之民,欢虞(欢欢喜喜的样子)如也。王者之民,皞如也。"好像老百姓在这两种道术的管理下,情况并没有差了多少。

无产阶级的思想家和革命家鲁迅这样说:"在中国的王道,看去虽然好像是和霸道对立的东西,其实却是兄弟……"

毛泽东同志强调地说明了反动统治阶级对劳动人民的两面政策,而革命群众需要采取"对付顽固派两面政策的革命的两面政策"。

儒法两家的道术是中国历代封建阶级的两面政策。采取这两家道术的不同派别,是中国封建阶级统治人民的两套班子:在某种需要时,这套班子上台;在那种需要时,那套班子上台;而在某些时,为着适应需要,两套班子也同时上台。

中国封建阶级的集中代表人并不掩盖他们的"两手"。汉宣帝说:"汉家自有法度,本以霸王道杂之……"他赤裸裸地暴露了自己。

一般说来,一个剥削阶级总是有两个基本差别(或是几个派别)的人物,一派装红脸,一派装白脸;但由于事情利害的变化,红脸也可以变白脸,白脸也可以变红脸,有的可以同时是一半白脸,又是一半红脸(即所谓两面派)。

总之，剥削阶级在一定时候的各种利益有各种复杂的表现，也就有各种不同的代理人，而老百姓只能根据自己的或迟或早的遭遇来分别地认识他们。中国历史上儒法两家交替执政或者共同参差执政，问题不过如此。

按照陈伯达的写作习惯，他引用马克思的话，批判"四人帮"：

"四人帮"大概忘记或者根本没有读过马克思《〈政治经济学批判〉序言》中关于唯物史观的著名论点。

马克思说：

"物质生活的生产方式制约着整个社会生活、政治生活和精神生活的过程。不是人们的意识决定人们的存在，相反，是人们的社会存在决定人们的意识……

"我们判断一个人不能以他对自己的看法为根据，同样，我们判断这样一个变革时代也不能以它的意识为根据；相反，这个意识必须从物质生活的矛盾中，从社会生产力和生产关系之间的现存冲突中去解释。"

在"四人帮"看来，竟是儒法两家的意识决定人们的社会存在，而不是人们的社会存在决定儒法两家的意识；竟是儒法两家制约了中国社会历史，而不是中国社会历史制约了儒法两家。

在"四人帮"看来，要判断两千年来中国社会各时代的变革或变迁，不是如马克思所说，"必须从物质生活的矛盾中，从社会生产力和生产关系之间的现存冲突中"去获得解释，相反，却必须从儒法两家的意识中去获得解释。

"四人帮"认为，要知道中国历史上那个朝代是好或是坏，只要看那些管事的，那些当权的：儒家便坏，法家便好。

法家李斯被赵高腰斩咸阳市，"四人帮"也就把那个"精通刑法"而奉秦始皇之命以"法事"教胡亥的赵高一变而为"儒家"。

一本给"四人帮"吹嘘的书，这样写道："秦始皇对反革命儒生的镇压不彻底。在他去世后，潜伏在秦政

"四人帮"受审

权内部的野心家赵高乘机篡权,中断了秦始皇的法家路线,转而推行复辟倒退的儒家路线。"

黑白竟是这样的颠倒,真正重演了赵高"指鹿为马"的故事。

"四人帮"极端地、极度地、盲目地仇视儒家,恨不得把儒家的一切东西全部焚之、坑之;而且如有谁引用过儒家的一点话,虽然是有限度的,他们也绝对不能容忍,一经他们调查发现,或者并不经什么"调查",而只凭自己不高兴,指定谁是"儒家",即不分皂白,斥为大逆不道,诛之讨之,纳入他们号称为"反革命分子"的行列。

按照陈伯达的写作习惯,在引用了马克思的话之后,他着重引用毛泽东的话,来批驳所谓的"儒法斗争":

让我们再听毛泽东同志说过的话吧:

"我们这个民族有数千年的历史,有它的许多珍贵品……我们是马克思主义的历史主义者,我们不应当割断历史。从孔夫子到孙中山,我们应当给以总结,承继这一份珍贵的遗产。"

看!毛泽东同志认为"孔夫子"也是包括在我们"珍贵的"遗产之内的。

毛泽东同志经常说的"学而不厌,诲人不倦",就是从孔孟的书上取来的。如此等等。

毛泽东同志在这里没有提到法家。但马克思主义不是宗派主义,既然说"我们这个民族的遗产",当然,不会把法家学说中有某些值得注意和值得参考的东西排斥在外,例如,其中有某些在一定程度上的唯物主义的成分。

历史是人民创造的。毛泽东同志说:"人民,只有人民,才是创造世界历史的动力。"

"四人帮"同毛泽东思想完全相反。他们把所谓法家当做"创造中国历史的动力",实质上,毫不知羞地,认为"四人帮"自己在"创造"中国的历史。不论他们的胡作非为曾经假借过什么名义,他们妄想把正在前进的中国拉向后退,结果,他们这种反动企图只能被前进的历史车轮所压碎。

1982年9月18日

正因为这篇文章有很强的现实意义,所以"上面"印发了陈伯达的这一新作……

值得在这里提一笔的是,在陈伯达晚年,曾这么谈及"四人帮"中的"军师"张春桥和张春桥的那篇《论对资产阶级的全面专政》。陈伯达这么说道:

至于张春桥"能写几篇文章"这事，我不知道他写过一些什么。我看的东西之少，这也是证明。据我所知，林彪在"九大"念的"政治报告"，是他写作有份的（引者注：指张春桥参与写作）。我被"四人帮"押在监里的时候，看到《人民日报》有一篇横贯第一版的大篇文章，题目是《论对资产阶级的全面专政》，我没有细读，似乎其中点了刘少奇同志和我的名字。这是我知道张春桥"能写文章"的唯一的、独立署名的一篇。当然，文章不在多少，有"好"的一篇，也就可独树一帜，独立千古。唐朝一个年纪轻轻的王勃一篇《滕王阁序》，不是到现在还可吸引人一看吗？但张春桥的"文章"能算得什么呢？即使他写得再多，也不过是一堆狗屎。

陈伯达虽然与张春桥同为"林彪、江青反革命集团"的主犯，但是陈伯达对张春桥的剖析，可谓入木三分！

陈伯达走过了漫长的人生道路。在我采访他时，他是中共九届政治局五名常委中唯一健在的人——毛泽东、林彪、周恩来、陈伯达、康生。

趁着他还健在，我请他回忆往事，把脑子中的记忆凝固在一盒盒录音磁带上。

他穿着铁灰色的中山装，蓝色鸭绒裤。冬日，尽管屋里开放着暖气，他仍戴着藏青色呢干部帽——他一直喜欢戴帽，为的是防止感冒。

他头发稀疏，眉毛却又浓又长。他精神不错，有时他与我一口气谈四小时也不觉倦。

他讲话的声音不大，依然讲一口"福建普通话"。记得 1958 年 5 月 4 日——北京大学 60 周年校庆——我第一次见到陈伯达。那时，我正在北京大学上学，陈伯达来到北京大学大膳厅，向全校师生作长篇演讲。我感到非常奇怪，这个中国人发表演说，居然要由另一个中国人担任"翻译"！我跟陈伯达提起这件往事，他哈哈笑了。

如今，他慢慢地讲，我已能听懂他的"普通话"，不需要"翻译"。他变得十分有趣。比如，有一天我向他告别时，他忽然喊住我，说有两点补充。我站住了，他却怎么也想不起要作哪两点补充。才几秒钟以前的事，他忘了！他只得说，你翌日早上来，我再告诉你。可是，第二天清早我来到他家，他居然连昨日所说有两点补充这件事也忘了，说自己没讲过作什么补充！可是，谈起往事，特别是童年时代、青少年时代的事，他的记忆屏幕显得异常清晰，就连当年郁达夫对他的诗改动了哪几个字都记得清清楚楚……

不过，他起码向我强调了三四次："记忆不可靠。列宁不相信回忆录！"他不断重复这句话。他认为，要了解他，最可靠的是他写的文章和当时的记载。他要我注重查阅资料，而他的回忆仅供参考。

他的话不无道理。我除了对他，以及他的亲属、他的朋友、他不同时期的四位秘书进行采访，而且查阅了他的大量著作和有关史料，以求准确、如实……

第二章
最初的人生之路

"伯达"是笔名。陈伯达的本名叫"陈声训"。上私塾的时候,老师给他改名,叫"陈建相,字尚友"。他最初喜欢写诗,甚至写小说,是一个文艺青年……

"四代书香"的底细

面包车沿着平坦的柏油马路从福建厦门北上,沿途,我看见一幢又一幢用花岗石砌成的房屋,整齐而漂亮。才几个小时,新建的泉州大桥便出现在眼前,桥上蹲着几十只石狮,神态各异。

泉州,中国南方的古城,据说,因当地有座泉山(今清源山)而得名。泉州是一座历史文化名城,早在一千多年前便已是中国对外开放的港口,号称"梯航万国"。南宋诗人李文敏形容古代泉州"涨海声中万国商"。泉州与东南亚各国以及港、澳、台地区地缘、神缘、物缘、文缘方面有着千丝万缕的联系。在泉州湾古船陈列馆,我看到一艘从海滩里挖出的宋代木帆船,船长竟达34米。沉船上所载檀香、龙涎香等几十种东南亚以及非洲所产商品,清楚表明泉州是中国古代的外贸中心之一。

一位外国学者曾说:"研究中国古代的历史,一看西安,二看泉州。"研究西安,因为西安是中国的古都;研究泉州,则因为泉州是中国古代对外开放的门户。

如今,关于泉州的研究,形成了一门专门的学问,叫作"泉州学"。

从泉州市朝东北方向进发,过洛阳桥(万安桥)20多公里处,矗立着一座县城,那便是惠安县。城西有座科山,山顶有科山寺,寺中有文昌阁、关圣殿、三宝尊殿,山腰有甘雨亭、登云亭,乃惠安名胜所在。

不过,惠安知名于全国,倒不在于科山上的名胜,却是那民风习俗奇特的"惠安女"。1988年,由珠江电影制片厂和香港银都电影机构联合摄制的电影《寡妇村》,便是以惠安女为题材的故事片。头戴宽大的黄斗笠,花头巾,银腰带,银手镯,短小的桃仁裳,那大裤脚比喇叭裤还大,裤腰偏偏束在肚脐眼以下,惠安女的打扮是世所罕见的……

惠安出花生,出甘薯,产鱼,产盐。在海风的吹打下,陈伯达就在这片潮润、温暖的土地上度过他的童年。

"别人问我属什么,我总是笑着回答:'我属狗。'"陈伯达笑眯眯地对我说。

如果他属狗,则出生于1910年。

"其实,那是开玩笑。我属龙,生于1904年,也就是甲辰年。"陈伯达大笑起来。

后来据陈伯达胞兄陈声诜之子说:"老人所说属狗,实非逗乐。此说含义:'宁愿做庶民之看门狗。'"

他说小时候家里穷,从来没有过生日的习惯,他也就不记得自己的生日,只知道生于农历九月下旬,在当地的一个节日的前三天。因此,他大致上可以说生于1904年10月,至于哪一天尚待考证——他本人对于"考证"生日毫无兴趣。

陈伯达的出生日子,在陈伯达生前没有弄清楚,在陈伯达死后,倒是查清楚了。

在1990年10月,据陈伯达胞兄陈声诜之子从陈伯达福建老家查出,陈伯达生于光绪甲辰年六月十七日辰时,亦即1904年7月29日。

这样,陈伯达的生卒时间,可以清楚地这样写明:

福建惠安陈伯达故居(徐跃摄)

1904.7.29~1989.9.20

也有人依据陈伯达所说"生于农历九月下旬,在当地的一个节日的前三天"进行查证。1904年农历九月下旬为10月29日至11月6日之间,惠安县当地的民俗节日是立冬——1904年11月8日。这样,节前三天应为11月5日,农历九月二十八日,因此陈伯达的准确的出生日期为1904年11月5日。

陈伯达的家,在惠安县岭头村,离县城不算太远。

陈家本是种田人,到了陈伯达的高祖父时,算是读了些书。从此陈家沾了墨香,但一直没有功名。

陈家的"显赫人物",要算陈伯达的曾祖父陈金城(1802.3~1852.9)。

陈金城,字念庭,号殿臣,福建省惠安县洛阳镇岭头村人,是清朝孝廉,亦即举人。

陈金城的岳父孙经世,亦是一代名士。1996年,由李学勤、吕文郁主编,吉林大学出版社出版的《四库大辞典》第508页,收有孙经世所著《惕斋经说》《经传释词续编》《读经校语》三种。

陈金城与陈庆镛、苏廷玉等人为泉州清源书院同窗好友,意气相投;后与林则徐、陈化成及包世臣等人过从甚密，时有书信来往，政治上有共同的主张。[1]

苏廷玉后来曾担任四川总督。

鸦片战争爆发之后，陈金城于1840年7月，奋笔写出《平夷论》，坚决主张以武力抵抗英国侵略军。

陈金城道出一句铮铮之言："我朝祖宗疆土不可尺寸与人。"

清末抗英名将、江南提督陈化成殉职于吴淞炮台，为纪念他所立的"神道碑"，出自陈金城手笔。

直隶总督琦善诬陷林则徐，力主求和，陈金城曾与御史陈庆镛一起上书，弹劾琦善。陈金城在当时中国的政治舞台上，曾相当活跃。

陈金城精于文史哲，著有《怡怡堂文集》八卷。

1963年11月，中华书局出版了中国科学院近代史研究所编辑的《鸦片战争时期思想史资料》一书，曾选入龚自珍、林则徐、陈金城、包世臣的一些著作。其中，选入陈金城的《平夷论》《筹守福州议》《建威将军江南提督忠愍陈公（化成）神道碑文》及为陈庆镛代撰《申明刑赏疏》等四篇著作。

在包世臣著《艺舟双楫》（见《艺林名著丛刊》，北京市中国书店1983年3月第1版）中收有《与陈孝廉金城书》以及《清故优贡生孙君墓志铭》。孙君，即陈金城的岳父孙经世。

毛泽东的秘书田家英十分欣赏包世臣的一句话：

"每临行文，必慎所许，恒虑一字苟下，重诬后世。"[2]

包世臣的意思是说，写文章必须慎重，一个字的疏忽，都会给后世造成严重的后果。

其实，包世臣此言，便出自《与陈孝廉金城书》，即写给陈金城的信。

陈伯达的祖父陈玉书，又名玉德，字子符，是清末举人，曾在惠安县的文峰书院担任"山长"，也就是院长。他终生执教，未入官场。

陈伯达的父亲陈其潜，连个举人也未中，只当个私塾先生。

陈伯达的母亲叫曾玛官，文盲，惠安县獭窟（一个小岛）人。

陈伯达曾这样说过："我既有父亲书生的懦弱性格，又有母亲农村妇女的倔强性格。"陈伯达的这句话，倒是十分简明扼要地说明了他从小所受的家庭影响。

陈伯达又曾说："有人说我出身于一个号称'四代书香'的家庭。其实，是一个破

---

[1] 陈信堂、林玉山：《"我朝祖宗疆土不可尺寸与人"——介绍清代爱国主战派陈金城》，《惠安方志通讯》1990年第5期。此文清样，系陈伯达之子陈晓农1991年2月22日路过上海时，赠给笔者。

[2]《毛泽东的秘书田家英》，第316页，中央文献出版社1989年12月第1版。书中将"恒虑一字苟下"误排为"恒虑一文苟下"。

落的穷秀才之家。"

按照"伯、仲、叔、季"的命名原则，我本以为陈伯达当然是长子。

其实，陈伯达有一个哥哥，他排行第二，而"伯达"只是他的一个笔名罢了！

他还有一个妹妹。

在陈家三兄妹之中，陈伯达是唯一的读书人。

陈伯达8岁的时候，父亲染鼠疫去世。"父亲死得很惨、很惨！"陈伯达叹息道。

幸亏父亲的妹妹——陈伯达的姑母——挺好，把他们接去。姑母家在惠安县城东园街。

这时，陈家在岭头村的两亩薄地，便雇人耕种。陈伯达的母亲替人做针线活，换几块钱过日子。家中以山芋为主粮，生活颇为艰难。

陈伯达的哥哥脑子有点迟钝，上了几年私塾，读不下去，便去种田。后来，随同乡到南洋做苦工，好不容易积攒了点血汗钱，却在那里给人偷了。

解放前夕，陈伯达的哥哥从南洋回来，在惠安做挑夫，赚点脚力钱。据说，一次他替人挑担，人家不付钱，反而打了他一顿。有人见到他在县衙门前挨打。不久，他便在困顿中死去。

陈伯达跟我说起他的母亲之死，边说边掉下眼泪：

我母亲死得好苦！

1940年代，我在延安有了些稿费，常常给我母亲寄去，接济她的生活。解放初，我回到家乡，这时才知道哥哥死了，母亲也死了，我寄去的钱，都是嫂嫂收的。我住在岭头村，嫂嫂杀鸡相待。我回到县城，才有人悄悄告诉我，母亲是上吊自杀的，原因是婆媳不和。母亲悲惨地死去……从那以后，我再也不给家里寄钱了！

陈伯达所说的"解放初，我回到家乡"，那是1951年，他出差福建，想顺道回老家看望母亲。当他向毛泽东请假的时候，毛泽东嘱他代向他的母亲问候。

陈伯达高高兴兴回到老家，嫂嫂告诉他，母亲病故已经六年。陈伯达泪如泉涌。

他回到县城，才知道母亲之死的真相。从此，他不再回家乡。

陈伯达的23个名字

陈伯达的哥哥叫陈声诜，陈伯达的本名叫陈声训。

上私塾的时候,老师给他改名,叫陈建相,字尚友。

据陈声诜之子说:"声",是按家族分辈,即"世振家声,云曼肇祥……";"相",是按全乡排辈,"金玉其相,忠信为宝……"所以,"声"实际上与"相"同辈。陈伯达的两个名字——"声训""建相"——是分别按照家谱和乡谱取的。

建相,陈伯达有时也写作"健相"。

陈伯达之子陈晓农1990年10月14日给笔者来信说:

"数月前,我的一位在航天部贵州一研究所工作的堂兄来信说,他小时候见过我父亲给我祖母的信,署名'生训'。看来'生训'只是'声训'的简写,严格地说,仍应是'声训'。"

后来,他的不少文章署"陈尚友"或"尚友"。

"陈伯达这名字是怎么来的?"我问他。

"那是我在莫斯科留学的时候,有一回看了电影《斯巴达克思》,非常崇敬这位古希腊的奴隶起义领袖。后来,就从他的名字中取了两个字'巴达'作笔名。为了更像个中国人的名字,改为'伯达'。没想到,'伯达'这笔名,后来竟成了我的名字。"陈伯达说出了"伯达"的来历。

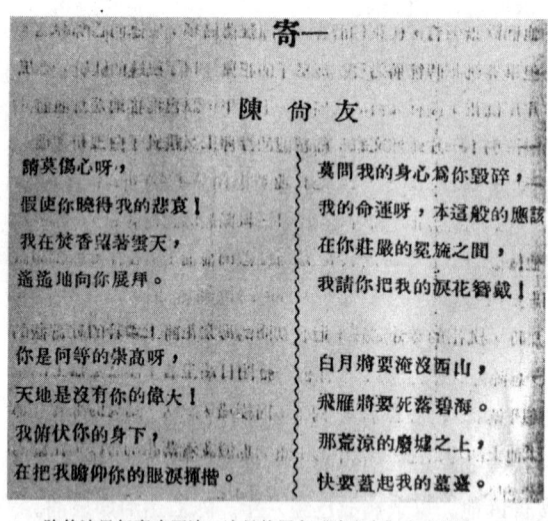

"你什么时候开始用'陈伯达'这笔名?"我又问。

"大约在1934年。"他答道,"我记得,我是在北平的时候开始用'伯达'这笔名的。"

他讲了一桩笑话:

"就在我用了'陈伯达'这笔名之后,有一天,打开北平的报纸,上面登着'陈伯达医生'的广告!嘿,跟我'同名同姓'哩,好在他是个医生,不写文章,我也就由他去了。抗战期间,我在重庆的报纸上,也看到'陈伯达医生'的广告,大约北平陷落以后,那位'陈伯达医生'跑到陪都重庆去了。不过,在我1943年发表了《评〈中国之命运〉》以后,国民党报纸骂我'陈逆伯达'。我想,一定给那位在重庆的'陈伯达医生'带来意外的麻烦!"

陈伯达早年喜欢写诗,这是他署名"陈尚友"发表的诗

陈伯达哈哈大笑起来。

陈伯达用过不少笔名,我顺便请他一一说明笔名的含义:

史达——这笔名同样取义于"斯巴达克思"。尽管中国"百家姓"之中有"斯"姓，但"斯达"不如"史达"更像一个中国姓名。

有时候，他从"陈伯达""史达"这两个笔名中，取一两个字，署"史""达""伯达""斯达"。

梅庄——他当年曾在家乡梅山小学读书，由此取笔名"梅庄"。他给女儿取名"岭梅"，便是从"岭头村""梅山小学"中各取一字。

志梅——也是从家乡梅山小学衍生而来。

周金——这个笔名是他常用的，从1930年代一直用到《红旗》杂志。这个笔名的来历，倘若他本人不说，很难"考证"。他解释道："那时候，我很敬重郭沫若，而郭沫若是考古学家，'周金'这笔名就是考古的意思——'周'朝'金'文嘛！"

在他的种种笔名中，"史达"有同名同姓者。1928年第2期《文学周报》上的《王静庵先生致死的真因》，署"史达"，曾被误为陈伯达所写，其实不是。

从1938年以后，他的文章绝大部分署"陈伯达"或"伯达"。尤其在解放以后，几乎不用别的笔名，但1959年第7期《红旗》杂志《关于领导农业生产的问题》一文，署"周金"。

陈伯达还用过"陈万里"作为笔名。据云，那是因为他看了学者赵万里的文章，一时借用，也就取了这一笔名。

我注意到，他在近年来所写的文稿中，用了两个新的笔名。

一是"纪训"，如前所说取义于"记"取教"训"。

另一个笔名是"程殊"。"程"乃"陈"的谐音，"殊"则取义于文殊菩萨——因为他写了一篇关于中国佛学中顿渐两派的论文。

此外，陈伯达还有两个不大常用的笔名：

曲突——过去一般用于党内通讯。取义于成语"曲突徙薪"。突，即烟囱。曲突，使烟囱弯曲。

徐明华——随便取的。

陈伯达有一个假名字，是他1931年4月突然被国民党天津市公安局侦缉队逮捕时，在几秒钟之内随口取的——"王通"。这个假名字从此被记载于国民党的审案记录之中，但他从未用"王通"作过笔名。

"'王通'这名字有什么含义吗？"我问。

"随便取的，没有什么含义，因为我是突然被捕的，特务马上问我姓名，我不假思索、脱口而出说自己叫'王通'，哪有时间顾得上什么'含义'！"陈伯达答道。

另外，陈伯达书法署名"仲晦"。"仲"与"伯"相对，"晦"与"达"相对。

如此这般，我终于弄清楚陈伯达的一连串名字、假名字及笔名：

本名：陈声训、陈建相、陈尚友；

化名：王通；

笔名：陈伯达、史达、梅庄、周金、曲突、徐明华、仲晦、纪训、程殊、陈志梅、王文殊、陈万里、斯达、伯达、史、达等。

总共20个！

其实，还应加上他在苏联取的一个俄名文字——"巴里诺夫"，共21个。

这21个名字，充分反映了陈伯达历史的复杂性、曲折性。

当然，如果把"陈健相""陈生训"也算进去，则是23个名字了。

此外，陈伯达还有两个雅号：

一曰"老夫子"——夫，大夫；子，敬称。往昔，人们称孔老二为"夫子"，因为他当过鲁国大夫。至于陈伯达被称为"老夫子"，已无法"考证"起于何时、出于何典，只是这个雅号于他十分传神，就连毛泽东在会议及各种公众场合，也直呼他为"老夫子"。二曰"小小老百姓"——这是他在"文革"中经常自称的。后来，"小小老百姓"竟成了他的"专有名词"，成了他的"雅号"！

以倒数第一名考入集美师范

据陈伯达回忆，他的启蒙老师不是别人，是他的父亲陈其潜。

陈其潜是私塾老师，所以也就教陈伯达读书。

在陈伯达的记忆中，父亲的形象是模糊的，因为他8岁时便失去了父亲。他只记得父亲非常严厉。在私塾里，父亲对别的学生比较宽大，唯对他格外严格。他稍不用心，父亲便打他。

有一回，父亲打得很凶。夜里，母亲在油灯下察看他的身体，见到伤痕满身，伤心地哭了。那一夜，母亲轻轻地抚揉着他，他慢慢地睡熟了。之后，他对母亲怀着深深的爱……

父亲死后，他到他伯父所办的私塾去上学，一年的学费三元钱。

私塾老师是个秀才，姓贺。陈伯达觉得贺老师的教学方法比父亲好，贺老师不搞死读书，总是一边读，一边讲解，让你懂了，再背诵，然后，"学而时习之"。

如此这般，陈伯达在贺老师手下读了三年，对文学产生了浓厚的兴趣。

可惜，三年之后，那私塾关门了。

于是，陈伯达只好到梅山小学去上学。

梅山小学在一座古庙里，那是附近三个乡的老百姓前来烧香，攒了些钱，才开办的一所小学。

梅山小学是陈伯达的二伯父办的,大伯父也是这所小学的教师。据说,曾任全国人大常委会副委员长的王汉斌的父亲,当年也是梅山小学的学生。

15岁那年,陈伯达去考中学。家境贫寒,逼得他只能去考不收学费的师范学校。他去报考泉州师范学校,结果名落孙山,他哭了。

他又去投考陈嘉庚先生创办的集美师范学校。

头一回去考,国文(语文)考得不错,而算术吃了"0"蛋。这是因为他过去在旧式的私塾上学时,只学"四书五经",没有学过算术。

发榜了,他的名字被勉强列在候补生的最后一名。

那时候,他不知道候补生也有入学的希望,满肚子懊恼回家去了,后来他才知道,倘若他不回家,可以"候补"进校入学。

他只得再去考一回。跟上次一样,他很快就把国文试卷交上去了。可是,却被算术考试难住了。

他记得,那天考算术,从中午进考场,一直到下午6时,他连一道题目也做不出来!

老师对他十分"宽大",居然让他去吃晚饭,说是吃完晚饭再考!

吃晚饭的时候,同乡学子在他耳边低声细语,告诉他该怎么做算术题,但他认为这么做太不光彩,回绝了同乡的"好意"。吃过晚饭,一直考到晚上八九点钟,陈伯达依然白卷一张!

陈伯达垂头丧气,以为这一次又没指望。

不料,校长看了他的作文,居然批了"国文尚可"四字,这么一来,尽管他的算术仍是0分,却被录取了——他的名字列在正式录取生名单的最末一名,堪称"忝陪末座"。

就这样,陈伯达终于跨进集美师范学校的大门。以现在的用语衡量集美师范学校,它属于"中专",以培养小学教师为任务。

集美师范旧址。当年陈伯达以倒数第一名考入这里

小学教员·编辑

坐落在海湾之滨的集美镇，安谧而美丽，那里属福建同安县，离厦门不过几十公里而已。

在集美师范学校读了两年半，17岁的陈伯达算是毕业了。这，大约可以算是陈伯达的"最高学历"。

在陈伯达晚年，回顾往事，曾这么自谦道：

"记得我常对一些同志说过这个真相：我没有什么文化，是一个没有文化的'文化人'。我只读过两年半师范。开始那学期，名次丁等，这大概是有案可查的。"

陈伯达回到老家惠安，当上小学教师。教了一学期，一位同乡介绍他到厦门教小学，他便来到这座风光绮丽的福建第二大邑厦门，"大厦之门"——中国东海的一扇"大门"。

18岁的陈伯达在厦门变得异常忙碌，因为他居然在三四所小学里同时兼课，既教国文、英文，也教美术，甚至还教那门曾使他畏惧不已的算术。他成了"走马灯"教师，成了无所不教的"万能博士"。

如此忙碌的他，居然还同时做学生——在厦门同文书院学习英文。

忙里偷闲，他还耍耍笔头。1922年4月出版的第9卷第4期《学生》杂志上，登出《兵？匪？》一文，署名"陈建相"。陈建相，便是私塾贺老师给陈伯达取的名字。18岁的他，发表了这篇"处女作"，从此，便与文坛结下了不解之缘。

把青春的火花凝固，那便是诗。18岁的他，爱上了诗。

20世纪初的厦门。陈伯达从集美师范毕业后在这里教过书，做过报社编辑

陈伯达之子陈晓农的友人,从厦门大学图书馆期刊室所藏的《惠安旅厦学会月刊》1922年第2期上,发现陈伯达写于"十一,六,五早"的一首献给故乡惠安的诗。这里的"十一",当是"民国十一年"的简写,亦即1922年。也就是说,此诗的写作时间是1922年6月5日早上。

这首题为《我觉悟了》的诗全文如下:

我觉悟了
陈建相

啊,我们没有立足的地方!
似这般地布满了荆棘。
啊,我们不能够生存了!
似这般地充满了豺狼。
哦,我觉悟了:
快磨我们的快刀,
把荆棘伐尽;
哪怕无立足的地方?
哦,我觉悟了:
快造我们的子弹,
把豺狼杀尽;
哪怕不能够生存?
我同志们哟!
向前哟向前!
不要骇怕!
不要退却!
不久就要达到我们所理想的所希望的一切了!

按:我这首诗是为我的桑梓——惠安——而作的。

十一,六,五早

陈伯达爱诗,倾慕中国诗坛上的"新星"郭沫若,一遍又一遍拜读郭沫若新出的诗集《女神》。那时,郭沫若正在上海。比郭沫若小12岁的他,从厦门寄信到上海,大谈读了《女神》之后的感想。郭沫若给了他回信,使他兴高采烈。这位忙碌的小学教员,把自己写的诗《秋风歌》寄给了"新星"。郭沫若居然也颇赏识,又给了他回信,称赞了《秋风歌》。(由于早年的交往,陈伯达与郭沫若建立了友谊。1958年当郭沫若重新入党时,陈伯达是他的入党介绍人。)

19岁的他,不断向《厦声报》投稿,成了这家报纸最积极的投稿者。

步入20岁,陈伯达由投稿者变为编辑:他与几个朋友创办了《厦门通俗教育社半月刊》。这家杂志在1924年4月1日问世。

《厦门通俗教育社半月刊》第1卷第2期(1924年4月15日出版)的"卷头语",署名"尚友",乃陈伯达手笔。那"卷头语"是一首诗,现全文照录于下,从中可以窥见20岁的陈伯达的"激进"思想风貌,也可以看出郭沫若诗歌对他的影响:

朵朵黑云,遍布天空;
滔滔洪水,溢泛人间。
我们见不到一些光明,
我们望不到一片埃岸。
哪怕黑云不散,洪水不平?
朋友哟!我们奋斗前进!
我们为我们的生命,
我们要猛力奋斗!我们前进!
"希望"之神,正在向我们招呼,
"挫折"便是至幸福之门的径途。
天下无有患难解脱不了,
惟有心人谁终莫之何。
朋友哟!我们毋庸畏怯,
我们是已备尝痛苦。
朋友哟!为我们的生命,
我们揭起"我们前进"的大纛!

1924年3月11日题于鹭门客寓

这样的半文半白、高呼"前进"的新诗,正是当时青年们的"流行体"。

1924年5月1日出版的《厦门通俗教育社半月刊》第1卷第3期上,所刊"尚友"的《原意志》,则是一篇以文言写作的杂文,也充分反映了充满青春气息的陈伯达那活跃的思想:

有物焉,据于人群心间,听之无声,望之无形,金城汤池,无其固也,十万甲兵，莫之敌也；斯为何物？曰，其惟意志乎！

意志者，吾人人格之表现，精神之所依寄也：正义所在，仅知坚持，不问力之强弱，见识所至，仅知必行，不计事之成败，吾行吾素，于人无与。有史以来，若伯夷宁饿死首阳，而不食周粟，孔孟宁被人目为迂阔，而终说仁义，陶渊明宁赋归去来辞，而不为五斗米折腰，方孝孺宁夷十族，而终不草诏——此其人之举动，不啻如日月经天，江河行地。海可枯，而志不可夺，山可移，而志不可变，钱塘江潮，不及其壮，昆仑山峰，不及其高——呜呼，斯真所谓禀天地之正气，不愧为宇宙间之"伟人"也已！

"意志"非天有所私爱，而特赋予何人也；吾人既生为人类中之一员，无有不可成为宇宙间之"伟人"者。颜渊曰："舜何人也，予何人也，有为者亦若是。"旨哉言乎！冯道之历仕五代，洪承畴之供职清廷，岂天之意，欲其硕颜事仇，而置名节于不顾哉？夫彼辈固亦尝读圣贤书者，礼义廉耻，彼辈所知也。然为富贵所诱，为威所迫，竟不能持其意志，是其堕落，固自堕落之也。吾故曰，无有不可成为宇宙间之"伟人"者，惟在乎人之自为耳。

晚近以来，士风民德，愈趋愈下，极目国中，翘翘皎皎，能坚持其志者，有几何人？有利可图，权力所知，其负厥初衷，勿论已；而言行之间，每视人之可否，以为进止，全不敢自决"自我"之精神。已自毁灭无余，夫尚有何人格之足云哉？

有清香妃之事，虽正史无传，然固有可证也；以万乘之军，声威之显赫，卒不能屈之伏首就辱，回部非我国士大夫所目为化外之邦者耶？而于今日国中，乃不得一二如所谓化外之弱女子；唐时韩愈，毫无依藉竟能于群众迷惑之秋，排诋众流，独树一帜，使天下靡然从之。而吾辈后人，乃均随俗浮沉，与时苟合——呜呼！此不亦大可哀哉！吾亲爱之国人乎！尚其自爱，而知所与奋也！企予望之。

这篇《原意志》，纵横捭阖，以一连串历史典故为例证，逻辑性也强，表明这位"国文尚好"的年轻人擅长政论，胜于他的那些"前进"诗。

当上《厦声报》驻沪记者

1924年7月15日出版的《厦门通俗教育社半月刊》第1卷第8期，忽地登出了署名"尚友"的《别读者》：

> 余浅学，滥竽本刊编辑，匆匆将近一载，对于读者，毫无贡献，每一念及，惭愧如何！
> 兹余行矣，继斯职者，当能满足读者之意，以补余之怨失。惟余与读者，遽然分手，殊深怅怅耳！
> 海阔天空，余将何往，余不自知，故余弗得预告读者，望读者见恕为幸！
> 别矣，读者，珍重珍重！
> 关于余个人此后的通信，可暂由厦声报馆张觉觉君代。

同期，还登出署名"尚友"的《我所希望于本社的》，对"厦门通俗教育社"发表"临别赠言"。

陈伯达要到哪里去呢？"海阔天空，余将何往，余不自知"。

其实，陈伯达在故弄玄虚，他当然知道他将何往。

他，离开了厦门，离开了福建，坐船北上，进入了大上海！

他，从小学教员改行而为编辑，此番再度改行，当起记者来了。因为《厦声报》的张觉觉告诉他报社需要派一名驻沪记者，陈伯达自告奋勇前往上海。

陈伯达向《厦声报》投稿时，结识了张觉觉。张觉觉给了他深刻的影响。

张觉觉，又名张余生，他是中共早期的党员，也是陈伯达平生所结识的第一个中共党员。后来，张觉觉成为陈伯达的入党介绍人。

借助于张觉觉的推荐，陈伯达成了记者，第一次出远门来到上海。

说实在的，陈伯达并不是块记者的料子。一开口，他那福建"普通话"就难以叫人听懂。况且，记者要东奔西跑，四处打听，而他书生气十足，并不擅长于此技。他唯一的优势，是"国文尚好"，能写一手文章。他来到上海之后，居然也能每天往厦门发出电讯，充当驻沪记者的角色，只是颇感吃力。

由于张觉觉的关系，他一边当记者，一边进入上海大学中国文学系学习。

上海大学有着鲜明的进步色彩，中共在那里有着强大的势力。它原名"东南高等师范专科学校"。1922年10月，国民党人于右任与共产党人合作，将此校改名"上海大学"，于右任出任校长。不久，共产党员邓中夏担任上海大学总务长，成为该校的实际负责人。邓中夏邀请一批共产党人、进步学者来该校任教，其中有瞿秋白、恽代英、萧楚女、张太雷、杨贤江、侯绍裘、陈望道、俞平伯、施存统、沈雁冰、郑振铎、丰子恺、刘大白、蒋光赤等。1923年7月，上海大学建立了中共党组织。

进入上海大学学习，在陈伯达的人生道路上是很重要的一步。这个来自闽南小县城的青年，受到了共产党人的熏陶，受到了马列主义理论的教育。

与这位陈建相几乎同时进入上海大学学习的，有一个来自山东的26岁的青年，名唤"张叔平"。张叔平当时在社会科学系学习,与陈建相不认识。后来,当这个山东人跟陈伯达结识,说及彼此的经历,才知原是上海大学的"同学"。这个张叔平,便是后来的康生!

不过,这时候的陈伯达,摇摆不定,他既与共产党人有了来往,也跟国民党右翼人物有所接触。在上海,他跟福建籍的青年梁龙光接触较多。梁龙光,字披云,曾信奉无政府主义,后来倒向国民党右翼。国民党的右派势力,也对陈伯达产生了很大影响。

当时的中国,正处于左派与右派两种势力的拉锯战之中,20岁的陈伯达的思想天平,也在左右之间摇摆着。

青年时代的康生。陈伯达最早是在上海与康生相识

发表一生中唯一的小说

1924年11月15日,陈伯达在上海忽然心血来潮,写了一篇两千多字的短篇小说《寒天》。这是他一生中所写的唯一的小说。

60多年后,陈伯达还记得这篇小说。按照他所提供的线索,我在上海图书馆那座堆满发黄了的报刊的大楼里,查到了《现代评论》杂志。

杂志编辑部的地址为"北京国立北京大学第一院转现代评论社"。经常出现于这份杂志上的作者名字有郁达夫、胡适、张奚若、郭沫若、汪精卫、刘大杰等。

我在"民国十四年(即1925年)二月七日"出版的《现代评论》第1卷第9期上,在紧挨着俞平伯的文章《红楼梦辨的修正》旁边,看到了署名陈尚友的小说《寒天》。

"《现代评论》是创造社办的,当时在北京,我从上海把小说寄去。那时候,《现代评论》是'名人'杂志,作者大部分是名人。我当时是个无名小卒,试着向他们投稿,结果登出来了。"陈伯达说,"那篇小说,并不是虚构的,完完全全真实,写我自己在上海的遭遇……"

现把《寒天》照录于下,读者诸君可以从中窥见20岁的陈伯达在上海大学学生生活的一个侧面:

他与F自从入学考试那一天,在考场中无意中的互通姓名之后,总是很

《现代评论》杂志。陈伯达一生唯一的一篇小说就发表在这家杂志上

淡漠的过去。他们虽都同是新进学生，却又不同班级，只在马路上或校内偶然相遇的时候点点头而已。

他对于上海，本是一个人地生疏的地方，况且又是进的S学校，越觉得寂寞孤冷。相识的人，虽不能说是没有，但总是和不相识的一般。他觉得他与同学们，是隔着一层高厚的墙壁，他的同学们，对他都表示一种鄙薄的微笑；他的悲痛，他的幽郁（原文为"幽"），并没有一个人可以给他告诉（引者注：此处"告诉"即诉说之意），他一天到晚，只像哑子一般，甚至于不曾说过一句话。

F的为人如何，当然他无从知道；但他曾读过他在某报上发表的一篇作品，所以对于他的身世，不知不觉就起一种共鸣之感。他想在这荒凉的沙漠中，或许他就是他的伴侣了。他想决不可把他放过。但素来不会说话，不善交际，而且具有傲慢态度的他，要如何才能和他结交，却觉得为难。他再三思量，除了先写信致意，没有较好的方法——但因为身体的倦怠，事务的牵缠，心绪的纷乱，信总还没有写。

经济的压迫，学校的不能满意，以及一切的恶消息，都接踵而至，大概他下学期是不会再来，或者是竟会达到他近来所希冀，所歌颂的死的目的，也难于逆料。此时距离寒假，已无多日，本来他可以姑仍忍耐随便过去，不更去求交；——然而既负有极沉重的悲哀，又富有极挚切的热情的他，以为这次把F放过，终有余憾。想想所遗下的时间，已是无几，越觉得信是不能再挨延不写了。

"F兄，

"同是海上飘零的游客，偶然得有认识的机会，未始不可以说是一件幸事，如果任他淡漠放过，待至分离，或一个流落于'黄泉之下'的时候，我想我们当会各感到一种无穷的悲怆。

"我一生潦倒到底：我受人攻击，受人排挤，我现在正如那每次都打败了仗的久经战阵的兵士，遍身负着伤痕，倒卧在暮色苍凉的草野里，望着西山的残阳在苟延残喘。我觉得我这回不安分的挣扎来沪进学，也已完全告失败了——这千言万语难以说尽的失败情由，F兄，恕我这时且不能把它陈述给你。

"我明春是无望再来的；我要到哪里去，我此时并不能告诉你，在我的前方，只横着一片迷濛的云雾。如果天帝见怜，能使我早些达到所希冀的死的处所，那便是大幸！

"我曾读过你在报上发表的作品，因得略悉你的身世，也多有足悲者。F兄，我们既同在沙漠的道中，哪可不携手同走？我性是傲慢的，然我却富有热情，只要有人不弃肯过问时，我当会报他一副莹洁而味甘的眼泪。

"笔下泪随，书不尽意，再谈。L"

这一封信发后的第三天下午，那时天空间暗浓的黑云密布，并不见一些太阳光线，严厉的寒风，正在肆行它冬天的权威，华氏寒暑表，已降至三十多度！——他自来到上海，所过的气候，怕这一天是最寒冷的了。

他在他的旅寓吃饭之后，随带了讲义，往学校上课去。他走路时，走得很不自然；他所有的旧做的衣服，本足以抵挡这一天的寒冷，但他想他是没有多做的希望了，听说上海又是会下雪的，比他的故乡，和他所住过的A地，都较寒冷得多，如果这时便把那些衣服穿尽，那末等到了雪天的时候，没有可以加添，那更是不美，所以他仍是穿着几件稀薄的衣服在挣扎着。他进了教室，那时还没有别个人进来，室里只有幽冷的空气，与惨淡的寂寞。他抬了头，看到壁间贴着一条白纸，模糊有许多字样，迫近一看，他晓得是给他的了。他随即撕了下来。

"第四教室L君：

"姑论我是与你认识，然读你的来信，总觉得你可怜。

"我在报上发表的作品，都是小说家言，未必可信。

"你的'莹洁而味甘'的眼泪，虽不能承受，但我希望你能积极奋斗，不要消极才是。F"

他看完了这似乎通而又不大通的一段文字，随即把它撕碎，坐下他的位子，默默的对着这教室内的黑板。他不知此时他是该哭还是该笑。

上课的钟响了，同学们都推拥进来。教师登上讲台，点名之后，在大讲特讲他所教授的功课，可是讲的是什么，他并没有听到。

啊啊！他是以为我既是给人鄙弃，不好独自收纳我吧？

他是以为他能做文章在报上发表，而我不能，以免失他的身价，而不得不拒绝我吧？

啊啊！他的信故意不封好，而，贴在此间，以示人拒绝我的荣耀吧？

啊啊！这总是我的不安分的……

这时他有这许多思绪在脑中出没。他不知不觉得一点钟又是过去。下点钟没有课，所以同学们都跟了教师出来。他就到门房买了两张信纸，一个信封，自回教室里，用铅笔写了一封复信。

"F先生，

"信发后三天，才于本午在教室里得到先生给我的示条。奉读之后，始悉先生与我所处的，也是个不同的世界，那末，我前信给先生所说的话——许多不祥的话，真是不该；请先生恕小子的无知，而不以为介怀，以减少我的罪行！我现敢大胆的请求先生，把我给你的原信还我，假使先生还未把它撕毁；先生果肯允许，那末，先生可为封好，给门房转递，幸勿贴在教室墙上，以免增我的惭愧，且现在级中识我名的很少，我不愿使人多知道。

"我虽潦倒，却也倔强，一生并不愿受何人矜怜；先生之'怜'，恕未能当，至先生的训诲——要我奋斗，敢不自勉？不过我现在的心已如死灰，恐不能复燃，有负先生望耳。

"或许这一次我倒领略到深一层的人心了！

"手颤，不能多写。L"

真的，他的冰冷的手，写到此地，已颤抖得不能再写下去了。他又勉强在信封上写下"本校F先生启"几个字，随即离开教室，把它封好，交给门房。他此时感到他的头有点热和微痛，他提神一看，天空间浓密的黑云，已在降下雨点来了。

1924年11月15日于上海

这篇小说，用白话写作，已相当流畅，再不像一两年前那种半文半白的文章。

陈伯达告诉我，这篇小说中的"L"就是他自己，而"F"也真有其人。

"F君，当时在报上发表过一些文章。他把给我的回信贴在黑板上，大家就都知道了，弄得我很不高兴。我就写了这篇小说。"陈伯达说，"当时，我寄给郁达夫，郁达夫把小说登在《现代评论》上。那时候，我并不认识郁达夫，我知道他的大名，把小说寄给了他，郁达夫给我写了回信，还称赞了几句。报上登了《现代评论》的目录，上面有我的名字，我很高兴，因为我当时还是个小孩子嘛，能在《现代评论》上发表文章，怎么不高兴？不过，我的小说没有什么情节，很平淡，只是记下了我当时的心情，记下了真实发生的事。我发觉，我写小说不行，所以只写过这一篇，以后再也不写了。即使是这一篇，没有虚构，其实也不算是真正的小说。文章发表后，F君知道了，找来看了，曾特地来跟我谈——这时，他才看得起我，因为我也能发表文章呀！"

陈伯达说，《寒天》留下了他当时的形象——孤独、苦闷，在上海、在学校里，几乎没有什么熟人,"独在异乡为异客"。

我问他怎么会把小说寄给郁达夫的。

陈伯达回答道:"F君的朋友,有一次把郭沫若请到上海大学演讲,演讲的题目好像是《文化的社会使命》。我去听了,跟郭沫若见了面。我们原先就有书信来往,所以就认识了。我去过郭沫若家。记得,他家当时在上海四环路(引者注:似应为环龙路,今南昌路)。郭沫若刚从日本回来,带着他的日本老婆。郭沫若跟我谈起了郁达夫,说郁达夫正在北京大学任教,同时编刊物,你有什么文章可以寄给郁达夫。这样,我就把《寒天》寄给了郁达夫。"

摇晃于红黑之间

中国,正处于大动荡之中,陈伯达每日必看《申报》,一条又一条要闻闯入他的眼帘:孙中山大元帅在广州发表《北上宣言》;孙中山偕夫人宋庆龄抵达上海,万众欢呼;中共"四大"在沪召开,陈独秀出任总书记;孙中山扶病入京;吴佩孚下野;溥仪从日本公使馆潜赴天津……

大动荡带来大分化。中国共产党与国民党以孙中山为首的左派实行联合,军阀则与国民党右翼相结合。青年,成为双方争夺的对象。左右摇摆的陈伯达,曾一度倒向右翼。

陈伯达的文章,受到吴康的赞赏。吴康曾担任过集美图书馆主任,后来成为北京大学教授、中山大学教授。在吴康家里,陈伯达结识了青年学生黄振家。黄振家是福建永春县人,是国民党右翼分子。

1925年春,陈伯达回到厦门,经黄振家介绍,参加了国民党。

不久,黄振家,梁龙光组织右翼团体"孙文主义学会",陈伯达也参加了,并为之起草"宣言"。这篇"宣言"没有公开发表过,现在已无从寻觅。不过,当时陈伯达以"陈尚友"署名,发表于上海光华书局上的几篇政论尚能查到,从中可以看出他当时的思想倾向。

1925年中共"四大"在上海召开,陈独秀出任总书记

其中,发表于1925年9月16日出版的第1

卷第 1 号《洪水》杂志上的《努力国民革命中的重要工作》一文，曾引起过人们注意。现照《洪水》杂志原文收录于下（其中排错之字已照《洪水》第 1 卷合订本第 90 页所登的"更正"加以更正）：

> 在国民革命的运动中，有个最大的劲敌，便是思想界的混乱。我们要向帝国主义及军阀进攻的时候，要先把这混乱的思想界澄清。
>
> 思想的混乱足以打扰我们的队伍，足以涣散我们的军心，我们在向敌人进攻的时候，敌未就范，而我们已经先要披靡。所以我们要有一共同的目标、共同的信仰，才能一德一心，齐向前进。这便是我们对付我们敌人的最伟大的武器——是我们抵御敌人的高城深池，是我们反抗敌人的坚甲利兵。
>
> 现在国中思想界的妖怪，概括言之有三种：一便是亡清余孽，一便是帝国主义及军阀的走狗，一便是走入迷路的糊涂虫。
>
> 亡清余孽的势力已经薄弱，最足置虑的，便是军阀及帝国主义的走狗与走入迷路的糊涂虫。
>
> 前则诡计百出，扰乱是非，后则盲目胡言，自送死地。我们如果努力国民革命，这两种妖怪都该把他一扫而空。
>
> 我的确相信现在的中国，要谈主义，还只有孙中山先生的三民主义是一道救急的良符，足以为我们努力国民革命者的共同目标。
>
> 三民主义就是：民族主义，民权主义，民生主义。民族主义是求民族的解放，民权主义是求民权的伸张，民生主义是求改良经济的组织。实行平均地权，节制资本，以消灭未来的劳资冲突。我的确相信凡是努力国民革命的，都该立在这较为适合国情的三民主义的旗帜之下。
>
> 所谓国民革命，当然系联合全国各阶级共同作战；可是主力军我们可以说就是青年学生与工农，而学生的地位尤其重要，因为工农的智识大多比他们低下，要赖他们的提携与指挥，其它各阶级直接间接受他们的影响也最大。因为这样，所以我以为建立一确正目标（引者注：即正确目标）以纠正青年学生的思想，是努力国民革命中的重要工作。
>
> 国民革命的主力军——青年学生与工农，尤其是青年学生——如果没有共同的目标，共同的信仰，内部决难和协，步骤决要紊乱。国民革命的主力军如果受了帝国主义及军阀的走狗煽动，或受了走入迷途的糊涂虫诱惑——不要说是全体，就使（引者注：即使之意）是一部分；不要说是倒戈，就使是徘徊不前——便都足使我们国民革命的全军有崩溃之虞。
>
> 努力国民革命的人们，请不要忽视！

如前所述，陈伯达认为，只有他的文章才最真实反映他的思想。这篇文章表明，21 岁的陈伯达信奉孙中山的三民主义，他愿站在三民主义的旗帜之下。

陈伯达来去于厦门与上海之间。1925 年 5 月 15 日，日本帝国主义分子元木川村在上海连射四枪，当场打死上海第七纱厂工人领袖、中共党员顾正红，引起公愤，终于在 5 月 30 日爆发了上海工人、学生反帝大游行，亦即著名的"五卅运动"。陈伯达参加了"五卅"游行。他写了《中国的言论界》一文，批评了当时为帝国主义张目的上海言论界（载《洪水》第 1 卷第 2 期，1925 年 10 月 1 日出版）：

1925 年 5 月 30 日，上海爆发五卅运动，当时，陈伯达曾撰文声援

> 上海的言论界中，有几家报馆是真正能够代表民意？有几家报馆是有真正的良心主张？……所谓上海言论界的首领为《申报》及《新闻报》的言论，更是搔不着痒，乏味无聊，令人肉麻。他们的本领，只是善于宣传军阀政客的意旨，善于取媚帝国主义，善于造谣，善于淆乱是非，善于颠倒黑白，所以他们的报上，满是"吴使""张帅"，满是"赤化""反共产"……顾正洪（引者注：即顾正红）死案，意义何等重大，他们处之泰然。五卅的大流血，为人类空前未有之惨剧，他们的标题是"昨日南京路演讲之大风潮"。《诚言》是大家所认为英国人的毒舌，他们却把它当作甜言蜜语，连忙刊载出来。他们每把真心代表民意的团体宣言不登，至于地痞恶绅的意见书，则惟恐缺少。他们的罪恶真是"罄竹难书"。可是他们总标榜他们是无党无偏，稳健和平。萤萤者亦从而和之，说他们是无党无偏，稳健和平。我却说，这才是中国快要亡国灭族，陷于万劫不复的表现。……

人是复杂的。在右翼分子的影响下，陈伯达有时倒向右翼；但在革命洪流之中，陈伯达又趋向进步。"近朱者赤，近墨者黑"。21 岁是不成熟的年龄，他在红黑之间来回摇晃着。

在广州倒向右翼

> 请莫伤心呀,
> 假使你晓得我的悲哀!
> 我在焚香望着云天,
> 遥遥地向你展拜。
> 你是何等的崇高呀,
> 天地是没有你的伟大!
> 我俯伏你的身下,
> 在把我瞻仰你的眼泪挥揩。
> 莫问我的身心为你毁碎,
> 我的命运呀,本这般的应该
> 在你庄严的冕旒之间,
> 我请你把我的泪花簪戴!
> 白月将要淹没西山,
> 飞雁将要死落碧海。
> 那荒凉的废墟之上,
> 快要盖起我的墓台。

彷徨,徘徊,陈伯达写起诗来,泄出心中的哀伤。

1925年秋,他来到广州,陷入了迷惘之中。

他去广州,那是吴康的邀请和介绍。吴康到广州中山大学当教授,说那里的中文系不错,于是,陈伯达便前往那里求学。

那时候的广州,正处于大博弈之中。广东国民革命军发动了东征,讨伐了叛变革命的陈炯明。蒋介石担任东征军司令,周恩来为东征军政治部主任。

不久,中国国民党第二次全国代表大会在广州召开,决议接受孙中山遗嘱,继续实行联俄、联共、扶助农工三大政策。李大钊、毛泽东、林伯渠、吴玉章、恽代英、邓颖超等14名共产党人当选为执行委员。但是,在广州,国民党右翼的势力也很强。

黄振家也来到广州中山大学,他拉着陈伯达向右转。

当年中山大学的学生陈剑垣,在1971年6月11日写过这样的材料:

"1926年我和许曼、陈尚友都在广州中山大学读书,当时该校学生左右两派斗争很激烈,校长邹鲁系国民党右派(即西山会议派),这时陈尚友和福建右派骨干学生黄振家（邹鲁得意门生）等拥护邹鲁，反对孙中山先生联俄、联共、扶助农工三大政策，打击左派学生，因此我们左派学生称陈尚友为右倾分子。"

陈剑垣还说，他听秦望生讲起，"1926年张余生任国民党汕头市党部委员时，陈尚友任过党部秘书"。

当年中山大学另一名学生杨文生（又名杨邦彦），则在1971年6月10日写过如下材料：

"1926年，我从永春到广州中山大学读书时，陈尚友也在那里。他与永春籍右派学生的头头黄振家很要好，黄叫他做什么事，他都照做。他还在闽南学生中骂共产党员是'卢布客'。"

这时候的陈伯达，调子越来越低沉。他在1926年第2卷第16期的《洪水》杂志上，发表了灰溜溜的《绝句四首》，道出了他的"极感倦怠"：

> 在人生旅途之间，我是极感倦怠；
> 但停不了进行之曲，为了我母亲还在。
>
> 沧海流水何时竭，人生悲哀何时灭？
> 回答这一短问，且等着地球飞裂。
>
> 说着"如此而已"，乃人生最失意的悲语；
> 正像薄暮的秋虫，隐着败叶之中微嘶。
>
> 来时是多末高兴，到时却多末无聊；
> 任你怎样的追寻，"希望"总去我们迢遥。

他"失意"、他"无聊"，他的诗是一面心灵的镜子，照出了22岁的他对"人生旅途"的厌倦。

他写了好多首这样心灰意懒的诗。很巧，从北京大学到武昌师范大学任教的郁达夫南下广州，出任中山大学文学院院长。

陈伯达原本经郭沫若介绍，跟郁达夫有过书信来往。得知郁达夫抵穗，陈伯达便去拜访。

陈伯达写了一首诗，向郁达夫请教。这首诗未曾发表过。时隔60多年，陈伯达还能背出这首诗，他当即默写于笔者的采访笔记本上：

莫问有穷或无涯，莫用欢乐或咨嗟。
尽向前途流浪去，莫要回首望乡家。

郁达夫看罢，提起笔来，每句圈去一字，由七言变成六言，诗显得凝练多了。据陈伯达回忆，那诗变成：

莫问有穷无涯，莫用欢乐咨嗟。
尽向前途流浪，莫要回首乡家。

郁达夫不愧为文学大家，改诗改得妙不可言，使陈伯达诚服。

这里需要说明一句的是，在陈伯达的手迹上，莫问写作"莫向"，从前后文来判断，似应是"莫问"。

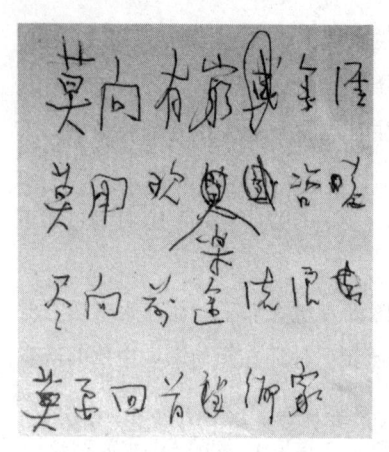

陈伯达在叶永烈笔记本上所写的手迹

"秀才"成了"少校"

1926年暑假，陈伯达欲回老家，手中缺路费，便离开中山大学，在汕头担任国民党市党部秘书。

不久，当国民革命军独立团团长张贞驻防汕头时，经张觉觉介绍，陈伯达结识了张贞。

张贞也是福建人，他颇为赏识陈伯达，据云，那是因为陈伯达曾反对过宋渊源。

宋渊源何许人？此人曾任闽军司令，手握重兵。在广州，筹备成立福建同乡会时，宋渊源以为凭他的地位，理所当然会会长。但是，陈伯达在会上表示反对，指出宋渊源是陈炯明的爪牙，使宋渊源落选。

张贞早有野心，觊觎福建大权。陈伯达反对宋渊源，正中张贞下怀。这么一来，张贞看中了陈伯达。

张贞聘请陈伯达担任诏安军官学校教员。

诏安，福建最南端的沿海县份，与广东邻接，那是张贞的老窝。

1883年，张贞出生于诏安，字干之。1918年，35岁的张贞趁着军阀混战，与许卓然、秦望山等在闽南拉起一支民军，曰"福建靖国军"。于是，"有枪便是草头王"，他居然由此当上"第4旅工兵营"营长，成为闽南一霸。

不过,张贞的民军乃是一群乌合之众,人称"豆腐军",在军阀混战中一触即溃。这位"草头王"倒颇有心计,他放弃溃败的部下,迢迢千里前往北京,前往陆军大学"镀金"。

陆军大学的前身为清朝北洋速成武备学堂、北洋陆军速成学堂,始建于1902年,校址在河北保定。自1906年起,该校改称保定军官学校。1912年由保定迁至北京,不久便改名为陆军大学。蒋介石曾在该校学习过。国民党一大批将领,亦出自该校,如唐生智、陶峙岳、张治中、白崇禧、顾祝同、陈诚、傅作义、黄绍竑,等等。叶挺也毕业于该校。张贞在陆军大学不仅镀了金,而且与国民党军界人士建立了广泛联系。

1922年,张贞回到福建,摇身一变,成了"福建自治军前敌司令"。虽然号称"司令",他的手下不过是几支收编的土匪民军罢了。在陈炯明背叛孙中山时,张贞这位"司令"率部进攻广东潮汕,与陈炯明部队作战,没承想兵败如山倒,连"司令"自己也差点掉了脑袋。

不过,这一次讨伐陈炯明,使张贞在人们的心目中成了国民党左翼人物。他也乐于往自己的脸上涂满"革命"油彩。

张贞回到闽南,被任命为国民革命军独立团团长,重新组织"民军",搜罗了一千余人,部下大都是闽南人。在福建,南部的漳州、泉州、永春三属16个县,语言、生活、习俗相同,形成一个特殊的地域——闽南。张贞以闽南作为自己的"根据地",成了"闽南王"。

这个"闽南王"进过陆军大学,深知军官学校的重要,于是办起了诏安军官学校。眼下正缺教员,便邀请了陈伯达。陈伯达也是闽南人,很快就跟张贞熟悉起来。

张贞看中了陈伯达的笔头。他的身边有的是枪,却缺一支笔。张贞聘请陈伯达为秘书,陈伯达答应了。这样,陈伯达替张贞捉刀,起草各种文告。

这时,中国正处于北伐高潮之中。北伐军兵分三路:第一路攻湖南,取湖北;第二路进江西;第三路打福建,袭浙江。

第三路称"东路军",由国民革命第1军军长何应钦统率,张贞这个独立团划归何应钦指挥。1926年9月下旬,第1军从闽南进入福建参加北伐。张贞在何应钦指挥之下,倒是打了几个胜仗,由闽南向闽北推进,直至1926年12月18日攻占福建省会福州。

驻守福建的北洋军阀张毅部队连连败北。何应钦把所俘张毅部队的士兵拨归张贞指挥,使独立团的队

张贞

伍迅速扩充。

于是，独立团变成了独立师——"国民革命军独立第4师"。

张贞变成了师长，陈伯达也就随之变成了师长秘书。

何应钦在福州创办了"军事干部学校"，兼任校长。经张贞推荐，陈伯达兼任该校政治教官，少校军衔。一介书生成了"少校秘书"。这时的陈伯达，23岁，月薪白洋160元。

前国民党福建省党部筹备处筹备委员李黎洲，曾忆陈伯达当时的情况：

"我和陈尚友是1927年初在福州认识的，当时我在国民党福建省党部筹备处任筹备委员，陈尚友在张贞所统率的独立第4师师部任秘书，兼任东路军在福州所设的军事干部学校政治教官，少校（或中校）军衔。他在这个军事干部学校任教官时，除自己教课外，对校内课程安排还负有相当责任。"

张贞在占领福州后，又率师北上，攻入浙江，打败军阀孙传芳，一直打到南京，被蒋介石任命为南京卫戍司令，上将军衔。

倘若陈伯达一直跟随张贞左右，则会在国民党系统内飞黄腾达，步步高升。

可是，在福州，他突然离开了张贞部队。

陈伯达为什么会放着"少校秘书"不干呢？

那是因为进入福州之后，摇摆不定的他的思想天平，又朝左倾斜了。

那时，随着北伐的节节胜利，国民党内部的左翼、右翼明争暗斗也随之激烈。国民革命军总司令蒋介石，已在密谋向中共和国民党左派人士下手，以便独吞北伐胜利果实。

中共党员陈少微在福州与陈伯达常来常往。陈少微创办了《福建评论》杂志，请陈伯达协助编辑、撰稿，陈伯达答应了。

《福建评论》带有明显的左派色彩，立即引起右翼人物的注意。何应钦在福州的"留守处"，也注意了这家新的刊物。

陈少微在与陈伯达的交往中，发现他还是有一定进步倾向的。这样，当中共一位重要人物来到福州时，陈少微向陈伯达引见了他。

来人名叫王荷波，45岁，福州本地人。他有着非同寻常的经历：1922年便加入中共，是中共早期重要成员，担任津浦铁路总工会委员长。在中共"三大""四大"，他分别当选为中央委员和候补委员。1924年6月，他前往苏联莫斯科，出席共产国际第五次代表大会。回国后不久，担任全国铁路总工会委员长。在1927年，王荷波担任中共中央监察委员会主席。大革命失败后，他参加著名的"八七会议"，当选为临时中央政治局委员，又任中共中央北方局书记，不幸在1927年11月被奉系军阀杀害于北京。

1927年初，王荷波作为中共中央特派员，来到故乡福州，组织工人纠察队。王荷波接见了陈伯达，问他愿不愿担任工人纠察队顾问，陈伯达答应了。陈伯达的一举一动，引起国民党右翼人士的关注。

1927年3月下旬，张贞收到来自南京的密电，要他就地处决陈伯达。尽管当时陈伯达并不是中共党员，但是那些右翼人士探知他与中共来往密切，把他视为"赤色分子"了。

陈伯达的性命，捏在张贞手中。

幸亏张贞下不了毒手，因为自从陈伯达成为他的秘书，彼此颇为融洽，私交颇深。张贞秘密通知陈伯达，要他立即逃离福州。张贞慷慨地赠陈伯达一千大洋作为路费，并派心腹军官林学渊护送。

急急地带上个手提箱，陈伯达再三向张贞道谢，便在林学渊陪伴之下，从福州马尾港上船，前往厦门。

厦门是陈伯达的"根据地"，在那里人熟地熟。陈伯达躲在了黄泰楠那里。

黄泰楠是陈伯达的姑表兄弟。陈伯达的姑父是清末贡生，有两个儿子，即黄泰楠、黄巽楠。黄泰楠当时住在厦门大学学生宿舍，他把陈伯达藏在宿舍的天花板上面。原以为这样躲几天，躲过风头，也就没什么。

不料，追捕者跟踪而至，出现在厦门大学宿舍。

看来，天花板上也不是"保险箱"。事不宜迟，陈伯达与林学渊、黄泰楠商量，回老家惠安显然不安全，去广州无疑自投罗网，剩下唯一的一条生路便是前往上海。

别无选择，陈伯达只得悄然乘坐海轮北上，前往上海。

这里顺便提一下，黄泰楠后来成为著名的华侨教育家，于1977年去世。

1987年，福建曾出版《华侨教育家黄泰楠先生逝世十周年纪念集》。在这本纪念集中，印着福建省人民政府1984年12月的颁发的匾文：

　　黄泰楠先生　　乐育英才

在纪念集上，还印着中国科学院院长卢嘉锡的题词：

　　热心桑梓教育事业，不愧发扬华侨爱国爱乡光荣传统的楷模！
　　黄泰楠学长逝世十周年纪念。

卢嘉锡

1987年9月

第三章
初入中共

陈伯达作为一个进步青年，23岁时在上海加入中国共产党，被派往苏联莫斯科中山大学学习。回国之后，派往天津工作。人地生疏的他，刚到天津就被捕了。在狱中，他坚持说，自己名叫"王通"……

在上海加入中共

东海，乌云低垂，巨浪排空，轮船在波峰浪谷中向前。

天茫茫，水茫茫，前程祸福未卜。陈伯达忧心忡忡，此刻连作诗的兴头也没有了。

上海正在吃紧，正在大动荡之中。就在张贞收到就地处决陈伯达的密电之际，1927年3月26日，蒋介石乘军舰抵达上海，周恩来、罗亦农、赵世炎、汪寿华等共产党人在上海领导了工人第三次武装起义，蒋介石捏紧了铁拳。

船在海上行，上海响起了炒豆般的枪声——4月12日，血腥的风，血腥的雨，蒋介石举起了屠刀！

陈伯达踏上上海码头，上海一片白色恐怖，在接下来的日子里，赵世炎、陈延年、汪寿华等一大批优秀的共产党人倒在蒋介石的枪口之下。

陈伯达面临着严峻的考验。这时，革命与反革命的阵线，已经截然划开。

23岁的陈伯达，在左派与右翼之间已来回晃动过多次，在反革命势力猖獗的上海，本来陈伯达很可能倒向他们一边，然而，那道"就地处决陈伯达"的密令，却使他无法再后退一步，他无法再倒向右翼势力。

陈伯达与当时已在上海的张觉觉、陈少微取得了联系，要求加入中国共产党。于是，张觉觉、陈少微成了陈伯达的入党介绍人。

陈伯达在回忆往事的手稿中，曾这样写及自己的入党经过：

"我是在蒋介石、国民党搞清党大屠杀的时候在上海申请

1927年，蒋介石在上海发动四一二反革命政变，之后不久，陈伯达选择加入中国共产党

入党的,在大屠杀的反革命恐怖中,在各大报纷纷登出共产党组织被破坏和大批叛徒自首启事的恐怖中,我自愿列在伟大共产党队伍,就免了我入党的候补期。"

应当说,陈伯达在多变的青年时代经过思索,终于作出了正确的抉择。

这里顺便提一下陈伯达两位入党介绍人后来的情况:

张觉觉,亦即张余生,后来脱党,以至叛变;

陈少微后来参加了二万五千里长征,在八路军工作时,不幸牺牲于山东。

陈伯达在1927年4月下旬加入中国共产党之后,很难在上海立足。

一时间,武汉成了中国革命的中心:4月18日,南京宣告成立以蒋介石为首的国民政府。陈独秀和汪精卫则于4月9日秘密来到武汉。4月17日,武汉国民党中央决议开除蒋介石党籍。

于是,汪精卫俨然成了国民党的"左派领袖"。以汪精卫为首的武汉国民政府与蒋介石的国民政府分庭抗礼。

大批共产党人涌向武汉。王荷波、王明(陈绍禹)、李立三、罗亦农、陆定一等,从上海坐船前往武汉。陈伯达也奉党组织之命,向武汉转移。一路上,他们化装成卖水果的、做茶叶生意的、开鱼行的。

到了武汉,考虑到陈伯达擅长文笔,他被分配到中共中央宣传部,担任出版科科长。当时的中共中央宣传部部长,是刚从苏联回国不久的蔡和森。

在中共中央宣传部,陈伯达结识了王明。当时,王明也是一个新党员,入党才一年,担任中共中央宣传部宣传鼓动科科长,尚未在党内担任要职。

策反张贞未遂

武汉的"革命"日子没有维持多久。汪精卫是个假左派,他是为了与蒋介石争权,才扮演起"左派领袖"的角色。

1927年7月15日,汪精卫撕下了假面具,在"宁可枉杀千人,不可使一人漏网"的狂嚣声中,向中国共产党人举起了闪耀着寒光的屠刀。

7月18日,中共中央在万分紧急的情况下,极端秘密地在武昌召开扩大会议,经周恩来、蔡和森建议,决定举行南昌起义。

当时,张贞部队驻扎在闽西、赣东一带,距

1927年7月15日,汪精卫叛变革命后,中共决定举行南昌起义,为呼应起义,曾派遣陈伯达前往福建策反军阀张贞。图为汪精卫

南昌不远，举足轻重，倘若能够策反张贞，无异于为南昌起义之火添薪加油，壮大声势。

派谁去游说张贞？

自然，最恰当的人选，莫过于陈伯达了！陈伯达不仅曾是张贞秘书，而且正是张贞刀下放人，才使陈伯达得以保住一命。

考虑到策反张贞是一重要任务，除派陈伯达之外，又派福建籍的中共党员陈文总同去。陈文总又名陈君文，1927年入党。陈伯达与陈文总原在厦门时便已相识，曾结拜为兄弟。于是，"两陈"结伴，带着一笔经费，前往赣东，执行秘密使命。

汪精卫叛变之后，形势急转直下，一路上，不断传来捕杀共产党人的消息。

半途之中，陈文总忽然"失踪"，拿着经费不知去向。

陈文总的脱逃，使陈伯达也曾想半途折回，因为这是非常危险的使命，随时可能被捕甚至丧生，陈伯达有些胆怯。不过，张贞毕竟在危难之中救过他，他相信到了张贞那边不会有杀身之虞。于是，他只身继续朝赣东进发。

陈伯达终于来到张贞部队驻防地区。他先是见到一个老熟人，便探听张贞情况。那人告诉他，如今张师长倒向蒋、汪，身边多是右翼分子，倘去求见，凶多吉少。张贞已撕下当年"国民党左翼人物"的假面具。

陈伯达这时也失去了勇气，生怕见了张贞，自投罗网。三十六计，走为上策。陈伯达审时度势，赶紧逃离那危险之境，重返武汉。

就在这时，南昌"八一起义"的枪声响了，张贞奉命"协剿"叶挺、贺龙部队。

紧接着，8月7日，中共中央在汉口举行紧急会议，亦即著名的"八七会议"。会议由瞿秋白主持，邓中夏、李维汉、蔡和森、毛泽东等出席，在中国革命的紧要关头，批判和纠正了陈独秀右倾投降主义。

陈伯达回到武汉，接到党组织的通知：在中国一片白色恐怖的情况下，组织上决定挑选一批年轻的党员送往苏联学习、培养，陈伯达也被选中了。

匆匆踏上东去的长江轮船，一路上，每一回靠站，上船、下船的旅客都受到严格的检查。特别是在船靠南京的时候，便衣暗探在人群中仿佛在用鼻子嗅着"异党"的"异味"。

总算幸运，陈伯达平安地抵达上海港。

赴苏的年轻人们在上海秘密集结。不久，他们在上海登上了远洋海轮，驶向苏联东部海上大门——海参崴。

这是陈伯达平生第一回出国。

进入莫斯科中山大学

1927年9月初，正当毛泽东在湘赣边界发动秋收起义的那些日子里，陈伯达等抵达海参崴——苏联把它改名为"符拉迪沃斯托克"。没有暗探追捕，没有血雨腥风，踏上世界第一个社会主义国家的国土，陈伯达松了一口气。入党还不到半年，23岁的陈伯达能有赴苏联学习的机会，他陷入异常的兴奋之中。

海参崴原本是大清帝国的领土，这里的华人占总人口的三分之一，给陈伯达一种亲切感。在海参崴稍作逗留，陈伯达便上了火车。这里是西伯利亚大铁道的终端，从海参崴驶往莫斯科，火车要驶过7400公里，那是一次漫长、疲惫的旅行。

火车发出刺耳的汽笛声，离开了海参崴。那铁路弯弯曲曲，地势高高低低，车速甚慢。三天之后才到达赤塔。再西行三日，车窗外忽然碧波荡漾，原来已来到风光秀丽的贝加尔湖畔。

此后，列车在荒野、森林中前进，单调而乏味。在异常的困倦之中，经过十几天的旅行，莫斯科终于出现在眼前。

下了火车，上了大卡车。汽车驶往莫斯科阿罗罕街，拐入一扇朝西的大门。车子刚刚驶入，大门便紧紧闭上了。

那是一个秘密的所在，就连莫斯科的老百姓们，也不知道那里住着什么人、在干什么。

那是一所外人不知的大学，成立于1921年，最初叫东方大学。1925年，在孙中山去世之后，为了纪念这位中国革命的先行者，东方大学改名中山大学，苏联人则称之为"孙逸仙大学"。

中山大学里，正面是一个花园，花园之侧则是一座圆顶大教堂，很难想象这儿居然是一所大学！

陈伯达被分配在一年级二班，同班同学中有何凯丰（后来在延安担任中共中央宣传部副部长）、陈昌浩（后来成为中国工农红军第四方面军政治委员）等，不同班的有张闻天、王稼祥、孙冶

莫斯科中山大学旧址

方、伍修权、刘少文、乌兰夫等。

尽管当时苏联尚处于经济困难时期,但对中国的留学生们仍给予特殊的关照:一日三餐,牛奶、肉、蛋供应丰盛,黑、白面包任取,另外每月还发给20卢布生活津贴。

大礼堂里并排挂着列宁和孙中山画像。当时,苏共的领导人多次来到学校,向中国学生们发表演讲。

陈伯达住在学生宿舍里,他连中国的普通话都说不好,此刻,不得不吃力地在那里学习俄语,尤其是那个卷舌音"P",他怎么学也学不好。

不过,他很快能看俄文书籍。在学习方面,他是用功的,只是有点"学院派"味道,喜欢"啃"那些经典理论著作。

中山大学虽说远离中国,但那里却并非世外桃源。数百名中共年轻党员会聚在这里,各种各样的思潮在这里起伏,学生们按照各自观点的不同结派,各种派别之间展开斗争,使宁静的校园里风波迭起。

一个戴着夹鼻近视眼镜、粗硬的头发总是蓬乱地长着的人在中国学生中产生了颇大的影响,他便是当时被称为"红军之父"的托洛茨基。

托洛茨基是一个口若悬河的演说家,能熟练地使用英、法、德、俄四种语言,演讲时挥臂舞拳,富有鼓动性。比陈伯达早四年到中山大学学习的蒋经国,便曾多次听过托洛茨基的演说,并被托洛茨基所征服,一度成为他的追随者。

然而,从1926年起,在中山大学再也没有人见到过托洛茨基的踪影,这位"红军之父",被斯大林逐出了苏共中央政治局。1927年,托洛茨基被撤销党中央委员职务,不久,被开除出党。此后,托洛茨基每况愈下:1928年被放逐到阿拉木图;1929年被赶出苏联,来到土耳其,过着流亡生活……

斯大林发动了规模空前的"肃托运动",因为托洛茨基在苏联广有影响,拥有一大批追随者,"肃托运动"的目的,便在于肃清"托洛茨基分子",亦即"托派分子"。

列宁去世前,在《致代表大会的信》这一政治遗嘱中,曾称托洛茨基和斯大林是"当前中央委员会杰出的领袖"。斯大林发动"肃托运动",清除了

苏联时期著名政治家、红军缔造者之一列夫·托洛茨基。列宁逝世后,他与斯大林争夺权力,组建"托洛茨基反对派",简称托派。莫斯科中山大学的教学,以及陈伯达早期的政治倾向曾受托派思想的影响

托洛茨基势力,从此除掉劲敌,牢牢地把苏联最高权杖握在手中。

苏联的"肃托运动"声势浩大,大批的"托派分子"遭到斯大林的清洗之后,被流放到西伯利亚。

中山大学的中国学生之中,也开展了"肃托运动"。负责这一清洗工作的,是莫斯科列宁学院院长的夫人。

"肃托运动"涉及了陈伯达。虽然陈伯达没有被流放到西伯利亚,但是受到了党内"劝告"处分。

陈伯达是怎样踏上托洛茨基之船的呢?

他曾同情托派

当陈伯达进入莫斯科中山大学的时候,托洛茨基已在苏共中央失势。但是,托洛茨基在中山大学的一部分中国学生中深有影响,而陈伯达与中国的托派学生十分接近。

以下是当时莫斯科中山大学托派五人领导小组成员万志凌在1971年9月8日所写的材料。万志凌因托派问题于1930年在苏联被捕、流放,直到1956年才获释返回中国。他写下关于陈伯达在中山大学的情况:

> 1927年9月,我去莫斯科学习。同路的约200人中有陈尚友(陈伯达)。11月进校,我和他同在一年级的第二班。1928年,东大中国部并入中大,其中有我在国内认识的王文元,他给我看了一些反对斯大林和联共党的托派文件,并动员我参加了托派组织。我阅读过程中,把这些文件也给陈尚友看了,当然,那时在校内传阅托派文件很危险,如果不是我们比较接近和互相了解、对校内的派别斗争的观点相同,如果我没有在他看后不会向组织报告的把握,当然我是不敢给他看的。给他看的目的,就是叫他同意托派的观点,并在这个基础上参加托派组织。在看了这些文件后,他没有提出过与托派观点相反的意见,从初先的默认到最后的完全同意。
>
> 我把王文元向我宣传的观点也向陈尚友讲了,这些观点是:在一个国家内不能建设社会主义的、反列宁主义的观点;联共党内派别斗争情况;宣扬托洛茨基的"功勋";并对伟大的马列主义者斯大林肆意歪曲;等等。陈尚友听了也完全同意。1929年4~5月间我参加了托派,曾是五人小组成员。这时我征求了陈尚友参加托派的意见,虽然他表示要挤出时间读书,但仍坚决表示愿意参加托派。此后我将此事告诉了五人小组,并由我和他联系。

1929年暑假前，托派组织为筹集活动经费，在内部进行捐款，陈尚友也拿出了两三个卢布，由我收取后交给五人小组。1930年2月我被捕，9月于流放前回校过夜，在走廊上遇见陈尚友，他曾送我50卢布表示同情。1956年我回国后，听于苏说陈伯达就是陈尚友，我曾给他写了一信，争取他的帮助，但未得复。

关于我发展陈尚友参加托派的事，在国外曾对于苏、潘树人、鲁也参谈过；1956年回国后在于家又对他们三人重说过。关于这事，陆玉也知道。

陆玉，原名胡佩文，是万志凌的前妻，在1971年9月9日，她曾就陈伯达的托派问题，也写过一份材料，现照原文悉录于下：

1927~1930年我在莫斯科中大（中共劳大）学习期间，曾和万志凌、陈尚友一起进行过托派活动。1931年回国后，我又在上海托派中央工作。现将陈尚友在莫斯科中大的托派罪行交代如下：

在莫斯科中大时，我和万志凌是夫妻，陈尚友是万志凌的同班要好的同学，彼此无话不谈。

有一次，我们一起谈话，陈尚友和万志凌曾诽谤"斯大林是官僚主义"，还有一次，万志凌用托洛茨基的反动理论，谈到一个国家不能建设社会主义的问题，陈尚友表示完全同意万志凌的看法。

1929年5月，万志凌参加托派后，为了拉我加入，曾将托派秘密传阅的攻击斯大林的文件给我看过。我看文件时问万，陈尚友是否看过？万说，给他看过，并告诉我说："陈尚友的看法和我们一样。"在万志凌的灌输和影响下，陈尚友和我都接受了托派的观点和主张，成为托派分子。那时，万志凌、陈尚友和我是有托派组织关系的，万是个小头目。

万志凌被捕前，预感到形势不好，曾在学校俱乐部门口对陈尚友和我说，今后我们相互联系要注意一些，

陈伯达（右）向叶永烈讲述在苏留学往事

不要一见面就凑在一起,嘱咐我们,有事由他告知我或陈尚友,然后我和陈再联系,要吸取"广西派"的经验,隐蔽一些。

万志凌被捕后,陈尚友曾对我说过,一个社会主义国家,怎能把犯思想错误的学生随便逮捕呢?这简直是恐怖政策!他还诬蔑斯大林是独裁专制。他还告诉我说:"一切活动,目前暂时停止了。要隐蔽些。"

1930年底,陈尚友回国前又找过我,说没有钱,我给了他五个卢布。

以上两份材料是1971年"批陈整风"时对陈伯达历史问题的揭发,见诸中共中央文件[中发(1972)25号文件附件],即《国民党反共分子、托派、叛徒、特务、修正主义分子陈伯达的反革命历史罪证》。应当说,当时的专案组在康生领导下,有逼、供、信,有无限上纲,那些"罪证"未必都是事实。

据陈伯达本人说,他在苏联学习时,对政治派别的斗争不积极,不赞成苏联对托派人员逮捕流放的做法,曾在当时被指责为"学院派""调和派",受到党组织的"劝告"处分。

陈伯达强调说,他在苏联从未加入过托派。当时,苏联的"肃托""清党"搞得那么厉害,都没有说他是托派。想不到在40多年后,在他倒台之后,在中国却把他定为托派。

确实,把陈伯达定为"托派分子",未免过分。不过,当时他在莫斯科中山大学,曾同情托派的遭遇,这一点他是承认的。

当时,托派问题错综复杂,从20世纪20年代末直至20世纪90年代的半个多世纪时光中,对托派的看法虽有很大改变,但尚无定论。

1988年7月4日,苏联塔斯社发布了这样一条消息:

苏共中央政治局专门设立的重新研究30~40年代和50年代初被迫害事件材料的委员会,审理了四起冤案,并听取了苏联最高法院对这些冤案重新处理的情况汇报。苏联最高法院查明,所谓的这四个组织都不存在,对案件涉及者的指控毫无根据。苏联最高法院决定撤销原判,为他们彻底平反。这四起冤案是:"马克思列宁主义者联盟"案、"莫斯科中心"案、"托洛茨基—季诺维也夫反苏联合中心"案和"托洛茨基反苏平行中心"案。

不过,1988年9月27日,苏联《苏维埃俄罗斯报》则又发表苏联历史学博士B.M.伊万诺夫的长文,认为苏联对托洛茨基将作客观评价,但为其"平反"或"恢复名誉"则不可能。

正当苏联在戈尔巴乔夫时代对托派问题展开讨论的时候，苏联解体了。

后来的俄罗斯共产党自顾不暇，也就没有精力去讨论托派问题了。

看来，历史的混浊，经过半个多世纪还未曾完全澄清，仍然需要时间。

不过，如今比较能够被普遍接受的观点是：托派，确切地说，是苏联共产党内对斯大林持不同见解的派别，属于党内矛盾。斯大林把托派作为"反革命"，是把党内矛盾当作敌我矛盾，错定了问题的性质。

托派问题的"源头"在苏联。中共当时受共产国际领导，所以也就仿照斯大林的态度来对待中国的托派——同样把党内矛盾当作敌我矛盾，把托派当成"反革命"。

陈伯达在20世纪20年代末曾同情托派，那是事实。至于这一历史问题如何评价，还有待于世人对托洛茨基作出准确评价之后，再相应地评价陈伯达的这一问题。

值得注意的是，正儿八经的"托派分子"、被海外称为"中国托派领袖"的郑超麟先生，当年是陈独秀的秘书、陈独秀那个"中央"的"宣传部部长"。郑超麟解放后在上海受过多年监禁，在1997年却三次出现在文献纪录片《邓小平》第一集里——他早年与邓小平一起留学法国。1998年7月，在中央电视台播放的关于《共产党宣言》的文献纪录片中，也出现了他的谈话镜头……当然，这并不意味着为中国托派公开平反，但是起码表明，如今对托派的态度比过去要缓和得多。

与诸有仁初恋

除托派组织看中了陈伯达之外，在莫斯科中山大学，王明也曾拉拢过他。

王明是在1925年赴莫斯科学习的，1927年曾回国，在武汉结识陈伯达，不久又返回苏联。有了在武汉那段共事之谊，王明跟陈伯达也就算熟人了。

这时候的王明，颇得中山大学副校长米夫的器重，担任了学生支部局的副书记。

1928年夏，当中共第六次代表大会在莫斯科召开期间，中共领导人跟共产国际的负责人多次进行会谈，由王明担任翻译。于是，王明借此机会，接近了中共和共产国际的高层领导，竟得到了共产国际领导的赏识，以至后来委以重任，回国取代李立三，夺得中共中央领导权。

王明为在中山大学扩充自己的势力，曾经多次找过陈伯达。

在莫斯科，陈伯达还结识了周恩来。

他跟周恩来初次见面，是在1928年6月，周恩来、邓颖超来到莫斯科，出席中共"六大"。

不过，那时候，他们只是认识一下而已。

1930年7月，周恩来又来到莫斯科，出席苏共第十六次代表大会。这一次，陈伯达与周恩来见面，作了一次交谈。当时，组织上要分配陈伯达在共产国际的刊物做编辑，继续留在苏联，而陈伯达却希望回国，于是他向周恩来反映了自己的回国要求。

在苏联期间，陈伯达患胃病，曾被送往南俄黑海海滨疗养了好几个月。

也就在苏联期间，陈伯达开始了他的第一次恋爱。

早在上海之时，陈伯达便结识了一位四川姑娘，名叫诸有仁。诸有仁生于1910年，比陈伯达小6岁。

罗亦农

当时，诸有仁还不是中共党员，但是她深受姐夫的影响，追求进步。

诸有仁的姐姐叫诸有伦，诸有仁的姐夫是中共早期的重要领导成员，名叫罗亦农。

早在1920年，罗亦农便已赴苏联莫斯科学习，在1921年加入中国共产党，1925年回国后，担任中共江浙区执行委员会书记。此后，他与周恩来等一起领导了上海工人的第三次武装起义。

1927年11月，罗亦农被选为中共中央政治局常委。

1928年4月15日，因叛徒出卖，罗亦农在上海被捕，六天之后，被押往上海龙华，倒在血泊之中。

罗亦农遗一子，叫罗西北。

在罗亦农影响下，诸有仁在1927年加入了中国共产主义青年团，赴苏联学习。

陈伯达与诸有仁志趣相投，越来越接近，他们之间经过近三年的交往，确定了明确的恋爱关系，准备回国以后结婚。

厦门遇险

在苏联度过三个春秋，1930年底，26岁的陈伯达终于获准回国。

又是西伯利亚大铁路的漫长旅行，又是海上风中浪里的摇晃，陈伯达被组织上分配到故乡福建工作，回到了厦门。

这时候的中国，在蒋介石的铁腕统治下，毛泽东和朱德在井冈山建立了革命根据

1930年，陈伯达从苏联回国被组织分配到福建工作，当时的中共福建省委由罗明（左）和陶铸负责。罗明于1933年受到王明打击，离开党的重要工作岗位，陶铸则在"文革"中受到"四人帮"迫害

地，蒋介石亲率大军，发动了一次又一次围剿。

在福建，中共组织早已转入地下，尽管厦门的气温远比莫斯科高，陈伯达却仿佛一下子掉进冰窟。这几年，惯于在莫斯科大街上大模大样地走路，惯于在宿舍里高谈阔论，眼下每逢外出要不时回头看看有没有"尾巴"，每逢接头要低声悄语说暗号。

当时的中共福建省委书记罗明，又名罗善培，1925年在广州中山大学便已认识陈伯达。不过，那时罗明对陈伯达的印象很差，因为陈伯达倒向右翼分子，而罗明早已加入了中国共产党。据罗明回忆，1926年1月，当他作为中共广东党、团区委特派员前往厦门，不久，陈伯达也来到厦门，与他有过一次激烈的争论。如今，陈伯达已加入中共，又经过三年留苏，接受罗明的领导。

当时中共福建省委的秘书长，则是陶铸。1930年5月，陶铸曾在厦门成功地领导了一次劫狱，救出了一批被捕的革命志士，名震厦门。

刚刚回到厦门，罗明和陶铸给陈伯达分配了工作——创办福建党的刊物。

办刊物，本是陈伯达擅长的工作，当年他便在厦门办过《厦门通俗教育社半月刊》。可是，现在他一着手工作，就遇到了麻烦。

那时候的厦门，是张贞的天下。张贞因反共有功，受到蒋介石的赏识，被任命为"福建省剿匪司令部司令"，张贞的部队也由原先的独立师，变为"丙种师"（全师5000人左右）编制的"暂编第1师"，再变为"甲种师"（全师1.2万人左右）编制的"新编第1师"，直到变为蒋介石的"陆军第49师"（全师2万人左右）。

在蒋介石的指挥下，张贞起劲地"围剿"红军。当时，中国工农红军第4军活跃于闽西，1930年3月，在闽西龙岩县县城正式成立了闽西苏维埃政府。蒋介石调动福建张贞部队、江西金汉鼎部队、广东陈维远部队"合剿"闽西红色政权，名曰"三省会剿"。张贞最为起劲，竟下令悬赏"人头奖"——斩红军首级一个，赏大洋十元！

陈伯达在厦门颇感紧张，意识到他的人头也随时可能搬家！

陈伯达上街，几度遇见了熟人。见了他，熟人总是躲避三舍。他曾在这里教书，在这里办刊物，又在这里出逃上海，熟人既多，而且又几乎都知道他是共产党。

一天，陈伯达出门，一个瘦弱的老头突然一把拉住他，把他吓了一大跳。细细一看，陈伯达更加吃惊，那老头儿不是别人，正是张贞的叔父张达卿！

张达卿在张贞手下管账，做军需官，自然跟这曾是张贞秘书的陈伯达很熟悉，一眼便认出了他。

"久违！久违！"张达卿问陈伯达这几年上哪儿去了。

陈伯达支支吾吾，赶紧把张达卿拉到街角，生怕在大街上"曝光"。

"你知道张觉觉在哪里吗？"张达卿的这句问话，又使陈伯达局促不安。须知，张觉觉是陈伯达的入党介绍人，张达卿问起张觉觉来，显然不是个好征兆。

"张觉觉在张师长手下当官呢！"张达卿这么一说，陈伯达才放心了。原来，张觉觉已经反水，在张贞部队供职。

"张师长常常念叨你哩！"张达卿一边说，一边硬要拉着陈伯达上馆子。

陈伯达无法推托，也就随着他进入菜馆。

张达卿盛情招待陈伯达，劝说陈伯达回到张贞那里去，像张觉觉那样。张达卿还掏出50元钱给陈伯达。

陈伯达捏着一把冷汗，离开了菜馆。他知道，他在共产党这边已经干了三年多，何况又是从苏联培训归来，即使张贞饶了他，蒋介石也不会放过他。因此，与张达卿的邂逅，是一个极为危险的讯号，显然，张达卿会把他回到厦门的消息告诉张贞。

陈伯达急急去找罗明，说道："我已经在这里暴露，希望把我派到上海去工作。"

罗明答应了陈伯达的要求。

事不宜迟，陈伯达用张达卿给他的钱，买了船票，再次逃离厦门。

这样，在1931年春，陈伯达来到了上海，接上了党的组织关系。

王明刚刚掌权

一到上海，陈伯达出乎意料地见到了王明，甚至还见到了莫斯科中山大学那位校长米夫！

这时候的王明，正踌躇满志，仿佛是中国革命在明天就可以获得全国胜利。尽管他与陈伯达同岁——27岁——可是，已经以"中共领导"的身份、口气跟陈伯达谈话了。当然，他对于曾在武汉共事、曾在莫斯科中山大学同学的陈伯达还是表现出一股子热情，竭力要把陈伯达拉入自己的那一派。

看了一些党内文件，陈伯达才得知：1931年1月7日开始，在上海召开了中共六届四中全会。

会议竟是由王明主持。王明一跃而为中共中央政治局常委，取代李立三，夺得了中共的实际领导权。

27岁的王明能有这么大权势，仰仗于他的后台——米夫。

米夫也很年轻，只比王明、陈伯达大3岁——30岁。米夫原名米哈依尔·亚历山大罗维奇·费尔图斯。1918年，17岁的他参加苏联红军。1925年，24岁的他便成了莫斯科中山大学副校长，由此成为苏共的"中国问题专家"。1926年，在共产国际执委会的第七次扩大全会上，米夫提出了《中国问题提纲》，使他"中国问题专家"的形象变得更加鲜明。这样，不久之后，他就被任命为共产国际东方部副部长兼莫斯科中山大学校长。这一回，他作为共产国际的代表，来到上海，召开中共六届四中全会。他全力支持王明。

王明

王明原本是米夫一手提拔的，作为一生政治生涯的起点——王明出任莫斯科中山大学学生党支部副书记——便是米夫促成的。如今，在米夫的支持下，王明竟然取李立三而代之，跃为中共实际上的第一号人物。王明在中共六届四中全会上批判了"李立三路线"，却提出了更"左"的"王明路线"。

虽说王明在中央刚刚掌权，很想把陈伯达纳入自己的势力圈子，以加强自己的力量，可是米夫却对陈伯达不喜欢——因为陈伯达在米夫的眼中是托派人物，不可重用。

王明照米夫的眼色行事，陈伯达在上海逗留了两个多月，被王明派往天津工作。

中共中央原本设有北方局。1930年，中共中央北方局书记为贺昌。在中共六届四中全会上，贺昌受到王明的批判，被撤销了中央委员的职务。王明干脆取消了中共中央北方局，改设"顺直省委"。顺直，亦即河北。

据安子文在《我的一段经历》（载《革命史资料》1980年第1期）中所忆：

（顺直）省委机关设在天津。顺直省委书记由铁路工人出身的"六大"中央委员许兰芝担任，陈原道任组织部部长，余泽洪任宣传部部长，陈复任秘书长，我仍然担任组织部秘书。陈复去广东后，我接替了他的工作。不久，张国焘到天津，决定调我去中央特科工作。顺直省委秘书长职务由刘亚雄接替。

陈伯达被派往天津，是到中共顺直省委宣传部工作，任务是编辑一个刊物，名叫

《北方红旗》。

1931年4月初,陈伯达随着一位地下交通员从上海坐船前往天津。他对天津情况一无所知,只有那位地下交通员知道,在天津与他接头的,将是中共顺直省委交通科。

陈伯达做梦也没想到,国民党天津市公安局的特务已经撒开包围中共顺直省委机关的网。他,竟自投罗网!

在天津英租界被捕

在天津,最初落入国民党特务网中的是顺直省委交通科科长周仲英和秘书长安子文。安子文曾经在《我的一段经历》一文中回忆道:

> 贺昌同志负责北方局时,在(天津)法租界的一所旅馆里曾租用了几间大房子,挂有"垦野公司"的招牌,实际上是北方局机关开会的地方。
>
> 顺直省委成立后,也沿用了这个地方,但又觉得此处用的时间长了不安全,决定撤销。周仲英同志到"垦野公司"去,不幸被敌人逮捕。我并不知道敌人在那时安下了捕网,心里还想,"垦野公司"有许多沙发、立柜、地毯、办公桌、小保险柜之类的物品,应当和旅馆结账,然后将所有的物品拍卖。组织上当时是十分需要经费的。一天下午,我赶到了"垦野公司",刚进屋就让早已埋伏好的特务们逮捕了……

在周仲英、安子文被捕两个多月后,天津国民党党部的特务通过盯梢,发现了英租界墙子河外集贤里的中共顺直省委机关——招待处。这时,国民党特务第5队又发现了中共顺直省委在法租界"西北贸易公司"的机关。于是,国民党政府天津市公安局照会英、法租界工部局,采取共同行动。国民党政府天津市公安局特务总队主任解方,坐镇指挥,暗中布网。

国民党张网捕人的这一天,是1931年4月8日,而陈伯达不早不晚,恰恰在这一天抵达天津。

陈伯达在他的一份手稿中曾这样写及他被捕时的情形:

> 我随党的交通到天津,暂居旅馆,当天刚到,人地生疏,没有出门。但就在当天,有位同志把我从旅馆接出,说是住招待所(引者注:即英租界集贤里中共顺直省委招待处)。那是一个大楼,河北(顺直)省委有些机关都在里

面。当晚见过准备参加编辑《北方红旗》的一个女同志。不记得当时还见过谁。半夜有人叫醒，看是几个彪形大汉，觉得是侦探。那些人问话：你是什么地方人？叫什么名字？我乡音很重，只得说出福建。本来没有叫什么名字（引者注：指没有事先拟好在天津用的化名），临时凑合回答：叫王通！那些侦探已叫起睡梦中的许多人，知道这里住的人来自不同的地方，都得意相视而笑。第二天清早，省委的组织部部长陈原道同志（省委的实际负责人）、省委书记许兰芝（名义上的省委书记，本来是铁路工人）先后到这个大楼来，当然也落网了。

特务们把我们这一群人，先送英国工部局，再全部移到天津市公安局。

到公安局约一两个月，才开始审判，所有的人，都单独过堂。第一次法庭对每个人简单地问了一阵。实际上，这次过堂除许兰芝外，都不过是一个形式。许兰芝回来，他说，他向公安局法庭叩头，说他是做生意的，那天走错了路，窜错了门，请求释放。法庭要他取保出去。

许兰芝是有点像做生意的，他这样说，大家都信以为真，给他凑些钱，有什么社会关系的，也给他介绍社会关系。后来知道，他还继续关在公安局里，并没有放出。

在审判前，陈原道同志曾经"决定"，凡有人证明，法庭已知道的，都只好承认。

过第二堂，因为已有许兰芝的叛卖口供，法庭就按照许兰芝的口供审问……

由于许兰芝叛变，敌人突破了全案。在法庭上，敌人让许兰芝与陈伯达当面对质。如陈伯达所言，当时他大吃一惊："回头看到的是许兰芝。'啊，竟有这样的事！'"

这样，陈伯达"就承认是由上海来做宣传工作的"。

与陈伯达同时被捕的刘宁一在1971年3月9日所写的一份材料中，这样谈及陈伯达在天津狱中的情况：

河北临时省委机关1931年4月8日在天津英租界集贤里被破坏，我们同时被捕的有许兰芝、陈原道、刘亚雄、蒲秋潮、郑淑梓、李德标、胡大富、刘明弗、吴光华、王通和我，共15个人。从英租界巡捕房送到天津公安局，经过两次审讯，于9月初送北平张学良副司令部。

王通被捕后，一直是表现消沉，特别是在看守所中多次向我表示，他身体不行了，无论如何替他想想办法营救他出去。（引者注：据陈伯达说："我鼻孔出血，记得血连满九碗，监狱把我送进医院，派两个特务日夜监视，时间或许是一个月左右。那个医生年纪轻，态度好，工作认真，总算终止了出血，我回到监狱。")

我们到天津公安局不久，在过第一次堂时许兰芝就叛变了。在过第二次堂时吴光华第一个受审，敌人韩连会、张凯运指明后，他承认是共产党员，是保定交通。第二个是我受审，说我是调来做交通的，我也承认了是共产党员，是调来做交通的。第三个是王通受审，王通回来后，向陈原道说，许兰芝已经叛变，当面对质，无法抗拒，全部承认了。那就是承认了自己共产党的身份、党的职务和来历，还供出了他所知道的同案人的情况。

在许兰芝的当面对质下，陈伯达承认了自己"是共产党员，在省里搞宣传工作"。除了陈伯达之外，其余同案人差不多也如此作了供认。

1932年9月6日，当年与陈伯达同案的远锐在写给中共河北省委的意见书中，总结了这一教训。这份意见书的原件，迄今仍保存在中央档案馆内。

远锐指出：

在这里附带说到一个问题，即在我们没有证据时绝对地不承认，有证据而不能推掉时，应该就轻避重地承认一点，而有计划开脱一些重要人。我们在公安局的口号一个是"打死不承认"，另一个是"有人对堂才承认"，所以第一堂除徐（许）兰芝外都能执行"打死不承认"（我们差不多到公安局一个月后才过堂）。而当第二堂（又20多天后），因为有人证明，就差不多全体地并完全地承认了。我想这也是值得我们记住的一个教训，在没有证据的人虽然有人对堂依然有可能坚持不承认或只承认很轻的一小部分，所以"有人对堂才承认"是一个错误的口号。所以有些人在公安局的口供，差不多把自己全部的经过都（写）上了，真可以当传记读的!

错误的指导原则，导致了中共顺直省委这批被捕者的身份被敌人审得清清楚楚。远锐这份在一年以后写的意见书，十分真实地反映了当时的情况。

当时的情形，负责审讯的国民党政府天津市公安局特务总队长解

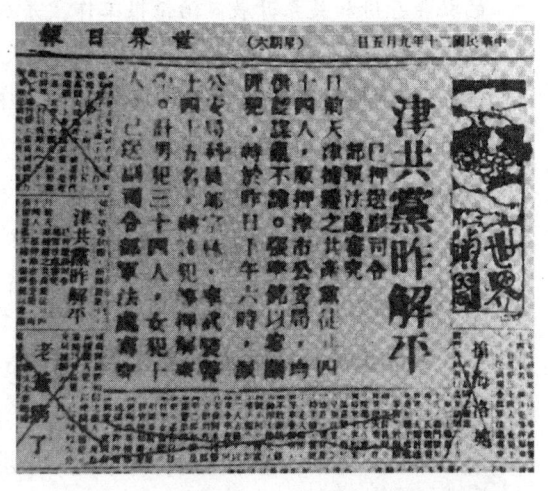

1931年9月5日《世界日报》关于陈伯达等被捕的报道

方也记得。解方原名解如川，在奉天（沈阳）第三中学读书时与张学铭是同学。张学铭即张学良之弟。当张学铭担任天津市市长兼公安局长时，便把 24 岁的解方调来当特务总队长。解方当时是国民党特务，但是，他在 1936 年加入了中国共产党，后来成为中国人民解放军将领。1949 年，天津解放后他担任了天津警备区司令。据他回忆：

> 逮捕了省委书记许兰芝、组织部部长陈原道、秘书长刘一鸥、王通、史连甲等 30 余人。在总队审讯时，他们都供认了自己的组织身份、活动内容并互相认证了别人的组织关系和组织活动。
>
> 此后，王通和其他人都被判了刑，唯独许兰芝未经判刑即被释放。

胡鄂公、杨献珍组织营救

陈原道等被捕的消息传出后，中共党组织紧急进行营救工作。前往天津进行营救工作的是中共党员胡鄂公和杨献珍。

笔者对杨献珍作了采访。杨献珍回忆如下：

> 1931 年初，在上海的党中央有个计划，准备在北方开展政治情报工作。其中一个能发挥重大作用的共产党员，是在北洋军阀时代当过国会议员的胡鄂公，他在北方的上层人物中有很多熟人。中共决定让胡鄂公赴北方，以他的社会身份和关系开展政治情报工作，并派我做他的助手。
>
> 4 月中旬，胡鄂公和我乘船从上海去天津。出发前，中央已获悉顺直省委在天津遭受严重破坏，安子文、周仲英和陈原道、刘亚雄等分别被捕。一大批负责干部被捕后关押在天津市公安局看守所里，法院刚刚受理案件，但还没来得及定案。这是一个机会，中央交付给胡鄂公和我的第一个任务，就是设法通过一切关系，尽一切可能营救天津被捕的同志出狱。
>
> 这时，新的顺直省委在北平成立。省委书记殷鉴同志得知我们到天津，立即委派省"互济会"党团书记赖德赶来，协助我们进行营救工作。
>
> 曾经当过天津市商品检验局局长的刘少白先生（后来加入了中国共产党），也从北平赶到天津，为营救女儿刘亚雄、女婿陈原道等人到处奔走。他利用自己的社会关系，多方活动，终于使天津法院吐口：花四五千大洋，就可以把陈原道这批人释放出来。刘少白、胡鄂公原来就是好朋友，刘少白便将营救

的经过告诉了他。

胡鄂公听说营救有望，赶忙返上海，亲自向中央报告……胡鄂公从上海回到天津，他找到我，中央已经同意用钱赎买被捕的陈原道等同志，而且已经带来了款子，让我马上去找刘少白……并告诉我刘少白的住址——北平虎坊桥，现今的晋阳饭店原址。

7月24日，我从天津乘火车到了北平，住在一家公寓里。第二天，我就带着五份秘密的"大纲"（引者注：即胡鄂公所写《开展北方政治情报工作大纲》），按照早已开好的地址、关系、暗号，挨个儿去接头。中午时分，已经见到了第四个关系人，他家离虎坊桥很近，也熟识刘少白。我便向他打听刘少白家里情况。关系人说刘家没有发生什么事情，并说："我认识他家，我带你去吧！"走到刘家附近，我让他回去，便自己朝刘少白家院子走去。

进了黑漆大门，看见了门里影壁下有个老太太，便问："刘少白先生家在这儿吗？"

老太太毫无表情地回答："刘家在后院。"

我进院子前已经打定主意，先看看群众的脸色表情，来判断吉凶。但老太太木然的脸色，使我什么也看不出来，便一直朝后院走去。其实，就在两天以前刘锡五同志（引者注：解放后任中共吉林省委书记、中共中央监察委员会书记）也是到刘少白家来，前院的一位好心妇女用眼色暗示"刘家出事了，快跑……"刘锡五同志十分警觉，知道势头不好，转身就走，谁料到正巧被宪兵看见，追出去将刘锡五捉住。尽管刘锡五不承认邻居"通风报信"，宪兵还是把那位妇女痛打一顿，并警告前院的居民谁也不准给"来人"任何暗示，否则以"通共产党"罪论处。

我并不知道刘锡五同志被捕这件事儿，刚才影壁下那位老太太脸上又没有什么反应，我就径直走到后院。到了刘少白家推门而入，只见年幼的刘兢雄惊恐地扑到妈妈怀里，一个宪兵坐在屋里，一个宪兵站在屋门后。我被堵在屋里跑不出去了……他们把我捆绑起来，带到大门口，雇了两辆人力车，一直拉到了宪兵司令部。在那里我第一次见到刘澜涛和孔祥祯同志，他们也被敌人逮捕，关在这里……

从事营救工作的杨献珍，营救未成，反而落进敌人魔爪之中。

陈原道的岳父刘少白在哪里呢？那是因为在陈原道、陈伯达等被捕之后，新建的顺直省委又在北平遭到破坏，省委新任秘书长郭亚先被捕后叛变，供出了刘少白公馆是顺直省委的一个联络点。刘少白闻讯，远走大连、青岛，然后躲到山西大同一位同

105

叶永烈在北京医院采访杨献珍时为他拍摄的照片

乡家中,这才甩掉了跟踪追捕的特务。

宪兵们则在刘少白公馆设下暗网,来一个抓一个,逮了刘锡五、杨献珍,唯有陈赓格外机警远远发觉刘家异常,没有上钩。

这里需要补充几句的是,杨献珍提及刘少白"利用自己的社会关系,多方活动,终于使天津法院吐口",其中的细节今日不再属于机密,故披露如下:当时,刘少白找了傅作义,然后找到了天津市公安局局长张学铭!张学铭思想倾向进步,当即答应帮忙,经刘少白奔走,终于使法院松口,"开价"四五千大洋。刘少白用的是营救女儿刘亚雄、女婿陈原道的名义,所以并未引起国民党特务的怀疑。他的女儿刘亚雄在北京女师大读书时,便成了学生运动的中坚分子。1926年2月,她加入中国共产党。此后,她被送往莫斯科中山大学学习……

由于杨献珍被捕,刘少白又被叛徒出卖而不得不远走高飞,营救顺直省委被捕同志的工作流产了。

1931年9月4日,陈原道、陈伯达等从天津解往北平,关押于北平行营军法处看守所。

1931年9月5日,北平《世界日报》刊出消息《津共党昨解平》:

> 日前天津捕获之共产党徒共44人,原押津市公安局,均供认谋乱不讳。张学铭以安关匪犯,特于昨日下午6时,派公安局科员邹宗林,率武装警士45名,将罪犯等押解北平。计男犯34人,女犯10人,已送副司令部军法处审究。

此后,1931年9月13日天津《大公报》亦以《大批共党解平》为题作了报道:

> 津市公安局于近日以来捕获共产党及共党嫌疑犯甚多。经审讯后,即呈报副司令行营,经副部电令解平,特于日前将共党周金铭等44名解平,送交副司令行营。行营昨训令省府,谓该共党周金铭等已交军法处审讯,即转令市府知照云。

此处提及的"副司令",即当时陆海空军副司令张学良(司令为蒋介石);周金铭,即张晔。

就在陈原道、陈伯达等押到北平后半个月——9月18日——爆发了震撼中国的九一八事变,日军一举吞掉中国的东三省,抗日的热潮在全中国澎湃掀起。

张贞救他出狱

北平,北海西侧,一条南北走向的僻静的胡同,名唤"草岚子胡同"。

胡同里,一座高墙四围、大门紧闭的大院子,四周设有岗楼,警卫森严。

入门,是一个前院,一座灰色的小楼,小楼后边,有一座长筒形的大房子,一条走廊把大房子分为南北两部分。

从1931年底起,那里成了一个秘密的监狱。那便是张学良设的"北平军人反省院",俗称"草岚子胡同监狱"。

院内的灰色小楼,成了狱吏们的办公室,那座长筒形的大房子,便成了监牢,以走廊为界,分为南监和北监。

在天津、北平被捕的政治犯们,被集中关押于这座"北平军人反省院"。薄一波、刘澜涛、安子文、杨献珍、魏文伯、廖鲁言、刘锡五、徐子荣等都关押于此。"文革"中的一起重大错案——"六十一人叛徒集团案"——那61人当时都关押于此。

陈伯达在1931年底,也由北平行营军法处看守所转押于此。

陈伯达曾多次说及,被押送到这里的同案人,在九一八事变之后,趁局势的变化,曾集体约好一起翻供。

陈伯达不属"六十一人叛徒集团案"。他在1932年2月便出狱了,而薄一波等61人在狱中坚持斗争,直至1936年8月至10月才陆续出狱。

陈伯达属陈原道、刘亚雄等一案。安子文在《我的一段经历》一文(《革命史资料》1980年第1期)中这样谈及"陈原道、刘亚雄一案"与"六十一人叛徒集团案"的出狱情况:

> 后来,我们都转到了北平军人反省分院,即草岚子胡同监狱。陈原道、刘亚雄一案的同志,是九一八事变之后不久判的刑。鉴于当时的时局正处于大动荡,敌人判得比较轻,在"一·二八"后的一次大赦中便出狱了。我是在九一八事变前被捕的,判的刑比较重,大赦减刑也出不去。敌人让我们反省,我们坚决反对,当然更不会出来了。因此,抱定决心"红旗出狱"(引者

当年的北平军人反省院

注：即"坚持到红旗在全国都飘扬起来，我们就可能出狱"）。狱中，我和薄一波、殷鉴、杨献珍、胡锡奎、李楚离等同志一起，在秘密党支部领导下，团结广大政治犯，进行反对牧师说教（引者注：当时敌人用牧师在狱中说教，企图进行软化），反对敌人的反省政策和争取改善狱中生活等斗争，还进行过一次大的绝食斗争。经过长达五年半的狱中斗争生活，一直到1936年党组织营救我们出狱为止。

关于薄一波、安子文等61人的出狱，中共中央在"文革"后为"六十一人叛徒集团案"平反时明确指出："1936年，党中央和北方局根据当时华北民族斗争和阶级斗争的形势，以及薄一波等61人在狱中的表现，指示他们履行敌人规定的手续出狱，以便为党工作。他们出狱后，立即同党组织接上关系，党组织及时分配了他们的工作。'文化大革命'以前，党中央对61人出反省院的问题作过审查，对他们这段历史是知道的，一直认为没有问题。"

陈伯达虽然曾与"六十一人"关在一起，但他属陈原道、刘亚雄一案，而他的出狱又与陈原道、刘亚雄等不同，他是利用自己的社会关系单独出狱的。因此，他在草岚子胡同监狱关押的时间最短，出狱最早。

据陈伯达回忆，他在被捕后经过审讯，被判处两年徒刑（他说也可能是两年半，记不清了）。

可是，他实际在狱中只关押了十个月，即1931年4月8日被捕，1932年2月出狱。

陈伯达为什么能够独自提早出狱呢？他，求助于张贞，而张贞派专人前往北平，为他打通了"关节",帮助他出狱。

关于出狱的经过,陈伯达曾作如下的自述:

我在狱中,淋巴腺(结核病)一天天肿大起来,监狱找了天主教医院修女们给我开刀,于是淋巴腺结核病不但不能收口,反而更加蔓延了,脓流得更多了,样子变得很可怕。陈原道同志对我说,你外面有什么关系没有?可以想法找关系出去。我对他说,我在厦门鼓浪屿遇到张贞底下一个老会计(引者注:即张贞的叔父张达卿),他跟我说过,"如果遇到什么意外事,可以写信来,当给想办法"。

陈原道同志即促我写信,信的内容,写我现住在北平×××,得病,如有便请找人来看我一下。收信人一看信的内容,便认为我被捕,找了一个算是当时厦门、泉州一带的名人,也曾是华侨的王雨亭(后来是共产党员)来看我。此人过去我见过面,但没有来往,据说有些豪侠气,跟张贞也认识。他们去找张贞,说我被捕了,要他拿钱帮助赎出。

在北伐时,我曾在张贞师里当过秘书。当蒋介石在南京反革命时,福建反革命大头目宋渊源从南京打电报给张贞,要他就地处理我,意思是处决,即枪杀。他匆匆忙忙,秘密把我送走。

……

王雨亭找他,他就拿几百元给他,并说,如不够用,还可以来要。

王雨亭北来,路过上海,找了陈文总同行(引者注:这个陈文总,就是1927年南昌起义前夕,与陈伯达同去策反张贞、半途"失踪"的那人,后来,他到日本陆军士官学校留学去了。回上海后,他还是中共党员。随着形势的严峻,他后来叛变投敌,曾任蒋介石的第1军参谋长,解放后逃往香港)。陈文总就同王雨亭来北平,经过陈文总在东京的一个姓邰的同学请他父亲、张学良的副官处长帮助(引者注:陈伯达所说的"姓邰的",经查证,即邰中复,当时已是中共党员)进行活动。

王等到平,第一次来探监,第二次就要我出狱。这些事情经过,陈原道同志,还有在狱的其他人,完全清楚明白。

出狱时,王雨亭要我同他们到一处办"手续"。我并不知道这是怎么一回事。我想,王雨亭也不完全知道。

到了那里,管监狱的人就拿出一张写好的单子,大意是说:"年幼无知,误入歧途……"(只记得大意是这样)管监狱的人要我盖个指印,我看了单子,不肯盖,管监狱的人说,这是"手续",不盖指印,就不能出去。在这样相持的时候，王雨亭劝我，你身上病不轻，出去可以治疗，还是盖了好……最后我盖了。

陈伯达盖了指印的单子，叫"改过书"，又称"悔过书"。
陈伯达的自述，基本上说清了他的出狱经过。
不过，陈伯达只知道他通过张达卿怎样求助于张贞而出狱，他并不清楚陈文总与那个"姓郜的"是怎样具体联系的。
"姓郜的"——郜中复——的回忆，从另一个侧面说明了陈伯达的出狱经过，大体上与陈伯达的自述相吻合：

1931年10月间，我由日本陆军士官学校毕业后到山西汾阳旧西北军官学校工作。不久，陈君文（引者注：即陈文总，与郜中复在日本陆军士官学校同学）赶到汾阳叫我设法营救党的负责同志。他说：党的负责同志王通由苏联回国后在天津被捕，现押在北平草岚子监狱，这是党交给你的任务，一定要设法营救出来。当时我们研究，我父亲郜斌山在北平是东北军的高级军官，由他出面作保有营救出来的可能。于是，就给我父亲拍了一个电报，内容是：我的同学又系挚友王通因共产党嫌疑被捕，现押在北平草岚子陆军监狱，务乞设法营救出来。以后接到我父亲来信，他亲自到监狱把王通保出来了。
1954年外贸部审干我受审查时，将营救王通的事情写上了，为了准备组织上查问，我向父亲较为详细地了解了营救王通的情况。他告诉我，他接到电报后，到监狱找的典狱长，典狱长认为他是高级军官，同意保释。并向他说：王通是留俄学生，是共产党，误入歧途能有认识还是有远大前程的。又说：犯人出狱要办个手续，典狱长先到牢房叫王通写的改过书，他在保人的名单上签名盖章。办完这些手续，他就把王通领出监狱了。

陈伯达的出狱，张贞出了大力：张贞派出王雨亭，王雨亭拉了陈文总，陈文总求助郜中复，郜中复电告父亲郜斌山。兜了那么一个大圈子，终于由郜斌山出面保出了陈伯达。
张贞是与陈伯达的历史有着密切关系的一个人。这里顺便提一下张贞后来的情况：1932年3月，红军第1军团挺进闽南。第1军团的军团长为林彪，政委为聂荣臻，参谋长为陈奇涵，政治部主任为罗荣桓。红军第1军团与张贞的第49师在漳州激战。1932年4月20日，我军一举攻下漳州，俘敌1600多人，张贞的主力被基本歼灭，从此一蹶不振，躲到老窝诏安，再也恢复不了元气。闽南流行民谣："时逢四十九，张贞无路走！"这"四十九"是句双关语，因为这年张贞正好49岁，而他的部队又正好是第49师！

张贞见大势已去，在厦门鼓浪屿别墅中逍遥。后来，只好到南洋去"旅行"，从此失去闽南地盘，回来后无法再在福建立足，只得到南京做寓公，挂了个国民党"中央委员"的空名上将军衔。

1943年，陈伯达发表《评〈中国之命运〉》，蒋介石迁怒于张贞——因为有人密告蒋介石，这个"陈伯达"即当年张贞秘书陈尚友，亦即张贞出钱从北平军人反省院中救出的"王通"。

张贞的国民党"中央委员"告吹，只得由那个曾经护送陈伯达上船的张贞的心腹林学渊取代，成为国民党"中央委员"。

1949年中国人民解放军节节南下之际，完全失势的张贞曾想依托陈伯达的关系留下来。他犹豫再三，还是害怕共产党跟他算旧账，终于去了台湾，后任国民党政府立法委员，1963年12月在台北去世。

据20世纪末的《光明日报》透露，张贞夫人90多岁仍在香港，知道孙子在福建近况均好，曾表示愿叶落归根，回乡探望。

陈伯达曾与毛泽东谈及张贞。在解放战争时期，毛泽东在一次会议上说到张贞："我看，国民党也不能一概而论，比如，张贞就救过陈伯达一命……"

其实，从毛泽东的这句话中，也可以看出，毛泽东对于陈伯达的被捕以及如何出狱，是相当了解的。

陈伯达从1927年4月下旬入党，到1932年2月出狱，短短五年间，留过洋、坐过牢，既信奉过托洛茨基主义，又在国民党反省院的改过书上按过指印，他是一个历史错综复杂的人物。他出狱时，不过28岁而已。

第四章
走出人生的低谷

陈伯达好不容易走出监狱,他成为中共北方局宣传部部长,发动新启蒙运动,成为颇有建树的理论家。他的名字,开始为知识界所熟悉。他还成为中共北平市委"三人领导小组"成员之一……

吉鸿昌资助出版《论谭嗣同》

北平,风景秀丽的西山,安谧的疗养院。出了草岚子胡同监狱,陈伯达住进了西山疗养院,一住便是七八个月。

疗养院里一位名叫卢永春的大夫给陈伯达看病。经卢大夫悉心诊治,陈伯达的淋巴腺结核慢慢好了。张贞给他的一些钱用光了,等到出院时,陈伯达欠了一大笔住院费。

陈伯达回忆道:"我无法交出住院费。蒙该院宽大,说'你将来能做事时,给盖一批住房就好了'。这是当时该院无可奈何的话。北京解放后,我找过卢永春大夫,可惜他已去世。"

出了疗养院,陈伯达住进北平的泉州会馆(同乡会),依靠闽南的同乡们生活。

这时,他重逢诸有仁,那段因被捕入狱而中断的恋爱,又继续下去。很快,这位四川姑娘跟他明确了恋爱关系,准备结婚。

1933年初,陈伯达被党组织派往吉鸿昌部队工作,来到张家口。

吉鸿昌是冯玉祥部下名将,北伐时担任国民革命军第15师师长。1932年春,吉鸿昌秘密加入了中国共产党。1933年春,冯玉祥、吉鸿昌、方振武等在张家口成立抗日同盟军。

在吉鸿昌那里,陈伯达还是写点文章,编编刊物,生活境遇好了些,便与诸有仁成婚。这是他平生的第一次婚姻。

蒋介石对吉鸿昌恨之入骨。1933年10月,趁着吉鸿昌前往国民党部队谈判,蒋介石下令逮捕了他。可是,押送吉鸿昌的国民党士兵敬仰这位抗日英雄,悄悄地把他放跑了。吉鸿昌潜往天津,住入租界的"红楼",在中共地下党领导下开展工作。

吉鸿昌将军

第四章
走出人生的低谷

陈伯达无法再在吉鸿昌部队立足，又躲回北平西山，埋头于写他的第一篇史论——《论谭嗣同》。这也是他头一部比较有分量的著作。

书前，他在《付印自记》中谈了写作经过：

> 这本小册子，是作者本年秋天在北平西山养病时所写成的稿子，因为时间很匆促（约有四五十天的光景），而参考书又很少，很少，内容的缺点，自知是不免的。最近曾将稿中可以不必要的摘引和说明删节了许多，然而，究竟因为自己是在生活的驰逐中，没有很多的闲暇来从事于原稿精密的整理，这是作者所深自抱憾的。
>
> 1933 年 12 月 15 日晚，于旅途

谭嗣同，当年戊戌变法的"六君子"之一，他主张"革去故，鼎取新"，1898 年 9 月死于清朝政府的屠刀之下。

陈伯达认为：

> 谭氏固不仅英烈地，无顾忌地，为着政变，"横刀向天笑"，走上断头台，不如康梁辈（引者注：即康有为、梁启超之辈）之临难抱头鼠窜而去，而其对于中国旧社会的理论批判，无情地揭破统治者一切的虚伪和造谣，在中国的布尔乔亚阶层（引者注：法文 bourgeoisie 的音译，即"资产阶级"）之中要算是第一个，而且也是最后一个。如果不是这样，实在不值得我们现在来为他写这篇文章。……
>
> 在戊戌政变时，谭氏在一些上流人物者的心目中是一个"疯汉"（袁世凯语），在戊戌后乃至于现在上流社会的心中，不消说，也只是一个疯汉。谁还与疯汉为伍，而伤自己的尊严呢？所以，甚至于曾与谭氏共过患难的梁启超，好些文章在谈到戊戌时代的思想变革运动的时候，对于谭嗣同这个名字，都索性故意不加以一提，而却只把自己和他的教师，堕落到万丈深渊去的康有为，自吹自擂起来。
>
> 我们重新把谭嗣同，这位可敬的启蒙思想家，介绍到中国新思想界的面前……
>
> 把中国从根救上来，不是恢复中国旧有的"道德"，而是应当摧毁这旧道德所依赖生存的现实社会制度：在旧的真实社会制度瓦解之下，名教礼教都会云散烟消下来。

但是，在《论谭嗣同》一书中，陈伯达对于日俄战争的观点，显然是错误的。陈

伯达写道：

> 日俄战争虽则是日俄对于朝鲜和满洲的争夺战，然而新兴的日本之战胜腐败反动的俄罗斯，在世界历史上，在东方有色人种的民族解放运动的历史上，却具有进步意义。

实际上，1904~1905年所发生的日俄战争，是日本与沙皇俄国为了重新分割中国东北和朝鲜所进行的一场帝国主义战争。日本是新兴的帝国主义，沙俄是老牌的帝国主义，它们之间的这场战争毫无"进步"可言。这场战争以日胜俄败结束，从此日本取代沙皇俄国，取得了对于中国东北的支配权，为后来日本的大规模侵华战争"奠基"。陈伯达把日本战胜沙俄说成是"东方有色人种的民族解放运动"，说成是"具有进步意义"，是完全错误的。谭嗣同在当时主张"联日""亲日"，就这一点来说也无"进步"可言。

尽管陈伯达也说："谭嗣同及其后辈，对于亲日的态度是无限制的，无条件的，这种无限制的无条件的态度，不可免地是前门拒虎，后门进狼，变成为日本帝国主义宰割中国的工具，演成现在中国民族伟大的悲哀。"但是，陈伯达对于谭嗣同这种"联日""亲日"错误态度的分析、批判是不够的。尤其是当陈伯达写作这本书时，中华民族正面临着日本帝国主义的大举侵略，不对谭嗣同的"亲日""联日"进行深刻批判，而一味去歌颂他的"英烈"，是失之偏颇的。

据陈伯达回忆，《论谭嗣同》的《付印自记》所注"1933年12月15日晚于旅途"，这"旅途"即天津。当时，他去天津找吉鸿昌求助。吉鸿昌出钱，帮他自费印刷了《论谭嗣同》一书。

1934年2月，这本书在上海由人文印务社印出初版版本。他是交给朱其文（解放后曾任中国驻越南大使）在上海印刷的，因为初版版本校对甚差，所以错字颇多。后来，他作了校对，又作了修改、补充，收入《在文化阵线上——"真理的追求"续集》一书，于1939年2月由生活书店出版，篇名改为《论中国启蒙思想家——谭嗣同》。

对陈伯达来说，《论谭嗣同》一书的出版是重要的。这是他平生第一书——在此之前，他只是杂七杂八地写过一些短文。在著述上，他开始从"游击战"转向"阵地战"，转向写作一系列论著。

在北平差一点又被捕

就在陈伯达写《论谭嗣同》一书之前不久，妻子诸有仁怀孕了。

第四章
走出人生的低谷

陈伯达和妻子来到天津。据其自述,他在天津因犯右倾机会主义错误,被又重新派回北平工作:

> 1934年期间,我在天津主编《实话报》(引者注:中共河北省委机关报)。当时(中共河北省委)宣传部部长是李华生同志,彼此常常争吵。我在《实话报》上提出"武装保卫华北"。据李华生同志传达:北方的党(引者注:指中共北方局)认为我的工作是错误的,免我的编辑职务,要派我到天津民族自卫队基层去。我自出狱后,一直走路艰难,并且我说的话带福建腔很重,天津人很不易懂。当时组织破坏严重,要我到天津民众基层去,这事好是好,但将不只是我的工作难做,而且我这个说福建话的人,也根本无法掩蔽下来。因此,我请求到北平做文化工作。幸得同意,我就到北平。一个和我联系的人给我送来一份新编的《实话报》,把"武装保卫华北"改成"武装收复华北"。另有河北党的关于我为首的右倾机会主义的决定,不知经过是怎样的,把原来同我经常吵架的李华生同志也列入在我的右倾机会主义的名下。
>
> 1938年我在延安中央党校,李华生也在那里,要我同他一块到中央组织部澄清这个问题。我说,不必了,这类事不过是些个人小事,不必去麻烦中央组织部。

就在天津办《实话报》那些日子里,诸有仁分娩,住进医院,吉鸿昌又慷慨地给了陈伯达一笔钱。

诸有仁生下一子。陈伯达而立之年得子,分外高兴。他给儿子取名"陈小达"——"小"陈伯达之意。

到了北平,陈伯达把妻儿安排在泉州会馆,请同乡们照料着。

这时的中共北平市委书记,是陈伯达熟悉的。在天津的时候,那人是中共天津市委的地下交通员,跟陈伯达打过交道。

中共北平市委果真分配陈伯达做文化工作。陈伯达借助于他与吴承仕的关系,打入了北平文化界。

吴承仕当时是北平中国大学国学系教授、系主任。国学系并不等同于现今的中文系。国学,即"旧时称研究我国古代的学问,包括哲学、历史学、考古学、文学、语言学等"。

吴承仕是安徽歙县昌溪人,生于1884年,比陈伯达长20岁,字绶斋,又作检斋。他是清末举人,殿试录取一等第一名,分发为大理院主事,辛亥革命后任司法部佥事。他是章太炎(炳麟)的大弟子,专治经学、小学。学术界有"北吴南黄"之说,其中,

"南黄"，指的是东南大学、金陵大学任教的章太炎的另一位高足——黄侃。

从 1924 年起，吴承仕出任北京大学教授。他在音韵训诂方面著述甚众。

吴承仕虽然是清末举人，但是并不守旧。他的思想倾向进步，诚如他的学生张致祥所说：

> 当章太炎被军阀袁世凯幽禁在龙泉寺，他并不避嫌，前去探望送饭；在中共领袖李大钊被军阀张作霖杀害时，他愤然辞去司法部佥事职务……[1]

吴承仕（1884~1939），安徽歙县人，中国近现代著名经学家、古文字学家、教育家，与黄侃、钱玄同并称"章门三大弟子"，晚年由陈伯达介绍加入中国共产党

吴承仕出资创办了《文史》杂志，由齐燕铭协助编辑。吴承仕约陈伯达为《文史》杂志撰稿。

陈伯达写了《从名实问题论中国古代哲学的基本分野》，发表于 1934 年 6 月出版的《文史》第 1 卷第 2 期。这一期的《编辑后记》如是说：

> 陈伯达君将古典中"名"与"实"的问题，作为哲学中最高出发点的"思维与存在"的问题去认识与批判，这是最值得割目的一个思考方式。但是我想，孔子的正名，即后世所谓"名教""名法"的来源，是一种具体化的统治工具，政治意味多而哲学意味少——虽然政治亦有它的政治哲学。我很珍重的介绍陈君的论点，并陈述个人意见，以引起读者的讨论兴趣。

陈伯达的《从名实问题论中国古代哲学的基本分野》一文至第 1 卷第 3 期才载完。这一期《文史》的《编辑后记》又作如此评述：

> 陈伯达君的《名实问题》、万曼君《诗经研究》本期续毕。陈君说庄子荀子本来皆有唯物论者的气息，其结果，一则形成了宿命论虚无论的消极的出世者，一则形成了正名制天的积极的御世者，一则回避斗争，一则极力挣扎：回避斗争终归是被征服，极力挣扎暂时可以征服人；要之皆始于求出路而终于

---

[1] 张致祥：《忆我的老师和同志吴承仕》，《人物》1982 年第 6 期。

反动而已。依我推论陈君的观点如此，是值得赞赏的研究方法；虽然不必与陈君完全同意。

依靠吴承仕的关系，陈伯达进入吴承仕的文化社交圈，结交了齐燕铭、曹靖华、张致祥、孙席珍。他还逐一发展这些人加入中共（有先有后），成为中共的特别党员，并把他们组成一个特别党小组，组长为张致祥，小组的联系人即陈伯达。

陈伯达晚年曾这么回忆：

在接触中发现吴承仕思想比较进步，就请示中共北方局宣传部部长李大章，决定把吴等进步的文化人吸收到党内。当时考虑到这些人不可能同一般人一样过党的组织生活、建立组织系统，便经李大章同意成立了一个党的特别小组。特别党小组的组长是张致祥，成员有吴承仕、齐燕铭、曹靖华、孙席珍，由我负责直接与北方局联系。小组的任务是开展文教方面的工作。

应吴承仕教授之请，陈伯达到中国大学任教。当然，陈伯达在中国大学用的是化名，叫陈志梅。当时，中国大学国学系设的课程有：陈伯达的周秦诸子，曹靖华的新俄文学选读，齐燕铭的中国通史，高滔的西洋文学史。此外，还增设一些选修课，如李达的唯物辩证法、黄松龄的政治经济学、吕振羽的中国政治思想史。

《文史》只出了四期，便被迫停刊了。齐燕铭当时已经引起国民党特务的注意。自1935年起，吴承仕改出以杂文为主的《盍旦》杂志。"盍旦"这刊名是吴承仕选定的，取自《礼记》："相彼盍旦，尚犹患之。""盍旦"即"夜鸣求旦之鸟也"。这个刊名，用隐晦的手法道出了迎接黎明的意思。

在《盍旦》上发表的文章，陈伯达改用笔名"周金"。第1卷第1期，他发表了《公孙龙子的哲学》。第1卷第4期，写了《写历史和做历史》。第1卷第5期，刊出他的《墨子哲学》。

1935年5月，一场突然发生的事变，差一点使陈伯达再度入狱。那是因为与陈伯达相熟的中共北平市委书记叛变了，党的组织遭到了大破坏。

陈伯达自述经过如下：

在北平做文化工作时，我住在泉州会馆。市委书记叛变，我得到漳州会馆同乡们告诉消息，立即迅速转移，铺盖卷起，把家人（诸有仁）和我最早的孩子立即送到会馆的长班住房，并告诉长班说，如有人来问，就说我因母病，已于前几天回老家。长班人老实，又因会馆的同乡们对他常有好处，因此，接受这样安排。

　　说时迟，那时快。我经过会馆同乡的介绍，马上离开会馆到清华大学两个同乡处暂住。因人生疏，他们也害怕连累，住了两天，进城找吴承仕先生（中国大学国学系主任），请他和他的两个学生帮助。

　　齐燕铭同志（他原是蒙古族）把我介绍到北大教授罗膺中先生处，住的日子不少。那时报上登"何梅协定"的消息（引者注：1935年6月9日由侵华日军司令梅津和国民党政府代表何应钦签订的丧权辱国的协定），因此，每天都有话谈。

　　诸有仁和我最早的那个孩子，记得是住到张致祥同志处。

　　后来，我自己和家都移在北大附近的一个公寓。吴承仕先生来看，并给一百元做生活费，感激不尽。

　　在北平工作的这一年多时间，陈伯达除了为《文史》《盍旦》写了一些公开发表的文史哲论文之外，现存于中共档案馆的还有他写的一些党内文件，如署名"陈尚友"的《怎样组织与怎样斗争》，署名"曲突"的《关于党组织改造的提纲》等。这些党内文件，论述了在当时的历史条件下，党组织进行斗争的策略与方法。

　　另外，陈伯达还以"梅庄"的笔名，写了《关于命运》（写于1935年5月5日），在上海《芒种》杂志1935年第6期发表。在这篇文章中，他与"知堂先生"（亦即周作人）进行了争论，因为周作人说"我近来很有点相信命运"，他认为那是"表现了老年人们的一种悲哀"。1935年6月10日，陈伯达写了《论中国哲学年会》一文，署名"徐明华"，也寄往上海，发表于《世界知识》第3卷第6期。

　　他这一时期在上海发表的最重要的文章，是陈望道主编的《太白》半月刊第2卷第4期（1935年5月5日出版）所载署名"陈伯达"的《殷周社会考》。陈伯达在这篇文章中，表示不同意郭沫若、吕振羽、叶青等关于中国存在奴隶社会的观点，认为中国从未有过奴隶社会。

　　陈伯达认为："无论是从地下的发掘，或古代遗下最可靠的文书，我们还没有发现中国曾由氏族社会转化为奴隶社会之历史的存在。"陈伯达的

《太白》第2卷封面。陈伯达曾在这里发表重要文章《殷周社会考》。由于文章和陈独秀都认为中国历史上没有奴隶社会，在"文革""批陈整风"时，这一学术观点还成为陈伯达的一条"罪状"

这一见解,与陈独秀相同。陈独秀也认为中国历史上没有奴隶社会。

在"批陈整风"时,曾把陈伯达与陈独秀联系在一起,认为"中国历史上没有奴隶社会阶段"是"托派思想"。今日看来,中国历史上究竟有没有奴隶社会阶段,纯属学术问题。学术见解的不同,不应随便与政治问题联系在一起。仅仅因为陈伯达、陈独秀都主张"中国历史上没有奴隶社会阶段",便把"两陈"在政治上联系在一起,未必妥当。《殷周社会考》一文,纯属学术性论文,只是百家中的一家之言。

顺便提一下,持反对意见者之一的叶青,是中共早期党员,也曾留苏,与陈伯达同在中山大学学习,回国后曾任中共湖南省委书记。他于1927年被捕叛变,以后成为国民党候补中央执行委员、国民党中央宣传部副部长。

1949年,叶青被中共列为战争罪犯之一。倘若把郭沫若与叶青在政治上联系在一起,显然也是不妥的。

在1935年,陈伯达所写的另一篇重要文章是《腐败的哲学》。

此文最初译载于日本《唯物论研究》1935年秋季号。这篇文章是新近发现的,文章的复印件是陈伯达之子陈晓农在1998年7月21日寄给笔者的。

这篇文章后来在1936年5月,被上海《读书生活》杂志第4卷第1期、第2期分两次转载。

陈伯达的《腐败的哲学》,是以马克思主义观点论述了真理、真理与实践、真理的标准等问题。1978年,在批判"两个凡是"的时候,"真理标准"问题的大讨论,产生了广泛的影响。然而,陈伯达在1935年,便已经很细致地阐述了这一问题:

> "没有抽象的真理,凡真理都是具体的。"近代唯物论之所以是真理的,正因为它是具体的。怎样知道真理是具体的呢?具体的真理怎样会被我们所知道呢?人们经过自己的实践去接近事物,而事物也经过人们的实践而接近人们,人们从这里把握了具体的真理,而真理也正从这里表现了自己的具体性。随着人们的实践发展,随着人类自己历史的本质发展,同时又是随着世界一切客观事物的发展。认识以实践为基础,而认识对于实践又转成一种能动的作用。人们从自己的实践过程中,改变了自然,而又改变了自己,同时并改变了自己的知识。例如,人们经过自己的实践,发现了水力可以变成发电的动力,因而在某个有水力的地带,设置水电站,这样子,便在那里完全改变了自然的旧观,同时随着劳动条件的改变,生产的发展,也改变了人们自己劳动的性质和一般生活的习惯,改变了自己对于自然的了解。所以,人们从自己的实践过程中,把握了真理、运用了真理、再现了真理,而证实了真理,同时也发展了真理、改变了真理。所以,"关于与实践分离了的思维之

现实性或非现实性的论争,纯然是一个烦琐学派的问题","实践乃真理的标准"。无数的实践,证明存在(物质)在我们感觉和思维之外,而抽象的思维,同样地是一切可感觉的个别具体物之一般属性,经过感觉转化的反映。"……一切认识却都是感觉量 Sinnliches Massen"(杜译《自然辩证法》)。无数的实践,同样地证明:各种唯心论的"绝对观念"和宗教上的上帝,只是某种人们写照自己的头脑产物,而不能转化为人们感觉的源泉;它自己首先就要依赖存在而存在,而不能是存在转依赖它而存在;当它所依赖的某种存在(某种社会关系)消失了的时候,它自己也就会从人们的头脑中消失了去。

在天津主编《华北烽火》

在北平因党组织严重破坏,难以立足,陈伯达只得又去天津。据陈伯达自述,他去天津的情况是这样的:

> 通过一种社会关系——"小连"的家[1]——我与天津的党关系联系上了。到天津,先见到柯敬史[2],他给我说了这次北平组织遭破坏的事实经过,就和我谈以下工作问题。
>
> 柯敬史同志要我寻找过去知道吉鸿昌同志的关系的人[3],弄些钱,办一个刊物。我找到了南汉宸[4]同志,把办刊物的事告诉他。他答应承担筹款的事,并负担我在天津的生活费。
>
> 刊物由我主稿、主编。因具体校对乏人,事实上是我兼任校对,所以错字就多。我找到在市委工作的李铁夫同志(朝鲜人),请他帮助找跑印刷厂的人。
>
> 刊物开始叫《华北烽火》。除了大量由南汉宸承担在上层关系的发行,特别是国民党军队一些军官的关系的发行外(大家知道,南汉宸过去当过杨虎城的秘书官,有各种关系人),我和李铁夫同志的工作主要是向北平和天津学界(学生)方面散发。
>
> 但为时不久,保持秘密逐渐困难,听说国民党特务已有人在邮局专门从

---

[1] 此处应为"小莲",即柯庆施的爱人。
[2] 即柯庆施。
[3] 吉鸿昌于1934年11月9日在天津法租界被国民党特务刺伤后遭捕,24日在北平英勇就义。
[4] 南汉宸曾任冯玉祥的国民革命军第3军参谋长,1926年秘密加入中国共产党,此时在天津从事党的统战工作,解放后任中国人民银行总行行长,1967年去世。

事查禁。因此，被改了几次刊名，即《长城》《国防》《人民之友》[1]等。

当时，李铁夫同志爱人的亲属张洁清[2]同志——那时是个大学生（此事如果是我记错了，请原谅）——每次来津，总乘机带回一批到北平去，当然在一定程度上起了打破国民党查禁的作用。

过了一些时间，柯敬史同志忽然来说，这个刊物我们不管了，归特科管（即归南汉宸同志管）。我有点惊讶和生气，问他："为什么要这样？我又不是机会主义，为什么总是给打击？"他说："我们对机会主义的打击还不够。你知道：南汉宸为这个刊物弄到多少钱？"我当然不知道这些。我只知道，印刷费和我的初期生活费，是南汉宸支给的。后来，南汉宸介绍我在天津河北法商学院兼课，生活就自给了[3]……我和柯敬史的谈话，就这样不欢而散。但是，据柯敬史说，刊物归特科管，总算有个着落。那时北方局生活有困难，当然可以同南汉宸同志商量，将筹得的钱尽量帮北方局。但看柯敬史跟我谈话，我也弄不清他们之间究竟怎样。

又过了一些时间，据李铁夫同志跟我说，有一位新来的中央代表，注意这个刊物。我听到了，当然很高兴。不久，就不断有新气息的文章送来，在思想、文风都和旧的那种党八股大不相同。记得有一篇署名"陶尚行"的公开信。后来送来的文章，署名多样。记得有署名"凯风"的，我就误会是何凯丰同志，因为凯丰同志在莫斯科和我同班。也有署名"莫文骅"的，如此等等。事隔五十多年，人又衰老，不能多记，请予原谅！如果我现在能看到那些刊物，或许能分别出来[4]。

那位中央代表，不是别人，正是刘少奇。

中共北方局自1933年3月至1935年5月，是由党中央代表孔原（当时代号"田夫"）主持的。参加北方局工作的，据孔原回忆，有柯庆施及其爱人小莲、饶漱石、朱理治、高文华、薛尚实（罗根）、李华生（毕根）、洪灵菲（左联作家）、朱培南等。

又据高文华回忆，当时中共河北省委书记为朱理治，成员有聂洪钧（由上海来）、王林（省委秘书）、大莲（王林爱人）、鲁笨（安建平爱人）。朱理治于1935年2月前往陕北，中共河北省委书记改由高文华担任，成员中增加了柯庆施和李大章。当时河

---

[1] 陈伯达十分崇拜马拉。在法国大革命中，马拉办过《人民之友》。
[2] 即彭真的爱人。
[3] 当时与陈伯达一起在河北法商学院兼课的还有杨秀峰。
[4] "陶尚行""凯风""莫文骅"，均为刘少奇的化名。

北省委属下，有一千多名党员。

1935年5月，孔原调往上海。临行，他建议中共北方局和中共河北省委实行"一套人马，两块牌子"，决定由高文华、柯庆施、李大章三人负责。这时，李大章兼任中共天津市委书记，彭真、王鹤寿参加中共天津市委工作，陈伯达在柯庆施领导下工作。

高文华说："那时，我们北方局执行的是王明'左'倾路线。毛主席为了纠正这一错误，派刘少奇同志以中央代表名义来天津主持北方局工作。"

刘少奇

刘少奇在1936年春来天津主持北方局工作，住在天津英租界里。

成为中共北方局宣传部部长

1935年12月9日，北平爆发了著名的一二·九运动：北平大中小学生五千余人，高呼"停止内战，一致对外""打倒日本帝国主义"的口号，举行大规模的抗日救国请愿大游行。1982年2月出版的《中共党史资料》1982年第1辑，发表高文华的《1935年前后北方局的情况》一文，写及陈伯达曾参加领导一二·九运动。值得注意的是，此文是在陈伯达作为林彪、江青反革命集团的16名主犯之一受到审判之后，由中共中央党校出版社出版的。

作者是当年中共北方局书记，如实写及当年一二·九运动的情况：

1935年底、1936年初，冀东22个县伪化，形势十分紧张。北平、天津的学生纷纷起来反对，还组织了"民族解放先锋队"（简称"民先队"），队长是李昌（当时不是党员，现在科学院）。学生运动一直发展到后来的一二·九运动。我们北方局支持并领导了这一爱国运动，在党内是赵升阳[1]等同志，还有

---

[1] 赵升阳即李大钊之子李葆华。

第四章
走出人生的低谷

柯庆施、陈伯达领导的，而直接出面领导运动的是李昌、蒋南翔（清华大学支部书记）、林枫、姚依林、徐冰、许德珩等同志。一二·九运动的主要力量是学生、教员、教授等知识分子。

据陈伯达回忆，一二·九运动爆发的那天，他在天津。在这之前，他并未参与一二·九运动的酝酿、筹备等领导工作。

1935年12月9日，北平爆发一二·九运动，陈伯达参与领导了这场运动

一二·九运动爆发的当天，消息迅速传到天津。受中共北方局的指派，他在第二天——12月10日——一早赶到北平，参加领导当天北平全市学生的总罢课。他与北平学生的代表见了面，并在当天负责执笔起草北平学生运动的宣传大纲。

在晚年，陈伯达曾这么回忆：

> 1935年冬，一二·九运动爆发了。一二·九运动的开展开始是自发的，后来处于党的领导之下。一二·九运动的第二天，我在天津看了大公报，知道学生运动的大爆发。当时白色恐怖很厉害，竟出现了这样英勇的示威游行，我心情很激动，大哭了一通，马上买车票赶到北平。中国大学生在一二·九运动中起了很大的作用，这一时期我为学生们起草过一些文件、宣言和宣传大纲。

陈伯达说，他所参与的，主要还是宣传方面的工作。事隔多年，他已不记得一些具体细节，但是起草宣传大纲还有印象。主要起领导作用的，还是赵升阳（李葆华）等。他当时在北方局没有担任领导职务，只在负责党内刊物的编辑，所以，他所擅长的，是宣传方面的工作。

于光远在1998年6月发表回忆文章，谈及一二·九运动时对陈伯达教授的印象：

> 陈伯达这个名字是我参加1935年一二·九学生运动时听说的。
> 参加这次学生运动的同学大都知道，当时北平有好几位大学教授不但同情和支持学生运动，而且本人就是抗日救亡的积极分子。那时我在清华大学

学习，清华的张申府教授就是这样的一位。他是革命先驱，五四运动的参加者。我也听人说他是中国共产党的早期党员。我四年级时选了他在哲学系开的一门"形而上学"，他每次上课都用不少时间讲"时事"，其中包括讲北平、上海等地教授们的活动。北平文化界继上海文化界之后成立了救国会的消息就是在上课时我听他讲的。

除张申府外，给我留下印象深的教授中有许德珩，他也是五四运动的参加者。记不清楚当年什么时候听过他一次演讲。其他的人一般没有接触过，不过有的人我不止一次听人说起，印象就深。比如吴承仕，听说他是一位经学大师，是章太炎的大弟子，主编一本很有名的《文史》杂志，是学术性很强的刊物。后来我在一个同学那里见到一本政论性、杂文性的杂志《盍旦》也是吴承仕主编的。我还听说过马叙伦、黄松龄、邓初民这些教授的名字。

还有在中国大学教书的教授陈伯达，给我的印象特别深。我从同党的关系比较深的清华同学（那时我只是一个非党的革命青年，某个同学与党的关系比较深只是我的猜测）对我说的话中得出一个印象：陈伯达与学生运动似乎有比较深的关系，他似乎是党员。听说北平一二·九学生运动中发出的某个文告是在陈伯达指导下起草的。"一二·九"那天，我们清华大学救国会发过一个《告全国人民书》，其中有一个传诵一时的警句："安心读书吗？华北之大，已经安放不下一张平静的书桌了！"有一个清华同学告诉我，这是陈伯达加上去的。我当时不相信，后来也没有相信这个说法。我认为我们清华学生会能编出《清华周刊》这样的杂志，也就能编出这样的句子。但是这个传闻我还是一直记到现在，并且当时对陈伯达有一种好感。[1]

于光远所记得的那句一二·九运动的"主题口号"："华北之大，已经安放不下一张平静的书桌了！"出自北平清华大学学生自治会救国委员会编的《告全国民众书》（于光远的文章误为《告全国人民书》），发表在《怒吼吧》第1期。于光远当时就听说出自陈伯达之手。很可惜，当笔者读到于光远的回忆文章时，已经无法再去找陈伯达当面核对了。尽管如此，按照陈伯达的文笔，按照陈伯达晚年所回忆的在一二·九运动中"我为学生们起草过一些文件、宣言和宣传大纲"的说法，他是有可能写出这样传诵甚广的时代名句的。

陈伯达在北平工作了一段时间，仍回天津，还是编党内刊物。如他自述：

---

[1] 于光远：《初识陈伯达》，《读书》1998年第6期。

一二·九运动后,姚依林同志来津参与这个刊物,有他写的一些文章。林铁同志也参加过这个工作。

根据党的决定,刊物移到北平出版,又新改名为《人民之友》。彭真同志到我处,说,中央代表认为我可专心办刊物,不必在学校兼课(一二·九运动后,我在吴承仕先生主持的中国大学国学系兼课),生活费可由党筹措。不过,因为兼课有些好处,可以出一些学术成果,我好像留恋不舍。

记得在《人民之友》上有彭真同志写的文章。

在当时,陈伯达虽然亲手发过中央代表的文章,听过中央代表对他工作的指示,却从未见过这位中央代表,也不知中央代表其名。那是因为党处于地下状态,党组织对中央代表实行严格保密,以防不测。

陈伯达回忆说:"我知道'中央代表'就是刘少奇同志,记得是彭真同志在延安给我说的。"不过,在刘少奇担任北方局书记时,改组了北方局,提名彭真为组织部部长,林枫为秘书长,陈伯达为宣传部部长。

这是陈伯达入党多年以来,第一次担任比较重要的职务。托派、被捕、右倾等问题,曾影响着他的提升。

在1936年初,陈伯达发表了一篇署名"周金"的《评郭沫若讲〈中日文化之交流〉》(《盍旦》杂志1936年第1卷第4期),尖锐地批评了郭沫若。本来,陈伯达视郭沫若为师,这一回则说"吾爱吾师,吾尤爱真理",指名道姓,写了长文批评郭沫若。

陈伯达说,郭沫若这几年"只在海外埋头做些甲骨文和金文的考据,那许多考据,在考古学上,也许有他自己的地位"。沉默了这么许久,郭沫若终于开腔,"最近在东京留日青年会做了一回讲演,题目叫《中日文化之交流》"。陈伯达以为,"这篇演讲,实在说来,是太给人失望了","实在使我感到郭先生停顿和后退的惆怅"。

郭沫若的演说,谈到一个重要的问题,即欧美资本主义在日本获得很大成功,而在中国则完全失败。郭沫若指出,中国没有接受资本主义是一个大失败,原因有四:

陈伯达任职中共北方局宣传部部长期间,曾撰文批评他过去的老师郭沫若。图为1930年代的郭沫若

第一是因为中国地大物博，对于旧时的生产方法，还可以应用；

第二个原因是中国周遭的民族，对我们没有促进生产的要求；

第三是因为中国过去的文化、历史太久，有了三四千年的固有文化，因此不免总是迷恋过去，对于新的加以拒绝；

第四是因为满清入关，用科举取士。

陈伯达认为不能"苟同"郭沫若的意见，认为"郭先生这里的见解是完全失败了"，并逐点加以驳斥。

此外，陈伯达在1936年初，还写了《写历史和做历史》（署名"周金"，《盍旦》第1卷第4期）、《日本的"一发三六"》（署名"周金"，上海《太白》第2卷第4期）。

发起"新启蒙运动"

1936年，32岁的陈伯达因为担任了中共北方局宣传部部长，在党内开始有了一定的地位。

因为在文化界活动，受吴承仕教授的提携，陈伯达在中国大学国学系开课，又发表了一系列文史哲论文，算是在文化界小有影响。

他的羽毛渐丰，便要着手进行一番"大动作"。他的名声大振，引起全国文化界的注意，于是从1936年秋天开始，他发动了一场"新启蒙运动"，产生了全国范围内的影响。作为新启蒙运动的发起人，陈伯达跃入了中国文化界的名流行列之中。他终于摆脱了托派、被捕和右倾这三次低谷，在他的人生道路上头一回步上高坎。

关于新启蒙运动，陈伯达在晚年是这么回忆的：

关于新启蒙运动，我主要发表过两篇文章。一篇题为《关于新启蒙运动的建议》，另一篇是《论新启蒙运动》。在新启蒙运动中，张申府起了很大作用。张申府后来在重庆，我写了《致张申府先生的一封公开信——论"新哲学"问题及其他》在《中国文化》上发表。

当时毛主席提出了新民主主义文化的理论。至此，新启蒙运动告一段落。如果没有七七事变，拥护新启蒙的人很多，规模可能要发展得更大一些。

对于陈伯达发动的"新启蒙运动"，曾有过很大的争议。这一运动，曾被抨击为"从资产阶级的'思想自由'和'个性解放'出发，提出一套适应帝国主义和国民党反动派需要的政治纲领，企图把当时的一切文化运动纳入国民党反动派的轨道"。

1985年出版的《哲学大辞典·中国哲学史卷》中的"新启蒙运动"条目，对这一运动的提出、内容作了简明的介绍，并作了比较客观、中肯的评价：

> 新启蒙运动，又称"新理性主义运动"。20世纪30年代为适应抗日民族斗争而开展的思想文化运动。是"五四"启蒙运动的继续和发展。1936年9月至10月，由当时的共产党人先后发表《哲学的国防动员》[1]《中国目前的新文化运动》[2]两文所提出，建议共同发扬"五四"的革命传统精神，号召一切爱国分子发动一个反对异族奴役，反对旧礼教、复古、武断、盲从、迷信以及一切愚民政策的大规模的新启蒙运动，唤起广大人民的抗战和民主的觉醒。提出在哲学上要与那种外仁义而内残忍的旧传统思想作无情的斗争，同时使哲学上争斗与现实的政治、一般人的争斗相结合。此倡议很快得到各阶层响应，引起广泛讨论，至1937年春、夏间讨论最为热烈。但亦受到日本帝国主义和反动文人的攻击，北平师范大学杨立奎曾通电全国，诬蔑此运动为"诋毁忠孝节义，五伦八德"，宣称要"决心全力铲除"。当时共产党人对此进行了驳斥。经过热烈的讨论，大体统一了对运动的性质、任务的认识："这运动是文化思想上的自由主义运动；是反武断、反独断、反垄断的三反运动；是建立现代中国新文化的运动"。同时，北平进步的思想文化界人士在《北平新报》《华北呼声》《动向》《现实月刊》《新文化月刊》等报刊上广泛宣传启蒙运动的性质和意义，并发起组织"新启蒙学会"。至1937年底抗日战争全面爆发和抗日救国统一战线形成，新启蒙运动前后进行了一年，对廓清蒙昧和宣传抗日起了积极的作用。

关于"新启蒙运动"，何干之曾写过长达225页的专著《近代中国启蒙运动史》，于1937年12月由上海生活书店印行，极为详细地论述了这一运动的发动及推向全国、广泛争论的历史。何干之认为："新启蒙运动就是文化思想上的爱国主义运动，自由主义运动，理性运动。"并指出："首先有意识地把问题提出来的是北平的陈伯达先生。"

1962年5月由人民出版社出版的《中国新民主主义革命时期通史》一书第4卷（李新、彭明、孙思白、蔡尚思、陈旭麓主编），也用一节篇幅，介绍"新启蒙运动"。该书指出：

---

[1] 作者陈伯达。

[2] 作者艾思奇。

1936年9月至10月，共产党人陈伯达先后发表了《哲学的国防动员》《论新启蒙运动》两文（原注：《读书生活》第4卷第9期；《新世纪》第1卷），建议组织"中国新启蒙学会"，号召一切忠心祖国的分子，发动一个反对异民族奴役、旧礼教、复古、武断、盲从、迷信及一切愚民政策的大规模的新启蒙运动。接着，艾思奇也写了《中国目前的新文化运动》与《启蒙运动和中国的自觉运动》两文（原注：《生活星期刊》第1卷第19号；《文化粮食》创刊号），响应了陈伯达的主张，对当时的新文化运动提出了两个基本概念：（一）中国目前的新文化运动是以爱国主义为直接的主要内容；（二）爱国主义文化运动是民主主义性质的。

在他们的倡议下，很快形成了群众性的讨论。参加讨论的成员相当广泛，包括那时坚持唯心论观点的朱光潜等人……

在"新启蒙运动"中，张申府也起了很大的作用。美国微拉·施瓦支所著《中国的启蒙运动》一书，曾作过详细介绍：

美国人微拉·施瓦支所著《中国的启蒙运动》一书，比较详细地介绍了由陈伯达主要发起，艾思奇、张申府、何干之、朱光潜等一大批中国知识分子参加的"新启蒙运动"

1936年5月，一个无名青年历史教师开始拜访一位著名的哲学家，讨论辩证唯物主义的问题。陈伯达和张申府之间建立起来的个人友谊给新启蒙运动提供了催化剂。两个人除了年龄相差10岁外，没有什么更多差异。张申府，名门之后，"新潮"社成员，因为对研究伯特兰·罗素的著作而闻名。作为中国共产党的三个创始人之一[1]，张申府曾经在欧洲旅行和学习。张于1925年脱党，1927年武汉分共时幸免于难。到30年代，他是清华新哲学圈子中的关键人物。张因在一二·九运动中担任领导，被怀疑是共产党员而被捕。1936年5月从监狱里释放不久，开始和中国大学一个贫困、口吃的中国古代史教师陈伯达交往。陈伯达是参加过北伐的老共产党员，他在莫斯科待

---

[1] 所谓"三个创始人之一"的说法，仅是施瓦支的个人观点。实际上，陈独秀、李大钊是中国共产党的主要创始人，参加中共"一大"的所有党员都是中国共产党的创始人之一，而张申府为中国共产党早期活动家。——编者注

了短短的一段时间后刚刚回国。张申府曾经在中国大学教学多年,那里他有许多朋友和学生,张申府就是在这些人帮助下认识了陈伯达。

陈伯达和张申府相识之前,两个人不约而同地都在思索恢复"五四"传统的方法问题。张申府利用在监狱里的时间对这一目标作了哲学上的思索。在民族危亡的关头,他要求不仅仅关心中国人生存的方式,而且要不断地关心他们生存的目的。与此同时,陈伯达与正在编辑《读书生活》杂志的青年左派知识分子艾思奇、胡绳、胡风、何干之等保持联系,和他们一样,陈伯达也在探索以"五四"为榜样、把民族救亡运动发展成为更广泛的文化运动。

由于渴望被这些青年人而不是自己的同代人所注意,张申府对一个热切地称自己为"'五四'的儿子"的年轻人要求领导合作开诚相见。张申府为陈伯达提供了他所需要的古代历史和当代哲学方面很有见地的意见,可以说这是利用和发展"五四"遗产的出发点。

1936年秋天,张申府和陈伯达开始合作研究新启蒙的具体计划。作为公认的一二·九运动的领导人,他开始写批评民族救亡运动的缺点的公开宣言。他责备政界领导人没有足够重视文化问题,提出中国需要文化解放运动。为了促进这一工作的发展,张申府试图表明更加广泛地普及逻辑学、辩证法和哲学的问题与中华民族的生存至关重要。同时,陈伯达提出东方文化民族救亡运动的明确要求。他效法"五四",并且制订了学习辩证法和逻辑学、发展新哲学的计划。1937年春天,张申府和陈伯达利用纪念五四运动18周年的有利时机,正式发动了新启蒙运动。[1]

微拉·施瓦支还指出:

为参加新启蒙运动的人打好基础之后,两个人就分别了。1937年7月日本人入侵中国北部后,陈伯达奔向了西北地区毛泽东领导的共产党的根据地延安,而张申府不能安全地进行奔向西北所必需的秘密联系,因而

中共早期活动家张申府。1936年,他和陈伯达共同发起了影响深远的新启蒙运动

---

[1] 微拉·施瓦支:《中国的启蒙运动》,李国英等译,山西人民出版社1989年版。

南下进入了四川。在此后的两年中（尽管没有直接联系），张申府和陈伯达两人继续为新启蒙运动宣传。两个人都想找到普及启蒙思想的新方法。

张申府、陈伯达及其他人精心安排的复兴五四运动决不是幼稚地回到过去。所有参加新启蒙运动的人对民族救亡运动在政治上的优先极为敏感，他们也精通马克思主义历史理论，在辩论中用辩证唯物主义思想来维护新启蒙运动。与20年代后期浪漫的激进分子不同（例如成仿吾也曾谈到超越"五四"，但陷入了搬来的"扬弃"之类的词和"否定之否定"这样的模糊思想），新启蒙运动的倡导者着手建立更加稳固的基础。他们使用通俗的词"放弃"（字面的意思是放开便自由），这能明确表达中国为什么必须保持和超越"五四"传统。1936年~1937年，"放弃"和"反复"，即返回"五四"的含义。现在使用这个词的人似乎不太担心和过去的用法混淆，他们更加步伐坚定走新路。五四运动最初的著名的参加者张申府承担了区分新旧启蒙运动的任务。1937年5月，在纪念五四运动的演讲中，他说明了中国目前文化的落后，作为五四运动开展不充分的标志，他回忆了标志启蒙运动最初阶段不分青红皂白地照搬西方的情况，提倡中国文化和西方文化更系统、更合理地结合。尽管张申府没有把自己从早期运动中草率从事的人中排除出去，但他表示："五四"的一个缺欠是不免浅尝，对于一切问题都不免模糊影响。18年来，在这上头，是颇有了长进了……新启蒙运动……更应该是深入的、清楚的；对于中国文化，对于西洋文化，那应该根据现代科学法更作一番切实的重新估价……对于自然科学、社会科学，都应有个深切的了解……还有，一个完全不像懂得哲学是什么一回事，完全不像作过哲学研究的人，却会编一本书讲怎样研究哲学！像这一类的情形，在新启蒙运动中都该加以严厉的矫正。认识"五四"的意义，发扬"五四"的影响，补足"五四"的欠缺……推动这个新启蒙运动应是今日一桩最当务之急。

微拉·施瓦支特别欣赏陈伯达当时所写的《思想无罪》一文：

陈伯达在1937年写的《思想无罪》一文中，也主张知识分子解放观念的现代化。他重申一切思想在本质上都是批判性的这一启蒙观点，因而成为专断政权的掘墓人。他接着限定了批判思想的界限。和用理性批判传统的"五四"反传统主义者不同，他强调对传统进行历史批判。他指出"五四"理性主义者只能提出问题而不能解决问题。陈以非常钦佩的心情回忆了胡适的"五四"名言："自由平等的国家不是奴才建造得起来的。"他接着论证了批判奴化思想必须经过耐心细致的调查研究,而不能自以为是地否定传统文化。为了实现这个计划,他拜访了顾颉刚等"五四"知识分子,把他们历史相对主义的方法运用于新启蒙运动。

这场"新启蒙运动",在全国挑起一番大论战,"新启蒙运动"的发起人陈伯达当然为全国文化界所瞩目。在论战中,陈伯达一口气发表了十几篇关于"新启蒙运动"的文章。这些文章,皆署名"陈伯达"。

随着陈伯达知名度的迅速提高,1937年2月他应邀前往上海,推动"新启蒙运动"。

这时,上海新知书店表示愿意出版他的论文集。这样,陈伯达把15篇论文编成一本集子,取名《真理的追求》,交给了新知书店。1937年2月19日,陈伯达在上海为《真理的追求》写好序言,一个月后这本书便在上海问世了。由于"新启蒙运动"正在大论战之中,而这本书又是这个运动的发起人论述这一运动的文集,所以销路颇好,影响较大。相比之下,陈伯达那本靠着吉鸿昌资助在沪自费印刷的《论谭嗣同》出版之际,无声无息,比这本书差远了。

可以说,《真理的追求》一书是陈伯达的成名作。

这时,陈伯达开始引起远在延安的毛泽东的注意。诚如微拉·施瓦支所指出:

> 陈伯达在中国开展中国文化运动(反传统精神相对弱化的"新五四运动")的主张,进入了毛泽东的耳朵。这时毛泽东已经成为共产党的最高领导人,迫切地希望把他作为游击队首脑的经验上升为民族主义政治理论。他发现中国化的概念非常有用,使他能够把共产主义思想适合于中国现实的实践经验上升为普遍原则。1938年10月,在《论新阶段》的讲话中,他继续提倡"马克思主义的中国化",他认为只有这样才能使中国摆脱洋教条。按照毛泽东的观点,中国化的马克思主义就是中国革命的"革命科学"。

于光远在1998年6月发表的回忆陈伯达的文章中写及"新启蒙运动",从他的视角,谈论了当时对陈伯达的印象:

于光远一生与陈伯达多有交集,"文革"中陈伯达曾称于光远为"对头",但于光远对陈伯达的评价一直比较公允、中肯。图为老年于光远

"一二·九"后,我经常看上海出版的刊物。在上海刊物上我看到有陈伯达提出新启蒙运动的文章,并且知道他的文章引起了一场热烈的讨论。在讨论中陈伯达自己又写了不少文章,并在后来把所写的这方面文章编在一起出了一本文集。这本文集我也买回来看了一遍。他能提出这样有意思的问题,使他在我心目中的地位又提高了一层。

1937年我从广州回到北平,除继续看上海出的那些刊物外,还能经常看我们党办的刊物《长城》《新长城》《国防》《人民之友》。我回北平后不再有社会职业,专门从事革命,在民先全国总队部工作。在我的工作中,有一项便是把党的出版物寄往全国各地民先队部和零散的民先队员。党希望有更多的人知道党的言论,但是国民党对它们严加禁止,因此几次改变刊物的名称、封面和出版发行的地点。我记得《国防》和《人民之友》发行者的地址写的就是清华大学的一个宿舍楼"明斋"。由于这些刊物只能秘密发行,民先总队部就担负部分发行工作。我们民先总队部在法商学院成立了一个五六人的小组,负责把这些刊物卷起来包好,然后骑自行车到东城、西城和前门外,把它们分散地投到许多邮筒里去。郑代巩、苏农官是这个小组的负责人。我自己既然管这个工作,就在发行前先看一下这些刊物。我知道其中有刘少奇、彭真等写的文章。那时我只看到陈伯达在上海出版界、文化界很活跃,但久没有再听到有关他的消息,以为他不在北平,更不知道他参与这些刊物的编辑。如果知道这一点,我又会对他增加几分好感。[1]

建议文学界两个口号之争应该休战

1936年9月,陈伯达在发起"新启蒙运动"的同时,介入了当时文学界最敏感的问题,即两个口号之争——"国防文学"和"民族革命战争的大众文学"之争。

这场大论战,在文学界已持续了好几年。

"国防文学"的旗手是周扬。早在1934年10月27日,周扬便以笔名"企",在上海《大晚报》的《火炬》副刊发表《"国防文学"》一文,介绍了苏联的"国防文学"作品及它的任务。当时,这篇文章并未引起人们注意。

1936年初,上海文艺界的地下党正式提出了"国防文学"的口号。周扬指出:"全民族救亡的统一战线正以巨大的规模伸展到一切的领域内去,文学艺术的领域自然也

---

[1] 于光远:《初识陈伯达》,《读书》1998年第6期。

不能例外。'国防文学'就是配合目前这个形势而提出的一个文学上的口号。它要号召一切站在民族战线上的作家,不问他们所属的阶层,他们的思想和流派,都来创造抗敌救国的艺术作品,把文学上反帝反封建的运动集中到抗敌反汉奸的总流。"[1]

从日本归来不久的郭沫若,支持了周扬。他说:"目前的文艺界树起了'国防文学'这个旗帜,得到了多数派的赞成,而结成了广大的统一战线,我认为是时代的要求之一表现。"[2]

艾思奇、徐懋庸、杨骚、张庚等一大批作家,支持"国防文学"这一口号。

"民族革命战争的大众文学"的旗手是鲁迅。

鲁迅指出:"民族革命战争的大众文学,是无产阶级革命文学的发展,是无产阶级革命文学在现在时候的真实的更广大的内容。"[3]

胡风、茅盾、冯雪峰、张天翼、聂绀弩等另一大批作家支持鲁迅。

于是,在文学界,两个口号之争,争得不可开交。你来一个"国防文学"专辑,我就来一个"民族革命战争的大众文学"特辑。

陈伯达面对两个口号的激烈争论表态了,他的主张是"应该休战"!

1936年9月16日,陈伯达写了《文学界两个口号问题应该休战》一文,发表于1936年10月出版的《国防文学论战》一书。

看得出,陈伯达是经过深思熟虑发表自己意见的。在鲁迅和周扬之间,在茅盾、

两个口号论争主角鲁迅(左)和周扬。在这场争论激烈进行时,陈伯达建议"应该休战"

---

[1] 周扬:《现阶段的文学》,1936年6月25日《光明》半月刊第1卷第2号。
[2] 郭沫若:《在国防的旗帜下》,《文学丛报》第4期。
[3] 鲁迅:《论现在我们的文学运动》,1936年7月《文学界》。

胡风和郭沫若之间,他不倒向谁,而是力主休战。

陈伯达在文章中,表达了自己的观点:

> 文学界两个口号的问题,现在应该休战了。争论当然是不可免的,但争论这样长持下去,吃亏的只是自己,得到便宜的是敌人。
>
> 我认为"国防文学"这个口号是不可驳倒的,就是那提出"民族革命战争的大众文学"的口号的人,也不能否认这口号的正确性。"国防文学"——这是联合阵线的口号。但对于这个口号的态度,并不一定要大家一致。我们的联合阵线,本来是包含着各种样式的人,这各种样式的人在"国防"这个共同目标上联合起来……一切不愿意当亡国奴的作家,应该在"国防文学"的口号下联合起来,在"国防文学"上,尽作家自己救国的天职……
>
> "民族革命战争的大众文学"——这应该是属于"国防文学"的左翼,是"国防文学"最主要的一种,一个部分,同时也是"国防文学"的主力。
>
> "民族革命战争的大众文学"——这是左翼作家在"国防文学"下的自己立场,显然,这个口号,不是联合阵线的口号。……

应当说,陈伯达在鲁迅与周扬的论战中吹响"停战"的哨子,他的态度是冷静的。他对争论的双方都予以肯定,予以支持,并指出再争论下去,"吃亏的只是自己,得到便宜的是敌人"。

担任北平市委"三人委员会"成员

1937年,陈伯达被任命为相当于中共北平市委书记的"三人委员会"成员,主持中共北平市委的工作。

据陈伯达自述:

> 刘少奇、彭真等同志参加苏区代表大会[1]。在北平失守时,柯敬史同志宣布黄敬、林铁和我组织"北平三人委员会",主持北平工作,他自己往延安去了。
> 随后,黄敬同志建议,我还是到根据地工作为好,林铁同志也同意。

---

[1] 指1937年5月2日至14日中共中央在延安召开的党的苏区代表会议,刘少奇在会上作了《关于白区的党与群众工作》的报告。

> 于是，我到了天津，准备转道去根据地。
> 李大章同志在天津把我留下。
> 后来，北方局来电，要我坐船到青岛，黄敬也来了。
> 一路曲曲折折，到了延安，中央没有让再走。

陈伯达晚年还曾这么述及：

> 卢沟桥事变后，柯庆施指定我、林铁、黄敬组成三人委员会，负责北平党的地下工作。当时没有明确谁是书记。8月份日本人占领北平，已经无法开展工作了。日本人进城第二天，我们三人商量，决定离开北平。我与黄敬一起，经过青岛、西安，最后到了延安。

关于陈伯达从北平去天津的情况，孙席珍和张致祥比较了解。

孙席珍比陈伯达小两岁，是作家、教授，任北方左翼作家联盟常委兼书记，与吴承仕、齐燕铭、曹靖华等合编《文史》月刊及《盍旦》半月刊。他、吴承仕、齐燕铭、曹靖华均由陈伯达作为入党介绍人，发展为特别党员。

1939年天津水灾之后，吴承仕教授贫病交加，不得不回到北平，终因医治无效而去世。

当吴承仕在天津陷入困境时，毛泽东曾派人去天津，打算接他去延安，却因为天津大水，来人被堵在天津城外。当来人终于进入天津，又因吴承仕去北京而未遇。

在吴承仕去世之后，延安各界举行了隆重的追悼会，毛泽东、周恩来送了花圈。

1937年，陈伯达与黄敬（左）、林铁组成中共北平市委"三人委员会"，由陈伯达主持工作

1984年，为了纪念吴承仕教授一百周年诞辰，由中华书局和北京师范大学出版社出版了《吴承仕文集》，由张致祥写了《代序》。他在《代序》中提及往事：

> 卢沟桥事变爆发了，二十九军进行了抵抗，我们都很激动兴奋，为二十九军将士募捐慰劳，但仅仅隔了一夜，清晨一看，北平所有街道的路口，军警都撤光了，只留下空荡荡的街垒，大家由不得热泪盈眶。不久，日寇举行了入城仪式。检斋[1]、燕铭、我相约离家到各自的亲朋家暂时避避。北平沦陷，已不能待了，我们请示了组织，待平津通车后出走。陈伯达约了检斋和我在平津通车后第二天一起去天津。到津后，先生和我同住在旧英租界小白楼一家白俄的公寓里。第二天，组织上决定我留在天津办油印小报。从此我和先生就一起住在天津……

张致祥在这里两次提及的"组织上"，便是指陈伯达。当时，吴承仕、齐燕铭、曹靖华、孙席珍这批特别党员组成的特别党小组，由陈伯达负责单线联系。

日军于1937年7月29日攻陷北平，翌日攻占天津。陈伯达在8月上旬到达天津。中共天津市委书记李大章留陈伯达住了些日子。天津在日军铁蹄之下，一片混乱，陈伯达带着妻子诸有仁和3岁的儿子陈小达，生活甚感不便。他期望着能有稍微安定的环境，可以继续他的著述，希望能够前往延安。

中共北方局同意了陈伯达的要求，于是，他挈妇将雏由天津坐船取道青岛转往延安。

---

[1] 即吴承仕。

第五章
跃为延安"理论家"

陈伯达进入延安,引起毛泽东的注意,进而成为毛泽东的秘书。从此,他成为延安理论界的权威人士。就在这个时候,他露出"左"的面目,嗅出作家王实味的"异味",率先进行批判……

陈伯达传

初见"大明星"蓝苹

陈伯达回忆了一段他奔赴延安途中发生的鲜为人知的小插曲……

就在陈伯达到达青岛不久,黄敬来了。陈伯达准备取道西安进入延安,而黄敬也正巧要去西安,于是说定结伴而行。有了黄敬同行,陈伯达非常高兴,因为他携妻带子,正乏人照料。

黄敬对青岛人熟地熟,很快就弄到车票,与陈伯达一家前往济南,转往西安。

虽然陈伯达与黄敬同为中共北平市委"三人委员会"成员,但是,他只知道黄敬是一二·九北平学生运动的领袖人物之一,对黄敬的身世、婚恋一无所知。

一个很偶然的机会,陈伯达得知一点关于黄敬的家庭情况:那是陈伯达到达天津后,有一回跟李大章上街,看见街头贴着一幅电影海报,上面画着一位女明星的头像。

"你知道她是谁?"李大章问陈伯达。

陈伯达不大看电影,自然不识那位女明星。

"她叫蓝苹。"李大章告诉他。

陈伯达不在意,对什么"蓝苹""红苹"之类没有太大兴趣。

"你知道她是谁的妻子?"李大章似乎没个完,继续"考问"陈伯达。

陈伯达有点不耐烦了,他不知道李大章怎么会对这个女明星有那么大的兴趣。

这时,李大章压低声音,在陈伯达耳边说道:"她是黄敬的妻子!"

这下子,陈伯达恍然大悟,不由得朝那幅海报又看了几眼。从此,在他的记忆仓库中,留下印象:"黄敬的妻子是一个电影演员,叫蓝苹。"

从青岛到西安,黄敬和陈伯达朝夕相处,一路走了半个多月。不过,彼此都是党的领导干部,又

早年江青(蓝苹)剧照

140

处于白色恐怖之下,一路上相互都没有谈及自己的身世。自然,陈伯达一句未曾向黄敬问及蓝苹,黄敬也没有向陈伯达提及蓝苹。

其实,李大章在闲聊中告诉陈伯达的,是"过时新闻"!蓝苹与黄敬的关系,说来话长……

蓝苹,当年上海滩上三流的电影演员。她是山东诸城人,原名李云鹤,因父母离异,母亲带她离家出走。母亲以帮佣为生,维持生活。

黄敬其实不姓黄,本名俞启威。俞家乃名门望族,原籍浙江绍兴。祖父俞明震,清朝南京水师学堂督办(校长)。俞明震三兄弟,俞明震为长兄,他的小弟弟之长子即俞大维——导弹专家,后来成为台湾蒋介石政府的"国防部长"。蒋经国之女蒋孝章嫁给了俞大维之子。

俞明震之子俞大纯,即黄敬之父。俞大纯有四子两女,黄敬排行第三,在家称"三少爷"。

在俞家之中,唯有"三少爷"走上革命之路,于1932年加入中国共产党,化名黄敬。

黄敬的大姐俞珊,喜爱文艺,参加田汉的"南国社",成为演员。

俞珊与赵太侔结婚。赵太侔是闻一多、梁实秋的同学,从美国留学归来,在济南出任山东省实验剧院院长。李云鹤于1929年进入山东省实验剧院,时年15岁。李云鹤聪明伶俐,颇得赵太侔、俞珊喜欢。

1931年春,17岁的李云鹤得到赵太侔资助,在青岛大学当旁听生,同时在图书馆工作。这时,黄敬正在青岛大学物理系学习。李云鹤结识了这位俞珊之弟,陷入热恋之中,进而结合。

翌年,黄敬加入中共。不久,黄敬担任青岛大学中共党支部书记。1933年,黄敬担任中共青岛市委宣传部部长。

黄敬深刻地影响了李云鹤,引导她走上革命之路。1933年1月,19岁的李云鹤加入中共,介绍人便是黄敬。

1933年7月,由于叛徒告密,黄敬被捕。李云鹤仓皇出逃,只身来到上海。这个山东姑娘先在上海当小学教员,后来重操旧业,当起演员来,改名蓝苹。她在上海早已把黄敬丢在脑后,与电影评论家唐

1931年,江青(前左)在青岛时与友人合影

纳（本名马骥良）结婚。不久，她又见异思迁，与导演章泯同居。唐纳闻讯，两度自杀未遂，大报小报竞载"唐蓝婚变"，闹得上海滩沸沸扬扬。

黄敬被党组织营救出狱之后，于1935年秋考入北京大学。不久，一二·九运动爆发，黄敬成为学生领袖之一（据陈伯达回忆，这时的黄敬尚未找到中共组织关系，在"一二·九"之后几天，黄敬重新恢复中共党员身份）。

1936年4月，黄敬作为北平学联的代表，与陆璀等一起来到上海，住在上海八仙桥青年会大厦。5月底，黄敬在上海出席了全国学联的成立大会。在沪期间，黄敬曾与蓝苹见面，蓝苹不忘旧情。这样蓝苹在5月底突然离沪北上，前往天津。唐纳以为她回娘家，追至济南，不见蓝苹，在济南商埠三马路的济南宾馆5号房内喝下一磅酒精和吃下许多红色火柴头自杀，茶房发现后急送万达医院抢救，成为轰动一时的新闻——唐纳第一次自杀。蓝苹闻讯，急忙从天津赶回济南，与唐纳一起返回上海……

就在陈伯达和黄敬一起到达西安前一个多月——1937年8月初——江青由上海途经济南、西安，进入延安。

黄敬在西安与陈伯达分手。黄敬前往晋察冀边区，担任那里的中共区党委书记。

陈伯达一路艰辛，终于带着妻儿，来到革命圣地延安。

初到延安，陈伯达人地生疏，在那里不声不响。

一天傍晚，陈伯达吃过晚饭，独自出去散步。他踱到延水的一条小支流旁，准备跨过一座小桥。

那木头桥很窄，倘若对面有人走过来，这边的人只能等那人走过才能上桥。陈伯达一看，有两位女同志从河对岸上桥，便退到桥边，让她们先过。

两位女同志过桥而来，其中一位陌生，另一位却很面熟——陈伯达认得她，她是王若飞的夫人李培芝，曾和陈伯达一起在苏联留学。

在桥头，李培芝见了陈伯达，当即大声地说："来，来，我来介绍一下。这位是陈伯达同志。"

李培芝转向身边那位女同志，向陈伯达介绍说："这位是江青同志。哦，来自上海的电影大明星——蓝苹！"

陈伯达一听"蓝苹"的大名，马上记起来李大章说过的一席话，便跟江青握了握手，说道："我和黄敬一起从青岛到西安。黄敬另有工作，在西安跟我分手。他一切都好！"

说这话时，陈伯达一点也没注意到江青的脸色骤变——因为那时他还以为她是黄敬之妻！

这段小插曲，在历史的长河中一闪而过，本来早从陈伯达的记忆中消失。可是，

30多年后，当陈伯达在"文革"中失势，在一次批判陈伯达的会议上，江青忽然抖漏出一句话："黄敬跟你说了些什么？"

陈伯达大吃一惊，这才猛然记起30多年前的往事。原来，他初见江青时所说的几句话，真是"言者无意，听者有心"，触及了江青心中最敏感的事。在她看来，大约一路之上，黄敬跟陈伯达说了许多关于她的事情，透露了她的"底细"。难怪，30多年后，江青还一直把那么个小插曲牢牢记在心中……

延安时期的江青

滑入错误的低谷

新来乍到，陈伯达在延安没有受到注意。虽说他当时因发起"新启蒙运动"已颇有名声，但只在北平、上海等文化界有较大影响，而在延安，他的"知名度"还很低。"新启蒙运动"的讨论，并没有波及延安。

陈伯达到达延安之时，正值陕北公学创办之际。这是中共一所培养干部的学校，校长为成仿吾。考虑到陈伯达说曾在北平中国大学国学系教过书，于是，中共中央组织部便安排他到陕北公学当一名教员。陕北公学刚刚创办，正需要教员。

说实在的，陈伯达此人，只宜写文章，不宜当教员。他那一口闽南"普通话"，学生很难听懂。他讲课时，要不断在黑板上写粉笔字，才能让学生明白他讲的意思。与其说是讲课，倒不如说是"写"课！

在陕北公学教了一阵书，陈伯达被调往中共中央党校当教员。中共中央党校的校长乃康生。

1938年5月5日，马列学院在延安成立。这是中共培养理论干部的学校，院长张闻天。张闻天即洛甫，曾在莫斯科中山大学学习，跟陈伯达早就相熟。张闻天当即把陈伯达调到马列学院当教员。

这样，陈伯达教过马列主义知识，教过历史，也教过哲学。

记得，有一次开会，毛泽东来了。张闻天当众

延安时期的康生

介绍陈伯达，说道："这是从北平来的陈伯达同志，他是北平'新启蒙运动'的发起人。"

张闻天说毕，噼噼啪啪响起一阵掌声。掌声过后，毛泽东也并未注意到陈伯达。似乎毛泽东当时并未读过关于"新启蒙运动"那些文章，因此对张闻天所介绍的"北平'新启蒙运动'的发起人"没有在意。

教书毕竟非陈伯达所长，因为学生们纷纷反映，听不懂他的课。于是，陈伯达被调到中共中央宣传部，被任命为出版科科长——须知，1927年陈伯达入党才几个月便在武汉担任此职，不料在11年之后，他竟仍然担任此职！

陈伯达担任过中共北方局宣传部部长，担任过中共北平市委"三人委员会"成员，这些情况中共中央组织部当然是知道的。陈伯达在延安得不到重用，原因是明白的：在延安有不少留苏归来的干部，知道陈伯达在苏联学习时倒向托派。托派问题在当时是很严重的问题，这样，组织上对陈伯达的任用，也就有一定的戒心。

这样，初来延安的那些日子，陈伯达的心境不那么舒畅，特别是他的一些同辈人，职务远远高于他：当年上海大学的同学康生，如今不仅是中央党校校长，而且还担任要职——中共中央社会和情报部部长；当年留苏时的同学张闻天，如今不仅是马列学院院长，而且还是中共中央政治局常委兼中共中央宣传部部长。当时陈伯达在马列学院当教员时的顶头上司是他，到了中宣部当科长那顶头上司还是他。所幸，张闻天待他尚好。

陈伯达觉得委屈，仿佛在延安坐的是冷板凳。延安的高级干部中，大部分是经过长征到达那里的，在长征中结下生死之谊，彼此关系很密切，而他从白区来，跟这些长征干部不熟悉，总有着隔膜。

陈伯达甚至有点后悔，觉得不该来延安。因为他在白区的文化界好不容易打开了局面，已经颇有声望，在那里倘若继续写文章，做文化工作，名气会更大……

陈伯达的情绪低落，又一次跌入了低谷。1938年上半年，陈伯达埋头于写作，写出了《三民主义概论》一书。尽管他担任中共中央宣传部出版科科长，却自知在延安难以出版这本书。

1938年6月，知道王明要去重庆，陈伯达托王明把书稿带去，在重庆出版。

陈伯达的《三民主义概论》是一本倾向不好的书，书中极其错误地对北伐前夕伪装革命的蒋介石作了很高的评价：

> 正是因为当时的主要的国民党领袖，是这样不为帝国主义挑拨离间的诡计所动摇，这样坚决地继续中山先生和仲恺先生的精神和政策，结果才把陷于"四面楚歌之中"的革命广州挽救过来，终于能够排除万难，克服大敌，转危为安，使革命势力得以继续发展和扩大。如果不是这样，那末，真如古

人所说的"汉之为汉，未可知也"了。

当时的"国民革命军总司令"蒋介石，乃乔装左派，趁北伐之机扩大自己的势力。他的反革命面目在四一二反革命政变中暴露无遗，根本谈不上"坚决地继续中山先生和仲恺先生的精神和政策"。

陈伯达的《三民主义概论》，对于旧三民主义与新三民主义的原则区别，对于三民主义与共产主义的原则区别，也作了许多错误的论述。

陈伯达在低谷中徘徊。

倘若陈伯达继续按照《三民主义概论》这样的错误方向写下去，这位理论家就要发生"理论大滑坡"，跌入危险的境地。就在这个时候，一次偶然的机会，陈伯达引起了毛泽东的注意。

毛泽东的指点，拨正了陈伯达的航向。从此，陈伯达投在毛泽东麾下……

引起毛泽东的注意

陈伯达记得，那是延安的一次座谈会，讨论孙中山的思想。会上对孙中山思想的阶级性发生了争论。一种意见说，孙中山的思想属于小资产阶级；另一种意见以为，他的思想属于民族资产阶级。

毛泽东很仔细地倾听着双方的争论。双方各有道理，争论颇为激烈。

就在这个时候，陈伯达发言了。他尽量讲得慢一些，便于让大家听懂。陈伯达与众不同，又一次采取了他对待文学界两个口号之争那样把对立的双方加以统一的方法，加以阐述："我认为，孙中山的思想有两个两重性——既包括小资产阶级思想的两重性，又包含民族资产阶级思想的两重性……"

毛泽东的目光，注视着陈伯达。毛泽东轻声问旁边的人："现在发言的人，叫什么名字？"

旁边的人在纸上写了"陈伯达"三个字。

陈伯达发言完毕，毛泽东站了起来，很高兴地说道："刚才陈伯达同志的发言很好，很恰当地分析了孙中山思想的阶级属性问题……"

散会之后，毛泽东把陈伯达留下来，问了一些关于他的情况。

陈伯达回去之后，傍晚，毛泽东忽然派人通知，要他赶到机关合作社去吃晚饭。

陈伯达急急应召赶去。到了那里才明白，毛泽东宴请一美国记者。毛泽东对陈伯达说："今天顺便也请你——请你和美国客人。"

这次请客很简单：毛泽东、翻译、美国记者、陈伯达四人同桌而聚。

起初，毛泽东跟美国客人说了一些客套话。后来，他转向陈伯达，问起北平文化界的情况，问起张申府的近况。张申府，原名张崧年，中共最早的党员之一，后来脱党。

毛泽东得知陈伯达在北平中国大学开过周秦诸子课，而毛泽东对中国古代哲学也饶有兴趣，他们之间有了共同的话题，越谈越投机，竟把美国客人撂在一边……

这一天，成了陈伯达一生的转折点。从此，他成为毛泽东手下的一支笔。毛泽东这位时代的巨人，给予他不可估量的影响：在打败日本帝国主义、打败蒋介石、建设新中国的胜利大进军中，毛泽东建立了丰功伟绩。陈伯达在毛泽东的统率下，也做了一些有益的工作。毛泽东从1957年开始，逐渐向"左"偏航，以致在"文革"中陷入"左"的迷误。陈伯达用他的笔，阐述并发展了极左路线、极左理论，成了一位十足的"左"派理论家，直至堕落为林彪、江青反革命集团的主犯之一，成为历史的罪人……

与毛泽东探讨中国古代哲学

经毛泽东提议，陈伯达在延安举行中国古代哲学讲座。每一次讲座，毛泽东差不多都去听。

毛泽东一去，许多人也跟着去。虽然陈伯达的话难懂，听久了，也慢慢听惯了。这些课，陈伯达过去在北平讲过，如今加了些新的内容、新的见解。

很快，陈伯达在延安理论界有了名声。

1938年秋，延安成立"新哲学会"，陈伯达成了这个学术团体的头面人物，执笔写了《新哲学会缘起》，发表于1938年9月《解放》周刊。

1939年1月，陈伯达写出《墨子哲学思想》一文，恭恭敬敬给毛泽东送去，请求指正。

这时的毛泽东，已从五次反"围剿"的战乱之中，已从两万五千里长征的羁旅之中解脱出来，在相对安定的延安窑洞里，不断著述，写出《实践论》，写出《矛盾论》，写出《论持久战》，写出《基础战术》（这本书未收入《毛泽东选集》）……他正处于一生的著作高峰期，显得非常勤勉，思维活跃，正在探索着一系列的理论问题。

陈伯达的《墨子哲学思想》引起毛泽东很大兴趣。他很细致地读完，亲笔给陈伯达复了一信。毛泽东的书信通常很短，一二百字而已。这次破例，给陈伯达写了很长的复信，全文如下：

伯达同志：

《墨子哲学思想》看了，这是你的一大功劳，在中国找出赫拉克利特[1]来了。有几点个别的意见，写在另纸，用供参考，不过是望文生义的感想，没有研究的根据的。

敬礼！

毛泽东

2月1日夜

（一）题目似改为"古代辩证唯物论大家——墨子的哲学思想"或"墨子的唯物哲学"较好。

（二）事物的实不止属性，还有其最根本的质，质与属性不可分，但有区别的，一物的某些属性可以除去，而其物不变，由于所以为其物的质尚存。"志气"，志似指事物之质，不变的东西（在一物范围内），气似指量及属性，变动的东西。

（三）"君子不能从行为中分出什么是仁什么是不仁"，这句话的意思应是：君子做起事来却只知做出不仁的事，不知做仁的事，似更明白些。

（四）说因果性的一段，似乎可以说同时即是必然性与偶然性的关系。"物之所以然"是必然性，这必然性的表现形态则是偶然性，必然性的一切表现形态都是偶然性，都是偶然性表现。因此，"没有这部分的原因就一定不会有十月十日的武昌起义"是对的，但辛亥革命的必然性（大故）必定因另一偶然性（小故）而爆发，并经过无数偶然性（小故）而完成，也许成为十月十一日的汉阳起义，或某月某日的某地起义。"不是在那恰当的时机爆发起来就不一定成为燎原之火"是对的，但也必定会在另一恰当的时机爆发起来而成为燎原之火。

（五）中庸问题

墨家的"欲正权利，恶正权害"、"两而无偏"、"正而不可摇"，与儒家的"执两用中"、"择乎中庸服膺勿失"、"中立不倚"、"至死不变"是一个意思，都是肯定质的安定性，为此质的安定性而作两条战线斗争，反对过犹不及。这里有几点意见：①是在作两条战线斗争，用两条战线斗争的方法来规定相对的质。②儒墨两家话说得不同，意思是一样，墨家没有特别发展的地方。③"正"是质的观念，与儒家之"中"（不偏之谓中）同，"权"不是质的观念，

---

[1] 赫拉克利特：古希腊唯物主义哲学家。

是规定此质区别异质的方法,与儒家"执两用中"之"执"同。"欲"之"正"是"利",使与害区别。"恶"之"正"是"害",使与利区别而不相混。"权者两而无偏",应解作规定事物一定的质不使向左右偏(不使向异质偏),但这句话并不及"过犹不及"之明白恰当,不必说它"是过犹不及之发展"。④至于说"两而无偏,恰是墨子看到一个质之含有不同的两方面,不向任何一方面偏向,这才是正,才真正合乎那个质"则甚不妥,这把墨家说成折中论了。一个质有两方面,但在一个过程中的质有一方面是主要的,是相对安定的,必须要有所偏,必须偏于这方面,所谓一定的质,或一个质,就是指的这方面,这就是质,否则否定了质。所以墨子说"无偏"是不要向左与右的异质偏,不是不要向一个质的两方面之一方面偏(其实这不是偏,恰是正)。如果墨家是唯物辩证论的话,便应作如此解。

(六)"半,端"问题

墨子这段,特别是胡适的解释,不能证明质的转变问题,这似是说有限与无限问题。

以上所以全文照录毛泽东1939年2月1日致陈伯达函,是因为这封信清楚地表明:陈伯达所擅长的中国古代哲学研究,正是毛泽东思索的热点。正因为这样,看了陈伯达的文章,毛泽东会随手写下这样的学术性的长信,与他进行详细的讨论。也正因为这样,陈伯达被毛泽东所看中,并非偶然。这封信表明,他们有着共同的兴趣和话题,而毛泽东的见解比陈伯达高出一筹。

陈伯达一见毛泽东对他的文章如此看重,于是又向毛泽东呈送了《孔子的哲学思想》《老子的哲学思想》。陈伯达也请他的"顶头上司"——当时的中共中央宣传部部长张闻天——看了文章。

毛泽东读后,兴致仍然很浓,于1939年2月20日写了一封更长的信致张闻天转告陈伯达,兹摘录部分原文如下:

伯达同志的《孔子哲学》我曾经看过一次(没有细看),觉得是好的,今因你的嘱咐再看一遍仍觉大体上是好的,唯有几点可

到达延安之后,毛泽东有较多闲暇读书,在相互探讨读书问题过程中,逐渐熟悉了陈伯达

商榷之处开在下面，请加斟酌，并与伯达同志商量一番。

我对孔子的东西毫无研究，下列意见是从伯达文章望文生义地说出来的，不敢自信为正确的意见。

在这封信中，毛泽东详细地写了七点意见，针对陈伯达的文章，谈了自己对孔子哲学思想的看法。

陈伯达收到信后，当即按照毛泽东的意见作了修改，再呈毛泽东。1939年2月22日，毛泽东又写了一信致张闻天转告陈伯达：

伯达同志的文章再看了，改处都好。但尚有下列意见，请转达伯达同志考虑。……

是否妥当，请兄及陈同志斟酌。

在这封信中，毛泽东又补充谈了三点意见。

借助于对中国古代哲学的探讨，借助于呈送文章向毛泽东请教，陈伯达与毛泽东的关系日益密切起来。

毛泽东终于决定把这位"陈同志"调到自己身边工作……

担任毛泽东秘书

陈伯达记得，那是1939年春，张闻天找他，商谈调动工作的问题。张闻天告诉他，毛泽东提名，调他到毛泽东办公室工作。理所当然，陈伯达以欣喜的心情一口答应下来了。

据陈伯达回忆，当时调他去，担任的职务是"中央军委主席办公室副秘书长"。中央军委主席为毛泽东，因此也就是到毛泽东办公室工作。

办公室的秘书长为李六如。李六如是毛泽东的老朋友，早在1921年便经毛泽东、何叔衡介绍加入中国社会主义青年团，同年加入中国共产党。北伐时，曾任国民革命军第2军第

在延安担任中共中央宣传部部长的张闻天

4师党代表……后来，在1957年，他把自己丰富的革命经历写成长篇小说《六十年的变迁》，其中主人公"季交恕"便是以自己为原型塑造的形象。

刚到军委主席办公室工作，陈伯达觉得不甚适应。因为李六如分配他处理军务电文，他要把前方发来的军事电报内容向毛泽东报告，然后按毛泽东的意见草拟复电，发往前线。他是"秀才"，对于打仗一窍不通。

没多久，毛泽东也看出陈伯达不适合做军务电文方面的秘书工作。陈伯达的兴趣，似乎还在那些"老古董"（孔子、墨子、老子），而这些与秘书工作毫不相干。

"我建议你把研究的兴趣，从中国古代哲学转向现实。你应当做些现实的研究。"毛泽东对陈伯达说。

陈伯达接受了毛泽东的意见。

这样，他从收收发发军务电文，改搞资料工作。用陈伯达的话来说，他成了"材料员"。毛泽东给定了四个题目，要他收集资料。这四个研究课题是：

《抗战中的军事》；《抗战中的政治》；《抗战中的教育》；《抗战中的经济》。

在毛泽东的指导下，陈伯达做起了资料收集工作。这些资料，后来分为四册印行。陈伯达说，是毛泽东帮助了他，把他的研究工作的注意力从古代转向现实生活。收集、整理这些资料，使陈伯达对中国现实有了全面的了解，为他后来写《评〈中国之命运〉》等书打下了基础。

陈伯达成了毛泽东的政治秘书。毛泽东让他超脱于一般的收收发发之类秘书事务性工作，而是协助自己从事政治理论研究工作。据陈伯达回忆，那时毛泽东40多岁，正值中年，精力充沛，他的著作一般都亲自执笔，不用秘书代劳，只是一些技术性文件，要秘书起草，以节省他的时间。毛泽东写毕，有时请秘书看看，提些意见，作些修改。毛泽东本人便是著作巨匠，擅长写作，他的著作别具一格，自成一体，非他人可以代笔的。陈伯达记得，只有收入《毛泽东选集》第2卷的《中国革命和中国共产党》一文第1章《中国社会》，是李维汉起草的，陈伯达作了修改，最后由毛泽东改定；第2章《中国革命》，是毛泽东亲自写的。毛泽东需要秘书动笔的，常常是他的演讲，他在演讲时，一般只有很简单的提纲，有的甚至是即兴式发言，连

成为毛泽东秘书的陈伯达

提纲都没有。这时，需要秘书作记录，整理出讲话稿，由毛泽东改定。

据陈伯达回忆，他曾为朱德在党的"七大"上的报告《论解放区战场》，作过一些修改工作，陆定一也参加过。

在延安整风中，李六如被调离毛泽东办公室，从此，便不再在毛泽东身边工作。

陈伯达的职务，不断地在变动着：他成为中共中央秘书处的秘书。不久，中央研究院成立，院长为张闻天，副院长为范文澜，陈伯达担任秘书长。

这个研究院之下，又分若干研究室，陈伯达兼中国问题研究室主任。后来，中央政治研究室成立，陈伯达被任命为主任。他的职务虽然在不断变动，但是他实际上一直在做毛泽东的政治秘书。特别是他后来所担任的中央政治研究室主任之职，就是做政治秘书的工作。

《简明大不列颠百科全书》所载陈伯达延安时期的简历，基本上是准确的：

> 1937年在延安中共中央党校、马列学院教书，并在中共中央宣传部、军委、中央秘书处、中央政治研究室等机构工作。

由于毛泽东的信任，陈伯达进入了中共高层，接触中共高级机密——尽管他的职务还并不很高，而工作岗位显然占据要津。陈伯达日后的飞黄腾达，那腾飞的起点便是"毛泽东秘书"这一职务。

后来，陈伯达对他的同乡、在中共中央编译局工作的陈矩孙（陈絜）说"私房话"时，曾口吐真言："最要紧的是跟人，跟准一个人；第二是有自己的一批人……"

这可以说是陈伯达毕生的"经验"之谈。他"跟准"了毛泽东，确是"最要紧"的。

在陈伯达担任毛泽东的秘书将近两年的时候，由于毛泽东的工作担子越来越重，需要增加秘书，陈伯达向毛泽东推荐了胡乔木。

笔者1993年4月1日曾采访胡乔木夫人谷羽，据她回忆：

> 当时，陈伯达并不认识胡乔木。
>
> 那是在1941年2月，中共中央秘书长王若飞找胡乔木谈话，告诉他组织上决定调他担任毛泽东秘书。
>
> 当时，胡乔木毫无思想准备，担心自己无法胜任这一新的极为重要的工作。
>
> 王若飞为了打消胡乔木的顾虑，说出了毛泽东"点将"的来历：
>
> "你发表在《中国青年》杂志上纪念五四运动20周年的文章，陈伯达看了，很赞赏。他推荐给毛主席，毛主席看了，说：'乔木是个人才。'所以，毛主席早就注意你。最近，毛主席那里人手不够，他点名调你去当秘书，你同时也

是中共中央政治局秘书。"

以上回忆是胡乔木夫人谷羽亲口对笔者所说——尽管她回忆这段往事时陈伯达已经成为"林彪、江青反革命集团"的16名主犯之一,但是她并不避嫌,仍实事求是地把历史真实情况告诉笔者。

自从胡乔木来了之后,陈伯达和胡乔木互相配合,为毛泽东分担了大量的文字工作,起草了众多的中共中央文件和重要文章,成为中共中央的两支笔。

由于笔者曾写了《毛泽东的秘书们》一书,据笔者不完全统计,毛泽东一生曾先后有过35位秘书,他们担任毛泽东秘书的时间为:

谭政（1928）
江华（1928~1929）
贺子珍（1928~1937）
谢维俊（1928~1929）
古柏（1930~1933）
曾碧漪（1930~1933）
李井泉（1930~1931）
郭化若（1931）
谢觉哉（1933~1934）
黄祖炎（1933~1935）
王首道（1933~1934；1937~1944）
李一氓（1935）
童小鹏（1935~1936）
叶子龙（1935~1962）
吴亮平（1936~1937）
张文彬（1936~1937）
周小舟（1936~1938）
李六如（1937~1940）
和培元（1938~1941）
华民（1938）
江青（1938~1976）
陈伯达（1939~1970）
张如心（1941~1942）

第五章
跃为延安"理论家"

胡乔木（1942~1966）

王炳南（1945）

田家英（1948~1966）

罗光禄（1948~1963）

王鹤滨（1949~1953）

高智（1953~1962）

林克（1954~1966）

徐业夫（1957~1974）

李锐（1958~1959）

谢静宜（1959~1976）

戚本禹（1966~1968）

高碧岑（1968~1974）

张玉凤（1974~1976）

在毛泽东的众多的秘书们之中，陈伯达担任毛泽东的秘书是最长的一个，前后达31年。

除了向毛泽东推荐了胡乔木之外，陈伯达还曾和胡乔木一起，推荐介绍田家英担任毛泽东的秘书。

解放后曾任人民出版社总编辑的曾彦修，在《陈伯达的为官和为学》一文中这样回忆当年的陈伯达：

延安时期，1941年夏起，他担任中央政治研究室副主任，我就是下面的一个研究人员，我是在经济组。陈伯达对我们的影响就是"个人讲学"。晚上，吃过晚饭后，我们拿着凳子到他的窑洞里听他漫谈。陈伯达住在一个窑洞里，里边有一个小炕，他躺在炕上。我们

素有"中共中央一支笔"之称的胡乔木是陈伯达推荐给毛泽东做秘书的。图为1949年，即将进城的毛泽东与秘书胡乔木在香山交谈

153

二十来岁，他已经四十多岁，是老前辈，胖胖矮矮的，很随便。窑洞里边最多能容十多个人，挤不进去，我们就在外边听他闲吹。他什么都吹，天上、地下，无所不吹。有时候，他会讲一些毛泽东跟他谈的事情。在延安，毛泽东窑洞的座上客有谁？公事以外可以随便谈谈的大概只有一个，即陈伯达，我不知道还有第二个。周恩来、朱德是谈公事，陈伯达不谈公事，陈伯达去是听毛闲聊。毛也需要消遣，也要找人闲聊。陈伯达这个人看书杂，思想也活泼，有时候叫他去。陈伯达对我们讲，毛主席说，曾国藩家书是好东西，应该读。而过去，共产党把曾国藩骂得狗血喷头，还会读你曾国藩的书？陈伯达也说，曾国藩的家书，文字非常漂亮，内容非常实际，这个书读了没有坏处。一般的马列主义者，不仅是我们这些青年，那些四十来岁的入党一二十年的，一般对中国的文化是一笔抹杀的，骂曾国藩骂得更厉害。陈伯达一次讲，毛主席提出要"自然而然革命化"。他说，毛主席这个意见很好，完全强迫革命不行，有些事要等，要等它自然而然革命化就好办了。

总的说来，陈伯达在延安时政治地位不是很高，当时连中央委员都不是，但是威信高于所有在延安的文化人，远远高于周扬这些人。当时延安的党内党外文化人加起来恐怕有几百个。[1]

首先嗅出王实味的"异味"

借助于毛泽东的指点和推荐，陈伯达的《孔子的哲学思想》《老子的哲学思想》《墨子的哲学思想》先后在延安的《解放》周刊上发表，引起了延安各界的注意。

如果说，那时延安的《解放日报》相当于解放后的《人民日报》的地位，那么《解放》周刊也就相当于1958年创刊的《红旗》杂志的地位。连陈伯达都自以为从此"有点小名"了，诚如他后来在1942年8月28日《解放日报》上《思想的反省》一文中，那样"谦虚"地写过那样：

像我们这样思想浅薄的人，居然在中国思想界上有点小名，这并不是好事。文化落后的中国，到处是思想学术待垦的荒地，而且，百年来的生活又如此丰富，马克思列宁主义的方法又如此锐利，任何人只要稍为努力，都可

---

[1] 曾彦修口述，李晋西整理，《陈伯达的为官和为学》，2012年3月14日《老人报》。

以得到一定的成就……

然而,"有点小名"的陈伯达并不真的那么谦逊。有谁稍稍冒犯他,他便要"商榷",便要记在心中。

在延安整风时期,发生了著名的"王实味事件"。王实味当时受到密集性的批判,批判文章连篇累牍地刊登于《解放日报》,这当然有着错综复杂的种种原因,以致这位颇有才气的作家、延安中央研究院文艺研究室的特别研究员,在1947年春被以"托派分子""国民党特务""反党集团成员"的罪名处以死刑。

王实味

发动一场规模空前的对王实味的批判,是得到毛泽东的认可和支持的。康生起了关键性的作用,而陈伯达则是批判王实味的积极参与者之一。

王实味遭到重炮猛轰的主要原因,是他于1942年3月13日和23日,在延安《解放日报》《文艺报》副刊上,发表了总题为《野百合花》的一组杂文。

毛泽东不仅在延安整风运动中多次发表过关于批判王实味和《野百合花》的言论,而且在16年后的1958年,当《文艺报》要对丁玲、王实味等人的延安时期作品进行"再批判"时,毛泽东为编者的按语加上了这样的话:

再批判什么呢?王实味的《野百合花》,丁玲的《三八节有感》,萧军的《论同志之"爱"与"耐"》,罗烽的《还是杂文时代》,艾青的《了解作家,尊重作家》,还有别的几篇。上举各篇都发表在延安《解放日报》的文艺副刊上。主持这个副刊的,是丁玲、陈企霞。

……

这些文章是反党反人民的。1942年,抗日战争处于艰苦时期,国民党又起劲地反共反人民。丁玲、王实味等人的文章,帮助了日本帝国主义和蒋介石反动派。

……

"奇文共欣赏,疑义相与析",许多人想读这一批"奇文"。我们把这些东西搜集起来全部重读一遍,果然有些奇处。奇就奇在以革命者的姿态写反革命的文章。鼻子灵的一眼就能识破,其他的人往往受骗。外国知道丁玲、艾青名字的人也许想要了解这件事的究竟,因此我们重新全部发表了这一批文章。

155

谢谢丁玲、王实味等人的劳作,毒草成了肥料,他们成了我国广大人民的教员。他们确能教育人民懂得我们的敌人是如何工作的。鼻子塞了的开通起来,天真烂漫、世事不知的青年人或老年人迅速知道了许多世事。[1]

被毛泽东称之为"反党反人民"的《野百合花》,共分五部分:

前记
一、我们生活里缺少什么?
二、碰"碰壁"
三、"必然性"、"天塌不下来"与"小事情"
四、平均主义与等级制度

王实味说,为什么这组杂文以《野百合花》命名,这是因为:

第一,这种花是延安山野间最美丽的野花,用以献给那圣洁的影子;其次,据说这花与一般百合花同样有着鳞状球茎,吃起来味虽略带苦涩,不似一般百合花那样香甜可口,但却有更大的药用价值——未知确否。

确实,《野百合花》不像延安一般文艺作品"那样香甜可口",而是"略带苦涩"。这"苦涩"味使一些人受不了。

王实味在文章中借用两个女青年的口,说:

延安"动不动,就说人家小资产阶级平均主义,其实,他自己倒真有点特殊主义,事事都只顾自己特殊化。对下面同志,身体好也罢,坏也罢,病也罢,死也罢,差不多漠不关心!"

"哼,到处乌鸦一般黑……"

王实味在文章中又说:

我并非平均主义者,但衣分三色,食分五等,却实在不见得必要与合理——尤其是在衣服问题上(笔者自己是有所谓"干部服小厨房"阶层,葡萄并不酸)——一切应该依合理与必要的原则来解决。如果一方面害病的同志喝不到一口汤,青年学生一天只得到两餐稀粥(在问到是否吃得饱的时候,

---

[1]《建国以来毛泽东文稿》第7卷,第19~21页,中央文献出版社1992年版。

党员还得起模范作用回答：吃得饱！），另一方面有些颇为健康的"大人物"，作非常不必要不合理的"享受"，以致下对上感觉他们是异类，对他们不惟没有爱，而且——这是叫人想来不能不有些"不安"的。

平心而论，王实味的文章确实有许多"牢骚"。他之所以在整风运动中把这些"牢骚"写成文章，公之于众，是因为他在《野百合花》中这么写道：

> 1938年冬天，我们党曾大规模检查工作，当时党中央号召同志们要"议论纷纷"，"意见不管正确不正确都尽管提"，我希望这样的大检查再来一次，听到一般下层青年的"牢骚"。这对我们的工作一定有很大的好处。

应当说，王实味的出发点是好的。他希望这些"牢骚"能够"对我们的工作一定有很大的好处"。

然而，王实味以及他的《野百合花》受到猛烈的批判，以致《野百合花》被毛泽东称之为"反党反人民"。

王实味的《野百合花》被毛泽东定为"反党反人民"，其中还有一个鲜为人知的原因，那就是国民党的中统特务"成功"地施行了"反间计"。

那时，国民党的中统局在徐恩曾的领导下，对延安进行种种"新策略"——心理战！

比如，徐恩曾在中统局里设立了一个"谣言清查科"。其实，这个科真正使命是"谣言科"。这个科有人负责"造谣"——制造谣言；有人负责"放谣"——把制造出来的谣言施放出去；还有人负责"收谣"！什么是"收谣"呢？那是指"放谣"之后，谣言就在社会上传播，即"传谣"。为了"测试"传谣的范围以及传谣的速度，那便需要"收谣"。

这样把"造谣""放谣""传谣""收谣"理论化、系统化，也真亏中统特务们想得出、做得出！

中统局造了许多谣，比如什么："毛泽东主席被徐向前派人行刺受伤，不治身亡。开追悼会时被飞机侦察到了……"这些稀奇古怪的谣言，便是中统局对延安进行的"心理战"之一。

中统局的第二处第三科，则致力于系统搜集延

在"王实味事件"中，国民党中统特务起了兴风作浪的作用。图为中统头子徐恩曾

安情报，其中特别地注意研究延安的报刊。

中统特务们把从延安报刊上收集到的"有价值"的文章，按专题印成小册子。这些小册子分为两类：

一类印成内部参考，限于国民党高层阅读。比如，他们印行了延安抗日军政大学的教材《党的建设》，深得蒋介石的喜欢，以至编辑者受到蒋介石的接见、奖赏。因为尽管《党的建设》讲的是中国共产党的建设，而在蒋介石看来，却是了解中国共产党极有参考价值的情报。蒋介石甚至在书上写下"此节重要足资参考"、"吾人亦可采用"之类批语。也就是说，蒋介石以为，中国共产党在党的建设方面的一些办法，也可以用到中国国民党的建设中来！

另一类小册子则用于公开发行。中统特务特别注意不用"正中书局""文化服务社"的名义出版，因为这些出版社的"御用"色彩太浓厚。他们选用中间色彩、民间色彩的出版社出版，保持"客观"，以使读者了解延安的"真相"。

中统特务从延安《解放日报》上读到王实味的《野百合花》，马上看中了。当年的中统局局本部科长张文（又名张国栋），在后来写的《中统二十年》中回忆道：

> 对外发行的小册子中，影响比较大的首推《野百合及其他》。当中统特务见到延安《解放日报》刊载了王实味写的《野百合花》一文时，如获至宝，经过一番研究，由刘光煜、吴慕风执笔，万大镃、王思诚核定，编写了《野百合及其他》一书，其中除了王实味这篇文章外，还从《解放日报》上找出类似的篇章，斩头去尾，加以歪曲和捏造，再加上引言按语。这一小册子印了几千份，据说是中统所印行的小册子中最为畅销的一种。[1]

这本小册子，迅速地被中共驻渝人员送往延安。

这里用得着毛泽东的一句名言："凡是敌人拥护的，我们就要反对。"王实味写的《野百合花》受到国民党的"拥护"，自然就要"反对"，进入"反党反人民"之列了。

国民党中统局施行的"心理战"，印行那本《野百合及其他》，大大加重了王实味的罪名。

在对王实味进行"大批判"的行列中，陈伯达扮演着"排头兵"的角色。

陈伯达当时还没有"中央首长"的地位，远远不及康生那么显赫。当时，康生担任中共中央社会部部长兼调查研究局情报部部长、干部审查委员会主任、指导整风运动的中央总学委副主任（主任为毛泽东）、中直机关总学委主任。然而，第一个以灵敏

---

[1] 见《中统内幕》，第75页，江苏古籍出版社1987年版。

的"嗅觉"闻出王实味身上异味的,不是别人,正是陈伯达,其起因是王实味对陈伯达的一篇文章提出了异议……

正如"陈伯达"只是陈建相的笔名一样,"王实味"也只是王叔翰的笔名。然而,如今世上知道陈建相、王叔翰其名的寥寥无几,他们都以笔名——陈伯达、王实味——传世。

王实味比陈伯达小两岁,河南潢川县人,1925年入北京大学文学院预科,与胡风同班。1926年秋,王实味加入中国共产党。他写过小说,因英语颇好,更多地从事译述。

1937年,王实味来到延安。

如同陈伯达所说,他过去与王实味并无交往,来到延安之前并不认识王实味,来到延安后,曾在马列学院与王实味共事。不过,那时他们是同事,彼此是"平行"的。

后来,陈伯达成了王实味的顶头上司——陈伯达担任马列学院编译室主任,王实味在他手下工作,翻译了许多马列经典著作。

不久,王实味调往中央研究院文艺研究室,担任特别研究员,而研究室主任则是欧阳山。中央研究院的院长是张闻天,副院长是范文澜。1942年初,张闻天率调查组到陕甘宁边区农村工作,前后一年多,中央研究院由李维汉临时负责。

陈伯达与王实味的争执,最初是从陈伯达的一篇文章引起的。

1939年2月7日起,原中华苏维埃中央政府机关报《新中华报》改作中共中央机关报(《新中华报》于1941年5月16日与《今日新闻》合并,改名《新闻日报》,仍作中共中央机关报)。陈伯达在1939年2月16日《新中华报》上,发表了《关于文艺的民族形式问题杂记》一文。王实味读了此文,觉得许多地方欠妥,他曾与陈伯达当面谈过,陈伯达显得不很高兴。王实味是个直爽、无遮无拦的人物。1940年冬,他竟动手写了《文艺的民族形式短论》一文,准备发表。

陈伯达得知,索看了王实味的手稿,于1941年1月7日急就成章,写出洋洋万言的答复文章《写在实味同志〈文艺的民族形式短论〉之后》。

在这篇长文之中,陈伯达先是"谦虚"一番,自称:"我的确是文艺的门外汉,对于文艺并没有专门用过什么工夫,说起来,总不免有点'班门弄斧',贻笑大方。"

可是,他紧接着却又说:

这次实味同志写了一篇《文艺的民族形式短论》,牵涉了我,又迫得我不能不写一篇东西。因为实味同志的文章就要发表,而我又有别的事情要做,没有工夫在文章系统或文字上推敲,随想随写,不免拉杂,只能请原谅了……

如此这般"随想随写",陈伯达竟写下17条意见,逐一与王实味争论,批驳王实味的批评。

本来,陈伯达与王实味的争论——王实味的批评与他的反批评——纯属学术争论,可是,在陈伯达看来,王实味对他的批评显然是对他的一次挑战。弄得不好,直接影响他在延安思想理论界的地位。为了制服对手,陈伯达使出了"杀手锏"——把对手跟"托派思想"挂起钩来。

须知,在1940年代的延安,托派是反革命的同义词,足以置人于死地的。

据陈伯达自云,他当时并不知道王实味其人是托派(当然也很可能陈伯达从某种渠道得知这一重要"信息"而故作糊涂——只是如今已很难确切"考证"了),而他的反击竟击中了王实味的要害!这种政治舞台的格斗术,非常微妙……

延安正在紧张地"肃托",在那样紧张的气氛中,大约是王实味认为陈伯达的反击有来头,用王实味自己的话来说,"为着站稳脚跟,我才把我与托派的关系报告组织部"!

王实味跟托派,确实有点"暧昧"关系:他与托派有过接触,翻译过托洛茨基传,也曾为托派翻译过列宁的遗嘱。本来,翻译列宁的遗嘱,怎么也上不了"纲"。但是,列宁正是在遗嘱中把托洛茨基和斯大林一起称为"当前中央委员会杰出的领袖";列宁还说:"斯大林同志当了总书记,掌握了无限的权力,他能不能永远十分谨慎地使用这一权力,我没有把握。"这么一来,翻译列宁的遗嘱,也成了"严重问题",与那"托"字挂钩了——尽管那是货真价实的列宁的遗嘱!

王实味的"尾巴"已经捏在别人手里了,而他偏又把心中的愤懑泄诸笔端,在1942年3月13日、23日《解放日报》发表了那篇《野百合花》,又在中央研究院的壁报《矢与的》上写文章冒犯了该院领导。

于是,王实味成了整风运动的靶子,一场大批判终于降临到他的头上……

在延安《解放日报》,光是从1942年6月9日到6月17日,就接连发表了八篇批判王实味的文章——其中作者不仅有陈伯达,甚至还有丁玲:

6月9日	《论王实味同志的思想意识》	范文澜
	《"艺术家"的"野百合花"》	陈 道
	《继〈读"野百合花"有感〉之后》	伯 钊
6月10日	《政治家与艺术家》	蔡天心
6月15日	《关于王实味》	陈伯达
6月16日	《从鲁迅的杂文谈到王实味》	周 文
	《文艺界对王实味应有的态度及反省》	丁 玲
6月17日	《彻底粉碎王实味托派理论及反党活动》	张如心

充当批判王实味的"排头兵"

温济泽,曾任中国社会科学院研究生院院长,一头白发若根根银丝,我见了他总称他为"温老"。笔者曾多次访问过他。[1]

延安时期的温济泽,人称"小温"。这个"小温"笔头颇勤,他在1942年6月28、29日连载于延安《解放日报》上的《斗争日记——中央研究院座谈会的日记》,是迄今不多见的真实记录斗争王实味的历史文献。

现摘录其中一部分与陈伯达有关的内容:

(1942年)6月4日,礼拜四。

今天中央政治研究室和文抗来旁听的人很多,大礼堂的窗台上也坐满了人。开会的铃声响了,几百双眼睛发出来的视线,射在从左面大门走过来的王实味底身上。今天是王实味第一次出席我们的座谈会。

在李宇超和潘方两同志发言之后,轮到王实味发言了。他低沉地说:

"……我郑重地严肃地撤销我前天在变态心理下对党委提出来的要求……是我所尊敬的几个朋友底'爱'感动了我。"

"你底政治生命是由朋友底'爱'决定的么?"一个同志提出了质问。

"我今天认为超阶级的'爱'和'恨'是不存在的了……"他接着说,"刚才李宇超同志说我是托派,我自己也不知道,我过去不知道政治……你们看我在《中国文化》上写的关于民族形式的文章[2],就可以知道我底统一战线的立场站得很稳……哪里会有托派思想?"

"你不应该说谎!你是常和我谈到托派问题的,你现在还认为苏联有托派,说苏联的托派不是法西斯匪帮的走狗,而是反法西斯的。"一个同志起来质问。

作为见证人,温济泽先生曾记录了批斗王实味的经过。图为温济泽先生晚年照片

---

[1] 1989年9月16日、1991年7月7日,笔者在北京采访温济泽。
[2] 即王实味批评陈伯达的文章。

"你也对我说过同样的话。"又一同志起来质问。

"我说过的话我一定承认。是的,我说过:我对托匪进行小组织活动,反对斯大林,是很痛恨的。现在看到他们与苏共团结在一起反对法西斯(?),我又很感动。"——"你根据什么事实说苏联还有托派?说托匪是反法西斯的?"又是一个质问。

在王实味接下去的发言中,他承认他在1929年,开始与托派来往,替托派翻译过《列宁遗嘱》(被托派修改过)《托洛茨基自传》两章,还在托派刊物上发表过小说。一直到1936年,他还与托匪陈清晨通过信。一直到今天,他对陈清晨、王文元(王凡西)等托匪分子仍念念不忘,仍觉得他们底"人性"是好的。

"……我认为托派对立三路线的批评是正确的。("胡说!")……我看到了'八一宣言',觉得和托派的国民会议的主张差不多。("胡说!")……看到了鲁迅答托派书,我才站到统一战线的立场上来。"

大家对他这种毫不承认错误的态度和公开宣传托派理论的行为非常愤怒,要求他明确答复问题。"你为什么说苏联清党时,有好些人是可以从敌人争取为同志?斯大林的性情太粗暴了?"

对于斯大林同志的污蔑,又激起会场的义愤。

"你和托派的关系,在一起到延安时,为什么不立刻忠实地向党汇报呢?"

"我初到延安,觉得到处受人歧视……我一直到(一九)四〇年,在民族形式问题上批评陈伯达,和他论争,他骂我是第二国际机会主义的意见[1],假如他再骂我是第四国际[2],那还得了么?为着站稳脚跟,我才未把我与托派的关系报告组织部。"

说到这里,他大骂"陈伯达是宗派主义",主席团制止他发言……

温济泽当时所公开发表的《斗争日记》,把陈伯达如何挑起这场对王实味的"战斗",写得清清楚楚。

当王实味在"座谈会"(实际上是批斗会)上向陈伯达反攻时,"主席团制止他发言"。这时的陈伯达,已经占领了有利的地位。从1942年4月13日起,陈伯达跻身于"中央直属系统学习委员会",成为21名委员之一。这个委员会由康生、李富春领导,委员有柯庆施、王首道、李六如、王鹤寿、李克农、方强、邓洁、汪金祥、曹轶欧、曾固、

---

[1] 第二国际后来演变成伯恩斯坦为领袖的修正主义组织。
[2] 以托洛茨基为领袖的国际托派组织。

徐以新、方仲如、冯文彬、傅连暲、王若飞、乔木、郑汶、陈伯达、蔡畅、王林、吴敏。

温济泽的《斗争日记》中，又有一小段涉及陈伯达：

> 1942年6月9日，礼拜二。
> 在今天的座谈会上，有两次很精彩的发言：陈伯达同志的和艾青同志的……

陈伯达在那天作了什么样的"很精彩的发言"呢？所幸，后来陈伯达把自己的发言稿在1942年6月15日《解放日报》上发表了，这样，今日的读者总算可以读到这个"很精彩的发言"的原文。那完全是"陈伯达式"的"大批判"语言。陈伯达并非在"文革"中成为"中央首长"写那篇《横扫一切牛鬼蛇神》时，才变得像把"铁扫帚"，其实，1942年，38岁的陈伯达已是一把很厉害的"铁扫帚"了。

只是原文太长，无法全部照录，现摘引部分"很精彩"的段落于下：

> 平常的时候，听人家传说过：王实味自己说，他有几个最大的敌人，我也是其中之一。前次参加这个座谈会[1]听见王实味说，他未向组织报告他参加过托派，是因为1941年春我和他关于文艺问题的争论所引起的，这点使我回忆起了当时我批评他那篇东西（原名《文艺的民族形式短论》，后改为《文艺民族形式上的旧错误与新偏向》，见《中国文化》第2卷第6期），回想起当时他看见我那篇东西（《写在实味同志〈文艺的民族形式短论〉之后，未发表》）时为什么会那么激动，又为什么会竭力活动去阻止我的东西的发表。本来我那篇东西写得并不好，但是有一点，大概是引起了王实味的"做贼心虚"。是哪一点呢？就是，王实味的原文或许是无意地泄漏了他的托派思想的狐狸尾巴，或许是有意地要在文艺问题的形式掩盖之下偷运托派的思想，我引出了他这类的原文，而把它分析起来了（当然，我当时丝毫不知道他原来是个托派）。
>
> 请看王实味是怎样说的。他说："无产阶级革命，依靠的，是有阶级觉悟并接受马克思主义的无产阶级，如果依靠未觉悟的自在的无产阶级，那就做了群众的尾巴。文化之更高的发展进步，无疑的要依靠民众，但要依靠掌握了文化以后的民众，不是今天统治者压迫奴役的民众。统治者如果重视民众，首先应该给民众以文化，给民众以自由。"

---

[1] 即前面《斗争日记》所记述的1942年6月4日的座谈会。

......[1]

总而言之，统而言之，王实味的思想是包含一个反民众的、反民族的、反革命的、反马克思主义的、替统治阶级服务的、替日本帝国主义和国际法西斯服务的托洛斯（茨）基主义。他自己泄漏出来，被人家抓到了。

但是，这并不是说他要放弃托派的立场，而是他要准备活动的新阵地。现在事实都摆在面前了。……

我从前在马列学院工作了一个时候，和他同一个党的小组，只要他参加了小组会，这个会是一定没有法子开下去的。只要他能达到破坏党的同时，他是不惜采取各种手段的（把当时我对他所得的印象和今天他所有的事实联系起来，他就是这样做的）。《野百合花》只是代表他一种手段而已。

王实味说，他有爱也有恨。这是真的。他爱他极端所爱的，恨他极端所恨的，这也是真的。他爱谁呢？他爱托派，他爱托洛斯（茨）基主义，他爱各种反革命的力量。他恨谁呢？他恨共产党，恨马克思列宁主义，恨一切革命的力量。……

王实味是这样一个具体的人，他是用托派特有的手法，两面派的手法来活动的。他那一天说话，反对斯大林同志，却又假装赞成毛泽东同志，说不定一会他又可以一方面假装赞成其他中央同志，另一方面公开反对毛泽东同志……告诉王实味吧：我们党是整个的，从共产国际到中国党是整个的，从斯大林同志到毛泽东同志朱德同志是整个的，我们同志的团结也是整个的。你这种挑拨离间，是挑拨不了的，离间不了的。……

王实味说，他是"伟大的，硬骨头的"……我想：他可以"伟大"得像条蚂蟥，这种蚂蟥是混在水里边的，当人从水中走过的时候，他就爬在人的脚上或腿上，用吸盘钻进你的皮肤，吸吮人的血液，要打它才会出来……

同志们！我们党已经是一个强大的、巩固的、布尔什维克化的无产阶级政党，可是我们不要以为我们的党不会有一些白蛉子混进来。这一类的小虫子，叮在人的身上，还是会伤人的。我们不要大意，要当心这种小虫子。这种小虫子有时候是从"野百合花"里边生长出来的。

陈伯达的发言确实"很精彩"，其"精彩"不仅仅在于骂王实味是"蚂蟥""白蛉子""小虫子"，而且在于处处上到托派的"纲"。这么一来，谁都不会想到，陈伯达其人也有一段类似的托派史！这种"以攻为守"的手法，使陈伯达平安度过了延安的"肃

---

[1] 这里陈伯达分三点批驳王实味的那段话。略。

第五章 跃为延安"理论家"

托"运动。

陈伯达的发言，是他的一次"精彩"的亮相。这一回清楚地表明，他绝非"书呆子"，在抡起"棍子"打人时，堪称"武林高手"。

当时的陈伯达，不过是"中共直属系统学习委员会"的委员之一，他在批判王实味时敢于充当"排头兵"，批判的调子唱得如此之高，其中的奥秘在于他"跟准（了）一个人"！

诚如《延安中央研究院回忆录》中刊载的李言的回忆文章透露的："一个深夜，毛泽东提着马灯来研究院看了《矢与的》，随即指出：'思想斗争有了目标了。'"

毛泽东的话，飞快地传入陈伯达的耳朵。诚如1988年第5期《文汇月刊》所载《王实味与〈野百合花〉》一文披露陈伯达同乡陈矩孙的回忆："在他[1]得知毛主席提着马灯看了他反驳王实味的小字报之后，高兴得直搓手，连说：'跟上了！跟上了！'"

毛泽东黉夜提灯看《矢与的》壁报，是在1942年3月底。陈伯达知道了来自毛泽东的信息，"跟准了""跟上了"，于是对王实味实行了无情打击。

如果说王实味有问题，也充其量是一个思想认识问题。王实味因与陈伯达摩擦，"泄漏"了托派问题。此事传入"整人专家"康生耳朵中，康生马上把王实味定为"托洛茨基匪徒"。接着，根据康生的"理论"——"托匪和敌特（日本特务）、国特（国民党特务）是三位一体的奸细"——又进一步把王实味定为"隐藏的反革命分子"。于是，王实味在延安遭到千人大会批判。1942年底，康生下令逮捕王实味！

1946年，康生再度作出王实味是"反革命奸细分子"的结论。

年仅41岁的王实味，被处以极刑而结束了一生……

王实味一案，原本成了一桩"铁案"。直到过了30多年后的1981年，这桩"铁案"才有了松动的迹象。

在1981年，步入晚年的李维汉写出了回忆录《中央研究院的研究工作和整风运动》，其中涉及王实味一案——在1942年，王实味在延安中央研究院受到批判时，

在陈伯达充当批判排头兵之后，康生把王实味定为"奸细"，给了王实味最后一击。图为当年的康生

----

[1] 即陈伯达。

主持研究院领导工作的正是李维汉。在批判王实味时，李维汉也有许多过错，他在晚年进行了反思，写了《一个悬案》一节，谈到了对王实味一案的看法：

> 关于王实味的托派问题和在我离开中央研究院整风领导岗位以后所出现的"反党五人（指王实味、成全、王里、潘芳、宗铮）集团"问题，最近王实味的爱人刘莹同志写信给我，要求重新审查王实味的问题。据悉，王里同志也向中组部和中纪委提出申诉，中组部也在重新审查潘芳、宗铮的问题。这是一个悬案，我相信中组部最后会做出正确结论来的。我是当事人之一，为了向党和同志负责，有责任提出我的意见。
>
> 我已经向中组部建议重新审查王实味的问题。现在看，有几点是明确的：第一，王实味的问题主要是思想问题，不是敌我矛盾。第二，王实味同托派的关系是历史问题，不是现实问题。第三，王实味的问题是个人的问题，而不是组织集团进行反党活动。王实味本人的问题是否错案，有待重新审查。
>
> 如果确属错案，即使人死了，也是应该平反的。

尽管李维汉的回忆录《回忆与研究》一书直至1986年才由中央党史资料出版社出版，尽管在这本书中也未能收入《一个悬案》这一节（因为王实味一案尚未正式平反），但是由于李维汉作为当年中央研究院负责人，在1981年向中共中央组织部建议重新审查王实味一案，毕竟有力地推动了王实味的平反进程——须知，王实味一案是毛泽东多次讲过话的，推倒毛泽东定下的案子，是不容易的。

1986年，《毛泽东著作选读》（下册）新版的一条关于王实味的注释中透露了新的信息：

> 王实味（1906~1947），河南潢川人，翻译家，还写过一些文学评论和杂文。曾在延安中央研究院文艺研究室任特别研究员。关于他是暗藏的国民党探子、特务一事，据查，不能成立。

王实味一案错综复杂，彻底平反，还需要时间。1988年底，据温济泽向笔者透露，公安部已经起草了平反文件，正在向上呈报之中。

1991年2月7日，公安部作出《关于对王实味同志托派问题复查决定》：

> 经复查，王实味同志1930年在沪期间与原北大同学王凡西、陈清晨（均系托派分子）的来往中，接受和同情他们的某些托派观点，帮助翻译过托派

的文章。在现有王实味的交代材料中，王对参加托派组织一事反反复复。在复查中没有查出王实味同志参加托派组织的材料。

因此，1946年定为"反革命托派奸细分子"的结论予以纠正，王在战争环境中被错误处决，现给予平反昭雪。

于炳然蒙冤

在批判王实味的那些日子里，陈伯达声名鹊起，成了"延安红人"。

须知，他发表的《孔子的哲学思想》《老子的哲学思想》《墨子的哲学思想》，尽管受到毛泽东的称赞，但那些文章毕竟书卷气太重，充其量只是加强了陈伯达的"秀才"形象。

可是，他批判王实味的"精彩的"发言，却大大提高了他"理论家"的威信。

于是，陈伯达得到两项新的任命，那是中共中央为领导整风运动的"总学习委员会"发布的。这个委员会由毛泽东主持，康生为副。发布通知如下：

> 为健全《学习》报编辑委员会，决定王若飞、陈伯达、邓力群参加编辑委员会，由康生领导编委工作；
>
> 解答各方面所提出的问题，决定由凯丰负总责，陆定一、乔木（胡乔木）、王若飞、陈伯达等参加这项工作。

这里提到的"《学习》报"，指延安《解放日报》的理论副刊《学习》。虽说这两项任命并非显要职务，跟康生当时的职务相比差远了，但是毕竟已经清楚表明，陈伯达已进入中共中央的"秀才班子"之中。

1942年7月3日，《解放日报》的《学习》副刊以整版篇幅，刊出陈伯达那篇曾被王实味"竭力活动去阻止发表"的《写在实味同志〈文艺的民族形式短论〉之后》一文。据说，为了"存历史面目"，"文章的题目、内容和口气，都照旧不改"，所以对王实味还有"同志"两字。一个整版还不够，翌日《解放日报》再挤出一块地方刊登，才算登完此文。陈伯达在前记中注明"这篇东西是1941年春写的"，充分显示了他的"先知先觉"。

这么一来，陈伯达在延安的形象，益发"高大"了。

不料，就在陈伯达洋洋得意的时候，有人向《解放日报》的《学习》副刊投来一篇尖锐地批判他的文章，使他吃了一惊！

所幸，陈伯达已经成为《学习》副刊的编委，得以先睹为快，看到了此文的手稿。

此文标题为《就教于陈伯达同志》，作者于炳然。

于炳然要向陈伯达"就教"什么呢？

于炳然写道：

在《学习》第12期上，读过陈伯达同志所写的《旧阶级本性的改造》。经过几度的思考和推敲，觉得这篇文章有些地方值得商榷，因为它可能给读者以某种程度的模糊概念。

于炳然

于炳然逐点分析、批评了陈伯达1942年6月27日在《解放日报》的《学习》副刊发表的《旧阶级本性的改造》。其中特别是指出陈伯达歪曲了毛泽东当年提出的"治病救人"的方针，这使陈伯达出了一身冷汗。

陈伯达在《旧阶级本性的改造》一文中，对于"治病救人"，举了一个不甚恰当的例子：

明朝时候，江苏高邮有一个人中了举人，高兴得发狂，笑不止，去求一个姓袁的大夫按脉。

那大夫惊叫说："你的病已经没有办法了，再没有几天可活了，你赶快回去，迟点就回不到家了。"那个大夫还给他写了封介绍信，叫他过镇江的时候，再求教一位姓何的大夫。可是当他到镇江的时候，病就好了。何大夫开看介绍信，里面写道："因为他高兴得发狂，所以动以危苦之心，惧之以死，叫他忧愁抑郁，到了镇江，就会好了。"于是他才恍然大悟，北面再拜感谢袁大夫。毛泽东同志和党中央对于我们，就像袁大夫这样好的大夫……但是这样好的大夫，好的医法，往往不是一下子就会被病人所认识的，除了有别人的指点以外，还往往要到病人经过一番苦痛的考验或被医治好的时候，才能够真正地加以尊重，直至心悦而诚服……"良药苦口利于病，忠言逆耳利于行。"对于二十二个文件，对于整风运动，我作如是观。

这里提到的"二十二个文件"，即延安整风运动的22个文件，其中有毛泽东的《整顿党的作风》《改造我们的学习》《反对党八股》，刘少奇的《论共产党员的修养》《论党内斗争》，陈云的《怎样做一个共产党员》等。毛泽东在《整顿党的作风》中指出："我们反对主观主义、宗派主义、党八股。有两条宗旨是必须注意的：第一是'惩前毖后'，第二是'治病救人'。"陈伯达的文章，针对整风的宗旨"治病救人"，发了一通议论。

于炳然的文章毫不留情地指出了陈伯达的原则性错误：

> 似乎比较更值得注意的问题，就是陈伯达同志所认为"好的大夫，好的医生"的问题。是的，对于那个"高兴得发狂，笑不止"的"举人"来说，袁大夫确是很好的大夫，医法也确是很好的医法。但用来"比拟"我们这次整风运动，不但"不伦"，而且会因此引起不正确的想法。因为那个"举人"的病，仅是由于神经的失常，可说仅是由于心理上的变态，并非真病，所以袁大夫戏剧式的医法，居然奏效。我们的这次整风运动，目的是亦在"治病救人"，但是确有须治之病，确有应救之人，决非动之以危苦之心，惧之以死，就可以霍然痊愈的。若真像陈伯达同志所想象的那样，那末，毛主席和党中央好比袁大夫，而"好的医法"现被陈伯达同志所说穿，当然陈伯达同志就好比是何大夫了。我们三风[1]不正的病，现在应当是"到了镇江，病就好了"。实际上，决非如此，因为"思想革命是长期的"，还需要读二十二个文件，而且读二十二个文件，仅是学习的第一个小圆周，也就是"治病"的第一步骤。可见，陈伯达同志所认为"好的医法"，是对整风运动尚无足够认识的看法，流弊所至，会降低整风运动的意义，会松弛某些同志的学习情绪。
>
> ……

于炳然的文章除了指出陈伯达把整风运动当成治神经病之类的严重错误外，还不客气地指出陈伯达的好几处理论失误。文末，于炳然来了个冷笑式的"声明"："行文所至，急不择言，失检之处，尚望陈伯达同志予以'略迹原心'的待遇。"

于炳然的批评，使陈伯达恼怒至极。可是，作为编委，他又不能说不发此文，因为他刚刚批判过王实味"竭力活动去阻止我的东西的发表"。不得已，只好在1942年7月23日《解放日报》的《学习》副刊登出于炳然的《就教于陈伯达同志》，而在同一版面上，陈伯达来了一篇《回答于炳然同志》，与之针锋相对。

陈伯达在答文中对于炳然反唇相讥，倒过来在于炳然的文章中找碴儿：

> 拙作《旧阶级本性的改造》，经过于炳然同志"几回的思考与推敲"，据说，被发现了所谓"舍本逐末与混淆视听"，"是对整风运动尚无足够认识的看法，

---

[1] 此处"三风"指学风、党风和文风。

流弊所至，会降低整风运动的意义，会松弛某些同志的学习情绪"。

问题不在于我文章的好坏（我的文章写得不好，那是无可置疑的），而是在乎于炳然同志和我有思想上的隔膜。

……

于炳然同志似乎认为我们的整风运动不可能到了一定时候是会把病整好的。那位发精神病的举人"到了镇江，病就好了"，于炳然同志则认为我们的整风运动，不能有"到了镇江"的时候，这真是"长夜漫漫何时旦"了。

……

陈伯达的答文，图穷匕见，那最后几句话锋芒毕露，咄咄逼人：

在整风运动中，每个同志都着重反省自己，而于炳然同志倒也不妨在这些上面多关照一下自己。于党、于己、于人都是会有好处的。

陈伯达的这几句话在提醒于炳然：你自己是个什么货色！

于炳然终于倒了大霉。那是1942年10月，王实味一案"扩大"，变成了"反党五人集团"——王实味、成全、王里、潘芳、宗铮。

出面整于炳然以及王实味那"反党五人集团"的是康生。那时，陈伯达开始与康生"合作"。

戴晴在《王实味与〈野百合花〉》一文中，记述了康生怎样与陈伯达联合起来斗于炳然和"反党五人小集团"的——

"反党五人集团"的成员分属三个单位，怎样捏在一起呢？还是看康生自己的话：

这个斗争策略性很强，我们用了列宁主义策略原则，争取多数，打击少数，各个击破。我们一个一个地斗，这是个策略。不仅没有斗潘芳，反而给升官，那时考虑成全、王里，认为不好斗，因为政治研究室毫无群众赞成，支部会不敢开，一开就下不了台。

但这点小困难能难倒康生么？他找了一个叫炳然的当突破口。康生说：

于在枣园，枣园群众有把握。斗于炳然，再斗成全、王里，打了一个迂回。

但群众还没有起来，和王实味也没有联上。面对这种情况，康生自有办法：

第五章
跃为延安"理论家"

群众没有觉悟怎么斗？就想了一个办法，号召了一下检查领导。陈伯达的领导大概有问题，检查检查群众起来了。后来把陈伯达说服了一下，说你到枣园休养，怎么骂你，得不到我们的信，你别回来。开了五天会，不讲成全、王里的问题，只讲陈伯达的问题，把陈伯达骂得狗血淋头……到第五天他们夫妇两口破口大骂陈伯达，从上午骂到下午。骂什么问题？骂出一个人性论来。这时群众听了，对，你和王实味一样，怎么把王实味的人性论骂出来了？……这时斗争又从政治研究室回到中央研究院，打了一个迂回。这样给潘芳、宗铮戴上托派分子帽子……七斗八斗才慢慢搞到政治问题。斗争很迂回、很细密……[1]

那时的康生，比陈伯达"大"得多，身兼中共中央社会部部长、调查研究局情报部部长、党与非党干部审查委员会主任、指导整风运动的中央总委副主任等一系列要职。在康生的操纵下，整倒了王实味，整倒了"反党五人集团"，整倒了于炳然，为陈伯达出了一口气。

陈伯达趾高气扬了。1942年10月30日，中央研究室和政治研究室召开整风联合大会，会议的主角是陈伯达，他作了关于党内生活的发言。据当时的报道，陈伯达的发言内容为："强调自从反王实味的座谈会以后，托派这种反革命的叫嚣，是被党内外的大众压服下去了。但是要根本粉碎托派反革命的'人性论'及其利用的平均主义的幌子，还要我们继续努力。并且要避开个人和生活是非，更多地关心政治的是非，一方面要广泛地集思广益，另一方面必须有不断的自我反省。"

本来，有人曾向组织上反映陈伯达的托派问题，也有人反映他的被捕问题，与张贞的关系问题，以至起草过孙文主义学会宣言等问题。由于陈伯达在运动中成了"红人"，成了"反托英雄"，加上康生为之庇护，他也就在大大小小的会议上做起报告来，口口声声要"粉碎托派阴谋"了。

抨击蒋介石的《中国之命运》

发起"新启蒙运动"，使陈伯达在"中国思想界上有点小名"；对王实味开展大批判，使陈伯达在延安崭露头角。陈伯达的名字第一次引起全中国的注意，甚至引起国外的关注，那是1943年7月21日，延安《解放日报》从第一版起，刊出陈伯达的长文《评

---

[1] 以上几段引言，是康生1943年8月在一个训练班上的讲话。

〈中国之命运〉》。

《中国之命运》是一本什么书？蒋介石的"名著"也！这本书成了国民党统治区"人人必读"的"政治圣经"，是大中学校"最重要的课外读物"，是各级教育部门的"正规考试课目"。

《中国之命运》是在1943年3月10日出版的。据透露，此书乃"国民党顾问"陶希圣为蒋介石捉的刀。

陈伯达所写的《评〈中国之命运〉》，虽以个人名义发表，但行文处处以"我们共产党人"的口气，况且又是在中共中央机关报《解放日报》头版头条刊出，势必被认为是中共对《中国之命运》的抨击，理所当然引起全国的关切。

1980年美国斯坦福大学出版社出版的《毛主义的崛起：毛泽东、陈伯达及其对中国理论的探索（1935~1945）》的第八章，详细论及《中国之命运》及《评〈中国之命运〉》。作者怀利（Raymond. F. Wylie）是美国里亥大学国际关系助理教授。他在书中指出：

陈伯达著《评〈中国之命运〉》封面

（国共）双方最后争取人心的一场斗争于1943年春在思想战线上展开了，1946年扩展到军事领域，以1949年共产党取得席卷全国的胜利而告终。

蒋介石同毛泽东一样，也深知思想领域里斗争的重要，但总的说来，他远不如对手运用得有效。可是蒋抢在共产党前面，在1943年3月10日出版了他的名著《中国之命运》，同时在全国发动一场大规模思想运动，以宣传这本书和国民党主义……

《中国之命运》阐明了国民党的立场："抗战的最高指导原则唯有三民主义。抗战的最高指导组织，唯有中国国民党。"蒋以此表示自己追随孙中山，但欣然以新的国父和群众的导师自居。他声称："中正身当我中华民国独立自由重新发轫之初，抚今思昔，策往励来，特陈述我国家民族百年的经历，指出我国家民族今后的方向……愿我全国同胞共同体察而力行之。"

一位有经验的研究中国现代史的学者指出，蒋在出版《中国之命运》作为教科书的同时，兼任重庆国立中央大学校长绝非巧合。蒋介石既然身为中国政治领袖而遵循"古风"，就必然会追求"由英雄进而成为圣人"……

国民党刚发起一个宣传运动以配合《中国之命运》的发行，就又发生了一件加剧国共两党紧张关系的事件。这就是共产国际在 5 月 15 日宣告解散。共产党当然知道国民党发动这场宣传运动的意义,当时曾授权陈伯达等中共主要论战家对蒋介石这本书中的主要观点作出官方评论。

诚如怀利先生所言,陈伯达的《评〈中国之命运〉》被视为"官方评论",因此不仅大大提高了陈伯达的身价("中共主要论战家"),而且使陈伯达的文章广泛地引起重视。

我请陈伯达回忆《评〈中国之命运〉》的写作经过。他的回忆,第一次披露了一些鲜为人知的内幕,现根据录音整理如下:

蒋介石的《中国之命运》出版后,延安也有了。毛泽东主席看了,笑着对我们几个"秀才"说:"蒋介石给你们出题目了,叫你们做文章呢!"我领会毛主席的意思,是要我们写反驳的文章。我写《评〈中国之命运〉》是毛主席的话启发了我,我才有写那篇文章的想法。

我一口气写了三天三夜(当然要吃饭,也略有休息)。我一面写,一面哭,我太激动了,因为极大义愤吧。我以前写过许多文章,从来没有这么激动过。

我不知道这篇文章将以什么名义发表——作为《解放日报》社论呢,还是评论员文章呢——所以我没有署自己的名字。文章的原标题是《评蒋介石先生的〈中国之命运〉》。

写完以后,我马上给毛主席送去。当时,毛主席住在枣园。记得,送去的时候,毛主席正在休息,我不敢惊扰他,就把稿子留在他那里,回去了。

毛主席起来后,就看我的稿子,一口气看完,然后在原稿上添了好些极尖锐、精彩的句子,并署上我的名字。

第二天早上,毛主席派人把我找去。毛主席把稿子给了我,上面写着他的批示:"送《解放日报》发。"

稿子送到《解放日报》,报社领导同志看了,觉得有些地方说得太厉害了。另外,这篇文章势必会在国民党统治区引起震动,一定要请负责那里统战工作的周恩来同志过目。

正巧,周恩来同志刚从重庆回来。[1] 毛主席召集了一个小型的中央会议,周恩来也参加了,讨论我的文章。经过讨论,作了些小的改动,题目改为《评

---

[1] 1943 年 7 月 16 日,周恩来和邓颖超等一起从重庆返回延安。

《中国之命运》》。

　　这篇文章在 1943 年 7 月 21 日《解放日报》上发表。周恩来还指示，用内部电报把文章拍送重庆，在国民党统治区印小册子发行。

　　此文发表后，蒋介石发出一个内部通令，严禁这个小册子，并叫我做"陈逆伯达"。

　　其实，写这篇文章，不是我自己的功劳，是党的工作。如果说有功劳的话，那是党的功劳。

　　我确确实实是这样认为的：如果没有毛主席启发我，没有毛主席的支持，就不会有这篇文章。如果我不去延安，也不会有这篇文章。在党的领导下，在毛主席的领导下，我才有可能写出这篇文章。

《评〈中国之命运〉》是陈伯达一生中最重要的著作之一。我问他文章中哪些话是毛泽东加的，他说手头已经没有书了，记不清毛泽东所加的话。不过，文章开头关于陶希圣的一段，是毛泽东亲笔写的，这一点他记得很清楚。他说："毛主席加上去的话，气魄比我大得多，非常深刻，非常有力，我是远远比不上的。"

我查到了 1945 年 9 月由新华书店晋察冀分店所印的《评〈中国之命运〉》单行本，开头那段毛泽东所写的话，果真非同凡响：

　　中国国民党总裁蒋介石先生所著的《中国之命运》还未出版的时候，重庆官方刊物即传出一个消息：该书是由陶希圣担任校对的。许多人都觉得奇怪：蒋先生既是国民党的总裁，为什么要让自己的作品，交给一个曾经参加过南京汉奸群、素日鼓吹法西斯、反对同盟国，而直到今天在思想上仍和汪精卫千丝万缕地纠合在一起的臭名远著的陶希圣去校对呢？难道国民党中真的如此无人吗？《中国之命运》出版后，陶希圣又写了一篇歌颂此书的文章，《中央周刊》把它登在第一篇，这又使得许多人奇怪：为什么《中央周刊》这样器重陶希圣的文章？难道蒋先生的作品非要借重陶希圣的文章去传布不成？总之，所有这些，都是很奇怪的事。因此，引起人们的惊奇，也就是人之常情了。

批判蒋介石的《中国之命运》，却先拿陶希圣开刀，这样的开篇确实与众不同。毛泽东的棋高一筹的睿智，往往就是在这些地方流露。

　　当然，《评〈中国之命运〉》毕竟是陈伯达写的。这篇文章对于批判蒋介石、宣传毛泽东思想，确实起过一定的作用，这也是应予肯定的。文章曾十分鲜明地提到了"毛泽东的思想"——这在 1943 年那样的岁月还不多见：

中国共产党的思想，是毛泽东的思想，是中国化的马克思列宁主义。它在马克思列宁主义这一个思想上，不但和苏联共产党的思想相同，而且也和全世界各国共产党思想相同，但是，科学的马克思列宁主义正是要求每个国家的共产党人根据自己的国情提出政纲，决定政策，而依靠人民自己救自己。中国共产党在中国的工作正是这样做的……

陈伯达的《评〈中国之命运〉》是毛泽东亲自决定发表的。就在《评〈中国之命运〉》发表于延安《解放日报》的当天——1943年7月21日——毛泽东便给当时任中共中央南方局副书记兼宣传部部长、统战部部长的董必武发去电报，全文如下：

关于公布《评〈中国之命运〉》一文

必武：

此次反共高潮之近因，一由于国际[1]解散，二由于相信日将攻苏，故蒋企图以宣传攻势动摇我党，以军事压迫逼我就范。乃事机不密，为我党揭穿，通电全国，迎头痛击，于是不能不竭力否认（如胡、徐[2]等复电），尽量敷衍（如对周、林[3]），并稍示和缓（边境已有两个师后撤）。但实际上目前军事准备决不会放松，政治压迫亦必会加紧（如七七封锁新华[4]，日前检查渝办[5]）。我为彻底揭穿其阴谋并回答其自皖变[6]以来的宣传攻势计，除已发之通电及解放社论外，并于本日公布陈伯达驳斥蒋著《中国之命运》一书，以便在中国人民面前从思想上理论上揭露蒋之封建的买办的中国法西斯体系，并巩固我党自己和影响美英各国、各小党派、各地方乃至文化界各方面。为此目的，望注意执行下列数事：

一、收到此文广播后，设法秘密印译成中、英文小册子，在中外人士中散布。

二、在渝办、报馆[7]中，以此文作为课本，进行解释讨论。

三、搜集此文发表后的各方面影响，并将国民党回驳此文的文章择要电

---

[1] 指共产国际。
[2] 胡，胡宗南，国民党军第一战区第34集团军总司令；徐，徐永昌，国民党政府军事委员会军令部部长。
[3] 周，周恩来；林，林彪。
[4] 指《新华日报》。
[5] 指八路军驻重庆办事处。
[6] 指皖南事变。
[7] 指新华日报社。

告，并全部寄来。

四、新华尤其群众[1]可用其他迂回办法揭露中国法西斯的罪恶（思想、制度、特点和行为）。

五、其他技术问题由恩来电告。

毛泽东[2]

从毛泽东的这一电文，足以看出，毛泽东对陈伯达所写的《评〈中国之命运〉》是何等的重视！

在陈伯达发表了《评〈中国之命运〉》之后，延安的另几位"秀才"也响应毛泽东的指示，写了批判蒋介石《中国之命运》一书的文章，其中有历史学家范文澜的《谁革命？革谁的命？》、哲学家艾思奇的《〈中国之命运〉——极端唯心论的愚民哲学》、戏剧家齐燕铭的《驳蒋介石的文化观》等。这四篇文章曾结成一集，书名仍用《评〈中国之命运〉》，曾广为印行。

《评〈中国之命运〉》发表之后，毛泽东指示任职南方局的董必武在中外人士之中广为散发。图为董必武（中）在重庆留影

1943年7月30日，毛泽东在给彭德怀的电文《关于审干的九条方针和在敌后的八项政策》中，又一次强调：

> 望将延安民众大会通电、解放报社论及陈伯达、范文澜评《中国之命运》等文多印广发，借此作一次广大深入的有计划的阶级教育，彻底揭破国民党的欺骗影响。不要把此事的重要性看低了，国民党思想在我们党内是相当严重地存在的。[3]

1943年8月5日，中共中央总学习委员会发出《有系统地进行一次关于国民党的本质及对待国民党的正确政策的教育通知》，规定了五篇文章为各单位必读的学习文件：中共中央《为抗战六周年纪念宣言》《延安民众大会关于呼吁团结反对内战通电》、

---

[1] 指《群众》杂志。
[2] 见《毛泽东文集》第3卷，第49~50页，人民出版社1996年版。
[3]《毛泽东文集》第3卷，第53页，人民出版社1996年版。

刘少奇《清算党内的孟什维克主义思想》、陈伯达《评〈中国之命运〉》、王稼祥《中国共产党与中国民族解放的道路》。刘少奇、王稼祥是中共资深的领导人，陈伯达居然能与他们并列，清楚地表明自从发表《评〈中国之命运〉》之后，陈伯达在党内的声望迅速提高了。

于光远在1998年6月所发表的回忆文章中，谈到了当时自己对陈伯达的《评〈中国之命运〉》的印象以及《评〈中国之命运〉》的广泛影响：

> 从整风起，陈伯达的地位突然提高很快。我这个人对人事升迁一向不那么注意，可是连我都感觉到了这一点。特别是1943年夏天他署名的长文《评〈中国之命运〉》在《解放日报》头版以整版的篇幅发表，使得我和一起工作的许多同志都有这样的感觉：陈伯达一下子成了我们党内一个很重要的人物。《评〈中国之命运〉》是一篇很长的文章，气魄很大，完全是代表党中央的口气，后来出了单行本。中央机关总学习委员会指定此书作为各单位必读的学习书。《中国之命运》是蒋介石1943年初发表的，当作国民党"干部必读"教材的一本书。当时我正在被审查抢救，没有看到。蒋介石这本书的基本内容我是从陈伯达的评论中知道的。据说这本书是陶希圣为蒋介石写的。陈伯达的那篇文章，提得那么尖锐、驳斥得那么有力，我不得不佩服。当时我就想，这篇文章一定是经过毛泽东看过改过的，但是文章的底子总是陈伯达的。党中央决定用陈个人名义发表也说明陈伯达在党内的地位大大提高。
>
> 两年之后党的"七大"召开，毛泽东在所作的开幕词中，把《论联合政府》和蒋介石的《中国之命运》并提，作为中国之命运的两种。这个开幕词在传开之后，更使我感到陈伯达那篇文章的分量。[1]

第二次婚姻

在发表《评〈中国之命运〉》以后，陈伯达不像过去那样接二连三地发表文章。在1944年，他只发表了《人性、个性、党性》《阎锡山批判》《纪念邹韬奋先生》这样几篇并不十分重要的文章。这时，在任弼时主持之下，《关于若干历史问题的决议》这篇重要文献正在作一次又一次的修改，间隔了17年之久（中共"六大"是在1928年7月召开的），中共"七大"也正在紧张地筹备之中。中共"七大"的政治报告、修改党

---

[1] 于光远：《初识陈伯达》，《读书》1998年第6期。

章报告、军事形势报告，一稿又一稿地进行讨论、修改。陈伯达作为"秀才"参加了一部分工作。当然，只是一部分工作而已——在当时，还轮不上由他主持或执笔。

就是在这个时候，陈伯达的家庭生活也发生了变化。

陈伯达是在 1937 年 9 月和妻子诸有仁带着 3 岁的儿子陈小达来到延安的。

诸有仁来到延安后，担任中央妇女委员会保育院干部子弟小学校长。

不久，诸有仁姐姐诸有伦之子——罗亦农烈士的遗孤罗西北——也被接到延安。

笔者于 1991 年 5 月在北京访问了罗西北。据罗西北告诉笔者，父亲罗亦农本来给他取名"罗西伯"。西伯是周朝的圣君文王姬昌。后来，他要前往延安，为了避免麻烦，改名罗西北——一则"西北"与"西伯"音近，二则延安在中国西北。"罗西北"这名字，竟沿用至今。

罗西北出生于 1926 年底。出生后几个月，母亲诸有伦就赴苏联学习。1928 年 4 月 21 日，父亲罗亦农牺牲于上海龙华，年仅 26 岁。同年，母亲诸有伦在莫斯科河划船，不幸船翻落水，抢救无效而死。

罗亦农被捕时，周恩来就曾组织特科设法营救。罗亦农牺牲后，周恩来关心着烈士遗孤罗西北的命运。

经过周恩来多方托人寻找，终于找到了罗西北，随后又通过八路军武汉办事处，设法护送罗西北来到延安。罗西北先是在延安鲁迅小学学习，后来在延安边区中学学习。

周恩来要去苏联医治臂伤，中共中央决定由周恩来带一部分干部子弟、烈士遗孤前往苏联学习。这时，陈伯达决定把 5 岁的儿子陈小达，也交组织上带往苏联。在他看来，处于战争环境中的延安，不利于孩子的成长。陈伯达和诸有仁都是留苏回来的，深知苏联的物质条件远比延安优裕。

1941 年，罗西北也前往苏联学习。

陈伯达与诸有仁的离异，据云是性格不合。又据告，是由陈伯达托李六如出面，找诸有仁谈话，劝其离婚。

这样，陈伯达的第一次婚姻便结束了——诸有仁与陈伯达走过了九年的共同生活。

据上海《现代风》杂志 1989 年 3 月出版的 B 期所载余悸的《叶群与林彪》一文，其中涉及 1941 年叶群与陈伯达的一段罗曼史（当时陈伯达与诸有仁尚未离异）。这段史实是否准确，不得而知，恐属野史之类。不过，从中透露了叶群与陈伯达早在延安已叙同乡之谊，倒是可信的。

姑且把这一段文字照录于下——未必属实：

> 叶群，1919 年出生于福建福州，原名叶宜敬。她的家虽称不上一流豪门，

第五章
跃为延安"理论家"

但也是妻妾、仆人成群的大户。她父亲叶琦是国民党的少将,有三房老婆。第三房小老婆聪明伶俐,会察言观色,善解人意,颇得叶琦的宠爱。叶宜敬便是第三房小老婆所生。

叶宜敬从小就像她妈妈一样,聪明伶俐,是她父母的掌上明珠。她一天天长大,家里关不住了,便送她上了学。

那时,虽然距离五四运动已有八九年了,但这场运动所带来的思潮已冲击着神州大地的每一个角落。作为福建省府的福州,自然亦不例外。什么"妇女解放""个性解放""自由、平等、博爱"……成了

因为是同乡,陈伯达与叶群在延安时有些交往。图为叶群在延安时期的照片

时髦的名词。开始懂事的叶宜敬本性逞强好胜,爱赶时髦,当然不会落伍,高小毕业之后,又远赴北京念中学。

中学毕业后,叶宜敬又考进了国民党控制的电台,担任广播员,并在"演讲比赛"中获得了第一名。好出风头的叶宜敬踌躇满志。

后来,在抗日救亡的热潮中,她投身革命行列,来到了延安,并改名为叶群。

来到延安不久,她便在女子大学里工作。女大校长是个中外赫赫有名的人物——王明。副校长是柯庆施,教务处长是张琴秋,叶群是教务处属下的科长。

叶群身高一米六五,五官端正,不胖不瘦,皮肤很细嫩,未语先笑,性格活泼,在延安也算得上是个美人。

一天,在延安礼堂开晚会,凑巧陈伯达的座位正好挨着叶群,于是便笑嘻嘻地向叶群攀乡亲:"听说你是福建人?"

叶群微笑着点点头:"是。"

"我也是福建人,咱们是同乡。亲不亲故乡人,人不亲土还亲呢,你说是不是?"

"是的,可我参加革命时间短,水平又低,今后希望你多加帮助。"

"那没问题。"陈伯达这时趁机把小凳往叶群身边挪了挪,谦和地说,"我的水平也不高,我们互相帮助吧。"

"不敢当!"叶群抿嘴一笑,"不论在文化上,还是在理论上,你都是我的老师。今后,你要像对待学生一样,不要客气,看我有哪些不合适的地方,

179

该说就说，该批评就批评，严师益友嘛！"

两个人越谈越靠拢。

陈伯达已有妻室，但他看到自己的同乡里居然还有一位年轻美貌的姑娘，便动心了。

自从这次见面后，他不时来到叶群窑洞里谈天说地。

……

其实，叶群的"眼界"甚高，在当时是不大会看上并未显赫的陈伯达，她看中了从苏联治病归来的抗日军政大学校长林彪。

陈伯达呢？他看上了抗日军政大学第四期的一个女学员，名叫余文菲。平常，大家都简称她为"文菲"。她原名余维法，湖北省黄安县（今红安县）人，比叶群大1岁——生于1918年，比陈伯达小14岁。

黄安，位于大别山东段的不起眼的小县，却是一个革命的摇篮。这里是中国工农红军第四方面军的大本营——每三个战士中，就有一个是黄安人！在中国人民解放军的将军中，黄安籍的甚多。1955年颁发军衔时，黄安籍的上将有6人：陈锡联、王建安、周纯全、郭天民、韩先楚、谢富治；黄安籍的中将有11人；黄安籍的少将有21人。1961年黄安籍晋升少将的有8人。1964年黄安籍晋升少将的有9人。也就是说，在中国人民解放军第一次实行军衔制时，黄安籍的将军共55人！

曾任中华人民共和国代主席、主席的董必武、李先念，也都是黄安人！

为此，在1952年，黄安县改名红安县——这里是一片红色的热土。

余文菲生长在黄安，从小就受到革命的熏陶。1927年1月，黄安县爆发了著名的"黄麻起义"。所谓"黄麻"，即黄安、麻城的合称。这次，是由共产党人吴光浩、戴克敏、曹学楷领导黄安、麻城两县农民举行的起义。余文菲的舅父詹才芳参加了起义。

此后，余文菲来到了武汉上学。抗日战争爆发后，正在武昌二中学习的余文菲参加了学生运动。1938年8月，她来到八路军驻武汉办事处，借助于"老乡"董必武的介绍，前往延安。

她在抗日军政大学结束学习之后，分配在中共中央党校工作。

陈伯达看中了余文菲，开始了他的第二次恋爱。虽然余文菲觉得陈伯达年纪与她相差太大，不过，他的"文才"使她折服。尤其是《评〈中国之命运〉》的发表，陈伯达名声大噪，更是增加了他在爱情天平上的砝码。

陈伯达第二次结婚，新娘便是余文菲。这时的新郎已步入不惑之年，而新娘不过二十有六。

当选中共七届中央候补委员

1945年4月23日至6月11日，中国共产党第七次全国代表大会在延安隆重举行。

今非昔比，17年前当中共"六大"在莫斯科召开的时候，全党不过4万多名党员。如今，已拥有120万党员了。

6月9日，大会进入高潮——选举中共中央委员。陈伯达的名字，第一次列入中共中央委员会的候选人名单之中。

据陈伯达自云："在提出候选名单后，我曾经找任弼时同志，请求不要选我。"

当时的中共中央委员会相当精练，选出的正式委员44名、候补委员33名。陈伯达当选为中共中央候补委员。候补委员的名单不是按姓氏笔画，而是按选票多寡排列的，陈伯达名列第三，即廖承志、王稼祥、陈伯达、黄克诚、王首道、黎玉、邓颖超、陈少敏、刘晓、谭政……

对于陈伯达来说，进入中共中央候补委员之列，意味着他从此正式进入中共高层领导。

于光远在1998年6月发表的回忆陈伯达的文章，论及陈伯达当选中共中央候补委员是如何"出乎意料之外"：

> 在党的第七次代表大会上，出乎意料之外，陈伯达被选上了中央候补委员。"七大"选举的中央委员只有44名，大都是中国共产党事业的开创者。候补中央委员，只有33人。候补委员的政治分量也很不轻。在候补委员中陈伯达排在第三名。在他之前是廖承志和王稼祥，排在他之后是黄克诚、王首道、

中国共产党第七次代表大会会场

黎玉、邓颖超、陈少敏、刘晓、谭政……王稼祥在"七大"之前是政治局委员，有很高的地位，现在降到候补中委的地位。在延安整风运动中高级干部学习两条路线的斗争，因此都懂得要从党的历史上的路线斗争来看干部。陈伯达一下子提得这么高，一定是站在了正确路线上。

总之，到那个时候，陈伯达在我心目中的地位相当高大。除了在两条路线斗争中他一贯站在正确立场上，还有一条便是他理论上的突出贡献。在77个中央委员和候补委员中，专门从事理论研究的除他之外似乎没有第二个人。[1]

中共"七大"通过的新党章，在总纲中确认："中国共产党，以马克思列宁主义理论与中国革命实践之统一的思想——毛泽东思想——作为自己一切工作的指针。"

陈伯达读着毛泽东在中共"七大"上的政治报告《论联合政府》，忽然产生了"灵感"。那是毛泽东论述袁世凯的一段话：

但是如何统一呢？独裁者的专制的统一，还是人民的民主的统一呢？

从袁世凯以来，北洋军阀强调专制的统一。但是结果怎么样呢？和这些军阀的志愿相反，所得的不是统一而是分裂，最后是他们自己从台上滚下去。国民党反人民集团抄袭袁世凯的老路，追求专制的统一，打了整整十年的内战，结果把一个日本侵略者打了进来，自己也缩上了峨眉山。现在又在山上大叫其专制统一论。这是叫给谁听呢？难道还有什么爱国的有良心的中国人愿意听它么？……

写过《论谭嗣同》的陈伯达，熟悉袁世凯其人其事。他想，能不能把毛泽东的这段话加以发挥，写一本"论袁世凯"之类的书呢？

他试探地问毛泽东。毛泽东笑道："可以嘛，蒋介石就是袁世凯！"

于是，陈伯达埋头于收集有关袁世凯的资料，查阅了白蕉编著的《袁世凯与中华民

1945年4月，毛泽东在中共"七大"致开幕词，并作政治报告《论联合政府》

---

[1] 于光远：《初识陈伯达》，《读书》1998年第6期。

国》、谢彬著《民国政党史》《黄远生遗著》、王芸生编著《六十年来中国与日本》、李剑农著《中国近百年政治史》等书，开始着手写作。

据陈伯达回忆，这本名为《介绍窃国大盗袁世凯》的书是1945年9月在延安写成的。当时，毛泽东率中共代表团正在重庆与蒋介石谈判。

写完了，他没有拿出去发表，他要等毛泽东回来审看。

毛泽东回延安后，他把手稿送呈毛泽东。这时的毛泽东，颇为忙碌，看完后只说可以发表，没提什么具体意见。于是，此文便在《群众》杂志第10卷第23期发表。

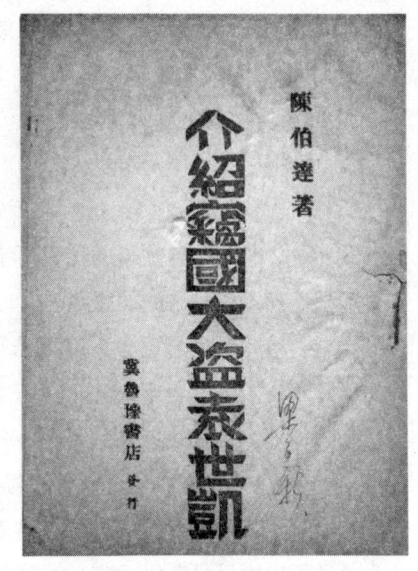

陈伯达著《介绍窃国大盗袁世凯》封面

陈伯达说："据我看过一种上海报纸刊登的消息，说国民党通令禁止此书在国民党统治区发行。其实，此文从头至尾没有提蒋介石的名字，但不论是谁，一看都明白，说的是袁世凯，指的是蒋介石。"

陈伯达在1949年11月的《再版前记》中也写过："这本小册子是为了反对蒋介石的反革命统治而写的。里面所说的'现实的袁世凯'或'新袁世凯'，以及所说的'如闻其声，如见其人'，都是指蒋介石。所写的袁世凯一些重要的反革命手法，同时也是写的蒋介石。"

在回忆《介绍窃国大盗袁世凯》一书的写作时，陈伯达对笔者谈及了杨度：

我在书中批判了杨度。书中提到在袁世凯当皇帝时，杨度、严复、孙毓筠、胡瑛、李燮、师培六人，即所谓"筹安会六君子"，也公开拥护帝制，成了"保皇党"。

对于杨度，我小时候曾经很敬佩他。他是湖南湘潭人。我现在还能背出杨度当时写的《湖南少年歌》：

若道中华国果亡，除非湖南人尽死。
中华若为德意志，湖南当做普鲁士。

这首诗很有气派，而且很有湖南人的自豪感，所以我一看就记住了。这首诗当时是登在上海《新文学》杂志上的。从此，我就记住杨度是湖南人。

可是，杨度后来当了"保皇党"，所以，我在《介绍窃国大盗袁世凯》中批评了他。文章发表后，博古（秦邦宪）同志告诉我，杨度后来加入中国共产党了，要我删去杨度那一段。考虑再三后，我没有删——因为杨度确实当过"保皇党"，那是历史。

晚年的陈伯达，对往事的记忆不错。他一口气背出那首《湖南少年歌》，而且语调抑扬顿挫，给我留下很深的印象。

不过，这本采用影射、讽喻笔法写成的小册子，毕竟没有作为"官方代言人"而写的《评〈中国之命运〉》那样产生广泛的影响。

与此同时，陈伯达注意到毛泽东的《论联合政府》中花了整整一节的篇幅论述土地问题。陈伯达由此又得到启示，写了《近代中国地租概说》一文，连载于1945年10月26日至28日《解放日报》。这篇文章曾引起苏联学者的重视，译成俄文发表，认为是关于中国近代地租问题一篇较有价值的论文。

于光远曾著文，谈论对于陈伯达印象，追溯到1945年与陈伯达的第一次面谈：

"于光远嘛，在延安时候就是我的老对头嘛！"

这话是陈伯达讲的，时间是在"文化大革命"开始后不久的1967年。中国科学院的红卫兵到中宣部找到了我这个"走资派"，要我交代反动思想，说："你在延安时候是伯达同志的死对头"，问我"知罪不知罪？"还要我交代"同伯达同志作对"的事实和当时的反动思想。他那么一说，我心里就明白了。不过当我知道红卫兵并没有掌握到任何具体材料，没有法子逼我交代什么时，我就很容易地把这次审问"蒙混"过去了。

那件事，要追溯到1945年我和陈伯达第一次面谈。在这以前，我只是在1940年延安新哲学年会开会时见过陈。他没有给我留下什么印象，他也不会注意我。我们没有交谈过一句话，算不得相识。1945年10月，延安《解放日报》在第4版上连载了陈伯达的长文《近代中国地租概说》。在延安，我一直研究土地问题，当然对这样的文章比较注意。

每天花一点时间去看，一连看了三天。看后，我发现这篇文章有不少错误，不只是有的论点站不住脚，而且有些知识性错误。我发现陈伯达没有读懂《资本论》中马克思讲的资本主义制度下的地租率。于是我就写了一封长信给他，列举文章中的错误。信发出后不久就接到他的回信，他约我到杨家岭他住的窑洞见面。对这次见面，我的记忆很清楚。见面后我没有再说什么，因为要说的都写在信上了，等他先讲。他是这么说的："我是个小学生，我对《资本论》没有很好学过,我写的东西有错,你指出了我的错误,我非常感谢,这是对我很大的帮助,我终生难忘……"我几乎逐字逐句地记得他那天对我说的这些话。那时我刚过30岁生日不久,他比我要大十多岁,是个成名的学者。他那篇话我听了觉得很不习惯,因为按照我的性格,不喜欢听那种空洞的话,而宁肯和他作实质性的讨论。但他不肯发表意见,我感到那次谈话对我来说没有收获。但是作为一个长者,他能够这样"谦虚"地对待一个年轻人,基本上我还是高兴的。

过了不久,1945年11月下旬我从延安出发步行到张家口,从张家口到了北平,在北平《解放》报工作。这张报纸只办了三四个月就被国民党反动当局查封了,我只好辗转又回到延安。这已经是1946年的事了。这时候我在《解放日报》上看到陈伯达又写了这本书的最后一章。又过了不久出了一本小册子。在得到这本小册子后,我急急忙忙地把小册子中我提过意见的地方找出来看。令我十分惊讶的是,他竟一个字也没有改!我觉得这个人不仅虚伪,而且毫无"追求真理"的精神。30年代他有一本小册子,记得书名就叫《真理的追求》。这件事恰恰说明了他的言行不一……[1]

陈伯达著《近代中国地租概说》封面

不过,于光远又说:

> 话又说回来了,在"文革"中陈伯达做过中央文革小组组长,掌握了很大的权力,但他并没有对我下什么毒手。我这个他的"延安时候的老对头",只是受到一次审问,没有遭到什么迫害。这一点我觉得还是应该讲明白的,以示公正。[2]

于光远所说的陈伯达"一个字也没有改",陈伯达在1952年4月19日所写的《近

---

[1][2] 于光远:《我与陈伯达交往中的一件事》,《人物》1993年第3期。

代中国地租概说》一书的《再版前记》中，则是说"没有工夫"。陈伯达这么写道：

> 这本小册子有的部分是在 1945 年夏间写的，有的部分是在 1946 年春间写的。小册子里面的"战时"字样，系指抗日战争时期而说的。
>
> 这是本来拟议写作的"近代中国农业与中国农村各阶级"的一部分草稿，缺点很多，而且对于当时革命根据地内土地问题的庞大资料，也没有来得及加以整理和利用。把这一部分草稿暂先发表出来，只为供给读者以参考的资料，并求大家的指教。随后因为做些别的事情，这项研究工作就没有继续下来，其他部分的写作计划也就变成落空的东西。但愿看见我们新中国的新经济学界，有关中国农业经济史的好作品出世，我这个小册子不过是抛砖引玉罢了。
>
> 小册子曾在 1947 年 8 月间由晋察冀新华书店印过，1947 年 11 月间在北京照原版又印过一次。这次再版就文字上做了一些修改和补充说明，并纠正了一些数目字的错误，但很抱憾的是没有工夫做更多的修改。

写作《中国四大家族》

八年抗战已经过去，中共和国民党政府在中国大陆进行惊天动地的大搏斗。1946 年，陈伯达埋头于准备写作《中国四大家族》一书，以揭露国民党政府的反动本质。

陈伯达回忆说："当时我和毛主席住处很近。我在写《中国四大家族》的时候，常常去向毛主席请教。书中写及的'正如毛泽东同志所说'、'毛泽东同志指出'，很多是毛主席跟我谈话时的见解。文章写完以后，送给毛主席审阅，他加了一些话。我觉得，毛主席所说的，四大家族集中的庞大财富，正是给中国社会主义前途做准备——这见解很深刻。另外，毛主席还建议我在文章之前加个《题记》，我按照他的意思加了。为这个小册子帮找不少材料的同志，我在《书后》写明。"

这本书的《书后》写着：

> 这本小册子的材料，收到 35 年[1]9 月份为止。
>
> 帮助我搜集材料的，有陈真、吴俊扬、何均诸同志。陈真同志并为此特别在整整三个月中，夜以继日地工作。写作时候，王学文同志及其他同志提

---

[1] 即 1946 年。

供过有益的意见,谨谢谢他们!

作者

其实,还应包括余文菲——她帮助陈伯达抄写文稿,出了很大的力量。

《中国四大家族》于 1946 年 11 月 13 日至 19 日,以整版篇幅连载于《解放日报》。这本书的影响,超过了《介绍窃国大盗袁世凯》。

书的开头,点明了全书的立意:

全中国人口大概的数目是四万万五千万。除了中国解放区一万万四千万人口已经由人民自己做了主人之外,有三万万一千万人口还是在四大封建买办银行系统的统治之下,而这四大银行系统的统治者乃是四大封建买办家族。四大银行系统就是中央银行、中国银行、交通银行和中国农民银行,他们的集中组织就是四行联合办事总处。四大家族就是蒋介石的蒋家、宋子文的宋家、孔祥熙的孔家和陈果夫陈立夫的陈家,他们的"最高领袖"就是四行联合办事总处主席——也即国民党政府主席蒋介石。

这个四大封建买办银行与四大封建买办家族的统治特点,是经济的与政治的直接合而为一,并且经济的力量是直接利用政治的力量,还利用政治公开强制的掠夺方法,而发展起来。四大家族银行系统直接支配着国民党政权,并且以国民党政权的"国家银行"名义直接操纵半殖民地半封建的旧中国的经济,而四大家族的主人也不但直接统治四大银行,并且直接集中国民党政权的军务、党务、特务、政务、财务的大权,形成了以国民党一党专政为政治形式的、封建买办的法西斯寡头独裁制度。

……

陈伯达著《中国四大家族》,封面上的字是陈伯达自己题写的

陈伯达曾说:

《中国四大家族》印后,感谢当时在国民党地区工作的周恩来同志、董必武同志(在南京)和叶剑英同志(在北京)等许多同志的指示和努力,大量

印行，因此得以广为传播。

就在写作《中国四大家族》的那些日子里，1946年4月16日，余文菲分娩，生下一个儿子。

陈伯达当时与田家英的关系不错，田家英建议陈伯达为这个儿子取名"陈小农"——因为长子取名陈小达，就沿用这"小"字辈，而当时田家英分管农业，所以建议取名"陈小农"。陈伯达同意了。

前文已经说及，后来，在20世纪80年代初，陈小农改名陈晓农。

1947年3月19日，国民党胡宗南部队攻陷延安。3月26日，中共中央在陕西省北部清涧县枣林沟召开紧急会议，决定成立"前委"和"工委"。前委由毛泽东、周恩来、任弼时、彭德怀等率领，代表中央留在陕北，指挥西北和全国的解放战争。工委则由刘少奇、朱德等率领，转移到华北，负责党中央的日常工作。陈伯达随刘少奇、朱德前往河北平山县西柏坡村，在工委——即中共中央工作委员会——机关工作。

写作《人民公敌蒋介石》

在西柏坡，陈伯达又埋头于写作。

陈伯达写出了他的另一部较有影响的新著——《人民公敌蒋介石》。

关于这本书的写作经过，他自述如下：

> 《人民公敌蒋介石》是在西柏坡写的。原来准备的材料，由延安带来。
>
> 那时毛主席还在陕北，刘少奇同志在西柏坡主持工作。
>
> 写完后，我请刘少奇同志看，他因忙，说："你陈伯达骂蒋介石，还用审查吗？不必审查了，就拿去付印好了。"
>
> 我到了阜平印刷厂。记得，这本小册子的前一部分和最后一部分，曾经由新华广播电台广播过……
>
> 现在，蒋介石虽然已死，但历史的公案并不会消失。犹如袁世凯虽死得很久，但袁世凯的公案并不会消失一样，蒋介石将永远钉在历史的最可耻的柱子上。我写了《人民公敌蒋介石》，在这件事上，我认为我也许可算是做了一点很微小、很微小的事。就这一点，我算并没有白白地加入了伟大的共产党。

陈伯达的《人民公敌蒋介石》一书，共分六章：

一、帝国主义在中国的最后一个大狗牙，中国人民的第一号公敌
二、从假革命到反革命
三、代替北洋军阀而起的封建买办新王朝
四、抗战失败主义和继续与人民为敌
五、穷凶极恶，日暮途穷，即将被人民活捉审判
六、消灭蒋介石，打碎蒋家小朝廷的全部统治机构

陈伯达此书，完成于1948年1月底，最初，由阜平印刷厂印成单行本，此后，曾在各地广为印行。

关于陈伯达的这几本政论著作，人民出版社于1962年出版的李新等主编的《中国新民主主义革命时期通史》第4卷，曾作了如下评介：

> 陈伯达的《介绍窃国大盗袁世凯》《中国四大家族》和《人民公敌蒋介石》等书，从各个不同方面揭露了以蒋介石为首的四大家族的狰狞面目，清算了他们勾结美帝国主义屠杀中国人民的血腥罪行。
>
> 《介绍窃国大盗袁世凯》揭露了蒋介石不仅继承了袁世凯的反动衣钵，而且大大地发展了他的阴险的机巧权术。蒋介石对中国人民的压迫和屠杀，给中国民族带来的灾难比较袁世凯是有过之而无不及。但是，蒋介石的命运也和袁世凯一样，必将被人民革命的烈火所烧死。
>
> 《中国四大家族》从经济方面揭露了以蒋介石为首的国民党反动派的本质，它根据无可争辩的事实深刻地揭露了四大家族在经济上的垄断，乃是其发动内战、实行法西斯统治、出卖国家主权的根源。四大家族是靠打内战和掠夺、屠杀中国人民而起家致富的。为了维持经济上的独占，继续无穷尽地掠夺人民，四大家族必然在政治上实行独裁的法西斯统治，和全国人民为敌。他们依靠出卖中国主

解放后重新出版的陈伯达著《人民公敌蒋介石》封面

权来取得外国的援助，所以在四大家族统治下，希望中国实行和平、民主和独立是绝对不可能的。只有以革命的手段推翻四大家族的统治，才能消灭内战和取得民族独立。

《人民公敌蒋介石》从政治方面无情地揭露了蒋介石阴险残忍的面目，进一步证明了蒋介石是中国人民的头号公敌，是美帝国主义驯服的走狗。它根据二十年来蒋介石反动统治由发展到灭亡和帝国主义一百年来在中国的统治由发展到覆灭的历史事实，充分论证了毛泽东的《目前形势和我们的任务》这篇划时代的中国革命檄文中所作的英明论断：我们不但必须打败蒋介石和帝国主义，而且能够打败它们。这本书充分地说明了二十年来，在中国两条道路的斗争是毛泽东道路和蒋介石道路的生死斗争，而胜利的必定是毛泽东的道路，失败的必定是蒋介石的道路。这本书在对蒋介石的政治斗争中发挥了重大的作用，它阐发了毛泽东将革命进行到底的伟大号召和光辉思想，教育了全国人民，特别是中间阶层和中间党派，有力地打击了国内外反动派。

《评〈中国之命运〉》《介绍窃国大盗袁世凯》《中国四大家族》和《人民公敌蒋介石》的出版，使陈伯达博得了"理论家"的美誉，就连《简明不列颠百科全书》也称之为"在党内有影响的理论宣传家之一"。

陈伯达在《人民公敌蒋介石》中，称颂毛泽东为"伟大的中国英雄""中国人民舵手""中国有史以来第一个伟大的人民战略家"……

美国宾夕法尼亚州里亥大学 R.F. 怀利在所著《毛主义的崛起：毛泽东、陈伯达及其对中国理论的探索（1935~1945）》一书中，曾对陈伯达的理论研究作如下评价：

延安时期，陈伯达主要从事理论研究、政治宣传和毛泽东报告的拟订工作，他和毛泽东一起逐渐形成了"马克思主义中国化"的思想，并在马克思主义中国化的运动中起了领导作用。他撰写了大量的理论文章，宣传马列主义，宣传毛泽东的思想，歌颂毛泽东在中国共产党历史中的重要作用。陈伯达是"毛泽东神话"的始作俑者。无论是在毛泽东同中国共产党党内亲苏分子的权力斗争中，还是在中国共产党同国民党的理论斗争中，陈伯达始终是一位关键人物。在毛泽东思想形成和把毛泽东思想提升为中国共产党的官方理论指导的过程中，陈伯达都起了非常重要的作用。1945 年中国共产党召开第七次代表大会，"毛泽东思想"（"马克思主义中国化"思想的最终表达）正式写进党章，成了中国共产党的官方理论和行动指南。就是在这次代表大会上，陈伯达被选为中央候补委员。陈伯达升迁如此之快，可见他的贡献是相当大的。他是一位为毛泽东服务的党的理论家和历史学家。

1948年底，陈伯达被任命为马列学院副院长，而当时的正院长则是刘少奇。

也就在1948年，陈伯达第二次结合的家庭，又发生离异。

据云，起因是余文菲在"抢救失足者"运动中被定为"特嫌"（即"特务嫌疑"），受到莫大的刺激，精神一度失常。

当时，余文菲在延安中央党校工作。

后来，经过以马洪为组长的复查小组的仔细调查，确认这是冤案，为余文菲平反。

余文菲虽然平反，但是心灵毕竟受到很大的创伤，落下病根，从此性情变得烦躁，三天两头与陈伯达吵架。

到了西柏坡，陈伯达再也无法与余文菲共同生活。于是，由余文菲提出，经过中共中央组织部同意，由安子文为他们办理离婚手续。这样，陈伯达和余文菲短暂的五年夫妻关系便结束了。

离婚之后，余文菲在1948年被调到东北工作。不久，她又到北京贝满女中教书。几个月后，余文菲被分配到武汉的中共中央中南局工作。不久，中南局迁往广州，余文菲不愿离开武汉——她的少年时代在那里度过，武汉成了她的第二故乡。这样，她便一直在武汉医学院（武汉同济医科大学）过着孤单的生活。

陈晓农从小生活在陈伯达身边。陈晓农记得，直至1958年，12岁的他独自坐火车从北京来到武汉，日夜思念儿子的余文菲欣喜若狂。在陈晓农印象中，母亲余文菲的病仍未好，常常显得有点呆滞。他在母亲身边住了半个月，又回北京去了。

此后，陈晓农几次趁暑假从北京去武汉看望母亲。

在陈伯达倒台后，有关部门告诫在石家庄的陈晓农，不许离开石家庄，也不许与任何亲属联系。直至粉碎"四人帮"之后，母子之间重新恢复联系。后来，余文菲从武汉调往河北石家庄，陈晓农陪伴她度着晚年。

但是，在陈伯达获得保外就医之后，公安部门希望陈晓农能够迁往北京照料年迈的陈伯达。

这样，陈晓农到了北京，但是又常到石家庄去照料余文菲的生活，只是住不了几天，又得回北京，因为陈伯达需要陈晓农照料。

在陈伯达去世之后五年——1994年8月21日——余文菲病逝于武汉。当天夜里，武汉同济医科大学领导给陈晓农发来电报。当时，陈晓农正在病中，无法从北京前往武汉为母亲料理后事。8月24日，武汉同济医科大学以及余文菲在武汉的亲属，为余文菲举行了追悼会。

191

在阜平做过"好事"

行文至此，该提一提本书第一章中写及的事：1971年9月13日深夜，陈伯达突然被押送北京秦城监狱，在监狱门口，陈伯达大喊一声："我在阜平是做过一件好事的！"陈伯达的话被传了上去。不几天，陈伯达在秦城监狱的待遇大变，吃得比家里都好，一个人住了很宽敞的房子，大夫三天两头给他检查身体，厨师向他征求对伙食的意见。如此优裕的生活条件，一直持续到毛泽东去世……

陈伯达究竟在阜平做过什么"好事"呢？

阜平，河北省西部的阜平县，与西柏坡所在的平山县相邻。陈伯达的《人民公敌蒋介石》一书，最初就是在阜平印刷厂排印的。

陈伯达从未对人谈他在阜平做的"好事"。秦城监狱只知道毛泽东关照过在生活上给陈伯达以照顾。毛泽东去世之后，陈伯达更不愿谈这"好事"。

直至1983年10月公安部门派人专门调查此事。面对公安人员的查问，他不得不说了有关经过。

我在采访时，不得不涉及此事。他考虑再三，才向我也谈了有关经过——不然，我无法向读者解释他为什么在秦城监狱中会那般受到照应。

事情是这样的：

1948年3月26日，毛泽东乘汽车到达山西兴县蔡家崖（中共中央晋绥分局和晋绥军区司令部所在地），受到司令员贺龙的热情接待。4月1日，毛泽东在蔡家崖向晋绥干部200多人发表讲话。4月13日，毛泽东率中共中央机关，来到河北阜平县城南庄，在那里住了一个多月，于5月27日才转移到平山县西柏坡村。

毛泽东到了阜平县城南庄之后，派人把陈伯达从平山县叫到了那里。当时，毛泽东准备派陈伯达前往苏联，争取苏联对中国革命的支持和帮助。陈伯达记得，当时已在着手准备有关文件，还准备了一些古董作为访苏时的礼品。

在叶永烈的这一次采访中，陈伯达考虑再三，才谈了在阜平所做的"好事"

要陈伯达去苏联,一则考虑到他曾在苏联留学,二则他是"意识形态专家"。

后来,陈伯达没有成行,因为斯大林拍来电报,说他将派米高扬秘密前来中国拜晤毛泽东(在西柏坡会晤)。

就在陈伯达来到阜平县城南庄的日子里,毛泽东正处于异常的忙碌之中。据毛泽东当时身边的警卫回忆:

> 毛主席工作非常紧张,白天连续召开会议,和中央领导同志研究作战方案,晚上研究马列著作,起草文件,批复文电,常常忙得连饭也顾不上吃。一次,开饭时间过去了,警卫员又把饭送来,放毛主席的办公桌上。可是,等到来收拾碗筷时,饭菜却一口未动。警卫员把饭菜端去热了热,劝主席趁热吃饭,主席说:好,我吃。过了一会儿,警卫员走来一看,主席正望着地图上一个红箭头凝神静思,饭菜依然未动……

不知怎么走漏了风声(后来查明是国民党特务孟宪德、刘从文密报),国民党军队知道毛泽东在阜平县城南庄。一天,城南庄上空响起了国民党 B-25 轰炸机隆隆的轰鸣声。警卫员发觉敌机临空,要毛泽东赶紧进防空洞。毛泽东正忙着,没有当一回事。

陈伯达听见飞机轰响,朝毛泽东那边跑。半路上遇见江青,正匆匆朝外跑。陈伯达问江青:"主席呢?"江青答道:"在屋里,说服不了他!"

陈伯达跑进院子,大声高叫:"飞机来啦!飞机来啦!"

陈伯达进屋,要毛泽东快走。这时,好几位同志也来了,都急着劝毛泽东赶快躲一躲。

毛泽东这才意识到敌机已相当近了,便跟随大家撤离,朝防空洞走去。

就在毛泽东刚刚离开,敌机扔下的炸弹,准确地命中院子,爆炸了!毛泽东那房子的玻璃被震碎,墙也坍了……

陈伯达说:

> 本来,这件事不值一提。充其量,我只是做了一件"好事"。可是,当我被突然投进监狱,我为了救自己,才喊出了"我在阜平是做过一件好事的!"这句话……我确确实实,是为了救自己!我的话被汇报上去了。别人当然不明白我说的"好事"是什么,毛主席心里明白。所以,当时他在政治上狠狠批判我,在生活上给我宽大——我非常感谢毛主席!我的体质很弱,在监狱中如果没有毛主席的关照,我早就不在人世了。唉,不过,我活着也难为

情——我这样犯了大罪的人，何必活着呢？……

公安部门在派人向陈伯达作了调查之后，曾要求陈伯达把"好事"写成一篇书面的材料。陈伯达考虑再三，终于动手写，却只写了一小半，没有写完。自然，他也就没有向公安部交上关于"好事"的书面回忆。

毛泽东在阜平城南庄居住过的房屋

陈伯达这篇没有写完的文稿，依照手稿原文，现披露如下：

有一回，公安局派人来问，你说曾在阜平做过一件"好事"，是什么"好事"？

我说，是有这末一回事。在狱门前，看守的同志正开一个牢门要我进去，我不肯进去时说的。

"你是否说，你救过毛主席？"

"是的，是这样说的。这事从来没有对任何人说过。我说起这事，是求毛主席能够宽恕我，不要让我进监牢。"

事情的经过是：毛主席从晋绥到阜平后，周恩来同志和他（引者注：指毛泽东）离别要到西柏坡的时候，他告诉恩来同志，他（引者注：此处的"他"指周恩来）到西柏坡可告我，要我陪他（引者注：指周恩来）到苏联。恩来同志把此意告我，我即到阜平。我到阜平后，没有和毛主席住在一处，是分开住的……

尽管陈伯达没有给公安部门就阜平的"好事"写出书面材料，但是他在1982年4月23日与周扬的谈话中，倒是说及了。本书第一章引述了陈伯达之子陈晓农关于陈伯达与周扬谈话的笔记。现再把陈伯达对周扬所述有关阜平"好事"的一段话，转录于下：

我自己以为优待我是因为我在阜平救过毛主席。1948年春天国民党飞机轰炸阜平，那天早上我听到飞机响，赶紧跑到毛主席那里，他正在犹豫，我说飞机就在头顶上，要赶快走。他听我一说，就走了。他绕过一道墙，听警卫员说我还未走，回头喊了我，我催他快走。……

看到他已走到安全地方，我赶快离开，刚跑到院子外，炸弹就已经投下来了，正好炸在院子当中，房子玻璃全被弹片打碎了……

如果晚一步是很危险的。这件事本来从没有对别人说过。1971年逮捕我，我在监狱门口不肯进去，大声说过"我救过毛主席！"

开始关我的地方条件很差……大概我说的话传上去了，几天后把我转到一个三层楼上，生活很优待……

1949年3月5日至13日，中共七届二中全会在平山县西柏坡村召开。穿着一身蓝布棉衣、戴着一副近视眼镜的陈伯达，在这次会上被"依次递补"为中共中央委员——因为在33名中央候补委员中，他原本名列第三。

陈伯达得以"递补"是这样的：

原中共七届中央委员陈潭秋，其实在"七大"召开时早已去世，他于1943年9月27日被新疆军阀盛世才秘密杀害于迪化（今乌鲁木齐）。由于消息隔绝，不知他已不在人世，所以在1945年仍被中共"七大"选为中央委员。

原中共七届中央委员王若飞和秦邦宪，1946年4月8日由重庆到延安时因飞机失事，遇难于山西兴县东南之黑茶山。原中共七届中央委员关向应，于1946年2月病逝于延安。

这样，廖承志、王稼祥、陈伯达、黄克诚四人由中央候补委员递补为中共中央委员。

第六章
五十年代的荣耀

作为毛泽东的秘书，陈伯达深受毛泽东的器重。他跟随毛泽东访问苏联。他负责编辑《毛泽东选集》，负责起草《关于无产阶级专政的历史经验》，参与起草中共"八大"政治报告，起草诸多重要的中共中央文件，成为中共中央一支笔……

搬入中南海

在中共七届二中全会召开之前的一个多月——1949年1月31日——北平宣告和平解放。

1949年3月25日,中共中央和中国人民解放军总部由西柏坡移至北平,毛泽东和朱德在北平检阅了中国人民解放军部队。从这一天起,北平成了红色中国的政治中心。

陈伯达随着毛泽东来到北平,想及12年前急匆匆逃离,如今以胜利者的姿态昂首归来,不由得感慨万千。尤其是在他的车子驶过北海公园附近时,猛然间见到那里的草岚子胡同监狱,犹有余悸。然而,当年淋巴腺滴着脓汁、可怜巴巴的他,如今已是中共中央委员,真可谓此一时彼一时也……

最初,陈伯达住在北平香山碧云寺。陈伯达之子陈晓农曾回忆说:

1949年我3岁时,父亲和我一起住在香山碧云寺。那时,我们住在碧云寺哼哈二将门里左侧的一个院落。我因年小,出出进进都要父亲或别的大人牵着我的手。这里是山坡,台阶很多,尽管有大人牵着,我还是在一次下台阶时摔倒,把鼻梁磕破了,请医生缝了好几针。

此前一年,父亲和母亲已经离异。母亲余文菲在延安抢救运动中被错当作"特务"审查,虽然平反了,但因受了刺激,精神状况逐渐变差,没有照顾孩子的能力,所以我是由父亲抚养的。他的工作很

1949年3月25日,毛泽东、朱德在北京西郊机场阅兵

忙，还要带一个孩子，是很困难的，所以我的日常生活，主要靠警卫员郭运华叔叔照顾，有时父亲以前的助手田家英也过来领我玩。后来请了一个阿姨，就主要靠阿姨来照顾了。

进城之初，陈伯达便成为政治舞台上忙碌的演员：1949年7月2日，中华全国文学艺术工作者代表大会开幕，会议的第七天，陈伯达作了一番"指示"。他"亲临会场"，"要求提高思想，强调学习毛泽东思想和作风，苦心反复研究社会各种现象"。他说："毛泽东思想就是马列主义和中国革命实践的最好的结合，文艺工作者必须学习毛泽东思想。"翌日——7月10日——《人民日报》便报道了陈伯达的这番讲话。

中年陈伯达

就在发表这番讲话的前一日，陈伯达出现在中国新经济学研究会总筹备会上。《中国四大家族》的发表，使陈伯达赢得"经济学家"的桂冠，他当选为主任委员，马寅初、杜守素、薛暮桥为副主任委员。

几天之后——7月14日——陈伯达出现在中国社会科学工作者代表会的发起人会议上。在这次会议中，林伯渠被选为主席，沈钧儒、郭沫若、陈伯达、李达被选为副主席。

9月23日，陈伯达在中国人民政治协商会议第一届会议上，以"社会科学工作者首席代表"的身份作了发言。他是《中国人民政治协商会议共同纲领》的主要起草者之一。

10月14日，陈伯达坐在新华书店出版工作会议的主席台上，号召"工作态度要严肃负责"。

10月20日，陈伯达在首都各界纪念鲁迅大会上，发表题为《鲁迅是我们的榜样》的演说。

……

进城之初，由于马列学院（后改称中共中央党校）设在北平西郊颐和园附近，陈伯达作为副院长也就住在那里。可是，他又是毛泽东的政治秘书，毛泽东常常要找他。刚进城，周恩来驱车北平城里，精心为毛泽东挑选住所。周恩来选中了地点适中、闹中取静、绿树红墙、一派古风的中南海，作为政府办公用地。中南海与北海以北海大桥为界，大桥以北为北海，以南便是中海与南海；中海、南海以蜈蚣桥为界，合称中南海。从此，中南海便成为中国的政治中枢。

周恩来把中南海的勤政殿，给毛泽东作为办公、居住之处。第一次把中南海勤政殿作为政界要地披露报端的，是在毛泽东、周恩来进入北平的半个来月（最初毛泽东住在北平香山）——1949年4月13日——毛泽东在中南海勤政殿会见以张治中先生为首的国民党政府代表团。以周恩来为首的中共代表团与张治中先生等举行谈判，也在勤政殿。

颐和园与中南海相距甚远，每逢毛泽东电召陈伯达，过了半个来小时，陈伯达的汽车才抵达。

"你搬到中南海来住吧！"毛泽东说道。

于是，陈伯达搬入了中国的政治中枢，起初就住在勤政殿一间小屋里。那儿毕竟不能久住，而且陈伯达开始了第三次恋爱，没有房子怎么行呢？总算给了他房子，让他住在迎春堂。迎春堂由南向北有三个四合院，陈伯达住在其中的一个，那房子早已上了"年纪"颇为破旧。他的邻居是周扬和熊复。

中南海分为甲区和乙区，毛泽东住在甲区，陈伯达住的是乙区，持有特殊的通行卡，才可由乙区进入甲区。作为毛泽东的政治秘书，陈伯达持有特殊通行卡。一接到毛泽东的电话，他便从迎春堂步行前往勤政殿，约莫一华里，走十几分钟就到了。

那时的毛泽东，除了身边的许多工作人员之外，有着正式秘书职务的是四个人，人称"四大秘书"，即陈伯达、胡乔木、田家英、叶子龙。胡乔木不住在中南海，与毛泽东住在一起的是田家英和叶子龙。叶子龙是机要秘书，日常秘书工作由田家英负责。1956年，经中共中央政治局常委同意，毛泽东的秘书为五位，即增加了江青。江青原是机关协理员，这时成为负责国际方面问题的毛泽东秘书。

田家英是在1948年成为毛泽东的秘书的。

据陈伯达回忆，1946年2月，毛泽东的长子毛岸英从苏联留学归来，回到延安。毛泽东发觉，毛岸英在苏联多年，对于中国文化历史的知识颇为欠缺，就请陈伯达当毛岸英的教师。可是，毛岸英听不懂陈伯达那福建口音，再说陈伯达正忙于自己

1946年2月，毛泽东请陈伯达做从苏联归来的毛岸英的老师，由于语言交流困难，陈伯达推荐了田家英，田家英后来成了毛泽东的秘书。图为毛泽东与毛岸英在延安合影

的著述，便以"话听不懂"为理由推托了。随后，陈伯达向毛泽东推荐了田家英。

田家英是四川成都人，家庭贫寒，小时候在中药店里当学徒。1937年，不满16岁的田家英奔赴延安，1938年加入中国共产党。他先后在延安的陕北公学、马列学院、中共中央政治研究室、中共中央宣传部工作。

田家英帮助毛岸英学习中国文化历史知识，慢慢与毛泽东熟悉。

后来，毛泽东身边需要人帮助料理文件，选中了田家英。这样，27岁的田家英担任了毛泽东秘书。

解放后，田家英担任了中共中央办公厅秘书室主任、中央政治局主席秘书、中华人民共和国主席办公厅副主任、中央政治研究室副主任、中央办公厅副主任。

田家英为人正直、磊落，他与陈伯达共事，渐渐看不惯陈伯达之诡。比如，在私下里，陈伯达向田家英打听，毛泽东最近在看些什么书、说过些什么话——陈伯达为的是摸准毛泽东的思想动向，以便写出符合毛泽东心意的文章。田家英看不惯陈伯达这种摸行情、探气候的鬼头鬼脑的行为。起初，田家英含糊其辞，或者避而不答。陈伯达盯紧了，问多了，田家英忍无可忍，顶了他几句。于是，陈伯达与田家英的关系到后来日趋紧张。

跟随毛泽东访问苏联

忙着买呢大衣、皮帽子、皮鞋——向来不大讲究衣着的陈伯达，一下子，"洋"起来了。因为毛泽东告诉他："你跟我一起到苏联去。"

那是1949年12月中旬，新中国诞生才两个多月，毛泽东便把百事待兴的国内问题撂在一边，到苏联去会见斯大林，以求得苏联的物质援助——这是当时中国头等重大的问题。

这是毛泽东平生头一回出国。他要陈伯达随行，一则陈伯达是他的政治秘书，二则陈伯达熟悉苏联的情况。

毛泽东的随行人员除陈伯达外，还有机要秘书叶子龙、负责安全事务的汪东兴、俄语翻译师哲。

对于陈伯达来说，这是第一次把他放在非常显眼的位置上，因为毛泽东的苏联之行举世瞩目，而在代表团中他居于第三位——名字排列在毛泽东与他之间的，是中华人民共和国首任驻苏大使、外交部副部长王稼祥。

毛泽东是坐火车从北京出发的（从1949年9月27日起，北平改名北京），经过东北，沿着漫长的西伯利亚大铁道前往莫斯科。又一次见到白雪皑皑、阒无人迹的西伯利亚，

陈伯达传

1949年12月7日，陈伯达（右）与护送毛泽东访苏的（由左至右）李克农、李富春、滕代远、毛岸英、伍修权在山海关车站合影

陈伯达不由得回忆起1927年头一回去苏联时的情景。

西伯利亚零下40摄氏度的严寒，使毛泽东身体不适，生病了。

经过漫长的旅行，毛泽东所乘坐的专列，从1949年12月6日离北京，在12月16日抵达莫斯科。苏联方面巧妙地安排了专列抵达莫斯科车站的时间——中午12时。这样，当列车刚刚停稳，克里姆林宫的大钟便发出悠扬的12响当当钟声。

苏联给予毛泽东以最高规格的礼遇。除了斯大林之外，苏联的最高党政军领导人都出现在月台上的欢迎行列里。那时的斯大林作为苏联领袖，已经立下规矩，不去车站或机场迎送客人。

各国驻苏大使、记者也云集车站，仪仗队向毛泽东投来注目礼。陈伯达跟随在毛泽东身后，头一回在如此隆重的场合出面，被闪光灯所包围，大出风头。遗憾的是，由于毛泽东身体不适，莫洛托夫为了照顾毛泽东，压缩了欢迎仪式，匆匆十几分钟便结束了。

陈伯达随毛泽东驱车前往莫斯科近郊孔策沃别墅——这幢设施讲究的别墅，是斯大林在第二次世界大战中居住过的。另外，斯大林还在克里姆林宫里，为毛泽东安排了另一住所。

就在毛泽东抵达莫斯科的当天晚上6时，陈伯达跟随毛泽东前往克里姆林宫，见到了形象熟悉、头发已经花白的斯大林。斯大林率领苏共政治局全体委员前来会见毛泽东。斯大林见到毛泽东的第一句话便是："想不到你是这样的年轻和健壮！"

站在两位大人物之侧，陈伯达目击这次历史性的会见，兴高采烈。

斯大林和毛泽东，并排坐在长桌的顶头。长桌斯大林一侧，坐着苏共政治局委员们，而毛泽东一侧，坐着王稼祥、陈伯达和代表团其他成员。每个人面前，都放着葡萄酒、矿泉水、高脚酒杯。双方的随员都很拘谨，谈话只在斯大林与毛泽东之间进行。苏方翻译是苏联驻华大使参赞费德林，中方翻译为师哲。

斯大林对毛泽东说了一句充满歉意的话："你们已经取得了伟大的胜利，而胜利者是不受指责的。"这句话的含义是深刻的，因为斯大林曾支持过王明的"左"倾机会主义路线。

翌日，斯大林与毛泽东会见的照片醒目地登载在苏联各报上。陈伯达在照片上找到了自己，深感荣耀。当年他在莫斯科中山大学受到党内劝告处分，如今参加中苏最高级会谈，陈伯达为自己的跃升而欣慰。

抵达莫斯科之后的第五天，恰逢斯大林70大寿。陈伯达随着毛泽东，出席了在莫斯科举行的隆重的祝寿大会。毛泽东居于各兄弟党的领导人队伍之首，发表了祝词。

《人民日报》发表了陈伯达在访苏前预先写好的文章《斯大林和中国革命——为庆祝斯大林70寿辰而作》。陈伯达称斯大林为"世界最伟大人物"和"天才导师"，而称毛泽东为"斯大林的学生和战友"（若干年后，在"文革"中，陈伯达这位"理论家"则称毛泽东为"世界最伟大人物"和"天才导师"，而称林彪为"毛主席的学生和战友"）。陈伯达只字未提斯大林对中国革命的干扰和错误论断，把中国革命的胜利说成"斯大林的学说"的胜利、"斯大林的思想"的胜利。

陈伯达标新立异地说："斯大林寿辰是世界的'人日'。"

在中国旧礼俗中，农历正月初一为鸡日，初二为狗日，初三为猪日，初四为羊日，初五为牛日，初六为马日，初七为人日。陈伯达居然把斯大林生日作为全世界的"人日"，真令人瞠目以对！

文末，陈伯达高呼："至高无上的、光荣的、伟大的斯大林万岁！"

斯大林的生活习惯与毛泽东相似，喜欢夜间工作，所以，他与毛泽东的会谈总是在夜间。陈伯达一次又一次在毛泽东之侧，参加孔策沃别墅

毛泽东主席抵达莫斯科车站时的情景

里的中苏最高级会谈。

中苏最高级会谈的气氛是非常严肃的,有时甚至会出现意想不到的"险情"。当年的苏方翻译、后来的苏联科学院通讯院士费德林在1988年10月23日苏联《真理报》上,发表回忆文章《历史的篇章——夜间会谈》曾作若干披露:

> 斯大林在这个房间里一出现,周围的所有人便似乎停止了呼吸,个个呆若木鸡,同他一起到来的是一种危险感,一种可怕的气氛……
>
> 有一次,毛泽东在回忆过去同国民党军队战斗的艰苦岁月时,介绍了共产党军队被敌军包围的情况。
>
> 当时的形势极端危险,他们多次冲锋,但是,未能突破敌人的封锁。于是,指挥员号召战士:"不畏艰险,视死如归。"
>
> 这个警句,我听起来很费解。于是,我请求毛泽东用汉字写在纸上。他拿起纸和笔,飞快地用他很有特色的豪放笔锋写了八个大字。
>
> 所有这些字,分开看,每个我都很熟悉。但由于不明白最后一个中国字"归",所以简直就无法理解整句话的意思。不得不再次请毛泽东解释一下这个中国字的意思并对整句话里使用这一格言作出自己的解释。
>
> "您还打算长时间在这里搞秘书活动吗?"突然听到斯大林带命令口吻的声音。可以设想一下我在这种时刻的自我感觉。我像触了电一样……
>
> "请按字面意思翻译这个字和整个句子!"他吩咐说。
>
> 斯大林说罢,连头也没有回。但贝利亚[1]的头却似乎单单转向我,他戴着夹鼻眼镜,有一双鹰一般敏锐的眼睛。我感觉到了他的目光……
>
> 有一次,和我坐在一起的毛泽东小声地问我,斯大林为什么把红葡萄酒和白葡萄酒掺到一起,而其余的同志为什么不这样做。我回答说,很难解释,这事最好问斯大林。但是毛泽东坚决反对,并说,这不礼貌。
>
> "你们在那儿秘密地小声交谈什么,要背着谁?"我背后响起了斯大林的声音。他的话在我内心产生了某种迷信般的恐怖。这种突然的问话把我吓了一跳,我把脸转向他,看到一个戴夹鼻眼镜的人(作者注:指贝利亚)的凶恶目光。
>
> "是这么回事……"我开始说。
>
> "是的,是有点事……"斯大林说。
>
> "毛泽东同志问,您为什么把各种酒掺起来,而其他同志为什么不这样做?"我说。

---

[1] 贝利亚为负责苏联国家安全工作的内务部部长。

"那您为什么不问问我呢？"他用眼睛死死地盯着我。

我早就发现，他有点怀疑我，不大相信我。"请原谅，毛泽东坚持不要这样做，他认为，这样问您有点不礼貌……"

"而您觉得在这儿应该听谁的呢？"斯大林略带狡黠地问我。

毛泽东访苏时与斯大林合影

费德林所回忆的两桩小事，纯属芝麻绿豆，却生动地反映出当时中苏两党最高级会谈的气氛——彼此都紧张地提防着，并非铺满友谊的鲜花。

斯大林和毛泽东的会谈，总算逐步有了进展，发展到要签订《中苏友好同盟互助条约》。这是两国政府之间的条约，于是，毛泽东命周恩来总理前往苏联。

周恩来带着政府代表团出发。代表团成员中有伍修权（时任外交部苏联东欧司司长）、李富春（时任东北人民政府副主席）、叶季壮（时任中央贸易部部长）、吕东（时任东北工业部副部长）、张化东（时任东北贸易部副部长）、赖亚力（时任外交部办公厅副主任），还有何谦、沈鸿、苏农宫、欧阳钦、柴树潘、程明升、聂春荣、常彦卿等。

另外，后来又增加了赛福鼎、邓力群、马寒冰。

驻苏大使馆武官边章五，参赞徐介潘、戈宝权也参加了有关工作。

周恩来于 1950 年 1 月 20 日乘火车抵达莫斯科。在车站迎接的有米高扬（苏联部长会议副主席）、维辛斯基（苏联外交部部长）、罗申（苏联驻华大使）和王稼祥、陈伯达等。

此后的中苏政府会谈，在周恩来和维辛斯基之间进行。

"老鼠搬家"事件和《红罂粟》事件

在莫斯科的日子里，陈伯达与毛泽东之间曾几度发生龃龉，受到了毛泽东的批评。

最初的不快，是在一次与斯大林的会谈时发生的。

那一次，毛泽东谈起了蒋介石。斯大林忽然朝陈伯达说话了："哦，我读过陈伯达同志的《人民公敌蒋介石》。"

陈伯达本来一直坐在一旁静听，一听到斯大林提及他的著作，非常高兴，情绪马上活跃起来，未等翻译把话译成汉语，懂俄语的陈伯达已在笑了。

斯大林把注意力从毛泽东转向陈伯达，说了起来："你的书里头所讲的宋美龄和小罗斯福的故事，很有趣，很有趣！"

其实，那是陈伯达在《人民公敌蒋介石》一书中，引述了美国总统罗斯福之子小罗斯福的一段回忆：

> 我……代我父亲出席蒋氏夫妇的鸡尾酒会。他们的别墅离我们的住所约一二英里远。当走进门的时候，我发现丘吉尔的女儿撒拉正和我扮演着同样的角色。可是我没有机会和她谈话；蒋夫人走到我的身旁，毫不停留地把我带到两张并排放着的椅子上坐下。我觉得她像一位颇为老练的演员。差不多有半小时之久，她生动地，有风趣地，热心地谈着……她把身子靠向前来，闪耀着光彩的眼睛凝视着我，同意我所说的每一句话，她的手轻轻地放在我的膝盖上……我相信蒋夫人多少年来始终是以一种征服人的魅惑与假装认为对方对她的谈话发生兴趣的方式来应付人们——尤其是男人。

斯大林对小罗斯福的这段故事感兴趣，居然对大家重述了一遍。

这么一来，作为政治秘书的陈伯达，一时成了谈论的中心，却把毛泽东撂在了一边，形成喧宾夺主的局面。

斯大林谈兴正浓，居然拿起了酒杯，走到陈伯达面前："为中国的历史学家、哲学家陈伯达同志干杯！"

陈伯达也举起酒杯，回答道："为全世界最杰出的历史学家、哲学家斯大林同志干杯！"

陈伯达忘乎所以，似乎他的身边没有坐着毛泽东一般。陈伯达深为自己在最高级会谈中大出风头而兴高采烈。

这次会谈中的反常现象，理所当然地激怒了毛泽东。

深夜，结束会谈送走斯大林之后，陈伯达仍处于兴奋之中，却接到毛泽

毛泽东（前排左1）第一次访苏期间与斯大林（前排左3）一次会面场景

东的通知:"下一次会谈,你不要参加了!"

果然,下几轮中苏两党最高级会谈的长方桌旁,不见了陈伯达。

毛泽东不让陈伯达参加中苏两党最高级会谈,意在表明:就中方而言,陈伯达无足轻重——他可以参加会谈,也可以不参加会谈。

几天之后,毛泽东要起草文件,却找不到陈伯达。

"陈伯达哪里去了?"毛泽东问机要秘书叶子龙。

"他搬走了!"叶子龙答道。

"他搬到哪里去了?"毛泽东又问。

"搬到大使馆去了。"叶子龙答。

"他为什么搬走?他到大使馆去干什么?他是我的秘书,他的工作在这边!他搬走,为什么不跟我说一声?"毛泽东显得非常不高兴。他要叶子龙通知大使馆,陈伯达必须立即搬回来!

陈伯达只得灰溜溜地搬回来。陈伯达向毛泽东解释说,他的儿子陈小达在苏联学习,16岁了,多年不见,想在大使馆跟儿子一起住几天……

"你为什么不得到我的同意就搬走?你的工作岗位究竟在哪里?"毛泽东严厉地批评了陈伯达。

望着毛泽东愠怒的脸,陈伯达知道事态已相当严重,赶紧向毛泽东赔不是,作了检查。

毛泽东在陈伯达作了检查之后,仍把他留在身边工作。不过,这件事在毛泽东心中,留下了不愉快的阴影。

后来,在陈伯达倒台后,对陈伯达进行批判时,曾经算老账,说陈伯达在陪同毛泽东前往苏联时,"竟然采取'老鼠搬家'的罪恶行动……竟然不同毛主席住在一起,而搬到驻苏使馆去住。他在莫斯科会谈期间,行踪诡秘,同苏方搞了一些不可告人的勾当"。

在陈伯达晚年,对于这"老鼠搬家"事件向笔者解释说,他是搬到我国驻苏使馆去住,又不是住到苏方的什么地方去,而他搬到我国驻苏使馆去住,不存在"行踪诡秘"的问题。他搬出毛泽东主席住地,则是因为他被排斥于中苏会谈之外,在那里无事可做,住到我国驻苏使馆可以让儿子过来跟他一起住。他说,他并没有"同苏方搞了一些不可告人的勾当"。

此后不久,发生了所谓的"《红罂粟》事件"。

在陈伯达倒台后,在1972年7月,关于他的"审查报告"中有这么一段:

他接受苏方的邀请,同苏方人员密谈。他出席观看丑化和污蔑中国革命的芭蕾舞剧《红罂粟》，并同该剧的编导座谈。

这又是怎么回事呢？

在笔者采访陈伯达的那些日子里，正值《参考消息》连载费德林的回忆录。费德林是中苏会谈的见证人，他的回忆录《历史的篇章——夜间会谈》在1988年10月连载于苏联《真理报》，由于内容涉及中苏会谈，中国新华社的《参考消息》也就予以译载。其中，费德林写及"《红罂粟》事件"。

费德林的回忆录后来在1995年由新华出版社出版中译本，书名为《我所接触的中苏领导人》。书中的回忆比当年《参考消息》的连载更详尽。本书初版引用的是《参考消息》连载稿，现据《我所接触的中苏领导人》一书的《陈伯达看芭蕾舞的故事》引用如下：

> 我还要讲一段我亲身经历的事，一个值得吸取教训的故事。
>
> 1950年2月毛泽东访问莫斯科时，我们文化部门想让中国朋友了解一下首都莫斯科的文化生活。他们觉得最好从大剧院上演的芭蕾舞剧《红罂粟》开始。舞剧的剧情同中国有点关系。至少，它的作者和编导是这么认为的。他们是过分地以想象代替现实了。为了加深印象，《红罂粟》的作曲者格里埃尔也应邀出席。
>
> 由于某种原因（恐怕不是偶然的），毛泽东没有来看剧，尽管大家都希望他能到场。
>
> 几位中国朋友由著名的党的思想理论家陈伯达教授率领，坐在贵宾席上。中国同志看得很认真，有些问题还相当奥妙。
>
> 当剧中一个上海的老鸨出场时，陈伯达突然问："咦，这个家伙是干吗的？"
>
> 我作了解释，但是他并不罢休："这个丑八怪是中国人吗？其他那些也是中国人？你们以为中国人就像台上扮演的那个样子？你们觉得好玩，是吗？"
>
> 我不知怎么回答是好，这可不是一般性的问题。
>
> 我不得不对他说，我们大家都是从自己的角度、自己的想象出发的。外国人很难演出中国人的样子，必须加以化装……
>
> "恐怕不是化装问题吧？你看他那样子、他的动作，简直让人恶心！……"陈伯达激动地说。
>
> 我不安地注视着教授的情绪。随着剧情的发展，他的问题越来越多，戏到半途，陈伯达不想看了，提出退席。

我费了好大口舌才勉强把中国客人挽留下来,否则大家下不了台。我拿出的最后一招是借口著名的作曲家格里埃尔也出席了,他年老体衰,出来一趟不容易……

"你说,《红罂粟》是著名作曲家的作品?"陈伯达打断我的话。

当时我觉得这人太刻薄、太不讲情面了,于是不得不想出各种口实来挽留他。我说,我们的功勋音乐家已经高龄,他今天是专程为欢迎中国贵宾而来的……

最后陈伯达才打着官腔说:"那好吧,为了礼貌,留个情面,我们看下去。居然这样来丑化中国人的形象,简直像一群土匪,丑八怪。对于进步的艺术家来说,简直是不能容忍。对不起,这太不像话了……"

演出结束后,我们应邀来到大剧院经理室,那里摆好了酒菜,招待中国贵宾。

后来的事态加深了本来就很尴尬的局面。这时候,无论是富丽堂皇的家具摆设(如描金的桌子和丝绒软椅)、殷勤周到的服务,还是主人的热情好客,都引不起陈伯达及其随行人员的兴趣。气氛很沉闷,没有通常观剧后谈笑风生的局面。

不言而喻,主人期待着中国客人讲几句捧场和表扬的话,因为《红罂粟》是专门为他们排演的。但是中国人莫名其妙地沉默着。于是,我以陪同人员的身份请陈伯达谈谈观感。

"谈出来让人扫兴,还是不谈为好。如果可以的话,请你别把我的话翻译过去。"

陈伯达板着脸,显然不愿发表评论。

但是不翻译是不行的。因为大家都在听我们谈话,并且期待着想知道中国人讲了什么,按主人的话说,随便说点什么都行。要知道,我们已习惯于听表扬,根本想不到他们会说别的话。我只好来点外交辞令,请陈伯达不要客气,因为他的意见对剧院今后的工作十分宝贵。

陈伯达开口了:"请原谅,我们对这个舞剧的名字《红罂粟》就持有异议。我们中国人把罂粟看成是鸦片的同义词。也许你们不知道,鸦片是我们的死敌,曾经毒害过我们好几代人……不过,我并不是责怪你们……"说毕,他装出一种歉意的笑容。

不愉快的冷场。谈话陷于僵局。大家无话可说。于是陈伯达又补充说,这个剧的情节和几个中国人的形象都是不可取的。谈话进行不下去,草草收场。

我陪着中国同志离开大剧院，他们从此没有再回来。中国贵宾也没有兴致再去欣赏莫斯科戏剧艺术的杰作了。

不过，我们的朋友后来曾在电视节目中观看了舞剧《天鹅湖》。

"你喜欢这个舞剧吗？"我问陈伯达。

"蛮有趣的，不过，为什么这些舞女都要光着身子跳舞呢？"陈伯达反问我。因为在中国的传统戏剧里，女演员都是"套着"肥大的衣服表演的。总之，双方的传统不一样。中国演员在舞台上总是穿着衣服，把身材和体形掩盖住，他们不允许用别的方式。

还有一件有意思的事：电视上播放一出由著名寓言作家米哈伊洛夫亲自参与演出的剧，陈伯达和他的同志们一面看，一面哈哈大笑。我问陈伯达："你喜欢他的演出吗？"

"你说，他为什么要像公牛一样号？"教授问我。

"他是我们的男低音，他不是号，是在唱。对不起，每个人都有自己的口味，自己的欣赏力，我们俄罗斯人喜欢听他的歌。就像你们喜欢听京剧一样，唱京剧不用真嗓子，而是像山羊叫……"我回敬他一句。

"是吗？是这样吗？……"高明的教授囔了一句。

苏联著名芭蕾演员乌兰诺娃饰演的《红罂粟》主角桃花，从扮相上就让当年的中国客人反感

中国朋友走了之后，大剧院把《红罂粟》从剧目单上撤了下来，直到改名为《小红花》才继续上演。其他内容……没有改变。

我不想在这里讲大道理。《红罂粟》的故事确是很荒诞的，它说明我们一些艺术大师的无知，这是他们不了解其他民族和我们近邻的生活实际所造成的。他们追求异国情调，结果呢，不仅破坏了人们的情绪，而且破坏了友谊和睦邻关系。特瓦尔多夫斯基有过这么一句话："一句不实之词带来的是损失，只有真情受人欢迎。"[1]

---

[1]《红罂粟》的大概情节是：一位苏联水手在上海码头与一位手捧红罂粟的中国妓女一夜销魂后，将很多马列主义思想传给这位妓女，这位妓女又将马列主义传给每位来嫖妓的中国工人，最后中国革命成功。剧情荒诞无稽，很难让人接受。——编者注

作为当事人，费德林客观地、十分清楚地描述了"《红罂粟》事件"的全过程。

笔者让陈伯达看了费德林的回忆文章。陈伯达看后，对笔者说："我记得费德林，个子高高的，普通话说得比我好多了。事情的经过，确实像费德林所写的那样。"

陈伯达对于"《红罂粟》事件"的回忆，则作为另一个当事人，从另一个角度说明了经过。

颇为出人意料的是，陈伯达对《红罂粟》的不满——对那"怪物"的不满——是从芭蕾舞演员的足尖开始的：

有一晚，苏联联络人费德林找我，请我去看一场芭蕾舞剧。既然主人好意，我给毛主席说过，就去了。

事情已过几十年，我人又老朽，不复甚记忆，不过依稀记得的：

说来可笑，我过去在苏联读过书，可是从来没有看过芭蕾舞。进剧场后，看到女演员的足尖，以为是仿中国女人的小足，心里已觉不快。看下去，中国革命完全是由苏联一些船员领导，而发展、而胜利。剧本写的是关于中国革命的事，剧情却不像中国革命中所发生过的。因此，在剧场中，我一直纳闷，没有鼓掌。费德林几次劝我鼓，我还是没有鼓。

直到剧已终了，在观众的热烈鼓掌声中，特别是观众表示对中国来客的热情，为中苏的友谊，为感谢观众的盛意，我也对着观众鼓了。

剧场指挥在剧终后找我谈话，询问意见，我坦率地说，根据我是一个参加中国革命的人，我觉得剧情不像。

这次看戏，就这样不欢而散。

回到住所，见毛主席，说了经过和自己的意见。

看《红罂粟》的全部过程，就是这样。

实际上，那回要我去看这个剧，不过是想先试一试中国人的态度，作为请毛主席去看剧作的一种准备。随后，苏联人还是要请毛主席看，但毛主席已从我这里知道剧情，就没有去。

"《红罂粟》事件"曾在莫斯科掀起一场风波，有着各种说法。费德林和陈伯达作为两个主要的当事人，其回忆的内容大体上是一致的。那天与陈伯达一起去看《红罂粟》的，还有师哲等人。

据陈伯达回忆："当中苏谈判告一段落，毛主席即对我说，你现在要参观一些什么，你就去看。我除了看列宁集体农庄外，还到列宁晚年养病和逝世的地方去，并且按照

《中苏友好同盟互助条约》等条约与协定签字仪式

引路者的要求,写下自己的感想。这些参观,都预先请示毛主席,后来又对他报告过。"

1950年2月14日,在克里姆林宫举行《中苏友好同盟互助条约》隆重的签字仪式。苏方出席仪式的有斯大林、莫洛托夫、伏罗希洛夫、维辛斯基等,当时尚未显赫的赫鲁晓夫也出席了仪式;中方出席仪式的有毛泽东、周恩来、王稼祥、陈伯达等。周恩来和维辛斯基分别代表两国政府在条约上签字。

当晚,由王稼祥大使夫妇出面,举行盛大的鸡尾酒会,庆祝《中苏友好同盟互助条约》的签订。斯大林和苏联党政军负责人出席酒会,毛泽东和代表团全体成员作陪。

2月16日,斯大林在克里姆林宫欢宴中国党政代表团。56岁的毛泽东,握别70岁的斯大林,于翌日登上回国的专列。这次访苏,毛泽东和斯大林是初会,也是永别。

陈伯达跟随毛泽东一起回国。在莫斯科度过的两个月,是陈伯达平生第一次参加重要的外交活动。

与毛泽东同车回去的,还有在苏联进行秘密访问的越南民主共和国主席胡志明。

专列进入中国东北境内之后,陈伯达又随毛泽东在东北作参观、视察,回到北京已是3月上旬了。

第三次婚姻

陈伯达回到北京,第三次结婚。他第一次结婚,与诸有仁的婚姻维持了九年;第二次结婚,与余文菲的婚姻维持了五年。

这时的陈伯达,已经46岁。新娘呢,28岁,比他小18岁,比余文菲还小4岁——他先后的三位妻子,一个比一个年轻!

新娘原名刘肃宴,后来改为刘叔晏,又写作刘淑晏。她1922年生于四川灌县。1938年,16岁的她加入中国共产党。她做过地下工作,从事过工人运动、青年运动工作。她曾在著名社会学家邓初民教授(解放后任中国民主同盟中央副主席,1962年加入中共）那里做过统战工作，被邓初民认做干女儿。

刘叔晏曾经结过婚，前夫叫刘光。刘光生于1917年，湖南人，多年来从事少年儿童和共青团工作，1932年曾去苏联参加少年共产国际工作，回国后进入延安，在共青团中央工作，并出任西北青年救国联合会宣传部部长。1938年10月，中共中央在重庆成立南方局，刘光调往那里，担任青委书记。

1946年4月16日，当余文菲生下陈晓农一个月后，5月30日，刘叔晏生下一女，刘光为女儿取名刘海梅。

在刘光病逝之后，刘叔晏带着幼小的女儿，从重庆来到延安。

1947年春，刘叔晏随中共中央机关转移到河北平山县。在那里，她进入马列学院学习，当时陈伯达正主持马列学院工作。陈伯达过去认识刘光，知道刘光病故，也就对刘叔晏格外照顾。渐渐地，随着彼此间接触日益增多，开始产生感情。这样，陈伯达开始了他的第三次恋爱。

恋爱了几年，陈伯达和刘叔晏在1950年结婚。

新婚之后，陈伯达一家五口：诸有仁所生的陈小达仍在莫斯科，余文菲所生的陈晓农与陈伯达、刘叔晏生活在一起。另外，刘海梅改姓陈，也成了陈伯达的女儿。

这时的陈伯达，有了一连串带"副"字的职务：除了马列学院副院长外，又兼做中共中央宣传部副部长、中国科学院副院长（后来还兼国家计委副主任）……然而，他的最主要的、从不公开见报的职务，还是毛泽东的政治秘书。

陈伯达有了轿车，有了司机，有了公务员。中南海的警卫局给陈家送花时，每一回总是四盆——这意味着他是部长级。因为送花的盆数多少，取决于级别。毛泽东那里，每一回送八盆。

起初，刘叔晏在北京郊县通县双桥农场当副场长，一个星期才能回中南海一趟。陈伯达派车去接她，快到中南海时，让她下车，走回家中。

陈伯达到毛泽东那里，总是走过去，或者让车子开到勤政殿附近，下车走过去，从不让车一直开到毛泽东住所跟前。

办别的事可以拖拖拉拉，但毛泽东一个电话，陈伯达随叫随到。不论白天黑夜，只要毛泽东找他，他从不敢怠慢。在毛泽东面前，他总是保持毕恭毕敬的姿势。至于一跨出毛泽东的门，他便是另一种神态、另一种姿势了。

他把岳母——刘叔晏的母亲——也接来同住。

陈伯达的小家庭，一般来说是安静的。日子久了，他跟刘叔晏有时也吵吵闹闹。每当刘叔晏高声吵叫，他就赶紧开放收音机，以求"冲淡"家中的吵闹声，免得家丑外扬。因为他知道他所住的不是普通的地方，而是高级干部的大本营——中南海。

刘叔晏和陈伯达结婚后，先生一女，取名陈岭梅。据云，陈伯达为女儿取名，源于他当年家乡的梅山小学。后来，刘叔晏再生一子，取名陈晓云。

公务员眼中的陈伯达

笔者为了了解陈伯达20世纪50年代的日常生活，访问了他当时的公务员李景如。

像聊天一样，老李想到哪里就说到哪里，倒是十分逼真地勾画出陈伯达当时的形象……

李景如到陈伯达家当公务员，是领导上分配去的。刚到他那里，就遇上麻烦事——他的话很难懂。过了些日子，才算慢慢地听懂了。

刚一去，叫他"陈部长"，他很不高兴，说道："我不作兴叫'部长''首长'的。我当过教员，你以后就叫我'陈教员'。"

虽说李景如觉得有点别扭，毕竟是陈伯达要他那么叫，也就喊"陈教员"。从此，一直叫他"陈教员"。

这位"教员"是吃特灶的。那时，陈家老小及工作人员都吃中南海乙区的大灶，但陈伯达夫妇是吃甲区特灶的。一日三餐，由李景如到甲区西楼大厅去打饭——他拎着铁饭盒去，风雨无阻。到了冬天，铁饭盒外边罩一个棉套子，以求保暖。

从迎春堂到西楼大厅特灶，大约要走半里地。从乙区到甲区，要通过岗哨。岗哨很严格，李景如虽然一日来回六次经过那里，跟哨兵很熟，但是每一回都得拿着通行证——一张像公共汽车月票大小的黄色卡片，上面贴着照片，写着姓名、工作单位、职务，盖着中共中央办公厅的大印和杨尚昆的图章。通行证每月换一次，过期无效。从乙区进甲区时要查看通行证，从甲区去乙区则不查。

特灶的菜谱总是在前一天晚上送来。最初是陈伯达亲自点菜，后来由刘叔晏点菜。日子久了，李景如知道他们的脾气，也就常常由李景如来替他们点。也有时，他们想吃什么，叮嘱他一句。他们一般中饭三个菜，晚饭三个菜，算是吃得省的。早饭一般是馒头、青菜、豆腐乳加两个煮鸡蛋。

陈伯达喜欢吃海鲜，如鱼、虾、螃蟹、海参，也吃清炖母鸡、肉丝炒米粉、青菜之类，不吃黄鳝，也不吃辣味、大蒜。有一回，李景如订了个清蒸甲鱼，陈伯达说是"王八鱼"，赶紧退掉。

陈伯达总是说，在他家看上去是为他服务，而他是为党服务，因此在他家工作也就是为党服务，是很光荣的。只有得到领导信任的人，才可能到他家服务。在陈伯达这样的"教育"下，李景如当时工作是尽心尽力的，服务非常周到——因为这是"为党服务"。

第六章
五十年代的荣耀

有一回，天凉了，陈伯达要出门时，想起应该加件薄毛衣，可是，一时又找不到。他说："不找了，不找了！"看看手表，走了。

陈伯达走后，李景如找到了那件薄毛衣。他见陈伯达是徒步离家的，猜出十有八九是到毛泽东那里去了。李景如怕他着凉，便骑自行车，带着薄毛衣，前往勤政殿。

李景如按了毛泽东住处的电铃，一位工作人员出来了。

"陈伯达同志在吗？"李景如问道。

那位工作人员点点头。

李景如把毛衣交给了那位工作人员，骑车回去了。

第二天，陈伯达特地找李景如谈话，脸色十分严肃："你怎么知道我在主席那里？"

"我看你出门时朝勤政殿方向走。"李景如答道。

"以后不要给我往那里送衣服！"这时，"陈教员"用很严厉的语气说道。看得出，李景如昨天那么周到的服务，反而惹他生气了——因为他在毛泽东面前是很注意"影响"的！

其实，李景如完全出于一片好意。他在陈伯达身边日子多了，知道他最怕感冒。陈伯达常说："一感冒，就会影响身体。"所以，他整年都戴帽子，春、秋、冬戴鸭舌帽或干部帽，夏天也爱戴网眼帽。他理发、洗澡，从不洗头，怕着凉。头发常用篦子篦一篦，篦去头屑。他甚至在家里也戴帽——睡觉时还要戴顶睡帽。起初戴顶破棉帽当睡帽，后来刘叔晏给织了顶毛线睡帽。正因为这样，陈伯达在种种新闻照片上，总是戴帽的。

陈伯达对于衣着，倒并不讲究。平常，穿蓝色、灰色斜纹布中山装。逢五一劳动节或十一国庆节，要上天安门，才穿料子衣服。他平常穿布鞋。他的布鞋，都是李景如给买的。反正李景如试穿时觉得稍紧一点，给陈伯达穿正好。陈伯达只有一双"三节头"黑皮鞋，要去天安门或者见外宾，便嘱咐李景如擦得锃亮。李景如知道"陈教员"常有稿费收入，经济上不紧张，劝他再买双皮鞋，可供轮换，"陈教员"直摇头。

陈伯达不抽烟，只稍稍喝点葡萄酒。倘若来了抽烟的客人，待客人一走，陈伯达赶紧开窗。

虽然同为秘书，陈伯达、田家英与毛泽东相处的方式大不相同：陈伯达谨小慎微、一味迎合，生怕做错事说错话；田家英则坦荡磊落、大公无私，不怕真实表达意见。图为田家英（左）和毛泽东在一次会议上

陈伯达常常腰疼、腿疼。他笃信狗皮膏药，总叫李景如去买，贴在腰上和膝盖上。

陈伯达几乎没有什么业余爱好，有时练练毛笔字，写完了就撕掉。他不大愿意给人题字，说是"太招摇"，所以他给谁题字，就表示很看得起谁。

他的唯一爱好是看书，他有好多书，要么坐在那里看，要么躺着看。看到得意之际，往往摇头晃脑，一双脚有节奏地抖动着，口中用福建话念念有词，李景如听来像唱歌一般。他的床和书桌紧挨着。他睡得晚，起得晚。他怕吵，所以特地叫人加了一道玻璃窗。桌上的书、稿，不许别人翻动。

陈伯达最喜欢去琉璃厂中国书店淘古书。他坐着小汽车去，车停在附近，然后自己进去翻找，不喜欢别人跟着。

他关照所有的工作人员，不论是谁，一接到毛泽东那里来的电话，无论如何要马上通知他。即便是睡觉了，也要立即叫醒他。一听说毛泽东找他，他就会风风火火赶去。

后来，李景如学会了开汽车，当过陈伯达的司机。凡是到毛泽东那里，陈伯达总是说"去勤政殿"。去周恩来那里，则说"去西花厅"。至于别人，就直说其名，如"去少奇同志那里""去小平同志那里"。

每年冬天，他差不多都要跟毛泽东去杭州，到了春暖花开，一起回到北京。

他对工作人员的生活很少关心，他所要求的，只是工作人员如何为他服务。

秘书眼中的陈伯达

陈伯达给毛泽东当秘书，到了1952年，他自己也有了秘书。

他的第一位秘书叫姚洛。笔者在北京访问了姚洛。已经退休的姚洛，回忆起往事……

姚洛，1923年生，1941年加入中国共产党，担任过中共江苏东台县委宣传部部长。1948年秋，姚洛调到马列学院学习，1952年在马列主义研究室工作。那时，陈伯达身边需要一个人收发文件，可能是马列学院教务长杨献珍提名，把他调往陈伯达那里工作。于是，姚洛成了陈伯达的第一位秘书。

姚洛说，那时候的陈伯达，还不是党政要人，不处于政治的最高层，处于中上层。虽然陈伯达兼着许多带"副"字的社会职务，但是他主要是给毛泽东做文字工作，当政治秘书。

陈伯达写东西都是自己动手，从不叫姚洛起草。有时，叫姚洛抄一抄。不过，姚洛喜欢写那种自己"发明"的简体字，使陈伯达很不高兴。比如，姚洛有一回把"党员"写成"TO"，因为他把"T"当作"党"的简体字，而"O"是圆形，亦即"员"。从此，

第六章
五十年代的荣耀

1954年，（左起）田家英、陈伯达、毛泽东、周泽昭、罗光禄在杭州

陈伯达常常挖苦姚洛为"TO"！

在姚洛的印象中，陈伯达可用一个字概括：诡！

平素，陈伯达总是摆出一副谦谦君子的样子，口口声声说自己是"小学生"，是"教员"，不是"首长"。尤其是在毛泽东面前，他显得非常谦恭。

对下呢，他倒也不是那种张牙舞爪的气势。可是，他有时阴阳怪气，弄得你左右不是，捉摸不透。

你只有在他身边工作多年，才慢慢看出他为人的诡：

比如，他最关心的，是摸毛泽东的动态。毛泽东的一句话、一个主意、一个动作，他都很注意，他总是在揣摩着毛泽东的心思，千方百计迎合毛泽东。看风向，摸气候，是他的本领。

田家英看不惯他的这一套，跟他关系紧张。姚洛跟田家英有些来往，陈伯达马上就很敏感，怀疑田家英是不是在背后搞他。他对姚洛说："有人反映，你在背后搞你的'老板'！"

他给毛泽东起草文件，在文件定稿之后，他往往要把自己亲笔写的手稿撕掉。姚洛感到奇怪，这些手稿应当存档的呀，他却只管撕掉，不作任何解释。（据别人解释，那是陈伯达生怕将来这些手稿给毛泽东看见，诸多不便。因为解放后毛泽东事忙，有些以毛泽东名义发表的文章，是由陈伯达起草的。陈伯达的心眼多，处处提防着，以免惹是生非。）

康生身边的人，一个个被康生提拔，身居要职。陈伯达不搞这个。这倒并不是说他不热心于培植自己的势力。他是另一种想法，怕自己身边的人一个个拉上高位，太

217

显眼了，容易牵涉到他，给他带来麻烦。这与他总说自己是"教员"、在"文革"中声称自己是"小小老百姓"是一致的。他是在"谦逊"背后下工夫。他与康生各有一套"拳经"。

在20世纪50年代，他的主要工作就是为毛泽东起草文件，做文字工作。他不大作大报告，也不大讲课，主要是因为他的话难懂。

除了为毛泽东起草文件外，陈伯达曾打算写一部理论著作《中国资本主义发展史》。他调来两个人帮助收集材料，一个是陈真，一个是徐洪烈。后来，徐洪烈成了他的文书。

后来，又调来徐兵、史敬棠帮助收集材料。这样，他那里的工作人员多起来了。

《中国资本主义发展史》没有写成。后来，把收集到的材料编成《中国近代工业史资料》，总共四大册，由人民出版社出版了。

解放后，陈伯达的文思不如从前，往往不流畅，往往要反反复复地改。尤其是往毛泽东那里送去的文稿，陈伯达小心翼翼。姚洛记得，有几次文稿装入大信封，已经封好，准备送往毛泽东那里，陈伯达忽然想起什么，又拆开来作修改。还有一次，文稿已由通信员送出，陈伯达又想起什么，派人赶往勤政殿，从毛泽东秘书那里追回刚收到的文稿，作了修改，重新送出。陈伯达生怕在毛泽东那里有半点差池，他深深知道，毛泽东对他的印象好坏，将决定他的仕途前景。

刘叔晏在通县工作了一段时间，想调回来在中南海工作，可是，调动工作一时难以办成。这时她生病了，便在家住着。姚洛替她办通行证，证上要填写职务，姚洛写了"家属"两字，不料，这件事惹了她，让她极不高兴。她说："'家属'怎么成了我的职务呢！"可是，不写"家属"，姚洛又想不出别的合适的符合她身份的职务！

终于，在1956年，刘叔晏取代姚洛，成了陈伯达的秘书。

姚洛调走了。

在"文革"中，姚洛挨整，陈伯达要姚洛交代："你和田家英是什么关系？！"直到这时，姚洛才明白他被调走的真正原因：陈伯达早就对姚洛与田家英的接触生疑。陈伯达以己度人，因为他曾想通过田家英摸毛泽东的动态，因而担心田家英通过姚洛摸他的动态！调走了姚洛，由自己的老婆当秘书，陈伯达这才放心了。

编辑《毛泽东选集》

陈伯达对毛泽东毕恭毕敬，赢得了毛泽东的信任，让他参加一项重要的工作——编辑出版《毛泽东选集》。

《毛泽东选集》在1944年5月曾分册出版过。那是在中共中央晋察冀中央局领导下，由邓拓编辑出版的。此后虽又出过几种版本，但那时毕竟处于战争年代，又未经毛泽东亲自审阅过，付印得比较匆忙。这一次，则由"中共中央毛泽东选集出版委员会"负责编选、出版。

据1949年底陪毛泽东访问苏联的师哲回忆：

> 在工作人员拟订条约和协定时，毛泽东和周总理一同到克里姆林宫拜访斯大林。在这次会见中，斯大林提出，为了总结中国革命的经验，建议毛主席把自己写的文章、文件等编辑出版。毛主席说他也有此意。

1951年4月2日，中央人民政府出版总署发出了《关于做好〈毛泽东选集〉出版、印刷、发行工作的指示》。

1951年10月12日，《毛泽东选集》第1卷出版发行。1952年4月10日，《毛泽东选集》第2卷出版发行。1953年4月10日，《毛泽东选集》第3卷出版发行。《毛泽东选集》第4卷，则在1960年9月29日出版发行。

据陈伯达说，收于《毛泽东选集》第1卷正文之前的《本书出版说明》，是他起草的，写于1951年8月25日。"出版说明"全文如下：

本书出版说明

这部选集，包括了毛泽东同志在中国革命各个时期中的重要著作。几年前各地方曾经出过几种不同版本的《毛泽东选集》，都是没有经过著者审查的，体例颇为杂乱，文字亦有错讹，有些重要的著作又没有收进去。现在的这部选集，是按照中国共产党成立后所经历的各个历史时期并且按照著作年月次序而编辑的。这部选集尽可能地搜集了一些为各地方过去印行的集子还没有包括在内的重要著作。选集中的各篇著作，都经著者校阅过，其中有些地方著者曾作了一些文字上的修正，也有个别的文章曾作了一些内容上的补充和修改。

下面有几点属于出版事务的声明：

第一，现在出版的这个选集，还是不很完备的。由于国民党反动派对于革命文献的毁灭，由于在长期战争中革命文献的散失，我们现在还不能够找到毛泽东同志的全部著作，特别是毛泽东同志所写的许多书信和电报（这些在毛泽东同志著作中占很大的部分）。

第二，有些曾经流行的著作，例如《农村调查》，遵照著者的意见，没有编入；又如《经济问题与财政问题》，也遵照著者的意见，只编进了其中的第一章（即《关于过去工作的基本总结》）。

第三，选集中作了一些注释。其中一部分是属于题解的，附在各篇第一页的下面；其他部分，有属于政治性质的，有属于技术性质的，都附在文章的末尾。

第四，本选集有两种装订的本子。一种是各时期的著作合订的一卷本，另一种是四卷本。四卷本的第一卷包括第一次国内革命战争时期和第二次国内革命战争时期的著作；第二卷和第三卷包括抗日战争时期的著作；第四卷包括第三次国内革命战争时期的著作。

中共中央毛泽东选集出版委员会
1951 年 8 月 25 日

文末所署"中共中央毛泽东选集出版委员会"，是他在写此文时临时所拟。原本叫"中共中央毛泽东选集编辑委员会"，刘少奇任主任。陈伯达觉得要避"编辑"两字，因为毛泽东的文章，岂可要别人来"编辑"？弄得不好，会惹麻烦。他咬文嚼字一番，改用"中共中央毛泽东选集出版委员会"。这么一来，这个"委员会"名义上只是负责出版事宜——虽然实际上做着编辑工作。

做编辑工作的，实际上是毛泽东的三位秘书，即陈伯达、胡乔木、田家英。为了写《毛泽东选集》的注释，成立了一个班子，由田家英负责。历史学家范文澜参加了注释工作，涉及历史的许多注释是范文澜写的。

《毛泽东选集》的编辑工作，是作为一项极为重要的工作进行的。据《赫鲁晓夫回忆录》第18章记载：

毛泽东给斯大林写了封信，要他推荐一位苏联的马克思主义哲学家到中国去帮助编毛选。毛泽东在他的著作出版以前要一位有教养的人帮他整理一下，以避免在马克思主义哲学方面出现错误。尤金就被选上，去了北京。

在一段时间里，尤金和毛泽东相处得很亲密。毛泽东去拜访尤金的次数比尤金拜访毛泽东的次数还多。斯大林甚至有点担心尤金对毛泽东不够尊重，因为他让毛泽东来看他，而不是他去看毛泽东。总之，一切都顺利。

……但是，当他和毛泽东在哲学见地上发生冲突的时候，他无论作为大使[1]，还是作为我们和毛泽东的联系人，对我们都无好处了。所以我们召回了他。

---

[1] 当时尤金担任苏联驻华大使。

第六章
五十年代的荣耀

毛泽东在广州主持《毛泽东选集》第4卷文稿通读会。毛泽东右侧起依次为：逄先知、许立群、康生、田家英、胡乔木、熊复、姚臻

费德林在他的回忆录中，也详细写到尤金来华的情况，其中多处提及陈伯达：

> 尤金到北京后就着手审阅我和中国同行一起搞的毛泽东著作俄译本。正如俗话所说，中国的大米饭不是白吃的。
>
> 不久便同毛泽东约定了日子，以便审查书中的注释和院士写的导言。这次约会定在中南海毛泽东的办公室。
>
> 谈话开始前，毛泽东对这项工作给大家带来的麻烦和困难表示歉意。他感到很过意不去……然后谈话进入正题。
>
> 毛泽东请尤金提提意见，说这对"作者今后正确理解和分析具体事物将会非常宝贵……"
>
> "毛泽东同志，我们仔细拜读了您的大作，"尤金说，"它有着深刻的科学性，在理论上也很成熟。由于作者对马克思主义哲学的理解，以及对中国具体实际的透彻了解，才能对局势作出客观的评价，指导党进行无往不胜的斗争……"
>
> "尤金同志，谢谢你，你太客气了……我这些粗浅的东西实在不敢当。这些都是在长征途中和战斗第一线仓促写成的，手头没有马克思列宁主义的原著，错误在所难免……希望大家加工修改。"毛泽东轻轻地说。
>
> "您太谦虚了，毛泽东同志，您对自己的作品过于自谦，我没有发现什么严重错误，只是个别地方作了一点记号，写上我个人的想法……"说着，尤

金翻开笔记本，提出几个意见，并指出具体哪篇文章，哪一段，第几页。担任翻译的师哲立刻告诉陈伯达教授，陈是中共中央负责毛泽东著作编辑委员会的领导人。陈伯达拿出中文本来查对。

"陈伯达，你对院士的这两个意见是怎么看的？"毛泽东问。

"我仔细听了院士的意见，我觉得他提得很对。不过我们已经对以前发表的一些提法作了修改，在尤金同志来到北京之前就更正了。"陈伯达安然回答。他显然知道如何用笔墨来填写空白。

"请你继续提出宝贵意见，尤金同志。"毛泽东接着说。

"这里的意见，也是这个精神。"尤金继续引用有关作品，某一段，某一页。他讲完之后，毛泽东用同样的方式问陈伯达。

"毛泽东同志，这个想法很好，不过，我们已经作了必要的订正。中文本也修订过了。这是一个疏忽，当时印刷条件不好……"陈伯达报告说。

毛泽东的理论作品就是这样进行审定的。它表明中共中央编辑委员会及其领导人的组织工作做得很好，他们的工作无懈可击。苏联哲学家想到的问题他们早已想到了，因此这次谈话实际上只是履行一个手续而已。

但是我敢肯定说，在出版《毛泽东选集》俄文版的过程中，陈伯达的委员会对最初的文本作了较大的改动，而不是像他当着毛泽东的面所说的那样。此外，尤金的许多意见要么没有采纳，要么用另一种措词来说明。[1]

据陈伯达回忆，在出版之前，毛泽东本人对《毛泽东选集》逐篇作了推敲，是很细致的。

毛泽东也很细心地听取了别人的意见。收入《毛泽东选集》的文章，与最初发表的原文有些地方不同，便是毛泽东在出选集时作了修改。根据毛泽东的意见，陈伯达做了一些文字性技术性改动。陈伯达说，修改较多的是《中国社会各阶级的分析》《实践论》《矛盾论》《论联合政府》等文。

1951年3月8日，毛泽东曾就修改《矛盾论》问题，给陈伯达、田家英写了一信：

伯达、家英同志：

《矛盾论》作了一次修改，请即重排清样两份，一份交伯达看，一份送我再看。论形式逻辑的后面几段，词意不畅，还须修改。其他有些部分也还须

---

[1] 费德林：《我所接触的中苏领导人》，第172~174页，新华出版社1995年版。

作小的修改。

　　此件在重看之后，觉得以不加入此次选集为宜，因为太像哲学教科书，放入选集将妨碍《实践论》这篇论文的效力，不知你们感觉如何？此点待将来再决定。

　　你们暂时不要来，待《矛盾论》清样再看过及他文看了一部分之后再来，时间大约在月半。

毛泽东
3月8日

毛泽东细心听取各方面意见。1951年3月27日，毛泽东在致李达的信中也谈道：

　　《实践论》中将太平天国放在排外主义一起说不妥，出选集时拟加修改，此处暂仍照原。

编辑《毛泽东选集》，使陈伯达有机会系统地读了毛泽东的著作。他抓住这个机会，把宣传毛泽东思想的大旗抓在手中。新中国已经诞生，毛泽东已成为举世公认的中国人民的领袖。

对于陈伯达来说，抓住宣传毛泽东思想的大旗，他也就成为中国首屈一指的"理论家"了。

所以，陈伯达开始着手写作《论毛泽东思想——马克思列宁主义与中国革命的结合》一书。

1951年1月23日，毛泽东曾致函陈伯达：

伯达同志：

　　我还是和过去差不多，拟于一周后去附近地点正式休息一时期，行前当找你一谈。关于介绍《实践论》，《学习》上有了一篇[1]，我没有全看，你写文章时请翻阅一下。你文章写成时，如有时间，可以给你看一遍。

毛泽东
1月23日

1951年7月1日，为了纪念中国共产党诞生30周年，陈伯达由人民出版社出版

---

[1] 指1951年1月15日出版的《学习》杂志第3卷第8期社论《〈实践论〉——学习和工作的指南》。

了《论毛泽东思想——马克思列宁主义与中国革命的结合》一书，称颂"毛泽东同志是马克思列宁主义在中国最杰出的代表"。这本书成为陈伯达在解放后的一部主要著作。

尤金看了这本书，认为可以译成俄文在苏联发行，因为书中强调："在毛泽东同志的领导下，追随苏联共产党的榜样，我们的党已经是布尔什维克化的革命党。"不过，尤金以为书名不恰当——书中提到了"马克思""列宁""毛泽东"，没有提到斯大林！

"陈伯达同志，我建议你把书名改成《毛泽东论中国革命》，这样更加简练、切题些。"尤金向陈伯达提出了建议。

陈伯达答应了。

于是，这本书的俄文版，便改用《毛泽东论中国革命》。

1951年9月，陈伯达到印刷厂，向工人们演说："印刷《毛泽东选集》是一项很伟大很光荣的工作。由中国人写作的最伟大、最好的书，就是这本书，就是《毛泽东选集》。全中国、全亚洲、全欧洲和全世界的工人阶级，都要求出版这本书。《毛泽东选集》出版以后，全中国和全世界的工人阶级都会感谢大家！"

1953年8月，当人民出版社重印此书中文版时，陈伯达居然也把书名改为《毛泽东论中国革命》。

另外，在1952年5月13日《人民日报》上，陈伯达发表了《毛泽东同志论革命的辩证法》，对毛泽东的《矛盾论》《实践论》进行解释，阐述毛泽东的哲学思想。

另外，因为他担任中国科学院副院长，所以在院长郭沫若陪同下，曾到中国科学院发表长篇讲话。

讲话稿刊登于1952年9月4日《人民日报》，题为《在中国科学院研究人员学习会上的讲话》。

这时，陈伯达的一系列著作，由人民出版社印成单行本出版，就连《在中国科学院研究人员学习会上的讲话》，也印成米黄色封面的小册子发行。他已俨然成为中国的"理论家"。

作为中央马列学院副院长，陈伯达还负责筹备建立"中央红色教授学校"，亦即马克思主义教师学校。1952年12月4日，陈伯达、杨献珍、陈昌浩与苏联谢甫磋夫教授就这一问题作了谈话。翌日，陈伯达等写报告给毛泽东。

1952年12月10日，毛泽东写了如下批示：

对陈伯达等关于筹备马克思主义教师学校等问题的报告的批语

乔木同志：

将此件抄送各中央局宣传部长一阅，使他们初步了解中央准备成立红色教授学校的意图及其伟大的意义。

毛泽东
12 月 10 日 [1]

起草农业合作化决议

从 1953 年开始,以"陈伯达"署名的文章见报的"频率"大大降低。这位"理论家"怎么不写文章了呢?

他仍在不断地写,不过,他的文章没有署上陈伯达的名字——因为毛泽东把一些中央文件的起草任务交给他,他成了中共中央的一支笔。

建国之初,在土地改革之后,如何使个体农民走上合作化之路,成为毛泽东日夜焦虑的问题。毛泽东对农村问题进行了调查研究,召开了一次又一次农村工作会议,先后主持制定了三个文件:

第一个文件——1951 年 12 月,中共中央发出《关于农业生产互助合作的决议》;

第二个文件——1953 年 12 月 16 日,中共中央发出《关于发展农业生产合作社的决议》;

第三个文件——1955 年 10 月 11 日,中共中央七届六中全会《关于农业合作化问题的决议》(根据毛泽东 1955 年 7 月 31 日在省委、市委和自治区党委书记会议上的报告通过的决议)。

陈伯达参加了这三个文件的起草的工作,他的回忆具有一定史料价值,兹照录于下:

农业生产互助合作,在中央苏区土地改革后出现过。《毛泽东选集》第 1 卷收入的《我们的经济政策》(1943 年 1 月 23 日)一文这样记载:

"……很多的地方组织

1950 年代初,毛泽东亲自为《中国农村的社会主义高潮》一书作按语,介绍办合作社的先进经验

---

[1]《建国以来毛泽东文稿》第 3 卷,第 635 页,中央文献出版社 1989 年版。

了劳动互助社和耕田队，以调剂农村中的劳动力；组织了犁牛合作社，以解决耕牛缺乏的问题……"（第1卷，第117页）

在选集编辑时，毛主席写了如下的注释：

"劳动互助社和耕田队，是当时红色区域农民在个体经济的基础上，为调剂劳动力以便生产所建立的劳动互助组织。加入这种劳动互助组织是自愿的，而且必须是互利的……劳动互助社除了社员互助外，还优待红军家属，帮助孤老（帮助孤老做工的只吃饭，不要工钱）。因为这种劳动互助组织对生产起了很大的作用，采取的办法又很合理，所以得到群众热烈的拥护。"（同上，第121页）

抗日战争中，在陕北，似乎当时政治研究室农业组曾经有同志写了一篇有关安塞农民出现互助合作性质的文字。似乎这篇文章引起过毛主席的注意。（此事仅凭记忆，如记错，当然是我的不是。）

1934年，毛主席关于《组织起来》的演讲（见《毛泽东选集》第1卷），闻名于陕甘宁边区和各根据地。其中说：

"……在边区，我们已经组织了许多的农民合作社，不过，这些在目前还是一种初级形式的合作社……我们的经济是新民主主义的，我们的合作社还是建立在个体经济基础上（私有财产基础上）的集体劳动组织。这又有几种样式。一种是'变工队'、'扎工队'这一类劳动互助组织……这种集体互助的办法是群众自己发明出来的。"

毛主席在这个演说中，除列举了一些事实外，对一些问题做了阐释，原文都在，这里不复述了。

1951年第一个"农业生产互助合作的决议草案"关于两个积极性的论点，是在起草过程中，我向毛主席请示时，毛主席提出的。

这个草案是集合了当时华北地区和东北地区的同志充分认真讨论的意见而拟成的。当时其他各地区在解放后正在进行土地改革或土地改革正在完成的过程中，来不及请这些地区派出代表参加。

当时华北局帮助中央派出了一个调查组到下面去，主要是农业模范耿长锁提供了很有益的经验。

毛主席关于两个积极性的论点——"农民在土地改革后的两种积极性，即互助合作的积极性和个体经济的积极性，党的政策是引导农民走合作化的道路"，这一思想是纲领性的。这一马克思主义的思想，在第二个决定上，又作了带根本性的一次分析，阐明克服农民两重性的社会主义出路。

第二个农业问题的决定，也是有同志到下面调查提供材料而后作出的。

毛泽东同志、党中央支持这个草案。

那时已设立了农村工作部,由邓子恢同志负责。起草这个决定时,他不在北京。虽然中央已通过这个文件,但毛泽东同志认为,还是要等他。他回来表示同意,文件就定下来。这件事,可以看出毛泽东同志当时在中央决定问题是很慎重、很民主的。

记得有要求"收缩合作社"一事。对此事,似乎毛主席当时是直接知道的。我不记得农村工作部给我打电话。记得,当时毛主席是不赞成此事的。

第三个决定,记得是毛泽东同志在杭州同一些有关农业合作社问题的重要省份的负责人现场讨论后拟定的。记得当时同志们说了乡下的一个"流行语",大意是:"横竖要共产,迟共产,不如早共产。"这个流行语,表现了一些农民的急躁情绪,表现了一些农民不愿意多拖拖拉拉。但第三个决定发出、实施后,照我的记忆所及,并没有损害生产力。当时农业各种生产,如粮食、棉花、猪等还是上升的。

记得是那年冬天吧,我在解放后第一次回到家乡,目的是要了解农业情况。跟各种农民谈过话,除了有一个儿时晓得他是富农,谈话很冷淡外,一般是很好的光景。是否强迫入社呢?

离我家五里路,有一个著名的乡,我去时那里正在分地瓜(番薯),一个干部给说了一个笑话:他们那里有一个富裕中农,他不入社,说要跟社比赛,看谁的产量高,于是在他的地里拼命下肥料,结果庄稼生长时被过多的肥料烧死了。他服了,于是也要求入社。

赶紧从高岗那里滑脚

除了参加起草农业合作化的文件之外,陈伯达还参加了中华人民共和国宪法的起草工作。

据1954年3月24日《人民日报》报道:

中华人民共和国宪法起草委员会举行第一次会议……毛泽东主席代表中国共产党提出中华人民共和国宪法草案初稿。会议在听了陈伯达委员关于宪法草案初稿的说明后,决定在最近两个月内完成对宪法草案初稿的讨论和修正,以便提请中央人民政府委员会作为草案批准公布。

陈伯达说，宪法主要是按照毛泽东的一系列指示起草的，参加起草的不止他一个人。序言是胡乔木执笔的，田家英也参加起草工作，参加讨论的人那就更多了。在一次又一次的讨论中，广泛吸取了大家的正确意见，他只是做"文字理发匠"的工作。

另外，1953年3月9日，毛泽东为悼念斯大林去世而发表的文章《最伟大的友谊》，他参与了起草。

虽说他一直把"跟准"毛泽东作为自己的行动"准则"，可是，在20世纪50年代初，他有一回没有"跟准"毛泽东，差一点出了大事，吓得魂飞魄散。

那是1952年，高岗从东北调来北京，担任国家计委主任。高岗是陕西横山县人，比陈伯达小1岁。在延安，高岗担任陕甘宁保安司令部司令员、中共中央西北局书记时，跟陈伯达认识。

此后，高岗调往东北，担任中共中央东北局书记、东北人民政府主席，有人说他在东北搞独立王国。高岗调入北京不久，原中共中央华东局第一书记饶漱石调到北京做中共中央组织部部长，这时又有人说高岗与饶漱石联合起来，图谋夺取党和国家的最高权力。

1952年2月，受毛泽东的派遣，陈伯达曾去东北了解"五反"情况。为此，毛泽东给高岗专门写了一封信：

高岗同志：

为了解东北"五反"斗争情况，派陈伯达同志到沈阳看一看，有时间的话去长春哈尔滨两处看一下，一星期到十天回来再去上海一带。陈到后请你给他以指示。

毛泽东
2月27日 [1]

高岗

高岗看中了"理论家"陈伯达，请陈伯达帮助修改《荣誉是属于谁的？》一文。陈伯达答应了，为他出了力。高岗正需要一支笔，看中了陈伯达。尽管过去他们没有深交，如今却因高岗的特殊目的，彼此不断有了来往。

幸亏陈伯达从毛泽东那里获知重要信息，赶紧

---

[1]《建国以来毛泽东文稿》第3卷，第227页，中央文献出版社1989年版。

第六章
五十年代的荣耀

从高岗那里滑脚。1954年2月10日，中共七届四中全会根据毛泽东的建议，通过《关于增强党的团结的决议》。决议中的一段话，语气那般尖锐，表明是实有所指的：

> 我们党内产生过张国焘，苏联党内产生过贝利亚，这样重大的历史教训表明，敌人不但一定要在我们党内寻找他们的代理人，而且曾经找到过，在今后也还可能找到某些不稳定的、不忠实的，以至别有企图的分子作为他们的代理人，这是我们必须严重警惕的。

决议批判了"独立王国"，指出有人"夸大个人的作用，强调个人的威信，自以为天下第一，只能听人奉承赞扬，不能受人批判监督，对批判者实行压制和报复，甚至把自己所领导的地区和部门看作个人的资本和独立王国"。

决议还批判了"小集团"，指出"如果避开党组织和避开中央来进行个人的或小集团的政治活动，避开党的组织和避开中央来散布个人的或小集团的政治意见，这在党内就是一种非法活动"。

尽管中共七届四中全会决议没有点名，实际上很明确，指的便是高岗和饶漱石。

高岗和饶漱石是在1953年6月至8月的全国财经工作会议期间和同年9月至10月的全国组织工作会议期间发难的。毛泽东发觉了高、饶异常的动向，在同年12月24日中共中央政治局会议上，向高、饶发出警告。两个多月后召开的中共七届四中全会对高、饶展开了批判。后来，由于高岗以自杀相抗，1955年3月在中国共产党全国代表大会上作出了《关于高岗、饶漱石反党联盟的决议》，公开点了高、饶之名。

高、饶的反党联盟是短命的，从他们发难到倒台，不过几个月。陈伯达刚刚踏上高岗那艘船，一发觉不对头，连忙抽回了脚。倘若高、饶再晚些时间倒台，陈伯达的脚就不那么容易抽回来了！他，逃过了一次政治危机！

关于毛泽东如何察觉高岗的反叛，赫鲁晓夫回忆录续集《最后的遗言》中，透露了一段鲜为人知的情况：

> 我们的这位代表[1]开始向我们报告，说中国领导班子中有许多人对苏联和我们党不满。据他说，口头上积极反对我们的有刘少奇、周恩来等人。斯大林把大使送回的某些文件拿给我们传阅，因此我了解了其中的内容。
>
> 关于中国党内这种情绪的情报，有许多显然是高岗捅给我们的。他是中

---

[1] 指当时苏联驻华大使尤金。

国政治局在满洲的代表和首脑，跟我们自己在那里的代表关系很密切。

斯大林决心赢得毛的信任与友谊，所以他把我们那位代表报回来的与高岗谈话的记录拿给毛看，对毛说："看看吧，你可能会对这些东西感兴趣的。"

只有上帝才知道斯大林这样做是出于何种考虑。他把这种做法说成是友好表示。

毛先是在领导班子内把高岗孤立起来。那时高岗还在政治局里，但我们知道他实际上已经被打入了冷宫。后来，我们得知毛把他软禁起来了，再后来，听说他服毒自杀了……

斯大林为什么要出卖高岗？他估计毛迟早会发现高岗一直在告自己的密，因此，如果出现这种情况，毛就可以指责斯大林煽动反对中国政府。于是，斯大林拿定了主意，最好还是牺牲高岗来取得毛的信任。

对于高、饶的批判，是解放后中共党内第一次激烈的斗争。陈伯达躲过了这一劫，总算松了一口气。

首先提出"百家争鸣"

"百花齐放，百家争鸣"，在中国是人所共知的"双百方针"。

毛泽东在 1956 年把"双百"确定为"方针"——虽然他早在 1950 年为戏曲界题词时，便写过"百花齐放，推陈出新"，而"百家争鸣"早在春秋战国的时候便已提出，但是作为"方针"确实是毛泽东制定的。

1957 年 2 月 27 日，毛泽东在最高国务会议第十一次（扩大）会议上的讲话，后来被整理成《关于正确处理人民内部矛盾的问题》。在这篇讲话中毛泽东指出：

百花齐放、百家争鸣的方针，是促进艺术发展和科学进步的方针，是促进我国的社会主义文化繁荣的方针。

1957 年 3 月 12 日，毛泽东在中国共产党全国宣传工作会议上的讲话，又指出：

百花齐放，百家争鸣，这是一个基本性同时也是长期性的方针，不是一个暂时性的方针……百花齐放是一种发展艺术的方法，百家争鸣是一种发展科学的方法。百花齐放、百家争鸣这个方针不但是使科学和艺术发展的好方

第六章
五十年代的荣耀

法，而且推而广之，也是我们进行一切工作的好方法。

在"双百方针"提出 30 年之后——1986 年——有许多文章追溯起这个方针的历史。其中最为重要的有三篇，即 1986 年 5 月 7 日《光明日报》所载陆定一《"百花齐放、百家争鸣"的历史回顾》，1986 年 5 月 16 日《人民日报》所载于光远的《"双百方针"提出三十周年》，1986 年第 4 期《历史研究》所载刘大年的《〈历史研究〉的创刊与"百家争鸣"方针的提出》（初稿发表于同年第 4 期《文献和研究》）。

据陆定一回忆，"百家争鸣"作为方针是这样确定下来的：

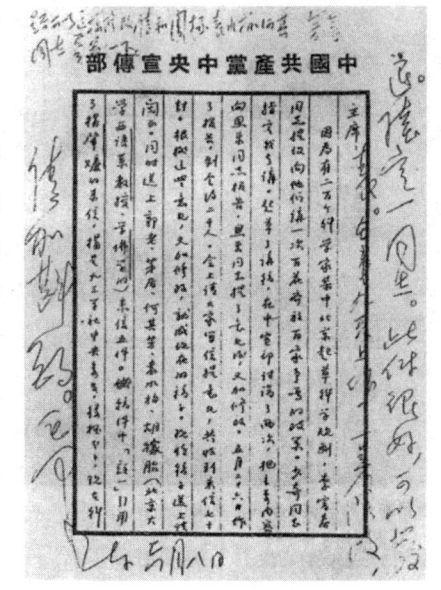

1956 年 6 月 8 日，毛泽东在陆定一送审《百花齐放，百家争鸣》讲话稿的信上的批语

> 1956 年 2 月，在毛泽东同志的居所颐年堂开会，我向中央报告了这些情况[1]和我的意见。就是这次会议上，决定对科学工作采取"百家争鸣"的方针。

刘大年的文章谈的情况与陆定一不同，其中涉及陈伯达。兹摘录原文于下：

> 据我从侧面所知，"百家争鸣"方针，提出得比较早，而且很明确，与创办《历史研究》有直接联系。
>
> 事情的经过是这样：1953 年 10 月间，当时的中宣部副部长兼中国科学院副院长陈伯达，在（北京）文津街科学院召开会议，讨论科学院增设两个历史研究所，出版历史刊物和其他与加强历史研究有关的事项。参加会议的有吴玉章、范文澜、翦伯赞、侯外庐、杜国庠、尹达、刘大年和黎澍。郭沫若没有参加会议。陈伯达讲话说，最近中央成立了两个委员会，一个是历史问题研究委员会，由他负责；一个是语言问题研究委员会，由胡乔木同志负责。历史研究委员会的工作，就从增设历史研究所、办刊物、出一批资料书做起。资料书里面，可以先标点重印《纲鉴易知录》。这书分量比较小，通俗易懂，

---

[1] 指当时科学界、艺术界的一些争论。

读者便于从那上面得到历史知识。对于办刊物，经过讨论，决定出版《历史研究》杂志，组织一个编委会，由郭沫若做召集人，具体工作指定我和尹达负责。陈伯达这时对我和尹达说：办刊物必须"百家争鸣"。以前有军阀、财阀、学阀，你们办刊物不要当"杂志阀"。什么叫"杂志阀"？就是只发表与自己观点相同的文章，不发表观点不同的文章。那不好。要"百家争鸣"，这是一个方针问题，刊物要照这个方针去办。但有两点，陈伯达没有明白地讲：一、这次开的会是否就是历史研究委员会的集会？二、"百家争鸣"方针是党中央的意见，还是他个人的意见？会上谁也没有对这两点提出询问。《历史研究》发刊词是郭老（郭沫若）亲自写的。我和尹达在郭老家里就写些什么内容作过讨论，没有提出陈伯达的讲话，发刊词里自然也没有"百家争鸣"的话。知道这个方针是毛泽东同志为创办《历史研究》提出的，我记得那是在两年多以后的1956年1月中央召开的知识分子问题会议上。康生在怀仁堂举行的大会上发言，回顾那几年的思想理论工作。其中举的一个事实，是说陈伯达提出了"百家争鸣"问题。坐在附近的陈伯达很快递上一个条子，康生照念了。内容是："百家争鸣"不是我提出的，是中国科学院办历史刊物，我向毛主席请示时，毛主席提出的……

康生怎么会说"百家争鸣"是陈伯达提出的，而陈伯达又为什么当场予以否定？"双百方针"是毛泽东亲自制定的，是毛泽东确定为方针的，这是毫无疑义的历史事实。至于谁先提了一下，原本并不十分重要。只是因为康生说了那么一段话，陈伯达递条子表示否认，这件事许多在场的人都还记得，在追溯"双百方针"的历史时，有人进行查证。

经过查阅档案，查到了1956年4月28日毛泽东在中共中央政治局扩大会议上讲话的记录，其中有这么一段：

> 陈伯达同志提出"百花齐放、百家争鸣"，我看这应该成为我们的方针。艺术问题上百花齐放，学术问题上百家争鸣。百花齐放是群众中间提出来的。不晓得是谁提出来了（座中有人说：是周扬提出来的）。人们要我写字，我就写了两句话："百花齐放、推陈出新。""百家争鸣"，这是两千多年以前的事实，春秋战国时代，百家争鸣。讲学术，这种学术也可以，那种学术也可以。不要拿一种学术压倒一切，你如果是真理，你的人势必就会越多。

另外，也就在1956年4月28日的中共中央政治局扩大会议上，在毛泽东讲上述一段话之前，是陈伯达讲话。陈伯达在讲话中说：

> 在我们中国容许很多的学派，大家争论，不要马上统一于一尊。我觉得在文化科学问题上，恐怕基本上要提出这样两个口号去贯彻，就是"百花齐放"，"百家争鸣"，一个在艺术上，一个在科学上。[1]

紧接着，毛泽东说了那段话："陈伯达同志提出'百花齐放，百家争鸣'……"
英国罗德克·孟克法夸尔著《文化大革命的起源》一书中曾引述刘少奇1956年5月13日的讲话。刘少奇的话，讲得更加明白：

> 百家争鸣早在春秋战国时期就出现了。它作为口号是首先由陈伯达提出的。后来毛主席改进了它，并把它作为"百花齐放，百家争鸣"的政策。还有许多事情并不是毛主席先想到的，他仅仅加工改造了它们。[2]

关于"百家争鸣"的问题，陈伯达又是怎么说的呢？有关部门拿着毛泽东的这一段话，向陈伯达作调查。

他曾作以下自述：

> 毛主席1956年4月28日的讲话，我认为，这个记载是属实的。毛主席说："……春秋战国时代，百家争鸣。讲学术……不要拿一种学术压倒一切。你如果是真理，你的人势必就会越多。"毛主席讲了历史，而用简练的语言概括了问题的实质。毛主席是党的领导人，他第一次在党的重大会议上提出了这个方针。
>
> 康生在怀仁堂的一次包括许多党外人士的会议上说到这个问题，时间是在上述党中央会议之后。毛主席既正式宣布和解释了这个方针，这个方针就是党中央的方针，康生要说这个问题，就应当用毛主席的语言，阐明问题的实质；但他不然，却说什么陈伯达提出"百家争鸣"之类的话。我当时也在会上，认为他在那样场合提出那样说法不对，徒乱视听，就写了一条子给他。在此之前，根据当时学术界的情况，我有时也用过"百家争鸣"这个老成语，

---

[1] 中共中央文献研究室编，逄先知、金冲及主编：《毛泽东传（1949~1976）》，下卷，第490~491页，中央文献出版社2003年12月版。

[2]〔英〕罗德克·孟克法夸尔：《文化大革命的起源》，第1卷中译本第74页，河北人民出版社1989年3月版。

但止此而已。

毛主席不同,他说明了问题的实质,随后陆续用辩证唯物论和历史唯物论的理论来探索它、解释它,给予崭新的内容、崭新的意义。

毛主席《关于领导方法的若干问题》指出:"从群众中集中起来又到群众中坚持下去,以形成正确的领导意见,这是基本的领导方法。"可见任何一个群众,任何一个党员,在各种问题上,见到什么,想到什么,就提出来,会有对和不对;或者即使是对的意见可能不是经过深思熟虑得来的,而是偶然的兴会所至,甚至只是片言只语;但不管怎样,只要是对的,党就应加以采纳。个人,或许算是大海中的一滴水吧,绝大多数人是无名之辈,但是党把群众的涓涓不息的意见集中起来,而且作出慎重的比较,就能够形成正确的领导意见。毛主席就是这样做的,从而领导了中国人民大革命的胜利。

确如陈伯达所言,他关于"百家争鸣",原本只是"偶然的兴会所至,甚至只是片言只语"罢了。笔者在1939年1月20日出版的延安《解放》周刊上,查到陈伯达的《中国古代哲学的开端》一文,其中便有"万花怒放,百鸟争鸣"这样的"片言只语"。那段话是这样写的:

我们先人伟大的智慧,在春秋战国时代,有如万花怒放,百鸟争鸣,其中最珍贵的,值得我们向世界人类夸耀的,且将与人间共不朽的,就是关于唯物论和辩证法的思想,而我们现在就要特别把它们发掘出来。

在毛泽东身边,陈伯达只是扮演谋士的角色。他确实充其量只能提出"片言只语"的建议,定之为方针,唯有毛泽东才能决断。为了说明这一点,陈伯达举了一个例子:

毛泽东同志勇于接受任何一个普通人的意见。不管是谁提出的,毛泽东同志的态度,对的就是对的。比如,停办农村公共食堂的问题,原来是广东一个省委书记安平生同志说了一个普普通通的复员军人提

1956年5月13日,《人民日报》刊载陆定一在中共中央宣传部举行的报告会上所作的报告

的意见。毛泽东同志看到了这个复员军人谈话的简单记录，立即批复交各省负责同志在广州开会时讨论，记得列为这一次会议讨论的第一号文件。随后，这次会议做出了"六十条"的决议。一个普普通通的复员军人的意见，就这样解决了当时在全国已成为难题的问题。

至于在怀仁堂演出的那一幕，康生和陈伯达各怀心思：康生当着那么多人说，"百家争鸣"是陈伯达提出来的，他不是在"表扬"陈伯达，却是把陈伯达放在火上烤。因为康生知道毛泽东不悦于听见这类话——尽管毛泽东本人也说过类似的话，但他本人如此说则无所谓，别人当众谈论又是另一回事。陈伯达亦深知毛泽东的心态，生怕冒犯虎威，赶紧递条子给康生，矢口否认他曾提出"百家争鸣"之事，作当众更正，以便一笔勾销。陈伯达的这种心态，一如他在为毛泽东起草文件之后，总要销毁自己的手稿一样——他总是在提防着什么，因为那回斯大林给他敬酒所造成的严重的事态，已经深深烙在他的心中。

陈伯达和康生同为毛泽东的谋士，各有各的一套心计。

只是毛泽东在1956年4月28日随口说了那几句话，而那几句话被记录在案，所以人们过了30多年才从档案中查到，略知事情的真实经过。在调查者面前，陈伯达才曲曲折折地作了答复。陈伯达是在儒家思想、"孔孟之水"中泡大的，他深知"位尊身危，财多命殆"、"上无常操，下多疑心"的道理，不能不谋求韬晦之略。

毛泽东抨击赫鲁晓夫秘密报告

在20世纪40年代，陈伯达所写的著作，最重要的莫过于抨击蒋介石的《评〈中国之命运〉》。

在20世纪50年代，陈伯达所起草的文章，最重要的莫过于抨击苏联赫鲁晓夫的《关于无产阶级专政的历史经验》。

所不同的是，《评〈中国之命运〉》是以陈伯达个人名义发表的，而《关于无产阶级专政的历史经验》则是以《人民日报》编辑部名义发表的。

另外，尽管两篇文章都是在毛泽东直接领导下写成的，《评〈中国之命运〉》主要是陈伯达个人写的，而后者则更多的是集体讨论的成果，由陈伯达执笔。

《关于无产阶级专政的历史经验》一文，在1956年4月5日以《人民日报》编辑部名义发表。这篇文章在国际共产主义运动中产生了巨大的震荡，除了由于文章本身内容的重要之外，还在于标题之下印上这样一句话：

235

> 这篇文章是根据中国共产党中央政治局扩大会议的讨论,由人民日报编辑部写成。

这就是说,文章不仅仅代表《人民日报》编辑部,而且代表中共中央政治局。这一句话,大大加强了文章的权威性。

《关于无产阶级专政的历史经验》矛头所指,是不久前召开的苏共"二十大",是苏共第一书记赫鲁晓夫。

论战的中心问题是反对个人崇拜问题,亦即斯大林问题。

《关于无产阶级专政的历史经验》一开头,就这么写道:

> 苏联共产党第二十次代表大会总结了国际关系和国内建设的新经验,作出了关于坚定地执行列宁的社会制度的不同的各国可以和平共处的政策、发展苏维埃的民主制度、贯彻遵守党的集体领导的原则、批判党内的缺点、规定发展国民经济的第六个五年计划等一系列的重大决定。
>
> 反对个人崇拜的问题,在苏共二十次代表大会中占有重要的地位。二十次代表大会非常尖锐地揭露了个人崇拜的流行,这种现象曾经在一个长时间内的苏联生活中,造成了许多工作上的错误和不良的后果。苏联共产党对于自己有过的错误所进行的这一个勇敢的自我批评,表现了党内生活的高度原则性和马克思列宁主义的伟大生命力。

但是,文章在说了这些肯定苏共"二十大"的话之后,充分肯定了斯大林的功绩,申明了中共不同于苏共全盘否定斯大林的立场:

> 在列宁逝世之后,作为党和国家的主要领导人物的斯大林,创造性地运用和发展了马克思列宁主义;在保卫列宁主义遗产、反对列宁主义的敌人——托洛茨基分子、季诺维也夫分子和其他资产阶级代理人——的斗争中,他表达了人民的意愿,不愧为杰出的马克思列宁主义的战士……
>
> 有些人认为斯大林完全错了,这是严重的误解。斯大林是一个伟大的马克思列宁主义者,但是也是一个犯了几个严重错误而不自觉其为错误的马克思列宁主义者。我们应当用历史的观点看斯大林。对于他的正确的地方和错误的地方作出全面的和适当的分析,从而吸取有益的教训。不论是他正确的地方,或者错误的地方,都是国际共产主义运动的一种现象,带有时代的特点。

应当说，文章的语调还是相当平和的，坚持正面说理。因为这篇文章毕竟是公开中苏两党分歧的第一篇文章。

中苏两党之间的分歧，其实早就存在。

中共中央宣传部1956年2月1日曾向中共中央报告说，据广州中山大学党委反映，苏联学者在华参观时讲了一些"有损我党负责同志威信"的话，是否有必要向苏方反映，请指示。

苏联学者所说的"有损我党负责同志威信"的话，指的就是有损于毛泽东威信的话。

对此，毛泽东在报告上写下批示：

刘、周、陈、彭真、小平、陈伯达阅，退定一办。

我认为这种自由谈论，不应当去禁止。这是对学术思想的不同意见，什么人都可以谈论，无所谓损害威信。因此，不要向尤金谈此事。如果国内对此类学术问题和任何领导人有不同意见，也不应加以禁止。如果企图禁止，那是完全错误的。

毛泽东
2月19日

然而，自从赫鲁晓夫在苏共"二十大"作了反斯大林的秘密报告，中苏两党公开爆发了论战。

那是在1956年2月24日。苏共"二十大"已经举行了闭幕式，代表们正准备"打道回衙"。

就在这天午夜，所有代表和新当选的中央委员接到紧急通知，要他们立即前往克里姆林宫，出席重要会议。

苏共第一书记赫鲁晓夫出现在主席台上。他以口若悬河的演说天才，一口气作了七个小时的报告，题为《个人崇拜及其后果》。这便是著名的赫鲁晓夫秘密报告。赫鲁晓夫在"反对个人迷信"的旗帜下，强烈谴责"历史上最凶暴残忍的罪犯"斯大林——虽说在十天前，在苏

1956年2月24日，苏联领导人赫鲁晓夫在苏共"二十大"作"秘密报告"，全面否定斯大林

共"二十大"的开幕式上,赫鲁晓夫和代表们一起还曾向"父亲和导师"斯大林肃立默哀!

中共代表团没有应邀出席听取赫鲁晓夫的秘密报告。出席苏共"二十大"的中共代表团团长是中共中央副主席朱德,代表团成员有中共中央秘书长邓小平以及谭震林、王稼祥、驻苏大使刘晓。翻译为师哲。

苏共事先跟中共代表团打过招呼:由于一概不请外国代表团参加,也就不请中共代表团参加了。

不过,对于中共,苏共还是"优待"的。赫鲁晓夫刚作了秘密报告,苏共中央联络部就派出联络员,手持赫鲁晓夫秘密报告记录稿,向中共中央代表团通报。当时,苏共的联络员一边念,中共代表团的翻译师哲当场进行翻译。另外,中共中央代表团的记录员还进行了速记。

赫鲁晓夫的秘密报告,使中共代表团深为震惊。

据师哲回忆,朱德最初的反应是:"这是他们自己的事,我们到这里是来做客的。"

邓小平则说:"这样对待斯大林是胡来!"

谭震林说:"我们不应该随便同意他们的意见,应有自己的态度。但这是他们的内政,我们不一定能影响他们。"

苏共"二十大"之后,3月1日,苏共中央主席团专门印制150份赫鲁晓夫报告文本,并交给中共中央代表团一份。由于朱德还要去苏联南方访问,谭震林留在莫斯科治病,赫鲁晓夫秘密报告文本由邓小平带回北京。

苏共"二十大"期间赫鲁晓夫(左4)接见中共代表团朱德(左3)和部分代表团成员

在同机返回北京的时候，师哲曾几度提起赫鲁晓夫的秘密报告，但邓小平始终默不作声。后来，师哲明白，邓小平在未向毛泽东汇报前，在不知道毛泽东的态度前，不愿多谈论此事。

邓小平回到北京之后，中共中央办公厅立即组织人员翻译赫鲁晓夫秘密报告。

赫鲁晓夫报告的中文单行本由中共中央办公厅分送到中共中央主要领导手中。1956年3月17日晚8时，毛泽东在北京中南海颐年堂召开中共中央书记处会议，首次对赫鲁晓夫秘密报告进行讨论。

当时的中共中央书记处，与中共"八大"产生的中共中央书记处不同。中共"七大"产生的中共中央书记处，设"五大书记"，即毛泽东、朱德、刘少奇、周恩来、任弼时。当任弼时在1950年10月病逝后，补入陈云。中共中央七届政治局没有设常委，中共中央书记处书记实际上相当于常委，"五大书记"，亦即"五大常委"。中共中央书记处会议，实际也就是中共中央政治局常委会。

参加会议的除中共中央书记处书记之外，还有中共中央秘书长邓小平。另外，中共中央对外联络部部长王稼祥、中共中央办公厅主任杨尚昆、毛泽东秘书胡乔木和新华社社长吴冷西列席了会议。

在这次会议上，毛泽东对赫鲁晓夫的秘密报告表示异议。

毛泽东首先指出：

> 赫鲁晓夫的秘密报告值得认真研究，特别是这个报告涉及的问题以及它在全世界所造成的影响。现在全世界都在议论，我们也要议论。

接着，毛泽东说了一段极为精彩的话，他用"揭了盖子，捅了娄子"八个字来概括赫鲁晓夫的秘密报告：

> 现在看来，至少可以指出两点：一是他揭了盖子，一是他捅了娄子。
>
> 说他揭了盖子，就是讲，他的秘密报告表明，苏联、苏共、斯大林并不是一切都是正确的，这就破除了迷信。
>
> 说他捅了娄子，就是讲，他作的这个秘密报告，无论在内容上或方法上，都有严重错误。
>
> 是不是这样，大家可以研究。大家昨天才拿到全文，还没有看完，希望仔细看一看，想一想，过一两天再来讨论。[1]

---

[1] 吴冷西：《忆毛主席》，第4~5页，新华出版社1995年版。

在3月17日的中央书记处会议后,毛泽东又在3月19日和3月23日先后召开了中央书记处会议,政治局委员全体出席。

列席会议的除了上次参加中央书记处会议的王稼祥、杨尚昆、胡乔木和吴冷西之外,又增加了陆定一、陈伯达、邓拓、胡绳等。

由于所增加八位不是中共中央政治局委员,这样,这两次会议便称之为"中共中央书记处扩大会议"。

据吴冷西回忆:

在这两次中央政治局扩大会议上,大家就赫鲁晓夫报告的内容及其影响、斯大林的错误、中苏两党的关系、个人迷信等问题展开了讨论。少奇同志对斯大林主要的错误作了系统的发言,周总理讲了斯大林同我党历史上几次重大错误有关,小平同志着重谈了反对个人迷信问题,王稼祥同志详细分析了赫鲁晓夫报告内容矛盾百出。

吴冷西还回忆了毛泽东在3月23日中共中央书记处扩大会议上所讲的四点意见:

第一,共产主义运动,从马克思和恩格斯发表《共产党宣言》算起,于今只有一百年多一点。无产阶级专政的历史,从十月革命算起,还不到40年。实现共产主义是空前伟大又空前艰巨的事业。不艰巨就不能说伟大,因为很艰巨才很伟大。在这艰巨斗争的过程中,不犯错误是不可能的,因为我们走的是前无古人的道路。我历来是"难免论"。斯大林犯错误,我们也要犯错误。问题在于共产党能够通过批评和自我批评克服自己的错误。

第二,社会主义社会,仍然存在着矛盾。否认存在矛盾就是否认唯物辩证法。矛盾无所不在,无时不在。斯大林的错误正证明了这一点。有矛盾就有斗争,只不过斗争的性质和形式不同于阶级社会而已。

第三,斯大林犯过严重错误,但他有伟大功绩。他在某些方面违背马克思主义的原则,但他仍然是一位伟大的马克思主义者。他的著作虽然包含某些错误,但仍然值得我们学习,只不过在学习时要采取分析的态度。

第四,赫鲁晓夫这次揭了盖子,又捅了娄子。他破除了那种认为苏联、苏共和斯大林一切都是正确的迷信,有利于反对教条主义。不要再硬搬苏联的一切了,应该用自己的头脑思索了。应该把马列主义的基本原理同中国革命和建设的具体实际结合起来,探索在我们国家里建设社会主义的道路了。

至于赫鲁晓夫秘密报告的失误，我们要尽力加以补救。[1]

起草《关于无产阶级专政的历史经验》

在中共中央政治局扩大会议即将结束的时候，毛泽东提出一项重要任务，那就是写一篇正面阐述中共对斯大林的评价的文章，而且要求在一星期内完成。

这一重要文章的起草任务，落到了陈伯达头上。

这篇文章，也就是《关于无产阶级专政的历史经验》。

吴冷西这么回忆道：

> 会议结束前，毛主席提出，对于赫鲁晓夫大反斯大林，我们党应当表示态度，方式可以考虑发表文章，因为发表声明或作出决议都显得过于正式，苏共还没有公布赫鲁晓夫的秘密报告，而且此事的后果仍在发展中。政治局全体成员表示赞成。
>
> 毛主席最后说，这篇文章可以支持苏共"二十大"反对个人迷信的姿态，正面讲一些道理，补救赫鲁晓夫的失误；对斯大林的一生加以分析，既要指出他的严重错误，更要强调他的伟大功绩；对我党历史上同斯大林有关的路线错误，只从我党自己方面讲，不涉及斯大林；对个人迷信作一些分析，并说明我党一贯主张实行群众路线，反对突出个人。他说，文章不要太长，要有针对性地讲道理。他要求一个星期内写出来。[2]

毛泽东委托陈伯达起草《关于无产阶级专政的历史经验》，不言而喻，这是对陈伯达极大的看重。

《关于无产阶级专政的历史经验》最初是作为《人民日报》社论写的。陈伯达长期担任毛泽东的秘书，深谙毛泽东

20世纪50年代后期，虽然中苏领导人频繁互访，但意识形态的裂痕却日渐明显。图为毛泽东（右2）与赫鲁晓夫（右3）一次见面时场景

---

[1][2] 吴冷西：《忆毛主席》，第6~7页，新华出版社1995年版。

的思想观点,而且列席了中共中央政治局扩大会议,充分理解毛泽东对赫鲁晓夫秘密报告的精辟分析。这样,陈伯达很快就写出了《关于无产阶级专政的历史经验》的初稿。

习惯于夜间工作的毛泽东,花了一夜时间细读了陈伯达的初稿,于1956年4月2日凌晨4时,给中共中央副主席刘少奇及中共中央秘书长邓小平写了一封便函:

少奇、小平同志:
　　社论已由陈伯达同志写好,请小平于本日(2日)夜间即印成清样约20份左右,立即送给各政治局委员,各副秘书长,王稼祥、陈伯达、张际春、邓拓、胡绳等同志,请他(们)于3日上午看一遍。3日下午请你们召集一次政治局会议(由看过清样各同志参加),提出修改意见;于4日上午修改完毕。4日下午打成第二次清样,由书记处再斟酌一下,即可发稿,争取5日见报。目前有了这篇社论就够了。

毛泽东
4月2日上午4时

遵照毛泽东的吩咐,邓小平嘱令急排陈伯达起草的社论。然后又遵毛泽东的指示,把清样分送各政治局委员、中共中央各副秘书长。

当时的中共中央政治局委员共13人,即毛泽东、朱德、刘少奇、周恩来、陈云、康生、彭真、董必武、林伯渠、张闻天、彭德怀、林彪、邓小平。

邓小平兼任中共中央秘书长(原秘书长为任弼时,于1950年10月病逝。邓小平于1954年4月被任命为秘书长),副秘书长有李富春、胡乔木。

此外,毛泽东还嘱分送王稼祥、陈伯达、张际春、邓拓和胡绳等5人。

这样,总共为20人——正因为这样,毛泽东嘱印清样20份。

王稼祥当时任中共中央对外联络部部长。

陈伯达为中共中央政治研

1956年(从右至左)毛泽东、朱德、刘少奇、周恩来在一次会议间歇期间

究室主任。

张际春为中共中央宣传部副部长。

邓拓为《人民日报》总编辑。

胡绳为中共中央政治研究室副主任。

毛泽东要求以上20人在4月3日上午,无论如何把清样看一遍。

4月3日下午,毛泽东指定中共中央副主席刘少奇主持政治局会议,讨论《关于无产阶级专政的历史经验》。除了政治局委员之外,毛泽东指名送去清样的人也出席了会议。

《人民日报》的社论,很少有这样高规格的审稿。

毛泽东虽未出席会议,但比任何人都仔细看清样,进行修改。

修改工作亦以高速度进行。根据毛泽东和政治局会议的意见,陈伯达连夜进行修改,于4月4日清早改毕。

4月4日上午8时,毛泽东嘱令将此文第二次打清样。毛泽东写了一封便函:

照此改正,再打清样15份,于今日上午10点,连同这份原稿,送交我的秘书高智。勿误为盼。

第二次的清样由中共中央书记处对个别字句作最后的斟酌,毛泽东也细细地又看了一遍,此文定稿。

下午5时,此文送交新华社。新华社马上组织发稿,并组织许多翻译人员连夜进行翻译。

不言而喻,在各种文本中,以俄文稿最受重视。

翌日,《人民日报》全文刊登了《关于无产阶级专政的历史经验》。

俄译稿由师哲负责。他组织了编译局、外文出版社及《友好报》八九个人突击翻译,其中有几位是苏联专家。俄译稿分成八大块,分头进行翻译,在4月5日上午9时完成。由师哲通校全文,于下午3时定稿,交给新华社。

《关于无产阶级专政的历史经验》,实际上可以说是中国共产党关于国际共产主义运动的声明。正因为这样,此文以高规格、高速度进行定稿。

此文是以毛泽东的意见作为基本观点写成的。陈伯达写出初稿后,毛泽东作了多次、多处修改。

毛泽东最重要的改动,是4月4日在印第二次清样前,把原定的以《人民日报》社论名义发表,改为《人民日报》编辑部文章。毛泽东亲笔在标题之下,加上了这一句分量很重的话:"这篇文章是根据中国共产党中央政治局扩大会议的讨论,由人民日报编辑部写成的。"

这就是说，此文是代表中国共产党中央政治局扩大会议的意见。

毛泽东是为了加强此文的权威性而加了这句话。

毛泽东对此文所作的修改，有以下几个方面：

一、关于斯大林。

毛泽东对于斯大林晚年，写了这么一句：

他骄傲了，不谨慎了，他的思想里产生了片面性，对于某些重大问题做出了错误的决定，造成了严重的不良后果。

毛泽东还写道：

斯大林在他一生的后期，愈陷愈深地欣赏个人崇拜，违反党的民主集中制，违反集体领导和个人负责相结合的制度，因而发生了例如以下的一些重大的错误：在肃反问题上扩大化；反法西斯战争前夜缺乏必要的警惕；对于农业的进一步发展和农民的物质福利缺乏应有的注意；在国际共产主义运动中出了一些错误的主意，特别是在南斯拉夫问题上作了错误的决定。斯大林在这些问题上，陷入了主观性和片面性，脱离了客观实际状况，脱离了群众。

二、回顾中共的党内斗争史，表明中共没有发生斯大林那样的错误。

毛泽东在陈伯达所写的中共党内斗争史那一段中，加上了几句：

其中特别严重的是李立三路线和王明路线。前者是在1930年发生的，后者是在1931年至1934年发生的，而以王明路线对于革命的损害最为严重。

在抗日战争一段，毛泽东加了一句：

我们党内又出现了"以王明同志为代表的'左'倾机会主义的错误路线"。

由此可见，毛泽东对于王明路线是非常憎恨的。

此后，毛泽东又加了一段：

中华人民共和国成立以后，在1953年，我们党又出现了高岗、饶漱石的反党联盟。这个反党联盟代表国内的反动势力，而以危害革命事业为目的。如果不是党中央发觉得早，及时地击破了这个反党联盟的话，党和革命事业的损失将会是不堪设想的。

毛泽东总结了中共党内斗争的经验：

由此可见，我们党的历史经验，也是在自己同各种错误路线作斗争的过程中使自己获得锻炼，因此取得了伟大的革命胜利和建设胜利的。至于局部的和个别的错误，则在工作中时常发生，仅仅是依赖党的集体智慧和人民群众的智慧，及时地加以揭露和克服，才使它们不能获得发展的机会，没有成为全国性的长期性的错误，没有成为危害人民的大错误。

毛泽东以上这一总结，是在表明中共在他的领导下并没有发生斯大林那样的错误。
三、毛泽东表示中共要从斯大林错误中吸取教训。
毛泽东把斯大林晚年错误称为"泥坑"。他写道：

我们是不愿意陷到这样的泥坑里去的，也就更加要充分地注意执行这样一种群众路线的领导方法，而不应当稍为疏忽。为此，我们需要建立一定的制度来保证群众路线和集体领导的贯彻实施，而避免脱离群众的个人突出和个人英雄主义，减少我们工作中的脱离客观实际情况的主观主义和片面性。

应当说，这时的毛泽东的头脑还是清醒的。可惜，在他的晚年，却也陷入了这一"泥坑"。
毛泽东还指出，不仅仅是中共需要从斯大林的错误中吸取教训。他写道：

如果有些共产党人发生骄傲自满和思想硬化的情形，那么，他们甚至也会重犯过去自己犯过的或者别人犯过的错误。这一点，我们共产党人是必须充分估计到的。

四、力主用历史的观点看斯大林。
毛泽东为文章专门加了一千多字的一段，成为全文的"核心段"。那就是文章结尾时的最后两段，对全文进行了总结。
毛泽东在这一段中明确地说出不同于赫鲁晓夫的观点，虽然口气还是温和的：

245

> 共产党人对于共产主义运动中所发生的错误,必须采取分析的态度。有些人认为斯大林完全错了,这是严重的误解。斯大林是一个伟大的马克思列宁主义者,但是也是一个犯了几个严重错误而不自觉其为错误的马克思列宁主义者。我们应当用历史的观点看斯大林,对于他的正确的地方和错误的地方作出全面的和适当的分析,从而吸取有益的教训。不论是他的正确的地方,或者错误的地方,都是国际共产主义运动的一种现象,带有时代的特点。

毛泽东选择1956年4月5日发表《关于无产阶级专政的历史经验》一文,其中的原因是翌日——4月6日——米高扬将率苏联政府代表团前来北京,毛泽东要给他们一个"下马威"。

《关于无产阶级专政的历史经验》一文,对于赫鲁晓夫的批评没有点名。然而,此文一发表,各国都看出来,毛泽东和赫鲁晓夫、中共和苏共之间存在着分歧。

在《关于无产阶级专政的历史经验》一文发表之后,毛泽东于1956年4月25日在中共中央政治局扩大会议上作了如下讲话:

> 苏联过去把斯大林捧得一万丈高的人,现在一下子把他贬到地下九千丈。我们国内也有人跟着转。中央认为斯大林是三分错误,七分成绩,总起来还是一个伟大的马克思主义者……

过了三天,即4月28日,毛泽东在中共中央政治局扩大会议上,又一次提醒人们不要跟着赫鲁晓夫跑:

> 我们不要盲从,应加以分析。屁有香臭,不能说苏联屁都是香的。现在人家说臭,我们何必也跟着说臭?

当然,毛泽东这些话,只是在中共高层会议上讲的。公开申明这些观点,只是通过发表《关于无产阶级专政的历史经验》这篇文章正面说理。

1956年9月,刘少奇(左1)、朱德(右1)接见来访的米高扬(右2)

分歧迅速扩大。特别是在 1956 年 6 月 28 日，波兰西部的城市波兹南发生了骚乱，引起波兰政局的动荡，人称"波兰事件"；紧接着，1956 年 10 月 23 日，匈牙利首都布达佩斯又爆发大规模游行，政局大动荡，人称"匈牙利事件"。波、匈事件的爆发，其原因虽是多方面的，但无不是由赫鲁晓夫全盘否定斯大林引起的……

毛泽东不能不再度公开申明中共的观点，于是指示写作《再论无产阶级专政的历史经验》。这一回，毛泽东没有把起草的担子压在陈伯达肩上。毛泽东善于"平衡"，"再论"是毛泽东的另一位政治秘书胡乔木起草的。

陈伯达和胡乔木这两位政治秘书，当时乃毛泽东的左膀右臂。毛泽东对于这两位政治秘书喜欢轮流使用。凡重要文件，陈伯达起草这一篇，尔后胡乔木起草另一篇。这一回，陈伯达写了《关于无产阶级专政的历史经验》，毛泽东就把写《再论无产阶级专政的历史经验》的任务交给了胡乔木。

《再论无产阶级专政的历史经验》是以毛泽东 1956 年 11 月 15 日在中共八届二中全会上的讲话为基本观点的。

《再论无产阶级专政的历史经验》仍沿用《关于无产阶级专政的历史经验》的"规格"。

1956 年 12 月 29 日，仍以《人民日报》编辑部的名义发表《再论无产阶级专政的历史经验》。文章同样标明："这篇文章是根据中国共产党中央政治局扩大会议的讨论，由人民日报编辑部写成的"。

相比之下，《再论无产阶级专政的历史经验》不再那么婉转，直截了当地点了铁托的名。文章批的是铁托，明眼人一看，就知道实际上批的是赫鲁晓夫。

《关于无产阶级专政的历史经验》及《再论无产阶级专政的历史经验》是中共重要历史文献，也是国际共产主义运动的重要历史文献。追溯中共和苏共的大论战，追溯毛泽东和赫鲁晓夫的大论战，不能不研究这两篇最初的论战文献。

进入中共中央政治局

在起草《关于无产阶级专政的历史经验》时，陈伯达还不是中共中央政治局委员，属于扩大会议的"扩大"范围。只过了几个月，陈伯达进入了中共中央政治局。

那是 1956 年 9 月 15 日至 27 日，中共第八次全国代表大会在北京召开。

作为中共中央的"笔杆子"，陈伯达理所当然地参加了刘少奇代表中共中央向大会所作的政治报告的起草和修改工作。

毛泽东多次审阅这一政治报告，曾几度就政治报告的修改问题致函陈伯达。1956

1956年9月15日至27日,中共"八大"在北京召开。图为会议现场照片

年8月31日,毛泽东致函陈伯达:

伯达同志阅后,即送少奇同志:
此部分修改得很好,可以作为定稿了。我只作了一些小的修改,请酌定。请伯达即行着手对"国家政治生活中的若干问题"进行修改,在9月5日以前改好,打清样于9月5日晚上送阅为盼!

毛泽东
31日3时

此后,毛泽东在1956年9月6日批示陈伯达:

伯达同志:
周总理及洛甫同志今日开始修改政治报告,请你与总理联系,或即与总理处合并举行。

毛泽东
9月6日7时

9月7日,毛泽东要求陈伯达、胡乔木这两位秘书"加班加点":

伯达同志：

  "改造"、"建设"两部分乔木改稿，我看可用，不须大改，但小改是必要的。务请你们在今日加班加点，请于今日晚上12时以前全部改好，交我看过，再送少奇看过打样，于明日上午交付翻译。我们请总理同时修改，请你与他联系，于晚上9时以前索取他的改样，由你酌量采取。头三部分，今日也要争取改好，我已（告）总理注意，改好后交你。

毛泽东
9月7日7时

终于，毛泽东在9月8日给陈伯达的信中说，"可以休息一天"了：

伯达同志：

  今日你和其他同志可以休息一天。

  请你将我准备讲的那段话，加以修改，并请饬你的秘书给我抄正一张，于下午交我为盼！

毛泽东
9月8日8时

9月10日，毛泽东又批示陈伯达：

伯达同志：

  国家政治生活部分，读改时，请邀彭真、罗瑞卿、董老三同志参加。今日改毕，照前抄三份，分送刘、周及我。

毛泽东
9月10日5时

最后，毛泽东在9月14日给陈伯达、胡乔木、田家英三位秘书写了一信：

伯达、乔木、家英同志：

  （一）"党的领导"部分，看了一遍，可用，估计不会有太多的修改了，但是一定还会有一些修改。我们都要睡觉。你们在上午12时以前改好后，直接交尚昆付翻译和付印。我们起床后再看改样好了。

  （二）开幕词又作了一些修改，已去打清样送你们，请再加斟酌，于下午交我为盼！

毛泽东
9月14日上午6时

据陈伯达说，当时他除了参加过刘少奇代表中共中央向大会所作的政治报告的一部分起草、修改工作外，还起草了《中国共产党第八次全国代表大会关于政治报告的决议》（1956年9月17日由大会通过）。

政治报告是经过毛泽东反复修改、字斟句酌才定稿的，而决议的起草却显得仓促，是在会议即将结束的时候由陈伯达执笔起草的。1956年9月27日下午，在决议付诸大会表决前，陈伯达还在对决议作了最后的修改。

陈伯达在"决议"中字斟句酌的是写入这么一段话：

我们国内的主要矛盾，已经是人民对于建立先进的工业国的要求同落后的农业国的现实之间的矛盾，已经是人民对于经济文化迅速发展的需要同当前经济文化不能满足人民需要的状况之间的矛盾。这一矛盾的实质，在我国社会主义制度已经建立的情况下，也就是先进的社会主义制度同落后的社会生产力之间的矛盾。

这是一段关于国内主要矛盾的极其重要的论述，涉及全局，涉及党的基本路线，是政治报告里所没有的。

陈伯达后来回忆说：

那天的会上，叶飞在主席台上的座位就在毛主席的后面，我坐的位置是靠侧面。会后叶飞告诉我，宣读决议的时候，当念到"先进的社会主义制度同落后的社会生产力之间的矛盾"的时候，毛主席说了一句："这句话不好。"不过毛主席当时也没有说应该怎样才好，可能是来不及想，也就举了手。叶飞讲的情况应当是可信的，他当时坐的位置离毛主席很近。

可见当时毛泽东是持保留态度的。

三天之后——1956年10月1日——毛泽东在天安门城楼上对刘少奇说，"八大"决议中对主要矛盾的提法是错误的，主要矛盾应当是无产阶级和资产阶级的矛盾。

到了1957年9月20日至10月9日召开的中共八届三中全会，毛泽东便明确提出了自己的观点，认为主要矛盾是无产阶级和资产阶级的矛盾，完全否定了"八大"决议中的这一段话。

毛泽东在中共八届三中全会上说：

无产阶级和资产阶级的矛盾，社会主义道路和资本主义道路的矛盾，毫无疑问，这是当前我国社会的主要矛盾。

紧接着，在1958年5月5日至5月23日召开的中国共产党第八次全国代表大会第二次会议（简称"八大二次会议"）上，毛泽东再度强调了自己的观点。

刘少奇也接受了毛泽东的观点，他在向大会所作的工作报告中说：

在整个过渡时期，也就是说，在社会主义社会建成以前，无产阶级同资产阶级的斗争，社会主义道路同资本主义道路的斗争，始终是我国内部的主要矛盾。

新华社1958年6月20日编印的《内部参考》第2510期，刊载《各地对少奇同志报告学习和讨论的情况》一文，分十个方面综合了各地学习和讨论刘少奇"八大"二次会议报告时提出的问题。

文章反映了代表们的讨论情况："八大"一次会议提出"国内主要矛盾是先进的社会制度和落后的生产力之间的矛盾"，"八大"二次会议提出"无产阶级与资产阶级，社会主义和资本主义道路之间的矛盾是过渡时期的主要矛盾"，两次会议提法不一致，究竟哪个对？

文章说：有人认为"八大"一次会议的提法错了，中央对当时形势的估计过分乐观。但也有人认为是正确的，因为当时资产阶级敲锣打鼓接受社会主义改造，那时在策略上不能也不应提资产阶级与无产阶级的矛盾是过渡时期的主要矛盾。还有人问，既然说社会主义革命在政治、经济、思想战线上已取得了决定性胜利，这就是说要不要社会主义的问题已经基本解决，如果承认这种理解是对的的话，为什么还说国内的主要矛盾是两条道路的斗争？既然今后的主要矛盾是两条道路的斗争，为什么又说今后的主要任务是技术革命和文化革命？为什么主要矛盾和主要任务不一致？今后阶级斗争的规律如何？我们应该树立怎样的敌情观念？

毛泽东见了《各地对少奇同志报告学习和讨论的情况》一文，在1958年6月23日写下批语给陈伯达：

陈伯达同志：

请约定一、康生、乔木、胡绳、邓力群、田家英几位同志，将此期第一篇所列问题，主要是八、九、十节的问题，当场看一遍，当场逐个问题进行分析，有四五小时也就可以了。然后和我谈一次为盼！这些问题值得注意，不要置之不理。

毛泽东
6月23日

毛泽东给陈伯达的这一批示，提请中共高层注意这一重大问题，以求统一认识。从此，中共"八大"决议上的那段话，再也没有人敢说了。

中共"十大"的政治报告（1973年8月24日报告，8月28日通过）则把陈伯达在中共"八大"决议中加进去的那段话，称之为刘少奇、陈伯达"塞进"的：

> 大家知道：九大政治报告是毛主席亲自主持起草的。九大以前，林彪伙同陈伯达起草了一个政治报告。他们反对无产阶级专政下的继续革命，认为九大以后的主要任务是发展生产。这是刘少奇、陈伯达塞进八大决议中的国内主要矛盾不是无产阶级同资产阶级的矛盾，而是"先进的社会主义制度同落后的社会生产力之间的矛盾"这一修正主义谬论在新形势下的翻版。林彪、陈伯达的这个政治报告，理所当然地被中央否定了。对毛主席主持起草的政治报告，林彪暗地支持陈伯达公开反对，被挫败以后，才勉强地接受了中央的政治路线，在大会上读了中央的政治报告。

其实，那段话是陈伯达自己加进中共"八大"决议的，而刘少奇则赞同这一观点。历史证明，陈伯达"塞进"中共"八大"决议中的观点是正确的。

在中共"八大"上，陈伯达又当选为中央委员。在按得票多少的当选名单中，陈伯达在90多名中央委员中排在第21位。

1956年9月28日，在中共八届一中全会上，陈伯达向前迈进一步，进入政治局候补委员的行列。

政治局委员有毛泽东、刘少奇、周恩来、朱德、陈云、邓小平、林彪、林伯渠、董必武、彭真、罗荣桓、陈毅、李富春、彭德怀、刘伯承、李先念。

政治局候补委员为乌兰夫、张闻天、陆定一、陈伯达、康生、薄一波。

在中共"七大"，陈伯达为中央候补委员，在中央委员和候补委员名单中，排名次序为第47位；如今，他"前进"至第21位。

不过，这时陈伯达的主要工作，仍是担任毛泽东的政治秘书。

第六章
五十年代的荣耀

"八大"结束之后,陈伯达作为毛泽东的政治秘书,为毛泽东整理了几篇重要的讲话稿。这时的毛泽东,虽然国务、党务繁忙,但文章还是亲自执笔写的。陈伯达协助整理的,是毛泽东在各种会议上随口而谈的讲话记录稿。陈伯达在整理时,所用的基本上都是毛泽东的原话,只是作些删节,调整段落顺序,或者把几次讲话记录合并成一篇文章。整理出初稿之后,交给毛泽东审定。毛泽东常常要作许多修改、补充,这才定稿发表。正因为毛泽东事后作的改动较大,因此正式作为文章发表,往往与讲话的原始记录有许多差别。

1956年9月15日至27日,中共"八大"在北京召开,陈伯达进入中共中央政治局。图为(从左至右)刘少奇、毛泽东、周恩来、陈云、朱德在闭幕式上

据陈伯达回忆,毛泽东的《论十大关系》是他帮助整理的。此文原是毛泽东在中共中央政治局扩大会议上的讲话。彭真把记录稿给了陈伯达,陈伯达又补入毛泽东在其他几次会议上的讲话记录,共计十个问题。整理之后,毛泽东作了修改。

《关于正确处理人民内部矛盾的问题》,也是陈伯达根据会议记录加以整理的。主要是毛泽东1957年2月27日在最高国务会议第十一次(扩大)会议上的讲话的记录,但也补了另几次讲话的内容。整理之后,毛泽东又作了较多的改动,亲笔增添了新的内容。

毛泽东的《在中国共产党全国宣传工作会议上的讲话》一文,毛泽东亲自所作的增删最多。当年听过毛泽东讲话的人,后来看了文章,都有这种感觉——许多当场听到过的话,文章里没有;文章中有些话,则是当场未曾听到的。

笔者的兄长当时在浙江省工作,迄今保存着中共浙江省委宣传部印发的《毛主席在全国宣传工作会议上的讲话》记录稿。这一记录稿是毛泽东讲话的原文,其中有几句提及陈伯达:

还是要到工厂去,到农村去。最近有几个同志到农村去蹲了几个月,很有益处,一个陈伯达同志,一个邓子恢同志。走一走比不走好。走马看花是一种方法,还有一种是下马看花。陈伯达、邓子恢他们两个同志下马去看了

253

几个月，作了调查，交了朋友。我们的作家、艺术家应不应该去呢？我看是应该去的。

不言而喻，陈伯达在整理时，删去了他自己以及邓子恢的名字。

陈伯达认为，毛泽东所作的这些增删，是正常的。因为讲话时随口而说，在整理成文时经过他仔细思索，有增有删，诚如一篇文章写成后也要改几遍一样。再说，文章要比即兴讲话缜密得多。另外，文章在报上发表后，收入选集，再作些修改，也是正常的。

陈伯达再三地说，他只是做秘书工作，做做"文字理发匠"的工作。毛泽东的这些根据讲话记录整理而成的文章，用的都是毛泽东的原话。只有个别处，他在不违背毛泽东原意的前提下，把记录的文字改得通顺一些，如此而已。

1957年1月，陈伯达曾向中央和毛泽东写了一个关于福建省莲塘乡农业合作社的调查报告，尖锐地反映了当时农村存在的一些问题。

陈伯达的报告指出，农村干部不但握有很大的政治权力，而且握有很大的经济权力，诸如产品分配权、财政、贷款、预购款的管理、支配权，等等。

陈伯达说，一些干部不能正确地运用这些权力，严重脱离群众，为了自私自利的企图而滥用权力，违反党的政策，生活、思想蜕化，引起群众的反感。

陈伯达指出，一些农民向调查组反映，一些干部的工分同他们差不多，或者还要少，为什么能够经常上饭馆？为什么能戴手表、用派克笔、听留声机？有的社员还说，他们根本不知道夏收余谷卖后有多少存款、用途如何。

陈伯达还一针见血地指出，群众反映，乡社干部是"官官相卫"，有的干部明说："我们几个干部屁股相向，就不怕群众"，"什么人浮上来，就把他打下去"。河北省委也向中央反映，农村干部强迫命令成风，致使干群矛盾尖锐。[1]

陈伯达伴随毛泽东度过1957年那个不平常的夏天。一大批知识分子被"扩大"到"右派"的行列之中，所幸陈伯达处在毛泽东身边，消息灵通。倘若陈伯达不谙熟毛泽东的动向，就凭他在1957年1月所写的那个报告，就难逃"右派"之祸。

那个不平常的夏天，是毛泽东一生中不平常的转折点。

在此之前，毛泽东率领亿万中国人民推翻三座大山，建立新中国，不愧为正确，因之也就无愧于光荣、伟大、英明；在此之后，64岁的毛泽东向"左"偏航，越来越偏离正确的航道，直至73岁陷入"左"的迷误，发动那"史无前例"的"文革"，终于在83岁痛苦地离去，留下一个"左"病深重的中国……在向"左"大转弯的时候，

---

[1] 朱地：《1957：大转弯之谜——整风反右实录》，第3~4页，山西人民出版社、书海出版社1995年版。

陈伯达比毛泽东跑得更快、更远，以致这位曾写过《人民公敌蒋介石》的"理论家"成为"人民公敌"——林彪、江青反革命集团——的16名主犯之一。

陪同毛泽东再访苏联

不带秘书，不带公务员，1957年11月2日清早，陈伯达拿了一个手提箱，从中南海迎春堂走出，前往毛泽东的游泳池那里。到了那儿，已经有好多人等候了。

不是去游泳，却是随毛泽东出访。

这是毛泽东平生第二回出国，也是他最后一次出国。前往哪里？依然是苏联。陈伯达依然作为他的政治秘书，陪同他出访。

1957年11月7日，是苏联十月革命胜利40周年纪念，各社会主义国家首脑都前往莫斯科祝贺，毛泽东不能不考虑前往苏联。

这一回是乘飞机前往莫斯科，再也用不着在漫无际涯的西伯利亚作疲惫不堪的长途旅行。迎接毛泽东的，是那长着一个圆秃脑袋而身材壮实的赫鲁晓夫。

陈伯达陪同毛泽东在莫斯科出席盛大的十月革命40周年庆典，出席20个社会主义国家共产党和工人党代表参加的会议，参与起草由会议通过的《莫斯科宣言》。

到达莫斯科后，陈伯达见到23岁的长子陈小达，显得分外高兴。只是儿子讲一口俄语，见了父亲都讲不出汉语来了。

这时的毛泽东，也见到了在莫斯科学习的女儿李敏。李敏和陈小达一样，满口的俄语，说起汉语来结结巴巴。

陈伯达看到儿子长得那么高，已经懂事了，说定等他翌年毕业，让他回国。

莫斯科会议的气氛是不谐和的。上一回与斯大林的会谈，不和只是潜在的、暗中的，这一回与赫鲁晓夫的会谈，分歧溢于言表。好在这一回毛泽东所率领的代表团比上一回庞大得多，陈伯达没有上一回那么显眼，何况他也已经学乖了，所以在苏联度过18天，没有发生不让他出席会议之类不愉快的事情。他只埋头做他的文字工作。在苏联作为毛泽东副手的不是他，而是党的总书记邓小平。

回到北京之后，听了毛泽东在中

1957年11月，毛泽东第二次访问苏联时在欢迎仪式上讲话

共八届二中全会上的讲话，陈伯达预感到与苏共的一场大论战已经不可避免。

毛泽东说：

> 关于苏共二十次代表大会，我想讲一点。我看有两把"刀子"：一把是列宁，一把是斯大林。现在，斯大林这把刀子，俄国人丢了。哥穆尔卡、匈牙利的一些人就拿起这把刀子杀苏联，反所谓斯大林主义。欧洲许多国家的共产党也批评苏联，这个领袖就是陶里亚蒂。帝国主义也拿这把刀子杀人，杜勒斯就拿起来耍了一顿。这把刀子不是借出去的，是丢出去的……列宁这把刀子现在是不是也被苏联一些领导人丢掉一些了呢？我看也丢掉相当多了。十月革命还灵不灵？还可不可以作为各国的规范？苏共二十次代表大会赫鲁晓夫的报告说，可以经过议会道路夺取政权，这就是说，各国可以不学十月革命了。这个门一开，列宁主义就基本上丢掉了。[1]

虽然毛泽东在苏联时公开宣称："我们社会主义阵营应当有个头，苏联就是我们的头。"实际上，他与"我们的头"已产生了严重分歧。

在此之前，1956年2月赫鲁晓夫在苏共第二十次党代表大会上作了秘密报告《关于个人崇拜及其后果》。作为中共对此的公开反应，是1956年4月5日由陈伯达起草的、以《人民日报》编辑部名义发表的长文《关于无产阶级专政的历史经验》。

接着，又在1956年12月29日以《人民日报》编辑部名义，发表由胡乔木起草的长文《再论无产阶级专政的历史经验》。这两篇文章清楚表明，中共与苏共在意识形态方面，尤其在如何评价斯大林方面，存在着分歧。

陈伯达非常注意毛泽东的新动向，那就是他1957年3月12日在中共全国宣传工作会议上所讲的一段方针性的话：

> 我们现在思想战线上的一个重要任务，就是要开展对于修正主义的批判。

陈伯达理所当然地投入"开展对修正主义的批判"之中……

1958年5月4日，《人民日报》为纪念马克思140周年诞辰，写了社论《现代修正主义必须批判》。社论在发表前，送毛泽东审阅。毛泽东阅毕，致函陈伯达：

---

[1]《毛泽东选集》第5卷，第321~322页。

第六章
五十年代的荣耀

即送陈伯达同志：

　　此件写得很好，即刻照发。

毛泽东
5月4日

　　陈伯达收到毛泽东的短笺后，当即照办。翌日——5月5日——《人民日报》便发表了这一批判现代修正主义的社论。

发明"人民公社"

　　建立公社如上天，一夜赛过几千年。
　　利刀斩断私有根，开辟历史新纪元。

　　1958年，"人民公社""大跃进""总路线"这"三面红旗"在中国大地飞舞，卷起一派"左"的狂热。

　　人民公社化运动在短短几个月中，在中国一哄而起，5亿农民迅速地组合成2.4万个人民公社。

　　人民公社被赞誉为"东方地平线上初升的太阳"。

　　"人民公社好"被说成是毛泽东的"伟大号召"。

　　1976年12月29日《人民日报》所发表的中共七里营人民公社委员会的《七里营人民永远怀念毛主席》，记述了毛泽东是怎样发现、支持这一"新生事物"的：

　　1958年，在党的总路线的光辉照耀下，在全国大跃进的高潮中，我们七里营创办了人民公社。伟大领袖毛主席以敏锐的马克思主义洞察力，热情支持这一新生幼芽。在我们七里营人民公社诞生的第三天——1958年8月6日——毛主席就亲临我们公社视察来了。

　　这天，雨过天晴，空气格外清新。下午4时23分，几辆小轿车在七里营村中心东方红广场停下来。从最前边的那辆车里走出一位身材魁梧、和蔼可亲的人，他面带微笑，向公社门口健步走来。"啊！毛主席！"人们热烈鼓掌欢迎，欢呼跳跃。顿时，广场沸腾了。"毛主席万岁！毛主席万万岁！"的口号声响彻云霄。这是多么激动人心的大喜事啊！多少人日夜思念着救星毛主席，多少人日夜盼望见到毛主席。今天，毛主席在百忙之中亲自来到我们身边，

257

七里营人民怎能不万分激动！

  毛主席来到公社门口，一眼看见挂在门右边的公社的牌子，站定了，端详着牌子的几个大字，轻声念道：新乡县七里营人民公社。县委领导同志告诉毛主席：这是全县第一个人民公社。毛主席点了点头，含笑说：人民公社这个名字好。

  ……

  毛主席指出，人民公社的特点是"一曰大，二曰公"，"还是办人民公社好，它的好处是，可以把工、农、商、学、兵合在一起，便于领导"。在毛主席"人民公社好"的伟大号召指引下，仅仅几个月时间，人民公社犹如烂漫的山花，开遍了祖国大地。

《人民日报》迅速报道了毛泽东在河南新乡的一席话。"人民公社好"用黑体大字印在大报小报上。

一时间，"共产主义是天堂，人民公社是金桥"的"民歌"，四处传颂。

就在毛泽东去七里营视察后的第20天——8月17日——中共中央政治局在北戴河召开扩大会议，肯定了人民公社是"一大二公"，是"过渡到共产主义的一种最好的组织形式"，并作出了《中共中央关于在农村建立人民公社问题的决议》。

事过一年，"三面红旗"阻力重重，处境难堪。1959年7月23日，毛泽东在庐山会议上作了一通讲话，提及了人民公社的"发明权"。

据当时的记录，毛泽东如此说：

1070万吨钢[1]是我建议，我下的决心，其结果是9000万人上阵，×××人民币，"得不偿失"。其次是人民公社。人民公社我无发明之权，有建议之权，北戴河决议是我建议写的。当时嵖岈山章程如获至宝。我在山东，一个记者

1958年8月17日至30日，中共中央在北戴河召开政治局扩大会议，通过了《中共中央关于在农村建立人民公社问题的决议》

---

[1] 指1958年全国的钢铁产量要"跃进"到1070万吨。

问我:"人民公社好不好?"我说:"好!"他就登了报。小资产阶级狂热性也有一点,以后新闻记者要离开。

毛泽东把"建议之权""发明之权"分得很清楚。他谈及大炼钢铁时,问道:"柯老,你的发明权有没有责任?"柯庆施当场答道:"有!"

毛泽东这么一问,把大炼钢铁的"发明权"披露了。

那么,人民公社的"发明权"究竟是谁的呢?毛泽东没有说,人们不得而知。

陈伯达向笔者坦率地承认,人民公社这个"歪点子"是他出的,"发明权"属于他。

陈伯达详细地说明了他是如何"发明"人民公社的:

根据当时接触过的一些材料(例如湖北),有的农业生产合作社也办起了工业。

又搞农业,又搞工业,这件事启发我想起恩格斯的一种著名的论点。例如,恩格斯说:"……由整个社会的力量来共同经营生产和由此而引起的生产的新发展,也需要一种全新的人,并将创造出这种新人来。教育可使年轻人很快就能够熟悉整个生产系统,它可使他们根据社会的需要和他们自己的爱好,轮流从一个生产部门转到另一个生产部门。……从事农业和工业劳动的,将是同样的一些人,而再不是两个不同的阶级……"[1]

我想,既然我们的农业生产合作社能够同时又搞农业,又搞工业(即"亦农亦工",或可说,"亦工亦农")。当时,这纯粹是自发的,这些工厂自认只是"小小工厂"),而仅署名为"农业生产合作社",似乎不完全反映这种实在发生的情况,所以,我冒昧在一篇题为《全新的社会,全新的人》的短文中,说这"实际上是农业和工业相结合的人民公社"。我原来的设想就是这样。

毛主席实地考察了河南七里营,据报道,当时他在那里回答问题的时候,表示"人民公社好"。

"人民公社好"这句话就这样传开了。

陈伯达《全新的社会,全新的人》一文,发表于1958年第3期《红旗》半月刊,1958年7月1日出版,比毛泽东说"人民公社好"早了一个多月。

---

[1]《马克思恩格斯选集》,第1卷,第212页。

由此看来，人民公社的始作俑者，确实是陈伯达。正因为这样，连毛泽东也说，发明之权不属于他，他只有建议之权。这发明之权，属陈伯达——在"左"的道路上，他比毛泽东走得更远。

其实，在庐山上，毛泽东面对着彭德怀的激烈的批评，才说"人民公社，我无发明之权，只有建议之权"。妙不可言的是，康生在这时出马了，给毛泽东帮忙，提供了关于人民公社的理论根据。

康生在庐山上写给毛泽东的信，当时曾作为中共中央文件下发，故不难查到。全文如下：

主席：

斯大林在1928年至1929年（十月革命胜利后的十年）反对联共党内右倾危险的两个报告，可供我们这次反右倾斗争的参考。特将其中的几段摘出，送上一阅。

又，恩格斯在论无产阶级专政的国家时，曾提议不用"国家"一词，而用德文古字"公社"（Geme inwe sen）或用法文"公社"。可见"公社"一词，并不等于"共产主义"（虽然外国文字很相同）。巴黎公社，广州公社，都不是实行共产主义的社会制度。根据恩格斯的信，不仅我们的农业合作社，可叫做"人民公社"，即"中华人民共和国"，也可以叫做"中华人民公社"。这不仅没有违反马列主义，而是符合于马列主义的。因此，将列宁引证的恩格斯信中的几句话，也摘附于后。

敬礼！

康生

（1959年）8月3日

这一回，康生与陈伯达两位"大秀才"又进行了精彩的"合作"：陈伯达"发明"了人民公社，而康生则引马列的经典"论证"了人民公社。

仅此一斑，亦可见这两位"大秀才"在"左"星高照的那些岁月中所作的"贡献"。

康生的"论证"，在八年之后，还被另外两位"大秀才"所青睐——张春桥和姚文元在上海搞起了"上海人民公社"，其"理论根据"便是康生当年给毛泽东的信，同时也是对陈伯达所"发明"的人民公社的进一步"发展"。

不过，话又说回来。虽然毛泽东说"人民公社"的"发明之权"不属于他，但是毛泽东早就有类似的思想，正因为这样，陈伯达一提出"人民公社"，毛泽东马上就说"人民公社好"。

第六章
五十年代的荣耀

毛泽东早在 1955 年为《中国农村的社会主义高潮》一书所写的按语中，就赞成办"大社"，提出"有些地方可以一乡为一个社，少数地方可以几乡为一个社"。这"大社"，实际上也就是人民公社。

在 1958 年 3 月的成都会议上，毛泽东又提出把小型农业社适当合并成大型社的意见。这"大型社"，也就是后来的人民公社。

所以，毛泽东早有此意，而陈伯达一语道破，毛泽东立即肯定了"人民公社"。

不过，据陈伯达自云，他提出建立"人民公社"最初的出发点，是农村不仅要搞农业，而且要办工业。

毛泽东把"人民公社"发展为"政社合一，一大二公"。

后来，陈伯达在 1958 年 7 月 16 日出版的《红旗》第 4 期上，发表《在毛泽东的旗帜下》一文，首次披露了毛泽东关于人民公社的构想：

> 毛泽东同志说，我们的方向，应该逐步地有次序地把"工（工业）、农（农业）、商（交换）、学（文化教育）、兵（民兵，即全民武装）"组成为一个大公社，从而建构成为我国社会的基本单位。

在 1959 年 9 月 6 日，毛泽东还指出：斯大林曾说，"公社必定是集体农庄的高级形式"。那是中国驻苏联大使馆在 1959 年 9 月 3 日给外交部、中共中央对外联络部报送了苏联经济学硕士伊·格洛托夫《论集体农庄所有制的发展前途》一文摘要。这篇文章原载 1959 年 9 月 2 日《苏维埃俄罗斯报》。该文最后提到公社，认为"借助于社会主义国家巩固集体农庄所有制，提高其公有化水平，并不意味着将农业组合变成公社"，"而在共产主义下，公社作为一定所有制占有者的集体，也是不可能的，因为那时所有社会财富都是全民财产"。

毛泽东看了《论集体农庄所有制的发展前途》一文摘要之后，给陈伯达写了一段批示：

> 陈伯达同志阅，退毛。
> 此人根本不研究马、恩、列思想，并且连斯大林公社必定是集体农庄的高级形式这一观点也否定。总之，作者认为公社无论何时都是有害无益的。
>
> 　　　　　　　　　　　　　　　　　　　　　　毛泽东
> 　　　　　　　　　　　　　　　　　　　　　　9 月 6 日

这里还须顺便提一笔，1958 年 3 月 10 日，陈伯达在国务院科学规划委员会第五次会议上讲话，谈及哲学社会科学如何"大跃进"。

陈伯达说："哲学社会科学也可以跃进。跃进的办法，就是厚今薄古，边干边学。"

陈伯达批评哲学社会科学中的主要缺点是"言必称三代"。

陈伯达所谓的"三代"，是指夏、商、周。

在陈伯达这次讲话之后，高等院校的文科开始把"厚古薄今"作为"资产阶级思想倾向"进行批判。

担任《红旗》总编辑

解放后，陈伯达挂了一连串的"副"职，到了1958年5月25日，才获得一项正职任命。

那是中共八届五中全会在北京举行。会议增选了林彪为中共中央副主席兼政治局常委，增选柯庆施、李井泉、谭震林为政治局委员，增选李富春、李先念为书记处书记，同时决定创办中共中央理论刊物《红旗》，任命陈伯达为总编辑。

五天之后——6月1日——《红旗》杂志创刊号便问世了。白色封面上印着鲜红色的毛泽东手书的"红旗"二字。

创刊号的阵营如下——

毛泽东：《介绍一个合作社》；

陈伯达：《南斯拉夫修正主义是帝国主义政策的产物》；

张闻天：《关于美国经济危机》；

柯庆施：《劳动人民一定要做文化的主人》；

周扬：《新民歌开拓了诗歌的新道路》；

王任重：《依靠群众势如破竹》。

据陈伯达回忆，虽然决定出版《红旗》是在中共八届五中全会才做出正式决定，但是筹备工作早就开始了。

创办一个理论刊物，这是毛泽东提出的建议。最初，陈伯达并不想办《红旗》这样的政治理论刊物，却是想办学术性理论刊物。毛泽东不同意陈伯达的办刊设想。这样，陈伯达只得放弃了办学术性刊物的意见。

《红旗》杂志创刊号

《红旗》的发刊词是陈伯达写的。写好之后,呈毛泽东审阅。毛泽东在 1958 年 5 月 24 日写下批语:"此件写得很好,可用。"

《红旗》的刊头,理所当然,请毛泽东挥就。

在 1958 年 5 月 24 日,毛泽东就题写《红旗》刊头,致函陈伯达:

伯达同志:

  报头写了几张,请审检;如不能用,再试写。

毛泽东
5月24日上午

毛泽东很认真地为《红旗》题写刊名,竟写了 20 多幅!

毛泽东在所写的不同的刊头字体旁,分别注明:

"这种写法是从红绸舞来的,画红旗。"

"比较从容。"

经过陈伯达和编委们细细品评毛泽东为《红旗》刊名所作的 20 多幅书法作品,最后选中了那幅"这种写法是从红绸舞来的,画红旗"的刊头。

《红旗》作为中共中央的政治理论刊物,编委会的阵营颇为强大。第一届《红旗》编委有:邓小平、彭真、陆定一、王稼祥、张闻天、胡乔木、陈伯达、康生、陶铸、王任重、李井泉、柯庆施、舒同、李达、周扬、胡绳、邓力群、王力、范若愚、许立群。这个编委会,可以说囊括了当时中共中央的"笔杆子"。陈伯达被任命为总编辑,也就成了这个"秀才"班子的头儿。

后来,又任命了四位副总编辑,即胡绳、邓力群、王力、范若愚。

第一次编委会在居仁堂召开。开会时,发生一桩小小的误会:来了两个李达!原来,同名同姓,有两个李达。一个李达,字永锡,号鹤鸣,乃是中共创始人之一,中共"一大"代表,主编过中共第一个党刊《共产党》月刊。这个李达是《红旗》编委。另一个李达,原名李德三,乃中国人民解放军上将,担任过国防部副部长、副总参谋长。发开会通知的人弄错,给这位李达上将也发了通知。

邓小平一见李达上将,笑了,说道:"你来了?也好,就坐下来听听吧!"

在《红旗》杂志上发表文章,陈伯达用过笔名"周金",胡绳用笔名"施东向",国际评论文章常署"于兆力"——由乔冠华、姚溱、王力三人合写。乔冠华过去在重庆时用过笔名"于怀","兆"则是"姚"的偏旁,三人的姓名合成了"于兆力"。不过,三人只合作写了一篇。此后署"于兆力"的文章,是王力一人写的。

邓力群是刘少奇秘书,他担任《红旗》副总编辑,分管经济方面的理论文章。

毛泽东十分重视《红旗》。毛泽东读《红旗》创刊号，甚至发觉所载他的文章《介绍一个合作社》，错了一个字。

《红旗》所载《介绍一个合作社》，有这么一段：

> 大字报是一种极其有用的新式武器，城市、乡村、工厂、合作社、商店、机关、学校、部队、街道，总之一切有群众的地方，都可以使用。已经普遍使用起来了的，应当永远使用下去。

后面这一句中，《红旗》多排了一个"的"字。

为此，毛泽东给《红旗》总编辑陈伯达写了一封信：

> 陈伯达同志：
> 　　第四页第三行多了一个"的"字。其他各篇，可能也有错讹字，应列一个正误表，在下期刊出。
> 　　　　　　　　　　　　　　　　　　　毛泽东
> 　　　　　　　　　　　　　　　　　　　6月4日

陈伯达接到毛泽东此函，嘱令下属仔细校勘《红旗》，将第1期、第2期的讹误之处，在第3期上刊登正误表。

毛泽东向来重视舆论工具，特别是《红旗》，是他提议创建的中共中央理论刊物，所以，在《红旗》创刊之后，毛泽东不时把自己看中的文章，批转给陈伯达，建议《红旗》发表。

比如，1958年7月3日，毛泽东给邓小平、彭真、谭震林、陈伯达写了一信：

> 小平、彭真、震林、伯达同志：
> 　　你们看这封信是否可以发表？我看发表毫无害处。请伯达打电话给广东省委，问一下这封信是否已在党内刊物上发表，或者是用单个文件发表（到）各县，或者并没有发去？再则告诉他们，我们拟在《红旗》上发表，他们意见如何？以其结果告我为盼！
> 　　　　　　　　　　　　　　　　　　　毛泽东
> 　　　　　　　　　　　　　　　　　　　6[1]月3日上午7时
> 请在7日下午退给陈伯达。

---

[1] 此处笔误，应为"7"月。

毛泽东推荐什么信在《红旗》杂志上发表呢？

毛泽东所推荐的是中共广东省委书记赵紫阳的一封信。由于毛泽东的亲自推荐，使赵紫阳受到全国的注意。毛泽东还亲自为赵紫阳的信写了按语《介绍一封信》：

介绍一封信
（1958年7月3日、30日）

广东省委书记赵紫阳同志最近率领北路检查团到从化县，经四天工作，给省委写了一封信，提出了三个问题：一，对早造生产的看法问题；二，群众路线问题；三，大字报问题。这些都是全国带普遍性的重要问题，值得一切从中央到基层的领导同志们认真一阅。《红旗》半月刊应当多登这样的通信。这封信的风格脱去了知识分子腔，使人高兴看下去。近来的文章和新闻报导，知识分子腔还是不少，需要改造。这封信是在广东党内刊物上发表，由新华通讯社当作一份党内文件发到北京的。其实，这类通讯或文章，完全可以公开发表，无疑对当地同志和全党同志都有极大好处。我同意赵紫阳同志的意见，早造每亩（么）能收300斤已经很好，比去年的200斤增长50%，何况还有350~400斤的希望。原先的800斤指标是高了，肥料和深耕两个条件跟不上去。这是由于缺乏经验，下半年他们就有经验了。对于这件事，从化的同志们感到难受，这种难受将促进他们取得经验，他们一定会大进一步。群众路线问题，仍然是一个值得全党注意的问题。其办法是从全省各县、全县各乡中，经过鉴定，划分为对于群众路线执行得很好的，执行得不很好也不很坏处于中间状态的和执行得很坏的这样三大类，加以比较，引导第二、第三两类都向第一类看齐。到第一类县乡去开现场会议，可以逐步地解决这个问题。这个问题，不但农村有，城市也有，故是全党性的问题，仍然需要采取大鸣大放大辩论大字报的方法去解决。

毛泽东
1958年7月3日

此后，为了在《红旗》杂志发表赵紫阳的这封信，毛泽东再度致函陈伯达：

陈伯达同志：

　　此事请你处理，我来不及了。

毛泽东
7月30日

1958年7月14日，毛泽东就《湖北京山县合作乡八一社常年办食堂的经验》一文，又批示陈伯达：

陈伯达同志阅。退毛。

第11页湖北京山县合作乡一个合作社办食堂一事，可以考虑在红旗上发表。

毛泽东
7月14日

（左起）戚本禹、王力、关锋在"文革"中合影

《红旗》创办伊始，影响并不很大。后来，在中苏两党大论战中，很多文章以《人民日报》编辑部和《红旗》杂志编辑部的名义发表，使《红旗》杂志为国内外所瞩目。在"文革"中，重要的社论常以《红旗》社论名义发表，与《人民日报》《解放军报》合称"两报一刊"，影响更大了。

在陈伯达担任总编辑期间，《红旗》杂志虽然也发过一些好文章，但主要是在为极左路线制造舆论。尤其是在"文革"中，《红旗》成了"左"旗，搅乱全党、全军、全国的思想，起了极坏的作用。

《红旗》编辑部也不断扩大，人员不断更换。关锋进入《红旗》，成为常务编委。戚本禹进入《红旗》，成为历史组负责人。王力、关锋、戚本禹，成为陈伯达手下的三员"左"派大将。

《红旗》编辑部设在北京沙滩。那里的一幢大楼，这半幢是《红旗》编辑部，另半幢则是文化部。也就是说，《红旗》编辑部在大楼里所占的办公用房，与文化部旗鼓相当。

在粉碎"四人帮"之后，在批判"两个凡是"的那些日子里，《人民日报》《光明日报》《解放军报》旗帜鲜明，唯有《红旗》坚持"两个凡是"，使《红旗》声誉扫地。后来，《红旗》终于停刊，改出《求是》。

毛泽东嘱令陈伯达和张春桥同行

1958年6月11日，《光明日报》第一版在"东风强来西风弱，真正英雄看今天"的通栏标题下，刊载了两篇文章：《消灭"沙门氏菌"的马国荣》和《孙守纲制成质量超过英国的"矽胶"》。

这两篇文章引起毛泽东的注意。

《消灭"沙门氏菌"的马国荣》一文，介绍了只上过两年大学的天津仁立食品厂青年技术员马国荣，针对蛋制品中的"沙门氏菌"问题，从学习入手，利用空闲时间跑书店、图书馆，找有关细菌、微生物和医学方面的书籍阅读，并结合实际开展研究。他经过一年多的刻苦钻研和322次试验，创造出了"真空氮处理法"，消灭蛋制品中的"沙门氏菌"，解决了国际上多年没有解决的问题。

《孙守纲制成质量超过英国的"矽胶"》一文，介绍了天津市供电局修理试验所21岁的化验工孙守纲不畏困难，在四年多的时间里跑图书馆、查技术资料，经过多次试验，制成质量超过英国和日本的优质"矽胶"的事迹。

毛泽东看罢，颇有感触。他在1958年6月12日，给陈伯达写下一段批示：

陈伯达同志阅。研究马克思主义也要用这两位青年的方法，就是为解决迫切问题而去跑图书馆。列宁为了批判1905年革命失败后在俄国党内兴起的有神论（卢那察尔斯基、波格丹诺夫）而去系统地研究哲学史，写出了《唯物论与经验批评（判）论》，费了巨大的精力。

毛泽东
6月12日

毛泽东的批示，是希望陈伯达能够花工夫系统钻研马列主义著作。

毛泽东每天的书报阅读量颇大。不久，他注意到来自上海的一篇"非同凡响"的理论文章……

当年曾与陈伯达在中共北方局共事的柯庆施，解放后接替陈毅，成为中共上海市委第一书记、上海市市长，人称"上海王"。

柯庆施"紧跟"毛泽东。1958年3月10日，柯庆施在成都会议上，曾说过一句"名言"："相信毛主席要相信到迷信的程度，服从毛主席要服从到盲从的程度。"

当年毛泽东提议创办《红旗》，柯庆施立即"紧跟"。就在《红旗》创刊一个月之后——1958年7月1日——中共上海市委政治理论刊物《解放》便在上海问世。

在"上海王"柯庆施身边工作的，也有个政治秘书，名叫张春桥。论知名度，当时的张春桥还很低。不过，张春桥与陈伯达如出一辙，擅长于揣摩毛泽东的思想动向来写文章。当然，比起陈伯达来，张春桥差了一大截。因为陈伯达在毛泽东身边，可以直接从言谈中窥测毛泽东的新思维，而张春桥则只能从柯庆施那里间接地听到毛泽东的片言只语，犹如中医悬线搭脉一般，摸索毛泽东的思想之脉。

张春桥凭借得自柯庆施那里的信息，在1958年9月15日出版的《解放》半月刊上，甩出一篇奇文，曰：《破除资产阶级的法权思想》。

这一回，张春桥果真摸准了毛泽东的脉。毛泽东一见此文，说的正是自己近来所谈过却又未曾详谈的题目，自然产生了兴趣。毛泽东第一次注意起作者的名字——张春桥。

毛泽东嘱令《人民日报》予以全文转载。《人民日报》总编辑吴冷西对张春桥的文章有不同意见。为此，他写信给毛泽东，请毛泽东考虑《人民日报》转载张文时所加编者按语是否说得活一些。

1958年10月11日，毛泽东复函吴冷西，

张春桥从担任柯庆施政治秘书进入政坛，凭借得到"内部消息"写成的一篇奇文，逐步引起了毛泽东的注意。图为张春桥当年照片

并嘱他转告陈伯达。毛泽东的信全文如下：

冷西同志：

信收到。既然有那么多意见，发表时，序言[1]应略为改一点文字，如下：

人民日报编者按：张春桥同志此文，见之于上海《解放》半月刊第6期，现在转载于此，以供同志们讨论。这个问题需要讨论，因为它是当前一个重要的问题。我们认为张文基本上是正确的，但有一些片面性，就是说，对历史过程解释得不完全。但他鲜明地提出了这个问题，引人注意。文章通俗易懂，很好读。

请你看后，加以斟酌。如有不妥，告我再改。再则，请你拿此给陈伯达同志一阅，问他意见如何，并将我们讨论的详情给他谈一下。

毛泽东

10月11日上午10时

毛泽东写的"编者按"连同张春桥的文章，在1958年10月13日《人民日报》上，以醒目的地位发表了。张春桥的名字，第一次引起全中国的注意。这一天，对于张春

---

[1] 即编者按。

桥来说，是历史性的一天。

此文乃张春桥的"成名作"。从此，毛泽东注意起张春桥来，在他记忆的仓库里，有了张春桥其人的"地址码"。

在1958年10月19日，毛泽东写下批示，嘱陈伯达和张春桥一起前往河南遂平调查人民公社问题。这是毛泽东第一回点名要张春桥随"大理论家"陈伯达外出调查。

河南遂平县在当时以大办人民公社而出名。1958年9月1日出版的《红旗》第7期曾刊载了河南遂平县《嵖岈山卫星人民公社试行简章（草案）》。

毛泽东的批示是这么写的：

伯达同志：

想了一下，你和张春桥同志似以早三天去河南卫星公社进行调查工作为适宜，不必听21日刘子厚同志的报告。集中精力在卫星公社调查七至十天，为杭州会议准备意见，很有必要。可带李友九去帮忙。如同意，请告叶子龙同志，为你们调一架专机即飞郑州。

毛泽东
10月19日上午7时

到郑州时，最好能请史向生同志和你们一道去卫星公社。史对人民公社有研究，他去过卫星社。他是省委书记。

毛泽东信中提及的李友九，当时担任《红旗》杂志编辑。

毛泽东嘱令调专机给陈伯达和张春桥，这充分表明毛泽东对他们此行的重视。

毛泽东在写下那封给陈伯达的信之后半小时，又补充写道：

伯达同志：

去河南时，请把《马恩列斯论共产主义社会》一书带几本去，你们调查团几个人，每人一本，边调查，边读书，白天调查，晚上阅读，有十几天，也就可以读完了。建议将胡绳、李友九都带去，练习去向劳动人民做调查工作的方法和态度，善于看问题和提问题。

我过了下星期就去郑州，一到，即可听你们关于卫星公社观察所得的报告，在四省第一书记会议上予以讨论。

毛泽东
10月19日上午7时半

四天后，毛泽东又给陈伯达一函：

陈伯达同志：

你们调查研究卫星公社大约要一个星期，包括调查团（社）营（大队）连（队）的各项问题。

然后，请找遂平县级同志们座谈几次，研究全县各项问题。以上请酌量处理。

毛泽东
10月23日下午5时

又过了五天，毛泽东写第四封信给陈伯达：

陈伯达同志：

回信收到。我还须几天才能出发。如果遂平调查已毕，你们可去附近某一个县再作几天调查，以资比较。于11月2号或3号回到郑州即可。已令吴冷西、田家英二同志昨日夜车出发，分赴修武七里营两处调查几天再去郑州。

毛泽东
10月28日上午4时

当时，陈伯达早已是中共中央"大秀才"，而毛泽东把张春桥的名字与陈伯达相提并论，使张春桥受宠若惊了。

从1958年起，全国各地纷纷成立人民公社。图为某人民公社宣传标语

于是，奉毛泽东之命，陈伯达头一回与张春桥同行，前往河南嵖岈山。

一个是毛泽东的政治秘书，一个是柯庆施的政治秘书，此行究竟如何呢？

据陈伯达晚年自述：

1958年7、8月间，河南省发表了"嵖岈山卫星人民公社试行简章"。我预先并不知道有这样的"章程"。这个"章程"做了不少"规定","公共食堂"就是其中之一。

在是年,似乎是当时领导农村工作的中央负责同志主持起草了一个"关于农村建立人民公社问题的决议"。记得,我没有参加这个决议文件的起草工作。

本来,我没有想到嵖岈山去参观,因为毛主席要我同张春桥去一趟,就去了。当然,受到当地一些招待。

似乎是住在我们对面的一位老头子,泄露出来关于"高产"麦田的秘密:那块所谓特别"高产"的麦地,是那几个爱作假的人在夜里趁大家睡觉的时候,搬运其他许多田里的大量麦子堆上去的。各地前来参观的人络绎不绝,大家看的集中地点是那早已收割的"高产"麦地。麦早已收了,可是不少的参观热心家却在那一块地里挖一把土带回去,作为纪念,或想做回去的"科学的试验"物。

那里的干部可能觉到我的态度不如他们原来设想的那样高兴。他们一个负责人曾经问我有什么意见,是否有不对之处。当然,那时我还不能说出什么。

没有几天,毛主席来电话指示,不要住太久。我们一些人在短短几天就离开了。

此行对于张春桥来说,是异常兴奋的。因为是平生头一回奉毛泽东之命执行任务,何况与"大理论家"陈伯达同行;陈伯达的回忆却是平淡的,他对于这个来自上海的"秀才"并没有太留意。

在郑州遭到毛泽东痛斥

陈伯达回忆河南嵖岈山之行说:"没有几天,毛主席来电话指示,不要住太久。我们一些人在短短几天就离开了。"

毛泽东给他们的电话,是从郑州打来的。1958年11月2日至10日,毛泽东在郑州召开有部分中央领导人和部分地方领导参加的会议,后来被人们称为"第一次郑州会议"。

毛泽东选择郑州作为开会的地方,是因为河南乃人民公社化运动的发源地,此次会议开始研究人民公社化运动所产生的一些"左"的错误。毛泽东要陈伯达、张春桥回来,为的是出席会议。

陈伯达从嵖岈山一回来,就受到了毛泽东的批评,而且这次批评相当厉害。会议

1958年11月2日至10日，中共中央在郑州召开工作会议，史称"第一次郑州会议"，毛泽东在会上严厉批评了陈伯达。图为第一次郑州会议场景

结束时所发的纪要中，有一段话是不指名批评陈伯达的：

……同时批评了废除商品生产，实行产品调拨的错误主张，指出在社会主义阶段废除商品生产和等价交换是违反客观经济发展规律的。中国的商品生产很不发达，现在不仅不能消灭，而且应该大力发展。人民公社应该在发展自给性生产的同时，多搞商品生产，尽可能多地生产能够交换的东西，向全省、全国、全世界交换。

陈伯达受到毛泽东如此严厉的批评，相当狼狈。关于他为什么会受批评，他在晚年作了回忆：

从嵖岈山到遂平县里那天晚上，一个会计（似乎很年轻）说了这样一件事："我们这里出'沙子'，用'沙子'去武汉交换机器，这是'产品交换'。"

到郑州后，我和同去的张春桥见毛主席，当还没有正式汇报之前，作为闲聊，我说了那会计把沙子换机器叫做"产品交换"一事。毛主席一听，就马上插上我的话，说："你主张'产品交换'，不要'商品交换'了！"

其实，这是毛主席一时误会了。当时还没有开始正式汇报，我在那瞬间只是闲说那个会计的说法，并没有表示我主张什么。

当然，斯大林的《社会主义经济问题》一书，我也看过。但是，对这样极端复杂的问题，直到现在，我顶多只能开始进幼稚园长期刻苦学习，当时怎么可能信口开河呢？

不知怎样的，毛主席当时对我说的话，竟然一传十，十传百，整个参加郑州会议的人都传遍了,我觉得大家都怕和我接近。我的确处于很狼狈的状态。有两位地方同志或许知道我当时说话的经过,到我的住处看一下我,那时真使我感激不尽。

陈伯达所回忆的遭到毛泽东批评之后的惶恐、孤立的心情、处境,是十分真实的。毛泽东的批评,使"理论家"一下子贬值了,如同得了瘟疫一般,人们见他躲之不及,退避三舍。

在那"左"浪滚滚来的岁月,陈伯达跳得很高。他忙于抢浪头、赶时髦,在"发明"了人民公社之后,他还想继续有所"发明"。他主张"取消货币",他主张"取消商品经济"。那位会计所说的"产品交换",正符合他的心意,他是作为一种"新生事物"向毛泽东汇报的。

他完全"疏忽"了,脑袋也曾热过一阵的毛泽东,此刻已看出人民公社化中的种种过热现象,他已开始着手降温,纠正"左"的偏差、"左"的错误。正在兴头上的陈伯达,被毛泽东浇了一盆冷水!

坐在一侧的张春桥,把毛泽东对陈伯达的当面批评句句牢记,立即作为"新动向"向柯庆施汇报。消息很快从柯庆施那里传出,成了轰动性的新闻,诚如陈伯达所言,"一传十,十传百,整个参加郑州会议的人都传遍了"。

1980年第1期《战地》杂志,曾发表李锐的《怀念田家英》一文,其中谈及郑州会议的情景:

> 陈伯达发表不要商品生产、取消货币的谬论,遭到毛主席严厉的批评指责。摔了这个筋斗,陈伯达痛苦之至,我们毫不同情。

到了1958年11月9日,事态变得益发严重。毛泽东这天在郑州写了一封《致中央、省市自治区、地、县四级党委委员》的公开信,不点名地狠狠批判"号称马克思主义经济学家"的陈伯达。此信作为中央文件印发全国,一时间,对陈伯达的批判扩大到中共各地党组织。

毛泽东批判陈伯达的信,全文如下:

同志们:

此信送给中央、省市自治区、地、县这四级党的委员会的委员同志们。

不为别的,单为一件事,向同志们建议读两本书。一本,斯大林著《苏联社会主义经济问题》;一本,《马恩列斯论共产主义社会》。每人每本用心读三遍，随读随想，加以分析，哪些是正确的（我以为这是主要的）；哪些说得不正确，或者不大正确，或者模糊影响，作者对于所要说的问题，在某些点上，自己并不甚清楚。读时，三五个人为一组，逐章逐节加以讨论，有两至三个月，也就可能读通了。要联系中国社会主义经济革命和经济建设去读这两本书，使自己获得一个清醒的头脑，以利指导我们伟大的经济工作。现在很多人有一大堆混乱思想，读这两本书就有可能给以澄清。有些号称马克思主义经济学家的同志，在最近几个月内，就是如此。他们在读马克思主义政治经济学的时候是马克思主义者，一临到目前经济实践中某些具体问题，他们的马克思主义就打了折扣了。现在需要读书和辩论，以期对一切同志有益。

　　为此目的，我建议你们读这两本书。将来有时间，可以再读一本，就是苏联同志们编的那本《政治经济学教科书》。乡级同志如有兴趣，也可以读。大跃进和人民公社时期，读这类书最有兴趣，同志们觉得如何呢？

毛泽东
1958年11月9日于郑州

读了毛泽东的信，陈伯达犹如身处悬崖边缘！

　　说实在的，陈伯达号称"理论家"，其实对于马列主义并未真懂。有人曾指出，陈伯达没有通读过马克思的《资本论》！

　　毛泽东在郑州会议快结束时，对陈伯达说："你马列主义没学好，你到广东去向陶铸同志学习！"这一句话，如同一记耳光，打在陈伯达脸上。

1950年代末，毛泽东（右）在杭州与几位秘书一起研读苏联的《政治经济学教科书》

第六章
五十年代的荣耀

"理论家"的双颊在发烧。尽管他已是《红旗》的"大掌柜",居然"马列主义没学好"!尽管他已是中共中央政治局候补委员,可是只消毛泽东一句话,便足以使他从悬崖上摔下来。

他明白,他这一次挨批,原因在于没有"跟紧":当毛泽东已经着手纠正人民公社化以来的"左"倾错误时,他还在那里搞极左!

在郑州会议结束后,毛泽东再次命陈伯达与张春桥同行,"会后出征",前往山东范县[1]。这又一次表明毛泽东对于上海"新秀才"张春桥的看重。

那是中共中央宣传部在1958年11月4日编印的《宣教动态》第134期上,刊载的《山东范县提出1960年过渡到共产主义》一文,引起了毛泽东的注意。

那是山东范县人民公社党委(县委)第一书记谢惠玉,1958年10月28日在范县共产主义建设积极分子万人大会上,所作的关于范县两年过渡到共产主义的规划报告。《宣教动态》第134期刊登了这一报告的摘要。其中这么写及:

> 农业生产万斤化。规划提出1960年粮食作物种植15万亩,保证亩产2万斤,争取3万斤,共产39亿斤;棉花种植15万亩,保证亩产籽棉1.5万斤,争取2.5万斤,总产22.5亿斤;花生种植15万亩,保证亩产5万斤,争取8万斤,总产75亿斤;甜菜种植5万亩,保证亩产3万斤,争取5万斤,总产15亿斤。今年的水利要实现河网化。1959年全部土地田园化、灌溉自流化、标准化,1960年达到灌溉电气化、自流化。到那时:田间耕作用机器,灌溉自流用电力;粮食亩产好几万,堆大敢与泰山比;棉絮开放似雪野,花生多得不用提;丰收一年顶百季,人人喜得了不的。

这一报告还说:

> 丰衣足食。到1960年基本实行"各尽所能,各取所需"的共产主义分配制度。到那时:人人进入新乐园,吃喝穿用不要钱;鸡鸭鱼肉味道鲜,顿顿可吃四大盘;天天可以吃水果,各样衣服穿不完;人人都说天堂好,天堂不如新乐园。

毛泽东看罢,颇为兴奋,于1958年11月6日写下批示:

---

[1] 范县原属山东省,1964年划归河南省。——编者注

1950年代末的陈伯达

此件很有意思，是一首诗，似乎也是可行的。时间似太促，只三年。也不要紧，三年完不成，顺延可也。陈伯达、张春桥、李友九三同志有意思前去看一看吗？行路匪遥，一周可以往还，会后出征，以为如何？

毛泽东
11月6日上午9时

此后，1959年1月，根据毛泽东的指示，陈伯达又前往广东、福建考察人民公社生产情况。

1959年1月18日，陈伯达请中共福建省委转交毛泽东并中央一封信，信中反映了他在考察广东、福建两省部分地区农业生产情况时得出的一些看法：

（一）现在除了应推广密植的方法到那些还是稀植的地区外，还应注意密植的适当程度，根据不同的土质、气候等条件，密植程度应有不同。

（二）深耕程度应照顾地方的不同条件，在不同地区、气候和季节，应注意深耕的不同尺寸。

（三）应将粮食底子向群众公开，节约用粮。力争丰年吃好，歉年吃饱。

（四）不论生产或生活问题，都应反复同群众商量，不宜只由干部单方面独断。不要勉强群众去做他们不愿意做的事情。

（五）去年大跃进，有些地方提出要压这个、跨那个的口号，这样做并不一定会使自己成为先进，并且往往会使自己陷于落后。

（六）今年这里的农业生产指标，可以考虑提翻一番，或稍低些，力争超过，不要提得过高。报纸公布去年完成的数字，也应该是严肃的。

（七）公社要有一套逐步完善的关于劳动组织、定额和报酬的生产管理制度。

1959年1月25日，毛泽东就印发陈伯达关于人民公社生产方面几个问题的来信写了批语：

小平同志：

　　此件请印发到会各同志。同时，发给各省、市、自治区党委，作参考。

毛泽东
1月25日

1959年1月27日，中共中央把陈伯达的这封信转发给各省、市、自治区党委。

在庐山上弄错风向

　　中国的政治风云变幻莫定。1959年盛暑，陈伯达跟随毛泽东上了庐山。从7月2日至8月16日，中共中央在浓雾缭绕的庐山，相继召开了政治局扩大会议和八届八中全会。

　　风向急转，毛泽东在庐山发动了声势浩大的"反右倾"运动，斗争的锋芒直指彭德怀、黄克诚、张闻天、周小舟。

　　本来，这次会议是准备继续纠"左"的。诚如李锐那篇《怀念田家英》中所写的：

> （1959年）6月底，庐山会议之前，许多严重的"左"的错误，如高指标、瞎指挥、浮夸风，特别是共产风，已经发现，在逐步纠正之中。开会前夕，毛主席提出19个要讨论的问题，准备纠"左"。会议的初期，是"神仙会"，毛主席找我们少数几个人谈了三次，谈得很融洽，有时满堂欢笑……

　　可是，毛泽东出人意料来了个急转弯，从纠"左"一下子转到"反右倾"。

　　毛泽东把彭德怀、黄克诚、张闻天、周小舟打成"反党集团"，这是庐山会议的"主题歌"。然而，"反右倾"也波及了积极纠"左"的田家英，他在庐山会议之后受到毛泽东的冷遇。虽然仍担任毛泽东的秘书，毛泽东对他的信任只是

庐山会议上彭德怀、黄克诚、张闻天、周小舟受到批判。图为毛泽东（右）与彭德怀

有限度的了。

李锐回忆田家英的那篇文章，记述了很重要的一组历史镜头：

> 1959年庐山的大风波，原因很复杂，这同当时有兴风作浪、唯恐天下不乱之人也有关系。
>
> 7月23日，正式宣布批判彭德怀同志之后，我和家英等四个人沿山漫步，半天也没有一个人讲一句话。走到半山腰的一个石亭中，远望长江天际流去，近听山中松涛阵阵，大家仍无言相对。亭中有一块大石，上刻王阳明一首七绝，亭柱却无联刻。有人提议：写一首对联吧。我捡起地下烧焦的松枝，欲书未能时，家英抢着写了这一首名联：
>
> 四面江山来眼底／万家忧乐到心头
>
> 写完了，四个人依然默默无声，沿着来时的道路，各自归去。

这是一组节奏缓慢凝重的历史镜头。田家英忧心如焚，尽在无言之中。

李锐，当年的水电部副部长，做过毛泽东的兼职秘书。李锐所写"我和家英等四个人"另两人为何人？苏晓康、罗时叙、陈政所著《"乌托邦"祭》中，透露了另两个人的姓名：陈伯达、吴冷西。

奇怪，大"左"派陈伯达怎么曾加入这个"默默无声"的行列？照理，毛泽东已经在那天作了万分激愤的批彭发言，正是陈伯达机不可失的"紧跟"之时。他，怎么也有点灰溜溜起来呢？

自然，他与田家英不同。田家英对"左"的一套深恶痛绝，与彭德怀站在一条战壕里。

陈伯达呢？他在郑州会议上因鼓吹极左经济理论，挨了批；上庐山之前，听说会议的主题是继续纠"左"，也就把他的政治赌注押在批"左"这一边。他万万没有想到，毛泽东上山之后，会一下子从纠"左"来了个180度的大转弯，转为"反右倾"。在这大转弯的时候，陈伯达差一点被甩了出去！

1972年7月，中央专案组印发过一个关于陈伯达的审查报告。尽管这个报告今日看来带有浓重的"文革"味，有些事例也不准确，但是关于庐山会议的那一段，倒也写出了当年陈伯达的尴尬处境：

> 1959年第一次庐山会议，陈伯达跑到彭德怀那里去了，参与了彭德怀的"军事俱乐部"。1959年7月14日，彭德怀抛出向党进攻的信件。当天晚上，陈伯达当众向彭德怀说："彭老总，你的信写得很好，我们都支持你。"……

据《彭德怀自述》一书中披露，彭德怀"13日晚饭后，就开始写那封信（实际上，7月12日晚腹稿已成），7月14日晨将写成的信，送给主席亲收"。陈伯达在7月14日当天便看了此信，并在当天晚上当众赞扬彭德怀。

请注意，陈伯达说的不是悄悄话，而是"当众向彭德怀说"。听见这话的，不只是彭德怀，而是"众"人。

九天之后，事情急转直下，如《彭德怀自述》：

> 7月23日上午，主席在大会上讲话，从高度原则上批判了那封信，说它是一个右倾机会主义的纲领，是有计划的、有组织的、有目的的。并且指出我犯了军阀主义、大国主义和几次路线上的错误。听了主席的讲话，当时很难用言语形容出我沉重的心情。回到住所以后，反复思索主席的讲话，再衡量自己的主观愿望与动机，怎么也是想不通。当时抵触情绪很大。

也就在这天下午，发生了李锐所描述的一幕：陈伯达、吴冷西、田家英和他默默地沿山路漫步，默默地各自回去……

陈伯达处于提心吊胆之中。因为毛泽东对彭德怀的批判，调子很高，已经把彭德怀与高岗、饶漱石相提并论，何况毛泽东在讲话中，又提及了郑州会议，提及政治经济学，甚至提及了人民公社的"发明之权"……陈伯达又一次处于岌岌可危的悬崖边缘！

毛泽东的一句话，点穿了急转弯的原因："现在不是反'左'而是反右……反了几个月的'左'倾，右倾必然出来！"

"理论家"显然慢了一拍：在毛泽东反"左"时，他还在那里鼓吹"左"，所以挨批；这一回，毛泽东反右了，他又跟"右倾机会主义分子"站在一起！

走笔至此，笔者愿为陈伯达拂去一桩"冤案"：在庐山会议期间，毛泽东曾秘密会晤前妻贺子珍。在流传甚广的"秘闻"中，传说江青得知，迅速从杭州赶到庐山，而打电话向江青"告密"者，乃是陈伯达也！

使陈伯达蒙受此"冤"，原因有二：

其一，在"文革"初期，陈伯达是中央文革小组组长，而江青是第一副组长，常常一起在各种公众场合出现，给人以关系密切之感——尽管陈伯达与江青的关系在"文革"中非常紧张，这却是外人莫知，更何况在1959年，陈伯达与江青并无太多交往。

其二，在陈伯达倒台时，毛泽东所写的《我的一点意见》中，有一句话："据他自己说，上山几天就下山了，也不知道他为了什么原因下山，下山之后跑到什么地方去了。"尽管毛泽东说的是第二次庐山会议讨论工业七十条的时候，并不是1959年第一次庐山会议，但是，却被误传为陈伯达偷偷下山，给江青"通风报信"去了！

常言道："事出有因。"陈伯达蒙"冤"，也有"因"。

毛泽东嘱中共江西省委第一书记杨尚奎的夫人水静和弟媳、毛泽民夫人朱旦华前往南昌，把贺子珍秘密地接上庐山。毛泽东与贺子珍见面后，原说好第二天还要见面，但是第二天贺子珍突然被送下山，从此再也没有见到毛泽东。

急急把贺子珍送下山，本来是毛泽东自己的决定，因为他发现贺子珍谈话时常常语无伦次，所以打消了再见面的打算。

毛泽东曾在庐山与贺子珍见面。图为贺子珍（右）与女儿李敏合影

但是，贺子珍却并不知道是毛泽东自己的决定，却按照自己的"逻辑"推测，一定是江青知道了此事，赶上山来！

江青究竟是怎么知道的呢？这连贺子珍自己也说不清楚。

后来，在陈伯达倒台时，贺子珍在听传达中共中央文件，听见毛泽东的《我的一点意见》中那句话，一下子以为找到了答案：哦，是陈伯达"告密"！

这一"秘闻"经过各种"纪实文学"渲染，便仿佛真有其事。

实际上，江青当时并不在杭州，而在北戴河。

毛泽东会晤贺子珍是极为秘密的，知情面极小，江青并不知道这一"秘密"。所以，不仅当时江青没有赶上庐山，而且直至她被拘捕之前，也不知道此事。

在江青倒台之后，贺子珍重新露面，当选全国政协委员。贺子珍在记者面前说起往事，于是，"毛贺"庐山会面才广为人知。

正因为这样，所谓陈伯达向江青"告密"，纯属子虚乌有！

就"严重右倾"作深刻反省

1959年8月16日，中共八届八中全会在庐山结束后，毛泽东仍留在庐山上。

8月19日，毛泽东在庐山上给吴冷西、陈伯达和胡乔木写了一封十分重要的信，要求对人民公社进行调查研究：

第六章
五十年代的荣耀

吴冷西、陈伯达、胡乔木三位同志：

　　为了驳斥国内外敌人和党内右倾机会主义，或者不明真相抱着怀疑态度的人们对于人民公社的攻击、诬蔑和怀疑起见，必须向这一切人作战，长自己的志气，灭他人的威风。为此就需要大量的材料。请冷西令新华社和人民日报将此信讨论一次，向各分社立即发出通知，叫他们对人民公社进行马克思主义的调查研究，每个省（市、区）选择五个典型，特别办得好的公社，例如广东省增城的石滩公社，河南省长葛县的坡胡公社（以上均见8月18日《人民日报》），河北省遵化县的王国藩公社。不要夸大，也不要缩小，总之，实事求是，反复核对，跟县委和公社党委认真研究，不适当的，修改而又修改，文字要既扎实又生动，引人入胜。并且要跟地、县派下去的有能力的工作组同志们一道去办。每省五个社，要派五个有政治、经济头脑而又文笔很行、思想很通的同志去，你们认为是否可以办到呢？请你们接信后，即日动员，一个月，二个月，至迟三个月交卷。我希望能于30天、40天内交来第一批，每省先选一个至二个典型公社，其余陆续交来即可。你们看，是否可以办得到呢？办不到，即延迟，总以情（情况）文并茂为原则。文字可长可短，短可三四千字，长可万余字，平均以七八千字为适宜。写好，一律交给我，由我编一本书，例如1955年《农村合作化社会主义高潮》一书那样，我准备写一篇万言长序，痛驳全世界的反对派。请陈伯达同志立即组织几位熟悉俄国革命初期所办公社的材料、具体情况（要详细材料）及其所以崩溃的原因的同志，一定要加以分析，提出论断。这也是极端重要的。目的在破苏联同志们中的许多反对派和怀疑派。此书出版及我的文章，国庆节不可能，最快要到秋天、冬天，最慢要待明春，因为准备工作来不及。此信你们看后，如以为可，交尚昆同志立即用电报发给各省、地、县三级及新华社、《人民日报》指定从事此项工作的记者们，使他们知道我的意向，即为此问题要向世界宣战。另发政治局、书记处各同志。

　　　　　　　　　　　　　　　　　　　　　　　　　毛泽东
　　　　　　　　　　　　　　　　　　　　　　1959年8月19日于庐山

　　回到北京之后，刘少奇代表中共中央找陈伯达谈话，对他进行了严厉的批评。陈伯达当时的心情非常沉重，甚至哭了。

　　在与刘少奇谈话之后，陈伯达开始就自己的"严重右倾"作深刻反省。

　　接着，陈伯达接到通知，要他前往彭真那里，对"严重右倾"问题作检查。陈伯达遵命去了彭真家，对自己在庐山上的"右倾错误"作了检查。据云，当时胡乔木、

1959年，刘少奇与毛泽东在大是大非上基本一致，从庐山回到北京，刘少奇也严厉批评了陈伯达的右倾。图为毛泽东（左）与刘少奇在天安门

吴冷西也奉命向彭真作了同样的检查。

彭真向陈伯达传达了中共中央的指示，要求陈伯达积极投入"反右倾"斗争之中，写文章批判"右倾机会主义分子"彭德怀。

陈伯达明白，这是中央给了他一次改正"严重右倾错误"，并与"右倾机会主义分子"彭德怀划清界限的机会。

陈伯达表示，要以积极行动投入"反右倾"斗争之中。

就在这时候，毛泽东对陈伯达的一次任用，使陈伯达安下心来。

那是1959年9月11日，新华社编印的《内部参考》第2862期，发表了国家统计局党委《驳"国民经济比例失调"的谬论》一文。

文章说，国家统计局在学习、讨论中共八届八中全会决议时，就1958年国民经济综合平衡和比例关系问题进行了讨论。多数同志根据统计数字，驳斥了右倾机会主义分子关于1958年以钢为纲和全民炼钢铁造成了国民经济比例关系失调的论点。大家一致认为，1958年国民经济基本上是按比例地和平衡地向前发展的。文章还列举了一系列统计数据，对上述观点进行了具体的论证。

刚刚结束中共八届八中全会，从庐山返回北京的毛泽东看了此文，以为这是与右倾机会主义分子们较量的很重要的论题。

于是，毛泽东给陈伯达写了一信：

陈伯达同志：

"驳谬论"一篇，你看了没有？如未，请看一下，想一想，是不是有道理？此篇各个论点，是否都是对的？或者还有某些不对的呢？请你找国家统计局的主要几位同志，例如四五位，或者七八位，到你处开一次座谈会，切实研究一下，以其结论（最好写成文字）告我。这是大问题，应当废寝忘餐，全力以赴。

毛泽东
9月6日

座谈会上，此件给他们看。

陈伯达收到毛泽东的信之后，果然是"废寝忘餐，全力以赴"。

遵照毛泽东的指示，陈伯达迅即在翌日——9月7日——下午，召集国家统计局五位有关人员和其他一些研究经济问题的人开了一个座谈会。

9月8日下午，陈伯达给毛泽东写了一封信，汇报座谈会的情况。

陈伯达在信中说，会上大家基本上同意国家统计局提出的关于去年大跃进中比例关系的看法，认为去年国民经济发展的比例关系是相适应的，而不是失调的。

陈伯达在信中还说，在座谈会上，对于某些论点，大家觉得还可以提得更切实、更完全些。会上提到了以下几点意见：

一、认为国民经济中最主要的比例关系，是第一部类（生产资料的生产）和第二部类（消费资料的生产）的对比关系。

二、从去年大跃进中的工业和农业、重工业和轻工业的全部情况看来，可以肯定，第一部类和第二部类的比例关系是适当的。第一部类内部、第二部类内部的比例关系，基本上也是适当的。

三、比例关系基本上合适，这并不是说，不可能有某些个别或局部的暂时性失调。

四、去年大跃进是按比例地向前发展的。其中个别的、局部的失调，只是大踏步前进中的暂时性的现象，经过调整，都已经有了很大的改善。

五、解决个别的、局部的失调问题，调整某些比例关系，应采取积极的态度，从发展生产方面着眼。

陈伯达在信后附送了国家统计局根据这次座谈会的内容整理的《我国1958年国民经济比例关系资料》。

毛泽东收到陈伯达的信之后，当即亲自动手，为新华社的《内部参考》写"编者按"，全文如下：

本刊讯　本刊9月3日《驳"国民经济比例失调"的谬论》一文发表后，毛泽东同志写信给陈伯达同志，请他约国家统计局的同志们开一次座谈会，加以讨论。陈伯达同志和国家统计局的同志及其他同志开了一次座谈会。现将陈伯达同志给毛泽东同志的回信及国家统计局根据座谈结果写出的《我国1958年国民经济比例关系资料》一文，刊载于此，以供读者研究。

为了使《内部参考》尽快发表以上文件，毛泽东又给新华社社长吴冷西写了一段批示：

> 冷西同志：
> 　　另件请付新华社《内部参考》编辑部，请他们于明日（11日）登载为盼。
> 　　　　　　　　　　　　　　　　　　毛泽东
> 　　　　　　　　　　　　　　　　9月10日下午7时

毛泽东批示中所说的"另件"，也就是毛泽东为《内部参考》所写的"编者按"、陈伯达写给毛泽东的回信以及国家统计局根据座谈结果写出的《我国1958年国民经济比例关系资料》一文。

遵照毛泽东的指示，新华社《内部参考》在1959年9月11日出版的第2868期，发表了以上文件。

陈伯达为驳斥"右倾机会主义分子"关于"国民经济比例失调"的谬论，出了一份力。

陈伯达毕竟是"理论家"，为了积极投身到"反右倾"运动中，他不能像一般干部那样写一篇表态性的应景文章了事，他必须写出有深度、有水平、有新意的大文章。

从什么角度写呢？

"反戈一击"彭德怀

整倒彭德怀后，林彪升任国防部长。图为国防部长林彪（左2）视察部队

正在这时，毛泽东的一次讲话，给了陈伯达莫大的启示。

那是1959年8月18日至9月12日，中央军委扩大会议在北京举行。会议的主旨是揭发、批判彭德怀、黄克诚的所谓"反党罪行"和"资产阶级军事路线"。会议结束后的第五天——9月17日——彭德怀被免去国防部长职务，由林彪兼任国防部长并主持中央军委工作。林彪后来扶摇直上，在

"文革"中成为"副统帅",其起点便是这次会议。

会议结束的前一天——9月11日——毛泽东在会上作长篇讲话。这一回,毛泽东不像在庐山上那样,只是"乒乒乓乓地发射了一大堆连珠炮弹"批驳彭德怀那封信,却是历数彭德怀的一次又一次"错误",从理论的高度加以"批判"。

毛泽东的一段话,引起了陈伯达的关注:

> 他们[1]从来就不是马克思主义者,他们只是我们的同路人,他们只是资产阶级分子、投机分子混在我们的党内来。要论证这一点,要把这一点加以论证,材料是充分的。现在我并不论证这些东西,因为要论证就要写文章,是要许多同志做工作,我只是提一下。资产阶级的革命家进了共产党,资产阶级的世界观,他的立场没有改变,是完全可以理解的,就不可能不犯错误,这样的同路人在各种紧要关头,不可能不犯错误。

陈伯达看到毛泽东的这份讲话记录,不由得拍案叫好——真是天赐良机!由他来写一篇"论证"文章岂不可以讨好?!至于文章的题目,可以直接点明世界观之争,从世界观的高度"论证"彭、黄、周、张,不正是一篇绝好的"理论文章"!

陈伯达赶紧向毛泽东请示。这一回,毛泽东点头了。

抓住了好机会,陈伯达以异乎寻常的速度,赶写了长文《请看彭德怀同志的政治面目》,对彭德怀实行"反戈一击"。

陈伯达成功了!

1959年10月9日,当陈伯达写完长文,送呈毛泽东。毛泽东当即在10月11日给陈伯达写了一信:

> 伯达同志:
>
> 此件看过了,很好。略有修改。如能找康生、乔木二同志谈一下,可能进一步改得好一点。
>
> 毛泽东
> 10月11日

毛泽东还在陈伯达送审的清样上,写了这么一句话:

---

[1] 指彭、黄、张、周。

原题没有抓住本质，改一下为好。

毛泽东亲笔把标题改为《资产阶级的世界观，还是无产阶级的世界观》。

毛泽东肯定了陈伯达的文章，说"很好"，使陈伯达大喜。遵照毛泽东的意见，陈伯达找康生、胡乔木征求意见，又对文章作了一次大修改，再送毛泽东。

毛泽东在1959年10月16日，为陈伯达文章的修改稿，写下这样一段批示：

伯达同志阅后，送周、朱、林三同志一阅，然后交尚昆同志办理。

毛泽东
10月16日

毛泽东在陈伯达修改稿的清样上，又一次修改了标题，改为《无产阶级世界观和资产阶级世界观的斗争》。

根据毛泽东的指示，中共中央将陈伯达的《无产阶级世界观和资产阶级世界观的斗争》这篇文章印发给各级党委，中共中央还加了按语：

此件很好，印发各级党委，供党员学习八届八中全会文件的参考，可在党的内部刊物上发表。

中央
1959年12月23日

这一回，陈伯达算是化被动为主动，一扫"郑州会议"以来的悒郁情绪，转为兴高采烈。陈伯达文章的核心，是毛泽东9月11日在中央军委扩大会议讲话的精神，另外还参考了毛泽东在外事会议上谈及彭德怀的一段话。

在文章中，陈伯达称彭德怀为"伪君子"、"野心家"、"阴谋家"。

现照1959年12月23日印发的中共中央文件，摘录若干段落，以观陈伯达的"反戈一击"：

我们全党现在正在进行反对右倾机会主义的斗争。从中央到各地在这个斗争中都分别揭发出一些右倾机会主义分子。这些右倾机会主义分子都同彭德怀同志一样进行了反对党的总路线、反对大跃进、反对人民公社的反党活动，他们所以同彭德怀同志共鸣，就是因为有一个共同的资产阶级世界观。由于彭德怀同志是右倾机会主义者的集中代表人，所以揭露和解剖彭德怀同志的世界观，对于我们认识右倾机会主义的资产阶级思潮和他们的反党活动的本质，具有重要的意义。

为什么参加党三十多年的彭德怀同志常常同毛泽东同志的正确路线闹对立，为什么在我国社会主义革命和社会主义建设的初期，他参加高饶的反党联盟？去年在党的总路线的旗帜下出现了大跃进和人民公社，把我们的社会主义革命和社会主义建设推进到一个新阶段，全国人民为社会主义事业的伟大胜利而欢欣鼓舞[1]，在这个时候，为什么他又亲自挂帅，打起了反对党的总路线、反对大跃进、反对人民公社的旗子，重新搞起反党集团，进行分裂党的活动？……

我们必须从社会阶级斗争的现象来看待问题……建国以来，我们这里出现两次企图分裂党的活动的事件，不是别的，正是反映了资产阶级对社会主义的反抗。彭德怀、黄克诚、张闻天等同志都是高饶反党联盟的参加者，而彭德怀同志还是这个反党联盟的一个头头。高饶的反党活动被揭穿了，被粉碎了，但是，彭德怀、黄克诚、张闻天三位同志并没有死心，他们没有悬崖勒马，继续走上高饶的老路，资产阶级复辟的欲望，资产阶级个人主义的野心，驱使他们，冲昏了他们的头脑[2]。斗争是他们挑起的，但结果是：他们搬起石头打自己的脚……

为了追溯彭德怀的"反党"历史，陈伯达翻出了彭德怀1941年所作的《民主政治与三三制政权的组织形式》的讲演，全文公布毛泽东1942年6月6日致彭德怀的信，表明早在那时毛泽东便已"严肃地批评"了彭德怀。由此而"论证"彭德怀是"具有两面性的伪君子"，是"野心家"，是"阴谋家"。

此文向全党印发之后，陈伯达的"理论家"的牌子又响亮起来了。

当时，中共八届八中全会曾作决议："把彭德怀和黄克诚、张闻天、周小舟等调离国防、外交、省委第一书记等工作岗位是完全必要的。但是他们的中央委员会委员、中央委员会候补委员、中央政治局委员、政治局候补委员的职务仍然可以保留，以观后效。"正因为这样，已经被逐出中南海，交回了元帅服、勋章，闲居于北京西郊吴家花园的彭德怀，还是有"资格"看到陈伯达的"大作"的——他毕竟仍然是中共中央政治局委员。

彭德怀看毕，久久无言。沉思良久，他拿起了笔，把心中的愤懑泄诸笔端，在陈

---

[1] 引者注：请注意这个"欢欣鼓舞"，下文要涉及。

[2] 引者注：请注意这个"冲昏头脑"，下文要涉及。

受到批判的彭德怀曾从事"三线"工作,直到"文革"开始,他才再次遭受厄运。图为"三线"工作期间的彭德怀

伯达的文章上写下针锋相对的批注。

据彭德怀夫人浦安修所保存的彭德怀手稿中,可看到彭德怀批驳陈伯达的好多段文字。

在陈伯达文章中那"欢欣鼓舞"一句旁,彭德怀斥道:

> 为伟大胜利而欢欣鼓舞是共同的,但你们看不到或不愿看到"左"的东西正在破坏它,搞"反党集团"确实没有,对于问题的看法表示共鸣,倒是有一些人。

彭德怀还写道:

> 我从来不是功臣,但不一定就是祸首。

在陈伯达文章中那"冲昏头脑"一句旁,彭德怀写下掷地有声的话:

> "冲昏了他们的头脑",是"左"倾机会主义者而不是右倾机会主义者。"左"倾机会主义者看不出当前我国社会主义建设的突出矛盾是严重的比例失调,引起阶级关系紧张,它将破坏总路线、破坏大跃进和人民公社的巩固,社会主义建设将出现一个大马鞍形,千万人将要遭到饥饿,甚至要饿死一些人。

彭德怀还写下如下的一段段批语:

陈伯达的文章指斥彭德怀的四篇报告,即在1941年作了《民主政治与三三制政权的组织形式》的讲演,1942年作了《1943年要贯彻民主精神》的报告,1943年2月作了《论敌后抗日根据地的三个中心工作》的发言,同年4月又发表了《关于民主教育》的谈话。

彭德怀批驳道:

> 这四篇东西是有错误的,但1945年华北工作座谈会上我已作了检讨,已经过去二十年了,而且毛主席给我们信以后,再没有提过这四篇文章的内容

了。现在是右倾,纠正办法,就算个账,堵塞正确意见,一错再错,这能实事求是吗?而不了解或不愿意了解这种"左"倾的危害性是多么严重、多么可怕啊!脱离实际的同志牵强附会是多么危害党的事业。

陈伯达指斥彭德怀"反对无产阶级专政"。
彭德怀批驳道:

> 任何阶级都是要通过自己的政党和领袖实行自己阶级的专政,无产阶级也是这样,很好。这就是说,共产党是无产阶级的先锋队,是领导本阶级和人民大众的进行人民民主专政的,通过阶级专政达到彻底消灭阶级。但是党是领导而不是代替,是通过而不是直接,这是很明显的,也是很正确的。如果代替(包办)而不是通过,即是党直接代替和包办国家一切行政事务,这必然降低党的领导和监督作用,也将失去先锋队同一切形形色色的唯心主义的战斗作用。党政不分的混乱概念,不仅降低共产党的领导作用,而且将失去无产阶级和人民群众对党的监督作用。上述是正确的前提作了错误的解释。

陈伯达指斥彭德怀所代表的是"右倾机会主义",彭德怀义正词严地批驳道:

> 在1959年庐山会议时,当时国内情况是"左",而不是右。

真是"直如弦,死道边;曲如钩,反封侯"。彭德怀"直道不容于时",遭批、遭贬,依然心如铁石,气若风云。

陈伯达除了作为党内文件印了《资产阶级世界观,还是无产阶级的世界观》一文外,一个多月后,陈伯达又在《红旗》杂志1959年第22期发表《无产阶级世界观和资产阶级世界观的斗争》一文,又一次炮轰彭德怀。

"理论家"虽然是在那里"批判"彭德怀,其实,他的话是在那里为他自己画像:

> 由于资产阶级世界观和个人野心作祟,常常"刚得东来西又倒","左"倾冒险主义可以转变为右倾机会主义,右倾机会主义也可以变为"左"倾冒险主义……

其实,纵观"理论家"本人走过的道路,正是一条"刚得东来西又倒"的摇摇晃晃的道路。

国务院副总理兼国家计委主任李富春

由于陈伯达对彭德怀"反戈一击",他终于走出庐山会议的阴影。他又得到毛泽东的器重,过问重大方针和决策。

1959年10月12日,中共中央书记处、国务院副总理兼国家计划委员会主任李富春给毛泽东写了请示报告,即《关于1960年国民经济建设的方针任务问题》。

报告提出1960年发展国民经济的方针和任务:

更好地贯彻执行党的总路线,在1958和1959年连续大跃进的基础上,争取国民经济的继续大跃进,同时按照国民经济发展以农业为纲的方针,正确处理农业、轻工业、重工业各部门之间的关系,并且逐步消除重工业内部的薄弱环节,为今后年份更好更大的跃进创造条件。

李富春在向毛泽东的请示报告中问:

其中整个国民经济的发展以农业为纲的提法,是否妥当?或者提以农业为基础,或者在党内提、党外不提,或者索性都不提,请你考虑见示。我觉得提以农业为基础是无问题的。

毛泽东在收到李富春报告之后,并不马上作出结论,而是在10月13日给陈伯达写下批示:

此件及附件,请陈伯达同志看一下,提出意见为盼!

毛泽东
10月13日

陈伯达明白,这是一个重大的方针问题。他认真进行思索,在1959年10月15日下午给毛泽东写信,汇报自己的意见。

陈伯达在信中说,富春同志给您的信说到对农业的提法问题,这是一个带有理论性的问题,是可以公开的,似乎不宜在党内和党外采取不同的提法。我想可以继续保持您原来的"发展工业必须和发展农业同时并举"的提法。这个提法具有科学的严格性,而且已深入人心。而在实际措施、计划部署、问题解释时,将您最近所说的把发展农业放在首要地位的意见,加以具体化,使同志们明确地认识这一问题。计委报告中关于"按照国民经济发展以农业为纲的方针,正确处理农业、轻工业、重工业各部门之间的关系"这句话,似乎可以改为:"贯彻执行发展工业和发展农业同时并举的方针,正确地处理农业、轻工业、重工业各部门之间的关系。"

毛泽东阅毕,在陈伯达的信上加了一个题目:《关于经济口号的提法》。然后,他写下一段批示:

此信及附件即送李富春、彭真、刘、周、朱、林、王稼祥、胡乔木同志阅,阅后退毛。
在10月16日、17日两天看完,以17或18日在我处会谈一次。

毛泽东把李富春的报告和陈伯达的信,广泛征求各方意见,最后经过讨论,作出决策。

1960年1月,李富春的报告以《迎接1960年的新跃进》为题发表。

李富春的报告,在谈到中国国民经济方针时,说毛泽东在《论十大关系》中,指出"正确处理农业和工业的关系,是多快好省地发展国民经济的首要问题"。

李富春接着强调指出:

毛泽东同志以后又把这个思想概括为"发展工业必须和发展农业同时并举","重工业要以农业为重要市场"。大家知道,这个思想已经作为一条重要的方针包括在党的社会主义建设总路线要点中。

不言而喻,在这一方针的决策过程中,陈伯达起了重要的作用。

第七章
"文革"前奏

陈伯达的政治地位不断提高,他负责起草社会主义教育运动的纲领性文件"二十三条",负责起草"文化大革命"的纲领性文件"五一六通知",还帮助江青起草《林彪委托江青同志召开的部队文艺工作座谈会纪要》……

长子陈小达自杀

北京西南角，有一条经过西便门车站通往丰台的并不十分繁忙的铁路。1960年，当一列火车驶过西便门附近，突然一个男青年跳上铁轨，卧倒在上面。火车急刹车已来不及，惨剧便发生了……

死者26岁，男性，核工业部（第二机械工业部）技术人员，姓陈，名小达——陈伯达的长子。

陈小达正处于青春焕发的黄金岁月，怎么会突然选择了这么一条绝路？

他，在苏联莫斯科大学物理系毕业之后，于1958年回到北京，与陈伯达生活在一起，有时候，他也去看望自己的生母诸有仁。当时，诸有仁在水电部水电建设总局担任研究室主任和机关党委宣传部部长。

刚刚回国的陈小达，讲一口俄语，而汉语却忘得差不多了。在家里，他跟陈伯达用俄语交谈。

作为一个中国人，不会讲汉语，不仅没法在中国工作，连日常生活也诸多不便。陈伯达不得不把儿子送到北京大学旁听汉语课。

今日莫斯科大学。陈伯达的长子陈小达当年毕业于这所学校

大抵因为是高干子弟的缘故，被看作政治上绝对可靠，所以陈小达被分配到机密单位核工业部工作，尽管他学的并不是核物理专业。

陈小达住在中南海，工作单位又不错，领导上分配他与苏联专家一起工作，他的生活道路铺满鲜花。

最使他感到幸福、得意的是，他有一位中意的姑娘。考虑到他的那个她现仍健在，她本人也是众所关注的人物，不便透露她的姓名，此处以 M 相称。

M 与他可以说"门当户对"：M 也住在中南海，而且住在甲区。M 的父亲的职务比他的父亲更高。M 与他从小结识，况且 M 也曾在苏联生活，能讲一口流利的俄语。

陈小达与 M 处于热恋之中。M 常到陈小达家，一谈便到深夜。陈小达也去 M 家，听她从苏联带回来的唱片。

冬日，他俩从中南海向北，过了桥，到北海公园溜冰。他俩像春天的燕子一般飞快地掠过冰面，用俄语呼喊着、嬉笑着，引得许多年轻人投来羡慕的目光。

随着岁月的流逝，他们之间的感情越来越深，关系也逐渐明朗化。咔嚓，咔嚓，照相机留下了他们的许多合影。笔者在陈伯达家，见到了这些照片。

到了 1960 年，陈小达 26 岁了，是该正式提亲了。

就陈伯达来说，对这门亲事双手赞成。因为陈伯达在 M 的父亲手下工作，倘若能够结亲的话，还能为他在政治上提供"保险"——这么一来，M 的父亲也许会在政治上给他以支持，至少不会在风向大变时把他整倒。

可是，事与愿违。向来与陈小达过从甚密的 M，突然提出与他终止恋爱关系，只保留一般的朋友关系。M 没有说明来自她的家庭的意见。

陈小达受此当头一棒，心烦意乱，而那几天，正由他主持进行一项重要的实验。在精神恍惚之中，他的实验出了大事故！

双重的打击，使感情脆弱的陈小达一时想不开。他曾想找父亲谈一次，可是，正遇上陈伯达手头事忙，对他说过几天再谈。

陈小达苦闷至极，独自前往西便门，走上了绝路……

因为害怕陈伯达受刺激，陈小达之死被瞒着。M 也不知道真相。

直到一年之后，陈伯达才知道长子之死。他大声号啕，可是，早已无济于事。

这里顺便提一下陈小达的生母诸有仁的后来——这连陈伯达本人都不大清楚。

笔者有位浙江文友，叫冯颖平，在杭州当记者。很偶然，有一次她跟笔者说起，她是诸有仁的"干女儿"，这才使笔者有机会了解诸有仁那孤寂的晚年……

诸有仁晚年独居，很少与外界来往。冯颖平怎么会成了诸有仁的"干女儿"的呢？

她说，那是在 1982 年盛暑，杭州热不可当。为了照顾老干部们，有关部门安排他们到莫干山休养。受报社派遣，冯颖平到莫干山采访。

在山上，有人指着一位个子中等偏矮、步履蹒跚、满头皓发、慈眉善目的老太太，神秘兮兮地说："他就是陈伯达的第一任妻子！"

从此，冯颖平开始注意这位老太太，得知她的名字叫诸有仁。

很快，凭着记者的职业习惯，冯颖平发觉诸有仁常常离群索居。冯颖平认为，尽管陈伯达是人所共知的"林彪、江青反革命集团"16 名主犯之一，诸有仁虽是陈伯达的第一位妻子，但早已离婚多年，不应该受到冷遇。

冯颖平主动地去接近诸有仁，诸有仁便带她到自己的房间里聊天。从聊天中冯颖平得知，诸有仁早在1925年就参加革命，她的姐夫是中共早期著名领导人之一——罗亦农。她在罗亦农的影响下，前往苏联学习，在那里结识了陈伯达，并在回国后于1933年与陈伯达结婚。后来，生下一个儿子，取名陈小达。

老人说到这里，突然冒出一句："江青害死了我的儿子！"

冯颖平未敢详问，老人也没有仔细说下去。

由于在山上冯颖平与诸有仁相处甚为融洽，下山时诸有仁邀请冯颖平到她当时所住的地方——新安江紫金滩。

在紫金滩，诸有仁打开尘封已久的照相册给冯颖平看。从那些发黄的老照片上，可以看到诸有仁与毛泽东、周恩来、朱德的合影，揭开了诸有仁不平凡的身世。

诸有仁念念不忘她唯一的儿子陈小达。诸有仁说，1939年夏天，周恩来去苏联医治摔伤的胳膊，陈伯达和诸有仁托周恩来把5岁的陈小达带往苏联。

此后，诸有仁与陈伯达离异。陈伯达又结婚了，而诸有仁一直独身。

解放后，诸有仁在四川重庆工作多年，后来，又调到北京工作。

诸有仁时时怀念着儿子陈小达。儿子回国之后生活在陈伯达身边，但是也常来看望母亲诸有仁。

儿子长大成人，给了诸有仁很大的安慰。

当她得知儿子陈小达突遭不幸，如五雷轰顶。

在痛失唯一的爱子之际，她已年过半百。她格外感到孤独，就向组织上提出，要一个养女，以便能够照料她的晚年。

组织上答应了。她从四川老家的亲友中，认了一个女孩作为养女。

她花了很大的精力，把女孩的户口迁入北京，并安排了工作。这在当时是很不容易的了。

养女有了对象，诸有仁感到非常高兴。因为养女一旦成家，跟她生活在一起，那就更热闹了。

就在这个时候，大劫大难开始了。在"文革"中，诸有仁被打成"苏修潜伏特务"，受尽折磨。她的养女也"上山下乡"，和男友一起被迁往黑龙江，从此与诸有仁没有联系。诸有仁再度陷入空前的孤独之中。

后来，她离开北京，南下浙江，在新安江紫金滩过着与世隔绝的生活。大约过于闲暇，她沉醉于往日的回忆之中。

她曾关注陈伯达的消息，毕竟她与陈伯达有过一段婚姻。久久地在报纸上见不到任何关于陈伯达的新闻，甚至不知道陈伯达是否尚在人世。

直到陈伯达作为"林彪、江青反革命集团"16名主犯之一被押上历史的审判台,她才从报纸上见到他的照片,才从电视中见到他的模样。她仿佛有着隔世之感,因为她头脑中的陈伯达,她家老照片上的陈伯达,不是这等老气横秋。

不过,由于陈伯达再度成为"新闻人物",人们对她这位孤老太也多了一份关注——在背后指指戳戳:"喏,她就是陈伯达第一任妻子!"

她风闻人们在背后的议论,也就越发遁世离群。

正在她万分孤寂之际,热心的女记者冯颖平出现在她的面前。

终于,她对冯颖平说出了自己的心里话:"你当我的干女儿吧!"

对于老人突如其来的要求,冯颖平不知所措。

冯颖平想摇头,但是,诸有仁是那么热切、那么诚恳。冯颖平怕伤了诸有仁的心,也就不置可否——没有明确认可,也没有当即拒绝。

诸有仁说,她生活上什么都不缺,用不着"干女儿"一分钱。她所缺的是温情,是人世间温馨的亲人之情。

在杭州,冯颖平陪伴诸有仁度过了一个愉快的中秋节。在诸有仁晚年,从来没有这么高兴过。

在杭州,冯颖平招待诸有仁住在报社宿舍。

诸有仁才住了几天,马上招来"闲话":"这里是党报的宿舍,怎么能让这种人住进来?!"

言外之意,诸有仁是"陈伯达的……"人们的注意力,并没有投向她是1927年的共青团员、1937年的中共党员,却总是把她跟陈伯达联系在一起。

人们经历了过多的"运动",政治神经总是绷得紧紧的。

其实,即便是陈伯达,他承认自己在"疯狂的年代"做了许多"发疯"的事,有所反思,判了刑,赎了罪,也就可以得到谅解。何况她只是与陈伯达在早年有过一次婚姻而已,为什么总是歧视她?!

诸有仁是很敏感的,很快就听到了这种背后的议论。她不愿连累冯颖平,马上离开杭州,回到了新安江紫金滩。

过分的抑郁不仅加速了诸有仁的老化,而且催生了疾病。

诸有仁病倒了。1985年春节,她在浙江医院的病房里静静地度过。

正月初四——1985年2月23日,她离开了人世。

四天之后——1985年2月27日——《浙江日报》刊登了她去世的消息,全文如下:

诸有仁同志逝世

〔本报讯〕离休老干部诸有仁同志因病医治无效,于1985年2月23日在

新安江紫金滩水电站。陈伯达的第一任妻子、陈小达的母亲诸有仁曾长期工作、生活在这里,直至她去世

浙江医院逝世,终年75岁。

诸有仁同志出生于四川省江津县,1927年加入中国共产主义青年团,1937年加入中国共产党。曾任团支书、苏联中山大学壁报文艺组编辑、延安中央妇女委员会保育院干部子弟小学校长,解放后任重庆市第一发电厂军代表、重庆市总工会女工部长、水电部水电建设总局研究室主任和机关党委宣传部部长、档案科科长等职。

诸有仁同志几十年来一贯工作积极,作风正派,坚持原则,生活俭朴,忠于党,忠于人民,为我国的水电事业作出了贡献。

诸有仁同志遗言,把存款大部分捐献给解放军边防部队、中国残疾人福利基金会和本单位老干部作活动经费,表现出一个共产党员的高尚思想品德。

陈伯达比诸有仁年长,而且在晚年又有那么多年在铁窗下度过,然而诸有仁却早于他而故世。这大抵与陈伯达获得保外就医之后,有了儿子陈晓农和儿媳小张的细心照料大有关系。

正因为这样,儿子陈小达之死,对于诸有仁来说是最为沉重的打击。从此,她像鲁迅笔下的祥林嫂一般,絮絮叨叨,不断向人诉说儿子的不幸。……

起草人民公社"六十条"

自从写长文"批判"了彭德怀之后,陈伯达又重新得到毛泽东的任用,要他负责起草《农村人民公社工作条例》,共9章60条,人称"六十条"。

须知,陈伯达虽是人民公社的"发明"者,当毛泽东在北戴河主持起草关于在农村建立人民公社的决议时,并没有通知这位"发明"者参加。据陈伯达说,其时他也住在北戴河!

《农村人民公社工作条例》经过了反复的修改过程:

1960年11月3日,先是下达《中共中央关于农村人民公社当前政策的紧急指示信》。这封信共 12 条，人称"十二条"。

根据"十二条"，写出了《农村人民公社条例（修正草案）》，这个草案是 1961 年 3 月在广州召开的中共中央工作会议上，在毛泽东的主持下，由陈伯达执笔起草的。陈伯达曾自述如下：

> 1961 年，在广州制定的人民公社工作条例六十条，是征得毛主席同意，由我起草的。起草后，我到一些乡村询问群众关于取消公共食堂的意见，大家热烈地赞成完全取消。后来，即根据各地的经验，对取消公共食堂问题作了完全取消的新肯定。这个修改过的六十条，也是毛主席要我同各地方同志商议后写的。

起草个什么文件，本来并不重要，而重要的是陈伯达终于又重操旧业，从危机中解脱出来——这危机始于第一次"郑州会议"，而在庐山差一点成了灭顶之灾，最后随着"反戈一击"才转危为安。

《农村人民公社条例（修正草案）》对农村人民公社，作出了一系列政策规定：

> 人民公社是社会主义的互助互利的集体经济组织，实行各尽所能，按劳分配，多劳多得，不劳动者不得食的原则，避免社员之间在分配上的平均主义；
> 人民公社一般为三级所有，队为基础。生产大队对生产队实行包产、包工、包成本和超产奖励的三包一奖制；
> 生产队实行独立核算，自负盈亏，直接组织生产，组织收益分配；
> 农民可以经营少量自留地和从事小规模家庭副业。
> ……

1961 年 6 月，陈伯达在北京参加了中共中央召开的工作会议，对草案进行了部分修改，取消了部分供给制、公共食堂、社员口粮分到食堂等规定。修改后的条例，称为《农村人民公社工作条例（修正草案）》。

1962 年 9 月 27 日，《农村人民公社工作条例（修正草案）》，由中共八届十中全会讨论通过。

为了在广州召开的中央工作会议上能够写出《农村人民公社工作条例（修正草案）》，1961 年 1 月，毛泽东曾指示田家英、胡乔木、陈伯达分别带一个调查组下乡进行调查。为此，毛泽东还特地找出他 1930 年 5 月写的《调查研究》一文（后来改题为《反对本本主义》，收入 1964 年出版的《毛泽东著作选读》）发给每个组员。

1961年3月，中共中央在广州会议上讨论由陈伯达负责起草的《农村人民公社工作条例》

关于这次下乡调查，毛泽东曾给秘书田家英写了一封信，全文如下：

田家英同志：

（一）《调查工作》这篇文章，请你分送陈伯达、胡乔木各一份，注上我请他们修改的话（文字上，内容上）。

（二）已告陈、胡，和你一样，各带一个调查组，共三个组，每组组员六人，连组长共七人，组长为陈、胡、田。在今、明、后三天组成。每个人都要是高级水平的，低级的不要。每人发《调查工作》（1930年春季的）一份，讨论一下。

（三）你去浙江，胡去湖南，陈去广东。去到农村。六个组员分成两个小组，一人为组长，二人为组员。陈、胡、田为大组长。一个小组（三人）调查一个最坏的生产队，另一个小组调查一个最好的生产队。中间队不要搞。时间十天至十五天。然后去广东，三组同去，与我会合，向我作报告。然后，转入广州市作调查，调查作业又要有一个月，连前共两个月。都到广东过春节。

毛泽东
（1961年）1月20日下午4时

此信三组二十一个人看并加讨论，至要至要！

毛泽东又及

毛泽东像当年指挥作战一般，向陈伯达、胡乔木、田家英布置了调查任务。然后，又是在毛泽东主持下，经过集体讨论，由陈伯达执笔，才写出了《农村人民公社工作条例（修正草案）》。

第七章
"文革"前奏

陈伯达当时任中共中央政治研究室主任。

在广州写出草案之后,毛泽东还以中共中央名义于1961年4月25日发出通知,提出了关于当时农村工作中若干关键问题的调查题目,其中包括:食堂问题,粮食问题,供给制问题,山林分级管理问题,给农民留一定数量的柴山作为自留山的问题,三包一奖问题,耕牛、农具归大队所有好还是归生产队所有好的问题,一、二类县,社、队全面整风和坚决退赔问题,恢复手工业问题,恢复供销合作社问题以及其他问题。

那一时期,毛泽东倾注心血于整治人民公社问题。经过调查研究,经过一次又一次修改条例,才使中国农村从1958年突然爆发的人民公社化运动,慢慢地纳入轨道运行。

从1961年8月起,胡乔木患病,毛泽东建议他"须长期休养,不计时日,以愈为度"。这样,在起草文件方面,毛泽东不得不更倚重陈伯达了。

陈伯达也帮助刘少奇做了一些文字工作。他参与起草了刘少奇1962年1月27日在中共中央扩大的工作会议(亦即"七千人大会")上的报告。陈伯达之子陈晓农曾回忆说:

> 1962年"七千人大会"时,父亲因起草刘少奇的报告,很疲劳,中央让他到玉泉山休息,所以他未参加讨论。

陈伯达也曾对刘少奇的《论共产党员的修养》作了整理、修改,并在他主编的《红旗》杂志上重新发表。据云,《论共产党员的修养》在延安发表时,陈伯达也曾作过一些文字整理工作。其中所引孟子的话:"故天将降大任于斯人也,必先苦其心志,劳其筋骨,饿其体肤,空乏其身,行拂乱其所为,所以动心忍性,曾益其所不能。"就是陈伯达建议刘少奇加上去的。

然而,在"文革"中,陈伯达"变脸",对刘少奇"反戈一击"。陈伯达所主编的《红旗》杂志,成为轰击所谓"黑'修养'"的主炮——刘少奇"贬值"了,他的"修养"也随之"贬值"。重新发表"修养"的是《红旗》杂志,总编辑陈伯达;倒过来狠批"修养"的也是《红旗》杂志,也是总编辑陈伯达。这一切,都随着"政治行情"的涨落而涨落。

顺便提一笔,在陈伯达倒台之后,他的那篇《人性、个性、党性》[1],则被当作"黑'修养'"的"姐妹篇"受到姚文元主编的《红旗》杂志的批判——因为那时的陈伯达

---

[1] 原载于1944年第9卷第15期延安《解放》周刊。

已是"行情"看跌,从《红旗》总编的宝座上摔下来了!

批判"现代修正主义"

20世纪50年代末、60年代初,"理论家"一边投身于"反右倾",一边致力于"批判现代修正主义"。陈伯达和康生,是"批判现代修正主义"的两员干将。

如今,那场共产主义运动的大论战,早已成为历史。以冷静的目光重新审视那时中苏两党的论战文章,苏共那大国沙文主义"老子党"气焰确实过分,而中共的极左思潮也相当厉害。邓小平1980年5月31日的《处理兄弟党关系的一条重要原则》一文,对这场大论战作了客观的总结:

> 各国党的国内方针、路线是对还是错,应该由本国党和本国人民去判断……欧洲共产主义是对还是错,也不应该由别人来判断,不应该由别人写文章来肯定或者否定,而只能由那里的党、那里的人民,归根到底由他们的实践作出回答。人家根据自己的情况去进行探索,这不能指责。即使错了,也要由他们自己总结经验,重新探索嘛……我们反对人家对我们发号施令,我们也决不能对人家发号施令。这应该成为一条重要的原则。[1]

南斯拉夫前总统铁托。中共中央批判修正主义是拿他开刀的

对于"现代修正主义"的批判,尽管中共的锋芒所向是对准苏共赫鲁晓夫的,但最初却是点了南斯拉夫铁托的名。陈伯达在《红旗》杂志创刊号上,便发表了《南斯拉夫修正主义是帝国主义政策的产物》一文,向铁托猛轰一炮。

伍修权在他的回忆录《外交部八年》中,曾写及当年陈伯达文章造成的错误影响:

1958年5月我奉召被调回国内[2],一到家就先在外交部把我批了一顿,因为我是八届中央

---

[1] 原载《三中全会以来》上册,第456~457页,人民出版社1982年版。
[2] 当时伍修权担任我国驻南斯拉夫大使。

委员，又责成我到"八大"二次会议上去作检讨。我听了对我的批判，又重新看了我从南斯拉夫发回来的几个电报，自己也觉得同国内的调子相距太远了。我的报告肯定南斯拉夫还是一个社会主义国家，认为南共纲领中有着符合马列主义正确的一面。而国内的论调却把南共纲领说成是"反马列主义的，是彻头彻尾的修正主义"，南斯拉夫已实行了资本主义复辟……

我对这些说法起初是难以接受的，因此在"八大"二次会议的小组发言时，仍然讲了一些南斯拉夫的真实情况。但是我个人看法改变不了上面定的调子，当时康生和陈伯达对这事就特别起劲，他们又写文章又作报告，大骂"以南共为代表的现代修正主义者"，到处煽风点火，唯恐天下不乱……[1]

陈伯达如此起劲地批判"现代修正主义"，为的是表白自己"紧跟"毛泽东。因为毛泽东早在1957年3月，便已明确指出："我们现在思想战线上的一个重要任务，就是要开展对修正主义的批判。"

在《红旗》创刊后的第2期上，陈伯达再度批判南斯拉夫"现代修正主义"，写了《美帝国主义在南斯拉夫的赌注》一文。

此后，论战公开在中苏两党之间进行。1960年4月20日，为了纪念列宁的90诞辰，陈伯达所主编的《红旗》杂志发表了编辑部文章《列宁主义万岁》。这篇文章以纪念列宁90诞辰为契机，全面谴责苏联"现代修正主义"背离了列宁主义。《列宁主义万岁》一文在国内外引起广泛的关注。

从1962年12月15日至1963年3月8日，中共接连发表7篇论战文章。这些文章是：

《全世界无产者联合起来，反对我们的共同敌人》；
《陶里亚蒂同志同我们的分歧》；
《列宁主义和现代修正主义》；
《在莫斯科宣言和莫斯科声明的基础上团结起来》；
《分歧从何而来？——答多列士等同志》；
《再论陶里亚蒂同志同我们的分歧——关于列宁主义在当代的若干重大问题》；
《评美国共产党声明》。

这些文章，公开了中共与苏共、法共、意共、美共在意识形态上的严重分歧。
这些文章大都由钓鱼台的"秀才班子"起草，陈伯达也参加了一部分起草工作。

---

[1] 原载《中共党史资料》1982年第4辑。

钓鱼台，即北京西城三里河附近的钓鱼台国宾馆。在"文革"中，那里因是中央文革小组所在地而闻名全国。

从1960年起，中共中央为了适应国际共产主义运动论战的需要，调集了一批"秀才"，在钓鱼台国宾馆里工作。

这个"秀才班子"共五人，即康生、吴冷西、王力、姚溱、范若愚。康生作为中共中央书记处书记，是"秀才班子"的负责人。吴冷西是新华通讯社及人民日报社社长，王力为中共中央对外联络部副部长，姚溱为中共中央宣传部副部长，范若愚为《红旗》杂志副总编。

另外两名"秀才"只是挂名，并未参加多少具体工作——不久之后担任外交部副部长的乔冠华、中共中央对外联络部副部长赵毅敏。

这个"秀才班子"的助手有贾一丘、朱庭光、崔奇、刘克林、孙轶青、范戈、钱抵千。

此外，中共中央政治研究室及中国社会科学院各研究所为"秀才班子"提供了许多资料，但不算是"秀才班子"成员。

对于如此重要的"秀才班子"，陈伯达当然要插上一手。不过，那里已被康生所控制。陈伯达参与了一部分工作，但领导权毕竟落在康生手中。

据云，《再论陶里亚蒂同志同我们的分歧》一文，主要由陈伯达起草。

这七篇文章的发表，使论战逐渐趋于白热化。1963年3月30日，苏共中央致函中共中央，对国际共产主义运动系统地提出他们的看法。

中共中央对苏共中央的来信，要作出公开答复。钓鱼台的"秀才"中有人主张写一篇长文，系统地批驳苏共中央在信中提出的种种观点。写出草稿后，被毛泽东否定了。

这时，毛泽东说了一句非常微妙的话："我要的是张燮林式，不要庄则栋式！"

起草任务落到了陈伯达头上。陈伯达反反复复揣摩毛泽东的那句话。幸亏他在毛泽东身边多年，悟明了毛泽东的妙语本意：庄则栋与张燮林同为中国乒乓名将，打球的风格却截然不同。庄则栋用的是近台快攻，是进攻型的；而张燮林则是削球手，号称"攻不破的长城"，擅长防守，能够救起对方发来的各种各样的刁球、险球。

陈伯达查阅了毛泽东关于国际共产主义运动的历次讲话记录，和王力、范若愚一起，从正面阐述毛泽东的观点下笔，写出了"张燮林式"的文章。这篇洋洋数万言的文章，经毛泽东审阅，正合他的心意。

于是，毛泽东在武汉召开会议，参加者有刘少奇、邓小平、彭真、康生、陈伯达、吴冷西、王力、姚溱、范若愚，经过讨论，此文定稿了。

另外，毛泽东嘱，送金日成、胡志明征求意见。

此文在1963年6月14日发表，即"中国共产党中央委员会对苏联共产党中央委员会1963年3月30日来信的复信"，亦即《关于国际共产主义运动总路线的建议》。

此文阐述了中共对于国际共产主义的 25 条意见，常被人简称为"二十五条"。

"二十五条"除了正面阐述了中共的论战观点之外，还全面批判了苏共的观点，概括苏共观点为"三和两全"，即和平共处、和平竞赛、和平过渡这"三和"及全民国家、全民党这"两全"。

苏共中央于 1963 年 7 月 14 日针对中共中央的"二十五条"，发表了《给苏联各级党组织和全体共产党员的公开信》，逐条批驳了"二十五条"。苏共中央在苏联报刊上发表"公开信"的同时，作为"附件"，一起发表了中共中央的"二十五条"。

1963 年 7 月 20 日，中国报纸作出反响，重新刊登了"二十五条"，同时发表了苏共中央的"公开信"。

此后，苏联报刊针对中共中央的"二十五条"，连续发表社论《苏共高举列宁主义伟大旗帜》《党和人民牢不可破的一致》《我们忠于列宁主义》等。

此后，中国以《人民日报》《红旗》编辑部名义，接连发表了九篇评论苏共中央"公开信"的文章。这便是当年家喻户晓的"九评"。

"九评"是由钓鱼台的"秀才班子"写的。陈伯达有时参加审稿，不像写"二十五条"那样亲自主笔——因为康生在主持"九评"写作，他就不便插手了。

"九评"的篇目如下——

《苏共领导同我们分歧的由来和发展——评苏共中央的公开信》（1963 年 9 月 6 日）

《关于斯大林问题——二评苏共中央的公开信》（1963 年 9 月 13 日）

《南斯拉夫是社会主义国家吗？——三评苏共中央的公开信》（1963 年 9 月 26 日）

《新殖民主义的辩护士——四评苏共中央的公开信》（1963 年 10 月 22 日）

《在战争与和平问题上的两条战线——五评苏共中央的公开信》（1963 年 11 月 19 日）

《两种根本对立的和平共处政策——六评苏共中央的公开信》（1963 年 12 月 12 日）

《苏共领导是当代最大的分裂主义者——七评苏共中央的公开信》（1964 年 2 月 4 日）

《无产阶级革命和赫鲁晓夫修正主义——八评苏共中央的公开信》（1964 年 3 月 31 日）

《关于赫鲁晓夫的假共产主义及其在世界历史上的教训——九评苏共中央的公开信》（1964 年 7 月 14 日）

苏联前领导人赫鲁晓夫。中共中央批判修正主义的最终目标是针对他的

此外,"十评"原也已经写好,因赫鲁晓夫在1964年10月14日下台,"十评"未及发出,改作彭真的讲演稿公开发表。

1964年11月21日,《红旗》杂志发表社论《赫鲁晓夫是怎样下台的》。

这场在毛泽东领导下的批判"现代修正主义"运动,其中包含有批判苏联大国沙文主义等正确内容,但是历史已证明其中对于当时把赫鲁晓夫在苏联所进行的改革、铁托在南斯拉夫所进行的改革,一概斥之为"复辟资本主义",则是错误的。赫鲁晓夫实际上是一位不成功的改革家。赫鲁晓夫对于斯大林个人迷信的批判也是有一定积极意义的,但又做得过分。毛泽东把改革和对个人迷信的批判都当作"现代修正主义",结果在"左"的迷误中越陷越深,以致着手发动"文化大革命",宣称"文革"是为了"防止资本主义复辟",同时他的个人迷信也在"文革"中达到了登峰造极的地步。

1960年初,陈伯达这位"理论家"在批判"现代修正主义"中就"明确地指出":"毛泽东继承、捍卫和发展了马克思列宁主义。"后来,这句话加上三个副词,被写入以林彪名义发表的《毛主席语录》的《再版前言》:

"毛泽东同志天才地、创造性地、全面地继承、捍卫和发展了马克思列宁主义,把马克思列宁主义提高到一个崭新的阶段。"

毛泽东夤夜口授"二十三条"

历史的车轮日渐驶向那天崩地裂的"文革"。

细细探究起来,"文革"的前奏早已开始:批判"现代修正主义"是其前奏,"四清"运动也是其前奏。毛泽东对外"批修",对内搞"四清"。

"四清"运动,1962年底在中国农村逐步推开。那"四清"最初是"清工分,清账目,清财物,清仓库",叫"小四清"。后来扩大为"大四清",即"清政治,清经济,清组织,清思想"。

"四清"运动在农村开展。城市里则进行"五反"运动,即"反对贪污盗窃、反对投机倒把、反对铺张浪费、反对分散主义、反对官僚主义"。

后来,"四清"与"五反"运动合称为"社会主义教育运动",简称"社教运动"。

第七章
"文革"前奏

毛泽东以为，资本主义已在苏联、南斯拉夫复辟，为了防止中国"变修""变色"，要开展"社会主义教育运动"。他在1963年5月9日发出了警告：如不警惕，"少则几年、十几年，多则几十年，就不可避免地要出现全国性的反革命复辟，马列主义的党就一定会变成修正主义的党，变成法西斯党，整个中国就要改变颜色了"。

图为（左起）刘少奇、毛泽东、周恩来在一次会议上的场景。从这张图片中，可以看到毛泽东与刘少奇出现意见分歧的迹象

毛泽东在思索着防止资本主义在中国"复辟"，防止中国出现"赫鲁晓夫式人物"。他早在庐山会议上便已说过："共产党的哲学，就是斗争哲学。"在斗垮彭德怀之后，毛泽东已在寻找新的斗争对象。他的极左思想不断膨胀，他的斗争矛头指向了多年来同生死、共患难的战友——刘少奇。

陈伯达第一次得悉毛泽东要整刘少奇这一惊人消息，是在1965年1月。

夜深了，陈伯达服了安眠药，迷迷糊糊躺在床上。

电话铃声急促地响起。那是一部机要电话，势必有要紧的事要告知他。他赶紧驱走睡意，接了电话。果真，事关重大：毛泽东要他马上去一趟！

陈伯达岂敢怠慢。对于毛泽东的召见，他总是招之即来。毛泽东习惯于夤夜工作，苦了陈伯达。

匆匆赶到毛泽东那里。原来，毛泽东要起草一份关于社教运动的文件，由他口授，陈伯达笔录。

从毛泽东的话里，陈伯达这才悟出重要的"苗头"——毛泽东要整刘少奇！

原来，毛泽东与刘少奇在社教运动中的分歧由来已久，直到这时终于表面化了。

毛泽东搞社教运动，像搞"文革"一样，事先并没有什么"伟大战略部署"，而是干着看，边干边摸索。

毛泽东是在1962年9月召开的中共八届十中全会上，在发出"千万不要忘记阶级斗争"的号召时，提出要进行社会主义教育运动的。最初，刘少奇对社教运动是投赞成票的。

1963年5月7日至11日，毛泽东在杭州召开有彭真、各中央局第一书记和陈伯达、江华、胡耀邦参加的会议，讨论《中共中央关于目前农村工作中若干问题的决议（草案）》稿，对农村的社会主义教育运动第一次提出十条政策，人称"前十条"。

5月10日、11日，毛泽东在审阅修改"前十条"的前言时，亲笔加了一大段话："人的正确思想是从哪里来的？是从天上掉下来的吗？不是，是自己头脑里固有的吗？不是。人的正确思想，只能从社会实践中来，只能从社会的生产斗争、阶级斗争和科学实验这三项实践中来……"毛泽东所加的这一大段话，后来被作为毛泽东的一篇著作发表，题为《人的正确思想是从哪里来的？》。

"前十条"披露了毛泽东的"最新名言"："阶级斗争，一抓就灵。""前十条"的核心，便是"抓"中国农村的"阶级斗争"。"前十条"指出，社教运动的任务是"打击和粉碎资本主义势力猖狂进攻的社会主义斗争"。

对"前十条"，刘少奇是支持的。这年9月，中共中央又下达了《中共中央关于农村社会主义教育运动中的一些具体政策的规定（草案）》，也是10条，称"后十条"。"后十条"提出运动要"以阶级斗争为纲"，刘少奇也是支持的。刘少奇对于社教运动所作的几次讲话，有些观点也相当"左"。

但是，后来刘少奇在一些重要问题上，产生了与毛泽东不同的看法。比如，对于社教运动的性质，刘少奇主张有什么问题解决什么问题，不一定什么都"以阶级斗争为纲"，都要从"两条路线"、"两个阶级"的高度去上线上纲。再如，毛泽东提出社教运动的主要对象，是那些党内走资本主义道路的当权派，刘少奇则不同意。

毛、刘之间的分歧，到了1964年底逐渐显现。

1964年12月15日至1965年1月14日，中共中央召开关于社教运动的工作会议，由刘少奇主持。考虑到毛泽东当时身体不大好，没有请他出席会议。12月底，在刘少奇的主持下，会议制定了《中共中央政治局召集的全国工作会议讨论纪要》，共17条，

1964年，共同出席一次会议的（由左至右）毛泽东、刘少奇、周恩来、朱德、邓小平

作为中共中央文件，印发全国。

然而在1964年12月27日，毛泽东主动出席会议，并在陈伯达讲话时作了许多插话：

陈伯达：主要矛盾是什么？主席根据大家的意见作了总结。主要矛盾是社会主义和资本主义的矛盾。四清与四不清不能说明问题的性质。封建社会就是清官与贪官的问题。《四进士》就是反贪官的嘛！

毛泽东：巡抚出朝，地动山摇，可了不起哩！

陈伯达：封建时代的清官实质上是假的。"三年清知府，十万雪花银。"清，在不同社会有不同的阶级内容。资本主义社会也有所谓清官，那些清官都是大财阀。

毛泽东：清朝刘锷的《老残游记》中说，清官害人，比贪官害人还厉害。后来一查，南北朝史中的《魏史》就有此说。

陈伯达：内部矛盾哪个时代没有？党内外矛盾交叉，党内有党。国民党也有此问题。

毛泽东：我们党内至少有两派，一个是社会主义派，一个是资本主义派。

陈伯达：主席强调，要听各方面的话。好话，坏话，特别是反对的话，要耐心听。这是工作做得好坏的准则。

毛泽东：讲话长了怎么办？李雪峰同志说的话，讲长了打零分。讲长了，让他讲长嘛！横直没人听嘛！

陈伯达：许多人忘记自己是从哪里来的。不能忘本嘛！我这个人不参加革命，顶多是个小学教员、中学教员而已。

毛泽东：大官是从小官来的，小官是从老百姓来的。我们都是从老百姓中来的，还是老百姓嘛！"蒋委员长"不姓蒋，姓郑，叫郑三发子，河南人氏，只知有母，不知有父，还不是老百姓变的？

陈伯达：主席常说，不要自以为是。乡干部当权，就以为自己的意见对。

毛泽东：不要当了权，就是自己的意见对。自以为是，没有自以为不是的。为什么要开会？就是意见不一致。一致了开会干什么？

陈伯达：不怕官，只怕管嘛！

毛泽东：小官怕大官，大官怕洋人。[1]

---

[1]《中国文化大革命文库》，香港中文大学中国研究服务中心2006年第2版。

从 1965 年元旦之后，至 1 月 14 日，会议进入第二阶段，主要是分组讨论、修改"十七条"。

毛泽东在会上，不指名地批评刘少奇在社教运动中搞"人海战术"、"烦琐哲学"、"倾盆大雨"、"神秘化"、"打击面过宽"，等等。

在中央社教运动工作会议期间，毛泽东批评了刘少奇的"人海战术"，多次表扬了陈伯达：

> 无事不登三宝殿，有事就开会。有的同志说，打歼灭战怎么打法？一个 28 万人的县集中 1.8 万人，搞了两个月没有打开，学文件就学了 40 天，学习那么多天干什么？我看是烦琐哲学。我不主张那种学习。光看是没有用。
>
> 1000 多户去那么多工作队，人多展不开。搞人海战术不行。1000 多户你依靠七八百户就搞起来了。有一个陈伯达就够了。嫌人少再带一个去，无非是宣布：我叫陈伯达，无事不登三宝殿，有事开个会。无罪的是多数人，有罪的是少数人，依靠多数人么！
>
> 照现在搞法，我看太烦琐了。你陈伯达那个是 1000 多户，开始几个人也搞开了。以后加了 500 人，要那么多人干什么？
>
> 这样多人反而搞不开。不如陈伯达的办法。靠人海战术不行，要出问题。[1]

毛泽东说到社教运动的矛盾时，刘少奇插了一段话："各种矛盾交叉在一起，有四清和四不清的矛盾，有党内外矛盾的交叉，矛盾很复杂，还是有什么矛盾就解什么矛盾为好。"

毛泽东一听，面露愠色。他猛吸着烟，沉默不言，顿时会场陷入了僵局……

就在这天夜里，毛泽东急召陈伯达，口授指示。毛泽东说一句，陈伯达记一句；毛泽东说一条，陈伯达记一条。

记着，记着，安眠药的药力发作了。陈伯达尽力提起精神，却只是机械地记下毛泽东的一条条意见，自己的思维变得非常迟钝。

总算记完了，毛泽东让他回去整理，陈伯达这才松了一口气。

陈伯达回到家中，囫囵而睡。安眠药的药力总算退去。他在大清早起床，比往日早了两个多小时，赶紧翻看记录，心不由得收紧了。

在陈伯达的心目中，刘少奇是中共第二号人物，也是必须"紧跟"的，早在中共北方局工作时，那位不曾露面的中央代表刘少奇，使他肃然起敬。在中共"七大"，刘

---

[1]《中国文化大革命文库》，香港中文大学中国研究服务中心 2006 年第 2 版。

少奇在政治报告中，提到毛泽东的名字达 105 次之多。此后陈伯达写文章，也言必称毛泽东。在中共"八大"之后，刘少奇的地位更加显得重要。陈伯达看风使舵，与康生一起，重新发表刘少奇的《论共产党员的修养》，不仅在《红旗》杂志上刊登，而且印了 1500 万册单行本！在毛泽东和刘少奇之间，陈伯达原本是两边讨好，左右逢源。眼下，毛与刘产生严重分歧，陈伯达必须在两者之中择一而从。理所当然，他倒向了毛泽东……

他着急地要整理笔记。无奈，昨夜在迷迷糊糊状态下所记的笔记，连他自己也理不出个头绪来。

他打电话急召王力，王力还在睡梦之中呢。

王力一听"大秀才"找他，连忙赶去。王力到底比陈伯达小 17 岁，此时只有 44 岁，头脑比陈伯达灵活。他帮助陈伯达从那混乱的记录中理出了头绪，分成了一条又一条。

在 12 月 28 日下午召开的中央工作会议上，会场出现紧张的气氛：毛泽东手中拿着两本小册子，来到会场。毛泽东在讲话之前，亮出了手中那两本小册子——一本是宪法，一本是包括党章在内的《中共共产党第八次全国代表会议文件》。今天开的会议，既不讨论宪法，又不讨论党章，毛泽东带那两本小册子来干什么呢？大家都觉得诧异。

直到毛泽东开始讲话，大家才意识到情况的严重性。毛泽东说："我这里有两本书，一本是宪法，规定我有公民权；一本是党章，规定我有党员权利。现在，你们一个人不让我来开党的会议，违反党章；一个人不让我讲话，违反宪法！……"

毛泽东所说的一个人是指邓小平，显然，他误会了邓小平的好意，以为不让他来开会；另一个人，当然是指刘少奇。

在这次会上，毛泽东言词尖锐地批评了刘少奇。毛泽东动了感情，把刘少奇昨天的插话，当作压制他的发言。作为党的主席与国家主席的对立，此后在"文革"中被说成是两个司令部——以毛泽东为首的"无产阶级司令部"和以刘少奇为首的"资产阶级司令部"——之间的斗争。

会后，经彭真、陶铸等的劝说，刘少奇在中共中央政治局生活会上作了检讨。刘少奇说，他不该插话，插话是对毛泽东不尊重的表现。毛泽东则不满意于刘少奇的检讨，说问题不是对他尊重不尊重，而是彼此之间的原则分歧——修正主义与反修正主义的重大分歧！

"文革"前的邓小平

陈伯达马上意识到一场新的"路线斗争"开始了。唯一的抉择，便是唯毛泽东之命是从，着手起草新的关于社教运动的文件。

中南海迎春堂陈寓，几位"秀才"聚集在那里，陈伯达在执笔。

门前，一辆小轿车随时准备出发。

"秀才"们讨论了一阵子，陈伯达写出几页，马上送给通讯员。小轿车出发了，驶出中南海西门，来到一公里左右的中共中央办公厅印刷厂，立即发排。

小轿车回到迎春堂时，按照前几页手稿排出来的清样，已由通讯员带回来了。

如此这般，陈伯达在紧张地进行"流水作业"。

中共中央办公厅印刷厂以高质量排版，连一个标点符号都不准排错。

总算把文件全部写出、排好，众"秀才"都困乏了，回家了，陈伯达却没有休息，步行前往中南海甲区——亲自给毛泽东送去。

经过毛泽东改定，文件在1965年1月14日夜会议讨论通过，便以中共中央名义印发全党。

文件的标题为《农村社会主义教育运动中目前提出的一些问题——中共中央政治局召集的全国工作会议讨论纪要》，总共23条，人称"二十三条"。

在正文之前，有一个通知，强调了此件乃"标准件"，否定了以前文件中与此件的"抵触"之处：

通知

各中央局，各省、市、自治区党委，中央各部委党组，军委，总政治部：

中央政治局召集全国工作会议，讨论了农村社会主义教育运动中目前提出的一些问题，并写出了讨论纪要。现在把这个文件发给你们，中央过去发出的关于社会主义教育运动的文件，如有同这个文件抵触的，一律以这个文件为准。

这个文件发至县、团以上党委和工作团、队党委。

中央
1965年1月14日

这份由毛泽东主持、陈伯达执笔的文件，在第二条"运动的性质"中，不点名地批评了刘少奇，而且第一次提出了"运动的重点"，是"整党内那些走资本主义道路的当权派"——实际上已具备了发动"文革"的"五一六通知"的雏形。

第二条原文如下：

二　运动的性质：

几种提法：

1. 四清和四不清的矛盾；
2. 党内外矛盾的交叉，或者是敌我矛盾和人民内部矛盾的交叉；
3. 社会主义和资本主义的矛盾。

前两种提法，没有说明社会主义教育运动的根本性质。这两种提法，不说是什么社会里的四清四不清矛盾，也不说是什么党的内外矛盾交叉，也不说是什么历史时期，什么阶级内容的敌我矛盾和人民内部矛盾的交叉。从字面上看来，所谓四清四不清，过去历史上什么社会里也可能用；所谓党内外矛盾交叉，什么党派也可能用；所谓敌我矛盾和人民内部矛盾交叉，什么历史时期也可能用；这些都没有说明今天矛盾的性质，因此不是马克思列宁主义的。

最后一种提法，概括了问题的性质，是马克思列宁主义的，是同毛泽东同志和党中央从1949年七届二中全会以来关于整个过渡时期存在着阶级矛盾、存在着无产阶级和资产阶级的阶级斗争、存在着社会主义和资本主义的两条道路斗争的科学论断相符合的。忘记十几年来我党的这一基本理论和基本实践，就会要走到斜路上去。

这次运动的重点，是整党内那些走资本主义道路的当权派，进一步地巩固和发展城乡社会主义的阵地。

那些走资本主义道路的当权派，有在台前的，有在幕后的。

支持这些当权派的，有的在下面，有的在上面。

在下面的，有已经划了的地主、富农、反革命分子和其他坏分子，也有漏划了的地主、富农、反革命分子和其他坏分子。

在上面的，有在社、区、县、地，甚至有在省和中央部门工作的一些反对搞社会主义的人，其中有的本来就是阶级异己分子；有的是蜕化变质分子；有的是接受贿赂，狼狈为奸，违法乱纪分子。

有些人是不分敌我界限，丧失无产阶级立场，包庇自己的亲属、朋友、老同事中那些搞资本主义活动的人。

我们绝大多数干部是要走社会主义道路的，但是他们中间有些人，对社会主义革命的认识不清，用人不当，对工作检查不力，犯官僚主义错误。

随着"二十三条"的下达、贯彻，各地纷纷开始"整党内那些走资本主义道路的当权派"。

人们把"党内走资本主义道路的当权派"简称为"走资派"。后来，社教运动发展为"文革"，发展为全国、全面地"整走资派"，揪出了在"二十三条"中已被不点名地批判了的刘少奇——"中国头号走资派"。正因为这样，这个"二十三条"，已为"文革"埋下了祸根。

提出"电子中心论"

就在"二十三条"印发全国之后，陈伯达正忙于为毛泽东收集全国各地贯彻"二十三条"的情况，一个神秘的女人从北京坐专列前往上海。

此人便是当年的上海演员蓝苹。自从在延安成为毛泽东夫人之后，她蛰伏了二十多个春秋。

此刻，她活跃起来，正在抓"京剧革命"，树"样板戏"。她这次前往上海，明里说是去上海研究修改京剧《智取威虎山》，暗中却是去寻觅"棍子手"，写作批判北京市副市长、历史学家吴晗的"大毒草"《海瑞罢官》的文章。

陈伯达对于江青此行，毫不知晓。照理，这位"理论家"是"棍艺"娴熟的棍子手，何况又近在咫尺。然而，江青却甩开这位"大秀才"，千里迢迢去上海找张春桥，选中了"小棍子"姚文元。江青避开陈伯达，自然有她的原因：她连中央委员都不是，怎么可以去指挥中共中央政治局候补委员陈伯达呢？她当时的职务不过是中共中央宣传部的一个处长，而陈伯达正是她的上司——中共中央宣传部副部长。

"理论家"一点也不知道一篇"雄文"正在上海一稿又一稿地秘密起草、修改着，他忙于提出"电子中心论"。

那阵子，陈伯达在北京、天津参观了许多工厂、科研机构，酝酿提出新"理论"——发展国民经济，要以电子工业为中心。

其实，他的这番"宏论"，并非他的首创。他是从日本、从民主德国那里，接过了这一口号，并企图在中国加以贯彻。

陈伯达在天津曾经和一位从日本回国的专家进行深入的交谈。陈伯达曾经说："那位从日本回国的专家告诉我，日本在战后，开始经济很困难，很多人因没有布，连衣服都是用再生布做

因《海瑞罢官》而受到批判的吴晗

的，可后来就是抓了电子技术，经济很快就上去了。日本发展电子技术是由国家立法的。"

1965年3月5日，陈伯达作为中国科学院副院长，对中国科学院的一些领导人发表如下谈话：

> 最近日本人提出，要"把发展电子技术作为国家方案"；东德提出，电子元件工业成了"整个国民经济的中心"，要将电子工业"作为主导工业部门之一来发展"。日本人的企图是什么？东德的提法对不对？对自然科学和技术，我不懂，请大家认真研究一下，至少我们可以从中看出一点苗头。
>
> 大家可以讨论讨论，抓电子化能不能促进四个现代化的发展，抓电子学、电子技术、电子工业，在各方面会引起些什么连锁反应？
>
> 为此，要研究一下：
>
> 电子学与其他各种学科的关系；
>
> 电子技术与其他新技术的关系；
>
> 电子工业与其他各种工业的关系。
>
> 应该这样考虑一下，抓电子化会怎么样？不抓电子化又会怎么样？
>
> 我们要"赶上"和"超过"，就不能沿着旧的路子，只从后面按部就班地追，这永远也赶不上。我们是无产阶级革命者，要敢于利用现代科学技术最新的成果，打破老常规，跳跃赶上去。

1965年3月24日，陈伯达又对中国科学院发表谈话，再度强调"电子中心论"：

> 一、马克思说工业有三个组成部分，动力机—传动机—工作机。进入电子化以后，可否成为四个组成部分，动力机—控制机—传动机—工作机？假如说机械工业是工业的首脑，电子技术在首脑中又是什么作用？
>
> 二、电子技术在发展机器制造工业中的地位、作用和前途如何？
>
> 三、除电子技术以外，列出一批新技术的单子，并说明其相互之间的关系。
>
> 四、在利用电子技术和其他新技术方面，中国有没有独创性的条件？我们应该如何利用这种条件来发挥自己的独创性？
>
> 以上四个问题，希望再组织人，好好谈谈。从以前几期印出的材料上看，有的谈得不错，总是有多方面的意见才好。
>
> 以上问题，可以再谈两个礼拜，然后转入具体布置，布置中又会接触到一些问题。先漫谈，再落实，落实中又充实漫谈中提出的问题。要先提出10

年规划来，然后再搞20年规划。20年规划可以比较轮廓一些，最好一个月内搞出来。

应当说，陈伯达在1965年提出"电子中心论"，无非是强调要重视电子工业的发展，强调电子工业在国民经济中的重要性。他的这一见解是正确的。他要求电子工业搞20年规划，迅速把电子工业抓上去，希望在未来20年，中国的电子工业得到大的发展，他的这些意见是有预见性的。

然而，在陈伯达倒台之后，一错百错，"恨屋及乌"，把陈伯达提出的"电子中心论"，也作为"大批判"的对象！

1971年8月12日，《人民日报》发表了"电子工业革命大批判写作小组"的文章《"电子中心论"批判》。

文章一开头，便用当时流行的"大批判"语言这么写道：

> 60年代初期，电子技术的新成就，电子工业作为一个新兴工业部门的迅速发展，引起了人们的广泛注意。叛徒、内奸、工贼刘少奇一类假马克思主义政治骗子[1]，打着发展新技术、关心电子工业的幌子，炮制了一个"电子中心论"，拼命鼓吹"中国工业要以电子为中心"来带动整个国民经济的发展。
>
> 他们编造了一套"电子神话"，鼓吹什么抓住了电子工业和电子技术，"不仅是国防工业，而且会使整个国民经济都带动起来"。他们耸人听闻地提出，"现代化电子工业的发展，将促进我们工业的大跃进，将是在我国进行人类历史上一次新的工业革命的出发点"；"现代化电子技术的迅速普及"，将"使我国成为第一流新电子化，第一个新工业化的社会主义最强国"。他们力图使人们相信，电子技术是万能的，抓住了电子工业就有了一切。
>
> 这个"电子中心论"，在政治上是极端反动的，在理论上是十分荒谬的，在实践上是非常有害的，必须予以彻底批判，肃清其流毒。

接着，文章对陈伯达的"电子中心论"这么"上纲上线"：

"电子中心论"是反对"以钢为纲"破坏社会主义建设的反动方针；

"电子中心论"是"技术中心论"的新变种。

经过对"电子中心论"这么一连串的"批判"，最后归结到"在政治上是极端反动

---

[1] 当时对陈伯达的"代称"。

的，在理论上是十分荒谬的，在实践上是非常有害的"。

自古以来，在中国流行着"因人废言"习惯，否定陈伯达的"电子中心论"，便是"因人废言"的一个典型事例。固然，陈伯达是"林彪、江青反革命集团"16名主犯之一，但是他并非一无是处，陈伯达有不少见解是正确的。应当说，陈伯达在1965年提出"电子中心论"是有远见的。如今的现代化进程、工业和科学技术发展的实践，证明了"电子"工业确实起着"中心"的作用。

毛泽东在长沙召见五"秀才"

1965年4月底，陈伯达离开北京，前往长沙。

毛泽东住在长沙湖南省委大院西侧的接待处9所3号，在那里召见五个人。除了陈伯达之外，还有艾思奇、胡绳、关锋、田家英。

这五个人，全是笔杆子。

艾思奇是哲学家，比毛泽东小17岁。艾思奇原名李生萱，云南腾冲人，早年写了《大众哲学》一书，颇有影响。1935年，25岁的艾思奇加入中国共产党。笔者访问艾思奇夫人王丹一时，据她告知，"艾思奇"这笔名的来历有三：一是"爱""思奇"之意，即喜爱独特地思索；二是热爱马列主义之意，"思"即马克思，"奇"即伊里"奇"（列宁）；三是他不怕冷，冬日穿衣甚少，得了个雅号"爱斯基摩人"。艾思奇为"爱斯基"的谐音。

1937年10月，艾思奇来到延安，在抗日军政大学任主任教员。尽管艾思奇比毛泽东年轻得多，但深受毛泽东尊重。现存的1937年底毛泽东致艾思奇的一封短函，便足以看出毛泽东如何看重这位富有才华的青年哲学家：

思奇同志：

你的《哲学与生活》[1]是你的著作中更深刻的书，我读了得益很多，抄录了些，

艾思奇

---

[1] 艾思奇在《大众哲学》之后的另一著作。

送请一看是否有抄错的。其中有一个问题有疑点（不是基本的不同），我请你再考虑一下，详情当面告诉。今日何时有暇，我来看你。

毛泽东是在艾思奇抵达延安之前的一个月——1937年9月——便亲笔作了《艾著〈哲学与生活〉摘录》。艾思奇来到延安之后，毛泽东又亲自去看他，跟他探讨哲学问题。从那时起，毛泽东就很重视这位"秀才"。

胡绳也是老资格的"秀才"。早在1949年7月，中国社会科学工作者代表会在北平召开发起人会议时，他被推举为常务委员。1956年，当中央历史问题研究委员会成立时，他是11名委员之一。据关锋回忆，在"秀才"之中，大家都习惯地称他为"胡大师"。

至于关锋，原名周玉峰，又名秀山，1919年7月，生于山东省与河北省交界的庆云县，因此他曾用"庆云"作过笔名。1933年，14岁的他参加中国共产党，1938年担任中共山东乐陵县委书记，1939年起改名关锋……他只上过中学，并未上过大学。1950年，他出任中共山东分局宣传部理论宣传处处长，两年后成为山东政治学校校长。1955年，中共中央第四中级党校在山东成立，校长夏征农，副校长为关锋。

对于关锋的升迁而言，1956年是关键的一步：他被借调到中央政治研究室，从山东跨入首都。这个研究室设在北京万寿路一幢并不显眼的小楼上，但这里却是"藏龙卧虎"之地。关锋与陈伯达、康生、胡绳在那里共事。

当《红旗》创刊之后，陈伯达把关锋调到那里。不过，最初交给他的任务，似乎与《红旗》本身的业务无关——要他编《思想理论动态》。这一内部刊物的第一读者便是毛泽东！尽管编这一内部刊物使关锋能有机会直接为毛泽东服务，但是关锋觉得乏味，干了半年之后，便改任《红旗》编委。

据关锋对笔者说，连他自己都未曾想到，他引起毛泽东的注意，是因为他在《光明日报》上发表了一篇《中国哲学史的研究方向》，文末提及应在毛泽东思想指导下研究中国哲学史。

毛泽东向来对中国哲学史有兴趣，便翻看了关锋的文章，十分喜欢，竟写下一段批示。于是，关锋这支笔，便受到毛泽东的青睐。

毛泽东把陈伯达、艾思奇、胡绳、关锋、田家英找来，为的是一起商量、落实一项工作：在1963年，毛泽东便已提出，全党要学习《共产党宣言》《国家与革命》等六本马列主义经典著作。这一次，他建议为这六本书的中文版写序。他召来五人，加上他自己共六人，正好每人给一本书写序。他自告奋勇，要为《共产党宣言》一书写序。

不过，在长沙，他们只是做准备工作。毛泽东召集他们，读一段书，议论一段，为的是集中大家的智慧，以便写好序言。

就在这个时候，陈伯达在毛泽东那里见到中国人民解放军总政治部编印的《毛主席语录》（此书在1966年底再版，林彪写了《再版前言》）。

"这是在给我编《论语》！"毛泽东打趣地指着语录本，对陈伯达说，"听说，中宣部也在编这个东西。"

陈伯达吃了一惊。他身为中宣部副部长，居然不知道中宣部也有人在编《毛主席语录》。

在陈伯达看来，不论解放军总政治部还是中宣部，都没有资格去编《毛主席语录》，最权威的编者理所当然是他！何况，谁编《毛主席语录》，那就意味着谁把宣传毛泽东思想的大旗抓在手里，陈伯达岂肯把这杆大旗拱手让人？

回到北京之后，陈伯达马上找人，着手编选一本最富有权威性的《毛主席语录》——"理论家"最喜欢赶浪头，他的注意力已经从"电子中心论"转移到新编《毛主席语录》上去了。

不过，他编的《毛主席语录》尚在进行中，便被来自上海的惊人消息打断了，以致他再没有心思把新编的《毛主席语录》编完。

与江青互相利用

1965年11月10日，上海《文汇报》突然推出洋洋长文《评新编历史剧〈海瑞罢官〉》，署名姚文元。

报纸一到北京，北京震惊了！

中共北京市委第一书记兼北京市市长彭真的反应是：

"批判一个副市长，竟然不和市委打个招呼，他们想干什么？这不是对同志搞突然袭击么？姚文元的文章简直是胡说八道！纯粹是学阀腔调！"

刘少奇逐字逐句细读姚文元的文章，彭真给刘少奇挂电话，询问他对此文的看法。电话是王光美接的。

接罢电话，王光美对刘少奇说："彭真同志来电话，想征求一下你对批判吴晗《海瑞罢官》的意见。我说少奇同志还没有看到这篇文章，再说他

1965年11月10日，上海《文汇报》发表姚文元的文章《评新编历史剧〈海瑞罢官〉》，成为"文化大革命"的"导火索"

对吴晗同志不大熟悉，很难发表什么意见。你看，这样回答可以吗？"

刘少奇作了明确的反应：

"现在只能这样回答。《文汇报》发表姚文元的文章，是毛主席支持的，所以你对外人讲要格外谨慎。不过，让我说心里话，这篇文章写得并不好，缺乏实事求是的分析，靠的是仗势压人，我不赞成这样做。"

《海瑞罢官》的作者吴晗，又是如何反应呢？他对友人王麦初说："我写的《海瑞罢官》，经上面（指党中央和北京市委负责同志）看过，有的还修改过，不会有问题的，你放心吧。我怎么会反党？我相信这件事早晚会弄清楚的。"

"大'左'派"们又是反应如何呢？

关锋居然也对那篇"雄文"的背景毫无所知。当上海《文汇报》驻京记者找关锋谈看法时，关锋居然把姚文元的文章当作"学术论文"谈了一通。

陈伯达事先对姚文元的文章也一点不知，但他比关锋"政治灵敏度"要高得多。看了文章之后，他马上意识到此文非同凡响，必定大有来头。他的第一反应便是自己被冷落了！

"哼，姚文元算是什么东西？！"陈伯达有些愤愤。他知道姚文元是姚蓬子之子，而当年姚蓬子被捕，在《中央日报》发表叛党声明，他也都知道。这一回，起用姚文元来写这样的"大文章"，把他这位"理论家"撂在一边了！何况，保密工作做得那么严格，对他不透半点风声。

他很快就弄明白，此文的幕后指挥乃是江青。他急于弄清详细的背景，特别是弄清毛泽东的态度。姚文元文章发表后，北京的《人民日报》《北京日报》保持沉默，不予转载，也不发呼应文章，南北严重对立。由他主编的《红旗》，也未敢轻举妄动，未对姚文元的文章作出直接反应。他只是赶紧在1965年12月8日出版的第13期《红旗》杂志上，发表了戚本禹的文章《为革命而研究历史》，作为一种特殊的呼应。

毛泽东在杭州。陈伯达巴不得能够去一趟杭州，从毛泽东那里摸清情况。

真巧，机会来了，姚文元的文章发表后二十来天，毛泽东电召四人前往杭州。这四个人是陈伯达、艾思奇、胡绳、关锋。不言而喻，毛泽东电召这几位"秀才"，为的是继续讨论半年多以前在长沙尚未了结的为六本马列经典著作中文版作序之事。至于田家英，因是毛泽东秘书，已在杭州。

几位"秀才"赶到杭州，不巧，毛泽东感冒了，说是大家分头先看看那六本书。

几天后，毛泽东通知陈伯达，一起前往上海。他们去了上海，多日未回杭州。于是，艾思奇便与关锋结伴游杭州，胡绳则到上海探亲。

陈伯达到了上海，住在市中心的锦江饭店，才知道是出席中共中央政治局常委扩大会议。会议从12月8日开始，至15日结束，气氛非常神秘。陈伯达到了会场，才

第七章　"文革"前奏

知道会议的主题是背靠背"揭发"罗瑞卿。

中国人民解放军总参谋长罗瑞卿一到上海，便被软禁在上海建国西路618号一幢花园洋房里（今波兰驻沪领事馆）。

林彪在会上猛烈地攻击罗瑞卿"篡军反党""反对突出政治"。所谓"彭、罗、陆、杨反党集团"的冤案，自此时拉开序幕——第一步，便是打倒了"罗"。

陈伯达作为"秀才"，对于罗瑞卿接触不多，没有射出"重磅炮弹"。不过，会议那紧张的气氛，使他不由得想及1959年在庐山上批斗彭德怀。

毛泽东正忙于处理罗瑞卿问题，陈伯达没有机会从他那里探听消息。

罗瑞卿大将

上海会议结束之后，毛泽东仍嘱陈伯达回杭州去。因为关于为六本马列著作写序的事，还要照计划进行。为写序用的马列主义经典著作大字本整整两木箱，也已从北京运抵杭州。

终于，在12月21日上午，毛泽东召集五位"秀才"开会了。

一见面，毛泽东就说，昨夜睡得很好，今天可以多谈一些。

那天，毛泽东的兴致很高。一边抽着烟，一边海阔天空地聊着，话题并不只是涉及作序的事。

艾思奇和关锋按照自己的习惯，一边听毛泽东谈话，一边在自己的笔记本上作记录，几乎是毛泽东一个人在谈，别人很少说话。

以下是档案中所存的记录原文：

这一期《哲学研究》[1]我看了三篇文章。

你们搞哲学的，要写实际的哲学，才有人看。书本式的哲学，难懂，写给谁看？一些知识分子，什么吴晗啦，翦伯赞啦，越来越不行了。现在有个孙达人，写文章针对翦伯赞所谓封建地主阶级对农民的"让步政策"。在农民战争之后，地主阶级只有反攻倒算，哪有什么让步？地主阶级对于太平天国就没有什么让步，义和团先"反清灭洋"，后来变为"扶清灭洋"，得到了慈

---

[1] 指1965年第6期《哲学研究》杂志，这一期是"工农兵哲学论文特辑"。毛泽东对《哲学研究》杂志很注意，几乎每期必看。他曾建议政治局委员每人订一份《哲学研究》。

禧的支持。清朝被帝国主义打败了，慈禧和皇帝逃跑了，慈禧就搞起了"扶洋灭团"。《清宫秘史》有人说是爱国主义的，我看是卖国主义的，彻底的卖国主义。为什么有人说它是爱国主义的？无非认为光绪皇帝是个可怜人，和康有为一起开学校，立新军，搞了一些开明措施。

清朝末年，一些人主张"中学为体，西学为用"，"体"好比我们的总路线，那是不能变的，西学的"体"不能用，民主共和国的"体"不能用，"天赋人权""天演论"，也不能用，只能用西方的技术。当然"天赋人权"也是一种错误的思想。什么"天赋人权"？还不是人赋人权。我们这些人的权是天赋的？我们的权是老百姓赋予，首先是工人阶级和贫下中农赋予的。

研究一下近代史，就可以看出：哪有什么"让步政策"？只有革命势力对于反动派的让步，反动派总是反攻倒算的。历史上每当出现一个新的王朝，因为人民艰苦，没有东西可拿，就采取"轻徭薄赋"的政策。"轻徭薄赋"政策对地主阶级有利。

希望搞哲学的人到工厂农村去跑几年，把哲学体系改造一下，不要照过去那样写，不要写那么多。

南京大学一个学生，农民出身，学历史的，参加了"四清"以后，写了一些文章，讲历史工作者一定要下乡去，登在《南京大学学报》上。他作了一个自白，说："我读了几年书，脑子里连一点劳动的影子都没有了。"在这一期《南京大学学报》上，还登了一篇文章，说道："本质就是主要矛盾，特别是主要矛盾的主要方面。"这个话我也还没说过。现象是看得见的，刺激人们的感官，本质是看不见、摸不着的，隐藏在现象的背后。只有经过调查研究，才能发现本质。本质如果能够摸着，看得见，就不需要科学了。

要逐步接触实际，在农村搞上几年，学点农业科学、植物学、土壤学、肥料学、细菌学、森林学、水利学等。不一定翻大本子，有点常识也好。

现在这个大学教育，我们怀疑。从小学学到大学，一共十六七年，20多年看不见稻、粟、菽、麦、黍、稷，看不见工人怎样做工，看不见农民怎样种田，看不见怎样做买卖，身体也搞坏了⋯⋯

马列主义经典著作，不但要写序言，还要作注释。写序言，政治的比较好办，哲学的麻烦，不太好搞。辩证法过去说是3大规律，斯大林说是4大规律，我的意见，只有一个基本的规律，就是矛盾的规律。质和量，肯定和否定，现象和本质，内容和形式，必然和自由，可能和现实，等等，都是对立的统一。

说形式逻辑和辩证法的关系，好比是初等数学和高等数学的关系，这种说法可以研究。形式逻辑是讲思维形式的,讲前后不相矛盾的,它是一门专门科学,任何著作要用形式逻辑。

形式逻辑对大前提是不管的,要管也管不了。国民党骂我们是"匪徒",共产党是"匪徒",张三是共产党,所以张三是"匪徒"。我们说:"国民党是匪徒,蒋介石是国民党,所以说蒋介石是匪徒。"这两者都是合乎形式逻辑的。

用形式逻辑是得不出多少新知识的,当然可以推论,但是结论实际上包括在大前提里面。现在有些人把形式逻辑和辩证法混淆在一起,这是不对的……

毛泽东的谈兴确实很浓,话题广泛,思维活跃。谈着,谈着,他谈起了《红旗》杂志,陈伯达不由得竖起了耳朵。

毛泽东提及了《红旗》杂志1965年第12期所载邵友勋(引者注:朱波的笔名)的文章《充足理由律在形式逻辑中的地位和作用》。毛泽东说:什么充足理由律?我看没有什么充足理由律。不同的阶级有不同的理由,哪一个阶级有充足的理由?

在对邵友勋的文章评论了一番之后,毛泽东提及了《红旗》杂志1965年第13期戚本禹那篇《为革命而研究历史》,提及了姚文元在《文汇报》上发表的《评新编历史剧〈海瑞罢官〉》。

陈伯达非常仔细地听着毛泽东的话——虽然毛泽东是在那里乘兴而说:

戚本禹的文章很好,我看了三遍,缺点是没有点名。姚文元的文章也很好,点了名,对戏剧界、历史界、哲学界震动很大,但是没有打中要害。要害问题是"罢官"。嘉靖皇帝罢了海瑞的官,五九年我们罢了彭德怀的官。彭德怀也是"海瑞"。

从毛泽东的这一段话里,陈伯达马上判明了毛泽东的态度。陈伯达飞快把毛泽东的这段话转告江青,给江青帮了大忙。

"向你致谢,'老夫子'!"江青得知这一重要信息,心中狂喜,而且也为陈伯达向她献媚感到兴奋。年已花甲的陈伯

陈伯达与江青之间的勾连可以追溯到"文革"之前。图为"文革"中江青(右)与陈伯达(中)共同出席一个活动

达，连毛泽东都当面喊他"老夫子"。"老夫子"身为中宣部副部长，却表明了与部长陆定一、副部长周扬等"阎王"完全不同的态度，从此江青多了一位"盟友"。

江青深知毛泽东那段话的分量，催促田家英整理毛泽东的谈话纪要，并把消息转告张春桥、姚文元。

本来，那天毛泽东跟陈伯达等人只是工作漫谈，艾思奇和关锋也只是按平日的习惯记下毛泽东的话，以备今后参考，事先并没有想到要把毛泽东的谈话整理成为"纪要"。田家英那天也记了些，不过不是每句都记，只记了一些重要的话。田家英只得求助于艾思奇和关锋："老艾、老关，请你们两位辛苦一下，整理主席谈话纪要。"

艾思奇、关锋都是快笔头，两人忙碌了一天，就写出了毛泽东的谈话纪要。

第二天上午，艾思奇和关锋把纪要交给田家英。田家英看后，删去了毛泽东关于戚本禹、姚文元文章的评价的那段话。

有人知道了，曾提醒田家英："主席的谈话，恐怕不便于删。"

田家英回答说："那几句话是谈文艺问题的，与整个谈话关系不大，所以我把它删去了。"

其实，田家英这话，只是托词。1959年在庐山上，他就对彭德怀深抱同情。他对姚文元、戚本禹的文章也早有看法，所以毅然删去了毛泽东谈论这两篇文章的那几句话。

纪要印出来了。

陈伯达、江青、张春桥、姚文元一看没有那段话，先是吃惊，继而震怒。因为他们要整理毛泽东的谈话纪要，主要目的就是要用毛泽东的这一段"最高指示"压人。

江青去问毛泽东："那一段话，是你删的，还是田家英删的？"

陈伯达去问关锋："那一段话，是谁删的？"

很快，陈伯达和江青明白了是怎么回事。

由于田家英删去了毛泽东谈及戚本禹、姚文元文章的那段话，后来他背上了"篡改毛主席指示"的罪名，以致被迫害而死——当然，田家英之死还有其他原因，但是"篡改毛主席指示"却是导致田家英自杀的重要原因。

也正因为这样，田家英"篡改毛主席指示"，是一个重要的历史事件。但是，关于这一事件却有着各种各样的说法。

笔者以上所述，是根据笔者过去在北京对从秦城监狱获释的关锋的采访而来的。据关锋自云，这是他第一次谈此事。笔者以为，尽管关锋是田家英的"冤家对头"，又是此事的"告密者"，而且在"文革"中犯了严重错误，但是关锋毕竟是重要的当事人之一，他的叙述毕竟有一定的参考价值。

陈伯达也是重要的当事人。据陈伯达说，关锋所讲的记录如何整理，他不清楚，但是田家英删去毛泽东关于戚、姚的那段话，是无疑的。

关锋所叙，是否属实？读者诸君可以从以下种种说法加以比较：

说法之一，是1998年8月12日的《作家文摘》所载王凡先生所写的《田家英之死》[1]一文，对笔者采访的关锋的回忆提出异议，认为：

艾思奇没有参加过记录的整理；

记录是关锋整理的；

关锋整理的记录本来就没有毛泽东关于戚、姚的那段话，因此根本就不存在田家英删去那段话的问题。

王凡先生原文如下：

很显然，这样的叙述是与真实情况不符的。艾思奇并没有直接参加纪要的整理工作，他从杭州返京不久即因病逝世了。关锋最初整理出的纪要，原本就没有言及《海瑞罢官》的话，根本不存在从纪要中删除的问题。关锋在完成纪要稿后，曾提出毛泽东有关《海瑞罢官》的言论不写进纪要"行不行"的疑问，但田家英、胡绳对此没有理会。

回京后，关锋将田家英不同意把毛泽东关于海瑞罢官等话写入纪要传了出去，引起江青的愤怒。因为对《海瑞罢官》的批判，是江青在极不正常的情况下精心策划的。最初，她在北京组织人写文章，可搞不下去，才到上海找张春桥。在柯庆施的支持下，文章由姚文元执笔。

文章写成后，江青只给毛泽东一人看，当毛泽东提议让中央其他领导人过目时，江青极力说服他：不要送周恩来了，因为一送周，就得给刘少奇、邓小平、彭真、陆定一这些人看，而他们是反对发表这篇文章的。这些情况，田家英都不知道，江青封锁得很严密，连中央的核心领导都被瞒过了。

十多年后，董边在拜望胡绳同志时和他谈起此事，胡绳回忆说：关锋后来纠缠不休，非要把那段话加上，经过一番周折，最后只好加进去了。我们在此事的处理上，的确缺乏政治敏感性。关于《海瑞罢官》的话，虽然是附带的枝蔓，但分量很重，不可小视。而且后来这篇讲话的真正"要害"，恰恰是我们不主张放进的那段话。原先的主题，倒不再提起了。

胡绳告诉董边，以他同田家英的接触了解，能明显体会出家英主张删去那段话，与他1959年参加庐山会议，对彭德怀深表同情，不能接受借《海瑞

---

[1] 此文原载《知情者说》之二，中国青年出版社1997年版。

罢官》来进一步谴责彭德怀的思想感情是分不开的。

说法之二，是胡乔木的回忆。田家英夫人董边赠给笔者《毛泽东和他的秘书田家英》一书，书中收入胡乔木的回忆文章。胡乔木根据田家英生前对他所叙，认为：
那记录的整理者是田家英本人，是田家英从杭州回到北京之后整理的；
田家英在整理记录时"坚决不提"毛泽东关于戚、姚的那段话。
胡乔木的回忆如下：

1966年初，毛泽东曾向家英等人谈及姚文元的文章，谈话的情况家英曾详细告诉过我。当时我们十分不安，联想到杨尚昆、罗瑞卿两同志分别在1965年11月和12月被撤职，感到政治风云日益紧张险恶。家英对陈伯达、江青、张春桥、姚文元以及林彪夫妇虽深怀戒惧，对毛主席始终敬爱忠诚。正因为这样，他在回京后整理毛主席谈话时，坚决不提《海瑞罢官》是吴晗用来影射彭德怀罢官的说法。王、关、戚一伙故意捏造罪名，5月22日，戚本禹、王力等三人[1] 以中央代表为名，宣布田家英的罪状，逼迫家英迁出中南海。家英忍受不了对他的诬陷和侮辱，不得不在5月23日衔冤辞世。[2]

说法之三，是田家英秘书逄先知的文章。他以为：
在杭州整理记录的时候，田家英就提出不要写入毛泽东关于戚、姚的那段话，胡绳、艾思奇支持，关锋不表态；
回到北京之后，由于关锋坚持要写入毛泽东关于戚、姚的那段话，最后印发的记录上还是写上了那段话（前几种说法都说最后印发的记录上没有这段话）；
是关锋向上告密。
逄先知的原文如下：

在整理毛泽东这个讲话时，田家英提出，不要把这段话写进去，因为它不符合事实，《海瑞罢官》与彭德怀问题没有关系。这个意见先得到胡绳的支持，艾思奇也表示同意，唯有关锋不表态。回到北京，关锋纠缠不休，非要把那段话写进去不可，经过一番周折，最后只好恢复。后来，关锋把这件事

---

[1] 另一人为安子文。
[2] 胡乔木：《我所知道的田家英》，载《毛泽东和他的秘书田家英》，第124页，中央文献出版社1989年版。

告了密,田家英被加上了一条罪状。[1]

说法之四,是彭亚新的《田家英小传》。彭亚新以为:
记录是田家英整理的;
田家英在整理记录时删去了毛泽东关于戚、姚的那段话;
告密者除了关锋之外,还多了个戚本禹。
彭亚新的原文如下:

  1965年11月,姚文元批判《海瑞罢官》的文章在《文汇报》上发表,以莫须有的罪名把《海瑞罢官》打成大毒草。12月21日,毛泽东在杭州同陈伯达、田家英等人谈话时说:"《海瑞罢官》的要害问题是'罢官'。嘉靖皇帝罢了海瑞的官,1959年我们罢了彭德怀的官。彭德怀也是'海瑞'。"
  田家英对毛泽东的意见有保留。为了保护这场批判运动可能伤害的同志,在整理毛泽东这次讲话时,田家英毅然删去讲话中涉及彭德怀的内容,还删去了毛泽东表扬关锋、戚本禹的一段谈话。
  整理讲话的事关锋知道,他与戚本禹合谋向江青告密。江青立刻给田家英加上一条篡改毛泽东著作的"罪名"。[2]

说法之五,是余广人的文章,以为:
建议整理毛泽东谈话记录的不是江青,却是田家英;
田家英在记录中删去了毛泽东关于戚、姚的那段话;
田家英删去那段话的原因是由于毛泽东只是"附带"谈到的。
原文如下:

  田家英认为这篇谈话内容很重要,建议搞个谈话纪要送给中央同志看。在整理时,他认为《海瑞

田家英与妻子董边及孩子合影

---

[1] 逄先知:《毛泽东和他的秘书田家英》,载《毛泽东和他的秘书田家英》,第80页,中央文献出版社1989年版。
[2] 彭亚新:《田家英小传》,载《毛泽东和他的秘书田家英》,第330页,中央文献出版社1989年版。

罢官》不过是附带提到的，和其他附带提到的许多话一样不必记入纪要。这样，就搞出了一个删去了所谓"海瑞罢官的要害"的谈话纪要。[1]

说法之六，是田家英之女曾自[2]和曹应旺所写的《田家英与毛泽东的诗词交》，认为：

是田家英在纪要中删去了毛泽东关于戚、姚的那段话；
田家英删去这段话的原因是这段话不属于"重要的内容"。
原文如下：

1965年12月21日，毛泽东在杭州对陈伯达、胡绳、田家英、艾思奇、关锋五人谈话，谈到《海瑞罢官》时说："《海瑞罢官》的要害是罢官。嘉靖皇帝罢了海瑞的官。彭德怀是海瑞，我们罢了彭德怀的官。"田家英在整理毛泽东这个谈话纪要时认为重要的内容是关于学习马克思主义的问题，而并不是《海瑞罢官》和其他问题，于是删掉了这句话。这个删掉了"《海瑞罢官》的要害"的纪要，在江青、陈伯达、关锋等人的陷害下，成了田家英的一项罪状。[3]

以上六种说法，加上关锋的回忆，总共七种，各不相同。究竟谁的说法更符合真实，有待于历史学家细细考究。

此后的情况，如同邓力群1980年在田家英追悼会上所致的悼词描述的那样：

几十年的实际行动证明，家英同志确实是一个诚实的人、正派的人、有革命骨气的人。他言行一致，表里如一。他很少随声附和，很少讲违心的话。1965年，家英同志参加整理一个谈话记录，他实事求是，坚持真理，反对把《海瑞罢官》一剧说成是为彭德怀同志翻案。事后不久，被一个混进党内的坏人告发，从此对他定下一条篡改毛泽东著作的大罪……

家英同志对于混进党内并身居高位的坏分子，像陈伯达、江青之流，很早就看出这伙人的恶劣品质，曾长期同他们进行了不妥协的斗争，并被他们

---

[1] 余广人：《当代一幕政治悲剧：田家英以死诤谏》，《炎黄春秋》1997年第2期。
[2] 田家英本姓曾。
[3] 曾自、曹应旺：《田家英与毛泽东的诗词交》，载《名流写真》，第42页，南海出版公司1998年版。

恨入骨髓。[1]

撬掉田家英，是陈伯达与江青的第一次"联合行动"。陈伯达早已恨透了田家英，这一回借助江青之力，既除了宿敌，又赢得江青的信任，可谓一举两得。

帮助江青炮制"纪要"

自从陈伯达与江青"结盟"之后，很快，江青邀这位"老夫子"参与"机要"了。

对于"偶尔露峥嵘"的江青来说，组织、发表姚文元的文章，只是打响了第一炮。可是，她连中央委员都不是，她要实现女皇梦，不能不提高自己的声望。

她，求助于林彪。

1966年1月21日，江青从上海前往苏州，拜会林彪，请林彪拉她一把——她要搞一个"部队文艺工作座谈会"，求林彪给予"林彪同志委托江青同志召开"的名义，以提高声望。

林彪和江青悄悄地说了一些什么话，不得而知。但是，有段话是后来载入《林彪委托江青同志召开的部队文艺工作座谈会纪要》的，白纸黑字，印得清清楚楚：

> 来上海之前，林彪同志对座谈会的部队同志曾作了如下的指示："江青同志昨天和我谈了话。她对文艺工作方面在政治上很强，在艺术上也是内行。她有很多宝贵的意见，你们要很好重视，并且要把江青同志的意见在思想上、组织上认真落实。今后部队关于文艺方面的文件，要送给她看，有什么消息，随时可以同她联系，使她了解部队文艺工作情况，征求她的意见，使部队文艺工作能够有所改进。部队文艺工作无论是在思想性和艺术性方面都不要满足现状，都要更加提高。"

林彪的"在政治上很强，在艺术上也是内行"的"高度评价"，大大增加了江青的政治资本。须知，江青当时正欲在政治舞台崭露头角，多么需要林彪这样的"大人物"的提携！尽管她是"第一夫人"，但是她深知毛泽东绝不会对她作这么一番"高度评价"的。

从林彪那里拿了"令箭"，"部队文艺工作座谈会"便于1966年2月2日至20日

---

[1] 邓力群：《悼念家英同志》，《人民日报》1980年4月19日。

林彪委托江青召开的部队文艺工作座谈会纪要

在上海锦江饭店开张了。

参加这个座谈会的正式成员，只不过五个人，即江青、刘志坚、谢镗忠、李曼村、陈亚丁。

据云，在18天内，"个别交谈8次"、"集体座谈4次"、"看电影13次"、"看戏3次"。

说是座谈会，其实是江青"一言堂"。江青讲，别人记，如此而已。用江青的话来说，她是请林彪这个"无产阶级专政的'尊神'"，来"攻那些混进党内的资产阶级代表人物"。

座谈会结束了，由部队的"秀才"把江青那番哇啦哇啦的"高论"，整理出一份"纪要"。

江青对这份"纪要"很不满意，求助于"老夫子"和张春桥。尽管"老夫子"和张春桥都并无军职，却比那四个穿军装的出席座谈会的正式成员的作用更大。

"老夫子"不愧为"理论家"，看了"纪要"草稿，给江青出了两个重要的"点子"。

关于第一个"点子"，他说：

> 17年[1]文艺黑线专政的问题。这很重要，但只是这样提，没头没尾。必须讲清这条文艺黑线的来源，它是30年代文艺的继续和发展。

经陈伯达这么一"指点"，对于"文艺黑线"的批判，一下子便"刨根究底"了！江青马上采纳，对"纪要"作了修改：

> 文艺界在建国以来……被一条与毛泽东思想相对立的反党反社会主义的黑线专了我们的政，这条黑线就是资产阶级的文艺思想、现代修正主义的文艺思想和所谓30年代文艺的结合……我们一定要根据党中央的指示，坚决进

---

[1] 指建国17年。

行一场文化战线上的社会主义大革命，彻底搞掉这条黑线。

关于第二个"点子"，他说：

> 要讲一段江青同志领导的戏剧革命的成绩，那才是真正的无产阶级的东西。这样，破什么、立什么就清楚了。

此言正中江青下怀，一下子就把江青麾下的"样板戏"，"立"为"无产阶级文艺"的"方向"。

江青丢一个眼色，张春桥马上执笔，在"纪要"中补入了一大段，为江青歌功颂德：

> 近三年来，社会主义的文化革命已经出现了新的形势，革命现代京剧的兴起就是最突出的代表。从事京剧革命的文艺工作者，在以毛主席为首的党中央的领导下，以马克思列宁主义、毛泽东思想为武器，向封建阶级、资产阶级和现代修正主义文艺展开了英勇顽强的进攻，锋芒所向，使京剧这个最顽固的堡垒，从思想到形式，都发生了极大的革命，并且带动文艺界发生着革命性的变化。革命现代京剧《红灯记》《沙家浜》《智取威虎山》《奇袭白虎团》等和芭蕾舞剧《红色娘子军》、交响音乐《沙家浜》、泥塑《收租院》等，已经得到广大工农兵群众的认可，在国内外观众中，受到了极大的欢迎。这是一个创举，它将会对社会主义文化革命产生深远的影响。它有力地证明：京剧这个最顽固的堡垒也是可以攻破的，可以革命的；芭蕾舞、交响乐这种外来的古典艺术形式，也是可以加以改造，来为我们所用的；对其他艺术的革命就更应该有信心了。有人说革命现代京剧丢掉了京剧的传统，丢掉了京剧的基本功。事实恰恰相反，革命现代京剧正是对京剧传统的批判的继承，是真正的推陈出新……

陈伯达的这两个"点子"，赢得了江青的喝彩，以为"老夫子"到底有"理论水平"。只是关于30年代文艺，怎么会成为"文艺黑线"的"源头"，连张春桥都有点说不清楚。江青只得劳驾陈伯达："'老夫子'，你写一下吧！"

陈伯达思索了一下，写了这么一段，后来被补入"纪要"之中：

> 要破除对所谓30年代文艺的迷信。那时，左翼文艺运动政治上是王明的"左"倾机会主义路线，组织上是关门主义和宗派主义，文艺思想实际上是俄

国资产阶级文艺评论家别林斯基、杜勃罗留波夫以及戏剧方面的斯坦尼斯拉夫斯基的思想，他们是俄国沙皇时代资产阶级民主主义者，他们的思想不是马克思主义，而是资产阶级思想。资产阶级民主革命，是一个剥削阶级代替另一个剥削阶级的革命，只有无产阶级的社会主义革命，才是最后消灭一切剥削阶级的革命。因此，决不能把任何一个资产阶级革命家的思想，当成我们无产阶级思想运动、文艺运动的指导方针。30年代也有好的，那就是以鲁迅为首的战斗的左翼文艺运动。到了30年代的中期，那时左翼的某些领导人在王明的右倾投降主义路线的影响下，背离马克思列宁主义的阶级观点，提出了"国防文学"的口号。这个口号，就是资产阶级的口号，而"民族革命战争的大众文学"这个无产阶级的口号，却是鲁迅提出的。有些左翼文艺工作者，特别是鲁迅，也提出了文艺要为工农服务和工农自己创作文艺的口号，但是并没有系统地解决文艺同工农兵相结合这个根本问题。当时的左翼文艺工作者，绝大多数还是资产阶级民主主义者，有些人民主革命这一关就没过去，有些人没有过好社会主义这一关。

有人说陈伯达是有野心而无主见的"理论家"，这话颇有见地。在20世纪30年代，陈伯达写过《文学界两个口号问题应该休战》，曾用十分坚定的口气说："我认为'国防文学'这个口号是不可驳倒的。"如今却说"国防文学"是资产阶级的口号。他的"理论"如同橡皮泥，可以随意捏来捏去，以迎合不同的需要。

当然也有例外的时候，例如他后来起草中共"九大"政治报告的时候，曾坚持认为发展生产是主要任务。

自从陈伯达把"文艺黑线"上溯到20世纪30年代，于是，所谓"四条汉子"——周扬、夏衍、田汉、阳翰笙——便成为"文艺黑线"的"祖师爷"，受到了挞伐。

从江青1966年3月14日自上海写给毛泽东的一封信，可以看出陈伯达在上海帮助江青修改"纪要"的情况：

因为陈伯达同志乘的是下午4点多的火车，我

江青（前排站立左4）、陈伯达（左6）、康生（左7）接见芭蕾舞《白毛女》剧组演员

托他带给你的那份座谈会纪要，没有来得及看，他走后我才发现没有加红杠。他那份大概没有来得及加。现送上加红杠的一份，请批示。双红杠是你改的，单红杠是伯达、志坚、春桥、亚丁四位同志和我一块商量着改的。好处是有些问题比前一次说的充实一些，缺点是长了些。此外，也恐有不妥之处或不够策略的地方，请指出并修改。我只是不安，怕影响你的睡眠。志坚同志明天回京，亚丁同志尚在这里等。你不要赶，他们的创作会议4月初才开。

"纪要"经过陈伯达、张春桥的修改，又送毛泽东审阅。毛泽东亲自改了三次。1966年4月10日，"纪要"作为中共中央文件下达全国团、县级党委。"纪要"不仅成了发动"文革"的重要舆论准备，而且在全党突出了江青的地位，为她不久出任中央文革小组的"第一副组长"奠定了基础。

在共同炮制"纪要"之后，江青益发倚重陈伯达，而陈伯达也不敢小觑这个当年的蓝苹，对她恭维、恭敬起来了。

起草"五一六通知"

南北对峙，形势严峻。1966年2月，当江青在上海忙于搞"纪要"时，北京以彭真为首的"五人小组"正忙于起草另一个与"纪要"唱"对台戏"的文件。真是历史的巧合：在上海锦江饭店里开座谈会的是五个人，在北京人民大会堂西大厅里讨论起草文件的也是五个人！

北京的五个人是彭真、陆定一（国务院副总理、中宣部部长兼文化部部长）、康生（中共中央书记处书记）、周扬（中宣部副部长）、吴冷西（新华社社长兼人民日报社社长）。这个五人小组是1964年五六月间，根据党中央、毛泽东的意见成立的，在中央政治局、书记处领导下开展文化革命方面的工作，组长彭真，副组长陆定一。

这个小组针对姚文元文章发表后引起的一场大风波，写出了《关于当前学术讨论的汇报提纲》，人称"二月提纲"。"二月提纲"的主要内容共六个方面，其中第四点特别强调，左派学术工作者要"用适当的方式互相批评和相互帮助，反对自以为是，警惕左派学术工作者走上资产阶级专家、学阀的道路"。另外，还指出："要坚持实事求是、在真理面前人人平等的原则，要以理服人，不要像学阀一样武断和以势压人。"显然，这些话不指名地批评了姚文元及其同伙。

2月8日，彭真等去武汉向毛泽东汇报之后，于2月13日把"二月提纲"印发全党。印发文件时，觉得"五人小组"一词不明确，姚溱（中共中央宣传部副部长）临时加上"文化革命"四字,变成"文化革命五人小组"。在此之前,这个小组一直只称"五人小组"。

尽管"二月提纲"在正式发布前,由彭真等向毛泽东当面作了汇报,但毛泽东在不久之后便支持江青的"纪要",而斥责"二月提纲"为"修正主义纲领"。

毛泽东不满于"二月提纲",1966年3月下旬,他在上海跟康生谈话时,多次批评了彭真。康生回京,向中共中央书记处传达了毛泽东的指示,决定撤销"二月提纲"。康生指定王力起草一个通知,准备作为中共中央文件发给全党。

据王力对笔者说,他记得,他所拟的《通知》只一句话,即:

中共中央通知,1966年2月12日中央批转的《文化革命五人小组关于当前学术讨论的汇报提纲》现予撤销。

这个《通知》经政治局讨论同意。

《通知》急送毛泽东,他不满意,说道:"《通知》不应是技术性的,而应是理论性的。"

于是,毛泽东找"理论家"陈伯达,要他另行起草《通知》。

据陈伯达告诉笔者,他领会毛泽东所说的《通知》"应是理论性的",也就是从理论的高度批判"二月提纲":"那是要我写一篇大文章呀!"陈伯达当过多年的毛泽东政治秘书,颇能领会毛泽东的意图。

陈伯达意识到这是毛泽东对他极大的信赖:江青和张、姚起草批判《海瑞罢官》的文章时完全瞒着他;江青搞"纪要"时,请他帮助修改;这一回,毛泽东把起草《通知》的重任,压在他的肩上。

陈伯达找了"快笔头"王力合作。由陈伯达主稿,王力协助,两人很快在1966年4月初写出初稿。

初稿在钓鱼台讨论。康生在初稿上加了一句很有"分量"的话,即称"二月提纲"为"彻头彻尾的修正主义的文件"。康生此人,比泥鳅还滑。作为"五人小组"的成员,他参加过"二月提纲"的讨论,并和彭真一起飞往武汉向毛泽东汇报。此刻,他一甩袖子,说"二月提纲"是"背

"文化大革命"初期的陈伯达

着他搞的",提高嗓门痛斥"二月提纲"。这么一来,"二月提纲"仿佛只是"四人小组"的"汇报提纲",与他无关了。论奸雄,康生堪为其首。

《通知》初稿送毛泽东时,康生又提出一个重要的"建议":"光有通知还不够。应该搞一份大事记,作为附件,一起下发。"这么一来,《通知》的规模就越搞越大了。

毛泽东决定,成立一个起草小组来起草通知。毛泽东点名陈伯达为起草小组组长,陈伯达提名以下人员为组员:康生、江青、王力、吴冷西、张春桥、陈亚丁、关锋、戚本禹、尹达、穆欣。这个小组后来成为"中央文化革命小组"的班底。陈伯达主持起草《通知》,康生负责起草"大事记"。

1966年4月16日至26日,毛泽东在杭州召开中共中央政治局常委扩大会议。这次会议实际上是为发动"文革"作准备。各大区的书记也去开会。毛泽东提议,起草小组到上海去起草《通知》。

于是,起草小组的成员们纷纷前往上海,聚集在上海锦江饭店后楼,名义上说是为政治局会议准备材料,实际上是在那里讨论、修改《通知》。陈伯达、康生要在杭州出席中共中央政治局常委扩大会议,因此起草小组的实际领导权便落在了江青手中。

这时,当年只是中共上海市委书记处书记的张春桥,也第一次在起草中央文件中显示了重要作用:起草小组写完一稿,即由张春桥派人急送杭州。毛泽东看后加了一些话,即派人送张春桥,由他转起草小组。起草小组根据毛泽东的批示又进行讨论、修改,再由张春桥派人送毛泽东,毛泽东又加了一些话退张春桥……王力笑称张春桥为"秘书长"。只是张春桥的那位"亲密战友"姚文元此时还被撂在锦江饭店外,还够不上"中央级"的"秀才"的资格。

如此上海—杭州穿梭,足见毛泽东对《通知》的重视。当起草小组举行最后一次会议时,陈伯达和康生从杭州赶回上海,出席会议。会议开到一半,毛泽东还让秘书徐业夫打电话到上海,又加了一些话。电话是王力接的。王力听不清楚,让吴冷西接,一边接,一边记下毛泽东添入《通知》中的话。

《通知》起草完毕,并未在杭州的中共中央政治局常委扩大会议上亮相,却由康生带到北京。《通知》不敢交中共中央办公厅印刷厂排印,怕那里会"泄密"——让彭真知道。康生把《通知》弄到公安部部长谢富治手下的公安部印刷厂去排印。

云密风紧,中国的政治气氛日益紧张。"五一节"在天安门城楼上便见不到彭真了——他是北京市市长、中共北京市委第一书记,每逢"五一节"、国庆节,原是必定上天安门城楼的。

1966年5月4日起,中共中央政治局扩大会议在北京召开,一直开到26日才结束。会议的主旨是批判彭真、罗瑞卿、陆定一、杨尚昆的"反党错误"。另外,也涉及了田家英。

5月16日，会议通过了《通知》，从此被称为"五一六通知"。其实，它的全称是《中国共产党中央委员会通知》。

"五一六通知"果真是"理论性的"，是一篇"大文章"。它罗列了"二月提纲"的"十大罪状"，逐条加以批驳，提出了一整套"左"的理论、路线、方针、政策。它是"无产阶级文化大革命"的"纲领性文件"。十年浩劫，就是从"五一六通知"通过之日算起——这一天，已被公认为"文革"正式开始的一天。

"五一六通知"以"中发（66）267号文件"向全党下达。同时，在《通知》之后，附了所谓的《1965年9月到1966年5月文化战线上两条道路斗争大事记》。

"五一六通知"中毛泽东亲笔所加的话，是全文的点睛之笔：

> 高举无产阶级文化革命的大旗，彻底揭露那批反党反社会主义的所谓"学术权威"的资产阶级反动立场，彻底批判学术界、教育界、新闻界、文艺界、出版界的资产阶级反动思想，夺取在这些文化领域中的领导权。而要做到这一点，必须同时批判混进党里、政府里、军队里和文化领域的各界里的资产阶级代表人物，清除这些人，有些则要调动他们的职务。尤其不能任用这些人去做领导文化革命的工作，而过去和现在确有很多人是在做这种工作，这是异常危险的。
>
> 混进党里、政府里、军队里和各种文化界的资产阶级代表人物，是一批反革命的修正主义分子，一旦时机成熟，他们就会要夺取政权，由无产阶级专政变为资产阶级专政。这些人物，有些已被我们识破了，有些则还没有被识破，有些正在受到我们任用，被培养为我们的接班人，例如赫鲁晓夫那样的人物。他们现在睡在我们的身旁，各级党委必须充分注意这一点。

毛泽东的这些话，固然正是他晚年严重"左"倾错误思想的集中体现，但陈伯达作为《通知》起草小组的组长，也是负有重大责任的。这位"理论家"，已经成为中国的"文革理论家"，成为炙手可热的"大左派"！

第八章
中央文革小组组长

"文革"开始了,陈伯达进入政治生涯的巅峰时期,他担任中央文革小组组长,而且成为中共中央政治局常务委员,成为"第四号人物"。他以"中央首长"的身份,发表各种各样讲话与指示,为"文革"推波助澜……

与江青一起为中央文革小组组阁

"中央文化革命小组",人称中央文革小组,是当代中国历史上的一个怪物。

这么一个"小组",搅得华夏大地不得安宁,祸水横流,灾难四起。

这个"小组",起初只说是"中央常委的秘书班子",后来不断膨胀,取代了中共中央书记处,直至取代了中共中央政治局!这个"小组"变成了中国"无产阶级司令部"的同义语。

谁敢说一句这个"小组"的坏话,谁敢说一句这个"小组"的要员的坏话,就要被打成"现行反革命",就要受到"无产阶级专政"……

这个"小组",是根据"五一六通知"建立的。"五一六通知"中有这么一段话:

"撤销原来的'文化革命五人小组'及其办事机构,重新设立文化革命小组,隶属于政治局常委之下。"

不过,在"五一六通知"下达时,并未决定这个"小组"的人选。

毛泽东亲自提名陈伯达为这个"小组"的"小组长",据云,在起草"五一六通知"时,毛泽东便曾跟陈伯达打过招呼。最初,这个"小组"的名字叫"文化革命委员会",设立"主任"。陈伯达说,他还是当个"小组长"吧,于是在"五一六通知"中写成"文化革命小组"。

尽管毛泽东亲自提名陈伯达担任中央文革小组的"小组长",陈伯达仍推辞再三。

陈伯达曾这么回忆:

"文革"前,周总理(毛主席那时不在北京,我认为,周总理是奉毛主席的指示同我谈话的)对我提出担任中央文革小组组长的职务,我认为不能胜任,不肯担任。记得,好像是谈过几次(三次?)。周总理说:"这样,中央不能分配你的工作了?"我才表示接受。

陈伯达又这么回忆:

不久，毛主席回北京来，我又向他提出，我是个"书生"，担任不了这个职务。毛主席说，你可把"书生"两个字去掉。这样，我就只好担任了。

也就是说，陈伯达向周恩来、毛泽东都当面再三推辞过中央文革小组组长之职，推辞不了，这才应允下来。陈伯达回忆，在他应允之后，周总理说："那你可开个小组的名单。"

这样，"小组长"陈伯达便奉命开始"组阁"。

陈伯达提出中央文革小组名单，首先是这么考虑的：

这件事既然是毛主席的意思，那时他在上海，江青也在那里，前些日子，我也在上海，江青曾要我看一次"样板戏"（《智取威虎山》），林彪也在那里看，我想，这个问题会和江青有关。

这就是说，陈伯达已经清楚意识到江青势力的崛起，而毛泽东本人当然不会亲自提名江青，于是陈伯达在"组阁"时，首先把江青列入名单。

陈伯达曾对毛泽东说："让江青同志当组长，我当她的助手！"

毛泽东理所当然地否决了。这样，江青便成为陈伯达"组阁"名单中名列第一的副组长。

陈伯达接着这么考虑：

还有毛主席要拟文件，有时曾指示我找关锋、戚本禹、王力合作。于是，把康生列在顾问，江青列在副组长，王力、关锋、戚本禹列为组的成员，写成名单给周总理。

从陈伯达以上的回忆，可以得出他最初交给周恩来的中央文革小组名单，共六人：

组长：陈伯达
副组长：江青
顾问：康生
组员：王力、关锋、戚本禹

中央文革小组组长陈伯达

请注意，在陈伯达最初开列的中央文革小组名单上，没有江青手下的两员"大将"——张春桥和姚文元！

江青一进入"组阁"名单，马上提议："春桥同志应该担任副组长。"江青的这一提名，使张春桥从上海跃入中央。

经过陈伯达和江青共同"组阁"，提出了中央文革小组的初步名单。经中共中央政治局常务委员会同意，报毛泽东批准。

1966年5月28日，中共中央发出了关于设立"中央文化革命小组"的通知，通知中写明组长为陈伯达，顾问为康生。

副组长的名字未写入通知，但已定下来，共四人，即江青、王任重、刘志坚、张春桥。

组员名单是陈亚丁、吴冷西、王力、尹达、关锋、戚本禹、穆欣。

这份名单，实际上也就是"五一六通知"起草小组的名单。

后来，觉得陈亚丁、吴冷西有些"问题"，从名单中删去了，增加了曾参加"纪要"讨论的谢镗忠。

对于王力，曾有过争论。毛泽东对王力有看法，以为他不合适。陈伯达力保王力，仍把他留在名单之中。

姚文元原本"榜"上无名。

1966年6月16日至18日，中央文革小组在上海锦江饭店开成立会——因为当时毛泽东和江青都在上海。小组成员除王力之外，都来上海出席会议。

据关锋回忆，江青在会上提议增加姚文元为组员。

陈伯达对姚文元没有好印象，大概是姚文元那篇"雄文"抢了头功使他不悦，所以当即表示反对，说道："姚文元不合适，他的父亲姚蓬子是叛徒，容易叫人抓住小辫子。"

陈伯达当众如此说，差一点使江青下不了台。江青马上甩出了"王牌"："我请示一下主席。"

翌日，江青在会上说请示过主席了，于是，中央文革小组便多了一名成员姚文元。此后姚文元平步青云，进入中央文革小组是关键性的一步。

江青力荐姚文元，陈伯达则力荐王力。陈伯达的理由是，王力是钓鱼台"秀才班子"里的成员，是个"老人"，起草文件比姚文元要熟练。

于是，在6月20日，王力接到正式通知——他是中央文革小组成员。

如此增增减减，中央文革小组的班子算是定下来了。经毛泽东提议，后来增加陶铸为顾问。

1966年8月2日，中央补发通知，通报中央文革小组成员名单，共14人：

第八章
中央文革小组组长

组长：陈伯达

顾问：陶铸、康生

副组长：江青、王任重、刘志坚、张春桥

组员：王力、关锋、戚本禹、姚文元、谢镗忠、尹达、穆欣

以后又补充了四名组员：郭影秋（代表中共中央华北局）、郑季翘（代表中共中央东北局）、杨植霖（代表中共中央西北局）、刘文珍（代表中共中央西南局）。至于中共中央中南局和华东局的代表，由王任重、张春桥兼任。

这时，中央文革小组进入"全盛时期"，正式成员共18人。

中央文革小组设立了办公室。第一任办公室主任是王力，副主任为戚本禹、穆欣、曹轶欧。

曹轶欧即康生之妻。王力当办公室主任没多久，到1966年11月，改由《解放军报》宋琼当主任。又过两个月，宋琼被打倒，办公室改为办事组，由王光宇负责。后来，改由肖力负责。

肖力，即毛泽东与江青的女儿李讷（常被误写为李纳），取"小李"之谐音也。

中央文革小组在钓鱼台"安营扎寨"。随着中央文革小组的名声大振，"钓鱼台"在全国的知名度也不断提高，以至后来"钓鱼台"成了中央文革小组的代称。

陈伯达、尹达、关锋住在钓鱼台14号楼。那里成了中央文革小组的办公楼。后来，"碰头会"改在16号楼召开，但中央文革小组的办公室、会议室仍设在14号楼。

江青住在11号楼，由此得了个代号叫"11楼"，那时一说"11楼"的指示，便知道是江青。

王力早在1960年就住钓鱼台8号楼，这时仍住在那里。康生也是老"钓鱼台"，一直住8号楼。

张春桥和姚文元那时算是"走读生"，来来往往于北京与上海之间。到北京后，便住钓鱼台9号楼。

郭影秋、郑季翘、杨植霖、刘文珍不在北京工作，不住钓鱼台，其中郭影秋后来换成吴德，作为中共中央华北局的代表。

随着"文革"一步步推进，如同毛泽东所比喻的剥笋一般，在一片打倒声中，"剥"

中央文革小组副组长江青

去了陶铸,"剥"去了王任重,"剥"去了刘志坚……中央文革小组的成员不断减少,权力也越来越集中。

后来,真正成为中央文革小组的"首长们",是这么一些"大左派":

> 组长:陈伯达
> 顾问:康生
> 副组长:江青、张春桥
> 组员:王力、关锋、戚本禹、姚文元

对于陈伯达来说,当上这么一个拥有无限权力的"小组长",成为他一生的巅峰。这个"小组长",远远超过他过去所担任过的一切职务,胜过《红旗》总编辑,胜过马列学院院长,也胜过那一连串的"副"——中国科学院副院长、中共中央宣传部副部长、国家计委副主任……

这个"小组长",实际上相当于20世纪五六十年代的中共中央总书记,而组员们相当于中共中央书记处书记。

田家英之死

就在陈伯达"荣登"那中央文革小组组长宝座的前五天,他的宿敌、年仅44岁的田家英,成为"文革"的第二个罹难者——在田家英愤然离世的前五天,邓拓含冤屈死。

关于田家英被迫害致死的经过,在我采访田家英夫人董边时,她曾作如下回忆:

> 1966年5月22日下午3点,安子文同志和王力、戚本禹来到中南海我家里,当时田家英不在。
>
> 他们等了一会儿,家英和秘书逄先知同志回来了。这时安子文对我说:"董边,你也是高级干部,应坐下来听听。"当时逄先知也在座。安子文、王力并排坐在长沙发上,戚本禹坐在旁边的单人沙发上。
>
> 安子文严肃地向田家英说,我们是代表中央的三人小组,今天向你宣布:第一,中央认为你和杨尚昆关系不正常,杨尚昆是反党反社会主义的,你要检查;第二,中央认为你一贯右倾,现在我们代表中央向你宣布,停职反省,把全部文件交清楚,由戚本禹代替你管秘书室(即后来的中共中央办公厅信访局)的工作,要搬出中南海。田家英问:关于编辑毛选的稿件是否交?安子

文说，统统交。戚本禹问：毛主席关于《海瑞罢官》的讲话是否在你这里？[1] 田家英回答：没有。

点交文件进行到5点多，安子文、王力走了，戚本禹继续点交到天黑才走。

半夜12点，戚本禹打来电话，要田家英到秘书室去签字。家英气愤地把电话挂了，对我说："戚本禹是什么东西，早就是江青的走卒，我不去签字。"又对我说："我的问题是江青、陈伯达陷害的，善有善报，恶有恶报，我不相信这些人有好下场。"

20世纪50年代的田家英

在当时那个情况下，加给田家英那两条"罪名"，并宣布"停职反省"、"搬出中南海"，凡是了解"文化大革命"历史的人，都不难想到这意味着什么。这突如其来的大祸临头，家英是没有精神准备的，使他难以承受。第二天即5月23日上午，家英含恨离开了我们。

这里我要说明一下，安子文同志当时是中共中央组织部部长，1966年7月也被批斗、关押，遭受到严重迫害，直到十一届三中全会以后，才得平反，他在病重期间还关心地询问家英和我的问题是否已经平反……

关于田家英的死因，他的挚友李锐在1980年第1期《大地》杂志上的《怀念田家英》一文中，曾写得很清楚：

解放后，他住在中南海，很看不起周围那些追名逐利之徒。他早就厌恶江青的一些行为（当然，那时议论的还多属于生活方面）。据董边同志告诉我，他同陈伯达作过长期斗争，针锋相对，寸步不让，因此，陈对他恨之入骨。我们当年臧否人物，就包括此人。

他告诉过我：这位"陈夫子"制了一颗"闲章"，曰"野鹤闲云"，特别喜爱，以此自诩。其实，这正从反面露出此人当年的极大牢骚：无权无势。此人在中南海的房子住得很不错了，但还想方设法翻修，中央办公厅的负责同志硬不买账，于是怀恨在心。家英最看不起的是，此人经常向他打听"主席最近又读了什么书？""注意什么问题？"之类。这种察言观色，探听气候，以及"投其所好"的作风，我们非常反感，也觉得是一种危险之事……

---

[1] 即指毛泽东1965年12月21日在杭州与陈伯达等人的谈话记录。

家英当年跟我谈过，如果允许他离开中南海时，想提三条意见，最后一条是：不要百年之后，有人议论。应当说，这是一个党员对党的领袖最高的关怀。在山上[1]开"神仙会"阶段，由于我的不谨慎，这三条意见同一位有老交情的同志谈了，开大会时被捅了出来。此事当时虽被"掩盖"过去，仍然影响到家英后来的处境，使我长期耿耿于怀。在山上时，我曾有过一种很悲观的情绪，向家英流露过，开完会，回到北京之后，他特地跟我通过一次电话，其中讲了这样一句话："我们是道义之交。"不幸被人听见，几天之后，我家中的电话就被拆除了。1960年到1961年，我在北大荒劳动⋯⋯

1967年4月，我曾回到北京一次，才知道家英已不在人间了。前些日子见到董边同志时，她比较详细谈了1966年5月23日家英被迫害致死的情况⋯⋯他当时面对着两个大敌：陈伯达与江青；还有一个小人叫戚本禹。他很愤慨，对妻子说道："我的问题是陈伯达和江青的陷害。真想不到兢兢业业18年，落得如此下场！""那些坏人、恶人，终会得到恶报。"记得鲁迅谈到自杀时，说过这样的话：自杀是对环境的一种抗议。家英之死，是对当时环境的抗议。

当时与田家英谈话的"三人小组"组长安子文已不在人世，笔者为了了解情况，曾访问过戚本禹，但对于田家英之死，他不愿谈。

笔者访问王力时，他如此说：

家英被迫害死去，是党内两条路线斗争造成的，而家英一直是站在正确方面的。极左路线的苗头，从1956年开始出现，家英就积极抵制。在1959年庐山会议上，家英是少数几个站在正确路线方面的人。家英是最早提出包产到户并进行试点的人。1962年夏季，极左路线初步形成了，在北戴河会议上，家英是被点名批判为"右倾"的四个人之一。据我所知，家英是极个别的敢于当面批评毛主席的人，他勇敢地提醒主席不要在死后落骂名。可惜，毛主席没有听取他的劝告，反而说家英是"没有希望"的人了（有文字记录）。家英当面批评陈伯达是一贯的"左"倾机会主义者，是伪君子，因而遭到陈伯达的忌恨。陈伯达多次在毛主席面前说家英的坏话。家英早就看穿了江青的恶劣品质，蔑视江青，因而遭到江青的忌恨。在家英死前几个月里，江青策动了一系列严重打击家英的措施，实际上把家英当做敌我矛盾了⋯⋯家英之死，对党是重大损失。他如果不死，对十一届三中全会后的党中央帮助会是很大的。

---

[1] 指1959年庐山会议。

田家英死后，戚本禹取而代之，成为毛泽东和江青两人的秘书，掌握机要大权，一下子变得"炙手可热势绝伦"。

戚本禹乃山东威海人，生于1932年。香港报纸曾报道他是"山东大学历史系"毕业，其实他根本没上过大学，只是个中学生。戚本禹解放前在上海做地下工作，1949年，他虚岁18，调入北京中南海工作，后来在《红旗》杂志当历史组组长。进入中央文革小组时，他的职务最低，只是中共中央办公厅的信访科科长。

他觊觎着田家英的职务。当终于如愿以偿，取代了田家英，他的政治野心便猛然扩大了……

接管《人民日报》

在田家英死后的第三天——5月25日——下午2时，"文革"之火在北京大学点燃。由聂元梓、宋一秀、夏剑豸、杨克明、高云鹏、李尘醒、赵正义七人共同署名的大字报《宋硕、陆平、彭珮云在文化革命中究竟干些什么》，贴在北京大学大膳厅东墙上。顿时，北京大学轰动了。

数百人围观大字报，并与领头贴大字报的女人、中共北京大学哲学系党总支书记聂元梓展开激烈的辩论。

被大字报点名的宋硕，乃中共北京市委大学部副部长；陆平为北京大学校长兼中共北京大学党委书记；彭珮云，女，北京大学党委副书记。

据陆平告诉笔者，聂元梓等人的大字报是在一位"冯大姐"的指点下写成的。"冯大姐"何人？康生之妻曹轶欧！

康生在北京大学点起了这把"文革"之火，北京的气氛骤然紧张。

不过，大字报的影响毕竟有限。要让"文革"之火在全国燃起，必须借助于报纸。党中央机关报《人民日报》历来是"兵家必争之地"。须知，《人民日报》在社长吴冷西的主持之下，对于"文革"显得十分冷漠。姚文元那篇《评新编历史剧〈海瑞罢官〉》发表之后，《人民日报》沉默了好久，直

1966年6月6日，中央文革小组顾问康生（中）来到北京大学学生宿舍，鼓动学生起来造反

至第 20 天——1965 年 11 月 30 日——才在重重压力之下，在第五版"学术研究"专栏里予以转载……

"我只看《解放军报》，不看《人民日报》！"在那些日子里，毛泽东曾不满地这么说过。

《解放军报》受林彪控制，在那些日子里，"左"味十足，一时名声大振。1966 年 4 月 18 日，《解放军报》发表《高举毛泽东思想伟大红旗积极参加社会主义文化大革命》一文；5 月 4 日发表《千万不要忘记阶级斗争！》一文；5 月 8 日，刊载化名"高炬"的文章《向反党反社会主义的黑线开火》……这家报纸原是军内报纸，一时间仿佛成了"左"派机关报，影响远远超出军界，弄得《人民日报》在种种压力之下要转载《解放军报》的文章，而一向的惯例总是《解放军报》转载《人民日报》的文章。《人民日报》社长吴冷西，曾是钓鱼台写"九评"的"秀才班子"成员，曾是起草"五一六通知"小组成员，曾列入中央文革小组最初的名单而终于被圈掉大名，这清楚表明他的处境已岌岌可危了。

撤换吴冷西的呼声，日甚一日。

1966 年 5 月 30 日，在北京主持中央工作的刘少奇出于无奈，和周恩来、邓小平一起，只得向正在杭州的毛泽东写信请示：

> 拟组织临时工作组，在陈伯达同志直接领导下，到报馆[1]掌握报纸的每天版面，同时指导新华社和广播电台的对外新闻。

毛泽东当天迅即作了批示：

> 同意这样做。

陈伯达急急点将，带着唐平铸等人，组成一个工作组，于 5 月 31 日晚进驻人民日报社。

没有登报声明，没有发布"进驻"消息，《人民日报》在一夜之间便落进陈伯达手中。陈伯达称这是一次"小小的政变"。

吴冷西曾这么回忆：

> 在 5 月政治局扩大会议之后，5 月 31 日，经过毛主席批准，中央宣布由

---

[1] 指人民日报社。

第八章
中央文革小组组长

陈伯达带领工作组进驻《人民日报》,实行夺权。用陈伯达自己的话来说,他在《人民日报》搞了一个"小小的政变"。

6月1日,《人民日报》发表了他主持起草的题为《横扫一切牛鬼蛇神》的社论。从此,不仅《人民日报》,全国新闻界大难临头,遭到空前浩劫。

所谓"文化大革命"从此开始,我不久即被捕入狱。[1]

吴冷西在"军事监护"下,失去了自由,成为"阶下囚",度过那"文革"岁月。

陈伯达一"接管"人民日报社,《人民日报》就改变了声调。

翌日——6月1日——原本是欢歌曼舞的国际儿童节。往年,每逢这一天,《人民日报》总是要向千千万万孩子们献上一束鲜花。可是,1966年6月1日的《人民日报》,却变得杀气腾腾,头版头条的社论与国际儿童节毫不相干,而是八个寒光闪闪的大字:《横扫一切牛鬼蛇神》!

如果说"五一六通知"是"文革"的纲领,那么,这篇《横扫一切牛鬼蛇神》便成了在全国公开发动"文革"的动员令。这篇社论的定稿者,便是陈伯达。他在5月31日晚定稿后,第二天就见报了,未曾送杭州毛泽东那里阅定。

这篇社论很明确地提出了"政权"问题。半年多以后,演变成上海的"一月革命",演变成席卷全国的"夺权"风暴。如果说,姚文元的《评新编历史剧〈海瑞罢官〉》打的是"拐弯球"的话,这篇社论则是重炮直轰了:

> 一个无产阶级文化大革命的高潮,正在占世界人口四分之一的社会主义中国兴起。
>
> 在短短的几个月内,在党中央和毛主席的战斗号召下,亿万工农兵群众、广大革命干部和革命的知识分子,以毛泽东思想为武器,横扫盘踞在思想文化阵地上的

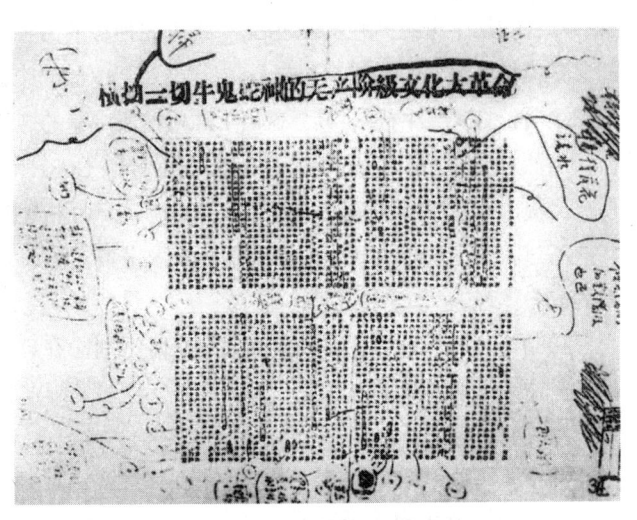

陈伯达修改的《人民日报》社论《横扫一切牛鬼蛇神》

---

[1] 吴冷西:《忆毛主席》,第153~154页,新华出版社1995年版。

大量牛鬼蛇神。其势如暴风骤雨，迅猛异常，打碎了多少年来剥削阶级强加在他们身上的精神枷锁，把所谓资产阶级的"专家"、"学者"、"权威"、"祖师爷"打得落花流水，使他们威风扫地。……

革命的根本问题是政权问题。上层建筑的各个领域，意识形态、宗教、艺术、法律、政权，最中心的是政权。有了政权，就有了一切，没有政权，就丧失一切。因此，无产阶级在夺取政权之后，无论有着怎样千头万绪的事，都永远不要忘记政权，不要忘记方向，不要失掉中心。忘记了政权，就是忘记了政治，忘记了马克思主义的根本观点，变成了经济主义、无政府主义、空想主义，那就是糊涂人。无产阶级和资产阶级之间在意识形态领域内的阶级斗争，归根到底，就是争夺领导权的斗争。……解放16年来思想文化战线上的连续不断的斗争，直到这次大大小小"三家村"[1]反党反社会主义黑线的被揭露，就是一场复辟和反复辟的斗争。……

赫鲁晓夫修正主义集团在苏联篡党、篡军、篡政，这个事实，对全世界无产阶级来说，是一个非常严重的教训。目前中国那些资产阶级代表人物，那些资产阶级"学者权威"，他们所做的，就是资本主义复辟的梦。他们的政治统治被推翻了，但是他们还是要拼命维持所谓的学术"权威"，制造复辟舆论，同我们争夺群众，争夺年青一代和将来一代……

牛鬼蛇神，原是一种文学比喻，是佛教中"牛头""铁蛇"般的阴间鬼卒的形象。自《横扫一切牛鬼蛇神》发表之后，"牛鬼蛇神"成为一种政治概念，而这种政治概念却又是模糊不清、没有严格定义的。在"文革"中，许多无辜者被打成"牛鬼蛇神"（简称"牛"），打入"牛棚"，其源盖出于陈伯达所定稿的这篇祸害无穷的社论。

当然，在此之前，1966年5月25日聂元梓等七人在北京大学贴出的那张大字报中，便已经提出："坚决、彻底、干净、全部地消灭一切牛鬼蛇神"！

不过，聂元梓等人所写的毕竟是一张大字报，而《人民日报》社论是党的方针政策的集中体现。

1980年11月29日上午，最高人民法院特别法庭第一审判庭曾就《横扫一切牛鬼蛇神》这篇社论审问了陈伯达。

当时的法庭记录如下：

审判员李明贵问陈伯达："1966年6月1日《人民日报》社论《横扫一切

---

[1] 此处"三家村"指邓拓、吴晗和廖沫沙，三人曾合写《三家村札记》。

牛鬼蛇神》是你组织人写的和亲自审定的吗？"

被告人陈伯达答："我写的，是我写的。我写的不在于我拿笔写不拿笔写，我口述，我口述的。"

法庭出示和投影陈伯达亲自修改的《横扫一切牛鬼蛇神》初稿和清样，并由法庭工作人员说明："1966年6月1日社论是陈伯达亲自主持撰写和亲笔修改定稿的。社论初稿的题目是《再接再厉，把无产阶级文化大革命进行到底》，陈伯达审定时，把题目改为《横扫一切牛鬼蛇神》……"

出示后，陈伯达供认上面的字是他改的，标题是他定的。

审判员任凌云宣布："宣读钱抵千1980年7月25日证言和朱悦鹏1980年8月12日证言。"

宣读后，陈伯达说："听到了……这个具体经过我是忘了……这篇文章的全部责任，全部，不是一部分的责任，我都要负担起来。"

审判员李明贵宣布："被告人陈伯达被指控亲自授意和审定1966年6月1日《人民日报》社论《横扫一切牛鬼蛇神》的事实，调查完毕。"

笔者跟陈伯达谈及《横扫一切牛鬼蛇神》这篇社论时，他很感叹地说："那时候我像发疯了一样！那篇社论起了很坏的作用。责任确实在我，不在别人。"

此后一个多月——1966年7月8日——毛泽东在"西方的一个山洞"里写给江青的那封信，用了"横扫牛鬼蛇神"这样的话：

此事现在不能公开，整个左派和广大群众都是那样说的。公开就泼了他们的冷水，帮助了右派，而现在的任务是要在全党全国基本上（不可能全部）打倒右派，而且在七八年以后还要有一次横扫牛鬼蛇神的运动，尔后还要有多次扫除。所以我的这些近乎黑话的话，现在不能公开，什么时候公开也说不定，因为左派和广大群众是不欢迎我这样说的……

当然，陈伯达万万没有想到，"在七八年以后还要有一次横扫牛鬼蛇神的运动"中，把他也"横扫"进去了——此是后话。

"欢呼"聂元梓的大字报

6月1日陈伯达在《人民日报》点起一把邪火。也就在这一天，康生跟陈伯达唱"双簧",在中央人民广播电台点起一把邪火……

据陆平告诉笔者,6月1日这天,他在中共北京市委开会。

散会时,已经从吉林调来北京主持工作的吴德通知陆平:"聂元梓等人的大字报今晚广播,明天见报。"

陆平心头一震:这张诬良发难的大字报,值得由中央人民广播电台向全中国广播?!

当晚8时,当陆平收听中央人民广播电台的新闻节目时,果真,头条新闻便是聂元梓等人的那张大字报!

陆平事后才得知,那是康生在背后捣的鬼……

康生为什么会插手北大呢?1967年初,当有人炮打曹轶欧时,康生于1月22日接待群众代表,作了如下表白:

曹轶欧

> 关于我爱人曹轶欧,有人说她是北大工作组的副组长,这是不对的。我爱人等五人,曾组成一个调查小组在1966年5月去北大,目的是调查彭真在那里搞了哪些阴谋,发动左派写文章,根本与工作组没有关系。聂元梓的大字报,就是当时在我爱人的促进下写的。

康生"过谦"矣!曹轶欧对于那张大字报的作用,岂止是"促进",乃是幕后导演也。那张大字报在1966年5月25日下午贴出之后,深夜12时,在京主持中央工作的刘少奇、周恩来派了华北局、国务院外办和高教局负责人前来北大,重申内外有别的原则,批评聂元梓等人贴的大字报。

康生从曹轶欧那里弄到聂元梓等人的大字报,悄然转往杭州,直送毛泽东。毛泽东看后,打电话给康生和陈伯达,决定广播这张大字报。

6月1日下午,康生像打了大胜仗似的,发布消息:"经毛主席同意,聂元梓等人的大字报今晚广播,明天见报!"

陈伯达接到毛泽东的电话,当即把聂元梓等人的大字报发排,打算明日见报。陈伯达还准备亲自到北京大学去看一看,考虑能否为大字报配发一篇评论。王力和关锋自告奋勇前往北大,让陈伯达留在人民日报社主持工作。晚上,王力、关锋从北大回来后,说北大"革命形势一派大好"。于是,连夜赶写了评论员文章《欢呼北大的一张大字报》,由陈伯达签发,拼在第一版。

也就在6月1日晚,原中共河北省委主管文教的书记张承先被任命为工作组组长,急急派往北大。

原北京大学工作组第一批成员之一的时友人先生，在1996年3月28日从北京给笔者来信，回忆当年的情景：

> 我本人即为该工作组的第一批成员，随张承先同志于6月1日晚上进驻北京大学，直至8月初全体撤出。
>
> 当时我在高等教育部教学一司工作，6月1日晚上7点多钟在家听完中央人民广播电台播完聂元梓等人的大字报后，突然接到通知让我到蒋南翔部长办公室，说有重要任务布置。我立即随来人一起回办公楼，蒋南翔部长即向我和其他几位同志宣布，当日下午中央决定以北京新市委的名义向北京大学派出工作组，组长为张承先，副组长为刘仰峤（当时任高教部副部长），成员皆为高教部干部共4人，即杨蕙文、黄圣骅、白晶和我，并要我们立即出发去北大向张承先和刘仰峤同志报到。我连家里人都没能打招呼就走了。到北大后，当晚就在礼堂召开全校干部大会，宣布北京新市委的决定，由工作组代行校党委职权领导运动。紧接着中央又从国务院部委、各省市和海军航空兵领导机关抽调大批人员参加工作组，形成校、系两级机构。

6月2日，陈伯达"接管"之后出版的第二张《人民日报》，火药味比6月1日更浓。这天，在头版刊登了聂元梓等人的大字报，加了一个耸人听闻的大标题《大字报揭穿一个大阴谋》，并配发了评论员文章。另外，还发表了一篇唱"左"调的社论《触及人们灵魂的大革命》。后来"文革"的种种用语，诸如"狠触灵魂"、"灵魂深处爆发革命"，等等，都源出于此篇社论。

《人民日报》刊载聂元梓等人的大字报，等于在党中央的机关报上点了宋硕、陆平、彭珮云的名，中共北京大学党委和中共北京市委立即受到猛烈的冲击。6月2日下午，赶往北京大学，看到许多大字报对当天的《人民日报》表示"热烈欢呼"，陈伯达得意地笑了！

康生显得异常活跃。他说："大字报广播了，见报了，我感到解放了！"

6月3日晚，陈伯达再度前往北京大学，看到一批反击聂元梓的大字报，气呼呼地说：

"文革"中号称"五大学生领袖"之一的聂元梓

保皇党！现在又出现了保皇党！

6月4日的《人民日报》，又是硝烟弥漫。头版头条，刊载了惊人消息：中共中央决定改组中共北京市委，由中共中央华北局第一书记李雪峰兼任市委第一书记，调中共吉林省委第一书记吴德任市委第二书记。北京市"文化大革命"工作，由新市委领导。新市委则作出三条新决定：（一）派以张承先为首的工作组到北京大学领导"文化大革命"；（二）撤销中共北京大学党委书记陆平、副书记彭珮云的一切职务；（三）在北京大学党委改组期间，由工作组代行党委职权。

6月4日的《人民日报》头版，遵陈伯达之命，配发了社论《毛泽东思想的新胜利》，"欢呼"北京市委改组和工作组进驻北大。

这天，陈伯达还签发了社论《撕掉资产阶级"自由、平等、博爱"的遮羞布》，公开透露了"五一六通知"的内容。

6月5日，根据陈伯达两次去北大后的谈话精神，《人民日报》发表社论《做无产阶级革命派，还是做资产阶级保皇派？》。陈伯达给那些支持彭真为首的原北京市委和陆平为首的原北大党委的人，送了一顶"保皇派"的帽子。从此，"保皇派"一词在"文革"中广泛应用，一大批坚持革命真理、反对"文革"的同志被斥为"保皇派"、"保"字号。

陈伯达主持下所发表的《人民日报》五篇社论，被印成活页文选，广为传播，成了人人必读的"学习文件"：《横扫一切牛鬼蛇神》《触及人们灵魂的大革命》《毛泽东思想的新胜利》《撕掉资产阶级"自由、平等、博爱"的遮羞布》《做无产阶级革命派，还是做资产阶级保皇派？》

《人民日报》是中共中央机关报，具有极高的威信。《人民日报》这五篇社论起着极大的蛊惑、煽动作用，"文革"之火在中华大地熊熊燃烧起来。《人民日报》所载聂元梓等大字报，在全国树立起"造反"的"样板"。成千上万个聂元梓起来了，千千万万张"造反"大字报贴出来了。

江青透露了底细

局势变得紧张、复杂而又微妙。

北京一片乱纷纷，毛泽东却不在北京。

毛泽东在哪里？他在杭州！就连1966年5月4日至26日的中共中央政治局扩大会议，他也不参加，由刘少奇主持。他把由他定稿的"五一六通知"交康生带去，在刘少奇主持下由会议通过——须知，"五一六通知"中毛泽东亲笔所加的"赫鲁晓夫那样的人物，他们现在睡在我们的身旁"，指的就是刘少奇，而刘少奇却被蒙在鼓里，居然由他主持通过"五一六通知"！

6月1日《人民日报》发表社论《横扫一切牛鬼蛇神》之后，毛泽东依然在杭州，冷眼看着北京。

北京，刘少奇主持着中央工作。作为党的总书记，邓小平成为刘少奇的主要助手。周恩来主管着政府工作，正忙于准备出访。6月16日，周恩来率中国党政代表团访问罗马尼亚、阿尔巴尼亚和巴基斯坦三国，归国途中，还视察了某导弹试验基地，直到7月初，才飞回北京。江青在这些日子里，也不在北京，而是旅居上海。

毛泽东喜欢住在杭州，所以1966年6月刘少奇、邓小平、陶铸、陈伯达前往杭州恳请毛泽东回京主持"文革"。图为一个春暖花开的季节，毛泽东在杭州留影

旨在打倒"中国的赫鲁晓夫"刘少奇的"文化大革命"，是毛泽东亲自发动的，眼下却由刘少奇主持。刘少奇的心境，如同他后来所说的那样，是"老革命遇上新问题"，不知所措。

6月9日，刘少奇、邓小平、陶铸、陈伯达等，曾由北京飞往杭州，向毛泽东请示。刘少奇恳请毛泽东回京亲自主持"文革"。毛泽东谈笑风生，却说暂时不能回京。

毛泽东处于反常之中：往年，他喜欢在冬日去杭州，毕竟江南暖和，气候宜人。如今，已是初夏了，他反而要住在杭州。他从1965年春便离开北京，很少回北京。

既然毛泽东一定要刘少奇在北京"领导"这场"文化大革命"，刘少奇只得照办。

而对云谲波诡的"文革"，刘少奇心中无数。他用老办法来对付这"新问题"——派工作组。当年，土改时派过工作组，"三反""五反"派过工作组，"四清"运动更是大派工作组。1964年9月，在刘少奇的主持下，光是北京派出的"四清"工作组便达3.8万人！

在刘少奇主持的政治局会议上，他提出了要派大批工作组进驻北京各单位，以便领导"文化大革命"。邓小平支持刘少奇。

出乎意料，陈伯达当场写了一张条子，递给刘少奇，条子上写着一句重要的话："不要搞工作组。"

刘少奇皱起了眉头，把条子递给邓小平，邓小平一看，当众念了陈伯达的条子，而且不客气地反问道："陈伯达同志，你说不要搞工作组，可是你别忘了，你自己现在正是进驻人民日报的工作组组长！"

邓小平的反问，问得陈伯达哑口无言。邓小平接着还把陈伯达批评了一顿。

在政治局里，陈伯达陷入了孤立，真不是个滋味。

陈伯达向来"少奇同志"长，"少奇同志"短，这一回怎么突然反常，独持异议呢？

原来，陈伯达能够"众人皆醉吾独醒"，是因为他走了"内线"，得知了毛泽东的心思。

在起草"二十三条"时，陈伯达已经知道毛泽东对刘少奇不信任了。

在上海起草"五一六通知"时，江青又给陈伯达透露了极为重要的信息。

那是在起草小组对"五一六通知"作最后修改的时候，陈伯达和康生从杭州赶来。看到毛泽东在草稿上加了"赫鲁晓夫那样的人物，他们现在睡在我们的身旁"，陈伯达吃了一惊。

他当然意识到毛泽东的话有所指，便悄然向江青"请教"。

"老夫子，你简直成了老糊涂！"江青把眼珠子一瞪，对陈伯达说："你还不知道中国的赫鲁晓夫指谁？你帮他推荐、修改、发表那本《论共产党员的修养》！哼，什么'修养'，全是唯心主义的一套！你给他吹吹拍拍，你得小心点儿！"

经江青这么一指点，陈伯达豁然明白，顿开茅塞。

这一回，陈伯达又是从江青那里得知重要信息："主席不主张派工作组！"

为了避免自己再犯"错误"，陈伯达写了那张条子……

刘少奇忙着派工作组。一个个工作组，如同一支支消防队。刘少奇所念的，还是1957年的那套"经"。他曾对工作组作如下批示：

当牛鬼蛇神纷纷出笼开始攻击我们的时候，不要急于反击。要告诉左派要硬着头皮顶住，领导上要善于掌握火候。等到牛鬼蛇神大部分暴露了，就要及时组织反击。

对大学生中的反党反社会主义分子，一定要把他们揪出来。

在刘少奇看来，"牛鬼蛇神""反党反社会主义分子"就是那些造反派。刘少奇说，要抓"游鱼"，抓"右派"。

在毛、刘对峙的日子里

激烈的一幕，终于在最高学府北京大学爆发。

第八章
中央文革小组组长

笔者从档案中查到《北京大学文化大革命简报（第9号），1966年6月18日》，兹照原文摘录于下：

今天（18日）上午9时至11时，全体工作队员正在开会的时候，在化学系、生物系、东语系、西语系、中文系、无线电系等单位，先后发生一些乱斗的现象。据我们初步了解的情况，斗了40多人。在这些被斗的人当中，有重点人，也有些有问题的党团干部和教师，还有两个反动学生。斗争时，发生了在脸上抹黑、戴高帽子、罚跪、少数人被扭打的现象。当时情况比较混乱。

事情发生后，工作组领导小组同志和各系工作组同志立即赶赴现场，张承先同志在两个斗争地方讲了话，当即得到绝大多数群众支持。11时以后，情况已缓和下来。

今天发生的问题，同北大革命运动刚开始时所出现的一些问题性质根本不同。据初步掌握的材料分析，带头给被斗人戴高帽子、动手打人的主要是坏人有意捣乱，还很有可能是有组织有计划的阴谋活动。据房产科有个工人反映，17日晚上，历史系有个学生（姓名待查）给校外打电话说："明天上午工作组开会（会议是17日晚10时左右才决定的），是个好机会。工作组不来，我们斗我们的，工作组来了我们就把他们撑出去。"同时，在斗争时出现一些可疑的现象，据工人××同志反映，在三十斋[1]有七个未戴校徽来历不明的人，用电话到处联络，说已斗争过什么人，现在正斗谁，到10点钟到校办公楼集合等话。还发现有几个骑自行车的人，到处搜索他们想斗的人，并且把这些被斗的人拉到同一个场合。在一个所谓"斗鬼台"，几个不明身份的人在群众中煽风点火……

化学系二年级许多学生，在讨论中揭发了几个假左派的活动情况，有些同学说："坏人企图在文化大革命中把水搅浑，转移斗争目标。我们今天就是混战了一场，上了坏人的当。"许多系的广大师生在会上就高呼口号："在工作组的领导下，把北大的'文化大革命'进行到底。"

简报中还详细介绍了北大工作组对于防止今后再发生乱斗现象的种种措施。

这份简报在19日印出，飞快地送到刘少奇手中，刘少奇于20日写下批示，全文如下：

---

[1] 北大把楼叫成斋。

现将北京大学"文化革命"简报(第9号)发给你们。中央认为北大工作组处理乱斗现象的办法是正确的、及时的。各单位如果发生这种现象,都可参照北大的办法处理。

这时,陈伯达也同意刘少奇的意见。陈伯达说:"'六一八事件'是一个反革命事件,一定有一个地下司令部。"

康生支持陈伯达的意见,要求追查北大"六一八事件"的"地下司令部"。

在刘少奇的领导之下,北京各工作组开展了"反干扰运动"。在20多天里,进驻北京24所高等院校的工作组,把1万多名学生打成了"右派",把数千名教师打成了"反革命"。

这时陈伯达和康生发觉"风向"不对,不断把北京的反常的情况密报毛泽东。

在这一"非常时期",毛泽东在中国南方,行踪秘密,似乎在提防着什么。在6月17日至28日,毛泽东住在故乡湖南韶山的滴水洞里,对外绝对保密。

中国的政治形势处于错综复杂之际。毛泽东不仅提防着刘少奇,而且也提防着那位"亲密战友"林彪。1966年5月18日,林彪在中共中央政治局扩大会议上,大念"政变经",作了那个令人震惊的长篇讲话,引起了毛泽东的警惕。

1966年7月8日毛泽东在武汉致江青的信(这封信在当时极为机密,直至1972年5月批林整风时,才作为党内文件印发),透露了他那段时间的神秘行踪和他的芜杂的心态。他在信中"左右开弓",对林彪、刘少奇都作了驳斥:

江青:

6月29日的信收到。你还是照魏、陈二同志[1]的意见在那里[2]住一会儿为好。我本月有两次外宾接见[3],见后行止再告诉你。自从6月15日离开武林[4]以后,在西方的一个山洞[5]里住了十几天,消息不大灵通。28日来到白云黄鹤的地方[6],已有十天了。每天看材料,都是很有兴味的。天下大乱,达到天下大治。过七八年又来一次。牛鬼蛇神自己跳出来,他们为自己的阶级本性

---

[1] 指魏文伯、陈丕显。
[2] 指上海。
[3] 指尼泊尔王国王太子和亚非作家紧急会议的代表、观察员。
[4] 指杭州。
[5] 指滴水洞。韶山在杭州之西,故称"西方"。
[6] 指武汉。

第八章
中央文革小组组长

所决定，非跳出来不可。我的朋友的讲话[1]，中央催着要发，我准备同意发下去，他是专讲政变问题的。这个问题，像他这样讲法过去还没有过。他的一些提法，我总感觉不安。我历来不相信，我那几本小书[2]有那样大的神通。现在经他一吹，全党全国都吹起来了，真是王婆卖瓜，自卖自夸。我是被他们逼上梁山的，看来不同意他们不行了。在重大问题上，违心地同意别人，在我一生还是第一次，叫做不以人的意志为转移吧。晋朝人阮籍反对刘邦，他从洛阳走到成皋，叹道：世无英雄，遂使竖子成名。鲁迅也曾对于他的杂文说过同样的话。我跟鲁迅的心是相通的，我喜欢他那样坦率。他说，解剖自己，往往严于解剖别人。在跌了几跤之后，我亦往往如此。可是同志们往往不信。我是自信而又有些不自信。我少年时曾经说过：自信人生二百年，会当水击三千里。可见神气十足了。但又不很自信，总觉得山中无老虎，猴子称大王，我就变成这样的大王了。但也不是折中主义，在我身上有些虎气，是为主，也有些猴气，是为次。我曾举了后汉人李固写给黄琼信中的几句话：峣峣者易折，皎皎者易污。阳春白雪，和者盖寡。盛名之下，其实难副。这后两句，正是指我。我曾在政治局常委会上读过这几句。人贵有自知之明。今年 4 月杭州会议，我表示了对于朋友们那样提法的不同意见。可是有什么用呢？他到北京 5 月会议上还是那样讲[3]，报刊上更加讲得很凶，简直吹得神乎其神。这样，我就只好上梁山了。我猜他们的本意，为了打鬼，借助钟馗，我就在 20 世纪 60 年代当了共产党的钟馗了。事物总是要走向反面的，吹得越高，跌得越重，我是准备跌得粉碎的。那也没有什么要紧，物质不灭，不过粉碎罢了。全世界一百多个党[4]，大多数的党不信马

"文革"初期，（从左至右）毛泽东、林彪、刘少奇等在天安门

---

[1] 指林彪 5 月 18 日在中共中央政治局扩大会议上的长篇讲话，大念"政变经"，讲述了古今中外各种政变，又称颂毛泽东的个人"天才"，说毛泽东的话"句句是真理，一句超过我们一万句"，等等。

[2] 指《毛泽东选集》。

[3] "5 月会议"指中共中央政治局扩大会议。

[4] 此处指共产党。

357

列主义了，马克思、列宁也被人们打得粉碎了，何况我们呢？我劝你也要注意这个问题，不要被胜利冲昏了头脑，经常想一想自己的弱点、缺点和错误。这个问题我同你讲过不知多少次，你还记得吧，4月在上海还讲过。以上写的，颇有点近乎黑话，有些反党分子不正是这样说的吗？但他们是要整个打倒我们的党和我本人，我则只说对于我所起的作用，觉得有一些提法不妥当，这是我跟黑帮们的区别。此事现在不能公开，整个左派和广大群众都是那样说的，公开就泼了他们的冷水，帮助了右派。而现在任务是要在全党全国基本上（不可能全部）打倒右派，而且在七八年以后还要有一次横扫牛鬼蛇神的运动，尔后还要有多次扫除，所以我的这些近乎黑话的话，现在不能公开，什么时候公开也说不定，因为左派和广大群众是不欢迎我这样说的。也许在我死后的一个什么时机，右派当权之时，由他们来公开吧。他们会利用我的这种讲法去企图永远高举黑旗的。但是这样一做，他们就要倒霉了。中国自从1911年皇帝被打倒以后，反动派当权总是不能长久的。最长的不过二十年（蒋介石），人民一造反，他也倒了。蒋介石利用了孙中山对他的信任，又开了一个黄埔学校，收罗了一大批反动派，由此起家。他一反共，几乎整个地主资产阶级都拥护他，那时共产党又没有经验，所以他高兴地暂时地得势了。但这二十年中，他从来没有统一过，国共两党的战争，国民党和各派军阀之间的战争，中日战争，最后是四年大内战，他就滚到一群海岛上去了。中国如发生反共的右派政变，我断定他们也是不得安宁的，很可能是短命的，因为代表百分之九十以上人民利益的一切革命者是不会容忍的。那时右派可能利用我的话得势于一时，左派则一定会利用我的另一些话组织起来，将右派打倒。这次文化大革命，就是一次认真的演习。有些地区（例如北京市），根深蒂固，一朝覆亡。有些机关（例如北大、清华），盘根错节，顷刻瓦解。凡是右派越嚣张的地方，他们失败就越惨，左派就越起劲。这是一次全国性的演习，左派、右派和动摇不定的中间派，都会得到各自的教训。结论：前途是光明的，道路是曲折的，还是这两句老话。

久不通信，一写就很长，下次再谈吧！

毛泽东
1966年7月8日 [1]

在毛泽东的所有著作之中，这封写给江青的信最值得探究、寻味。这封政论式的

---

[1]《建国以来毛泽东文稿》，第12卷，第71~75页，中央文献出版社1998年1月版。

信，恰如其分地表现了他那颇深的城府，泄露他的内心世界。他既要"打倒右派"，同时又防范着他的那位"朋友"。陈伯达的《横扫一切牛鬼蛇神》，其实便源于毛泽东的晚年思想。毛泽东在此信中已写得再明白不过，"文革"就是"一次横扫牛鬼蛇神的运动"，不仅搞这么一次，"七八年后还要有一次"，而且"尔后还要有多次扫除"。毛泽东的信，写得潇洒，写得流畅，一气呵成，是他的思想的曝光。可以说，这封信的重要性，绝不亚于"五一六通知"，是毛泽东晚年思想的高度浓缩。

韶山滴水洞风景区一景。1966年7月，毛泽东在这里写了给江青的一封信

在写了此信之后的第八天——7月16日——73岁的毛泽东出现在武汉长江。五千人随毛泽东伴游，十万人在两岸欢呼。"万里长江横渡，极目楚天舒"。这一回，他又发感慨："长江水深流急，可以锻炼身体，可以锻炼意志。"

完全出人意料，在武汉刚刚公开"亮相"，7月18日，毛泽东便突然回到了北京——他已看够了陈伯达那中央文革小组不断送去的"很有兴味的"材料，要到北京收拾那乱糟糟的局面！

和江青一起点火于北大

7月18日晚，刘少奇得知毛泽东归来，火速赶去，但是陈伯达和康生已经捷足先登了，毛泽东门口停着小轿车。

刘少奇作为中共中央副主席、中华人民共和国主席求见毛泽东，被秘书挡驾了，请他明日再来。

翌日，刘少奇再度来到毛泽东那里，毛泽东已经从陈伯达、康生那里听过汇报。毛泽东用很严肃的口气说："派工作组是错误的。回到北京后，感到很难过。冷冷清清，有些学校大门都关起来了，甚至有些学校镇压学生运动。谁去镇压学生运动？只有北洋军阀。凡是镇压学生运动的人都没有好下场！运动犯了方向、路线错误。赶快扭转，把一切框框打个稀巴烂。"

"文革"风云人物蒯大富

毛泽东的话，如同给刘少奇当头浇了一盆冷水！

刘少奇显得非常尴尬，陈伯达却为递过"不要搞工作组"的条子而欣喜异常。

就在毛泽东回京后的第三天，陈伯达作出了迅速的公开的反应：派人前往清华大学，探望被工作组下令关押的蒯大富。

蒯大富，清华大学化学工程系三年级学生，21岁。他出身于江苏省滨海县一个农民之家，祖父是新四军战士，父母都是40年代的中共党员。仗着"根正苗红"，蒯大富无所顾忌。他是老大，家中有五弟一妹。18岁那年，他考上清华大学时，便出了一回小小的风头——《人民画报》刊登了他的照片，加上"农民子弟上大学"的新闻标题。从此，更增加了他的政治上的"优越感"，越发"无畏"了。1966年6月1日晚上，他刚刚听了中央人民广播电台广播的聂元梓等人的大字报，便如同吃了一服兴奋剂，提笔给聂元梓写了声援信。翌日，他在清华园贴出大字报，亮出"造反"的旗号。

刘少奇向清华大学派驻了工作组，组长叶林，副组长便是刘少奇夫人王光美。蒯大富反校党委，也反工作组，成为清华大学造反派头目。工作组把他定为"右派"。为了表示自己的反抗，蒯大富进行"绝食斗争"，一下子轰动了清华园。

陈伯达派人对蒯大富表示"慰问"，顿时使蒯大富"力量倍增"，加紧了反工作组、反王光美的斗争。

就在陈伯达给蒯大富丢了个眼色的第二天，中央文革小组第一回在北京大学"亮相"。组长陈伯达、副组长江青驱车前往北大，说是"调查文化大革命运动情况"。在江青看来，清华成了王光美的"点"、成了刘少奇的"点"，她要把北大作为她的"点"。江青比毛泽东晚两天——7月20日——回到北京。

头一回去北大，江青和陈伯达话不多（尽管在此之前，在6月2日、3日陈伯达两次去过北大，但与这一次抓"点"不同）。档案中有一份当时江青、陈伯达在北大讲话的原始记录，十分简短，全文照录于下：

江青同志——
党中央万岁！北大革命同学万岁！
我也没有多少话要讲，因为我对情况不了解。我代表毛主席来看看你们，听听你们的意见，看看你们的大字报。因为情况不清楚，也没有什么话好讲，是不是请陈伯达同志讲讲。

陈伯达同志——

我们不清楚情况，要调查研究。根据毛主席的调查研究的做法来听听大家的意见。昨天《人民日报》社论《从群众中来到群众中去》你们看了没有？（同学答：看了！）要好好看，我们就是那种态度，工作组要走群众路线。

毛主席说：要从群众中来，到群众中去。要多听，多看，多想。你们提了很多不同的意见。有不同的意见不要紧，是好现象。（这时江青同志点头微笑）

要采取辩论的方法把道理讲清楚。我们还要了解情况，回去要研究。同志们，同学们，让我们宣誓：

誓死保卫党中央、毛主席！

誓将无产阶级文化大革命进行到底！

从以上原始记录可以看出，江青和陈伯达第一回在"群众"中"亮相"，话不多，声言是来"调查研究"。不过，就在这几句话中，江青便亮出了"第一夫人"的牌子——"我代表毛主席来看看你们"。而陈伯达则领着学生们"宣誓"——"誓死保卫毛主席"。这两位"演员"初次登台，便配合十分默契。江青自称"小学生"，陈伯达则自称"小小老百姓"。

就在"亮相"的次日，江青和陈伯达又来北大，再作讲话。讲话也很简短，但颇为耐人寻味。以下是7月23日的原始记录：

江青同志——

革命的同学们：

我和陈伯达同志是来做小学生的，我和他一块来听同志们的意见，看一看你们的大字报。这样我们可以多懂得点事，少犯点错误，跟同志们一块来搞文化大革命。我们是一块的，不是脱离你们的，你们什么时候有意见叫我们来，我们立即来。现在我们了解还不够，还提不出什么具体意见。总之，一片大好形势，你们的革命热情是好的，干劲是好的，我们都站在你们革命派一边。革命是大熔炉，最能锻炼人。革命派跟我们在一块，谁不革命谁就走开，我们站在革命派一边。

我们听说，你们昨天一夜没有睡，在辩论。我们想来听听你们的辩论，可是来了就不行了。

1966年7月，江青在北京大学向学生发表讲话，声称"代表毛主席"来看望大家

希望你们今夜好好睡觉，吃好睡好，才能打好这一仗。

现在请陈伯达同志讲话。

我们一定把同志们的革命热情，革命干劲带给毛主席。

陈伯达同志——

刚才江青同志讲的话，也是代表文化革命小组要讲的话。我完全同意她的话。我们是来向你们学习的，学习你们的斗争经验。在文化大革命的斗争中，北大走在最前列，相信在党的领导下，在毛泽东思想指引下，一定能够继续前进。

要听取不同意见，我们的意见是，说"六一八"是反革命事件是不对的，是错误的。

希望大家在斗争中好好学习毛主席著作，学习他怎样分析情况。在文化革命中，我们要掌握毛泽东思想武器，好好学习毛主席著作。革命道路是不平坦的，是会有些反复。"六一八"以前、以后，在这几天，不就有几个反复变化吗？这说明革命道路是曲折的，是有反复的。

毛主席万岁！

毛泽东思想万岁！

两个"谦谦君子"——一个"小小老百姓"、一个"小学生"——都是来"学习的"。江青和陈伯达的第二次"联合演出"，也是够"谦逊"的。

可是，这一回——也就是经过一天的"调查"——陈伯达说了一句关键性的话，即："说'六一八'是反革命事件是不对的，是错误的。"须知，仅仅在一个月前，也正是这个陈伯达，说"六一八事件"是"一个反革命事件，一定有一个地下司令部"。真可谓翻手为云，覆手为雨，陈伯达的调子改变何其快也！

陈伯达的一句话，在北京大学掀起了一场风暴。陈伯达否认了"六一八事件"是"反革命事件"，立时使北京大学工作组陷入了被动。造反派学生群起而攻以张承先为首的工作组。

工作组是刘少奇派的，反工作组，也就是为了反刘少奇。

北京大学掀起的反工作组的浪涛，很快就波及了北京各高等院校……

7月20日，中共中央通知：任命陶铸为中共中央宣传部部长，陈伯达为顾问（仍兼任副部长）。

掀起反工作组浪潮

陈伯达和江青"点火于基层"，在1966年7月下旬，以"小学生"的姿态活跃于北京许多大学。向来不擅长于演讲的陈伯达，这时总是要把王力拉在身边，让王力充当他的翻译。相对而言，王力的苏北话还算好懂一些。

1966年7月24日，陈伯达、江青、王力来到北京广播学院。陈伯达在那里所发表的一段话，曾通过大字报、传单传遍全国各地。

这是"文革"以来，有人头一回在公众场合当着江青的面大吹江青。此后，吹捧江青的传单满天飞，"理论家"带了一个头。

以下是当时的陈伯达讲话记录原文：

> 我的普通话说得不好，现在请一位同志做翻译。（王力同志上）
>
> ……（中略）
>
> 最后讲一讲，诽谤中央负责同志的要驳斥。今天递的一个条子，就是诽谤江青同志的。
>
> 江青同志是中央文革小组的第一副组长。江青同志是九一八事变后参加革命的，有35年的斗争历史。江青同志是我党的好党员，为党做了很多工作，从不抛头露面，全心全意地为党工作。她是毛主席的好战友，很多敌人都诽谤她。
>
> 江青同志在九一八事变后在天津入党。我认识介绍江青同志入党的人[1]。
>
> 江青同志在文化大革命中起了很大作用。京剧改革是文化大革命很重要的开端，外国人也承认这一点，好人赞扬这一点，坏人也不得不承认这一点。而京剧改革这件事，江青同志是首创者。
>
> 京剧改革前，我到剧院去看，很少人去看戏。京剧改革后，发生了很大变化，要买票定座，很久很久才能看到，都是满满的。这是文化大革命的很大变化，是开端。不要小看这个开端，这个改革与每个人的生活有很大关系，生活在北京的人每个人都要去看戏吧！

---

[1] 此处指黄敬。实际上，江青是在青岛入党，黄敬为介绍人。

京剧改革引起了一系列改革问题，京剧改革引起了对 30 年代文艺路线的批判，这就引起了要检查我们的文艺路线是否执行了毛主席《在延安文艺座谈会上的讲话》的指示，执行了马克思列宁主义文艺路线？是执行无产阶级文艺路线，还是执行资产阶级文艺路线？革命是经常从一个地方打开缺口的，现在文化革命是从京剧改革打开缺口的，包括我在内都感激江青同志。这个条子使我想起了历史上所有革命者没有不受诽谤、不受迫害的。你们不是有一百多人受迫害，被当成反革命失去了自由，你们受到了围攻吗？一个革命者就是要在这种围攻中站得住。

刚才递条子是揭露诽谤的，可见有人在这里散布流言蜚语，散布诽谤，要警惕！

陈伯达确实擅长投机，他借那么一张条子大大发挥了一通，把江青着着实实地捧了一通。他并非不知江青的底细，况且多年来他在毛泽东身边工作，也深知江青的为人。他如此美言江青一番，说穿了，是为了巩固自己这个中央文革小组组长的地位——倘若他得不到"第一副组长"江青的支持，就寸步难行。他已经清楚地意识到江青的势力正在恶性膨胀！

陈伯达其实深知江青的为人，后来他如此回忆道：

江青毫无原则，却自充她是最、最、最高举毛泽东思想红旗的。她自以为可指挥一切，好像是谁违背她，谁就是反对毛主席，就是反革命……她就是这样，阴谋夺中央的领导大权的。

在庐山上[1]，那时全会还未开，一次，周恩来同志路过我住处，我曾经与他交谈过江青与毛主席的关系。

我说，江青对毛主席并不忠实，有三次对我谈过，她要离开毛主席。第一次，在延安枣园，她说，她要离开毛主席，可找两个看护料理毛主席的生活。第二次在西柏坡，在她住处。有一回我去找毛主席，他刚不在，江青又说，她要离开毛主席，到旁的地方去。第三回，解放后，在北京西山，我去看毛主席，他也刚不在，江青又说，她要离开毛主席。

我想，她说的要离开毛主席这三次，都是在革命的关头上。在北京西山时，虽然北京已解放，但战争还在继续，要事如麻，她却用她一人的事进行干扰毛主席，说这是"忠于毛主席"，不是太荒唐了吗？周恩来同志排除她的干扰，

---

[1] 指 1970 年 8 月在庐山召开中共九届二中全会。

把她送去莫斯科，是英明的。

江青说的是一回事，自己想做的又是另一回事，她想做的就是经过冒充，不择手段，达到夺中央权力的目的。

陈伯达（左1）与红卫兵在一起

陈伯达的这一段话，表明他对江青的底细是一清二楚的。

可是，当他需要取悦江青的时候，他也"经过冒充，不择手段"了！

江青正需要"理论家"的捧场。不过，这么一捧，江青一得意，"唱"得走调了！

7月25日，毛泽东接见了以陈伯达为首的中央文革小组全体成员，明确指出，工作组"起坏作用，阻碍运动"，"统统驱逐之"。

7月26日晚，中央文革小组以"强大"的阵容，出现在北京大学。"组长"陈伯达来了，"顾问"康生来了，"第一副组长"江青来了，"副组长"张春桥来了，"组员"戚本禹来了……

北京大学万名师生云集大操场，以热烈的掌声迎接这一批"中央首长"。

江青很得意，因为中央文革小组已经决定，在这次大会上猛轰以张承先为首的工作组，给刘少奇以沉重的一击。

声称自己是"小学生"的江青，越说越激动，竟然说了一大通令人愕然的话：

再看看张承先的干部路线，在领导核心中有一个张少华，是中文系五年级学生，她的母亲张文秋是一个××××××××××，她自己说她是毛主席的儿媳妇，我们根本不承认！……

江青这番"走调"的话，使全场万名听众如同丈二金刚摸不着头脑。张少华，亦即邵华，1959年与毛泽东的次子毛岸青结婚，怎么不是"毛主席的儿媳妇"？江青所说"我们根本不承认"，这"我们"除了包括江青外，还有谁呢？

江青又给张文秋泼了一通污水，而事实上，张文秋是毛泽东的"双重亲家"，一位饱经风霜的老革命：

张文秋名国兰，又名姗飞，文秋是她的号。张文秋1903年出生于湖北京山县青树岭谢家湾，1926年1月加入中国共产党。经恽代英介绍，她与中共党员刘谦初（1930年曾任中共山东省委组织部长）相识、相爱。张文秋很早便认识毛泽东，也与杨开慧相熟。张文秋与刘谦初结婚后，生下女儿刘思齐，又名刘松林。在刘谦初不幸牺牲后，张文秋来到延安，与红军长征干部陈振亚结婚，生下女儿张少华。陈振亚后来担任八路军115师后方留守处政治部主任。1939年春，陈振亚被新疆军阀盛世才害死，张文秋把刘松林和张少华这对异父同母的姐妹抚养长大。后来，刘松林与毛岸英结婚，成为毛泽东的长媳，张少华则成为毛泽东的二媳。自命"第一夫人"的江青，在家中容不得毛泽东前妻杨开慧的儿子，也容不得儿媳和张文秋。这些原本是家事，江青一"走调"，居然在万人大会上捅出来，边说边哭，非常激动。

江青骂了张少华，骂了张文秋，忽然又说起自己的女儿李讷来：

另外还有一个叫郝斌的，是教师、党支部书记，他也算是一个积极分子，本来在广西搞四清，后来不知怎么到顺化来了。他坚决执行前北京市委修正主义路线，实行反攻倒算。李讷不同意，跟他作斗争，他们就围攻李讷和另一位同志。李讷态度不太好，后来我叫李讷找郝斌去作自我批评。我说你态度不好，你检查自己。关于郝斌的事，你一点也不要说。可是李讷去作自我批评时，他不见。我容忍了好几年了。这是阶级斗争，有人要腐蚀我们的子弟，阶级斗争斗到我们家里来了，这就是张承先。

这几年，我在文艺界工作，东来一下子，西来一下子，也不知道怎么斗争，受了多少迫害。我本来没有心脏病，现在我心脏也不好了，我也要控诉！

江青的这番话，实在大煞风景。台下议论纷纷，不知江青所云。

这时，江青大抵也意识到自己"走调"，赶紧说了一句："现在请陈伯达同志讲话好不好？"

陈伯达言归正题，点名批判了北京大学的工作组，这才使"走调"的大会拨正了"大方向"。

陈伯达当时讲话的记录如下：

今天在会上听到各种不同的意见，争论得很激烈很尖锐，这是阶级斗争的正常现象，是阶级斗争的规律。对工作队的问题是阶级斗争的问题，在以张承先为首的工作队的问题上，争论得这样激烈，不是偶然的，是阶级斗争的反映。我们赞成大家的意见，撤销以张承先为首的工作组。这是一个阻碍文化大革命的工作组，是个障碍物。我们在文化大革命的路上，要搬掉这个障碍物。

有的同学想给工作组辩护，给他们涂脂抹粉。除了别有用心的不说，在我们同学中，对工作组有迷信，好像没有工作组，同学就不能革命了。实际上工作组是压制同学们革命的盖子，我们建议新市委把这个盖子揭开。我们很多人受了旧社会习惯势力的影响和剥削阶级习惯势力的影响，好像没有工作组就不能革命。我们破坏这个习惯势力。我们重复毛主席经常说的话，破除迷信，破除习惯势力……你们能不能自己革命？有没有无产阶级雄心壮志？任何革命都不能包办代替。无产阶级文化大革命中，在我们头脑里还残存着残余的资产阶级灵魂。毛主席就指出：这是触及人们灵魂的大革命。要自己动脑筋，革掉资产阶级的灵魂！

就这样，陈伯达一席话，便使进驻北大不到两个月的工作组彻底完蛋了。北大工作组曾非常严厉地批评过"六一八事件"，发过《北京大学文化大革命简报（第9号）》，在当时受到刘少奇的称赞，写下批语"中央认为北大工作组处理乱斗现象的办法是正确的、及时的"。当时曾赞同过刘少奇批示的陈伯达，这时完全"抹去"了自己在一个多月前说的话，来了个180度的大转弯：

有人说"六一八事件"是反革命事件是错误的，反过来说："六一八事件"应该是革命事件。同学们都得注意，党的领导的标准是什么呢？就是党中央的领导，毛主席的领导。党代表怎么才能代表党的领导呢？就是执行了党中央和毛主席的指示。同学们说："六一八事件"就是根据党中央、毛主席的指示精神，群众来斗争牛鬼蛇神的。我认为这种做法是妥当的。

确实，陈伯达"反过来说"了！

在那些日子里，陈伯达不断地"反过来说"，游说于北京各大学，掀起一场反工作组的浪潮。

7月27日，陈伯达在北京师范大学把工作组称为"保姆"。他说："你们现在不要搞保

1966年7月27日，陈伯达在北京师范大学讲话

姆了。这么大了,保姆又不好,又不会。做保姆的要先学习,也要先当学生。没有学习过就不能当保姆。"

陈伯达点名批评了以孙友渔和以刘卓甫为首先后进驻北京师范大学的两期工作组。陈伯达批评他们是"钦差大臣":"他们一来就摆出钦差大臣的派头,自以为是,以为自己懂得文化大革命。其实什么也不懂。自以为是,很可悲。"

醉翁之意不在酒。陈伯达和江青率中央文革小组的成员们点火于北京各大学,掀起反工作组的高潮,其目的在于在群众中搞臭刘少奇……

在"文革"档案中,笔者查到一篇歌颂"理论家""功绩"的文章,其中这么评价陈伯达的反工作组的"贡献",倒是从反面勾画出了当年陈伯达的形象:

> 在刘邓资产阶级反动路线五十天[1]统治的白色恐怖里,伯达同志坚决执行毛主席的革命路线,执行林彪同志的指示,坚决反对刘邓派出工作组镇压文化大革命,公开号召群众冲破资产阶级的反革命白色恐怖,并同康生、江青等同志一起,以"小学生""小小老百姓"的姿态,深入北京许多高校,支持革命造反派。伯达同志在汇报会议和中央政治局的扩大会议上,发扬大无畏的革命精神,同刘少奇展开了面对面的斗争,有力地打击了这个党内头号走资派。

"文革"初期的刘少奇,脸上写满了无奈

在重重压力之下,1966年7月28日,中共北京新市委作出了撤销大中学校工作组的决定。

翌日,"北京市大专院校和中等学校师生文化革命积极分子大会"在人民大会堂举行。

岌岌可危的刘少奇,出现在主席台上,言不由衷地发表讲话说:

> 至于怎么样进行无产阶级文化大革命,你们不大清楚、不大知道,你们问我们,我老实回答你们,我也不晓得……

---

[1] 这"50天"指1966年6月1日《人民日报》发表社论《横扫一切牛鬼蛇神》,至1966年7月18日毛泽东回到北京这段时间。

跃为第五号人物

毛、刘总摊牌的时刻终于到来了。

一个明显的讯号，在中共高层政治圈子中产生震动。

那是1966年7月27日至30日，中共八届十一中全会的预备会议在北京召开。尽管中共八届十一中全会还没有开，会议公报的初稿却在陈伯达的主持之下已经写好了！

据王力回忆，有三件事使他感到吃惊：

第一，为何送审传阅的名单上没有刘少奇？

第二，送审传阅的名单上，主席后边即是林彪。

第三，初稿上，曾引述了刘少奇几天前发表的一段话给勾掉了！那是7月22日，作为中华人民共和国主席的刘少奇发表声明，表示中国人民最坚决最热烈地支持越南胡志明主席7月17日发表的《告全国同胞书》，公报的初稿曾引用了刘少奇声明中的几句话。

这三件事，已经清楚表明，刘少奇在即将召开的中共八届十一中全会上将会挨批判——连公报初稿都不再送他审阅了！另外，也清楚表明，林彪即将取代刘少奇——会议还没开，林彪已名列第二了！

紧接着，1966年8月1日这一天，发生三件大事：

第一件，《人民日报》为庆祝中国人民解放军建军39周年，发表社论《全国都应该成为毛泽东思想的大学校》。社论公布了毛泽东在1966年5月7日写给林彪的信，为林彪成为"副统帅"制造舆论。

第二件，毛泽东给清华附中的红卫兵写了一封信。红卫兵，取义于"保卫红色政权的卫兵"，原本是北京青年学生中的秘密组织。毛泽东在信中说，你们的行动"说明对一切剥削压迫工人、农民、革命知识分子和革命党派的地主阶级、资产阶级、帝国主义、修正主义和他们的走狗表示愤怒和声讨，说明对反动派造反有理，我向你们表示热烈的支持"。从此之后，红卫兵运动在毛泽东的"热烈的支持"下席卷全中国，而毛泽东也就成了他们的"红司令"。

第三件，中共高层人士进行大变动的中共八届十一中全会，这天起在北京召开。毛泽东亲自主持了会议。毛、刘在这次会议上总摊牌。74位中共中央委员和67位候补中央委员出席了会议，47人列席了会议。

8月4日，毛泽东在政治局常委会上尖锐地批评了刘少奇，指责刘少奇派工作组"镇压群众运动"，犯了"路线错误"。毛泽东甚至当着刘少奇和常委们的面说："牛鬼蛇神，在座的就有！"据云，张春桥起了不小的作用。他把刘少奇对《北京大学文化革命简报（第9号）》的批语送交毛泽东，如同火上浇油，毛泽东看后，益发对刘少奇反感。毛泽东下定了打倒刘少奇的决心。

1966年8月4日，中共八届十一中全会在北京召开，在这次会议上，毛泽东向刘少奇总摊牌。图为会议全景

刘少奇不得不步步退却，一次又一次承认错误。8月1日，刘少奇便在八届十一中全会上，对派工作组承担了责任。

8月2日，刘少奇在北京建筑工业学院讲话（这所学院是刘少奇的"点"）说：

> 看来工作组在你们学校是犯了错误的。这个错误也不能完全由工作组负责，我们党中央和北京新市委也有责任。……

8月3日，刘少奇对各大区和中央一些部委负责人说，自己"跟不上形势"，对于"文化大革命"，"仍然是很不理解，很不认真，很不得力"。

8月4日，刘少奇对北京建筑工业学院的工作组发表讲话，档案中所载原文如下：

> 炮打司令部是正确的。如果是好人，反错了，还是好人。如果不让人家造反，非把你反掉不可，工作组不让人家造反嘛！……
>
> 这次文化大革命要触及灵魂。历代统治者都是镇压学生运动的，从北洋军阀到蒋介石。我们共产党人也不知不觉地镇压了学生运动。我们这样做，肯定要失败。……

刘少奇已承认自己"不知不觉地镇压了学生运动"了！

毛泽东却不满于刘少奇的这些检查，以为他并非"不知不觉"。终于，在8月5日，毛泽东以十分偏激的心情，写下了讨刘檄文，即《炮打司令部——我的一张大字报》：

> 全国第一张马列主义大字报和人民日报评论员的评论，写得何等好啊！

第八章
中央文革小组组长

请同志们重读一遍这张大字报和这个评论。可是50多天里，从中央到地方的某些领导同志，却反其道而行之。站在反动的资产阶级立场上，实行资产阶级专政，将无产阶级轰轰烈烈的文化大革命打下去，颠倒是非，混淆黑白，围剿革命派，压制不同意见，实行白色恐怖，自以为得意，长资产阶级的威风，灭无产阶级的志气，又何其毒也！联系到1962年的右倾和1964年的形"左"而实右的错误倾向，岂不是可以发人深醒的吗？

"文革"中红卫兵抬着毛泽东的大字报游行

毛泽东的这张大字报，重炮猛轰刘少奇的"资产阶级司令部"，使身为中华人民共和国主席、中共中央副主席、中共第二号人物的刘少奇从此一蹶不振。也就在这篇《炮打司令部》中，毛泽东表扬了陈伯达主持写作的《人民日报》评论员文章，说是"写得何等好啊"。这样，陈伯达的晋升，也将是无疑的。

陈伯达立即"紧跟"，写了大字报，坚决拥护毛泽东的《炮打司令部》。陈伯达成了"反刘英雄"，他的大字报被作为会议文件印发。

听说毛泽东"炮打"刘少奇，原本在大连、没有出席八届十一中全会的林彪，在8月6日坐专机赶回北京。空军司令吴法宪去机场迎接。8月8日，林彪接见了以陈伯达为首的中央文革小组的成员们，对他们鼓励了一番。林彪宣称"这次文化大革命最高司令是毛主席"。

陈伯达得到毛泽东和林彪的好评，他连升两级。

会议决定补选6名中央政治局委员，陈伯达成为其中之一——陶铸、陈伯达、康生、徐向前、聂荣臻、叶剑英。这样，他从中共"八大"时的中央政治局候补委员，升为中央政治局委员。

会议决定重新选举中央政治局常委，共选11人，陈伯达当选。这样，他从中央政治局委员又升为中央政治局常委。

这11位中央政治局常委名字的排列顺序，几经改动，才予正式公布。

最初的名单据陈伯达和王力回忆是：毛泽东、林彪、周恩来、邓小平、陈伯达、

371

刘少奇、康生、朱德、李富春、陈云、陶铸。

邓小平怎么会名列第四呢？因为他在选举政治局常委时得了全票，所以列于毛、林、周之后，居第四。

连中央委员都不是的江青，看到这张名单，大为不满。她说："邓小平过去名列第七。这一回跟着刘少奇犯了错误，派了工作组，怎么反而升到第四位？不行！这样排不行！"

江青不找毛泽东，而是去找林彪，说出自己心中的不满。江青的话，正是说出了林彪的意思。于是，把邓小平排到陈伯达之后：毛泽东、林彪、周恩来、陈伯达、邓小平、康生、刘少奇、朱德、李富春、陈云、陶铸。

江青看了名单，仍不满意。江青说："'老夫子'书生一个，压不住邓小平。陶铸厉害，把陶铸调上去！"

江青向毛泽东报告，毛泽东同意了，亲自用红笔在名单上把陶铸从末位一下子勾到第四位：毛泽东、林彪、周恩来、陶铸、陈伯达、邓小平、康生、刘少奇、朱德、李富春、陈云。

这一次排定的名单，成为见报公布的名单。

这么一来，陈伯达成为中共第五号人物！尽管他自称"小小老百姓"，实际上已成了一个手握大权的"大首长"。

须知，在1945年中共"七大"，陈伯达成为中央候补委员，按排列顺序是第47号；1956年在中共"八大"，陈伯达成为中央政治局候补委员，排名第21号；这一回，他越过了刘少奇，越过了朱德，越过了陈云，越过了邓小平，一下子跃为第五号人物。他在党内举足轻重了！

在这张名单上，陈伯达排在康生之前，在陈伯达和康生之间，还夹着邓小平，这表明，虽然陈伯达和康生同为中共"理论家"，但是如今陈伯达的地位在康生之上。

自从陈伯达成为中共中央政治局常委，成为第五号人物，中央警卫局加强了对他的保卫工作。先是在他的轿车前派了一辆前卫车，后来又在后面增加一辆后卫车。陈伯达再三说，自己是"小小老百姓"，对这样的前后"保驾"极其"不满"。他说，"你们前面搞了一个，后面又搞了一个。以前你们搞了一个车，我就受不了，现在你们不仅有了小的，又搞了一个'大卡车'，你们这样做还不如把我枪毙了好。"尽管陈伯达如此"不满"，中央警卫局还是派车保卫他，只是拉开了距离而已。

主笔"十六条"

陈伯达跃为第五号人物，除了他在反工作组这一"错误路线"斗争中立了大功，而且还因为他在起草"五一六通知"之后，又写了《关于无产阶级文化大革命的决定》，由中共八届十一中全会通过，成为"无产阶级文化大革命的纲领"。

《关于无产阶级文化大革命的决定》共16条，通常称之为"十六条"。8月8日，中共八届十一中全会通过了"十六条"。8月9日，全国各主要报纸都在头条位置全文发表了"十六条"。8月13日，《人民日报》以头版头条位置发表社论《学习十六条熟悉十六条运用十六条》，声称"十六条是毛泽东同志亲自主持制定的"，"是毛泽东同志提出的无产阶级文化大革命的纲领"。

一时间，"十六条"成为全中国人民的"学习文件"。大街小巷贴满标语："学习十六条！熟悉十六条！运用十六条！"各种场合的会议，人们也高呼这样的口号。

"十六条"是毛泽东指定陈伯达负责起草的。据陈伯达回忆，着手起草是在1966年6月下旬。王力也参加起草工作。据王力回忆，在周恩来回国时，他正在钓鱼台和陈伯达一起起草"十六条"，当时他跑步去通知康生，告知周恩来抵京的时间，康生去机场迎接。周恩来离开巴基斯坦是1966年6月30日，归国途中视察了某导弹试验基地，然后飞回北京。所以王力的回忆与陈伯达回忆是相符合的。

"十六条"前后改过多次，陶铸、王任重、张春桥参加过一些修改工作。

1966年7月16日，陈伯达交出供讨论用的第一稿（此前的几次草稿不在内），题为《无产阶级文化大革命的形势和党的若干方针问题》。最初并没有16条，而只有13条，毛泽东阅后，作了修改。

7月26日，印发第二稿，以供翌日召开的中共八届十一中全会预备会议讨论。题目改为《无产阶级文化大革命的形势和党的若干方针问题》。

7月29日，根据讨论的意见作了若干修改，印发第三稿，题目改为《关于无产阶级文化大革命的决定》。这一题目是毛泽东提出来的，此后一直沿用这一标题，直到正式公布。

8月3日，经中共八届十一中全会讨论，又改出第四稿。

8月8日，由中共八届十一中全会正式通过时，再作若干修改，成了第五稿，即正式见报的定稿。

"十六条"是"二十三条"和"五一六通知"的"左"的继续，是"无产阶级文化大革命"的"大纲"。

以下是"十六条"的摘要：

一、社会主义革命的新阶段："当前正在开展的无产阶级文化大革命，是一场触及人们灵魂的大革命；是我国社会主义革命发展的一个更深入、更广阔的阶段"。虽然1949年以后，资产阶级已被推翻，但它还企图"用剥削阶级

"文革"中学习"十六条"的宣传画

的旧思想、旧文化、旧风俗、旧习惯,来腐蚀群众,征服人心,力求达到他们的复辟的目的"。"在当前,我们的目的是斗垮走资本主义道路的当权派,批判资产阶级的反动学术'权威',批判资产阶级和一切剥削阶级的意识形态……"

这次运动的重点,是整党内那些走资本主义道路的当权派。

二、主流和曲折:"广大的工农兵、革命的知识分子和革命的干部是这场文化大革命的主力军"。他们能够向"那些公开的、隐蔽的资产阶级代表人物"发动攻势。他们可能会出现这样那样的缺点,但他们的革命大方向始终是正确的。阻力主要来自于那些走资本主义道路的当权派。

三、"敢"字当头,放手发动群众:无产阶级文化大革命必须把毛泽东思想放在首位。领导者不要害怕打破常规。革命组织单位必须接受批评和自我批评,以便领导群众。革命组织必须提高警惕,防止坏人混进队伍。

四、让群众在运动中自己教育自己:必须让群众自己解放自己。要信任群众,依靠群众,尊重群众的首创精神。要"敢"字当头,去掉怕字。"要充分运用大字报,大辩论这些形式,进行大鸣大放"。不要怕出乱子,"不能那样雅致,那样文质彬彬,那样温良恭俭让"。

五、坚决执行党的阶级路线:要区分谁是我们的敌人,谁是我们的朋友。"党的领导要善于发现左派,坚决依靠革命的左派",彻底孤立最反动的右派,争取中间派,团结大多数,经过运动,最后达到团结百分之九十五以上的干部,团结百分之九十五以上群众的目的。"一大批本来不出名的革命青少年成了勇敢的闯将"。

六、正确处理人民内部矛盾:要区分人民内部矛盾和敌我矛盾。即使少数人的意见是错误的,也允许他们申辩。"要保护少数"。

七、警惕有人把革命群众打成"反革命":要防止转移斗争的主要目标。

八、干部问题:干部大致可分为以下四种:好的;比较好的;有严重错误,但还不是反党反社会主义的右派分子;少量的反党反社会主义的右派分子。前两种人是大多数,对反党反社会主义的右派分子,要充分揭露,要斗倒、斗垮、斗臭。但同时要给他们一个"重新做人"的机会。

九、文化革命委员会、文化革命代表大会：它们都是文革的权力机构。这些组织的成员都必须由群众选举产生，当选者如果不称职，可以改选、撤换。

十、教育改革：改革旧的教育制度，改革旧的教学方针和方法，是这场无产阶级文化大革命的一个极其重要的任务。学校不能由资产阶级知识分子来统治。必须贯彻执行毛泽东同志提出的教育为无产阶级政治服务、教育与生产劳动相结合的方针，使受教育者成为有社会主义觉悟、有文化的劳动者。学制要缩短，课程设置要精简。

十一、报刊上点名批判的问题：在报刊上点名批判，应当经过同级党委讨论，有的要报上级党委批准。

十二、关于科学家，技术人员的政策：只要他们不反党反社会主义，不里通外国，就要团结他们。要帮助他们逐步改造世界观。保护有重要贡献的科学家。

十三、同城乡社会主义教育运动相结合。

十四、抓革命，促生产：我们的目的，是要使人的思想革命化，因而使各项工作做得更多、更快、更好、更省。

十五、军队：军队文化大革命运动和社会主义教育运动，按照中央军委和总政治部的指示执行。

十六、毛泽东思想是无产阶级文化大革命的指南：要高举毛泽东思想的伟大红旗，实行无产阶级政治挂帅。

"十六条"与"二十三条""五一六通知"一脉相承，都强调了"这次运动的重点，是整党内那些走资本主义道路的当权派"。

8月4日，当时还在大连的林彪，看了"十六条"，打来长途电话表态："这个决定是一个很革命的决定，它保证了能横扫一切牛鬼蛇神，保证了能够把运动坚决地扩大和深入起来和长期坚持下去，我完全同意中央全会的看法和方针。"

8月7日，毛泽东的《炮打司令部》作为会议文件印发。8月8日，通过了"十六条"，全会便转入了对刘少奇的批判。

无可奈何，8月10日，刘少奇在小组会上作了自我批评。刘少奇说：

主席不在家这一段，由我主持工作，我绝不逃避责任。中心问题是，站在资产阶级立场上，反对群众运动。这次文化大革命，群众起来要民主，主席又这样大力支持，把我们夹在中间，这也是上挤下压，看你是否支持群众。革人家的命可以，革我们的命可不可以？这是个大问题。要下决心，革我们自己的命，无非是下台。我们这些人可以下台……

在"上压下挤"之中，刘少奇果然"下台"，虽然他名义上还是中共中央政治局常委，名列第八，实际上是靠边了。

林彪升为第二号人物，他是在1958年5月中共八届五中全会上被增选为中共中央副主席的。

由中共八届一中全会选出的副主席有刘少奇、周恩来、朱德、陈云四位。八届十一中全会并没有宣布撤销刘、周、朱、陈的副主席职务，但从那以后，刘、朱、陈受到"文革"冲击，周恩来也意识到林彪咄咄逼人，便嘱咐新华社，"我的名义用政治局常委吧，不用中央副主席名义"。这么一来，在报上以"中共中央副主席"名义出现的只有林彪，他实际上成了唯一的中共中央副主席。

鼎盛之中暗伏着危机

自从成为中共第五号人物，陈伯达名声大振。写着"中央文革组长陈伯达收"的信件从全国各地雪片般飞来。据陈伯达的秘书回忆，差不多每天都收到一麻袋的信！陈伯达从来没有如此走"红"过……

这时的陈伯达，有两位王秘书——王保春和王文耀。

王保春担任机要秘书，兼任"陈办"的党小组组长。他1947年入党，原在中共中央宣传部做机要秘书工作。1960年当陈伯达的妻子刘叔晏生孩子时，调他去担任秘书。

王文耀则是1965年下半年调到陈伯达那里担任秘书的。

"两王"也从来没有这么忙碌过：一个"王"守着四部电话机，随时作电话记录，收看文件、电报、信件；另一个"王"则要跟在陈伯达身边，时而钓鱼台，时而中南海，时而人民大会堂，时而各大专院校。

司机于子云处于"时刻准备着"的状态，陈伯达一声吩咐，不论白天黑夜，轿车随时要出动。

从中共八届十一中全会之后，中央文革小组全体成员列席参加中共中央政治局会议。这么个"小组"，权力正在无限扩大之中，正在取代中共中央书记处。陈伯达这个"小组长"，手握大权，踌躇满志，他与别人的不同，在口头上还在那里自称"小小老百姓"、"普通老百姓"，以此掩饰着自己的勃勃政治野心。

陈伯达成为中国的"舆论总管"。他带着工作组进驻人民日报之后，干了一个月。为了集中力量起草"十六条"，他把《人民日报》交给了代总编唐平铸。他还是《红旗》的主编。这时，他把《红旗》交给了关锋。他作为"舆论总管"，来管《人民日报》，管《红旗》，管新华通讯社，管中共中央宣传部……

现存于档案之中的陈伯达1966年8月13日致毛泽东的信，可窥见当时陈伯达管得多么宽：

主席：
　　昨晚文化革命小组开会，讨论有关问题，大家的主要意见是：
　　（一）强调各学校、各单位认真学习十六条，掌握十六条，按十六条指示办事。拟由《人民日报》连续发表几篇社论。
　　（二）自然科学、技术各单位都要举起无产阶级文化大革命这一个纲，但应该作适当的分工部署：一部分人处理文化革命问题；一部分人照常处理原定工作计划，特别是各种要害的、尖端的科研部门，必须继续进行，不得中断，保证如期完成，并保证质量。
　　上述意见，曾经在今日上午工作会议上谈过。是否适当？请指示。
　　　　　　　　　　　　　　　　　　　　陈伯达
　　　　　　　　　　　　　　　　　　　1966年8月13日

从这封信可以看出，他是名副其实的中央文革小组组长，由他直接向毛泽东汇报工作，他向毛泽东负责。

陈伯达处于他的鼎盛时期。

南京大学红卫兵代表大会出版的"内部参考"的《读报手册》，在"以毛主席为首的无产阶级司令部万岁"栏目内，共列六人，即毛泽东、林彪、周恩来、陈伯达、康生、江青。

在关于陈伯达的介绍中，这样写道：

　　陈伯达同志是毛主席、林彪同志领导下，我们党最好的理论家。在林彪同志号召活学活用毛主席著作的提倡下，陈伯达同志最善于发挥、善于阐明毛泽东思想。
　　陈伯达同志是毛主席的好学生，是毛主席、林副主席领导下的无产阶级杰出的政治家、理论家。从轰轰烈烈的民主革命，到史无前例的无产阶级文化大革命，陈伯达同志几十年如一日，始终紧跟毛主席，一贯高举毛泽东思想伟大旗帜，同形形色色的"左"、右倾机会主义作不调和的斗争，为毛主席无产阶级革命路线的胜利建立了巨大的功勋。

这样的非官方出版物中对于陈伯达的"崇高评价"，正是"鼎盛时期"的他的生动写照。

不过，他有他的隐忧。他成天把"小小老百姓"挂在嘴上，无非想表白自己毫无权欲——尽管他的野心不小、权欲不小。

一场明争暗斗，在中央文革小组内部激烈地进行。

副组长江青的势力正在急剧扩大，江青与顾问康生形成联合阵线。江青"第一夫人"的特殊地位，使她有所恃而无所恐。

陈伯达深知江青不可惹。原本江青只是四个副组长之一，并无"第一副组长"之称——在四个副组长之中，她排名顺序第一罢了。当中央文革小组初次在群众中"亮相"时，有人指着江青介绍说："江青同志是中央文革小组第一副组长。"此后，"第一副组长"

"文革"中的江青

之称便传了开来，仿佛成了她的正式职务。

江青并不满足于"第一副组长"，陈伯达深知其意。1966年8月下旬，陈伯达患肺炎，发烧至40摄氏度，住入北京301医院。

经陈伯达向毛泽东提出，中共中央于1966年8月30日发出通知：

> 在陈伯达同志病假或离京外出期间，由江青同志代理中央文化革命小组组长。

有了这样正式的文件，江青在中央文革小组中的势力越发膨胀。等到陈伯达病愈出院，他发觉，中央文革小组的实权已被江青"代理"了！

陈伯达曾这样回忆：

> 在毛主席第一次检阅红卫兵不久，我病进医院，江青就当然代理组长职务。
>
> 毛主席再次检阅红卫兵时，江青致辞，从此，她就在小组中横行跋扈。
> 我向去医院看我的人提出一些看法，于是大大触怒江青了。
> 当我的病没有好时，江青要关锋去叫我出院。我已晓得这个女人很难对付，决定出院。
> 我撇开江青，找王力、关锋、戚本禹起草一个拟送中央的文件，确定中

央文革小组是中央政治局直接领导的工作机构。意思就是：中央文革小组的言行都要向中央请示，不能擅自做主。这就要使江青受到约束。

会议未完，可能有人泄露给江青，江青来了，大闹一番。我现在不记得她要加一句什么，但她说："我这句是最重要的。"

从此以后，文革小组就没有再单独开会了。毛主席指示：以后开会，由周总理主持，叫中央文革碰头会。

除了江青之外，那位"顾问"也一直觊觎着中央文革小组的大权。

"顾问"康生最初与陈伯达在同一条起跑线上起跑，他俩在1920年代是上海大学的同学。

不过，康生比他更善于钻营，所以在党内的地位康生很快超过了他。延安整风时，康生是陈伯达的上司。1945年召开中共"七大"时，康生是中共中央委员，名列第17位，而陈伯达只是中共中央候补委员，名列第47位。此后，陈伯达靠着"跟准毛泽东"，才在中共"八大"上超过了康生。那时，陈伯达与康生同时成为中共中央政治局候补委员，陈伯达的名字恰恰排在康生之前！

陈伯达与康生同为中共"大秀才""理论家"，多年共事却面和心不和。论笔头，陈伯达胜过康生。康生此人，述而不作，好出鬼点子，却不愿写著作，虽然号称"理论家"，其"理论著作"寥寥无几。陈伯达则拙于口才，长于笔头，所以从起草《共同纲领》《宪法》、农业生产互助合作的决议，人民公社"六十条"、国际共产主义运动"二十五条"、社会主义教育运动"二十三条"直至"五一六通知""十六条"，都由他执笔或参与执笔。论权术，陈、康各有一套，但是陈伯达毕竟不及康生。

康生对陈伯达，常常嗤之以鼻。当陈伯达成为中国科学院副院长时，康生以挖苦的口气说："陈伯达能当什么院长？他呀，只配当个'乌龙院'院长！""乌龙院"，妓院也！

在中央文革小组中，有了这么一位"第一副组长"和"顾问"，使陈伯达颇为棘手。

副组长张春桥乃江青的心腹，姚文元更是江青一手"提携"的，对江青言听计从。王力、关锋、戚本禹都是《红旗》杂志编辑部成员，原是陈伯达手下三员大将。自从田家英含冤去世之后，戚本禹取代了田家英，并成为江青的心腹。王力和关锋也都擅长"见机行事"。在陈伯达作为中央文革小组组长而名声鼎沸时，中央文革小组的轴心已逐渐向江青转移。危机已经暗伏，只是他正处于政治巅峰时期，暗伏的危机尚未公开显露。不过，他自己已意识到了隐忧……

作为"组长"，陈伯达尽量压住阵脚，带领着中央文革小组冲锋陷阵——因为刘、邓只是在派工作组的问题上受到批评,并未彻底垮台。

批判"资产阶级反动路线"

对刘、邓发起总攻击的号令,是在1966年10月1日通过林彪之口发出的。

自从中共八届十一中全会之后,毛泽东一次又一次接见红卫兵,天安门广场成了"红海洋"。每一次接见,毛泽东穿着一身军装,只在天安门城楼上"挥动巨手",没有发表讲话。他已被封为"伟大导师、伟大领袖、伟大统帅、伟大舵手",一开口便成了"最高指示"。所以,他在公开场合,只由紧紧站在他的身边的那位弱不禁风的"副统帅"林彪,用尖利的嗓音发表一次次的讲话。林彪的讲话,在那时成为全国人民的"学习文件"。

1966年10月1日,在天安门广场举行的庆祝中华人民共和国成立17周年大会,照例由林彪发表主旨演说。

往常,林彪在各种会议上发表讲话,只是事先让秘书"拉条子"——写提纲,准备材料——他喜欢随口而说,甚至把提纲撂在一边。可是,在如此庄重盛大的场合,林彪只能"照本宣科",按照"秀才"们为他拟好的讲稿诵念。

这一回,林彪的讲话稿,是由陈伯达和张春桥一起捉刀的。

在天安门城楼上,当林彪发表讲话时,他站在毛泽东的右边,而毛泽东的左边站着刘少奇。

据云,这是周恩来煞费苦心排定的位置。因为刘少奇是国家主席,而10月1日是国庆节,怎能把刘少奇挤到不醒目的地位?可是,把刘少奇安排在毛泽东身边,势必会引起中央文革小组的激烈反对。周恩来把宋庆龄、董必武安排在刘少奇旁边,宋庆龄、董必武都是中华人民共和国副主席。这么一来,中央文革小组挑不出毛病,毛泽东、林彪也同意了。

林彪所念的讲话稿,激烈地攻击着站在毛泽东另一侧的刘少奇。林彪说:"在无产阶级文化大革命中,以毛

1966年国庆节,周恩来曾煞费苦心安排刘少奇、林彪(左)站在毛泽东左右两边,然而,照片中毛泽东与林彪亲切交谈,而刘少奇只剩下一只胳膊出现在画面中

主席为代表的无产阶级革命路线同资产阶级反对革命路线的斗争还在继续。"

"资产阶级反对革命路线",显然也就是"刘少奇路线"的代名词。

为了提出这么个新的代名词,陈伯达和中央文革小组的"秀才"们煞费苦心。

自从毛泽东写了《炮打司令部》,江青便作了"注释"。她说:"北京有两个司令部,一个是代表无产阶级的司令部,一个是代表资产阶级的司令部"的斗争。

关锋又对江青的话,作了"发挥":"无产阶级的司令部就是毛主席的司令部。资产阶级的司令部是某几个中央领导同志的司令部。"不言而喻,关锋所说的"某几个中央领导同志",指的便是刘少奇、邓小平。

姚文元在中共八届十一中全会上,写了一张题为《永远跟着毛主席前进》的大字报,提到了路线问题:

炮打司令部,指的是什么呢?就是用马列主义的炮打,毛泽东思想的炮打,打掉司令部里的一切资产阶级的反动思想、反动路线。

不过,姚文元的大字报,并未说得非常明确。

随着反工作组的斗争逐步深入,一次又一次提到了"两个司令部"的斗争,即"无产阶级司令部"与"资产阶级司令部"的斗争。

"两条路线斗争"也由"秀才"们提出来了。"两条路线"中的一条,早已见诸报刊,即"毛主席的无产阶级革命路线"。那么,与之对立的叫什么路线呢?

按照"对偶"的原则,陈伯达拟出了"新名词",即"资产阶级反革命路线"。

在为林彪起草国庆讲话稿时,陈伯达把这一"新名词"写入了讲话稿,毛泽东、林彪在讲话稿上画了个圈,表示讲话稿可用。

陶铸看了讲话稿,觉得"资产阶级反革命路线"用词太凶,容易把执行"资产阶级反革命路线"的人等同于"反革命",扩大打击面,向毛泽东建议加一个"对"字,变成"资产阶级反对革命路线"。毛泽东同意了。

经林彪在天安门城楼上念了这个"新名词"之后,当天晚上,当毛泽东和他的"司令部"在人民大会堂北京厅集合,准备乘敞篷车去看焰火时,张春桥向毛泽东提出:"'资产阶级反对革命路线'在语法上不通,念起来也拗口。"毛泽东答道:"以后就提'彻底批判资产阶级反动路线'。"

据关锋对笔者说,是他提议改为"资产阶级反动路线",得到毛泽东同意的。他是从毛泽东的《炮打司令部》一文中,把那句"站在反动的资产阶级立场上"加上演绎,理所当然被毛泽东所采用。

据王力回忆,周恩来当时不在场,不知道。周恩来曾为"资产阶级反动路线"一词,向毛泽东提出异议。王力回忆说：

> 总理很明确地表示不同意"资产阶级反动路线"的提法，为此他找了主席。事后他对我说，他是向主席这样提出的："'资产阶级反动路线'这个提法合适吗？党内历史提路线问题都是提'左'倾、右倾，没有'反动路线'这个提法，这样提合适吗？"
>
> 主席用英语作了回答，说原来用Counter-revolutionary Line（反革命路线），后来改成Anti-revolutionary line（反对革命路线），最后还是用Reactionary line（反动路线）好。
>
> 总理知道这是主席的主张，就说："我懂了。"
>
> 总理又找了关锋，关锋向他解释了半小时。总理说关锋同他主要讲了民主革命时期同社会主义革命时期对于路线的提法应当不同。
>
> 总理以后就照着主席的口径讲了，实际上总理是保留自己的不同意见的。在当时那种情况下，总理把主席、关锋驳掉是不可能的。

经过中央文革小组的"秀才"们献策，毛泽东批准，"彻底批判资产阶级反动路线"这一新口号，作为"无产阶级文化大革命"的"伟大战略部署"提出来了。

在林彪讲话的第三天——10月3日——《红旗》杂志第13期的社论《在毛泽东思想的大路上前进》发表了。这篇社论由王力、关锋执笔，中央文革小组讨论，江青、康生、张春桥审稿，陈伯达定稿，标题是陈伯达亲自拟的。据王力回忆，社论初稿中用的是"彻底批判右倾机会主义路线"，根据毛泽东10月1日晚的意见，改为"彻底批判资产阶级反动路线"。为此，社论推迟到10月3日晚上才由中央人民广播电台广播，10月4日见报。

这篇社论向全国发出了新的动员令："对资产阶级反动路线，必须彻底批判……要不要批判资产阶级反动路线，是能不能贯彻文化大革命的'十六条'，能不能正确进行广泛的斗批改的关键。在这里，不能采取折中主义。"

社论刚刚发表，10月6日，以蒯大富为"司令"的"首都红卫兵第三司令部"便召集10万人，举行"全国在京革命师生向资产阶级反动路线猛烈开火誓师大会"。

本来，派不派工作组，充其量不过是个工作方法问题，自从成为"路线"——这"路线"不仅是"资产阶级"的，而且还是"反动"的——之后，一下子便把刘、邓的"错误"升级了。

"彻底批判资产阶级反动路线"的口号声在全中国响起，刘、邓面临着被彻底打倒的危机。

中央工作会议上的激烈斗争

一场新的激烈的斗争，又在中共核心层中展开。

中共八届十一中全会结束还不到两个月，1966年10月9日至28日，中共中央工作会议又在北京召开。

会议由毛泽东主持。中央各部门，各中央局，各省、市、自治区党委负责人出席了会议。会议的主题，便是"彻底批判资产阶级反动路线"，亦即批判刘、邓。

会议是毛泽东提议召开的，原来只准备开3天，后来准备开7天，最后开了19天。

在会上唱主角的是林彪和陈伯达。他们在会上都作了长篇讲话，讲话记录被印成一本小册子广为散发，作为"学习文件"。

林彪在讲话中，指名道姓，猛烈地攻击刘少奇和邓小平。现照小册子上的原文摘录如下：

……中央有几个领导同志，就是刘少奇、邓小平同志，他们搞了另外一条路线，同毛主席的路线相反。刘邓路线，就是毛主席大字报说的："站在反动的资产阶级立场上，实行资产阶级专政，将无产阶级轰轰烈烈的文化大革命运动打下去，颠倒是非，混淆黑白，围剿革命派，压制不同意见，实行白色恐怖，自以为得意，长资产阶级的威风，灭无产阶级的志气，又何其毒也。"
……

由于文化革命是无产阶级和资产阶级的政治斗争，这样两条路线的斗争问题就必然产生。关于两条路线的斗争，大家这两天都清楚了。一条是以刘邓为代表的路线，是压制群众、反对革命的路线；另一条路线呢，就是毛主席的敢字当头的路线，是相信群众、依靠群众、发动群众的路线，也就是党的群众路线，是无产阶级革命路线。一个是群众路线，一个是反群众路线，这就是我们党内两条路线的尖锐对立。在一个短时

林彪（左）在天安门城楼讲话，毛泽东就站在他的身旁

期内，刘邓的这条路线是取得了一个差不多统治的地位，全国照他们的路线执行了。可是归根结底毛主席的路线总是胜利的，因为它是真理……

革命的群众运动，它天然是合理的。尽管群众中有个别的部分、个别的人有"左"有右的偏差，但是群众运动的主流总是适合社会的发展的，总是合理的……

陈伯达在会上作了题为《无产阶级文化大革命中的两条路线》的长篇讲话，后来改题为《对两个月运动的总结》印发。所谓"两个月"，即指中共八届十一中全会以后的两个月。

毛泽东曾在陈伯达的讲话稿上作如下批示：

即送陈伯达同志。改稿看过，很好。抓革命、促生产这两句话是否在什么地方加进去，请考虑。要大量印发，印成小本子，每个支部、每个红卫兵小队最少一本。

毛泽东
10月24日23时

陈伯达的讲话，那激烈的调子不亚于林彪，指责刘、邓搞的是"国民党的'训政'"。兹照原文，摘录于下：

伟大的红卫兵运动，震动了整个社会，而且震动了全世界。红卫兵运动的战果辉煌，可以无愧地说，整个文化革命运动比巴黎公社、比十月革命、比中国历来各次群众运动都来得更深刻、更汹涌澎湃，这是国际上更高阶段的无产阶级革命运动。这个运动引起全世界人民的欢呼和支持，同时激起全世界帝国主义者和现代修正主义的恐惧、痛恨，而许多庸人则为之目瞪口呆。

在这大好的形势下，资产阶级反对革命的路线会自然消失吗？不！它并不会自然消失……党关于无产阶级文化大革命的"十六条"，纠正了前一阶段的错误路线，纠正了资产阶级反动路线，但是错误路线还可以用另外的一些形式出现。无产阶级革命路线与资产阶级反对革命路线的斗争还是很尖锐、很复杂的，斗争一直围绕在对待群众采取什么立场，采取什么态度的问题上。有些人不愿意执行党的路线、无产阶级的路线、革命的路线即毛主席的路线，因为毛主席的群众路线是同一些同志还没有改造好的资产阶级世界观彻头彻尾地不相容的。

毛主席提出的无产阶级文化大革命的路线是让群众自己教育自己、自己解放自己的路线。可是提出错误路线的某些代表人，他们都是反对让群众自己教育自己、自己解放自己的，他们在这场触及人们灵魂的大革命中把国民党的"训政"搬出来了，他们把群众当成阿斗，把自己当成诸葛亮。这条错误路线要把无产阶级文化大革命引到相反的道路上去，变为不是无产阶级的文化大革命，而是资产阶级反对无产阶级的反动的文化"大革命"。

工作组只是一种组织形式，这种组织形式在某种运动中如果运用得适当是可以的，有的是必要的。但是在这次文化大革命中提出错误路线的某些领导人，把工作组这种组织形式强加在群众头上，不过是为了便于推行那种错误路线罢了。

工作组虽然撤走了，但是那些不赞成毛主席路线的人仍然可以利用职权，利用其他形式来代替……有些人仍然顽固不化，对毛主席的批评不理，还是要你搞你的，我搞我的，这不是资产阶级的本能在他们的头脑中和行动中起作用又是什么呢？……

路线问题要分开看，一种是提出的，一种是执行的，提出错误路线的是某些错误路线的代表人物，他们要负主要责任。

党内路线斗争是社会阶级斗争的反映，错误路线有它的社会基础，这个社会基础，主要是资产阶级。这条资产阶级错误路线在党内有一定的市场，因为党内有一小撮走资本主义道路的当权派，因为党内还有相当一批世界观没有改造和没有改造好的糊涂人……

陈伯达的讲话，除了谈"形势大好"、"两条路线斗争的继续"外，还谈了另外两个问题，即"去掉怕字，放手发动群众"，"坚持毛主席提出的阶级路线，团结大多数"。

陈伯达在结束讲话时高呼："用伟大的毛泽东思想武装起来的中国人民必将横扫一切牛鬼蛇神！"

据陈伯达自云，他是花了三天时间赶写出这篇讲话稿的。

陈伯达的讲话，跟林彪的讲话紧密配合，在全党掀起"彻底批判资产阶级反动路线"的高潮。

毛泽东也在会上讲了话。他随口而讲，没有稿子。从他的讲话记录来看，他的"调子"比林彪、陈伯达要低一些，甚至提及了"也不能全怪刘少奇同志、邓小平同志"。现将毛泽东的讲话记录摘录于下：

讲几句话，两件事：

17年来，有一件事我看做得不好，就是搞一、二线。原来的意思是考虑国家的安全，鉴于苏联斯大林的教训，搞了一线二线。我处在二线，别的同志在一线。现在看不那么好，结果很分散，一进城就不能集中了，相当多的独立王国……引起警惕，还是二十三条那时候，北京就是没办法，中央也没办法，直到去年九十月提出，中央出了修正主义，地方怎么办？我就感到我的意见在北京不能实行。为什么批判吴晗不在北京发起，而在上海发起呢？因为北京没人办。现在北京问题解决了。

　　第二件事，文化大革命闯了一个大祸，这就是批了北大聂元梓一张大字报，给清华附中写了一封信，还有我自己写了一张《炮打司令部》的大字报。这几件事，时间很短，6、7、8、9、10，五个月不到，难怪同志们还不那么理解。时间很短，来势很猛，我也没料到。北大大字报一广播，全国都闹起来了……一冲就把你们冲了个不亦乐乎。我这个人闯了这么个大祸。所以你们有怨言，也是难怪的。上次开会[1]我是没有信心的，说过决定通过了不一定能执行。果然很多同志还是不那么理解。现在经过两个月，有了经验，好一点了……

　　我看冲一下有好处。多少年没有想，一冲就想了，无非是犯错误。什么路线错误，改了就算了，谁要打倒你们？我也是不想打倒你们，我看红卫兵也不要打倒你们……有的同志说不是有心犯错误，是稀里糊涂犯了错误，可以原谅，也不能全怪少奇同志和小平同志，他们有责任，中央也有责任，中央也没有管好，时间太短，新的问题没有精神准备，政治思想工作没有做好。我看17天会议以后会好一些。

　　刘少奇也出席了会议。面对着种种的批评和责难，他只好作检查。刘少奇在"文革"中作过多次检查，这一次的检查最长、最详细。刘少奇的讲话中，几处提及了陈伯达。以下摘录刘少奇1966年10月23日在中央工作会议上检查的原文：

　　同志们：

　　我坚决拥护主席和林彪同志的指示，同意陈伯达同志的讲话。我看了各小组会的大部分简报，了解到一些地方和中央的一些部门在指导无产阶级文化大革命中程度不同地犯了错误、许多同志都进行了检讨，这使我的心情十

---

[1] 指中共八届十一中全会。

分沉重，因为这同我在前一段无产阶级文化大革命中所犯的错误，是有关系的。

在今年 6 月 1 日以后的五十多天中，我在指导无产阶级文化大革命中发生了路线错误、方向错误。这个错误的主要责任应该是由我来负担。其他同志的责任，例如在京的中央其他领导同志，国务院某些部委的领导同志，北京新市委的领导同志，某些工作组的领导同志，某些地方的领导同志，等等，他们虽然也有一定的责任，但是，第一位要负责任的，就是我。

在今年 7 月 18 日以前的一段时间内，毛主席不在北京，党中央的日常工作，是由我主持进行的。北京市各方面的文化大革命情况，是经常在我主持的中央会议上汇报的。在这些汇报会议上作出了一些错误决定，批准或者同意了一批错误的建议。

……

当工作组已经派出，已经有同志发现工作组同革命的群众运动发生对抗的现象，并且提出不要工作组，例如陈伯达同志早就提出过这种意见。陈伯达同志是根据毛主席的启发而提出这种意见的。当时，我们如果能够领会毛主席的思想，调查研究大量的事实，立即将大批工作组撤回，也还是可以不至于犯严重的路线错误的。但当时我们没这样做……

尽管刘少奇是被迫作这番检查的，但是刘少奇说"陈伯达同志早就提出这种意见"，使陈伯达喜滋滋的，似乎证明了他的"正确"。

"新账老账一起算"，向来是当年中国"流行"的"整人公式"。刘少奇也不例外。他的检查除了被迫承认了派工作组这一"路线错误"之外，不得不历数自己 1946 年 2 月、1947 年夏、1949 年春、1951 年 7 月、1955 年、1962 年、1964 年一次又一次的"错误老账"。最后，"挖根源"，刘少奇陈述了四点"犯路线错误、方向错误"的"原因"，表示要"学习林彪同志活学活用毛主席著作的榜样，决心改正自己的错误，力求在今后为党为人民做一些有益

尽管刘少奇作出了深刻的检查，最终还是被"打倒"。图为"文革"中刘少奇接受红卫兵批斗的场景

的工作"。

刘少奇检讨到这种地步,林彪、陈伯达、康生、江青并不放过他。

中央工作会议收场不久,陈伯达主编的《红旗》杂志第15期发表社论《夺取新的胜利》,提高了"批判刘邓"的调子:

> 以反对毛主席为首的党中央的无产阶级革命路线为目标的资产阶级反动路线,已经被广大群众所识破。一些执行过错误路线的同志正在改正自己的错误,回到正确的路线上来。极少数顽固坚持资产阶级反动路线的人,越来越孤立了。革命左派的队伍,有了很大的发展、壮大和提高。
>
> 广大革命群众,正在扫除一切绊脚石,沿着毛主席亲手开辟的无产阶级文化大革命的道路,大踏步地前进。
>
> 党内一小撮走资本主义道路的当权派,极少数顽固坚持资产阶级反动路线的人,并不甘心自己的失败。他们错误地估计了形势。他们还在玩弄新的花样,采取新的形式来欺骗群众,继续对抗以毛主席为代表的无产阶级革命路线……

除了猛攻刘少奇之外,陈伯达还尖锐地批判邓小平。陈伯达在1966年10月25日的讲话中,称"邓是错误路线的急先锋","邓的面貌如果不在我们全党搞清是危险的,他同刘打着一样的旗帜","邓搞独立王国","1962年搞包产到户也是邓说的"。……

在"彻底批判资产阶级反动路线"的"新高潮"的猛烈冲击下,刘少奇和邓小平完全靠边了,再不露面了。中央文革小组取代了中共中央书记处,陈伯达权重一时。

尽管报上天天在批判刘、邓的"资产阶级反动路线",但是大多数中共高级干部想不通,诚如毛泽东1967年5月接见阿尔巴尼亚军事代表团谢胡等人所说的那样:

> "五一六通知"已经明显地提出了路线问题,也提出了两条路线问题。当时多数人不同意我的意见,有时只剩下我自己,说我的看法过时了,我只好将我的意见带到八届十一中全会上去讨论,通过争论我只得到了半数多一点人的同意,当时还有很多人仍然想不通。李井泉想不通,刘澜涛也不通。伯达同志找他们谈,他们说:"我在北京不通,回去仍然不通。"
>
> 最后我们只能让实践去进一步检验吧!

毛泽东提到的李井泉,当时是中共中央政治局委员、中共中央西南局第一书记;刘澜涛则是中共中央书记处候补书记、中共中央西北局第一书记。李井泉、刘澜涛代表着一大批"想不通"的中共高干!

批判"血统论"和制止武斗

陈伯达在接受笔者的采访时,曾说过这样的话:

"'文化大革命'是一个疯狂的年代,那时候我是一个发疯的人。"(见本书《卷首语》)

尽管如此,陈伯达在"文革"中,也做过一些"好事"。

陈伯达在"文革"中做的"好事"之一,那就是批判"血统论"。

在"文革"之初,"血统论"曾一度非常流行。

"血统论"原本出自封建君主的世袭制,在"文革"中,这种封建糟粕却被披上了红色的外衣。

1966年7月29日,北京航空学院附中红卫兵贴出了这样的"鬼见愁"对联:

老子英雄儿好汉,老子反动儿混蛋。

(横批是):基本如此。

这副对联一贴出来,就产生了"轰动效应":围观者、传抄者、批评者、辩论者,比比皆是。

8月1日,这副对联迅即在北京大学、清华大学、中国人民大学等高等学校贴出,又一次引起轰动。

这副对联成为"血统论"最形象、最有煽动力的口号。

于是,出身革命干部、工人、贫下中农等家庭的子女,成了"好汉",趾高气扬;而出身"反动家庭"的子女,则低三下四,成了"混蛋",成了"贱民"。

这副对联引起激烈的辩论:

有人高呼"好得很";有人斥之为"糟得很"。

"文革"中流行的"阶级成分登记表"

消息迅速传入中央文革小组组长陈伯达的耳朵。

陈伯达很快就作出反应。在这副对联出现的第四天——8月2日——凌晨,陈伯达在接见对于对联持不同意见的两派红卫兵时,就明确表示,这副对联"不全面"。

陈伯达批判了"血统论",指出"老子英雄儿好汉,老子反动儿混蛋",实际上是封建社会"龙生龙,凤生凤,老鼠生儿打地洞"的翻版。

陈伯达把那副对联作了修改:

父母革命儿接班,父母反动儿背叛。
(横批改为):理应如此。

陈伯达向红卫兵们宣传说,毛主席号召我们要团结大多数。"血统论"不利于"团结大多数",违反毛主席的教导。

陈伯达当时作为中央文革小组的组长,有着"中央首长"的身份,他在多次讲话中批判了"血统论",在广大青年学生中产生了影响。

应当说,"血统论"能够在"文革"中盛行,固然依仗于在"文革"中泛滥的极左思潮,而且也与长期以来的"阶级斗争"理论紧密相连。特别是在高等学校招生中长期贯彻了所谓的"阶级路线",出身"反动家庭"的子女即使成绩优秀也被拒于大学校门之外。所以,"血统论"一提出,便得以大流行。

尽管陈伯达多次批判那副"鬼见愁"对联,但是"鬼见愁"对联仍在广泛传播。红卫兵们仿照陈伯达,也"修改"起对联来。一时间,各式各样经过"修改"的对联出现在北京街头。每一副"修改"后的对联,其实都反映了一种观点——人们是在用对联进行"大辩论":

父母革命儿接班——当然 / 父母反动儿背叛——很难
基本如此

老子革命打江山 / 儿子造反卫江山
代代红

老子闯江山革命革命再革命 / 儿子定乾坤造反造反再造反
代代相传

老前辈降群魔大杀大砍 / 后来人伏妖崽猛镇猛斩

谁敢翻天

老子枪杆打天下稳上稳／儿子皮带保江山牢上牢
专政到底

当然，传播最广的，还是那副"鬼见愁"对联，传遍了全国，到处张贴，而且还出现了《鬼见愁之歌》，歌词就是这副对联，只是在"老子反动儿混蛋"一句之后，加上了一句："滚，滚，滚，滚他妈的蛋！"

"血统论"以血统划线：

所谓"红五类"是指家庭出身为革命干部、革命烈士、革命军人、工人和贫农的子女；所谓"黑五类"是指家庭出身或者亲属中有人出身为地主、富农、反革命分子、坏分子和右派分子（其实也包括"摘帽右派"）的子女。

后来，"黑五类"又扩大为"黑七类"，即加上"走资派"和资本家的子女。

在"红五类"和"黑七类"之间，还存在"中间地带"，即所谓"红外围"——"红外围"是指家庭出身为教师、店员、市民、中农、下中农的子女。

在"大辩论"中，当时流行"报成分"，即在发言之前，先要自报家庭成分。如果所报的家庭成分属于"黑七类"，马上被轰下台……

"血统论"造成了极为恶劣的影响："红五类"子女自恃出身好，"自来红"，无法无天；"黑七类"子女则心灵受到莫大的创伤，命中注定了"黑"，失去对前途的信心。

在当时，北京朝阳区定福庄中学的红卫兵，甚至对于"黑七类"子女规定了五条"禁令"：

一、不允许学毛泽东著作和《毛主席语录》；

二、交出自行车和手表；

三、降到最低生活水平（每月 12 元人民币以下），能活命就行；

四、只许吃窝窝头，不许吃菜；

五、禁闭劳动。[1]

1966 年 10 月 16 日下午，陈伯达在中央工作会议上所作的讲话《无产阶级文化大革命中的两条路线》中，虽然讲话的主题即所谓"无产阶级文化大革命中的两条路线"是完全错误的，但是其中批判了"血统论"，却是应予肯定的。

陈伯达的这一讲话经毛泽东同意，作为中共中央文件印发下达，产生了比较大的影响。

---

[1] 江沛：《红卫兵狂飙》，河南人民出版社 1994 年版。

陈伯达在讲话中,首先指出高干子女的"血统"未必"高贵":

> 8月8日,中央通过了关于无产阶级文化大革命的决定,不过12天的光景,有一个大学的什么"文革筹委会委员"就跳出来,发表了同中央决定"十六条"相对抗的一篇讲话,印发得很广。有人对毛主席亲自主持制定的中央决定,没有一点兴趣,但是,对那一篇同中央决定相对抗的讲话,却视为至宝,为之翻印,为之广播,忙得不亦乐乎。还有一位所谓高干子女竟然在称赞的时候,直截了当地宣称:那个讲话"特别适合我们的情况,对我们有利""我们高干子弟要掌权"。
>
> 高干子女有很多是好的、比较好的,在群众的大风大浪里锻炼,可能成为无产阶级革命事业的接班人;也有一些是不大好的,或者很不好,甚至要走修正主义的道路。不做阶级分析,不把事物一分为二,只醉心"高干子弟要掌权",这完全脱离了无产阶级轨道,完全与毛泽东思想背道而驰。我们要按照毛主席提出的五条标准培养无产阶级革命事业的接班人,为什么因为是高干子女就一定要掌权?难道他们的血统高贵吗?

接着,陈伯达深入地批驳了"血统论":

> 最近一个时期,有人企图用宗派主义代替党的阶级路线。他们把无产阶级的革命原则抛到九霄云外,完全不理会在无产阶级文化大革命中的各种不同政治立场,也完全不理会各种派别都是带有政治性的、阶级性的,都是代表这种或那种社会思潮的。他们用血统论来代替阶级论,企图混淆阶级阵线,孤立无产阶级的革命队伍。
>
> 各地流行着一种所谓"自来红"的谬论。制造这种谬论的人,就是过去用各种手段打击、排斥工农子女的人。他们利用工农出身青少年的阶级感情,利用一部分年轻人天真提出的"老子英雄儿好汉"来蛊惑一批学生。实际上,这是剥削阶级的反动的血统论。封建地主阶级宣扬什么"龙生龙,凤生凤,老鼠生儿打地洞",就是这样的血统论。这是彻头彻尾反马克思列宁主义反毛泽东思想的,是彻头彻尾的反动的历史唯心主义,是同马克思列宁主义的阶级分析根本对立的。
>
> 在我们革命队伍里,毛主席和我们党从来都是特别重视人们的阶级成分、阶级出身的,同时,也反对"唯成分论"。
>
> 青少年都必须在阶级斗争中长期考验自己,证明自己的世界观是属于哪

个阶级的,是属于资产阶级的,还是属于无产阶级的。正如毛主席说,"各种思想无不打上阶级的烙印"。人们的思想,不是先天生来的,而是社会存在的反映,是在社会阶级斗争的实践中逐步形成的,或者是反映这一个阶级,或者是反映那一个阶级。

我们的党,是无产阶级的政党;我们党领导人民大众建立的国家,是无产阶级专政的国家;我们的目的,是要按照无产阶级的面貌改造世界。马克思主义第一次科学地揭露了阶级社会的秘密,特别是揭露了无产阶级和资产阶级激烈对抗的资本主义社会的秘密。《毛泽东选集》第一篇文章的题目,即《中国社会各阶级的分析》。这篇文章的结论是:工业无产阶级是我们革命的领导力量。我国革命胜利之后,毛泽东同志总结了国际国内无产阶级专政的历史经验,提出了关于社会主义时期还存在阶级、阶级矛盾、阶级斗争的学说,这一学说是马克思列宁主义的具有极深远意义的新发展。毛泽东同志这一学说教育全党,教育群众,时时刻刻要保持无产阶级的高度警惕,千万不要忘记阶级斗争,千万要防备修正主义者篡党、篡军、篡政的各种阴谋诡计,防备国家变色。很明白,在阶级问题上,我们一点都不含糊,也不能含糊。我们是坚定的历史唯物论者,我们的观点,同那些唯心的血统论者毫无共同之处。

马克思主义者从来认为,工人阶级按自己的社会地位说来,是最革命的,最容易接受科学社会主义,担负着领导社会主义革命的使命。但是,科学社会主义的理论,不是工人运动自发产生的。马克思、恩格斯、列宁、斯大林、我们的毛泽东同志,都是伟大的无产阶级革命家,都是伟大的无产阶级革命导师。他们创立的思想,都是从群众中来,到群众中去的。他们总结了人类历史上创造的先进思想成果,特别是总结了国际工人阶级斗争各个时期的全部经验,因而创立了和发展了科学社会主义,引导工人阶级不断前进。

有些工人出身的人,并不一定能够代表工人阶级,因为他们接受资产阶级的影响,接受资产阶级的贿赂。比如,英国工党和各国社会民主党的一些领导人,曾经是工人,但后来却变成工贼,他们的政党成为资产阶级反对无产阶级革命的工具。现代修正主义者,在苏联和其他各国,也有一批是工人出身或者干部子女。

现在有一些学生接受什么"自来红""自来黑"的观点,接受什么要在学生中划分"红五类""非红五类"或者什么"黑几类"的观点。制造这类观点的人,是要在无产阶级文化大革命中制造混乱,蒙蔽青年。我们劝青年们不要接受这种血统论的错误观点，而要用马克思列宁主义、毛泽东思想的阶级论来武装自己的头脑。同时，那些制造和散布这种血统论的人，如果愿意回到无产阶级的革命道路上，就应该改正错误，停止散布这种谬论。

实际上，这种血统论者是否认自己需要在革命前进中不断接受改造，否认别人在群众革命运动中能够改造自己。换句话说，他们自己不愿意革命，也不准别人革命。

不重视阶级成分、阶级出身，是很错误的。唯成分论，不重视政治表现，也是很错误的。这些错误观点，必须批判。

值得提到的是，在 1966 年 12 月，一张署名"家庭问题研究小组"的传单《出身论》，成为又一篇批判"血统论"的力作。1967 年 1 月 28 日，由"首都中学生革命造反司令部"创办的《中学生文革报》刊登了《出身论》。

《出身论》首先指出，"老子英雄儿好汉，老子反动儿混蛋"这副对联"不是真理，是绝对的错误"。

《出身论》指出，过分强调家庭出身，"是长期以来严重的社会问题"。不是"红五类"出身的人，"往往享受不到同等的政治待遇"，这是"不公正的现实"。

《出身论》指出，一个人的成长，社会影响远远超过家庭影响。如"领导的教导、报纸、书籍、文学、艺术的宣传，习俗的熏染，工作的陶冶，等等，都会给一个人不可磨灭的影响。这些统称为社会影响。这都是家庭影响无法抗衡的"。"人是能够选择自己的前进方向的"，"娘胎里决定不了"。因此，"一切革命青年，不管你是什么出身，都应受到同等的政治待遇"。文章还提出应努力"填平这人为的鸿沟"。

后来，《出身论》受到追查，这才查明作者是北京第 24 中学的学生遇罗克。

1967 年 4 月 14 日，中央文革小组成员戚本禹称《出身论》是"反动文章"。

遇罗克于 1968 年以"恶毒攻击"的罪名被捕，1970 年 3 月 5 日被处决。直至 1980 年，遇罗克一案才得以平反。遇罗克的妹妹遇罗锦，后来成为作家。

陈伯达在"文革"中做的另一件"好事"，就是反复向红卫兵们宣传"要文斗，不要武斗"。

遇罗克

在"血统论"盛行的日子,"红五类"们出于"强烈的阶级感情",先是用巴掌、用拳头,后来发展到用皮带,对"黑七类"进行"武斗"。

打人现象越来越普遍。这时候,江青为之推波助澜。1966年7月28日,江青在一次会议上说:"我们不提倡打人,但打人也没有什么了不起嘛!"

江青居然还"发明"了这样的"打人理论":"好人打坏人,活该;坏人打好人,好人光荣;好人打好人是误会,不打不相识。"

于是,"打人风"迅速在全国蔓延。

周恩来、陶铸、陈毅等,多次发表讲话,要求迅速制止武斗。

陈伯达曾这样回忆:

"文化大革命"初期,一次在北京政协礼堂看到一个工厂被打的女工遍体血痕,我当即起草了一个"禁止私设公堂、拘留所"的布告,并请当时北京市的负责人来,把这布告印出张贴。随后,这布告经过毛主席批准,转发全国。

陈伯达所起草的布告,也就是1966年11月18日中国共产党北京市委员会发出的《重要通告》。

《重要通告》全文如下:

任何厂矿、学校、机关或其他单位,都不允许私设拘留所,私设公堂,私自抓人拷打。这样做是违犯国家法律和党的纪律的。

如果有人在幕前或者幕后指挥这样做,必须受到国法和党纪的严厉处分。

从今天起,如有再犯以上罪行的,要立即处理。

在《重要通告》发布的第二天,陈伯达到北京市六中参观红卫兵们所搞的"劳改所"。陈伯达当场指出:"无论对什么人,都不能这样搞!"陈伯达命令,立即解散所谓的"劳改所"。

1966年11月20日,经毛泽东同意,中共中央向全国各地转发了中共北京市委的这一《重要通告》,并加了按语:

北京市委11月18日的《重要通告》,很好。现在转发全国,请各省、市、自治区用各省、市、自治区党委名义大量印发,在学校、厂矿、机关或其他单位内张贴。各地如有同样的情况,照这个通告办理。

陈伯达还曾这么回忆在《重要通告》发布之后的情形：

> 有几晚，我约当时北京市负责人到北京市区附近一些地方，发现有私设公堂和拘留所的，立即解散这些私设公堂和拘留所，立即放人。我还到过一些学校、机关处理这类事件。
>
> 记不清有批从哪里来的人，占了宣传部，我即加驱逐，限即搬出。
>
> 天津两派大学生对打，断水断电。中央接到电报，叫我去解决，我一到津，就到当场解除了这个令人悲痛的局面。
>
> ……这些事已经过去十四五年，未曾记忆，事实有些也可能没有记清，但因与起诉书所列内容有关，只得如实作一些说明。

笔者以为，即便像陈伯达这样的林彪、江青反革命集团的主犯，对他们在"文革"中的言行也要进行具体分析，不能全盘否定。陈伯达在"文革"中也做过有益的工作，应予肯定。

第九章

发疯的时刻

陈伯达曾自称,"在'文化大革命'中,我愚蠢至极,负罪很多。'文化大革命'是一个疯狂的年代,那时候我是一个发疯的人。"确实如此,陈伯达在那"疯狂的年代"犯下许多罪行。与此同时,由于他与江青的矛盾日深,他在鼎盛中屡陷危机……

林彪踢来的"皮球"

"文革进行曲"在时起时伏地"进行"着:1966年5月,"五一六通知";6月,《横扫一切牛鬼蛇神》;7月,工作组"抓游鱼";8月,《炮打司令部》;9月,大串联,红卫兵涌向北京;10月,"彻底批判资产阶级反动路线";进入11月,全国性的大动乱恶性爆发了……

1966年11月2日,"打倒刘少奇"、"打倒邓小平"的大幅标语第一次出现在天安门广场,外国通讯社驻京记者纷纷发出急电,报道来自中国红都的爆炸性新闻。从此,全世界都知道了中华人民共和国主席刘少奇和中共中央总书记邓小平已经成了"打倒对象"。

过了一天,中国各报以醒目的位置,登出毛泽东、林彪、周恩来、陶铸、陈伯达在一起的照片,清楚表明现时中国的领导核心是由这五个人所组成,已经摈弃了刘少奇和邓小平。

"彻底批判资产阶级反动路线",使中国处于大动荡之中。

11月8日凌晨2时,一桩突然爆发的事件震惊了北京:从来门卫森严的国防部,遭到几百名学生的冲击。学生们从国防部南门朝里冲,要冲进国防部大院。警卫部队紧急动员,组成一道人墙,拦阻学生。学生与警卫部队发生了冲突……

1966年11月3日,陈伯达(右)成为(左起)毛泽东、林彪、周恩来、陶铸之后中共第五号领导人

第九章
发疯的时刻

国防部乃军机要地，何况国防部部长是"副统帅"林彪，学生们难道吃了豹子胆，怎敢冲击国防部呢？

原来，那理由很简单："彻底批判资产阶级反动路线"！

前来冲击的学生，主要是张家口外语学院的学生，也有解放军技术工程学院的学生。据说，国防部李天佑副总参谋长在这些学校执行了"资产阶级反动路线"，学生们前来国防部兴师问罪，要求批判李天佑。

事关重大。国防部立即把紧急情况报告全军文革组长、总政治部副主任刘志坚。

刘志坚不敢怠慢，马上打电话向林彪报告。接电话的是林彪秘书张云生，据他回忆：

> 刘志坚的电话讲了半个多小时，萧华又来了电话，也报告了类似的情况，并主张对冲击国防部的学生进行严肃处理。
>
> 向林彪报告事情有几条禁忌：他在临休息前，不能向他报任何事情，否则会影响他睡觉；他在睡觉的时候，无论什么事情，都不要叫醒他；他才起床后，由于精神尚未完全恢复，也不能听讲任何东西；他在用饭时乃至饭后半小时内，不但不能听讲文件，就是与人谈话，都会"出汗"。所以在这些时段内不谈工作，就成了不成文的"规矩"。这个"规矩"在林办已延续多年，谁违反了它，谁就要对林彪的健康负责。由于这一切，我在清晨接到刘志坚和萧华主任的电话报告，直拖到上午9点钟以后才得机会向林彪报告。

林彪先是有点惊讶，说："啊？冲进国防部了？"可是，他并不想直接出面处理。林彪踢皮球，把难题推给军队的文革小组去处理。

军队的文革小组的李曼村、谢镗忠、辛国治出面劝说学生们退出国防部，可是，学生们不予理睬，因为军队的文革小组毕竟没有太高的威信。

就在林彪睡觉的时候，军队的文革小组已向中央文革小组求援。陈伯达不吭声，他知道国防部是林彪的天下，他怎能插手？

"彻底批判资产阶级反动路线"的口号声，在国防部大院里不停地喊着。军队文革小组无法解决问题，只得再次向中央文革小组求援。陈伯达知道这是林彪踢过来的"皮球"，也就显示中央文革小组的"威力"了。

陈伯达派出了手下的张春桥、戚本禹两员大将，会同中央文革小组的军队成员谢镗忠，出现在国防部。

"同志们！同学们！我是伯达同志派来的……"那时的张春桥，还不算显赫。他扛出了组长陈伯达的牌子，赢得了学生们的一片掌声。

张春桥掏出一张纸头，宣读陈伯达亲笔所写的"指示"。

据档案所存，陈伯达的"指示"全文如下：

  小道理服从大道理，大道理管小道理。这是毛主席经常说的。今天的事不管你们有这样或那样千条万条的道理，但比起冲进我们无产阶级的神圣的国防部这件大事来，你们的多种道理都站不住脚了。你们忘记了大道理，把这样的小道理摆在大道理之上，怎么能够说是正确的呢？

  希望你们立即离开国防部。有什么事可以一个一个谈清楚，有什么委屈可以一个一个解决。

  在文化大革命中，同学们要用大道理来自己教育自己、自己提高自己，方法是摆事实讲道理，骂人不好，打人更不好，请同学们好好想一想，不要在那里顶了。你们年青，不要以为自己都对，谁也说不得。我说的这些都是好意，都是从大道理出发的。希望你们不要轻听轻信、偏听偏信，要在伟大的毛泽东思想的道理上前进。

  再说一句，希望你们立即离开国防部。今天的错误是可以改正的，改正以后还可以做一个毛主席的好学生。

  因为身体不好，托张春桥、谢镗忠和戚本禹三位同志来接见你们，说这番话，请你们考虑。

张春桥念毕，大声问道："同学们，伯达同志的话，你们拥护不拥护？"

学生们只好答道："拥护！"

"好。既然大家拥护伯达同志的意见，马上就退出国防部！"张春桥紧接着说道。

闹了一天的学生们，这时只好散去，退出了国防部大院。

陈伯达的一张条子，平息了一场风波，中央文革小组显示了"神通"。

"谢谢陈伯达同志！"从林彪那里，传来这句话，使陈伯达分外高兴。虽说他早就认识叶群，可是跟这位"副统帅"并无多少来往，毕竟一个是"秀才"，一个是"兵"。这一回，陈伯达接住了林彪踢过来的"皮球"，"理论家"跟"副统帅"之间有了"友谊"……

发往安亭的急电

刚刚解决了国防部告急电话，又从上海传来了告急电话。

第九章
发疯的时刻

上海的风波也是"彻底批判资产阶级反动路线"惹起来的。中共上海市委在"文革"之初,按照刘少奇的部署,也派出了大量工作组。甚至在毛泽东回到北京之后,中共上海市委还不知道北京的"行情",仍在那里派出工作组。上海的学生、工人起来驱逐工作组,中共上海市委强调:"北京派工作组是错误的,上海派工作组是对的!因为中共上海市委向来是正确的!"

"彻底批判资产阶级反动路线"的浪潮在上海兴起。上海的红卫兵、造反派炮轰陈、曹,如同北京炮轰刘、邓。陈,陈丕显,中共上海市委第一书记;曹,曹荻秋,中共上海市委书记兼上海市市长。在陈、曹之中,曹是炮轰的重点。因为陈丕显在1966年3月查出鼻癌,处于休养之中,日常工作由曹荻秋主持。

上海第17棉纺厂保卫科29岁的干事王洪文,成为上海"彻底批判资产阶级反动路线"的风云人物。他组织上海各工厂的造反派们,筹备成立"上海工人革命造反总司令部"(简称"工总司"),他被推选为"司令"。

11月9日下午,"工总司"在上海文化广场召开成立大会,要求曹荻秋到会,予以"承认"。曹荻秋没有理睬。会后,王洪文带领几千工人造反队员到中共上海市委,要求见曹荻秋。

曹荻秋仍不予理睬,因为曹荻秋给陶铸打过电话,陶铸明确答复,成立跨行业的全市性的"工总司"是不适当的,是违反了中央有关规定的。

王洪文带领"工总司"的造反队员们闹了一夜,还是见不到曹荻秋,便鼓动造反队员们"进京告状"!

11月10日清晨,王洪文率队冲入上海北站,抢上列车。上海北站秩序大乱。

据当时担任中共中央华东局第三书记的韩哲一告诉笔者:考虑到上海北站地处闹市,"工总司"在那里闹事影响很不好,曹荻秋和他商量,决定发车。原定把列车开到苏州附近的昆山站停下,使闹事者远离上海市区。但是列车启动后,上海铁路局考虑到停在上海远郊嘉定县境内的安亭车站更合适些,于是,那列装满"工总司"造反队员的列车便被驶入安亭附近的岔道,停在那里。

"这是阴谋!这是上海市委的阴谋!"王洪文岂肯善罢甘休?"司令"存心扩大事态,在11月10日中午拦住了上海开往

陈丕显(右)和曹荻秋

北京的14次特别快车。那一段铁路是单轨，14次车停在那里，沪宁线便阻塞了！

震惊全国的"安亭事件"爆发了。在此之前，"文革"之乱还只是乱在贴大字报、揪斗"走资派"。从"安亭事件"开始，"文革"之乱造成工交生产瘫痪，使大动乱升级了。

告急电话打到李富春那里。李富春是中共中央政治局常委、国务院副总理，当时主管工交。

倘若发生在安亭的交通中断事故仅仅因为自然原因，如脱轨、相撞、地震、水灾等，李富春亲自处理也就可以了。可是，这一回却是因为"彻底批判资产阶级反动路线"引起的，李富春不能不急告中央文革小组组长陈伯达。

陈伯达与李富春商量，马上派人前往安亭，劝阻工人不要拦断交通。派谁去呢？陈伯达提出派张春桥，因为张春桥既是中央文革小组成员，又是中共上海市委书记处书记。李富春同意了。据陈伯达回忆，当时并未意识到"安亭事件"的严重性，派张春桥去是他匆匆决定的，没有请示过毛泽东，不是张春桥后来所吹嘘的那样是"伟大领袖毛主席派我去安亭"的。

事情紧急，张春桥必须坐飞机赶往上海。据王力回忆，是陈伯达要他挂电话给空军司令吴法宪，调来一架军用专机。王力送张春桥到机场。张春桥上了专机，于11月11日晚8时离开北京，飞往上海。在上海机场接张春桥的，是韩哲一。

在张春桥出发前，陈伯达给安亭发去一份急电。他电报的调子，跟写给在国防部闹事的学生的信差不多。他的电报全文如下：

工人同志们：

10日夜我们听说你们有几千人要求来北京，在安亭同铁路局争执不下。我们打了电报给华东局韩哲一同志，请他劝你们回上海，就地解决问题，以免影响本单位生产任务和京沪铁路运输。刚听到消息，有部分同志已经回去，这样做是很好的，很对，很对。据说，有些工人同志还是在车站不愿回去。我们认为工人闹文化革命是很需要的，但是必须牢牢记住毛主席、党中央再三强调的关于"抓革命、促生产"的指示，坚持生产岗位，把生产搞好，完成国家计划。毛主席经常告诉我们，大道理管小道理，小道理服从大道理。搞好生产这是大道理。我们的国家是社会主义的国家，是无产阶级专政的伟大国家，全世界的一切人们都在注视着我们的活动，注视着我们经济发展的动态。工人同志是为我们祖国争光的先锋队，时时刻刻都不能忘记搞好生产这个大道理，如果你们不是在业余时间搞文化革命，而是中断生产、停止生产，那么你们的文化大革命也不一定会搞好。并且在停止生产的情况下，即使有多少道理，有这样那样的道理，有千条万条的道理也站不住脚了，因为你们忘记了最重要的大道理。

　　工人同志们，我们的行动时时刻刻都要注意对社会、对国际的影响，时时刻刻要顾全大局，时时刻刻都要顾全整个工人阶级的大局。我们绝对不能因为一部分利益，因为有些人意气用事而损害全国全局的利益，损害我们国家的威信，即使是小小的损害，也是不好的。

　　事实上你们的这次行动，不单影响本单位的生产，而且大大影响全国的交通，这是一个非常大的事件，希望你们现在立即改正，立即回到上海去，有问题就地解决。中央文化革命小组的张春桥同志立即会见你们，你们有意见可以同他当面商量。

　　这是我们再三再三考虑才发出的电报，我热烈希望你们接受我们的意见。向你们致以最高的无产阶级敬礼！

陈伯达

王洪文毕竟不像那些冲击国防部的学生好对付。当张春桥在安亭宣读了陈伯达的电报之后，以王洪文为首的"工总司"刷出大标语，说陈伯达的电报是大毒草。

1966年11月16日，张春桥在苏州对上海"工总司"部分工人发表谈话时，这样谈及陈伯达的电报：

　　陈伯达写了那么一封信[1]，讲了那么一番道理，现在说这封信是大毒草，是修正主义的，这些话我通通在电话中告诉了伯达同志……这个电报讲得不完全对，不适合情况，因为那时满脑子是交通，交通，交通，而对你们在文化大革命中遇到的问题不清楚……

　　同志们提出的对伯达同志的批评，我刚才讲我已经告诉他了，在电话里交换了意见，他表示心里不安。他要我有机会的话告诉同志们，这封信写得太仓促了。伯达同志是个很革命的同志，是一个很虚心的同志。他说："怎么办呢？想什么办法来弥补呢？"我讲："现在已经造成这样的结果，请你想一想，既然那天很仓促，不要再来一个仓促的事情了。"伯达同志又说："是不是写第三封信？"我说："你如果要写的话，我赞成。再写一封信表示一下自己的观点。可以考虑一下，不要马上写，你想一下这个问题，索性把工厂文化

---

[1] 即电报。

革命问题能不能说得完全一些?"因为他现在正忙于调查工厂文化大革命情况,中央呢,也正在考虑这个问题,对伯达同志的批评已转告了。今天我又听到一些意见,我还继续转告。我相信同志们会相信他。他一定能采取必要措施把那封信所造成的不好影响纠正……

消息飞快地传进了林彪的耳朵。据陈伯达对笔者说,林彪尖锐地批评了他:"大道理管小道理,这是毛主席说的,当然是对的。可是,你把生产当成了大道理,这完全错了。大道理是什么?大道理是革命!革命才是第一位的。革命管一切!"

面对林彪的批评,陈伯达赶紧承认自己的电报写错了。陈伯达马上转为支持王洪文,支持张春桥在上海跟王洪文谈定的五项协议。

张春桥在1966年11月16日的谈话中,也讲到这一过程:

我把五条协议以及对这个问题的认识报告给他[1]。这样中央文革小组就讨论我在文化广场所讲的五条。到了晚上,文革小组给我打电话来,认可我在文化广场对这个问题的判断,认为对这个问题的处理是完全正确的,是应该这样做的。对你们的认识,你们的行动,也作出了判断,认为是完全正确的。陈伯达同志、江青同志都参加了会议,他们认为我这样做是正确的……

靠造反起家的王洪文,曾在中国政坛上风光一时

王洪文造反之初,正是得到了陈伯达、江青、张春桥的支持,得到中央文革小组的支持,这才逐渐成为上海一霸,以至后来成为"四人帮"中的一个。陈伯达从发出那个"大毒草"电报,到迅速"急转弯",到支持王洪文,不过两三天工夫。

这时,中共上海市委由第一书记陈丕显出面,给陈伯达打了电话。陈丕显在电话中质问陈伯达:"你们的一个文革小组副组长,究竟有没有权力背着华东局和上海市委与群众组织签订反对华东局和上海市委的决定?你们还要不要国家的法律?"

陈伯达慢条斯理地回答:"不要那么发脾气,冷静一点嘛!字已经签了,中央在研究。"

陈丕显又给陶铸打电话,陶铸明确表示不同

---

[1] 指陈伯达。

意张春桥的做法。

陈伯达得知陈丕显给陶铸打电话，担心陶铸会去找毛泽东，于是马上带着王力去见江青。江青说："要抢在陶铸前面见主席！"他们深知，如果毛泽东支持陶铸的话，那他们就会陷入被动。

据王力告诉笔者，11月16日下午3时，毛泽东在北京钓鱼台12楼召开中共中央政治局常委扩大会（但常委刘少奇、邓小平、朱德、陈云没有参加），中央文革小组江青和王力参加了会议。毛泽东拿出了《中华人民共和国宪法》，念了其中的"结社自由"一段，说上海的"工总司"符合宪法规定的"结社自由"。毛泽东又谈到了张春桥在上海跟"工总司"签订的五项协议，他说："可以先斩后奏，总是先有事实，后有概念。"

毛泽东是当时中国的最高权威，他的话，一锤定音。

从此，张春桥益发飞扬跋扈，在上海为所欲为。王洪文从此成为张春桥麾下的亲密伙计。陈伯达呢？他庆幸自己"转"得快，算是没有酿成大错，"跟上"了毛泽东！

为"第一夫人"捧场

1966年11月26日，毛泽东最后一次——第八次——接见来自全国各地的红卫兵。从1966年8月18日毛泽东第一次在天安门广场接见红卫兵以来，三个多月中，毛泽东已接见了1100多万红卫兵。

已经在中国政治舞台上站稳脚跟的江青，也急于公开亮相。她能"接见"谁呢？自诩为"无产阶级文艺英勇旗手"的她，要"接见"她的"文艺大军"。

1966年11月28日，首都文艺界举行盛大集会。江青登台，陈伯达带着中央文革小组的"秀才"们为之捧场。

江青在会上发表了长篇演讲。这篇演讲，成为她继《林彪同志委托江青同志召开的部队文艺工作座谈会纪要》之后的第二篇"力作"。这篇讲话在《人民日报》和《红旗》杂志公开发表，成为"学习文件"，而且还收入1968年2月由人民出版社出版的《江青同志讲话选编》。

这是江青第一回登台公开亮相，她的讲话将向国内

江青（左）接见红卫兵

外发布（她以前种种在群众场合的即兴讲话，只是用油印机印成传单散发而已），所以她在向"文艺界的同志们，朋友们，红卫兵小将们"致以"无产阶级的革命敬礼"之后，就"说说我自己对无产阶级文化大革命的认识过程"。

江青从"由于生病，医生建议要我过文化生活"说起，到发现"《海瑞罢官》《李慧娘》等这样严重的反动政治倾向的戏"，到争取"批评的权利"……

在谈了冗长的"认识过程"之后，江青谈到了"文革"，并提及了陈伯达：

> 6月1日，北京大学第一张马列主义的大字报发表以后，我用了一个来月的时间，观察形势，分析形势，感觉出现了不正常的现象。这一个来月，我开始大量注意学校……毛主席是7月18日回到北京的，我是7月20日回到北京的。原来应该休息几天，但是听了陈伯达同志、康生同志，以及在京的中央文化革命小组的同志们的意见，我就报告了毛主席。我感到需要立刻跟伯达同志、康生同志去看大字报，倾听革命师生的意见。事实同那些坚持资产阶级反动路线、坚持派工作队的人所说的完全相反，广大群众热烈欢迎我们，我们才知道，所谓北大"六一八事件"，完全是一个革命事件！……

接着，江青大言不惭地谈起了"京剧革命"的"伟大成绩"。她说，毛主席和他的亲密战友林彪同志、伯达同志、康生同志，以及其他许多同志，"都肯定了我们的成绩，给了我们巨大的支持和鼓舞！"

在这次大会上，陈伯达又一次给予江青以"巨大的支持和鼓舞"。上一回——1966年7月24日——陈伯达在北京广播学院的那一番对江青的"高度评价"，还只是印在传单上；这一回，陈伯达发表讲话，对江青再作"热情赞扬"，他的讲话发表在《人民日报》和《红旗》杂志上。"理论家"的"热情赞扬"，对于公开亮相的江青来说，是何等的需要。

陈伯达在讲话中，称赞江青作出了"特殊的贡献"。讲话原文如下：

> 我国的无产阶级文化大革命，以毛泽东思想为指南。毛泽东同志创造性地发展了马克思列宁主义的文艺理论，用无产阶级宇宙观，系统地、彻底地解决了我们文艺战线上的问题，同时，系统地、彻底地给我们开辟了无产阶级文化革命的一条完全崭新的道路。
>
> 1962年，在党的八届十中全会上，毛主席提出了要抓意识形态领域里的阶级斗争。在毛主席的这一伟大号召下，在毛泽东思想的直接指导下，掀起了京剧改革，芭蕾舞剧改革，交响音乐改革等古为今用、洋为中用、推陈出

第九章
发疯的时刻

新的革命改革的高潮,用京剧等形式,表达中国无产阶级领导下的群众英勇斗争的史诗。这个新的创造,给京剧、芭蕾舞剧、交响音乐等以新的生命,不但内容是全新的,而且在形式上也有很大的革新,面貌改变了。革命的现代剧,到处出现在我们的舞台上。这种无产阶级文艺空前地吸引了广大群众。但是,反动派,反革命修正主义分子,他们却咒骂它、恨死它。不为别的,就是因为这种新文艺的作用,将大大加强我国人民群众的政治觉悟,将大大加强我国无产阶级专政和社会主义制度。

我在这里想说,坚持这种文艺革命的方针,而同反动派、反革命修正主义分子进行不屈不挠的斗争的同志中,江青是有特殊的贡献的。

陈伯达的讲话,激起久久的"向江青同志学习""向江青同志致敬"的口号声。"理论家"的"赞扬",为江青的亮相投射了一束耀眼的光芒。

此后,陈伯达仍不时为江青当吹鼓手。1967年5月23日,陈伯达在首都纪念毛泽东《在延安文艺座谈会上的讲话》发表25周年大会上,吹嘘江青是"打头阵的":

江青同志一贯坚持和保卫毛主席的文艺革命路线。她是打头阵的。这几年来,她用最大的努力,在戏剧、音乐、舞蹈各个方面,做了一系列革命的样板,把牛鬼蛇神赶下文艺的舞台,树立了工农兵群众的英雄形象。许多文艺工作者,在毛泽东思想的指引下,同江青同志一起,成为为文艺革命披荆斩棘的人。

陈伯达如此"热心"地"树"江青,拍江青的马屁,讨好江青,其实也是为了稳住他那中央文革小组组长的交椅,因为江青已在中央文革小组说一不二,掌握了实权。

江青当然感谢"理论家"为她捧场,不过,在这个骄横的女人眼里,陈伯达这"老夫子"只是个"迂儒"罢了。康生瞧不起陈伯达,骂他是"乌龙院"的"院长",而江青也目中无人,骂他是"刘

当时的江青红极一时,陈伯达也不得不曲意逢迎。图为(从右至左)江青邀请毛泽东、林彪、周恩来一起观看文艺演出

盆子"。

刘盆子何许人？那是东汉时赤眉农民起义，欲立新帝，选中了刘盆子。刘盆子是西汉远支皇族，算是刘邦的后裔，起初在起义军中放牛，号为"牛吏"。刘盆子沾了皇族的光，在公元25年被立为皇帝，年号建世。江青骂陈伯达为"刘盆子"，挖苦他当中央文革小组组长如同刘盆子当皇帝一样。

江青还嘲笑陈伯达是"黎元洪"。黎元洪原是湖北新军第21混成协统领。1911年武昌起义时，黎元洪吓得趴在床底下，可是革命军却把他从床下拖出来担任军政府鄂军大都督！

陈伯达和江青之间，捧捧骂骂，在中央文革小组里争争斗斗。陈伯达常常斗不过这位"第一夫人"，气愤之际，陈伯达竟然也说："我成了刘盆子！"在陈伯达看来，刘盆子不过是傀儡，他也成了傀儡。

尽管"理论家"与"第一夫人"在"中央文革"钩心斗角，但他们毕竟是一伙，在推行"无产阶级文化大革命"方面完全一致。

陈家墙上的可疑脚印

就在"理论家"为江青的公开亮相捧场一番之后，他的家中发生了一桩不大不小的怪事。

一天，忽然有人向陈伯达的妻子刘叔晏报告：在陈家后门的外墙上，发现几个可疑的脚印！

刘叔晏去一看，觉得那脚印确实有点蹊跷，怎么会落在墙上呢？

大抵是"阶级斗争"观点太强的缘故，陈家怀疑有人翻墙入院，或者趴在墙上观察陈家动静。

陈伯达是中央文革小组组长，家中出现这等怪事，那还得了？

刘叔晏马上告诉保卫部门。于是，来了几个公安人员，对着陈家墙上的脚印拍照。

究竟是谁的脚印呢？首先受到怀疑的，自然是陈家的近邻。

与陈家近在咫尺的是董必武家。董必武是中共创始人之一、中共"一大"代表，解放后任最高人民法院院长。他的女儿董楚青在《我的爸爸董必武》一文中，曾回忆道：

> 第26届乒乓球锦标赛给中华民族带来了乒乓球热，我爸爸竟然也被小小银球吸引了。他每天在工作人员督促下，也要推挡近一刻钟的"卫生球"——爸爸把不激烈竞争的、高抬平稳的推挡球，叫做"卫生球"，因为这是一种对

第九章
发疯的时刻

于任何一个青年人都不会出汗的打球法。球室设在我们家东边院墙外一个废弃不用的汽车停车房里。"文化大革命"前,爸爸常常是打完球,从球室的那扇很大的东门走向中南海海边,散散步,或坐一坐,为了消消汗。"文化大革命"开始不久,在乒乓球室东侧三四米远一个院子里住着陈伯达的保姆,据说为了安全,为了保密,有人——总是有这样一些眼睛、鼻子灵得"可爱"的人,他们灵活的头脑总分得清来头、势头——把爸爸常常走的这扇乒乓球室的大门用木板交叉钉死。事前没有商量一下或者通知一声,好像根本不屑于交涉似的,也许的确不用交涉——在一个国家主席可以被任意揪斗的年代里,难道为了钉个木条,钉上去几颗钉子,还有必要找人去商量吗?!

就在这样的环境里,这样的情况下,爸爸和妈妈商议搬出中南海……[1]

除了董家受到那些"眼睛、鼻子灵得'可爱'的人"的怀疑之外,那个关于脚印的问号还在中南海不断扩大……

消息终于传进了江青的耳朵。江青一听,发脾气了:"中南海是什么地方?你陈伯达拍什么照片、查什么脚印?你给我搬出中南海去!"

陈伯达当时在钓鱼台工作,知道脚印一事之后,回到家中,跟刘叔晏吵了一架,已无济于事。这位堂堂的中央文革小组组长,只得忍气吞声,受他的那位第一副组长的调遣,准备搬家。

没多久,陈伯达便离开中南海,搬到中南海外西南角的新建胡同去住。

那么,陈家后门院墙上的脚印,究竟是谁留下来的呢?

据云,是一位中学生,出于对这位"中央文革"组长的气愤,对着陈家的院墙踹了几脚,如此而已。既没有人翻墙而入,也没有人"偷听""偷看"。

可是,这一起"脚印案件",居然导致陈伯达迁出中南海,真是让人始料不及……

陈伯达埋怨着刘叔晏,夫妻关系原来已有些不和,这么一来更加紧张。好在已经搬出中南海——在中南海吵架,陈伯达生怕给左邻右舍听见。

"你别神气!如今,倒了那么一大片人,你也迟早会倒的!"刘叔晏跟陈伯达吵架,有时蹦出这么一句话,弄得陈伯达心中也好一阵紧张。

家中常常闹别扭,陈伯达就住到钓鱼台去,难得回家看看。

"你也迟早会倒的!"这句话不知怎么的,不时在陈伯达耳际回响。

"什么'文化大革命'?'文化大革命'就是吃人!"有时,刘叔晏言辞更加尖锐。

"理论家"一听这话,脸色都变了。

---

[1] 董楚青:《我的爸爸董必武》,原载《历史在这里沉思》,华夏出版社1986年版。

接管陆定一专案

虽然刘叔晏在气愤之际骂骂咧咧，说出"'文化大革命'就是吃人"这类在当时"违禁"的话，但是她在当时的历史条件下，也参与过整人。

那时，她负责范若愚的专案组。范若愚，山西五寨县人，1933年加入中国共产党，1959年任《红旗》杂志常务副总编、中共中央高级党校副校长。"文革"开始不久，范若愚被诬为"特务"，成立了专案组，专门整他，他和他的亲属受到了诬陷。

范若愚的冤案越搞范围越大，许多无辜者受株连。负责中央"专案"工作的江青，却夸奖刘叔晏"办案有能力"，要她负责更大的"专案"——陆定一专案。

陆定一的职务远远高于范若愚，他是中共中央政治局候补委员、中共中央书记处书记、国务院副总理、中共中央宣传部部长、文化部部长，是所谓"彭、罗、陆、杨反党集团"中的一个。江青要刘叔晏负责陆定一专案，刘叔晏自知干不了，陈伯达便接过了这一专案。这样，陆定一专案便由陈伯达主管。

笔者为了了解陆定一受迫害的情况，曾赴北京，在陆定一家采访。据陆定一夫人严慰冰的胞妹严昭告诉笔者，陆定一一家深受浩劫之苦：陆定一和严慰冰各被关押13年，严慰冰的三个妹妹受株连各关9年、6年、8年，长子关6年，70高龄的岳母关了1年后死于狱中，全家人的总刑期相加竟达56年！另外，四位曾为严慰冰诊治的精神科大夫也受株连，被投入狱中，其中两位大夫含冤死于狱中！

陆定一受迫害的主要原因，是他对林彪的那一套"立竿见影"、"走捷径"式的学习毛泽东著作的方法持反对意见，认为那是"简单化、庸俗化、实用主义"。陆定一受迫害的导火线，则是妻子严慰冰那桩"五〇二专案"。

所谓"五〇二专案"，即"化名信专案"。那是从1960年3月起，严慰冰化名"基度山""黄玫"等，写了一封又一封信，直寄林彪、叶群，像一颗颗微型原子弹一样，在林府爆炸，使林彪、叶群坐立不安。

据严昭回忆，早在延安时期，严慰冰便对叶群那种骄横跋扈的派头看不惯。在林彪取代了彭德怀之后，叶群气焰日甚。1960年初，严慰冰去哈尔滨军事工程学院探望儿子德德，见到在那里学习的林彪之女林晓霞。林晓霞是林彪前妻刘某所生。严慰冰得知林彪和叶群对林晓霞很不好。出于义愤，严慰冰寄出了化名"基度山"的信函，痛骂林彪、叶群。

陆定一

第九章
发疯的时刻

1963 年夏,公安部六局局长来到严慰冰所在工作单位——中共中央宣传部——调取严慰冰档案。一看笔迹,便断定"基度山"即严慰冰。

林彪得知化名信是严慰冰所写,便决心"一窝端",干掉陆定一——其实,当时陆定一本人并不知道严慰冰写化名信一事。

机会终于到来,1966 年 5 月,在那次通过"五一六通知"的中共中央政治局扩大会议上,彭、罗、陆、杨被定为"反党集团"。5 月 18 日,林彪在会上所作的长篇讲话中,猛烈地攻击了陆定一夫妇:

> 有一批王八蛋,他们想冒险,他们待机而动,他们想杀我们,我们就是要镇压他们!他们是假革命,他们是假马克思主义,他们是假毛泽东思想,他们是背叛分子。毛主席还健在,他们就背叛,他们阳奉阴违。他们是野心家,他们搞鬼,他们现在就想杀人,用种种手法杀人。陆定一就是一个,陆定一的老婆就是一个。他说他不知道他老婆的事!怎么能不知道?……

原本住在中南海增福堂的陆定一,被赶出去了,临时住在北京安儿胡同 1 号。

严慰冰和她的胞妹严昭是在 1966 年 4 月 28 日同时被捕的,陆定一则在 5 月底失去了自由。

1966 年 12 月,陈伯达接管了陆定一专案。

诬陷、迫害陆定一,是陈伯达在"文革"中所犯严重罪行之一。为此,1980 年 11 月 28 日上午,最高人民法院特别法庭第一审判庭就这一问题审问陈伯达。庭长江华出庭审判,审判长曾汉周主持审判。

以下是法庭审判记录:

> 审判员任凌云问:"被告人陈伯达,特别检察厅还控告你犯有诬陷、迫害陆定一的罪行,这是事实吧?"
>
> 被告人陈伯达答:"这个话,不要这样笼统地说诬陷、迫害……"
>
> 问:"那我问你,1968 年 5 月,专案组送给你一个要求逮捕陆定一的报告,这个报告你是怎么批的?"
>
> 答:"这个我不记得。"
>
> 法庭出示和宣读陈伯达、谢富治、吴法宪批准 1968 年 5 月 23 日专案组关于逮捕陆定一的报告[1]。报告上"同意"二字经字迹鉴定,系陈伯达所写。

---

[1] 陆定一早在 1966 年 5 月底已遭非法关押。这份报告是指正式办理逮捕手续。

出示后,陈伯达说:"这个批的完全是我的字,没有问题,完全是我的字。这件事情呀,老实说,我这个人记忆力太糟糕了,我实在不记得,但是事实俱在。"

问:"你实在不记得,现在你看过以后,这个是事实吧?"

答:"是事实。"

问:"你还提出要把陆定一交给红卫兵审判,有没有这个事情?"

答:"有这个事情……因为江青强迫刘叔晏接受这个案子,又请她吃饭,刘叔晏都不干,我看这个样子,不好下台,我就接过来,我说我管好了。为什么我接受这个案子呢?我跟陆定一无冤无仇,为什么接受这个案子,就是有这个原因,就是她要迫害我家庭,我如果不搞呀,不接受这个案子,她要迫害我家庭。我自私自利呀,考虑这个问题,迫害我全家,我当时是有所顾虑的……接受这案子,她就送来一堆材料。江青送我这一批材料是无锡青年人送来的[1],还有陆定一家庭的相片。这个问题呀,我就给专案组。专案组不是我组织的,原来已经有了,还有人管了的。我给他们谈过这件事情,接受她这些材料,看了无锡年轻人搞的材料,我说交给红卫兵审判。如果要追究来源呢,就是这样来的。这个行动当然是反革命……这个批呀,是完全荒谬的。"

接着,法庭审问陈伯达对陆定一专案的三条指示问题。陈伯达先说了三条的内容。法庭出示、宣读和投影了1966年12月16日陈伯达亲笔写的对陆定一专案的三条指示,原文是:

"一、降低生活标准(不超过12元),沙发、软床、写字台等一概搬掉。二、要他(和她)写逐日活动,先从去年10月起到今年被捕止。三、考虑交红卫兵审判(此事内部掌握)。"

法庭还宣读了原陆定一专案组钱光五的证言,以及笔迹检验鉴定书。宣读后,审判员李明贵问:"你下达书面指示,要把身为副总理的陆定一交红卫兵审判,这是严重违反宪法和破坏社会主义法制的,你当时知道不知道?"

答:"当时没想到。"

问:"这不仅会使他受到人身迫害,而且甚至会有生命的危险,这一点你知道不知道?"

答:"这些问题我都没有想到。但是当时呢,我是在发疯的时刻,人尤其

---

[1] 陆定一和严慰冰都是无锡人。

在发疯的时候,我是可能发疯的。"

问:"你还要给陆定一副总理戴上铐子,搞突击审讯,这是不是事实?"

答:"我忘了。"

法庭宣读了1980年8月18日胡干卿的证言。宣读后,陈伯达说:"这个我不记得,按照记录办就行。"

审判员任凌云说:"现在不仅有证人的证言,还有证人来作证。"

法庭通知原陆定一专案组成员萧凤文到庭作证。萧凤文在法庭作证说,1967年12月,陈伯达、谢富治、吴法宪把当时专案组的几个负责人找到人民大会堂,专门布置对陆定一的审讯。

陈伯达讲:陆定一很凶恶,要给他戴上手铐。谢富治讲:要连续突击。吴法宪讲:不能心慈手软。这以后连续突击审讯四天。1968年春天,又搞了一段。萧凤文还说了陈伯达对陆定一专案作三条批示,特别是交红卫兵审判的情况。萧凤文作证后,辩护人、律师问:"证人,现在向你提出一个问题。刚才你讲戴上铐子这句话是陈伯达讲的,要连续审讯这句话是谢富治讲的,情况是不是这样子的?"萧凤文答:"我记得是这样。"

证人退庭后,公诉人检察员曲文达发言,他说:"陈伯达在事实面前承认了自己是有罪的,这一点很好。可是陈伯达在一些问题上并没有交代清楚,而且要推卸责任。"第一个问题,对陆定一强加了叛徒、内奸的罪名,这个责任他是推卸不了的。第二,这个案子是江青、陈伯达他们一伙干的,各有各的罪行,陈伯达管这个案子不是被动的,而是积极主动的。

曲文达发言后,审判员任凌云宣布:"被告人陈伯达被指控罗织罪名、诬陷、迫害陆定一的事实,现在调查结束。"

审判长曾汉周宣布:"把被告人陈伯达带下去。现在休庭。"

陈伯达在法庭的答词中,有一句话倒是逼真地道出了他当年的心态:"我是在发疯的时刻!"确实,"文化大革命"是一场"发疯"的运动,陈伯达在那些岁月如同"发疯"一样上蹿下跳,最终成为人民的公敌。

陆定一(右)、严慰冰夫妇

清除中央文革小组中的异己

"文革",用毛泽东的话来说,就是"剥笋",一层层地剥去那些"异己"。

在"文革"中,党内在"剥笋",政府内在"剥笋",军队内在"剥笋"。

就连中央文革小组,也在"剥笋"。

穆欣被"剥"掉了——因为有人揭发穆欣在"文革"前有精神病,列为"恶毒攻击"之罪。江青随手给他扣了顶"叛徒"之帽,让王力派人去调查。于是,中央文革小组的名单上,便勾去了穆欣的大名。

尹达也被"剥"掉了。这位历史学家,早在1931年便已参加河南安阳殷墟发掘,1938年在延安加入中国共产党,解放后成为中国科学院社会科学部委员、考古研究所副所长、历史研究所第一副所长。一顶"反动学术权威"的帽子,就使他靠边。

郭影秋、郑季翘、刘文珍受到冲击,不再参与中央文革小组工作。

在1966年底,中央文革小组四位副组长中的两位——王任重、刘志坚受到了"炮轰"。

在省委书记之中,除了陶铸,要算是王任重喜欢动动笔头的了。在王任重领导下的中共湖北省委写作小组,以"龚同文"为笔名,在"文革"前发表了许多杂文,其中不少是王任重亲自写的。正因为王任重颇有"文名",毛泽东十分看重他。他当中央文革小组副组长,也因为是省委书记中的"秀才"。可是,"文革"风暴骤起,全国29个省、市、自治区的第一书记,除了河南省委第一书记刘建勋写大字报支持造反派之外,全都受到炮轰。王任重虽然有着中央文革小组副组长的光辉庇护,造反派也知他并非江青"嫡系"。湖北的造反派早已把炮口对准王任重,不过,一般性的"炮轰",还打不倒王任重。

完全出乎意料,一首小诗,竟成为轰倒王任重的重磅炮弹。那是一个造反派偶然从王任重的儿子那里,看到王任重写的一首诗,其中称毛泽东为"战友"、"兄长"。这本来是很普通、很正常的事,可是在那种"发疯的年代",造反派们如获至宝:"哼,你王任重胆大包天,竟敢跟伟大领袖毛主席称兄道弟!"顿时,武汉三镇的造反派们一哄而起,向王任重兴师问罪。江青大喜,她正巴不得找个由头"剥"掉王任重。这时,陶铸出面保王任重,向毛泽东写了报告,建议王任重辞去中央文革小组副组长职务,仍回中南局工作。而且王任重当时正患肝病,陶铸建议让他休养、治病。毛泽东在报告上批示:"王任重同志是文革小组副组长,要离开文革小组,请政治局和文革小组开个联席会,对任重提提意见。"

自1966年10月起,王任重便离开北京,到广州养病。

第九章
发疯的时刻

继王任重之后,刘志坚被"剥"去中央文革小组副组长的职务。刘志坚曾在1964年奉命去广州参加调查"大比武冲击政治",一度被林彪看中。这样,当林彪委托江青召开那个部队文艺工作座谈会时,便派刘志坚作为座谈会的召集人。"中央文革"成立时考虑到要有军队方面的代表,选中了刘志坚。刘志坚是解放军总政治部副主任,兼任全军文革小组组长。

江青很快就发觉,刘志坚"不听话"。1967年初,江青称刘志坚为"两面派",很快就把他打倒了。江青对部队的造反派说:"像刘志坚这样的人物,我们帮你们揭发。我名义上是军队的文化顾问,但是他从不向我汇报。去年开了个座谈会[1],他有了政治资本。因为萧华[2]有病,病了两年,他的手伸得很长,当了中央文革的副组长……他是典型的两面派。"

陈伯达附和江青,给刘志坚安了顶"叛徒"的帽子,把他打倒。

"叛徒"是"文革"中流行的"帽子",要想整倒谁,胡弄了一点"调查材料",说成是"叛徒",便可把人置于死地。

关于刘志坚所谓的"叛徒"问题,徐向前后来说明了真相:"陈伯达说刘志坚同志是叛徒,其实根本不是那么回事。那是在抗日战争时的一次战斗中,我们的部队遭到敌人袭击,刘志坚同志被俘了。冀南部队司令部接到地下情报组织的消息,说日本人在某时通过某地,根据这个情报,我们的部队在敌人通过的路上打了一个伏击,当天就把刘志坚同志救出来了,根本无所谓叛变。"

可是,在1967年初,就是凭着江青所说的刘志坚是"两面派",陈伯达所说的刘志坚是"叛徒",再加上所谓的刘志坚"执行资产阶级反动路线",就把刘志坚打倒了。

这么一来,中央文革小组的"领导"只剩下组长陈伯达、第一副组长江青、副组长张春桥,还有两位顾问,即陶铸和康生。

围绕着张春桥跟王洪文就安亭事件签订的五条协议,陶铸和江青、陈伯达之间便有过激烈的摩擦和斗争。这样针

王任重(左)与刘志坚

---

[1] 指林彪委托江青召开的"部队文艺工作座谈会"。

[2] 萧华为解放军总政治部主任。

锋相对的争论，在陶铸和江青、陈伯达之间有过多次。江青联合陈伯达，决心"剥"掉陶铸。

不过，凭借第一副组长和组长的力量，要想打倒陶铸，并不那么容易：陶铸毕竟是"第四号人物"，排名在陈伯达之前。

身为"第五号人物"的陈伯达，怎样才能打倒位于他之前的"第四号人物"陶铸呢？

打倒陶铸

陶铸，湖南祁阳人，比陈伯达小三岁。

1926年，陶铸在黄埔军官学校学习时加入了中国共产党。1927年，他参加了南昌起义、广州起义。1929年，陶铸担任中共福建省委秘书长及书记。当陶铸在闽南工作时，陈伯达从苏联返回厦门，两人曾一起共事。

1935年5月，陶铸因叛徒出卖在上海被捕，被国民党判处无期徒刑。1937年国共再度合作时，经周恩来、叶剑英交涉，营救出狱。1940年，陶铸在延安担任中共中央军委秘书长。当时，陶铸在党内的职务高于陈伯达。

1945年，在中共"七大"上，陈伯达当选为中共中央候补委员，而陶铸只是"七大"代表。

从这时起，陈伯达的职务一直高于陶铸。

解放后，陶铸担任中共广东省委第一书记、中共中央中南局第一书记。他喜欢写作，著有散文集《理想·情操·精神生活》《思想·感情·文采》等。他也爱写诗。

在中共党内，陶铸十分敬重的是邓小平。陶铸夫人曾志在《如烟往事难忘却》（《历史在这里沉思》，华夏出版社1986年版）一文中，写及陶铸所说的一段话：

> 1949年，二野进军西南，路经武汉时我才第一次见到邓小平。邓小平调中央后，也仅是公事来往，交往不深。1956年"八大"以后，邓小平担任总书记，之后接触就多了，关系也更加密切。我对邓小平的观感确实是好的。在1955年的党代会上，我曾说过这样的话：如果党内允许拜师的话，当主席的学生我不够格，但我愿拜邓小平为师。

由于邓小平的推荐，1966年5月底，陶铸被调往中央工作，担任中共中央宣传部部长、中共中央书记处常务书记兼文办主任，代替了刚刚被打倒的彭真的工作。此后不久，在中共八届十一中全会上，陶铸成为"第四号人物"，名列陈伯达之前。如前所述，据王力回忆，是江青排定这一名单，但据曾志说，则是毛泽东的安排：

> 原先陶铸排在较后面，主席亲自用红笔把陶铸勾到周总理之后，陈伯达前面，这就是所谓"第四号人物"的来历。陶铸说："我是新上来的，排太前不好，我认为应把我放到富春同志后面。我去见了主席，要求把陈伯达调到第四位来，我说伯达同志长期在你身边工作，对主席思想领会比我快。主席说已经定了，不变了，伯达那里我找他谈谈。"

陶铸突然跃居陈伯达之前，引起陈伯达的嫉恨是可想而知的。在安亭事件时，陈伯达支持张春桥，陶铸则支持陈丕显，他们之间已产生明显的分歧。

关于陈伯达，陶铸说过这样的话：

> 跟陈伯达的芥蒂，却是由来已久。我很清楚他的老底。早在1930年，中央派他前往福建工作时，就表现出贪生怕死，临阵逃跑。我对他印象极坏，因此在延安"七大"选举中央委员时，我公开表示反对选他，并且在小组会上谈了对他的看法，为此，他对我一直耿耿于怀。我来中央后，关系就更加恶化了。[1]

陶铸成为中央文革小组的顾问，是江青提名的。江青原本对陶铸寄予希望，但很快地，江青发现，陶铸跟她不合拍。江青本希望借陶铸压邓小平，后来她发觉陶铸对邓小平很尊重。于是，在中央文革小组会议上，江青不时与陶铸发生矛盾。

江青与陶铸吵得最厉害的一次，是关于吴传启的事。吴传启是《哲学研究》杂志总编，他在学部贴出第一张大字报，"造反"甚早。陶铸夫人曾志回忆道：

> 那天，陶铸去中央文革小组开会，

陶铸

---

[1]《历史在这里沉思》第3卷第20页。

一进屋江青就以居高临下的口吻质问陶铸："你为什么迟迟不去宣布吴传启为革命左派？"陶铸说："吴传启的的确确是有问题的，他的材料你已看过，我怎么能去支持这样一个人呢？"江青蛮横地说："只要是写第一张大字报的，就必须承认他是革命左派，就必须支持他们。至于什么历史问题，那有什么了不起！"江青又傲慢地补充了一句："你不也是国民党吗？"陶铸也火了，他立即反唇相讥："你知道我是什么时候的国民党党员？我是第一次国共合作时期的国民党党员，是在国民党军队集体参加国民党的。那时毛主席也是国民党，周总理也是国民党，还是黄埔军校政治部主任，国民党第一军的党代表。他们都是我的顶头上司，我不过只是国民党的一个小兵。而吴传启是什么性质的国民党？他的国民党能与我们的国民党混为一谈吗？"一席话说得江青恼羞成怒，她竟然命令似的非让陶铸去支持吴传启不可。陶铸此时已经到了忍无可忍的地步，他霍地站了起来，直视着江青声色俱厉地说道："你也干涉得太多了！管得太宽了！你什么事情都要干涉！"仅说了这么一句，江青就大哭大闹起来，说什么她这一辈子还没受过如此大的气，说陶铸欺负她、镇压她。陶铸对我说："你不知道，江青对我们，经常像训孙子那样地训斥，总是用命令的口吻，真是让人受不了！"……

又据王力回忆此事，他说："这件事，关锋告诉了叶群，叶群马上告诉林彪。叶群说这件事太大了，这个陶铸，他怎么能说到毛主席，怎能跟江青吵？在这件事以前，原本林彪对陶铸比较欣赏，这以后，林不敢接近陶了。"

于是乎，1966年11月28日，江青在那次"检阅"文艺大军的大会上说："毛主席和他的亲密战友林彪同志、周恩来同志、陈伯达同志、康生同志，以及其他许多同志，都肯定了我们的成绩，给过我们巨大的支持和鼓舞！"这话是印在当时的《人民日报》和《红旗》杂志上的。江青故意"忽略"了名列陈伯达之前的陶铸。言外之意，陶铸不是毛泽东的"亲密战友"！

尽管这样，毛泽东还是保陶铸。1966年12月29日，他找陶铸谈话，说道："江青这个人啊，容不得人，对她的言行不必介意。你这个人啊，就是说话不注意，爱放炮，在中央工作不比地方，要处处注意谦虚谨慎。"

看来，毛泽东无意于打倒陶铸，而只是提醒他要注意。江青和陈伯达无法借助于"最高指示"打倒陶铸。

江青和陈伯达手里的"法宝"，便是煽动造反派。他们在1967年1月4日，发动了对陶铸的突然袭击。

那是湖北武汉的"赴广州专揪王任重革命造反团"的代表们，来到了北京。当时，王任重在广州,所以武汉的造反派组成了这么个"赴广州专揪王任重"的"兵团"。陈伯达、康生、江青、王力等"接见"了这么个"兵团"的代表,借这个"兵团"来揪陶铸——据云陶铸是王任重的"后台"。

据档案所载,"接见"从1月4日下午1时40分至2时45分,地点在人民大会堂东边的会议室。

当时现场记录如下:

（首长进场,同学们鼓掌热烈欢迎,高呼"毛主席万岁"等口号。）

江青:今天的会你们参加了没有[1]?

同学:参加了。

江青:你们送给我们的材料收到了,我们中央文革小组正在研究整理。重要的整理出来还要送给中央,送给毛主席和林彪同志参考。感谢你们对我们的支持,谢谢你们!同学们,这样吧,你们还有些材料、意见,我们留下人来听。我个人感觉你们已经打了个胜仗[2]。下面陈伯达同志给同学们讲话!（鼓掌）

江青请陈伯达唱"主角",因为陈伯达毕竟是中共中央政治局常委,由他来"炮打"陶铸,才有分量。

陈伯达开腔了:

陶铸同志到中央来,并没有执行以毛主席为代表的无产阶级革命路线,实际上是刘、邓路线的坚决执行者!刘、邓路线的推广,同他是有关系的。他想洗刷这一点,但洗刷不掉。后来变本加厉!比如你们到中南局去,你们了解了很多情况,的确是有后台的!这个后台老板就是陶铸。他在北京接见你们那个态度是完全错误的[3]!他是文化革命小组顾问,但对文化革命问题从来未跟我们商量过（江青插话:他独断专行!）是的,他独断专行。他不但背着文革小组,而且背着中央……

---

[1] 指当天上午在北京工人体育场举行的接见文艺界来京人员大会,周恩来、陶铸、陈伯达、康生、江青等都出席了大会。

[2] 指12月30日晚,这个代表团在中南海小礼堂围攻陶铸。当时,他们威胁,如果陶铸不接见,就要全体绝食。陶铸不得不予以接见,受到他们围攻达六小时之久。

[3] 指12月30日晚在中南海小礼堂的接见。

陈伯达的这番话，为打倒陶铸定下了调子。

这时候陶铸就在隔壁房间里，竟毫无所知。他正在找安徽的张恺帆谈话。然后，又忙着接见安徽来京的学生……

陈伯达的讲话，成为北京"爆炸性"的新闻。

当天傍晚，北京街头传单、大字报、大字标语飞舞，醒目的新口号是："打倒中国最大的保皇派陶铸！"

晚上，数千首都红卫兵、造反派上街游行，高呼："打倒中国最大的保皇派陶铸！"

晚9时，中南海西门外响起了一片"打倒陶铸"口号声。高音喇叭一次又一次广播着陈伯达的讲话。

夜，急电发往全国各地。各大城市的红卫兵、造反派连夜刷出大标语："北京急电——打倒中国最大的保皇派陶铸！"

据陶铸夫人曾志回忆："直到深夜12点多，陶铸才回来。我把情况相告，他竟全然不知！……凌晨2点多钟，总理来电话召见陶铸，说江青他们的讲话他也是才知道的！"

周恩来说："我们分手后，我去给陈郁[1]同志打电话，回来见他们[2]接见红卫兵，我坐下来听了一会儿，陈伯达、江青、康生他们话已讲过了，我没有听到。"

由陈伯达、江青、康生点起的这把"打倒陶铸"之火，迅速燃遍全国。

陈伯达和江青在火上浇油，在1月7日又去新华社发表讲话，捅出了"照片事件"。

当时陈伯达讲话的原文如下：

从陶铸接管中共中央宣传部以后，就接管了新华社。这个新华社在他接管下边，搞了好多非常之糟糕的事情，搞了同党的十一中全会相对立的一些照片，把中央所批判的以刘邓为代表的资产阶级反动路线这样一些代表人，跟我们伟大领袖毛主席凑在一起，硬要凑在一起，有好几次。你们今天这张，只是其中一张[3]。刚才有个同志递了个条子，才可笑哩，说有一张邓小平的照片，身体是陈毅同志的，头是邓小平的。（笑声）这么凑的！就是想各种办法要让他们操纵的新华社发表的消息，发表的相片和电影，把刘邓美化。这些事是什么东西？是什么性质？（众：反党）由你们判断，是不是呀？（群众呼

---

[1] 陈郁，时任广东省省长。

[2] 指陈伯达、康生、江青在接见"赴广州专揪王任重革命造反团"代表。

[3] 指的是当时"新华社新闻造反团"印发的传单《揭穿一个大阴谋》，说熊复拼凑了一张毛泽东和刘少奇在一起的照片。

口号：打倒陶铸！打倒中国最大的保皇派陶铸！敬爱的毛主席万岁！）从文化大革命以来半年了，看我们全国的群众，觉悟得很快，进步很快，你们也一样。你们不肯受蒙蔽，不肯受欺骗，揭露了这么一种阴谋，能够识别它，识别这种（江青插话：恶劣的）极端恶劣的手法，揭发这种阴谋，揭发这种极端恶劣的手法。这是一种很好的现象……

所谓"照片事件"，据陶铸夫人曾志说，那是陶铸"主管的新闻宣传口，一如既往把刘邓作为国家领导人来对待。例如新华社将要发一组国庆检阅的新闻照片，按规定，要有毛主席和刘主席两人在一起的一张，这次依然循章办事。审稿时，陶铸发现没有邓小平的镜头，当即指示一定要有小平同志的照片，并询问新华社有什么办法可以补救。新华社同志说可做技术性处理。后来他们将一帧照片上的一个同志隐去，将小平同志的照片移补过来。这就是后来轰动一时的，被'四人帮'大肆渲染的所谓'换头术事件'。而主席与少奇的那张，江青也子虚乌有地指责是陶铸拼接成的"。

这"换头术事件"见诸传单、大字报、红卫兵小报，一下子群情哗然，"打倒陶铸"的呼声甚嚣尘上。

紧接着，1月10日，陈伯达和康生、江青、王力、关锋、戚本禹在接见首都造反派时，再一次发表批判陶铸的讲话。这次接见在10日晚9时45分至凌晨2时，地点为人民大会堂。

这次接见，唱主角的依然是陈伯达。他又一次猛烈攻击陶铸：

现在有一小撮搞阴谋诡计的人想破坏无产阶级文化大革命，想推翻无产阶级专政和社会主义制度。有的人已经被揭露了，例如大街上贴的"打倒陶铸！"陶铸在刘邓路线推行时是坚决执行刘邓路线的，中央毛主席想挽救他。在八届十一中全会上有人揭发过这件事，中央和毛主席是知道的，想让他过来，挽救他。但八届十一中全会以后他没有过来，没有执行毛主席的革命路线，还继续执行刘邓路线，并且继续推广了。他和王任重所领导的中南局出现了很多典型的反革命事件，镇压群众的事件。在武汉逮捕了相当大量的革命群众，这是在其他地方还未出现过的。我们想帮助他，但帮不过来。他的世界观、思想不能接受毛泽东思想，因为他是资产阶级的，坚持资产阶级世界观，他就不能接受无产阶级世界观。我们中央文革批评过他，在中央全会上批评过他，但他不接受，没有触及灵魂，好像是我们对他帮助不够，在他看来是这样的，我们看来已经很够了。在八届十一中全会前就帮助过他，在执行刘邓路线时也帮助过他，希望他成为执行毛主席路线的人。当时劝阻过他，当然是婉转的,但他还继续闹,我们就开始公开摊牌了,他说很好,摊牌就摊牌吧!他说还是说,做还是做,言行不一。在街上有许多大字报:"打倒陶铸!"这是不是中央文革小组和我陈伯达的过错呢?我想正如他自己所写的"咎由自取"。这句话是他几次给党中央、毛主席信中写的……

在陈伯达讲完之后,康生上台说话了。康生惯于"翻老账",历数陶铸在一次次路线斗争中的"错误"。康生的讲话中,透露了甚为重要的内幕:"陈伯达同志元月4日有关陶铸问题的讲话是我们讨论过的。""我们"指的是谁呢?不言而喻,指的是江青、陈伯达和他!

面对着陈伯达、江青、康生所发动的"打倒陶铸"的运动,毛泽东如何表态呢?

毛泽东讲过两回意思全然不同的"最高指示"。

第一回,是1967年1月8日,毛泽东召集会议,研究打倒陶铸之后,宣传口由谁接替。出席者有陈伯达、江青、王力、关锋、戚本禹、唐平铸、胡痴。毛泽东在会上谈及陶铸,这段"最高批示"在当时曾被众多的传单所登载:

> 陶铸是邓小平介绍到中央来的。当初我说陶铸这个人不老实,邓小平说,陶铸这个人还可以。
>
> 陶铸的这个问题,我没有解决了,你们也没有解决得了,红卫兵一起来就解决了。

陶铸夫人曾志看到传单,觉得"当初我说陶铸这个人不老实",可能是记录者记错了。她不相信毛泽东会说陶铸"不老实",猜想是"不老成",误记了。曾志给毛泽东写了一信,附去传单。毛泽东阅后,在"不老实"三个字下面用铅笔画了一横杠,并打了一个"?",退曾志。这表明,传单上所载毛泽东的话是确实有的,但"不老实"一句欠妥。

不过,毛泽东在1月8日说那段"最高指示"时,只知道红卫兵打倒了陶铸,并不知道红卫兵的幕后煽动者是陈伯达、

陶铸(左)和曾志(右)、陶斯亮合影

第九章
发疯的时刻

江青、康生。

1967年2月10日,毛泽东第二回发布关于陶铸的"最高指示"。这一回,与上一回的意思大不相同。陶铸倒台后,王力于1967年1月8日被毛泽东任命为中共中央宣传组组长(相当于中宣部部长)。笔者采访了王力,据王力回忆,2月10日他出席了毛泽东召集的常委扩大会议:

> 参加的常委有:主席、林彪、总理、陈伯达、康生、富春,还有叶帅、江青、我。
>
> 会上,主席发火了,骂陈伯达:"你这个陈伯达,你是一个常委打倒一个常委。过去你专门在我和少奇之间进行投机。我和你相处这么多年,不牵涉到你个人,你从来不找我!"这是当时他讲的最重要的几句。
>
> 主席然后骂江青:"你这个江青,眼高手低,志大才疏,你眼里只有一个人。打倒陶铸,别人都没有事,就是你们两个人干的。我查了记录,别人要不就是没有到,要不就是没说话,陈伯达讲了话,江青插了话。"
>
> 主席原来没有看到陈伯达1月4日接见"赴广州专揪王任重革命造反团"代表的讲话记录(中宣部整理)。看到以后,非常不满。1月份,陶铸刚被打倒,主席也说了陶铸很多坏话,但不赞成那么打倒。

仅仅隔了一个月,2月10日毛泽东的讲话否定了他1月8日的讲话。毛泽东第二回的讲话,对陈伯达的批评是够厉害的。笔者询问陈伯达,他说,他也还记得毛泽东所说的"一个常委打倒一个常委"的批评。

陈伯达毕竟以"一个常委打倒一个常委",陶铸倒了。于是,陈伯达也就从"第五号人物"向前迈进了一步,变成仅次于毛泽东、林彪、周恩来的"第四号人物"。这个"小小老百姓",又一次显露了他的野心!

阎红彦之死

中央文革小组权重一时,组长陈伯达"管得宽",不仅支持湖北造反派揪王任重,而且过问云南省的"文革"。

阎红彦,是中共中央西南局书记、中共云南省委第一书记兼昆明军区第一政治委员,云南的第一把手。

阎红彦在"文革"中的惨死,陈伯达负有一定的责任。

阎红彦是陕西安定（今子长）县人，生于1909年，16岁便加入中国共产党。

据陈伯达说，1933年，阎红彦在张家口察哈尔抗日同盟会工作时，便与他相识。

1934年7月，阎红彦受中共上海中央局派遣，前往莫斯科出席共产国际"七大"，并在苏联学习军事。

翌年，阎红彦回国，担任中国工农红军黄河游击师师长、第30军军长。

抗日战争时期，阎红彦任八路军留守兵团警备第3团团长。解放战争时期，阎红彦任中国人民解放军第2野战军第3兵团副司令。解放后，阎红彦担任过中共四川省委书记、四川省副省长兼中共重庆市委第一书记。

阎红彦引起毛泽东的注意，有两件事：

一件事是关于高岗。

早在20世纪30年代初，阎红彦便曾与高岗共事。那时，在陕北临镇的战斗中，高岗临阵脱逃。作为游击队的总指挥，阎红彦曾给过高岗以留党察看的处分。后来，1942年夏，阎红彦在延安的中央党校学习，此事又重新提起：

> 那时，延安整风已经开始。有人揭露时任西北局书记的高岗伪造履历，在战斗中贪生怕死临阵脱逃。一天，高岗找到阎红彦，要阎红彦向组织作证，自己在陕甘游击队刚组建时就是游击队队委；临镇战斗中他临阵脱逃是被人绑架走的。作证的交换条件，是让阎红彦担任师长。但阎红彦不为所动，实事求是一针见血地当面向高指出：当年高岗只是陕甘游击队三支队二大队的政委，根本不是陕甘游击队队委。而且，在临镇战斗中，高岗临阵脱逃，当了逃兵，当时队委会决定开除他的党籍，并对其进行通缉。后来，高岗自动回来了，队里就给了他个留党察看的处分，让他下去当了战士。为此，二人大吵一架。之后，高岗就一直在中央高层领导面前说阎红彦的坏话。[1]

1942年，在延安，高岗借机整了阎红彦。从此，阎红彦被整得抬不起头来。

---

[1] 李红义：《"文革"中以死明志的开国上将阎红彦》，《文史天地》2010年第12期。

第九章
发疯的时刻

1945年，在中共"七大"，阎红彦向刘少奇反映了高岗的问题，刘少奇把阎红彦的意见记录在案。

这样，当1954年2月，中共七届四中全会对高岗进行批判时，刘少奇说起阎红彦早在九年前就已向中共中央刘少奇、任弼时反映了高岗问题，并从档案中调出阎红彦当年的谈话记录，表明阎红彦的意见完全正确。阎红彦从此在政治上翻身。

1958年3月，毛泽东在成都会议上见到阎红彦，表彰了阎红彦对高岗进行斗争的精神。

毛泽东公开向阎红彦道歉说："阎红彦同志，很对不起，把你冤枉了十多年，当时只怪我看错了人。"[1]

1959年冬，阎红彦奉命调往云南，成为那里的第一把手。

阎红彦到云南工作后，又一次受到了毛泽东的赞扬。

那是在1961年5月16日，毛泽东在阎红彦《关于云南弥渡县解散公共食堂的调查报告》上，作了批示：

阎红彦同志此信写得很好。他的调查方法也是好的，普遍与个别相结合。发给各中央局，各省、市、自治区党委，供参考。

经毛泽东指示，阎红彦的调查报告印发全国。

"文革"风浪骤起，阎红彦却受到了毛泽东的批评。

那是在1966年8月，中共八届十一中全会在北京召开，会议讨论由陈伯达起草的《中共中央关于无产阶级文化大革命的决定》（亦即"十六条"）。

阎红彦对"文化大革命"表示"不理解"。阎红彦跟中共四川省委书记廖志高说起了自己的"不理解"，廖志高也深有同感。于是，他俩在小组会上，都谈了自己对于"文化大革命"的"不理解"。

这消息很快传到毛泽东的耳朵里。

毛泽东见到中共中央西南局书记李井泉时，问道："听说，阎红彦、廖志高的思想到现在还不通呢？"

李井泉连忙遮掩道："他们想通了，想通了！"

这消息又很快传到云南，阎红彦马上成了造反派们"炮打"的头号目标。

紧接着，1966年10月，阎红彦又去北京出席中共中央工作会议。会议的矛头指向刘少奇、邓小平。江青、陈伯达召集一些军队高级干部揭发邓小平，阎红彦却站出

---

[1] 李红义：《"文革"中以死明志的开国上将阎红彦》，《文史天地》2010年第12期。

来为邓小平说话。

于是，康生在中共中央工作会议上，点名阎红彦为"反革命修正主义分子"，使阎红彦的处境变得异常艰难。

回到云南，阎红彦便处于造反派们的猛烈"炮轰"之中。

1967年1月4日，云南省造反派头目黄兆麒准备在昆明检阅台广场召开批判省委资产阶级反动路线大会，勒令阎红彦到会接受批斗。

为了保护阎红彦，昆明军区司令员秦基伟在当天下午5时，把阎红彦和夫人王腾波秘密送往昆明市郊一个军事据点——小麦峪。

小麦峪离昆明大约十公里，那里山势险峻，是一个秘密的军事据点，驻有一个团。

云南造反派找不到阎红彦，急急上告"中央文革"。

1月8日凌晨1时，中共云南省委办公厅响起北京长途电话。接电话的是中共云南省委副秘书长王甸。王甸一听电话，呵，来头不小：中央文革小组组长陈伯达要找阎红彦！

王甸当然知道阎红彦的秘密行踪，便给小麦峪挂电话。

阎红彦的秘书曹贤桢听说陈伯达来长途电话，不敢怠慢，叫醒了阎红彦，问他接不接电话。

"把电话接过来！"阎红彦翻身下床，拿起了电话耳机。

不一会儿，电话耳机里响起了难懂的福建话。阎红彦实在听不懂。汪东兴正在陈伯达那里，临时由汪东兴充任"翻译"。

陈伯达的话非常刻薄："你不要像老鼠一样躲在洞里，去见见革命群众嘛！你的命就那么值钱？你没有了命我负责赔你一条命！我可以给立个字据，你不要胆小，不要养尊处优，当老爷当惯了，见不得风雨。斗个一次两次就怕了？十次八次也不怕！这就是中央的意见！"

阎红彦一听，肺都气炸了，激动得大声道："我就不承认你是代表中央讲话！文化大革命这样搞，谁高兴？你们坐在北京，只知道乱发号令，了解不了解下面的情况？你们对云南的经济建设怎么看？对边疆怎么看？你们究竟想什么？把地方领导机关搞成这个样子，怎么领导？你们这样干下去，是要出乱子的！"

陈伯达大骂阎红彦"顽固"，他说："中央'文化大革命'的决定写得明明白白的嘛，你还怕出乱子？！要依靠群众自己解放自己，靠毛泽东思想领导。你这么害怕群众，难道要毛主席出来为你保命？……"

陈伯达说罢，把电话耳机摔了，挂断了电话。

陈伯达一席恶语，伤透了阎红彦的心。

阎红彦无法再入眠，到隔壁房间里，对云南省长周兴诉说了刚才陈伯达打来的电话。

"我要进城，去见那些造反派！"阎红彦气呼呼地对周兴说。

"到天亮再说吧。"周兴劝慰他。

"杀我者，陈伯达、江青也！"阎红彦恨恨地说出了这句话。当时，周兴未听出他话中的特殊含义。

清晨4点多，小麦峪响起汽车轰鸣声。一大批造反派得知阎红彦在小麦峪，从昆明赶来捉拿。

秘书曹贤桢风风火火跑去报告阎红彦。阎红彦大约太累了，秘书大声喊他，没有应声。

秘书开灯一看，大吃一惊：阎红彦自杀身亡！

阎红彦在临死前，写下了一张字条："我是被陈伯达、江青逼死的。"

事后才查明，阎红彦是吞服了几十片"眠尔通"而死的。

阎红彦之死，本来要登在当时给政治局常委看的内部刊物《要事简报》上，陈伯达把消息删去了，说用不着登，算不上是"要事"！

阎红彦之子阎泽群是笔者北大校友。1991年4月，他从北京给笔者来信说：

后来，在1967年3月反击"二月逆流"中，陈伯达曾在两次重要会议上谈到阎红彦之死（可惜这些材料因我当了十年"反革命"而被抄走），记得他的讲话的大意是说：有些人未被敌人的枪炮所击中，但抵御不住敌人的糖衣炮弹，说阎红彦害怕群众。另外，就是表白他与阎红彦过去并无多少来往，等等。

直到漫漫长夜过去，阎红彦的冤案才得以平反。

1978年1月24日，阎红彦的骨灰被迎放到北京八宝山革命公墓。

邓小平、胡耀邦参加了阎红彦骨灰安放仪式。

支持上海的"一月革命"

1967年1月，是多事的月份：1月4日，打倒了陶铸。就在这一天，中央文革小组的两位大员——张春桥和姚文元——以"调研员"的身份飞往上海。也就在这一天，上海《文汇报》的造反派宣告夺权，成为上海"一月革命"的先声。1月8日清晨，阎红彦在昆明饮恨离世。当晚，毛泽东召集陈伯达等开会，毛泽东说了那番批评陶铸的话。

就在这次会议上，毛泽东对陈伯达以及刚刚被任命为中共中央宣传组组长的王力说，1月5日上海《文汇报》登载的《急告全市人民书》很好。今晚就交中央人民广播电台广播，明天登《人民日报》。毛泽东还口授了一段《人民日报》编者按，由王力当场笔录，交毛泽东阅定。

翌日，《人民日报》头版醒目地刊登了编者按，指出："随着上海市革命力量的发展，崭新面貌的、革命的《文汇报》和《解放日报》出现了。这是无产阶级革命路线反对资产阶级反动路线的胜利产物。这是我国无产阶级文化大革命发展史上的一件大事。这是一个大革命。这件大事必将对于整个华东，对于全国各省市的无产阶级文化大革命运动的发展，起到巨大的推动作用。"

张春桥（左）和姚文元

紧接着，上海《文汇报》又刊载了以王洪文为首的上海"工总司"等32个造反组织联合签署的《紧急通告》。毛泽东看后，再度肯定。毛泽东嘱令陈伯达起草贺电。陈伯达和唐平铸、胡痴一起起草。当时，唐平铸是《人民日报》总编，胡痴则刚刚被任命为新华通讯社社长。

陈伯达、唐平铸、胡痴写出了贺电，交由中共中央政治局扩大会议讨论。据陈伯达回忆，会议在人民大会堂西大厅举行。起初，毛泽东没有到会。会议通过了贺电之后，毛泽东来了。

毛泽东看了一下，说了一句意见："署名加上中央文革小组。"

贺电原先是以中共中央、国务院、中央军委联名签署的。遵照毛泽东的意见，改为以中共中央、国务院、中央军委、中央文革小组的共同名义发出。

由陈伯达、唐平铸、胡痴起草的贺电，全文如下：

上海工人革命造反总司令部等32个群众组织：

你们在1967年1月9日发出的《紧急通告》，好得很。你们提出的方针和采取的行动，是完全正确的。

你们高举了毛泽东思想伟大红旗，你们是活学活用毛主席著作的模范。

你们坚定地站在以毛主席为代表的无产阶级革命路线方面。你们及时地识破了和揭穿了资产阶级反动路线反扑的阴谋，进行了有力的还击。

你们坚持了无产阶级专政，坚持了社会主义大方向，提出了反对反革命修正主义的经济主义的战斗任务。

你们根据毛主席提出的"抓革命，促生产"的方针，制定了正确的政策。

你们实行了无产阶级革命派组织的大联合，成为团结一切革命力量的核心，把无产阶级专政的命运，紧紧掌握在自己手里。

你们以一系列的革命行动，为全国工人阶级和劳动人民，为一切革命群众，树立了光辉的榜样。

我们号召全国的党、政、军、民各界，号召全国的工人、农民、革命学生、革命知识分子、革命干部，学习上海革命造反派的经验，一致行动起来，打退资产阶级反动路线的反扑，使无产阶级文化大革命，沿着以毛主席为代表的无产阶级革命路线胜利前进。

中共中央
国务院
中央军委
中央文革小组
1967 年 1 月 11 日

这份贺电，对于以王洪文为首的上海"工总司"来说，是至关重要的。这份贺电刊登在全国各报上，上海"工总司"顿时声望骤增，王洪文也就取代王进喜，成为全国工人阶级的代表人物。

这份贺电，对于中央文革小组也是至关重要的，因为加上中央文革小组，是毛泽东提议的。

从此，种种中央文件，便以"中共中央、国务院、中央军委、中央文革小组"联合署名，大大增加了中央文革小组的"权威性"。当然，作为中央文革小组组长，陈伯达也随之增加了"权威性"。谁反对陈伯达，那便是反对中央文革小组，那便是反对中央，那便是"现行反革命"。

这份贺电表明，中央文革小组已正式取代了中共中央书记处。毛泽东说了这样的话："古之民，不歌尧之子丹朱（丹朱不肖）而歌舜；今之民，不歌中央书记处而歌中央文革。"

中央文革小组，成了一个无事不管、无处不伸手的"小组"。

这个"小组"不断"剥笋"，这时又"剥"去了谢镗忠，变得越发"小"了，从最初的 18 名成员缩小成只有八名成员：

组长：陈伯达

顾问：康生

第一副组长：江青

副组长：张春桥

组员：王力、关锋、戚本禹、姚文元

自从贺电发表之后，中央文革小组不再是过去"逊称"的"政治局的秘书班子"、"参谋部"，而是手握实权、大权，可以直接向各级党委下指示的一个权力机构了。

像走马灯似的，唐平铸、胡痴在1月11日还与陈伯达一起起草贺电，到了1月17日便倒台了。

陈伯达、王力、关锋赶到人民日报社。

陈伯达说："你们造唐平铸的反，造得对！我们在1966年5月31日到人民日报来，是带着毛主席的革命方针来的。在5月31日以前，我同唐平铸没有见过面，同胡痴也没有见过面，都是临时从解放军报社借些人，实际上是刘志坚推荐的，我们不了解他们……你们的几任总编辑都垮台了，一个邓拓，一个吴冷西，一个唐平铸，统统都垮台了。"

陈伯达宣布："我建议中央文革小组今后由王力、关锋同《人民日报》联系。关锋实际上要负责《红旗》杂志，他是《红旗》常务编委，实际上是总编。王力同志可能跟你们联系多一点……"

关锋插话说："《人民日报》有两条路线，一条是陈伯达的无产阶级革命路线，一条是陶铸的资产阶级反动路线。"

从此之后，中央文革小组便把《人民日报》《红旗》杂志都牢牢地抓在自己手中。陈伯达通过王力、关锋这两员干将，控制了中国最重要的舆论工具。

阻拦调查康生

就在今天打倒这个、明天打倒那个的乱糟糟的时刻，1967年1月中旬，北京爆发出轰动全城的新闻：打倒康生！

康生此人，又刁又滑，奸诈阴险，自从成为中央文革小组的顾问以来，招摇过市，气焰逼人。终于，人们对康生的怒火，猛烈地爆发了。

北京冒出了一个"调查康生问题联络委员会"，写大字报，印传单，炮打老奸巨猾的康生！

第九章
发疯的时刻

一大批大字报突然在清华大学贴出来，痛快淋漓地大骂康生。人们争相传抄，消息不胫而走：

△康生明里是人，暗里是鬼。演鬼戏，是他鼓动的。他凭着三寸不烂之舌，煽动文艺界去演鬼戏。他拍着胸，打着保票，夸下海口："不要怕，大胆地去演，出了问题，就说康生批准演的，一切后果，由我承担。"可是一转身，又是他康生把演鬼戏的、写鬼戏的都打成"黑帮分子"，有的已被迫害死了。

△康生诡计多端，心黑手狠，是玩弄权术的阴谋家。"二月提纲"从头到尾他都是参与了的；他又是一贯正确，出污泥而一尘不染；不但把自己洗刷得一干二净，还立了功。

△康生不是治世之能臣，而是乱世之奸雄。他走到哪里，哪里就成了多事之秋、是非之地。他吃人的法术很多，施阴谋、设陷阱，残害多少国家的栋梁。他是两手沾满鲜血的刽子手！

△康生是冯道式的人物，两面三刀，朝秦暮楚，有奶便是娘。为了达到他个人的目的，什么都能干，什么他都能出卖。

……

大字报文笔老辣，而且深知康生底细。奇怪，在工科大学——清华大学——之中，怎么会有这等舌如剑、笔似刀的作者？

几天之后，中共中央党校里贴出的一张《勒令》暴露了炮打康生的主力所在地：

正告老奸巨猾的康生，你这个制造天下大乱、祸国殃民、残害无辜的野心家、阴谋家、两面派、刽子手，你作恶多端，罄竹难书，限你24小时之内，必须交代你的滔天罪行。如不交代，誓与你血战到底！

康生深知这把火倘若不及早扑灭，很快就会酿成燎原之势。因为对于他的积恨，早已像干柴一样堆满大地。

虽然康生也手握大权，但是由他自己出面"扑火"显然不便，说不定会惹起更大风波，他只得求助于"第一夫人"江青。江青

"文革"中的康生

是他的同乡，何况江青进入延安时得到他鼎力相助。他给江青挂了电话。

江青一口答应，为他"扑火"。这倒并不是为了感谢他过去的帮助，她在需要抛出谁的时候，从不手软的。她需要这位"顾问"，康生善于给她出点子。

为了"扑火"，最合适的"消防队"，莫过于陈伯达。他是中央文革小组的组长，由他出面保"顾问"，当然最为恰当。

陈伯达跟康生之间有过一次次明争暗斗，但毕竟是一伙。陈伯达暗地里曾为康生遭炮打而欢欣，可是为了维护中央文革小组，遵"第一夫人"之命，他出面保康生。

陈伯达以中央文革小组组长的身份，给清华大学那位"造反司令"蒯大富打电话。电话记录迅速被印成传单，撒遍北京大街小巷。

以下是档案中所存的当时的传单原文：

陈伯达同志与蒯大富同志通电话记录

第一次通话：1967年1月22日凌晨2时50分。

陈伯达同志：我是陈伯达，我和你讲一件事。今天我们收到一份《公告》，是由"调查康生问题联络委员会"发出的。这个组织内部，有你们清华"井冈山兵团"，你知道吗？（答：知道。）你们态度怎么样？（答：准备退出。）你们应该出一个反公告。出这份《公告》这个行动是错误的、反动的，是同中央文革小组作对！康生同志是中央文革小组顾问，是中央信任的。[1] 怎么样？你们能说服他们吗？（答：能。）如果不能说服则开除！你们这样干就等于与中央文革小组决裂。我们是支持你们的。康生同志一直是反对杨献珍、反对林枫的。[2]

你们的矛头完全错了。红战团（引者注：即中共中央党校红色战斗团）是反动的，不能和它联系。

关锋同志讲：那天谈话[3]是受伯达、江青同志委托的。在你们困难时我们支持你们，我们不愿意看到你们跌倒，愿意你们继续革命。你们不要随便收拢组织，要保持革命派的纯洁性，不然你们的旗帜就会倒下去。以上意见，我们和你们商量，你们自己愿意怎样做，就怎样做，我们不勉强。但中央文革小组的意见是肯定的。

第二次通话：同日凌晨3时35分。

---

[1] 此时由于话听不清楚，即由陈伯达同志口授，关锋同志讲话。

[2] 林枫为中共中央党校校长。

[3] 指1月20日凌晨康生、王力、关锋接见清华井冈山代表时的谈话。

> 关锋同志：伯达要我补充几点。你们学校贴了一些攻击康生同志的大字报，建议你们挺身而出痛加驳斥！高级党校的权不能接管，那里的权在左派手里。向高级党校夺权，就是向左派夺权，向无产阶级夺权。建议你们撤出！那里的左派是李广文、智纯、武葆华。你们不要丧失你们的荣誉，要做阶级分析，不要迷失方向。革命的首要问题是分清敌、我、友。要懂得这是无产阶级和资产阶级作斗争的继续，防止坏人浑水摸鱼。再说一句，要做阶级分析，不要迷失方向。
>
> 公布人蒯大富
>
> （声明：此记录只有个别字可能有差别，意思保证无误。蒯大富）

借助于中央文革小组组长陈伯达，借助于蒯大富作为"喇叭"，随着传单的广为散发，四处贴出"康生同志是坚定的无产阶级革命家"、"炮打康生同志，就是炮打中央文革"大字报标语，很快，"打倒康生"之火被扑灭了……

陈伯达保了康生，康生惊魂甫定之后，并不感激"伯达同志"。这两位"大秀才"依然在权力分配上明争暗斗着，却又在推行极左路线方面通力合作着。

又一次鼓吹"公社"

1967年2月5日，在上海黄浦江畔冒出了一个怪物，名曰"上海人民公社"。

张春桥、姚文元主持了百万群众参加的"上海人民公社"成立大会。大会通过了《一月革命胜利万岁——上海人民公社宣言》，其中这样吹嘘着新生的怪物：

> "四海翻腾云水怒，五洲震荡风雷激。"我们上海无产阶级革命派向全中国、全世界庄严地宣告：在伟大的一月革命的大风暴中，旧上海市委、市人委被我们砸烂了，上海人民公社诞生了！……一个新型的无产阶级专政的地方国家机关，新型的上海人民公社，以崭新的面貌出现在地平线上，诞生在黄浦江畔，屹立在世界东方……
>
> 上海人民公社，是在毛泽东思想指导下，彻底打碎已被反革命修正主义分子篡夺了专政权力的国家机构，重新创造无产阶级专政的地方国家机构的一种新的组织形式……

张春桥、姚文元洋洋得意，因为他们继发明"一月革命"之后，又发明了"上海人民公社"。眼下,"一月革命"已在推向全国,各地的造反派都在仿效上海的"一月革命",都在向"走资派"们夺权。夺权之后建立的新政权,也将仿效上海,叫"××人民公社"。张春桥、姚文元已夸下海口:上海"一月革命"的意义,绝不亚于当年法国的巴黎公社。

细细追究起来,"上海人民公社"的"发明权"并不属于张、姚。陈伯达是一位"公社迷"。在1950年代那场席卷全中国的人民公社化运动中,陈伯达便是一位始作俑者,连毛泽东都说人民公社的"发明权"属于陈伯达。在"文革"中,陈伯达又一次鼓吹人民公社。

荷兰学者雅普·冯·吉内肯在其所著《林彪浮沉录》一书(Jaap van Ginneken. *The rise and fall of Lin Piao*. Penguin Books Ltd,1976)中,专门写了一节《上海人民公社》,十分详细地探索了陈伯达提倡公社的思想历程:

1966年3月,陈伯达在《红旗》杂志上发表了一篇文章,纪念巴黎公社诞生95周年。陈伯达本人研究过外国革命史,后来,他和他的北京文化批评家集团中年轻的激进作家、记者一起,埋头研究历史上存亡攸关时刻如何巩固新生政权的实例,对它们进行哲学和历史的分析。

在"十六条"的第九条中,特别提到了这个问题:

"文化革命小组、文化革命委员会的成员和文化革命代表大会的代表的产生,要像巴黎公社那样,必须实行全面的选举制。"

8月底,在《红旗》杂志上发表了巴黎公社的选举原则:"一切领导人都由人民选举产生。当选人必须是人民的公仆,并接受他们的监督。选举者可以随时罢免和撤换被选举人。"

接着,又详细地论述了这种选举制度,但马、恩、列、斯关于1871年经验的消极教训却略而不提。林彪也把自己与"大民主"的呼吁联系在一起。1966年秋,在天安门广场的最后几次群众大会上,他说:

在陈伯达带头鼓动下,"巴黎公社"以及"巴黎公社原则"一时间成了最时髦的词语。图为当时宣传画

第九章
发疯的时刻

"按照巴黎公社的原则，充分实现人民民主权利。没有这种大民主，不可能发动真正的无产阶级文化大革命……"

陈伯达一次次提倡巴黎公社，张春桥、姚文元受到"启发"，最初打算把上海新政权取名为"新上海公社"。

这时，《红旗》杂志正在准备发表社论《论无产阶级革命派夺权斗争》。据社论的执笔者之一王力回忆，社论是毛泽东要陈伯达、王力、关锋起草的，由王力、关锋执笔，陈伯达主持。王力说："这篇社论是主席夺权思想的纲领性文件，是根据主席历次在常委会上谈话和个别谈话整理的。社论写好后送主席审阅，主席批示：'写得很好，照发。'"

这篇社论，透露了毛泽东一句甚为重要、未公开发表过的话：

毛主席把北京大学的全国第一张马列主义的大字报称为20世纪60年代的北京人民公社宣言。这时，毛主席就英明地天才地预见到我们的国家机构将出现崭新的形式。

北京闻风而动，准备成立"北京人民公社"。江青跟关锋已在商量"北京人民公社"的领导成员，想由中共中央党校造反派李广文负责，戚本禹参加。毛泽东则不同意李广文，要谢富治负责。

就在这时，陈伯达从北京给在上海的张春桥打电话。打电话时，王力在侧。陈伯达在电话中向张春桥通报了《红旗》杂志即将发表的社论的内容，以及北京准备成立"北京人民公社"的消息。

急于抢头功的张春桥和姚文元，马上找上海十多个造反组织的头头们开紧急会议，决定把"新上海公社"改名为"上海人民公社"，抢先召开成立大会。

据王力回忆，毛泽东要他打电话给张春桥、姚文元，要张、姚参加上海新政权的领导班子，告知这是政治局常委会的决定，是主席的意见。但是，王力回忆说："主席没有叫我告诉他们让上海成立公社。"

2月12日早上，奉毛泽东之召，张春桥、姚文元从上海飞往北京。王力在机场迎接，然后陪同他们驱车直奔中南海游泳池。王力回忆说："主席坐在屋里，穿着他那件睡衣，跟张春桥、姚文元谈话。"

王力记得，毛泽东这次谈话，共谈了三个问题，其中第一个问题就是关于"上海人民公社"。

毛泽东的谈话，张春桥于1967年2月24日曾在上海作过传达。现据档案中所存张春桥传达的记录原文，照录于下：

毛主席说：巴黎公社是1871年成立的，到现在诞生九十六年了。如果巴黎公社不是失败而是胜利了，那据我看，现在已经变成资产阶级的公社了，因为法国的资产阶级不允许法国的工人阶级掌握政权这么久，这是巴黎公社。再一个是苏联的政权的形式。苏维埃政权一出来，列宁当时很高兴，认为是工农兵的伟大创造，是无产阶级专政的新形式。但当时他没有想到这种形式，工农兵可以用，资产阶级也能用，赫鲁晓夫也可以用。从现在的苏维埃看来，已从列宁的苏维埃变成赫鲁晓夫的苏维埃了。

主席还说：英国是君主制，不是有国王嘛？！美国是总统制，本质是一样的，都是资产阶级专政。还有很多例子，南越伪政权是总统制，它旁边柬埔寨西哈努克是国王，哪一个比较好一点呢？恐怕是西哈努克比较好一点。印度是总统制，它旁边的尼泊尔是国王，这两个，哪一个好一些？看起来还是王国比较印度好点。就现在来看啊，中国古代是三皇五帝，周朝叫王，秦朝叫皇帝，太平天国叫王，唐高宗（即武则天的丈夫）叫天皇。他说，你看名称变来变去，我们不能看名称，问题不在名称，而在实际，不在形式，而在内容。总统制、国王制、君主制，所谓资产阶级民主制，这些都是形式。我们不在名称，而在实际，不在形式，而在内容。总统这名称在英文里和校长是一个词，好像校长就低得多，总统就高得多，在英文里是一样的。所以主席说，名称不宜改得太多。

他又举了历史上的王莽，这个人最喜欢改名字的了。他一当皇帝就把所有的官职统统改了，把全国的县名统统改了，主席说，有点像红卫兵把北京街道名称全改了差不多。他改了后仍不记得，还是记老名字。王莽皇帝下诏书就困难了，改得连县名都不知道了。把老名字写在诏书里面，这样，使公文来往非常麻烦。

主席还说：话剧这形式，中国可以用，外国也可以用，无产阶级可以用，资产阶级也可以用。我们也可以设想，中华人民共和国，两个阶级都可以用，无产阶级可以用，资产阶级也可以用。如果我们被推翻了，资产阶级上台，他们也可以不改名字，还叫中华人民共和国，但不是无产阶级专政，而是资产阶级专政。如苏联一样，他都不改，还叫苏联共产党，还叫苏维埃社会主义共和国联盟。这个问题主要是看哪一个阶级掌握政权，谁掌权，这是根本的问题。所以是不是我们还是稳当一点好，不要都改名了。

主席说，现在出了个问题，各省、市都想叫人民公社，与上海一样，有的地方也叫了。最近主席反复在考虑这个问题。最初没有那么想，如这样想下去，各省、市都叫人民公社，国务院叫什么？中华人民共和国叫什么？主

第九章
发疯的时刻

席说，这样就发生改变政体、国家体制问题，国号问题。是否要改为中华人民公社呢？中华人民共和国的主席是否变成中华人民公社的主任或叫社长？出了这个问题，就发生外国承认不承认的问题。因为改变国号，外国的大使都作废了，重新换大使，重新承认。主席说，我估计苏联是不会承认的，他不敢承认，因为承认了会给苏联带来麻烦，怎么中国出了个中华人民公社？资产阶级国家可能承认。

还有一个问题，主席考虑如果都叫公社，那么党怎么办？党放在哪里呢？因为公社里有党员、非党员，公社的委员里有党员和非党员，那么党委放在哪里呢？总得有个党嘛！有个核心嘛！

不管叫什么，叫共产党也好，叫社会民主党也好，叫社会民主工党也好，叫国民党也好，叫一贯道也好，它总得有个党。一贯道也是个党，公社也要有个党，公社不能代替党。所以毛主席说，我看还是不要改名字吧！不要叫公社吧！还是按照老的办法，还是要人民代表大会，还是选举人民委员会。他说：这些名字改来改去，都是形式上的改变，不解决内容问题。现在建立的临时权力机构是不是还叫革命委员会……

毛泽东的一席话，说得张春桥、姚文元哑口无言，紧张万分。张、姚这一回抢头功，狠狠跌了一跤。

根据毛泽东的指示，"上海人民公社"于1967年2月24日宣布改称"上海市革命委员会"。

陈伯达这位"理论家"，也不得不承认自己在理论上的重大失误。

其实，倘若把康生1959年8月3日在庐山上写给毛泽东的信重读一遍，那就会发现，真正的"发明权"应当授予这位"大秀才"——他在那时候就已经提议把中华人民共和国改为"中华人民公社"了：

> 恩格斯在论无产阶级专政的国家时，曾提议不用"国家"一词，而用德文古字"公团"

1967年2月24日，"上海人民公社"改名为"上海市革命委员会"

（Gemeinwesen）或用法文"公社"。可见"公社"一词，并不等于"共产主义"（虽然外国文字很相同）。巴黎公社，广州公社，都不是实行共产主义的社会制度。根据恩格斯的信，不仅我们的农业合作社可叫做"人民公社"，即"中华人民共和国"，也可以叫做"中华人民公社"。这不仅没有违反马列主义，而是符合马列主义的……

尽管陈伯达与康生之间龃龉不断，但在极左方面却惊人的一致！

据王力回忆，毛泽东与张春桥、姚文元的谈话大约两个多小时。这次重要的谈话，照理应当让陈伯达参加，因为张、姚是以中央文革小组"调研员"的身份前往上海的，回来"述职"之际，怎不请组长陈伯达来呢？何况，所谈的又是关于"上海人民公社"的问题，张春桥是在打电话向陈伯达请示、征得同意后宣布成立的。

谈话即将结束时，毛泽东问王力："你跟他们讲没讲找他们来干什么？"

王力心中明白，毛泽东话中第一个"他们"，指的是陈伯达、江青；第二个"他们"，指的是张春桥、姚文元。

王力答道："讲了一些。等主席见了以后，再详细讲。"

张春桥、姚文元离开毛泽东那里，才从王力嘴里得知北京最新的"政治行情"：前天——2月10日——毛泽东在政治局常委扩大会议上，严厉地批评了陈伯达、江青，尤其是言辞激烈地批评陈伯达，说他打倒陶铸是"一个常委打倒一个常委"。毛泽东要陈伯达、江青作检查。"行情"变了。难怪毛泽东这次谈话，故意撇开了陈伯达！

张春桥懊悔地对王力说："我们正式成立公社时，打个电话来请示主席就好了！"

张春桥的言外之意很清楚：算他倒霉！他向组长陈伯达请示过，而眼下正碰上陈伯达突然"贬值"，难怪毛泽东花了那么多时间，旁征博引，以古今中外的种种事例驳斥"公社"……

与江青的尖锐冲突

陈伯达的处境越来越糟糕。他不光接连受到毛泽东的批评，在中央文革小组内部，又不断受到江青的排挤。

在陈伯达晚年，曾对他与江青在中央文革小组中的尖锐矛盾作了回忆。陈伯达说，江青在中央文革小组实行"独裁"：

中央文革小组如开会，江青总是继续瞎想瞎说，并且说了就算，跟她不

第九章
发疯的时刻

能讨论什么事。

这种会开下去，只能使她可以利用小组名义，把小组当作她独立的领地，继续"独裁"，胡作非为。

我认为自己应该做的，是学习，是到些学校、工厂，或一些居民地点看看谈谈。

根据毛主席规定的"要文斗，不要武斗"的方针和中央的决定，只要我知道哪里有打砸抢的事，我是要去制止的。有时带了一些打人的武器回来，为的是要告诉小组的人知道有这些事。江青便说："你放着小组的会不开，搞这些干什么？"

我的最大罪恶，首先是极端狂妄地提所谓路线问题。这是永远无法宽恕的。同时，我又胡乱随便接见一些人，乱说瞎说，让一些同志蒙受大难，这也是无法宽恕的。

虽然同在中央文革小组，但江青总是高昂着头，陈伯达早已不在她的眼里

陈伯达回忆起江青是如何在中央文革小组里"臭骂"他的：

周总理主持中央文革小组碰头会后，我只参加周总理召集的会，不再召集小组的会。周总理不在钓鱼台召集会的时候，我通常不再进那个"办公楼"。

不记得是哪一年，我曾经不经心地走进那个办公楼，看看管电话的同志，并且在开会厅坐了一下。忽然，江青来了，康生也来了，姚文元就在楼上住，一叫就到。

江青即宣布开会，臭骂我一通，康生也发言。他们那些话，我已记不住，主要是说，为什么不召集小组开会，等等。我只得让他们骂，不作回答。显然，我只有不肯召集小组单独开会这点本能，可以对付一下江青。

由于陈伯达无法在中央文革小组待下去，他曾一度提出，希望辞去中央文革小组组长之职，到天津去工作。陈伯达曾这样回忆：

天津问题的由来，是我听说中共天津市委第一书记万晓唐同志自杀。万晓唐同志我是很熟的，在文化革命前我到天津去，差不多都是他出面招待，文化革命后听到他自杀，我很苦闷，有一回，还作了调查，没有调查出什么眉目。

因为我不想当那中央文革小组组长，也实在当不下去，天津出了此事，我就在中央会议上提出我到天津工作，毛主席表示同意。虽则我没有提出辞去"组长"名义，但意在不言中了。此事陶铸同志也在，我还要陶铸同志帮腔。后来听说有人批评我，听说有同志还帮我说话，说我就是要到天津去重新学习。但是，过了些天，毛主席又说，天津情况也很复杂，你也难工作，让解学恭去。中央谈话的这一切经过，解学恭当然不可能知道。一回，在天安门上，毛主席遇见解学恭，就告以此事，可能周总理也在。解学恭到天津的经过，的确是这样。后来我听说，毛主席过去曾经认得解学恭。以后解决各省问题，中央会议在周总理的具体主持下，做了分工，由我参与天津事，在决定主要人选时，我根据中央的意见，就提解学恭担任中共天津市委第一书记。

江青插进一脚，解学恭应该是会觉得到的。在北京解决天津问题的会议上，戚本禹来了，一晚，在会上发号施令，要大家把材料都送给他。这时我就离开会场，在会场外找人聊天，让戚本禹去发威风去。

有一次天津的大学生两派互斗，一派被围，断水断电，周总理主持的中央会议决定我马上到天津去解决。我当天晚到天津就到现场，解决了一方之围，但我被另一方层层包围，几乎要被挤死。幸而解放军给我救急，找到一个吉普车，把我推进车上，匆匆开出。这是我经常感念伟大的解放军的。

在天津刚有些秩序时，江青听了她在天津的一个耳目的话，就夜间叫几十辆大卡车，把天津那时所有活动分子都弄到北京来。我阻止此事已来不及，还被迫去参加。此会一结束，天津市副市长王亢之回到天津自杀，天津市公安局局长江枫被禁闭。

这里提到的王亢之、江枫，都与陈伯达有较多的来往。在陈伯达倒台之后，王亢之、江枫以及天津作家方纪，均被当时的天津报刊称之为"陈伯达在天津的死党"。

1968年初，王亢之在被江青点名之后自杀。在自杀之前，王亢之留下遗嘱，把他所珍藏的宋版古籍送给陈伯达。

1979年初，身在秦城监狱的陈伯达从报上得知王亢之平反的消息，马上向有关部门提出请求，把王亢之送给他的两部宋版书，交还给王亢之家属。

陈伯达还回忆起，在中央文革小组，他与江青互相"回敬"："我看不起你！"

陈伯达说：

可能是在1968年，有一回，接到江青那里的电话，说要开会，是在她的住处。我去了，江、康、姚都已先在。

江青提出:"你要逼死《人民日报》一个文艺编辑。"

我说,报馆编辑部互相审查历史,我没有发动,没有参加,没有出什么主意,怎么会是我要逼死他?

康生说:"你没有看他写的东西,那是'绝命书'呀。"

接着,江青把她桌上的大瓷杯子狠狠地往地上一摔,化作粉碎,表示她对我的极度愤怒。我觉得房外有警卫战士,如果看到这堆碎片会很奇怪,因而把这些碎片一点一点地收拾起来,带回自己住处,要我那里的工作人员放到人足踩不到的河沟里。

那时,如果那位文艺编辑确系屈死,我就要对此负重大的罪。但康、江并不关心任何人的命运。这件事当作问题向我提出,仅仅是"欲加之罪,何患无辞"。

听别人说,江青那时正要用那个文艺编辑当秘书,为此找了这样的借口。也是听别人说,因为毛主席反对此事,故未用成(这些事只是当时听说,没有做任何事实查对)。

江青早已找了一个借口,把我赶出中南海。上面的事发生后,第二天我即到当时新找的房子住下来,想避免在钓鱼台继续受她的糟蹋。当然,有时我也还到钓鱼台那个原住处看看。

就我离开钓鱼台这件事,在毛主席主持的一次会上,江青乘机正式告我一状,说:"陈伯达已不要我们了,他已离开钓鱼台,另住其他地方。我同××(指她的女儿)回到中南海给主席当秘书好了。"她在搞挑拨离间的勾当。在当时的情况下,我一句话未说。

一次会上,江青说:"我同陈伯达的冲突,都是原则的冲突……"

张春桥也在会上鼓起怒目视我。

我火气一发,不再听江青霸道下去,从座位上起来,即走出会堂。

江青回过头来大声说:"我看不起你!"

我回了一句:"我也看不起你!"

陈伯达在情绪激动时,甚至对江青"回敬":"我瞧不起你!你听清了吗?我瞧不起你!不是因为主席,谁会把你放在眼里!乌鸦!"

陈伯达在中央文革小组里,不断与江青对吵。但是,陈伯达不能不容忍江青,这全然是因为江青是"第一夫人":

《人民日报》有一个不懂事的管照片的青年,找了毛主席一张相片,又找到江青一张，就拼凑成一块。据说，这是那个文艺编辑授意的。我原不知道这事，有一次开会后听说过，也没有再去询问。但有一次会议时，江青忽然对这张相片的事发言，大意是："人家说我要当武则天、慈禧太后，我又没有她们的本事。×××有什么历史问题，也不跟我说。"

我插了一句说："你说我要迫害死他，谁敢给你说？"

江青便大声说："你造谣！"

周总理接上一句："你是说过呀。"

江青就跟总理对顶起来。

这时我离开会场，在大会堂转了一圈，又要进会场。周总理说："你回来干什么呀？"

我听了周总理的话，觉得可不再参加会议，就回到住处。

当夜，有两位同志来，一个当时在总理处管警卫工作，一个是当时中央办公厅的工作人员。见面时，他们没有说什么话，但我一见，就觉得总理的高义盛情，深为感动。我说了一句："如果不是因为毛主席的关系，谁理她呀？"

这样的话，后来我也跟别人说过。

此事以后，我才通过宣传联络员去了解这张相片的制作的经过，也才看到这张假照片。

就连陈伯达的秘书缪俊胜也发觉陈伯达遭到江青"训斥"之后，总是默默承受：

有件事让我挺生气。有一次在京西宾馆开会，会议室的厕所没写明男女。会议过程中，陈上厕所，出来碰到江，江火了："你怎么上我的厕所？"陈看了看门上说："这没有写女厕所啊？""啊？你今天上我的厕所，明天就会闯我的卧室！"很严肃，当面说陈伯达，旁边还有别人。陈被江训得还不如我们这些工作人员呢。陈回去后很生气。我替他打抱不平，说我给主席打电话说说这事。陈说："不不，你不要管。"[1]

自杀风波

就在毛泽东冷落了陈伯达，把他撂在一边时，忽地从王力那里传出爆炸性消息：

---

[1] 缪俊胜口述、李宇锋整理：《我给陈伯达做秘书》，《中国改革》2011 年第 5 期。

第九章
发疯的时刻

陈伯达要自杀!

消息是绝对可靠的,因为那是陈伯达亲口对王力说的:"很紧张,想自杀。"

王力当即劝慰他:"主席批评你,是爱护你,是好事。主席说过,没有希望的人,就不批评了。可见主席是把你当成有希望的人,这才批评你。"

陈伯达却答道:"我查了书,拉法格是自杀的,列宁还纪念他,证明共产主义者可以自杀!""理论家"到底与众不同,自杀还要查一查书呢!

拉法格(Paul Lafargue,1842~1911)是马克思的女婿——马克思次女劳拉的丈夫。他出生于圣地亚哥(古巴),1866年参加第一国际,巴黎公社时期领导波尔多工人为保卫公社而斗争。1868年4月2日,拉法格在英国伦敦与马克思次女劳拉结婚,婚后,生下子女三人——沙尔·埃蒂耶纳、燕妮、马可·罗朗。1911年11月25日,拉法格和劳拉一起在德拉韦伊离世。

陈伯达查了书,查了列宁纪念拉法格的文章,居然要把自己与拉法格相比,认为自己自杀之后也会有人"纪念"他,把他当作"共产主义者"。

陈伯达的思想压力,确实是够重的。毛泽东在2月10日那几句分量很重的话,不时在他耳际响着:"你这个陈伯达,你是一个常委打倒一个常委。过去你专门在我和少奇之间进行投机。我和你相处这么多年,不牵涉到你个人,你从来不找我!"毛泽东还说,要陈伯达、江青作检讨,中央文革小组要开会,批评陈伯达、江青。毛泽东要王力打电话给张春桥、姚文元,就是为了出席中央文革小组的会议,批评陈伯达、江青。

在那次会上,毛泽东还说了一句至为重要的话:"我看现在还同过去一样,不向我报告,对我实行封锁。总理除外,总理凡是重大问题都是向我报告的。"

毛泽东这话,指林彪,也指陈伯达。打倒陶铸、成立上海人民公社等,陈伯达都未向毛泽东报告。

陈伯达在毛泽东身边工作多年,深知毛泽东的话能决定一个人的命运——不论你资格多老、地位多高,毛泽东一推,你就会倒。彭德怀如此,刘少奇如此……

摆在陈伯达面前的道路只有两条:要么检讨,要么自杀。

按照毛泽东的指示,中央文革小组决定于2月24日下午开会,批评陈伯达和江青。

陈伯达是怎样度过这次比"郑州会议"更险峻的政治危机的呢?

陈伯达闹着要自杀,王力劝他还是写检讨为好。

"我心里乱糟糟的,怎么写检讨?"陈伯达说。

王力给他出主意:"那你就简单写几句,在主席那里挂个号、备个案。以后再详细写检讨。"陈伯达仍摇头:"这简单的几句,我现在也写不了。这样吧,你替我写几句,

当年的陈伯达，虽然身居要职，但往往沮丧和失落，他甚至想到过自杀

我照你的抄。"

这么个"理论家"，连向毛泽东"挂个号"的几句话，也要王力代为捉刀！

"那天，要我在接见'专揪王任重造反团'时讲打倒陶铸的事，事先我一点也不知道。"陈伯达向王力说道，"那天我服了安眠药，没有醒，我是从被窝里被叫去讲话的。江青要我讲，我乱讲了一通。"

显然，陈伯达要把责任朝江青身上推。王力也明白他的意思，点穿了他："这不对呀，你那天讲得很有条理，不是'乱讲一通'。"

陈伯达叹道："我没有法子呀，江青逼我讲，不讲不行呀！"

王力说："你要向总理汇报清楚。"

据王力回忆：

在2月14日中央文革小组会议之前，周恩来在钓鱼台14楼同陈伯达谈话，谈了几个小时，陈伯达打消了自杀的念头。陈伯达还找康生谈了一次，说了情况。开会前，我和关锋去请康生到会，康生拍着桌子说："这都是江青搞的，要开会就批江青。伯达让她逼得都要自杀了。"当时我没说话，认为他们要吵就吵吧！关锋哀求说："康老，无论如何不能这样发脾气，要忍住，这样你到会上骂江青同志，怎么得了？"康生憋住了。

刚刚度过政治危机的康生，此时装出一副要替陈伯达打抱不平的样子。其实，他也只是私下里说说江青而已——他深知"第一夫人"是万万碰不得的。

批评会在1967年2月14日下午3时召开，会议的地点是中央文革小组所在地——钓鱼台16楼。

因为这只是中央文革小组的会议，到会的清一色全是中央文革小组成员，计有陈伯达、康生、张春桥、王力、关锋、戚本禹、姚文元，江青理应到会的，因为她是中央文革小组第一副组长，何况是这次挨批评的对象，可是她说自己"病了"，也就溜之大吉。

于是，挨批评的对象，变成只有一个陈伯达了。尽管江青没有来开会，会上谁也没有批评她一句。

康生、王力、关锋对陈伯达的批评，轻轻的，轻轻的。据说，因为他们已经知道陈伯达准备自杀，生怕说重了，陈伯达受不了，会真的去自杀——究竟是他们怕陈伯达自杀，还是存心护着陈伯达，不得而知！

倒是张春桥、姚文元"动真格"，批评起陈伯达来火力颇猛。张春桥咬文嚼字道："主席虽然同时批评了伯达同志、江青同志，但是主席用语不一样。主席说伯达是'进行投机'，这是一个路线问题；主席说江青同志'眼高手低，志大才疏'，这只是一个作风问题。所以我认为伯达同志的错误的性质跟江青同志不同，不能混为一谈。伯达同志'进行投机'，性质是很严重的……"

显而易见，张春桥、姚文元是江青的"嫡系部队"。

陈伯达作了一番检查，无非是说自己"路线斗争觉悟不高，对毛泽东思想领会不深"，等等。

康生打了圆场："今天的会，算是第一次会，江青同志生病了，没有来。以后等江青同志身体好了，再开吧。"

康生这么一说，会议便结束了。此后，中央文革小组再也没有开过批评陈伯达、江青的会——尽管江青并没有病。不过，开过了这么一次会，中央文革小组算是"落实"了毛泽东的指示，好向毛泽东交账了。

后来，关锋跟陈伯达闹矛盾，便把陈伯达声言要自杀的事告诉了江青。

江青见到陈伯达，指着他的鼻子骂道："你给我自杀！你给我自杀！你自杀，就开除你的党籍，就是叛徒，你有勇气自杀吗？"

面对江青的辱骂，陈伯达不吱声，再也没有搬出"拉法格是自杀，列宁还纪念他"之类的"自杀理论"。陈伯达的一出自杀闹剧，至此算是降下帷幕。

尽管陈伯达没有自杀，还是当他的中央文革小组组长，但毛泽东的严厉批评毕竟给了他沉重的一击。就毛泽东对他的"信任度"而言，到1967年之后明显下降，远不如1966年了……

第十章
日渐失势

陈伯达日现颓势。尤其是1967年8月1日出版的《红旗》杂志第12期发表所谓"揪军内一小撮"社论,受到毛泽东尖锐批评,作为中央文革小组组长的陈伯达不得不"端出"组员王力、关锋。此后不久戚本禹倒台,陈伯达也摇摇欲坠了……

叶剑英、徐向前拍案质问

中央文革小组对于陈伯达、江青的问题想捂，所以只在1967年2月14日召开了没有外人参加的小组会议，打算大事化小、小事化了。这次批评陈伯达、江青的小组会，连周恩来也没让参加。

不过，在2月10日，当毛泽东在政治局常委扩大会议批评陈伯达、江青时，在座的并非全是中央文革小组成员，李富春和叶剑英也在座。毛泽东对陈伯达、江青的批评，使李富春、叶剑英感到高兴。

作为中共中央政治局常委、国务院副总理的李富春（他还是周恩来指定的"副总理小组"的组长），向中共中央政治局委员和国务院副总理们传达了毛泽东对陈伯达、江青的批评，顿时群情欢跃。须知，老帅和副总理们的心头，早就积压了对于中央文革小组、对于陈伯达和江青的怒火，这次一下子便迸发出来了。他们在李富春家进行了议论。

他们是中共中央政治局委员谭震林、陈毅、叶剑英、李富春、李先念、徐向前、聂荣臻，还有国务院当时主管生产的余秋里、谷牧。

他们趁着毛泽东批评陈伯达、江青之际，发动了对中央文革小组的强大攻势。

2月14日，中央文革小组那温吞水式的批评会刚结束，陈伯达去中南海怀仁堂出席周恩来主持的中央碰头会。所谓"中央碰头会"，是由中央党、政、军日常工作负责同志和中央文革小组成员共同组成的会议，研究、处理中央的日常工作，由周恩来主持、召集。这天，江青没有去，陈伯达在会上简直成

叶剑英（左）与毛泽东在天安门合影

了被告。

刚坐定，陈伯达说："江青同志身体不好，不能来开会，托我带个意见来：军委搞了个八条命令，部队不搞大民主，不成立战斗队，这个文件没经中央文革小组讨论，怎么就送主席批了？"顿时，一连串的质问，像一连串呼啸而来的炮弹，落到陈伯达头上。

叶剑英元帅头一个向"理论家"开炮："你们把党搞乱了，把政府搞乱了，把工厂、农村搞乱了，你们还嫌不够，还一定要把军队搞乱？这样搞，你们想干什么？"

徐向前元帅拍着桌子，当面质问陈伯达："军队是无产阶级专政的支柱。这样把军队乱下去，还要不要支柱啦？难道我们这些人都不行啦？要蒯大富这类人来指挥军队？"

两位元帅说的是1月19日至30日之间在北京京西宾馆召开的中央军委会议，中央文革小组力主在军队内搞大民主，当时，叶剑英元帅在盛怒之下，拍案痛斥，以致把右手掌骨震裂。这一回，两人又盯住了陈伯达，一个劲儿批驳。只是陈伯达挨了毛泽东的批评，此时显得十分狼狈，不像往日那样威风。

徐向前提起了刘志坚被打倒的事，愤愤地问陈伯达："你说刘志坚是叛徒，完全是捏造！我还不了解刘志坚吗？刘志坚同志根本不是叛徒。我们带兵的人，军队的干部跟随我们作战那么多年，难道我们不了解他们？"

陈伯达嘟囔着，说道："刘志坚叛徒的案子已经定了，再不能改变了。"

这时，叶剑英接着放炮。他质问陈伯达："上海夺权，改名为'上海人民公社'，这样大的问题涉及国家体制，为什么不经政治局讨论，就擅自改变名称，又想干什么？"

陈伯达无言以对，因为毛泽东为这事已经批评过他，使他无法招架。

叶剑英趁机嘲笑这位"老夫子"："我们不看书、不看报，也不懂得什么是巴黎公社的原则。请你解释一下，什么是巴黎公社的原则？革命，能没有党的领导吗？能不要军队吗？"

陈伯达的脸一阵红、一阵白，虽然恨得咬牙切齿，可是，他正处于劣势，正处于挨毛泽东的批评之际，只得忍气吞声。

据他的秘书回忆，陈伯达回到

徐向前（左）与毛泽东（右）

家中，一言不发，便往床上一躺，闭上了双目……

处于垮台边缘

才隔了一天，2月16日下午，周恩来再度在怀仁堂召开中央碰头会，事先通知，会议讨论经济问题。出席会议的有政治局委员、中央文革小组成员和国务院余秋里同志。陈伯达、康生是作为政治局委员出席会议的。中央文革小组出席会议的是王力。张春桥、姚文元因与上海经济工作有关，也参加了会议。江青不去。关锋、戚本禹没有接到通知，所以未出席会议。另外，聂荣臻、谷牧也没有出席会议。开会时，周恩来居中。在周恩来右首，坐北朝南，依次为陈伯达、康生、李富春、陈毅、谭震林、李先念、叶剑英、徐向前（皆为政治局正式委员）。在周恩来左首，依次而坐的是谢富治（政治局候补委员）、余秋里、王力、张春桥、姚文元。陈伯达因挨了批评，不敢坐周恩来右首第一个位置，躲在后边桌角上去。周恩来命令他坐回原位。

老帅和国务院副总理们心中有气，虽在前天的碰头会上说了一些，但言犹未尽，在这次会上又冲着陈伯达、康生、张春桥、王力、姚文元这五员中央文革小组的"大将"猛烈开火。本来是讨论经济问题的会议，却开成了对中央文革小组的批判会——亦即后来被人们称为的"大闹怀仁堂"。

会议从下午3时开到7时。中央文革小组处于守势。王力、张春桥、姚文元在会上没有说几句话，只是埋头记录。陈伯达、康生的话也不多。

据王力回忆：

中南海怀仁堂。所谓"大闹怀仁堂"事件便发生在这里

450

刚一散会，姚文元对我说："王力，你要站稳立场。这是一场大的斗争。"张春桥把我和姚文元叫到他的房间，说："今天这个问题很大，要把情况凑一凑。明天我们要回上海了，主席说过，临走前要再见我们三个人。今天的事要报告主席。"他们两个凑，让我记，把当时认为不对的话，都凑上了。

当时，他们三人凑了情况，由王力记下一个文字要点。后来，在2月下旬，由王力执笔，整理出《2月16日怀仁堂会议》的记录材料。署名为"张春桥、王力、姚文元"。

现据这份记录，摘录若干原文：

当谭震林同志提出要张春桥同志保陈丕显时，张说，我们回去同群众商量一下，谭震林同志打断了他的话，大发雷霆，说：

"什么群众，老是群众群众，还有党的领导哩！不要党的领导，一天到晚，老是群众自己解放自己，自己教育自己，自己搞革命。这是什么东西？这是形而上学！

"你们的目的，就是要整掉老干部，你们把老干部一个一个打光。把老干部都打光，老干部一个一个被整，40年的革命，落得家破人亡，妻离子散。

"蒯大富，是什么东西？就是个反革命！搞了个百丑图。这些家伙，就是要把老干部统统打倒。

"这一次，是党的历史上斗争最残酷的一次。超过历史上任何一次。

"江青要把我整成反革命，就是当着我的面讲的！（谢富治同志插话说：江青同志和'小组'同志多次保谭震林同志，从来没有说过什么'反革命'。）我就是不要她保！我是为党工作，不是为她一个人工作！"

谭站起来，拿文件，穿衣服便走，要退出会场，说：

"让你们这些人干吧，我不干了！"

"砍脑袋，坐监牢，开除党籍，也要斗争到底！"

陈毅同志说：

"不要走，要跟他们斗争！"

"文革"中的谭震林

余秋里同志拍桌子发言：

"这样对老干部，怎么行！计委不给我道歉，我就不去检讨！"

李先念同志说：

"现在是全国范围内的大逼供信。"

谭震林同志说：

"我从来没有哭过，现在哭过3次。哭都没有地方哭，又有秘书，又有孩子。"

李先念同志说：

"我也哭过几次。"

谭震林同志说：

"我从井冈山，到现在，你们检查一下，哪里有一点反毛主席？"

当谢富治同志说，不要从个人出发，要从全局出发时，谭震林同志说："我不是为自己，是为整个的老干部，是为整个党！"

李先念同志说：

"就是从《红旗》第13期社论开始，那样大规模在群众中进行两条路线斗争。还有什么大串联，老干部统统打掉了。"

周恩来同志当即对康生同志、陈伯达同志说："发表13期《红旗》社论，这么大的问题，你们也不跟我们打招呼，送给我们看看。《红旗》社论发表以后敲锣打鼓，也是从这一期开始的。"

康生同志说："我不知道啊，我没有看。"

陈伯达同志也说："我也没看。"

……

"文革"中的李先念

李先念提到的，也就是1966年10月3日发表的《红旗》第13期社论《在毛泽东思想的大路上前进》，发出了"彻底批判资产阶级反动路线"的"号召"。确如李先念所说，"那样大规模在群众中进行两条路线斗争"，是从这篇社论开始的。"老干部统统打掉"，也是从这篇社论开始的。

第十章
日渐失势

从档案中查到，这篇社论的原稿是王力的手迹。那瘦长的字、僵硬的笔画，一望而知是王力写的。与王力共同起草的是关锋。此文经中央文革小组讨论，江青、康生、张春桥审稿，陈伯达定稿。社论的题目，是陈伯达亲自拟定的。可是，在周恩来责问陈伯达、康生时，这两位"大秀才"居然当面撒谎，说自己"不知道""没见过"！

谭震林还责问陈伯达："阎红彦有什么罪？为什么要逼死阎红彦？"

陈伯达只好沉默着，不敢回答。

张春桥看在眼里，记在心里。张春桥此人，颇有心计、精于权术。在他看来，怀仁堂斗争是一场"严重的阶级斗争"，而且陈伯达、康生表现出"右倾"、"退让"。正因为这样，他甩开了中央文革小组的这两位"组长"、"顾问"，与王力、姚文元凑好记录，三个人直奔江青那里。

王力回忆道：

> 张春桥向江青报告，带着姚文元和我一起去钓鱼台11楼。
>
> 张春桥向江青一条一条讲。本来正在"生病"的江青，立时"病愈"了。她暴跳如雷，说道："这是一场新的路线斗争，陈毅、谭震林、徐向前是错误路线的代表，叶剑英、李先念、余秋里是附和错误路线的，陈伯达、康生在路线斗争中动摇。"由于李富春在会上一言未发，所以江青没有提到他。事关重大，江青劝张、姚推迟一天回沪。
>
> 江青说要立即报告主席，并说："你们三个人都要去。"
>
> 江青马上给主席打了电话。电话是主席秘书徐业夫接的。江青说："张春桥、姚文元就要回上海了，请主席今晚接见。"过了一会儿，徐业夫回电话说毛泽东在人民大会堂北京厅会见他们。
>
> 晚10时左右，我们到了主席那里。江青这个人的特点是，到主席那里开会时像只小猫似的，躲在一边，一句话也不说，一出门，她就对一切都发号施令。
>
> 主席先问张春桥什么时候走？张春桥说18日回上海去，问主席还有什么指示，主席说没有了，都谈过了，简单说了几句。
>
> 这时张春桥说："今天发生了一件事，要向主席汇报。"接着，把我们三个人凑的情况，向主席汇报了一遍。我一言未发，只是听着。
>
> 我注意到，汇报前面的那些发言时，主席光是笑。当讲到陈老总的发言时，主席变了脸，不再笑了。[1] 主席开始是当笑话听，听到这里，板起面孔，从此

---

[1] 据王力回忆，陈毅说了一句："斯大林提拔了赫鲁晓夫，以后又怎么样？"意思是说现在的林彪以后会怎么样。

以后再也没有笑。主席以后讲的问题，话都比较厉害。如张春桥告总理对第13期《红旗》社论没送他看有意见时，主席说："党章上没有这一条——党报党刊社论要政治局常委审查？"

汇报的时间不长，主席已经当成很大的问题了，但还没发大脾气。最后说："第一要抓军队，第二要抓地方，第三要抓干部，第四生产要搞好，要抓铁路和煤炭。"

因为张、姚要回沪，主席要我把这一意见告诉林彪、周恩来和中央文革小组。

这时主席又心平气和了。我说："我根据主席和总理最近反复讲的干部政策，写了一篇社论，叫《必须正确对待干部》，早已送主席了，主席看过没有？"主席说："你马上再送一份到这里来，不要经过陈伯达。"……

这次大约谈了两个小时。

从2月10日，直到2月16日夜，陈伯达一直处于下风劣势。毛泽东批评他，张春桥攻击他，老帅、副总理们质问他，连江青也骂他"动摇"，以致毛泽东叮嘱王力送社论来"不要经过陈伯达"。

陈伯达处于深重的政治危机之中，差一点就要垮台。不料，就在这时，政局剧变，一下子从批极左转到批"右倾"，陈伯达也就从危机中解脱出来。

2月18日夜成了转折点

2月16日下午"大闹怀仁堂"之后，耿直的谭震林言犹未尽，回到家中又给毛泽东、林彪写了一封信。

此信原文如下：

主席、林副主席及政治局全体同志：

本来，我在今天会议上把该说的话已全部说完了，可我仍觉得有必要再写这封信。如算斗争，这是我第三次反击：第一次是在前天的电话中，第二次是在会议上。我之所以要如此，是到了实在忍无可忍的地步。

江青和中央文革小组口口声声称自己是毛主席革命路线的执行者，但他们根本不听主席的指示，背着中央和政治局另搞一套，在全国到处挑起事端、制造混乱。江青竟闯到政治局会上拍着桌子喊叫："毛主席，我要造你的反！"

主席是全党的主席，你江青算什么东西？竟敢造主席的反，你把主席放在什么地位，其狂妄骄横真比武则天还凶。

他们根本不作阶级分析，手段毒辣是党内没有见过的。一句话，把一个人的政治生命送掉了，名之曰"冲口而出"。陶铸、刘志坚、唐平铸，等等，一系列人的政治生命都是如此断送的。他们煽动红卫兵，疯狂揪斗老干部。省以上的高级干部，除了在军队的，住中南海的，几乎都挨了斗，戴了高帽，坐了气机[1]。许多人身体被搞垮了。弄得妻离子散、倾家荡产的人也不少。谭启龙、江华同志就是如此。他们还搞了个百丑图，在北京、上海、西安到处印发，影响很坏。我们党简直被丑化得无以复加了！

真正的修正主义分子、反革命分子无人过问，而他们有兴趣的就是打倒老干部。只要你有一点过错，就非整死你不可。他们能执政吗？能接班吗？我怀疑。

我想了很久，最后下了决心，准备牺牲。但我决不自杀，也决不叛国。我决不允许他们如此蛮干。总理已被他们整得够呛了。总理心襟宽，想得开，常劝导我们等候下去。等候，等候，等到何时？难道等到所有老干部都被打下去再说吗？不行，不行，一万个不行！这个反我造下了。下定决心，准备牺牲，也要斗下去、拼下去。

2月17日，谭震林把信装入信封，在信封上写了"呈毛主席、林副主席"派人送出。

另外，谭震林还给陈伯达写了一封信，以同样强烈的口气批评了中央文革小组。这封信后来到哪里去了，陈伯达已不记得了。但是，在当时，他记得给周恩来、王力等人看过这封信。

谭震林给毛泽东、林彪的信，先送到了林彪那里。

林彪阅信后，颇为震惊，写下批语道："谭震林最近的思想竟糊涂堕落到如此地步，完全出乎意料之外。"

2月18日早上，张春桥、姚文元飞往上海。在张春桥离京前，已抢先一步向周恩来谈了

毛泽东（右）和他的"亲密战友"林彪在一起

---

[1] 指"喷气式飞机"，即挨斗时低头、双臂交叉于背后的形象比喻。

16日夜里毛泽东的意见。当王力向周恩来汇报16日夜毛泽东的指示时，周恩来说张春桥已来谈过了。

18日下午，江青要王力向林彪传达毛泽东16日夜的谈话内容。

江青让王力在京西宾馆等着，她先去林彪那里。然后，她又从林彪家到京西宾馆，跟王力同车前往林彪家。

王力按照自己本子上所记的怀仁堂会议发言要点和毛泽东在16日夜的谈话，向林彪一一汇报。江青、叶群在座，叶群记录。

王力记得，林彪的话不多。当王力谈及徐向前元帅时，林彪说了一句："他不能代表解放军。"

王力在谈到老帅们质问陈伯达时，林彪说了一句至关重要的话："陈伯达是好人，一个书生掌握这么大的局面不容易呀！"

林彪的话传入陈伯达的耳朵中，曾使处于困境之中的陈伯达感激涕零。后来陈伯达倒向林彪，最初的契机在于这句话。陈伯达正四面楚歌，唯林彪给予了有力的支持！

王力汇报毕，江青叫叶群派车送王力回钓鱼台，自己却留在林彪那里。林彪拿出了谭震林写的那封信交给了江青。江青看了信，如获至宝！

江青没有回钓鱼台，直奔中南海，把谭震林的信交给了毛泽东。

当天深夜，毛泽东召集紧急会议，应召而来的是周恩来、叶群、康生、李富春、叶剑英、李先念、谢富治。名单是毛泽东亲自定的。其中叶群是作为林彪的代表出席的——林彪推说自己身体不好，派叶群去。

这一名单是耐人寻味的。看上去，似乎是一次中共中央政治局委员会议，可是却把中共中央政治局常委、"第四号人物"陈伯达排斥在外！显而易见，毛泽东还在生陈伯达的气。

另外，中央文革小组的成员们，除康生外，一个也没叫他们来。康生是作为中共中央政治局委员而来的，江青也没有在场。

子夜，会议才结束。康生当即火速赶往钓鱼台——那时，已是2月19日凌晨。

康生先找王力。王力跟康生住同一幢楼。康生对王力说："我知道你还不会睡，先告诉你：我刚从主席那里开会回来，出了大事了！我跟主席这么多年，从来没见主席发这么大的脾气！你立即把陈伯达、关锋、戚本禹找来，我传达会议内容。江青不要喊她，等她起床后，我再单独去跟她谈。"

陈伯达、关锋那天都住在钓鱼台，马上赶来了。戚本禹不在钓鱼台，没来。

康生拿出笔记本，向陈伯达、王力、关锋作传达。陈伯达感到沮丧，如此重要的会议，怎么把他排斥在外？！

毛泽东看了谭震林的信，加上江青的调唆，勃然大怒，召开了这次紧急会议。用康生的话来说，毛泽东"发了无产阶级的震怒"！

康生传达了毛泽东一句充满火药味的气话："我马上走，林彪也走，陈伯达、江青枪毙！康生充军！文革小组改组，让他们来搞。陈毅当组长，谭震林、徐向前当副组长，余秋里、薄一波当组员。再不够，把王明、张国焘请回来。力量还不够，请美国、苏联一块来！"

"文革"宣传画"毛主席和他的亲密战友们"。画面人物（从左至右）依次为康生、江青、林彪、毛泽东、周恩来、陈伯达

康生说，毛泽东发了一通脾气之后，周恩来劝说了毛泽东，并主动作了检讨，说自己没有掌握好。经周恩来这么一劝，会议气氛缓和下来，毛泽东的气慢慢消了。最后，毛泽东决定，陈毅、谭震林、徐向前三人"请假检讨"。要召开政治局扩大会议，批评陈毅、谭震林、徐向前。决定由周恩来、李富春找陈毅谈话，由李富春、李先念、谢富治找谭震林谈话，由叶剑英、李先念、谢富治找徐向前谈话。

传达毕，康生露出了奸笑："好了，这回解决问题了，陈伯达不用检讨了，不反'左'而反右了，我们解放了！"

这时，陈伯达也笑了。虽说他被排斥于会议之外，但是，这会议成了转折点，把他从政治危机中解救出来——八天之前，毛泽东责令他和江青检讨，如今完全反过来了，毛泽东要陈毅、谭震林、徐向前作检讨了！

康生过去对江青总是直呼其名，有什么事，总是要江青上他那里去的。这一回，透过毛泽东的"无产阶级的震怒"，康生领教了江青的能耐，掂量了江青的政治分量，不由得对江青"肃然起敬"。那天，康生在向陈伯达、王力、关锋作了传达之后，演出了一幕滑稽剧：康生坐在那里等，不敢去睡，但又不敢喊醒江青。他吩咐道，江青何时醒来，何时告诉他，他立即向她传达毛泽东的谈话！

康生，人称"康老"，从未对江青如此"恭敬"！

此后，康生见了江青，总是"江青同志"长，"江青同志"短。

当然，陈伯达也益发让江青三分，由她在中央文革小组"当家"。

反击"二月逆流"

反击！反击！反击！中央文革小组全力反击！"老夫子"和"第一夫人"转败

为胜。

怀仁堂的气氛完全变了。遵照毛泽东的指示，从1967年2月25日至3月8日在怀仁堂开了7次会议，批评陈毅、谭震林、徐向前，名曰"政治局生活会"。

"政治局生活会"的出席人员除了中共中央政治局委员、中央文革小组成员之外，增加了萧华、叶群、余秋里、谷牧、汪东兴。

新参加会议的人，不知道2月16日的情况。王力把笔记本上的记录，整理成《2月16日怀仁堂会议》材料印发，但删去了其中涉及周恩来、陈伯达、康生的内容。

中央文革小组成员们神气活现，在怀仁堂向着"四帅""三副"发威。"四帅"，即陈毅、叶剑英、徐向前、聂荣臻四位元帅，"三副"即李富春、谭震林、李先念三位副总理。

康生打头阵，他照例是打着毛泽东的旗号："毛主席发怒了，是无产阶级之怒，是无产阶级的义愤！你们提什么意见？你们提意见就是反对毛主席。你们反对这次无产阶级文化大革命，进而还否定25年前的延安整风运动。否定延安整风运动就是否定解放战争的胜利，就是否定全国革命的胜利。你们知道延安整风运动是毛主席领导的。现在要翻这个案，矛头指向谁，不十分清楚吗？你们诬蔑文化大革命不要党的领导，心目中还有伟大领袖毛主席吗？"

康生从王力那里知道林彪讲过"徐向前他不能代表解放军"，便冲着徐向前说："徐向前呀，军队不是你的，你有什么了不起？你要为刘少奇、邓小平翻案，想要反党吗？"

谢富治是受"表扬"的，这时气焰甚盛，说道："你们反党反社会主义，就是反革命复辟！"

江青最善于"上纲上线"。她说："这是八届十一中全会以来发生的最严重的一次反党事件。是事件！是一次政变的预演！是一种资本主义复辟的演习！是向革命群众反攻倒算！但是，你们失败了！永远地失败了！"

这些天缄口不语的陈伯达见江青上阵，也大为活跃，发表了"理论性"的"高见"："你们反对文化大革命的目的是什么？就是炮打以毛主席为首、林副主席为副的无产阶级司令部。你们就是一股自上而下的反革命复辟的逆流，最终，要颠覆无产阶级专政！"

批判"二月逆流"场景

陈伯达所说的"自上而下

的反革命的复辟逆流",是他的一大"创见"。"大闹怀仁堂"发生在2月,于是,便被称为"二月逆流"。这一新名词传遍全国。

据查证,陈伯达在毛泽东发了"无产阶级的震怒"之后,立即"积极"起来,给毛泽东送去一份天津小站的材料。毛泽东看后,写了批语:"自上而下都有反革命复辟的现象。"陈伯达马上加以发挥,称之为"自上而下的反革命复辟的逆流"。

姚文元得知他的那些中央文革小组的"战友们"在北京打了"大胜仗",在1967年3月26日写下如此"兴高采烈"的日记:

反对资本主义复辟逆流斗争已经取得胜利,群众起来了,很高兴。感而赋诗一首:

贺反"二月逆流"胜利
(祝北京反"二月逆流"初步胜利)
书皮恶魔现原形,红日喷薄夜气沉。
敢横冷眼驱白虎,岂畏热血洒黄尘!
雄文四卷擎天柱,人民七亿镇地金。
大海自有飞龙起,跳梁小丑岂足论。

兆文
3月26日

"兆",即"姚"的偏旁。"兆文",是姚文元的笔名。

王力也诗兴大发,写了一首"打油诗","庆贺"他们反击"二月逆流"的"胜利":

大灭奴隶气,莫当旧顺民。
长缨握在手,当家做主人。
活着干,死了算。
搞好了蒯大富,搞不好进公安部。

从姚文元、王力诗兴大发,可以看出中央文革小组的"秀才"们在当时是何等的得意!

中央文革小组发动红卫兵,把批判"二月逆流"公开推向社会,北京街头顿时贴满大字标语:

"坚决击退二月逆流!"

"坚决打倒二月逆流黑干将谭震林！"

"誓死保卫无产阶级文化大革命！"

"誓死保卫中央文革！"

"谁反对中央文革就坚决打倒谁！"

批判"二月逆流"，使"四帅""三副"要么受冲击、要么靠边、要么被打倒，而"四帅""三副"全是中共中央政治局委员。这么一来，一下子倒了7名中共中央政治局委员。加上刘少奇、邓小平、陶铸、贺龙已被打倒，朱德、陈云早已被排挤，刘伯承年老体弱，剩下来的中共中央政治局委员只有毛泽东、林彪、周恩来、陈伯达、康生5人，政治局候补委员只有谢富治一人。中共中央政治局处于瘫痪状态！

紧接着中央文革小组迈出了重要的一步：经毛泽东同意，中央文革小组代替中央政治局！

按照党章规定，在中央全会休会期间，中央政治局是党的最高权力机构。中央文革小组趁着批判"二月逆流"乱中夺权，从取代中共中央书记处发展到取代中共中央政治局！

查遍中共历次党代表大会所通过的党章，从未有过中央文革小组这样的组织名称，就连那个使中央文革小组诞生的"五一六通知"，也明确规定中央文革小组乃"隶属于政治局常务委员会之下"。如今，"隶属"者的权力不断膨胀，竟然代替了政治局。

于是，出现了一个从未有过的党的领导机构，名曰"中央文革碰头会"。这个"碰头会"包括当时中央文革小组的全体成员，即陈伯达、康生、江青、张春桥、王力、关锋、戚本禹、姚文元，加上谢富治、黄永胜、吴法宪、叶群、汪东兴、温玉成列席，周恩来参加。这个"碰头会"的绝大多数成员是"左"派，周恩来在异常艰难的状况下工作着。

真个是"柳暗花明又一村"，陈伯达从垮台的边缘爬了起来。这个中央文革小组组长手中的权力更大了。

他急于取悦毛泽东。本来，《红旗》的社论大都由王力、关锋捉刀，他不过动动嘴巴，发发指示，在最后定稿时动动笔。这一回，他一反常态，亲自执笔写了一篇《红旗》杂志社论《坚决打退反革命复辟逆流》。他以为，毛泽东对他送去的天津小站的材料作了"自上而下都有反革命复辟的现象"的指示，他写的社论正是对毛泽东的最新指示加以发挥，迎合毛泽东的见解。这一定会受到毛泽东的赞赏，由此会对他这个"理论家"产生好印象。

不料，毛泽东的看法在随时改变之中，比如他在2月10日狠狠批评陈伯达、江青，而在2月18日就转了风向，批评起陈毅、谭震林、徐向前来了。当陈伯达把《坚决打退反革命复辟逆流》一文送到毛泽东那里，毛泽东已改变了看法。毛泽东说："究竟有没有自上而下的反革命逆流？"于是，毛泽东压下了陈伯达送来的社论——这是"文革"以来从未有过的。因为《红旗》社论送到毛泽东那里，向来没有被压下来不准发表，最多是作些修改罢了。这一回，由《红旗》总编辑陈伯达亲自写的社论，被毛泽东压下、不准发表，给陈伯达因"胜利"而发昏的脑袋来了一帖清醒剂。

到了4月下旬，毛泽东已完全否定了"反革命复辟逆流"的看法，亲自批准让"四帅""三副"在"五一节"时上天安门城楼。

"乘胜追击"刘少奇

中央文革小组借助于反击"二月逆流"打了"大胜仗"，他们"乘胜追击"，再度向刘少奇发起总攻击——在"彻底批判资产阶级反动路线"的斗争中，曾给了刘少奇以沉重的一击，但是刘少奇并未彻底垮台。

急先锋又是康生。他给中央写了报告，声称已经查明刘少奇是"叛徒"。于是，毛泽东在1967年3月21日批准了康生的这一报告。

中央文革小组的"秀才"们着手掀起批判高潮。戚本禹日夜赶写批刘的长文《爱国主义还是卖国主义？——评反动影片〈清宫秘史〉》。毛泽东对此文改了三遍，决定于1967年3月30日在《红旗》杂志第5期发表。

就在戚本禹文章发表前夕，毛泽东召见了王力。那是因为王力以《红旗》杂志评论员的名义，写了一篇文章，毛泽东亲笔加了标题《"打击一大片，保护一小撮"是资产阶级反动路线的一个组成部分》，并要王力加上一段话。

毛泽东口授，王力当场记录"最高指示"：

（毛泽东说：）这本书[1]是欺人之谈。这本书是唯心论，是反马列主义的。不讲现实的阶级斗争，不讲夺取政权的斗争，只讲个人修养，蒋介石也可以接受。什么个人修养，每个人都是阶级的人，没有孤立的人，他讲的是孔孟之道，从封建主义到资本主义都可以接受。

"文革"中的戚本禹

---

[1] 指刘少奇著《论共产党员的修养》。

根据毛泽东的指示，王力在文中补入了一段批判《论共产党员的修养》的内容。

紧接着，戚本禹的文章发表了。戚本禹的文章，引用了毛泽东的话："《清宫秘史》是一部卖国主义的影片，应该进行批判。""《清宫秘史》，有人说是爱国主义的，我看是卖国主义的，彻底的卖国主义。"

《清宫秘史》是解放初上映的影片。戚本禹翻出老账来进行清算，无非是"有人说是爱国主义的"。那"有人"即刘少奇。拿这么一部早已被人遗忘的影片大做文章，无非是找个题目批判刘少奇罢了。不过，戚本禹的文章也有"新发明"，那便是没有直接点刘少奇的名字，而是代之以"中国的赫鲁晓夫"、"党内最大的走资本主义道路的当权派"，称邓小平为"党内另一个最大的走资本主义道路的当权派"，开创了不点名地公开批判的先例。

王力的评论和戚本禹的文章掀起了批判刘、邓的新高潮，中央文革小组主动出击了！

刘少奇住在中南海内，受到了"中南海卫东革命造反队"的批斗，不得不在1967年4月14日向该造反队递交了书面检查：

中南海卫东革命造反队的同志们：

你们1967年4月6日给我的紧急通令中第二条，限刘少奇于4月10日以前写出书面检查，具体回答戚本禹同志的文章中所提出的八个"为什么"的问题。现答复如下：

……

六 1962年"修养"再版，是有人推荐，有人替我修改，我看过，在《红旗》《人民日报》上发表了，我应负主要责任。[1]

刘少奇在这里所说的"有人推荐""有人替我修改"，究竟是谁呢？

造反派们穷追不舍，非要弄个明白不可。在造反派们看来，这两个"有人"，显然是刘少奇的"同党"。

于是，在批斗会上，刘少奇受到了中南海造反派的逼问。

颇有戏剧性的一幕发生了——

造反派问："刘少奇你交代，你说1962年黑'修养'再版，是有人推荐，这有人指谁？"

刘少奇先是犹豫了一下，然后答道："康生！"

造反派们愕然。又追问道："有人替你修改，这有人又是谁？"

---

[1] 引自人民出版社资料室编印的《中国赫鲁晓夫刘少奇反革命修正主义言论集》1967年版第4卷。

第十章
日渐失势

刘少奇答:"陈伯达!"

这下子,造反派们面面相觑。

静默了片刻。那个造反派头头总算"机灵",振臂高呼:"刘少奇不老实,打倒刘少奇!""誓死捍卫中央文革!""谁反对中央文革,就打倒谁!"

口号声遮掩了造反派们的尴尬。不过,消息不胫而走,很快在中南海传开来,在北京传开来,使康生和陈伯达显得非常尴尬。

江青赶紧声言:"主席过去没看过'修养'。"其实,在延安时,毛泽东不仅看过《论共产党员的修养》,而且正是他把"修养"定为延安整风运动的学习文件的!

另外,在1962年重新发表刘少奇的《论共产党员的修养》,那也是因毛泽东在1960年亲自提议编辑出版《刘少奇选集》引起的。

当时担任刘少奇秘书的邓力群,后来曾详细回忆了刘少奇《论共产党员的修养》的修改和重新发表的经过:

> 那是1960年。《毛泽东选集》第4卷编定以后,毛泽东同志建议编辑出版刘少奇同志的选集。毛泽东同志曾经多次提出这个问题,少奇同志总是表示,党的领导人中间,除《毛泽东选集》之外,不要再编个人的选集了,可以考虑编辑出版中共中央文集,其中收中央可以公开发表的文件,也收毛泽东同志之外其他领导人的一些讲话、文章。比如恩来等同志的一些讲话、文章。此事延宕多年,终未实现。毛泽东同志再次建议编辑出版少奇同志选集之后,这年冬天,中央书记处采纳这一建议并为此专门作了决定。少奇同志组织观念很强,尊重党中央的集体领导,这时也只好表示同意了。[1]

作为刘少奇秘书,邓力群见证了许多事情的经过。图为晚年邓立群

作为秘书,邓力群参加了《刘少奇选集》编辑小组,在编辑刘少奇著作的过程中,提出了一些修改意见。其中,特别谈到了《论共产党员的修养》——在刘少奇的著作中,这篇作

---

[1] 邓力群:《逝者和生者的欣慰——记〈刘少奇选集〉(上卷)的编辑出版》,《中国妇女》1982年第1期。

品产生的影响最大，可以说是刘少奇著作的代表作：

> 编辑小组同志又提出，《论共产党员的修养》中理论修养的部分讲得不够充实，是不是需要作点补充。少奇同志也同意了。
>
> ……
>
> 他同时谈到一个很重要的思想：过去公开发表的一些东西，经过这么多年了，现在党内外、国内外人们还记得起、愿意看、能看得下去、觉得对自己还有帮助的，主要是《论共产党员的修养》。为什么呢？想来想去，可能是因为在党的建设的问题上，马克思、恩格斯、列宁、斯大林他们着重是讲党的路线、方针、政策，很少从每个党员应该怎样加强自己的思想意识修养、理论修养和党性锻炼，确立共产主义的理想信念，培养共产主义道德品质，以有效地从贯彻执行这些路线、方针、政策的角度，提出问题和分析问题。我们党在毛泽东同志领导下，一贯重视制定各个时期的正确的路线、方针、政策，同时又重视这方面的问题，而且在长期革命斗争中积累了丰富的经验。《论共产党员修养》就是根据多年对党内生活的观察，对党员种种表现的观察，在这方面作了一些总结。
>
> ……
>
> 他过去就说过，《论共产党员的修养》1939年初次发表的时候，限于当时的条件，没有引证毛泽东同志关于党员修养、党性锻炼方面的意见。其实，我们党在这方面的经验，首先是由毛泽东同志很好地总结了的。这次，他又特别强调，要编辑小组一定充分引证毛泽东同志的意见。
>
> ……
>
> 《论共产党员的修养》的稿子送去，他前后看了多次，对编辑小组作了补充的理论修养部分不大满意，觉得只引用了列宁的话和外国党的经验，没有阐述我们党怎样根据马克思列宁主义的基本原理，结合中国革命的实际，在毛泽东同志领导下，创造的许多新鲜经验。他自己动笔写了书面要点，把编辑小组的同志找去，由他口授，笔录了一大段话。这段经过整理，又由他反复修改，已经写入现在稿子的第四节。
>
> ……
>
> 少奇同志对全文进行过三次修改，然后交代编辑小组把稿子报送书记处审查批准。
>
> 书记处同志同意后，少奇同志又改了几处，表示没有什么要改的了，可以交给主持人再最后看一遍、定稿。1962年8月1日，《论共产党员的修养》

在《人民日报》《红旗》杂志同时发表。[1]

1967年4月12日至18日,中央军委召开扩大会议。陈伯达走上讲台,发表长篇演讲,"系统地""从理论上"批判刘少奇。当年,曾赞誉过刘少奇是"很纯的马列主义者"的他,如今"从政治上、思想上深刻地揭发和批判了中国赫鲁晓夫几十年来的反革命修正主义路线"。"理论家"再一次显示了他的看风使舵的"理论天才"。

毛泽东在2月10日批评他"过去你专门在我和少奇之间进行投机",这一回他坚决倒向毛泽东,所以对于批刘格外起劲。

紧接着,陈伯达主编的《红旗》与《人民日报》共同以编辑部的名义,在1967年5月8日发表了《"修养"的要害是背叛无产阶级专政》一文,又从理论上给了刘少奇以沉重的一击。

批"修养",批《清宫秘史》,借此在全国掀起批判刘、邓的高潮,被中央文革小组的"秀才"们吹嘘为"毛主席的伟大战略部署"。其实,就连中央文革小组的"大员"王力,后来回忆往事,也对笔者如此说:

> 从我的亲身经历来看,"文革"中主席从来没有"战略部署"。发表聂元梓大字报、支持红卫兵、全国大串联、批判资产阶级反动路线、向走资派夺权,等等,都被说成"战略部署"。实际上是走一步看一步,走一步碰一步,碰一步就把"阶级斗争"形势估计得更严重,就又升级。这样,恶性循环,他老人家越陷越深了。

在批刘、邓的新高潮中,陈伯达跟准了毛泽东所谓的"战略部署",算是又得到毛泽东的谅解,一度十分紧张的关系暂时缓和了。

连夜赶写《伟大的历史文件》

1967年5月16日晚,陈伯达惊喜地接到了毛泽东的电话!

毛泽东自从2月10日狠狠批评了陈伯达之后,一直对他颇为冷淡。这一回,忽然给陈伯达主动打来电话,陈伯达怎不欣喜雀跃?

大约是忙糊涂了吧,陈伯达竟忘了今朝是什么日子。毛泽东在电话中告诉他:"今

---

[1] 邓力群:《逝者和生者的欣慰——记〈刘少奇选集〉(上卷)的编辑出版》,《中国妇女》1982年第1期。

陈伯达虽然是个悲情人物，但受到重用时，也会露出难得一见的欣喜。图为陈伯达（左）和林彪在一起愉快交谈

天是"五一六通知"一周年的纪念日，明天全文发表"五一六通知"，再配发一篇社论。另外，把'二月提纲'作为附件一起发表。"

这下子，陈伯达急坏了：时间太紧了！

至今还弄不清楚毛泽东怎么会在5月16日晚才通知陈伯达。也许是谁在那天晚上提醒毛泽东，今天是"五一六通知"周年之日，才使毛泽东突然决定公开发表"五一六通知"。

"社论是来不及了，可以晚一天发表。"连毛泽东也意识到这一点，在电话中告诉陈伯达。

中央文革小组总动员，贯彻毛泽东的最新指示。

陈伯达匆匆找出"五一六通知"，重看了一遍，提出建议："五一六通知"中原文"彭真同志"，删去"同志"两字。其余均照发。

毛泽东同意了。

康生听说要把"二月提纲"作为附件发表，着急了。因为不管怎么说，他是"五人小组"的成员之一。"二月提纲"的公开发表，弄得不好，会引起一场新的炮打康生的运动。

康生求助于"第一夫人"："我看，附件就不要发了吧，涉及的人太多。"

毛泽东也同意了。

就这样，当天夜里，"五一六通知"作为新华社新闻稿，发往全国各地。翌日，全国各报都全文刊登了"五一六通知"。

陈伯达、王力、关锋、戚本禹这四位"秀才"通宵未眠，落实毛泽东的指示：配发一篇社论。尽管"可以晚一天发表"，那也是够紧张的，必须连夜赶出。

在陈伯达的主持下，中央文革小组的这几位"秀才"讨论着社论的主题。他们揣测着毛泽东的意图，根据不久前毛泽东对王力的评论文章和戚本禹文章的"最高指示"，确定社论的主题是"彻底批判中国赫鲁晓夫"，宣传毛泽东的"无产阶级专政下继续革命"的理论。

经过通宵奋战，四位"秀才"赶出了社论。陈伯达把社论的题目定为《伟大的历史文件》，以《红旗》杂志和《人民日报》编辑部的名义发表。

社论的开头这样写道:

> 一年以前,在我们伟大领袖毛泽东同志亲自主持下制定的历史文件——中共中央1966年5月16日《通知》——是一个伟大的马克思列宁主义的文件。这个文件现在公开发表了。这个文件,提出了无产阶级文化大革命的理论、路线、方针和政策,粉碎了彭真反革命修正主义集团破坏无产阶级文化大革命、妄图实现资本主义复辟的阴谋。这个文件,吹响了无产阶级文化大革命进军的号角。
>
> 去年2月,彭真抛出来的汇报提纲,是一个彻头彻尾的修正主义纲领,是一个资本主义复辟的纲领。这个纲领的出笼,是彭真修正主义集团由来已久的反党反社会主义阴谋的大暴露。《通知》揭露了彭真反革命修正主义集团,使这个集团破产了。这是一个突破口,从此,以中国赫鲁晓夫为首的反革命修正主义阵线就乱了阵脚。

紧接着的一段,是王力提出来的"三个阶段"和"三个里程碑"。这一段话后来被广为引用,成为对毛泽东晚年的极左理论的"高度评价":

> 毛泽东同志亲自主持制定的这个伟大的历史文件,创造性地发展了马克思列宁主义,解决了无产阶级专政下的革命问题。
>
> 马克思和恩格斯创立了科学社会主义的理论[1],列宁和斯大林发展了马克思主义,解决了帝国主义时代无产阶级革命的一系列的问题,解决了在一个国家内实现无产阶级专政的理论和实践[2],毛泽东同志发展了马克思列宁主义,解决了当代无产阶级革命的一系列的问题,解决了在无产阶级专政下进行革命、防止资本主义复辟的理论和实践问题[3]。这是马克思主义发展史上三个伟大的里程碑。

这一回,四位"秀才"摸准了毛泽东的思想脉络,所以把稿子送往毛泽东那里之后,受到了毛泽东的赞许。毛泽东亲笔改写了关于斯大林的一大段文字(尽管社论发表时没有用黑体字标出,但起草者迄今仍记得毛泽东所改写的那一段):

---

[1] 即所谓"第一个阶段","第一个里程碑"。
[2] 即所谓"第二个阶段","第二个里程碑"。
[3] 即所谓"第三个阶段","第三个里程碑"。

斯大林是个伟大的马克思列宁主义者，他在实际上解决了很大一批钻进党内的反革命资产阶级代表人物，例如托洛茨基、季诺维也夫、加米涅夫、拉狄克、布哈林、李可夫之流。他的缺点是在理论上不承认在无产阶级专政整个历史时代社会上存在阶级和阶级斗争，革命的谁胜谁负没有最后解决，弄得不好，资产阶级就有复辟之可能。在他临死的前一年，他已觉察到了这一点，说是社会主义社会存在矛盾，弄得不好，可能使矛盾变成对抗性的。

在这篇社论末尾，起草者们还记得，毛泽东加上了一段重要的话，发表时用黑体字排印。因是毛泽东自己写的，所以他写成"毛泽东同志近几年经常说"——倘若是"秀才"们写的，则必然写成"毛主席教导我们说"。下面是毛泽东添加的一段话：

现在的文化大革命，仅仅是第一次，以后还必然要进行多次。毛泽东同志近几年经常说，革命的谁胜谁负，要在一个很长的历史时期内才能解决。如果弄得不好，资本主义复辟将是随时可能的。全体党员，全国人民，不要以为有一两次、三四次文化大革命就可以太平无事了。千万注意，决不可丧失警惕。

经过毛泽东亲自改定，《伟大的历史文件》一文在1967年5月18日发表了，陈伯达总算松了一口气。

不过，毛泽东在篇末所加的那段"最高指示"，在全国引起了颇多的猜疑："第一次"文化大革命已经结束了，现在大约又要开始"第二次"文化大革命！

为此，在1967年6月3日晚10时半，陈伯达在人民大会

1967年5月18日，《人民日报》发表社论《伟大的历史文件》，纪念"五一六通知"一周年

堂东门4楼小礼堂接见外事口的造反派时,作了如下解释:

> 现在社会上流行着各种流言飞语。比如说,去年5月16日的《通知》,今年重新发表,他们就用资产阶级世界观来推测,不是用无产阶级世界观分析,不是用阶级斗争观点来看这个问题,而是用资产阶级世界观,用主观主义、唯心论来推测这个问题。他们散布一种论调说:5月16日的《通知》重新公布,大概又要抓"一大撮"了,又要抓出一大批了,又要抓谁抓谁了。这样猜测,那样猜测。他们不知道这个文件是毛主席亲自决定制定的,这次是毛主席亲自决定发表的。过去在内部已经进行过传达,今天公开发表了,这证明了这次文化大革命取得了伟大的胜利,证明了毛主席亲自主持制定的这个伟大历史文件的无限正确。他们不晓得要根据这个伟大的历史文件的精神,对资产阶级代表人物、对党内一小撮走资本主义道路的当权派继续乘胜追击……

这时候的陈伯达又活跃起来,又到处发表讲话了——他已从一场政治暴风雨中走出来,他与毛泽东之间又恢复了来往。不过,毛泽东已不像一年前那样看重他了。

1967年6月1日,陈伯达派出王力、关锋、戚本禹来到中共中央宣传部。王力代表中央文革小组讲话,宣布"党中央决定由中央文化革命小组来接管中央宣传部","中央文化革命小组的宣传组、文艺组、教育组这三个组已经建立,中宣部这一块牌子就不要了"。

一个"小组"接管了中共中央的一个部,中央文革小组威风凛凛,气势逼人,已达到登峰造极的地步了。中央文革小组所辖的宣传组、文艺组、教育组,相当于中宣部、文化部、教育部。除了一些最为重大的事由毛泽东或林彪主持召开中共中央政治局常委会讨论决定之外,日常工作的大权已落在"中央文革碰头会"手中了。

批斗刘、邓、陶

炎暑来临了。1967年7月13日,毛泽东召开"中央文革碰头会"。平常,毛泽东是不参加"中央文革碰头会"的。这天,据说毛泽东想到武汉游长江,因为1966年7月16日,毛泽东在武汉畅游长江,眼下快一周年了,他要再游一番。他临行找中央文革小组谈话。

毛泽东、周恩来与几位"秀才"及部分中央文革小组成员合影。照片从左至右依次为张春桥、江青、周恩来、姚文元、毛泽东、戚本禹、王力、关锋、穆欣

在这个会上毛泽东说了一句很重要的话：

一年开张；二年看眉目，定下基础；三年收尾。这就叫文化大革命。

"秀才"们赶紧记下毛泽东的这句话。照毛泽东的意思，"文革"再进行两年，便可鸣金收兵了。

当天晚上，毛泽东乘坐专列，离开了北京，汪东兴、杨成武、郑维山随行。

翌日清晨，为了安排好毛泽东在武汉的活动，周恩来乘飞机从北京飞往武汉。

毛泽东一走，周恩来一走，中央文革小组以为天赐良机，马上做了一个不小的"小动作"……

1980年11月28日上午，最高人民法院特别法庭第一审判庭审问陈伯达时，便是追查这一问题：

审判员任凌云向被告人陈伯达宣布："你被指控伙同江青、康生擅自决定批斗刘少奇，并由戚本禹组织召开'批斗刘少奇大会'，同时进行抄家，对刘少奇、王光美进行人身迫害。现在法庭就这一事实进行调查。"

问："1967年7月18日戚本禹组织召开批斗刘少奇大会，对刘少奇、王光美进行人身迫害，是不是你和江青、康生擅自决定的？"

被告人陈伯达答："我说不准确，我不记得。"

问："1967年7月中旬，戚本禹送给你一份批斗刘少奇报告，你是怎么批的？"

答:"我实在是不记得,请原谅。我年纪很大,加之当时兼任的事情很多,但是,这本来是重要的事情,我还是不记得。"

法庭出示、宣读和投影江青、康生、陈伯达批准的中央办公厅王良恩1967年7月15日关于批斗刘少奇的报告。在报告上,戚本禹批:"请伯达、江青、康老决定。"康生圈阅并批"同意",陈伯达、江青圈阅同意。陈伯达把原报告中的"少奇"二字勾掉,在"刘"字后边加上"邓陶夫妇"四个字。出示后,陈伯达供认:"我看那个字是我写的,我签字的。"

问:"报告上的'邓陶夫妇'四个字是不是你亲笔加上的?"

答:"这个字我再看一下。"

法庭再出示报告,给陈伯达辨认。然后,审判员任凌云问:"是不是你亲笔加上的?"

陈答:"是我加的,我看了是我的字。"

法庭宣读了字迹鉴定书。

接着,审判员任凌云问:"你伙同江青、康生擅自决定批斗刘少奇,对刘少奇、王光美进行人身迫害,这些是事实吧?"

答:"按照这个签字,当然是事实。"

公诉人检察员曲文达经审判长同意后发言,并要求出示证据。审判员李明贵宣布:"现在宣读1980年2月10日萧孟的证言和1980年7月6日闵耀良的证言。"

宣读后,被告人陈伯达说:"我听到了。我没听清楚说到我的问题。"

法庭再次宣读了闵耀良的证言,然后,陈伯达说:"听清了。"

审判员任凌云宣布:"被告人陈伯达被指控伙同江青、康生擅自决定批斗刘少奇,对刘少奇、王光美进行人身迫害的这一事实,法庭就调查到这里。"

陈伯达与江青、康生、戚本禹在毛泽东、周恩来刚刚离开北京,便对刘少奇发起了突然袭击。刘少奇的子女刘平平、刘源、刘亭亭在怀念父亲的《胜利的鲜花献给您》(《历史在这里沉思》,华夏出版社1986年版)一文中,记述了他们当时目击的情景:

当天晚上[1],几十万群众围在中南海的四周,上百个高音喇叭不停地喧闹。

---

[1] 指1967年7月18日。

在江青、康生、陈伯达、戚本禹的直接策划下，中南海的"造反派"把爸爸妈妈分别揪到中南海的两个食堂进行批斗，同时抄了我们的家。在斗争会上，不许爸爸说一句话，强按着他低头弯腰站了两个小时。爸爸已是年近七旬的老人，难以忍受这种折磨。他掏出手绢想擦一下汗，被旁边的人狠狠一掌，把手绢打落，汗水滴在地上……

7月18日好不容易熬过去，另一个灾难性的日子又来到了——1967年8月5日。整整一年前的这天，毛泽东写了《炮打司令部》，给了刘少奇致命的一炮。为了纪念《炮打司令部》一周年，又掀起了狂暴的批刘高潮。

1967年8月5日这一天，《人民日报》公开发表了毛泽东的《炮打司令部》全文，同时配发社论《炮打资产阶级司令部》。社论说："党中央号召，全国无产阶级革命派动员起来，集中火力，集中目标，进一步深入地、广泛地从政治上、思想上、理论上，对党内最大的一小撮走资本主义道路当权派开展革命大批判。"

上百万人涌向天安门广场，在那里举行声势浩大的"批斗刘邓陶誓师大会"。

中南海也鼎沸了。本来，只是批斗刘少奇的，由于陈伯达加了"邓陶夫妇"四个字，使邓小平夫妇、陶铸夫妇也受到批斗。

中南海的批斗会分三处，分别在刘、邓、陶所住的院子里举行。三位夫人陪斗。

据刘少奇子女回忆："在长达两个多小时的斗争会上，爸爸不断遭到野蛮的谩骂和扭打。爸爸的每次答辩，都被口号声打断，随之被人用小红书劈头打来，无法讲下去。我们看见爸爸在尽力反抗，不肯低下那倔强的头……"

据陶铸夫人曾志回忆："斗陶铸的有三百多人，我被拉去陪斗。我看见有几个人把陶铸的脑袋使劲往下按，把他的双手反剪着，陶铸则进行着反抗，拼命把头昂起来，于是几个人围上去对准他一阵拳打脚踢，额头上顿时鼓起几个鸡蛋大的肿包。为了拍实况纪录片，这场残忍的闹剧足足持续了三个小时。我俩心碎神疲地回到家中……"

江青对于"批斗刘邓陶夫妇"大加赞赏，新闻电影制片厂对这天的批斗会还摄制了纪录片，并于当晚在钓鱼台17楼放了一次。不过，不知出于什么原因，在这天晚上很晚的时候，戚本禹紧急指示，将这个纪录片销毁

在邓小平家院子里，邓小平和夫人卓琳也受到了造反派们的批斗。

刘少奇在结束批斗后，回到办公室，他拿出《中华人民共和国宪法》要秘书转达他的抗议：

> 我是中华人民共和国的主席，你们怎样对待我个人，这无关紧要，但我要捍卫国家主席的尊严。谁罢免了我国家主席？要审判，也要通过人民代表大会。你们这样做，是在侮辱我们的国家……

在那样的岁月，宪法被视为废纸，刘少奇的抗议无济于事。

据王力回忆，7月18日晚，当中南海的造反派在"中央文革"支持下揪斗刘少奇时，毛泽东正在武汉召集会议，讨论武汉问题。出席会议的有周恩来、谢富治、王力、余立金、李作鹏、汪东兴、杨成武和武汉军区司令员陈再道、武汉军区第二政委钟汉华。毛泽东对武汉两大派问题（即"三钢三新"与"百万雄师"）发表讲话。毛泽东正在讲话，汪东兴接到北京长途电话，说中南海造反派在斗刘少奇。汪东兴当即向毛泽东汇报。毛泽东说："我不赞成那样搞，那样势必造成武斗。还是背靠背，不搞面对面。"毛泽东让汪东兴把他的话转告在北京主持工作的林彪。

陈伯达、江青、康生装聋作哑，依然煽动造反派发动8月5日批斗刘、邓、陶夫妇的大会。

利用"七二〇事件"大做文章

就在中央文革小组的脑袋发烫之际，武汉爆发了震动全国的反中央文革小组成员王力的大游行——人称"七二〇事件"。

毛泽东想去武汉畅游长江，武汉乱糟糟，已不是一年前的模样。那一次，毛泽东横渡长江，五千人随他伴游，十万人伫立两岸欢呼，何等的壮观、气派。"文革"才进行了一年，武汉分裂了，两大派对立着，大规模的武斗一触即发。在如此混乱的局面下，毛泽东断不能游长江了。毛泽东在那里，处理那棘手的两大派问题。

中央文革小组当时在武汉的唯一成员是王力。1967年6月下旬，毛泽东派谢富治和王力前往西南，解决云南、四川、贵州三省的问题。自从阎红彦含冤而逝之后，云南一片混乱。谢富治过去当过中共云南省委第一书记，所以毛泽东派他去。王力是作为中央文革小组成员派去的。比之于关锋、戚本禹，王力的实际工作经验更丰富。谢富治提出增加余立金，毛泽东又建议增加李再含。于是，一行四人，前往西南。另外，还有"北航红旗"四名红卫兵同行。

7月13日晚,正在重庆的谢富治接到周恩来从北京打来的电话,要他火速飞往武汉。电话中,周恩来未说原因,只说武汉有"紧急任务"。其实,那是因为毛泽东要去武汉,调谢富治到武汉,为的是保证毛泽东的安全——毛泽东记得,驻守武汉的部队原是谢富治指挥过的。

谢富治提出王力、余立金和"北航红旗"红卫兵是否同行?周恩来同意了。

7月14日上午,周恩来从北京飞抵武汉;中午谢富治、王力等从重庆飞抵武汉,住东湖宾馆;晚,毛泽东坐专列抵达武汉,周恩来前往车站迎接。毛泽东、周恩来、谢富治、王力等到达武汉,除武汉军区司令陈再道等知道以外是绝密的行动。

14日晚,周恩来没有安排谢富治、王力去车站接毛泽东。谢富治说是要上街看大字报,带着王力去了。谢、王都是"文革"中的"红人",常在各种场合抛头露面,很快就被人认出。

于是,武汉两大派都贴出大标语欢迎谢富治、王力。本是"绝密"的行动,一下子就走漏了消息。但是,两大派都不知毛泽东、周恩来在武汉。

15日一早,毛泽东召见谢富治、王力,听取他们关于西南问题的汇报。毛泽东说,他要坐镇武汉,以解决武汉问题。

毛泽东要周恩来出面主持武汉军区党委扩大会议,听取武汉情况汇报。会议从15日开至18日,参加者不到30人。

18日晚,毛泽东召集会议,确定了关于武汉问题的三条方针,即:武汉军区在支左中犯了方向性错误[1];"三钢""三新"都是革命群众组织,要以他们为核心来团结其他组织;"百万雄师"是保守组织。不过,毛泽东还说:"都是工人,我就不相信一派那么左,一派那么右,不能联合起来?工人阶级内部,没有根本的利害冲突。"

7月19日晨,周恩来飞往北京。当天,谢富治、王力、余立金、刘丰、萧前等来到武

叶永烈采访因"百万雄师"事件倒台的王力(右)

---

[1] 指武汉军区支持"百万雄师"。

汉水利学院。那里是"钢工总"的总部。谢富治和王力在讲话中,透露了昨夜会议所定下的三条方针。王力还说:"相信武汉的问题是可以就地解决的,因为武汉有一支钢铁的无产阶级革命派。"谢富治、王力的讲话,使"三钢""三新"这一大派"热烈欢呼"。

消息飞快传出去,谢富治和王力的讲话录音到处用高音喇叭广播,武汉轰动了,"百万雄师"愤怒了!

"百万雄师"不敢碰谢富治,因为谢富治毕竟是国务院副总理兼公安部部长。王力作为中央文革小组的"大员",说什么"武汉有一支钢铁的无产阶级革命派",那"钢铁"不就是指"三钢"那一派吗?王力的话,支一派,打一派,激怒了"百万雄师",成了"百万雄师"的攻击目标。

武汉街头贴出了声讨王力的大字报:《王力究竟是人还是鬼——深思几个为什么?》。大字报指出:

> 王力自窃据中央文革小组成员以来,一贯以极左面貌出现。在他插手的四川、内蒙古、江西、河南、湖北、浙江、云南等省,均出现大抓"谭氏"人物[1],大搞武斗,大流血,大混乱,大破坏,工厂停工,这是为什么?王力是不是挑动群众的罪魁祸首?把王力揪住,交给湖北3200万人民,与各兄弟省革命组织一道,进行斗争,挖出这颗埋在毛主席身边的定时炸弹。打倒王力!王力从中央文革滚出去!

19日下午3时,在武汉军区小礼堂召开军区党委扩大会,师以上干部参加。

据陈再道回忆,王力用教训人的口吻说:"看来你们对文化大革命一点也不理解,因此,我只好像给小学生上课一样,从一年级的第一课讲起……"王力从1965年姚文元批判《海瑞罢官》的文章讲起,一直讲到1967年军队支左。胡说什么武汉的职工联合会("百万雄师"的前身)是陶铸的官办组织,是用来破坏工人运动的。而工人总部则高举"造反有理"的旗帜……现在的主要矛盾是党内军内一小撮走资派……

会议一直开到夜11时。

7月20日凌晨,支持"百万雄师"的武汉8210部队6辆卡车急驶,后面跟着40多辆"百万雄师"的卡车,车上装满手持长矛的造反队员,他们要造王力的反。

车队一部分冲入武汉军区大院,另一部分冲入东湖宾馆。正在睡梦中的王力,被突然抓走,押往军区4号楼,拉到3楼的一间六平方米的小屋里。"百万雄师"的负责

---

[1] "谭氏"指国务院副总理谭震林。

人要王力签字，承认他们是革命群众组织。王力说："我没有权签这个字。哪一派是不是革命群众组织，由中央决定。"王力又说："'百万雄师'至少是群众组织，而且是一个很大的群众组织。"显然，王力不承认"百万雄师"是"革命群众组织"。

王力的态度，使"百万雄师"怒气冲天。如王力所回忆的："突然涌进了一些人，不知是什么人，连他们（即指'百万雄师'）的负责人也控制不住，动手打了我，把手表和钢笔也抢了，打得一塌糊涂！"这位"大秀才"的踝骨被打断了！

"百万雄师"总动员，出动数千辆卡车排成四路纵队，举行浩浩荡荡的游行。"打倒王力"之声，震撼着武汉三镇。这便是"七二〇事件"。

消息立即传到北京，传到钓鱼台，传到江青、陈伯达、康生的耳朵里。"百万雄师"敢打中央文革小组的"大员"王力，江青、陈伯达、康生以为，这正是个"好题目"，中央文革小组可以借此做一篇大文章。

据林彪秘书张云生所写的回忆录《毛家湾纪实》（春秋出版社1988年版）载：

7月20日下午，江青来到人民大会堂，十万火急地要见林彪[1]。江青见林彪之前，通常都在事先打个招呼，这次也顾不得了。林彪因怕"出汗"，对于会客有种种"禁忌"，这次也不在乎了。在江青之后，陈伯达、康生、张春桥、关锋、戚本禹、姚文元也陆续到了林彪住的大会堂浙江厅。最后，总理也来了。

"叫叶群也来！"李文普[2]从浙江厅出来，传达江青的命令。

"出了什么事，这么急？"我问出面接待这些客人的李文普。

"听说王力在武汉挨打了！"李文普小声说……叶群急匆匆地去了浙江厅。大约一个小时左右，会议散了。叶群来到秘书值班室，向我、张益民[3]和李文普作应急式的布置。

"武汉出了大问题了！"叶群显得有些紧张和激动，"王力在武汉挨打了，这简直是翻了天！王力是中央文革成员，打了他，就等于打了中央文革。主席正在武汉，这也是把矛头指向了主席。现在最令人担心的是主席的安全。总理决定亲自去武汉，保护主席赶快向上海转移。中央文革决定，要借这次武汉事件大做一下文章，保卫毛主席，保卫中央文革，保卫文化大革命，把当前这种反动逆流打下去"……

[1] 当时林彪住在人民大会堂浙江厅。
[2] 林彪秘书之一。
[3] 亦为林彪秘书。

第十章
日渐失势

周恩来办事干练、利索，7月20日下午3时54分，他的专机便离开北京。在飞往武汉途中，空军司令吴法宪制造紧张空气，说是陈再道在武汉王家墩机场布兵，要劫总理。于是，周恩来专机只得降落在离武汉60多公里的山坡机场。

周恩来到达武汉之后，为了息事宁人，指示武汉军区副司令员孔庆德和独立师师长牛怀义，尽快设法救出王力。因为一旦救出了王力，这场轩然大波就会慢慢平静下来。

后来，武汉8199部队奉命救出王力。王力回忆道："利用吃饭的机会，他们把我弄到29师。我在29师后来又被人发现，又转移到西山。"

周恩来匆匆赶往毛泽东那里，因为他担心毛泽东的安全。王力回忆说：

这一次主席打破不坐飞机的惯例，坐飞机到了上海。总理亲自布置主席由宾馆的后门转移到机场，改乘军内的小汽车，用武汉军区空军的车号，大卡车在前面开路。他老人家对于被迫离开武汉很恼火。这是他老人家成为党的领袖以来从未发生过的事情。

毛泽东是在7月21日凌晨2时从武汉王家墩机场起飞的。
7月21日中午，王力换上军装，被护送到武汉军区空军司令部。
7月22日凌晨3时，王力被秘密护送到武汉远郊的山坡机场。
林彪、江青、陈伯达、康生决定利用王力飞回北京之际，大造声势。他们组织了数万人在北京西郊机场像迎候"英雄"凯旋一般欢迎王力。

7月22日下午，谢富治和王力所坐的飞机先飞，周恩来在武汉处理好一些事情之后才起飞。

多年之后，王力在接受采访时告诉笔者，到达北京上空，谢富治和王力的飞机在空中盘旋，不降落，"蘑菇"了一些时候，特地让晚飞半小时的周恩来专机降落。这样，让周恩来参加到机场欢迎行列，大大提高了欢迎的"规格"。

当腿上绑着石膏、绷带的王力出现在北京西郊机场，欢迎"英雄"的人群中

1967年7月22日，谢富治、王力在北京受到"英雄"凯旋般的欢迎

477

爆发出响亮的口号声：

"打倒武汉'百万雄师'！"

"揪出武汉反革命事件的黑后台！"

"王力同志是坚定的左派！"

"向王力同志学习！"

"向王力同志致敬！"

"誓死保卫中央文革！"

"谁反对中央文革就打倒谁！"

当天晚上，林彪召集会议，中央文革小组成员全体参加。林彪定下了调子："武汉'七二〇事件'是反革命暴乱！"

鼓吹"揪军内一小撮"

中央文革小组发出了一个新的"战略性"的口号："揪军内一小撮！"

所谓"揪军内一小撮"，也就是揪出军队内一小撮走资本主义道路的当权派。

在中央文革小组看来，武汉能够爆发"七二〇事件"，"百万雄师"敢于抓中央文革小组的"大员"王力，那是因为"百万雄师"有后台——得到了武汉军区"一小撮"的支持，亦即得到了武汉军区司令员陈再道、政委钟汉华、独立师师长牛怀义、政委蔡炳臣的支持。

林彪说了一句关键性的话："武汉问题不单是武汉问题，而是全国的问题。"这样，揪武汉"军内一小撮"便扩展为在全国"揪军内一小撮"。

北京街头出现的大字报，宣传中央文革小组新的"战略性"的口号，把这一举措说成是"文革"的"第三战役"：

打倒"彭、罗、陆、杨"，是"文革"的"第一战役"；

打倒"刘、邓、陶"，是"文革"的"第二战役"；

"揪军内一小撮"，是"文革"的"第三战役"。

中央文革小组的"秀才"们最擅长的莫过于制造舆论。就在谢富治、王力回到北京的翌日清晨——7月23日早上5时20分——中央人民广播电台便向全国播送谢、王"胜利回京"的"喜讯"。

全国各报以头版头条刊载谢富治、王力在北京机场受到"热烈欢迎"的消息、照片。

当天，全国各地的造反派们举行规模盛大的集会、游行，上海举行的"高举毛泽东思想伟大红旗,上海无产阶级革命派誓死保卫中央文革大会"参加人数达百万人之众。大会发出了"给谢富治、王力同志的慰问电",称"百万雄师"为"百匪",称"七二〇事件"为"一场反革命暴乱的丑剧",声称"为了保卫中央文革小组,我们永远不惜献出自己的鲜血和生命"!

7月24日凌晨3时,陈再道等奉林彪之命进京"开会",刚刚到京西宾馆,便受到北京造反派的围攻。

中央文革小组决定在北京召开欢迎谢富治、王力"胜利归来"的大会。这个决定是由陈伯达、江青、康生、戚本禹一起讨论作出的。最初是准备在北京工人体育场召开十万人大会。可是,他们一看上海发来的"慰问电"声称"百万人大会",觉得北京只开十万人大会太不过瘾。

所谓"揪军内一小撮"首当其冲的陈再道上将

"在天安门广场,开百万人大会!"戚本禹说。

"天安门广场容纳不了一百万人吧?"陈伯达问。

"号称百万嘛!"戚本禹说。

"行。报上就宣称百万人大会。"陈伯达道。

7月25日下午5时,"欢迎大会"在北京天安门广场召开,开会前两小时,林彪突然通知中央文革小组,原本他不拟出席大会的,现决定参加。林彪在电话中说:"我经过仔细考虑,认为今天下午的大会我以参加为好。目的在于增加左派的威力,打击右派的气焰。这个欢迎大会,实质上要开成一个示威性质的会,向右派示威,加速右派的瓦解。所以,我觉得参加利多。"

林彪的电话,使中央文革小组备受鼓舞。下午4时半,林彪领头,陈伯达、康生、江青等紧跟,登上了天安门城楼。谢富治、王力成了"英雄"。

林彪在天安门城楼,对北京红卫兵头头蒯大富、韩爱晶说了这样的话:"事情发展到坏的顶点,就要向好的方向转化。从前我们要做文章,但没有题目,现在他们给我们出了题目,我们要抓住大做文章。估计最近一个月将是全国矛盾激化的一个时期。"

喜欢标新立异的林彪,提出了要批判"带枪的刘邓路线",亦即"揪军内一小撮"。

翌日,蒯大富、韩爱晶便分别鼓动他们所领导的清华"井冈山"和北京航空学院"红旗"红卫兵,开展声势浩大的"揪军内一小撮"运动。

蒯大富后来曾在交代中,谈及他们当时的判断:"林彪做接班人,有好多人不服,

479

陈伯达传

陈伯达（左）与红卫兵领袖韩爱晶

主要是四方面军的，他们力量大人多。'七二〇事件'就是四方面军的陈再道搞的。林彪提出'带枪的刘邓路线'就是冲着这些人来的。林彪'要大做文章'就是'揪军内一小撮'，把反他的力量全都打下去，为他当接班人扫清道路。"

蒯大富当时的分析，确实道出了林彪心中的"小九九"。

陈伯达、江青如此热心于"揪军内一小撮"，说穿了无非是借"七二〇事件"为题，做继续批"二月逆流"的文章。在他们看来，"二月逆流"中的主将陈毅、徐向前、叶剑英等都属"军内一小撮"。

正因为这样，林彪和中央文革小组来了个"亲密合作"，在北京发动了"揪军内一小撮"的恶浪黑潮。

事情是那么的凑巧，在这个节骨眼上，8月1日来临了！

1967年的8月1日，非同往常，是中国人民解放军建军整整40周年的日子。这下子，又给中央文革小组的"秀才"们出了个"好题目"——借纪念建军40周年之际，鼓吹"揪军内一小撮"！

在1967年8月1日出版的《红旗》杂志第12期[1]，几乎成了"揪军内一小撮"的专辑！

这一期《红旗》杂志，特地转载了7月22日在《解放军报》上发表的《从政治上思想上彻底打倒党内一小撮走资本主义道路当权派》一文，署名"空军司令部红尖兵"。

这位"红尖兵"何许人也？

他是林彪之子林立果的笔名！

林立果写道："我们空军领导机关中的无产阶级革命派，遵循伟大领袖毛主席的教导，始终把斗争矛头指向以中国的赫鲁晓夫为总代表的党内一小撮走资本主义道路的当权派，指向资产阶级反动司令部，把他们彻底粉碎。"

林立果鼓吹："打倒以中国的赫鲁晓夫为代表的党内军内一小撮走资本主义道路当权派，彻底打碎他们的资产阶级司令部……"

这一期《红旗》杂志发表了社论《无产阶级必须牢牢掌握枪杆子——纪念中国人

---

[1]《红旗》当时是半月刊，第12期理应在6月15日出版，但在"文革"中乱了套，经常延期或脱期。

民解放军建军 40 周年》。

社论提出"崭新"的"理论"："中国人民解放军，是我们伟大领袖毛主席亲手缔造的，是林彪同志直接指挥的伟大军队……"这么一来，朱德等一批老一辈无产阶级革命家被排除于中国人民解放军的缔造者之外；这么一来，毛泽东作为中央军委主席却无法"直接指挥"中国人民解放军了！

这篇社论历数"军内走资派"彭德怀、罗瑞卿的种种罪行，歌颂了"毛主席最亲密的战友、最好的学生"林彪，然后把"揪军内一小撮"作为目前"斗争的大方向"提了出来：

为了防止资本主义复辟，林彪同志特别强调了意识形态的斗争和无产阶级掌握军队的重要意义。他指出："笔杆子、枪杆子，夺取政权靠这两杆子。""资产阶级搞颠覆活动，也是思想领先，先把人们的思想搞乱。另一个是搞军队，抓枪杆子。文武相配合，抓舆论，又抓枪杆子，他们就能搞反革命政变。"这是一个非常重要的论点。在无产阶级文化大革命中，我们要把党内一小撮走资本主义道路当权派揭露出来，从政治上和思想上把他们斗倒、斗臭。

同样，也要把军内一小撮走资本主义道路当权派揭露出来，从政治上和思想上把他们斗倒、斗臭。这些家伙，还在垂死挣扎。不久以前，武汉地区党内和军内一小撮走资本主义道路的当权派就勾结起来对无产阶级革命派进行镇压。事实证明，我们必须进一步地开展革命的大批判，把党内和军队一小撮走资本主义道路当权派，彻底干净地扫进垃圾堆里去。只有这样，才能防止资本主义复辟。

目前，全国正在掀起一个对党内、军内最大的一小撮走资本主义道路当权派的大批判运动，这是斗争的大方向。人民解放军要同全国无产阶级革命派一起，积极参加大批判，彻底清除一小撮反革命修正主义分子在军内散布的恶劣影响。

关于这篇社论的起草经过，王力回忆说："当时起了很坏作用的《红旗》杂志的'八一'社论由林杰起草，陈伯达看到后鼓掌叫好，说'好极了'。在陈伯达主持下，向王力、关锋念了一遍，不送总理，就发了。"

叶永烈在北京采访林杰时为他拍照

笔者1988年12月17日访问当年《红旗》杂志编委林杰时，他也说，这篇社论是他起草的。

《红旗》编委林杰起草了社论，《红旗》第一副总编王力和常务副总编关锋审查了这篇社论，《红旗》总编陈伯达赞扬并签发了这篇社论。这篇社论由中央人民广播电台广播，各报转载，顿时在全国卷起了"揪军内一小撮"狂澜！

端出"王、关、林"

就在"揪军内一小撮"之声甚嚣尘上时，1967年8月12日，从上海传来毛泽东的批示，使林彪和中央文革小组陷于一片惊惶之中：

毛泽东看了《红旗》杂志的"八一"社论，写了"大毒草"三个字！

毛泽东批示："还我长城！"

"长城"，中国人民解放军的代称，谓之保卫祖国的钢铁长城也。

毛泽东还在林彪送审的一份准备下达全军的文件上，圈去了多处"军内一小撮"字样，批示："不用"！

透过这些批示，又一次表明，毛泽东发了"无产阶级的震怒"！因为毛泽东的"最高指示"在那种年月被吹成"一句顶一万句"，而他批评《红旗》的"八一"社论是"大毒草"！

犹如一颗原子弹落在《红旗》杂志编辑部！

说实在的，早在"五一六通知"中，毛泽东便曾亲笔加上了这样的话："混进党里、政府里、军队里和各种文化界的资产阶级代表人物，是一批反革命的修正主义分子……"照毛泽东此言，则不是"揪军内一小撮"，而是"揪军内一批"了！

在"七二〇事件"刚发生时，被匆匆护送到上海的毛泽东也曾十分恼怒，说了一些过头的话。

不过，毛泽东很快就冷静下来，说"七二〇事件"不是"兵谏"，不是什么"谋害主席"，不是"反革命事变"，他也不是"住到贼窝里去了"。毛泽东说，"七二〇事件""不过是要以王力作为人质，迫使中央改变处理武汉问题的方针"。这时，毛泽东的话，就比较客观、准确了。因为当时中央定下的方针，不承认"百万雄师"是革命群众组织，而"百万雄师"抓去王力，也就是要中央改变对于"百万雄师"的方针。

也正因为毛泽东对"七二〇事件"有了比较正确的判断，所以1967年7月26日，在北京高呼"打倒陈再道"之际，毛泽东在中央给武汉军区党委的复电中，在陈再道的名字之后亲笔加上了"同志"两字。在那样特殊的岁月，加"同志"两字，便意味着陈再道的问题属人民内部矛盾。毛泽东所加的这两个字，救了陈再道一命！

对于"揪军内一小撮"这口号，应当说，毛泽东也有一个察觉、认识的过程。如前所说，早在"五一六通知"中，毛泽东便已指出军内有"一批""反革命修正主义分子"，亦即"走资本主义道路的当权派"。然而，此时林彪、江青、陈伯达等强调"揪军内一小撮"，却是意味着"文化大革命"的斗争中心转移到军内。

"揪军内一小撮"，使军内陷入了混乱之中。毛泽东明白，在"文化大革命"中，各级党委可以瘫痪，各级政府可以瘫痪，唯军队乱不得、瘫痪不得，军队是"文革"得以进行的保证，是"钢铁长城"。

哦，怪不得连毛泽东都大呼："还我长城！"

毛泽东的"震怒"，使北京的政治气候骤变，林彪和中央文革小组成员们各自设法从一场政治危机中滑脚，相互推诿责任：

林彪马上闭上了"尊口"。好在他是"副统帅"，树大根深，一时倒不了。他溜到北戴河避暑去了！

江青是"第一夫人"。虽说毛泽东不时批评她，但不管怎么说，她也是一时倒不了的。

康生是个老滑头。7月25日，康生告诉过王力，他曾打电话给汪东兴，请示过毛泽东。康生说："主席同意开'欢迎大会'，也同意'军内一小撮'的提法。"这时，康生改口了："我打电话请示主席，主席只同意开'欢迎大会'，没有同意'军内一小撮'的提法。"

叶群这位"第二夫人"，这时也赶紧为"公子"林立果开脱。叶群让林立果给江青写信，说"红尖兵"的文章中，本来只提"党内一小撮"，那"揪军内一小撮"是先前没有的，是后来别人加上去的。

是谁加的呢？除了那几位"大秀才"，还会是谁呢？

江青和康生联合起来，一股脑儿把责任推到了陈伯达头上。

陈伯达再度处于政治危机之中。比起林彪、江青、康生来说，陈伯达的风险度最大：

第一，他是"舆论总管"、《红旗》总编，他要为那许多"揪军内一小撮"的文章负责；

第二，那篇"大毒草"——《红旗》"八一"社论——是他亲笔签发的；

第三，他在1967年2月10日受到毛泽东批评之后，好不容易喘过一口气来，地位仍不稳固。

陈伯达求救于"第一夫人"。陈伯达毕竟已是"第四号人物"，何况又是中央文革小组组长，倘若陈伯达倒台，势必会在全国引起一场反对中央文革小组的浪潮。于是，

"文革"中的王力

江青和陈伯达寻找着替罪羊。

江青密派姚文元前往上海。当时，江青在钓鱼台王力的房间里，姚文元来找江青，问她去上海的任务。江青对姚文元说："现在的权都由总理掌了，会议由他主持，由他向主席汇报，主席指示也要由他转达。你回上海，要摸摸主席的底。"

姚文元回上海以后，传来更为严峻的消息："主席说，这一回一定要追究责任！"

陈伯达慌了，赶紧推卸责任："《红旗》'八一'社论是林杰起草的，王力、关锋审定的！"

江青、康生也觉得这时候把王力、关锋推出去替罪最合适：在"七二〇事件"之后，王力红得发紫，跳得也很高。特别是在1967年8月7日，王力在钓鱼台16楼接见了外交部的姚登山（原中国驻印尼临时代办，后来成为外交部的造反派头目）和群众组织代表，说了一通批判外交部长陈毅的话，对陈毅造成很大压力。王力讲话记录被印成传单，广为流传，成为炮轰陈毅的重磅炮弹，王力也因这次8月7日的讲话博得一个雅号，曰"王八七"！显然，抛出王力替罪，是很合适的。

很快，有人提供了新的材料：早在1967年1月，《解放军报》发表的"宣传要点"中，便已提出"彻底揭穿军内一小撮走资本主义道路的当权派"。在这个"宣传要点"清样上亲笔签字的是胡痴，另外还用铅字排印着"王力、关锋、唐平铸"。当时的王力刚被毛泽东任命为中共中央宣传组组长，关锋管《解放军报》。这下子，说明王力、关锋早在1967年1月便已提出"揪军内一小撮"，更是罪责难逃。

于是，把王力、关锋的问题向毛泽东汇报，追究责任便追究到王力、关锋头上，江青、陈伯达趁机滑脚了。毛泽东同意了从中央文革小组中"剥"去王力和关锋。

康生连夜翻查了王力的档案。王力原名王光宾，1939年加入中国共产党时，介绍人是谷牧。

他曾在东北军668团做统战工作，当时党组织负责人是谷牧。在"文革"中，谷牧被打成"特务"。康生看了王力的档案，便把王力定为"国民党特务"。另外，康生还把王力定为"五一六"组织的"黑后台"。

康生显得"过分"的"积极"了。其实，康生之所以落井下石，其中有他的心事——他跟王力、关锋的关系毕竟太密切了。早在1940年代，当康生担任中共山东分局书记兼渤海区党委书记时，王力和关锋也正在那里工作：王力任渤海的土改工作总团团长兼党委书记，还挂了个区党委宣传部副部长的名义；关锋则担任中共山东分局渤海区教育科长。虽说那时他们只是一般的工作关系，但表明他们之间的历史渊源颇深。后来，在中共与苏共论战中，王力同康生在一起工作，一次次共赴莫斯科谈判，一次次一起起草文件。当王力被任命为中共中央对外联络部副部长时，主管中联部的中共中央书记处书记正是康生。当时有人说王力是"康生的人"，这话虽不见得准确，不过倒也反映了王力与康生关系相当密切。也正因为这样，康生在王力即将倒台时，忙于洗刷自己、表白自己，不顾一切地踹了王力一脚！

在戚本禹倒台前，人们将王力、关锋、林杰相提并论，称"王、关、林反党集团"

王力在当时便曾观察到康生特殊的心态，正如他后来所回忆的那样：

> 江青决定抓我时，康生很害怕，当天上午，我有一件事要请示康生，听康生的秘书李鑫说："不知为什么，康老整整3天没吃饭了。"我和康生相识20多年，1960年后朝夕相处，他诬陷我是特务和反革命阴谋组织的组织者之后，他自己也害怕了！

陈伯达呢？虽然他跟王力的关系不及康生那么密切，不过来往也是够多的。平日不大愿意送字给人的陈伯达，曾亲笔写了对联送给王力："十下莫斯科，稳坐钓鱼台。"这"十下莫斯科"，指王力十次去莫斯科谈判，而"钓鱼台"则是双关语，因为当时写作班子住在钓鱼台。这个对联，原是郭沫若送康生的："七下莫斯科，稳坐钓鱼台。"陈伯达借用了郭沫若的话，改了一个字。在王力即将倒台时，陈伯达厚着脸皮，向王力讨回自己的题字！因为陈伯达明白，王力一倒台，势必要抄家，一旦抄出这些题字，会使自己尴尬！

在王力被康生确定为"国民党特务"之后,关锋也被定为"特务"。那事情有点蹊跷突兀:在北京钢铁学院"五一六"总部被另一个红卫兵组织砸掉时,在那里的桌子上发现一张反动传单,传单上那讲话的口气完全是国民党的口气。不知怎么搞的,红卫兵发现传单背面写着一个电话号码以及"周瑛"两字。一查,那电话号码正是关锋家的,而周瑛正是关锋之妻!于是,一时风传关锋是"特务"!

王力和关锋作为"大左派",作为中央文革小组的"大员",原本注定要被人民所唾弃,扫进历史垃圾堆。不过,他们在倒台时忽地成了"特务",则连他们做梦也未曾想到。

"追究责任"的日子终于来到了。

那是 1967 年 8 月 30 日下午 2 时,在钓鱼台 16 楼召开中央文革小组扩大会议(不是传说中的"周恩来在人民大会堂召集会议"),因会议重要,中央文革小组成员张春桥、姚文元特地从上海赶来出席。周恩来坐在会议主席的位置上,他的两边坐着中央文革小组组长陈伯达和顾问康生。杨成武、吴法宪也出席了会议。叶群原定出席会议,后说是身体不好,没来。

江青宣布开会,说这次会是中央文革小组的"生活会",主要批判王力和关锋。

康生作了长篇发言,主要批判王力。康生历数王力之罪:反军乱军、毁我长城,反对无产阶级司令部,反对新生的革命委员会……然后追溯到"文革"前,说王力是刘、邓、王(即王稼祥)"三和一少"[1]路线的黑干将……然后追溯到解放前的历史问题,来了个新账老账一起算。

陈伯达也作了长篇发言,主要针对关锋。陈伯达与康生如出一辙,同样历数关锋的老账和新账,然后把《红旗》杂志那篇"八一"社论的责任,一股脑儿推给了关锋。

会议当中,发生了一个颇为有趣的小插曲。江青在批判关锋时,忽然说了么一句:"你以为你是第一个提出刘少奇是路线问题的人吗?那是我告诉你的,这是主席的意见。"

其实,那是 1966 年 8 月召开中共八届十一中全会时,关锋给江青写了一个条子,说与刘少奇的斗争是路线斗争。江青把关锋的条子转给了毛泽东,毛泽东颇为欣赏关锋的意见,立即把关锋的条子作为大会文件印发了。后来,把刘少奇派工作组的问题"上线",成为"资产阶级反动路线",最初就是出自关锋这张条子。

关锋的条子立即引起林彪的注意,他就派叶群去找关锋,问了关锋家的电话号码和地址,从此林彪与关锋建立了"直线联系"。此后,林彪让关锋管《解放军报》,甚至曾提名关锋担任解放军总政治部副主任。林彪拉拢了关锋,在中央文革小组中建立

---

[1] 所谓"三和一少",是强加给刘少奇的一个莫须有的罪名。按照当时的说法,"三和一少"即对帝、修、反要和,对民族解放战争、革命运动以及民族独立国家的支援要少。

自己的势力。江青看出了关锋的"离心倾向"。关锋呢？也知道林彪与江青之间又拉又矛盾的关系，所以每逢林彪召见他，他总拉上中央文革小组的一两个人到林彪那里去，怕是单独去了，江青会猜疑他与林彪有什么密谋。

也正因为这样，江青在批判关锋时，不忘"追本溯源"，提及了中共八届十一中全会上关锋的那张写给她的条子。江青把"发明权"归于毛泽东——"是主席的意见"，"是我告诉你的"！

基于同样的原因，叶群称病不来开会。因为叶群来开会，势必要对打倒关锋表态，未免显得尴尬……

"文革"中的关锋

如此这般地算老账、算新账，会议竟"马拉松"一般直至8月31日凌晨2时才结束。

江青在会议结束时宣布："王力、关锋从今天起请假检讨！"

"请假检讨"，亦即隔离审查的另一种"美妙"的说法。于是，威名显赫一时、列为"中央首长"的王力和关锋，即刻失去了自由。他俩被软禁于钓鱼台2号楼，"闭门思过"。在一个多月前，王力还是"文革"的"功勋演员"，是在天安门广场受到百万人欢迎的"英雄"，眼下连电话也给拆除了，切断一切跟外界的联系，成了阶下囚。这两位写惯社论的"大秀才"，如今忙于写检讨了。

林杰也与王力、关锋同时"请假检讨"。

所谓"批判极左思潮"

就在王力、关锋、林杰被隔离审查的第二天——1967年9月1日——陈伯达、康生、江青、张春桥等出现在北京市革命委员会扩大会议上。

王力、关锋"显眼"地"缺席"了。

江青在讲话中，透露了新的"信息"，即"批判极左思潮"。

江青说："还有一部分坏人在背后乱搞，以极左面貌出现的就是'五一六'。他们以极左的面貌出现，同志们要提高警惕。"

陈伯达对江青的话作了注释："江青同志讲的一个重要问题是：以极右或极左的方面动摇毛主席为首的党中央，把矛头对准军队，对准革命委员会，企图使我们乱套。

（从左至右）江青、陈伯达、康生、张春桥在一次会议齐聚

'五一六'是一个反革命组织。"

康生与江青、陈伯达保持"步调一致"，也说："要警惕，'五一六'的出现不是偶然的，它要从右的和极左的方面动摇毛主席的司令部。到处打倒周总理，这是从内部捣毁毛主席的司令部。有人不自觉上了当，帮了这个有阴谋的、反动的反革命组织的忙。对于这一小撮头头，要坚决镇压。"

中央文革小组的这些"首长"们的这番话，显然提出了新的"战略部署"。

所谓"五一六"，是指1967年6月14日由北京外国语学院刘令凯、北京钢铁学院张建旗等为首成立的"首都红卫兵五一六集团"。

江青、陈伯达、康生本是极左派，搞的是极左路线的一套，这时怎么忽地"批判极左思潮"呢？

原来，他们玩弄了非常巧妙的政治"嫁接"技术：随着"王、关、林"的被揭露，人们对于"中央文革"的怒火喷发了。他们却把"王、关、林"说成是"五一六"的"黑后台"，把"王、关、林"说成是搞极左思潮的代表人物，视线一下子便移到"王、关、林"身上去了。丢了车，保了帅！

1967年9月5日晨，中央人民广播电台广播"特大喜讯"：毛泽东巡视大江南北之后，已经安然返回北京。

就在当天，江青在"安徽来京代表会议"上发表讲话（这一讲话被收入《江青同志讲话选编》，人民出版社1968年出版），再一次发出"战斗号召"。

江青说：

> 目前，拿北京来说，就有这么一个反革命组织，叫"五一六"。他们人数不多，在表面上也是青年人，这些青年人我看是上当的……真正的幕后人都是很坏的人……
>
> 今年一二月份，有那么一股子风，从右的方面，反对无产阶级文化大革命。目前这股风，是从极左的方面来反对总理，反对中央。"五一六"就是这样一个典型反革命组织，你们要提高警惕……

早些时候，有这么一个错误的口号，叫做"抓军内一小撮"。他们到处抓"军内一小撮"，甚至把我们正规军的武器都抢了。同志们想想，如果没有人民解放军，我们能够坐在人民大会堂开会吗？（群众：不能！）如果把野战军给打乱了，万一有什么情况，那能允许吗？（群众：不能！）所以不要上这个当，那个口号是错误的。因为不管党、政、军都是党领导的，只能提党内一小撮走资本主义道路的当权派，不能再另外提，那些都是不科学的……

就在江青讲话之后，9月8日，姚文元的又一"雄文"《评陶铸的两本书》发表了。《人民日报》以三个整版刊出此文，各报也全文予以转载。

这篇文章旨在批判陶铸的两本书，却忽然插入了一段与那两本书毫不相干的话：

现在有一小撮反革命分子也采用陶铸反革命两面派的办法……他们用貌似极左而实质极右的口号，刮起"怀疑一切"的妖风，炮打无产阶级司令部，挑拨离间，浑水摸鱼，妄想动摇和分裂以毛主席为首的无产阶级司令部，达到其不可告人的罪恶目的。所谓"五一六"的组织者与操纵者，就是这样一个搞阴谋的反革命集团。

尽管姚文元的文章没有点明"五一六"的组织者与操纵者是谁，而满街飞舞的传单和醒目的大字标语作了最好的注解：

"打倒'五一六'的黑后台王、关、林！"
"王、关、林不投降，就叫他灭亡！"
最为令人忍俊不禁的是这样一条标语：
"王八七打倒了，关帝庙香火断了，林家铺子倒闭了！"
不言而喻，"王八七"指王力，"关帝庙"指关锋，"林家铺子"指林杰。
蒯大富手下的清华大学《井冈山》报，刊登整版文章：《阵阵黑风何处来——看"王、关、林"反党集团在清华》。

请注意：这里的"王、关、林"，已被称为"反党集团"。

"王、关、林"的倒台，虽曾使"本是同根生"的戚本禹一度惊慌失措，但他很快镇定下来，依然到处讲话，批判"王、关、林"。

《井冈山》报的文章以红卫兵特有的语调说：

清华井冈山兵团成立一周年了。

一年来，我英雄的井冈山人，在我们的最高红司令、伟大领袖毛主席的指引下，在中央文革小组的亲切关怀下，战胜了一个又一个狂风恶浪，把一小撮走资派、牛鬼蛇神揪到光天化日之下。不管是刘邓陶，还是王关林，都逃脱不了历史的惩罚！

然而，斗争并没有结束。最近，戚本禹同志说："遇到十二级台风你们也不用管。"这段意味深长的话告诉我们：井冈山人必须做好充分的准备，迎接更大的风暴！

文章引述了江青的一句"名言"："敌人是很狡猾的，他们有一套一套班子。你搞掉一套，他又弄上一套。"红卫兵们称"王关林反党集团就是刘邓陶资产阶级司令部的第二套班子"。

在1967年9月8日出版的《井冈山》报上所载《林杰罪行点滴》之中，有那么一"点滴"涉及陈伯达：

"林杰反对坚定的无产阶级革命家陈伯达同志。林杰狗胆包天，占了伯达同志的办公室，并偷看了伯达同志的档案。"

总结"无产阶级专政下继续革命理论"

倒了"王、关、林"，丢了写社论的三支笔。戚本禹虽说也是一支笔，不过，毛泽东已经显露出对这位"戚大帅"的不满情绪。在王力、关锋倒台之后，戚本禹的倒台只是个时间问题了。

一般的《红旗》杂志或《人民日报》社论，无须"理论家"亲自出马。眼看着11月7日苏联十月革命节要到来了，而且1967年的11月7日非同一般，是苏联十月革命胜利整整50周年纪念日。毛泽东嘱咐要写一篇社论。这一回，"理论家"责无旁贷，与姚文元合作，共同写作这一篇"大文章"。

各式各样的纪念文章，说穿了，无非是借题发挥罢了。借苏联十月革命胜利50周年这个"大题目"，陈伯达和姚文元要"发挥"什么呢？

"理论家"的最高任务，无非是要使最高领袖满意。

"理论家"最擅长的，是揣测毛泽东的意图。

王力在倒台前曾向陈伯达透露过毛泽东的重要意图：1967年2月，毛泽东曾交给王力一个任务，即"文化大革命"是怎样发展了马列主义的。毛泽东对王力说："要把无产阶级专政下继续革命的道理，归纳归纳，看有些什么理论根据？"

毛泽东认为他一生做了两件大事：一件是打败蒋介石，建立新中国；另一件是发动文化大革命。而文化大革命的最根本的理论，便是"无产阶级专政下继续革命"。

王力根据毛泽东的意图，借《关于正确处理人民内部矛盾的问题》发表20周年之际，写了《无产阶级专政下进行革命的理论武器》一文。此文送陈伯达审阅时，陈伯达知道王力文章的"来头"，一字不改，便以《红旗》杂志社论的名义，醒目地发表在1967年第10期《红旗》杂志上。

就在这篇社论发表两个月后，王力被打倒了。

陈伯达重读王力写的社论，觉得意犹未尽，于是和姚文元一起研究，又一次总结毛泽东关于无产阶级专政下继续革命的理论。

毛泽东晚年说自己一生干了两件大事：一是打败蒋介石，建立新中国；另一件是发动文化大革命。文化大革命就是要"坚持无产阶级专政下继续革命"

陈伯达和姚文元写出了《沿着十月社会主义革命开辟的道路前进——纪念伟大的十月社会主义革命50周年》一文，署"两报一刊"——《人民日报》《解放军报》《红旗》杂志——编辑部名义。

陈伯达和姚文元写好之后，生怕再遭《红旗》杂志"八一"社论的命运，先在中央文革小组内讨论，作了修改，然后呈送毛泽东审阅。

陈伯达、姚文元在致毛泽东的信中说："这篇社论又再作修改。关于主席思想六条，作了新的整理。列宁的话已充分引用了……大家很希望主席能看一看，并加批改。"

信与社论送审后，陈伯达忐忑不安。他记得，他写的《红旗》杂志社论《坚决打退反革命复辟逆流》，毛泽东看后便压下不发。这一回，会不会又来个压下不发呢？

谢天谢地，毛泽东很快就审阅了社论，并在陈伯达、姚文元送审社论的那个信封上，写了一句话："内件已阅，修改得好，可用。"

这一句"最高指示"，使这几个月经受一系列风波折磨的陈伯达松了一口气。

于是，这篇社论便在1967年11月5日由新华社播发，翌日全国各报都全文刊载，成为全中国人民的学习文件。

社论的核心，就是陈伯达、姚文元"整理"的"主席思想六条"，亦即把毛泽东平时所谈及的关于无产阶级专政下继续革命的话，加以系统化，归纳为六条——这是陈伯达、姚文元反复揣摩后的"成果"。

兹照社论原文，摘录其中的"核心"内容：

毛泽东同志对国际共产主义运动最伟大的贡献，在于他系统地总结了中国无产阶级专政的历史经验，系统地总结了十月革命以来国际无产阶级专政的历史经验，不但总结了正面的经验，而且总结了反面的经验，特别是总结了苏联资本主义全面复辟的严重教训，完整地、彻底地解决了在无产阶级专政下继续进行革命、防止资本主义复辟这一个当代最重大的课题。这是马克思列宁主义关于无产阶级专政学说划时代的伟大发展……

毛泽东同志全面地继承、捍卫和发展了马克思列宁主义，创造性地提出了无产阶级专政下继续革命的伟大理论，并且亲自发动和领导了人类历史上第一次无产阶级文化大革命的伟大实践。这是马克思主义发展到一个崭新阶段，即毛泽东思想阶段的一个极其重大的标志。

毛泽东同志关于无产阶级专政下继续革命的理论的要点[1]是：

一、必须用马克思列宁主义的对立统一的规律来观察社会主义社会。

二、社会主义社会是一个相当长的历史阶段。在社会主义这个历史阶段中，还存在着阶级、阶级矛盾和阶级斗争，存在着社会主义同资本主义两条道路的斗争，存在着资本主义复辟的危险性。为了防止资本主义复辟，为了防止"和平演变"，必须把政治战线和思想战线上的社会主义革命进行到底。

三、无产阶级专政下的阶级斗争，在本质上，依然是政权问题，就是资产阶级要推翻无产阶级专政，无产阶级则要大力巩固无产阶级专政。无产阶级必须在上层建筑其中包括各个文化领域中对资产阶级实行全面的专政。

四、社会上两个阶级、两条道路的斗争，必然会反映到党内来。党内一小撮走资本主义道路的当权派，就是资产阶级在党内的代表人物。要充分揭露他们，批判他们，整倒他们，使他们不能翻天，把那些被他们篡夺了的权力坚决夺回到无产阶级手中。

五、无产阶级专政下继续进行革命，最重要的，是要开展无产阶级文化大革命。

六、无产阶级文化大革命思想领域中的根本纲领是"斗私、批修"。无产阶级文化大革命是触及人们灵魂的大革命，是要解决人们的世界观问题。

陈伯达、姚文元在为毛泽东总结了以上六条关于无产阶级专政下继续革命理论的要点之后，请注意，用了两个"天才地"歌颂毛泽东：

---

[1] 由于原文较长，以下六条只是摘要。

毛泽东同志提出上述这些关于无产阶级专政下继续革命的理论，天才地创造性地发展了马克思列宁主义关于无产阶级专政时期阶级斗争的观念，天才地发展了无产阶级专政的观念，具有划时代的意义，在马克思主义发展史上，树立了第三个伟大的里程碑。

陈伯达、姚文元合写的文章题目成为当时的惯用语。图为"文革"宣传画

尽管后来毛泽东对用"天才地"这样的副词称颂他深恶痛绝，不过，当时他却认为"可用"。

毛泽东在"文革"中有这样的习惯：凡是经他审阅的文章，他认为好的，就写上"很好，照发"，至少写个"同意"；凡是他以为不好，表示反对的，就压下不发（唯一破例的是他违心地批发了林彪1966年5月18日那次讲话）；凡是他并不完全赞成，但大家都已表示赞成，他就画一个圈，这叫"圈阅"。圈阅只意味着他已看过，大体上同意。

这一回，陈伯达得到了毛泽东的"修改得好"的评语，就像得了老师在考卷上批了个"优秀"一样兴奋。

煽动"冀东大冤案"

陈伯达一兴奋起来，话就多了。

1967年12月25日，陈伯达来到河北唐山，住在唐山市第一招待所。

他是前来解决唐山问题的。当天晚上，他听了唐山造反派们三个半小时的汇报。

第二天上午，陈伯达便在唐山市第一招待所的大餐厅召开大会，接见唐山地区各县、市代表团，地区革命委员会筹备小组以及驻军代表。唐山难得有这样的"中央大员"光临。陈伯达的每一句话，都成了"中央首长"的"指示"。他哇啦哇啦地胡说一通，在唐山造成了"冀东大冤案"。

1980年11月29日上午，最高人民法院特别审判庭第一审判庭审问了陈伯达，调

493

查了他制造"冀东大冤案"的罪行。

以下是当时庭审的记录：

审判员李明责问："被告人陈伯达，起诉书控告你，1967年12月26日，你在唐山说，中共冀东党组织'可能是国共合作的党，实际上可能是国民党在这里起作用，

在最高人民法院特别法庭上，审判员向陈伯达讯问"冀东冤案"经过

叛徒在这里起作用。'现在我问你，1967年12月26日，你在唐山市是不是讲过这些话？"

被告人陈伯达答："让我多说几句。对唐山的问题，我从来不知道，从来没有过问，也不知道，也没有看过什么东西……那里负责人的名字我也不知道，那里所有的情况我都不知道，但是听说那里在两派斗争……我那些话是根据一些同志的意见，我把它归纳起来写上的，念出来的，因为我对于这个当时我所念的那些人的名单，名字都不知道……如果我知道冀东的情况，或者冀东某一个人的情况，那么我要完全负责任。不知道，这样说了，当然也要完全负责。"

问："现在我们问你的问题是，1967年12月26日，你是不是讲过那些话？你先回答这个问题，你是不是讲过那些话？"

答："我刚才说过了，我什么情况都不知道，我这些话无非是瞎说而已，但是经过我说的，我负责任，我没有推脱过这件事的责任。"

审判员任凌云问："你现在回答，你讲没讲过这个话，就是刚才给你宣读的？"

答："我也不记得我讲过这句话，我不记得了。"

法庭宣读了李准记的陈伯达1967年12月26日上午在唐山市接见唐山地区各县、市代表团，地区"革筹小组"及驻军大会上的讲话记录（节录）："过去你们冀东这个党就是很复杂的，可能是国共合作的党，实际上可能是国民党在这里起作用，叛徒在这里起作用。你们矿派[1]要结合的一个人，他自己就承认原来是国民党县党部委员，这个人就是原市委第一书记杨远。还有一个女的是市长，叫白芸，她的丈夫我知道，是个大庄园主，解放前在你们唐山建立了一个大庄园……"

---

[1] "矿派"是当时唐山市群众组织的一派。

宣读后，法庭又播放了陈伯达当时讲话的录音。

播放后，陈伯达说："我认为这个案子的审判是认真的……我这么一个糊涂蛋，到了这么一个大地方，考虑这个案子，也没有经过调查，没有经过及时的各方面的询问，就这么乱说一通……有一点请审判庭考虑一下，就是从这个录音里面可以看出，讲那么多事情，我一晚上时间，我能够知道这么多事情吗？我要害人也要有个准备。""从到了第二天就发表这个讲话，这个事情，这么一个经过，作为经验来说，完全是混蛋。""这些讲话是到了那里以后，东听西听，总是经过有什么汇报，我信任了……事情发生这么大，这些胡说八道的话，发生了这么大的案子，八万人呢，两千多人的命呀！八万多人的冤（陈伯达流泪），我完全不知道，我完全无所动心，完全没有表示，没有对组织上说什么，对我自己也没说什么，因为我不知道嘛……有人说我，我当时用了那么一个名义，说话是惊天动地……我听了也惊天动地。""说错话，看什么错话，一种是很严重的，一种是轻微的，我的话是很严重、很严重的……对于这件事情，我的的确确不记得，的的确确忘了。这忘了，当然是大罪了。是罪很大的，我并不想减轻我的罪。"

陈伯达说完后，公诉人检察员曲文达经审判长同意发言。他说："刚才陈伯达讲这么多，总的有一个意思，就是要推脱责任，就是说在这个问题上他没有责任。"

被告人陈伯达问："什么？我没听清楚。"

检察员曲文达说："就是你是说错话，不知道造成这么严重后果，或者是听别人讲的。就是说这么一类话吧，就是要推脱责任。"

被告人陈伯达说："我没有推脱责任……我承担全部责任。"

检察员曲文达讯问被告人："你在唐山讲冀东地区这个党是很复杂的，是国共合作的党，是国民党、叛徒在这里起作用，你有什么根据没有？"

答："我已经说过了，这些话，我一点根据都没有，我是凭空，那天晚上凭空听来的话……"

问："你这是给冀东党定性，是不是？冀东地区的党，是革命的党，说成是反革命的党，是不是这么一个问题呢？"

答："我没有说是反革命的党。"

问："那你说是国民党、叛徒在这里起作用，这是一个什么问题呢？"

答："起作用这是有可能的呀！起作用，是有的组织起作用，有的地方组织起作用。"

问："冀东党在民主革命，社会主义革命和建设当中，作了那么大的贡献，抗日战争坚持下来了，哪一个国民党、叛徒在那里起作用的党，能做这样的事情呢？"

答："你说的很对，很对。"

接着，法庭宣读了邢安民、李致和、苏维民、赵连辅 1980 年 8 月 1 日的证言。其中谈道："1967 年 12 月 26 日陈伯达来后，在唐山搞了一个杨白反党集团。杨远、白芸、张达同志被定成敌我矛盾，送到农场劳动改造；吴良俊同志被判刑 20 年；方正同志被公安机关长期拘留，并株连了大批的党员和干部。在搞杨、白专案的同时，认为杨、白的班底是从老冀东发展演变而来的，一方面上追杨、白的根子，大搞'冀东党'，一方面下挖杨、白的社会基础，大搞'肃反动流派'运动……被列入'冀东专案名册'受审查的干部 1604 人，涉及中央 29 个部门和 24 个省市，被定为和列为叛徒、特务、国民党、走资派等问题的 737 人……唐山地、市遭受迫害的干部、群众 8.4 万余人，其中被迫害致死的 2955 人，致残的 763 人。"

法庭还宣读了中共唐山市委第一书记杨远 1980 年 9 月 29 日的证言（节录），他陈述了 1967 年 12 月 26 日陈伯达在唐山讲话后，自己遭受残酷迫害和亲属受到株连的情况。宣读后，审判员李明贵问："被告人陈伯达，你听到了吗？"

陈答："听到了。"

审判长曾汉周说："冀东这件事，造成了这么严重的后果，是你讲话起了作用造成的。"

被告人陈伯达说："这个没有问题。"

陈伯达在唐山一席话，给唐山带来了一场大灾难。

1980 年 11 月 30 日，新华社电讯《冀东冤案后果严重——陈伯达供认他起了反革命作用》，记述了陈伯达在冀东犯下的严重罪行。另外，1980 年 12 月 19 日《河北日报》刊载了张云杰、闻恩秀、杨福山采写的《事实的证言——陈伯达制造冀东党大冤案的始末》，作了详细的揭露。

《河北日报》的文章指出："1967 年 9 月，陈伯达就插手唐山的问题，在北京亲自听取了唐山一些人的汇报。"就在那一次，汇报者便已向陈伯达说："由于冀东的原主要负责人是叛徒，特别是又长期在刘少奇、彭真领导下，我们怀疑有一个叛徒集团，这个集团已混入党政军内。"三个月后陈伯达去唐山，正是因为听取了这一汇报而去的……

"冀东大冤案"不仅使 8.4 万多人受诬陷、遭迫害，而且使已经长眠于冀东烈士陵园的 238 名烈士竟然也无一例外地受到清查！

"小小老百姓"，给冀东带来了一场大灾大难！

戚本禹垮台

"戚本禹算老几！"

"戚本禹是'中央首长'吗？"

"戚本禹与王、关、林是一伙！"

"戚本禹滚出'中央文革'！"

1967年12月，当凛冽的朔风吹过北京街头，一大批新贴出的大字标语的糨糊迅速冻住了，把标语牢牢粘在墙上。

红卫兵们的大炮，已经在对准"戚大帅"猛轰了！

王力、关锋、戚本禹，人称"中央文革"的"小三"（陈伯达、江青、康生被称为"中央文革"的"大三"）。如今，"小三"中倒了两个，只剩下"小三子"了。唇亡齿寒，随着对王力、关锋的批判的深入，许多事涉及戚本禹，"小三子"的日子越来越不好过了。

在"小三"之中，戚本禹年纪最小，他生于1932年，当时不过35岁，林彪称之为"小将"。

王力生于1922年，比他大10岁；关锋最为年长，生于1919年，比他大13岁。在"文革"开始之际，戚本禹不过是一个科长。

戚本禹虽是"中央文革"的一员"小将"，可是"能量"却不小，有时就连陈伯达也得让他三分。林彪秘书张云生在《毛家湾纪实》中，曾有一段文字，十分生动地写及戚本禹及陈伯达：

> 到了钓鱼台16楼，我找到了戚本禹。我把林彪口授的信稿给了他，并转达林彪请他"看看"之意。戚本禹很高兴。他可能是午休后刚起床，也可能是由于三伏天气太热，只穿着一件背心和裤衩，坐在电风扇前看着林彪的信。他有个绰号叫"戚大帅"，加上他看信过程中接了一次电话，口气十分生硬，这就更给我以此人粗野的印象。他看完信，站起来穿上一条裤子，对我说："你别急，这件事关系重大，我得再送江青同志看看。"
>
> 戚本禹拿着信稿到16楼的另一端找江青去了，我被中央文革办事组的一位工作人员让到一个小会议室里等候。过了不长时间，听从走廊里传来的说话声，像是江青和戚本禹走过来了。但走进这个小会议室的，除了戚本禹外，还有陈伯达、关锋和姚文元，唯独没有江青。他们几个人坐在会议桌旁，逐字逐句地推敲林彪给主席的那封信；对于我这个旁观者，他们装作没看见，不加理睬。他们修改文字的方式也很有意思，你一言我一语，但只有几个人都同意才由陈伯达落笔。以前我以为陈伯达在中央文革内有至高无上的权威，

但通过这小小的场面，我见那几位"小将"并不把他们的"老夫子"看在眼里。我于是想，在一切地方，表与里都可能有个差距吧。

笔者在1988年夏采访戚本禹时，他也是一件汗背心，大大咧咧，仍是当年模样。戚本禹此人在"文革"中蹿得甚快，从《红旗》杂志历史组组长跃为中共中央办公厅秘书局副局长、中共中央办公厅代主任，出入中南海，掌握核心机要。

1983年，北京市人民检察分院"京检字第42号"起诉书，曾列举了戚本禹在"文革"中的主要罪行：

1966年6月16日，由戚本禹起草，和关锋共同联名签署了给江青、康生、陈伯达的信："彭德怀到三线后还在积极进行不正当的活动"，"直到现在还是一面黑旗"，"要彻底消除这个隐患"。同年12月26日，即彭德怀被戚本禹指使的学生从四川挟持回到北京的前一天，戚本禹写信给江青："彭德怀现在已经被红卫兵抓住，一二日内即要押送回京。北京的学生，已经做好了斗争的准备。"

1967年1月12日，在钓鱼台16楼，戚本禹召集中共中央办公厅的一些人开会。戚本禹说：

"中南海冷冷清清，外面轰轰烈烈……刘、邓、陶在中南海很舒服，你们为什么不去斗他们？"还说："你们可以贴大字报揭发朱德，可以去妇联点火揭发康克清。"在戚本禹煽动下，当晚中共中央办公厅秘书局七八十人闯进刘少奇、邓小平、陶铸家，对他们进行围斗。也有人闯进朱德家，围斗了康克清，并在中南海西门等处，张贴了诬陷朱德的大标语、大字报。

1967年7月中旬，江青、康生、陈伯达等擅自决定对刘少奇、邓小平、陶铸夫妇进行批斗。7月18日凌晨，戚本禹贯彻执行他们的批示，在人民大会堂召集中南海机关的一些人开会说："前几天中南海围斗了刘少奇，规模小，有人围斗他总是好，但是火力不强。""对刘、邓、陶要面对面斗争"，"这是你们相当时期头等重要的任务"。"要使他们威风扫地，要杀气腾腾，可以低头弯腰。"戚本禹作了具体布置："搞几个战斗组织，有的搞刘少奇，有的搞邓小平，有

1988年接受叶永烈采访时的戚本禹

的搞陶铸。王光美、卓琳也要搞。"在戚本禹的组织、煽动下，当天中南海 300 余人批斗了刘少奇、王光美，强迫低头弯腰。此后又多次批斗了刘少奇和王光美、邓小平和卓琳、陶铸和曾志，进行人身迫害，并先后抄了他们的家……

毛泽东在决定打倒王力、关锋时，已对戚本禹十分不满。在上海，毛泽东对杨成武说："先抓王力、关锋，把他们分割一下，看戚本禹有无转变。"

在打倒王力、关锋之后，戚本禹的根基也不稳了。

王力回忆了戚本禹被打倒的一些内幕情况：

戚本禹是忠实于江青的，早请示，晚汇报。听说后来江青查抄彭真同志的家，查到戚本禹给彭真的一封信。彭真请关锋、戚本禹吃过饭。原因是 1966 年初学术批判时，彭真送了几个人的材料给主席，其中包括批邓拓和关锋、戚本禹。我知道后跟彭真同志说："这个材料送不得，不要又搞成新的'八司马'[1]。"彭真说送了。我说："江青认为关锋、戚本禹是大左派，送了他们的材料，怎么得了？"彭真同志为了缓和一下，所以请关锋、戚本禹吃饭。关锋吃了无所表示，戚本禹却写了信去谢彭真。

江青查到这封信，很伤心：她的忠实追随者戚本禹原来也赞扬过彭真！这是一。

还有，戚本禹同金敬迈搞的中央文革文艺组，在 1967 年 1 月一个晚上向江青汇报，说找到她当年写的第一篇小说，写得如何如何的好。他们想拍江青的马屁，谁知江青当场变了脸，说："你们胆子倒不小，搜集我的材料！"戚本禹连忙推到金敬迈身上，把金敬迈赶走了。

中央文革文艺组组长是江青兼的，戚本禹是副组长，金敬迈负责办公室。

戚本禹处于内外交困之中，"打倒戚本禹"之声越来越高。陈伯达在《红旗》杂志编辑部里透露风声说："在《红旗》杂志，除了我之外，在揭发王力、关锋的问题时，所有的人都可以揭！"陈伯达的话，意味着戚本禹的问题也可以揭发。

终于，在 1968 年 1 月 14 日，戚本禹也"请假检讨"了！

这么一来，中央文革小组只剩下组长陈伯达、第一副组长江青、副组长张春桥、顾问康生和唯一的组员姚文元，总共五人！

---

[1] 指 1962 年在中南海发生的"八司马案件"。当时，戚本禹是受批判的八个"司马"之一。"司马"是古代官名，此处只是借用。

在戚本禹被打倒之后,"打倒王、关、林"的口号改成了"打倒王、关、戚、林"。

不过,林杰不是中央文革小组成员,社会影响、知名度都不及王力、关锋、戚本禹,这个"林"渐渐被"删"去,口号也就演变成"打倒王、关、戚"了。

王、关、戚、林都是陈伯达手下的"大将"。他们的垮台,大大削弱了陈伯达在中央文革小组中的势力,他感到形单影只了!

不过,说实在的,在这几员"大将"得意之日,也并不买陈伯达的账。陈伯达的秘书王文耀跟笔者谈及一桩往事:中国科学院成立"革命委员会"时,在人民大会堂开会,请求周恩来、陈伯达出席并讲话。陈伯达是不能不去的,因为他在"文革"前便担任中国科学院副院长,眼下又是中央文革小组组长,必定要到会的。不过,陈伯达担心自己独自跟周恩来去不方便,就说:"叫中央文革小组的人也去吧。"

陈伯达请不动江青、康生,就叫秘书王文耀打电话给戚本禹,并让戚本禹通知住在他楼下的关锋。

起初,戚本禹满口答应。过一会儿,戚本禹变卦了,大抵是他得知江青、康生不去,也就不去了。可是,他却给王文耀打电话说:"关锋睡了,不去了!我也睡了,也不去了!"

陈伯达指挥失灵,十分生气。他带着秘书,来到戚本禹那里。陈伯达坐在楼下等,让秘书上楼找戚本禹。王文耀进屋,见戚本禹一点都没有"睡相"。王文耀说陈伯达在楼下等他,戚本禹直摇头:"不去,不去。'老夫子'一个人去就行啦!"

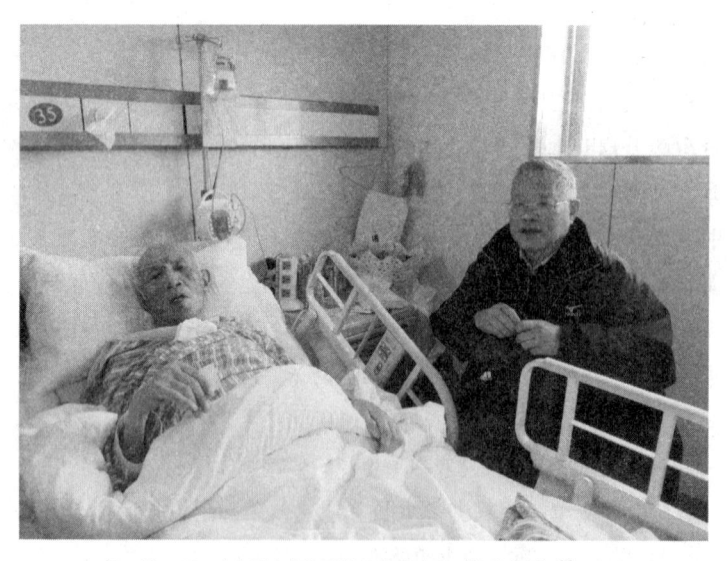

2016年3月30日,叶永烈在上海采访病中戚本禹(杨惠芬摄)[1]

---

[1] 本书正在最后编辑过程中,2016年4月20日,传来戚本禹在上海去世的消息,所以临时加入这幅图片。——编者注

没办法，陈伯达只得独自去人民大会堂。他只跟周恩来一起，在北京厅接见了一下中国科学院的代表就走了。他没有出席大会，让周恩来在那里主持，因为他见江青、康生、关锋、戚本禹都不来，怕自己在大会上出面会惹麻烦。

王力和关锋被打倒后，最初在钓鱼台2号楼软禁。1967年10月16日，陈伯达、张春桥找王力谈话，说把他交给北京卫戍区。于是，王力、关锋被押送到北京西山一座别墅软禁，由北京卫戍区部队看管。1968年1月26日，春节前夕，王力、关锋被押入秦城监狱。戚本禹、林杰也先后被投入秦城狱中。这几位"大秀才"，在"文革"闹剧中演出了一幕又一幕"大戏"之后，终于来到了一个最"安静"的所在。

"大树特树"风波

北京多事。就在打倒了王、关、戚之后不久，又发生了轰动一时的"杨、余、傅事件"。

"杨、余、傅"之"杨"，即当时担任中国人民解放军代总参谋长的杨成武上将。

杨成武是福建长汀县人，生于1914年，15岁那年，他便参加中国工农红军，16岁加入中国共产党。他参加过长征，在抗日战争、解放战争、抗美援朝中，战功卓著。

杨成武忽然被推入"打倒"之列，其中有错综复杂的原因，主要是林彪和江青要打倒他。不过，他最终被打倒，跟陈伯达转嫁祸水有关……

那是1967年11月3日，《人民日报》第二版以整版篇幅登出醒目的重要文章，标题便非同凡响：《大树特树毛主席的绝对权威，大树特树毛泽东思想的绝对权威》。在那种特殊的年月，文章很少署个人名字，就连"理论家"陈伯达这两年也很少发表署名文章，而此文却赫然署着杨成武的大名！

杨成武是将军，不是"秀才"，本来就不大发表文章，这一回怎么忽地推出整版的文章？

其实，这文章根本不是杨成武写的，而只是别人借杨成武的大名发表的！

决定借用杨成武大名的，不是别人，正是陈伯达！

这篇文章是解放军总参谋部政治部写的，原署名"总参谋部无产阶级革命派"。杨成武兼任总参谋部党委书记，政治部写完此文，把打印稿送杨成武审阅。

当时，杨成武正陪同毛泽东去武汉，"七二〇事件"发生后，又与毛泽东一起飞往上海，杨成武顺便就把文章送给毛泽东审阅。他以为，这篇文章是谈毛泽东和毛泽东思想的，应当听听毛泽东的意见。

毛泽东翻了一下，说"尽是吹我的"，便随手写下批示：

> 我不看了，送伯达、文元同志酌处。

于是，文章便转到陈伯达、姚文元手中。

在陈伯达看来，大抵因为此文"大树特树"毛泽东和毛泽东思想的"绝对权威"，使毛泽东不便表态，是毛泽东"谦逊"的表示，所以"送伯达、文元同志酌处"。"理论家"在挨了毛泽东批评之后，正想找机会讨好毛泽东，便决定全文予以发表。为了加强这篇"重要文章"的"权威性"，陈伯达决定署上杨成武的大名。

"文章不是我写的，怎么能用我的名义发表呢？"杨成武感到诧异、震惊。

陈伯达向他解释了一通，说是署杨成武比署"总参谋部无产阶级革命派"要响亮得多。

杨成武知道事关重大，而又无法再向毛泽东请示，便改向林彪请示。陈伯达与林彪事先已经通气，所以林彪的意见竟与陈伯达完全一致。

既然林彪也同意了，杨成武只得从命。

文章见报的第三天，毛泽东在人民大会堂跟康生、杨成武谈工作的时候，就说了："那篇文章，我只看了标题。标题就是错误的，是形而上学的。这是陈伯达的事！"毛泽东对杨成武说："不是你的事。"

康生一听，马上产生"兴趣"。

在中央文革小组的碰头会上，康生传达了毛泽东的话。这下子，陈伯达懵了：原来，他完全猜错了毛泽东的意思，作了错误的"酌处"！

杨成武诚心诚意地在会上作了检讨。他说，虽然文章不是他写的，但是，毛主席一看标题就断定是形而上学的，而他作为党的高级干部却没有看出来。文章是以他的名义发表的，他应当作自我批评。

"理论家"也作了几句自我批评。

陈伯达希望，这件事到此也就了结，因为《红旗》的"八一"社论，弄得王力、关锋下台，如今千万别再惹风波……

可是，这篇文章是在权威性的《人民日报》上以显著位置刊出的，文章的

与江青关系微妙后，陈伯达（右）开始靠近林彪。图为二人在天安门合影

标题一时间竟成了最流行的"时髦"口号，各种文章上引用，各种会场上呼喊，各种街头上贴标语，都用这两句话：

"大树特树毛主席的绝对权威！"

"大树特树毛泽东思想的绝对权威！"

一个多月后——1967 年 12 月 18 日晚——毛泽东在人民大会堂一次会议上，又一次提到了那篇文章。这一回，毛泽东的批评更加尖锐了。毛泽东朝陈伯达、姚文元看了一眼，然后说：

书越读越蠢！文章不是杨成武写的，是你们叫人搞的。我只看了标题，没看内容。你不是中国的马克思吗？有些语言没有从科学辩证法中去考虑，你们要执行奴隶制，要写人的绝对权威，我才不相信你们写文章的人。我说不相信不是完全不相信，列宁怎么讲的？相对真理和绝对真理嘛！就标题来说，就是反马克思主义的……

哦，"中国的马克思"，居然连文章的标题是"反马克思主义的"都没看出来，够惨的！"理论家"实在太够呛！

1967 年 12 月 26 日是毛泽东 74 岁寿辰。12 月 13 日，湖南省革命委员会给毛泽东送来了《关于庆祝毛主席塑像落成，韶山铁路通车向中央请示报告》。这份报告中，用了最流行的"时髦"口号，一次又一次提到"大树特树"、"绝对权威"。

12 月 17 日，毛泽东审阅"请示报告"时不悦地提起笔来，写下一段著名的批示：

绝对的权威提法不妥。从来没有单独的绝对权威，凡权威都是相对的，凡绝对的东西只存在于相对的东西之中，犹如绝对真理是无数相对真理的总和，绝对真理只存在于各个相对真理之中一样。

大树特树的说法也不妥。权威和威信只能从斗争实践中自然地建立，不能由人工去建立，这样建立的威信必然会垮下来。

尽管毛泽东在"文革"中说了许多错话，但他写这一段批示时头脑是清醒的。这段批示迄今看来仍是正确的。

这段批示很快作为文件下达，在全党、全国进行传达。

陈伯达的心中有过一阵子惊慌。不过，他很快就发觉，毛泽东批示所造成的冲击波，只冲击着杨成武——因为那篇文章是以杨成武的名义发表的，人们只以为毛泽东在批评杨成武，不知道在批评他！

毛泽东一次又一次对陈伯达的批评，毕竟使陈伯达的政治地位逐渐动摇。

"武装冲击"钓鱼台的真相

"杨、余、傅事件"的"傅"，即北京卫戍区司令员傅崇碧。

傅崇碧挨整，主要因为他几次得罪了江青。特别是"七二〇事件"爆发后，陈再道奉命进京，住在京西宾馆，造反派冲进来要批斗陈再道，是傅崇碧设下妙计，保护陈再道：把陈再道锁进电梯，再切断电源。造反派们在京西宾馆东寻西找，找不到电梯中的陈再道。

傅崇碧被打倒，是由于"钓鱼台事件"。用江青的话来说："傅崇碧的胆子好大，他带了两部汽车冲中央文革小组！这样下去，我们的安全还有保证没有？"

奇怪，作为北京卫戍司令，怎么会去"冲"那个中央文革小组？即便去"冲"，怎么只带"两部汽车"？

"文革"十年怪事连篇，傅崇碧"冲"中央文革小组，也是其中的怪事之一。这桩怪事，又与陈伯达有关。

董保存在《杨余傅事件》(《东方纪事》1988年第1期)中，曾这样写及：

1968年3月4日深夜，傅崇碧被叫到钓鱼台中央文革小组的办公楼内。

会议室里坐得满满的，周恩来、康生、陈伯达、江青、姚文元、谢富治等人正在说着什么。等他进来坐定，周恩来说：鲁迅的夫人许广平给主席写信，说原藏在鲁迅博物馆内的鲁迅书信手稿不见了。主席指示，让我们迅速查找。

事情是这样的：1968年3月初，鲁迅先生的夫人许广平给毛主席写信，称原藏在鲁迅博物馆的书信手稿不见了。毛泽东当即要周恩来马上查找。

任务是周恩来、陈伯达交给杨成武的。

杨成武知道此事不好办，就说："这就像大海里捞针一样，怎么个找法呀？"

周恩来出主意说：叫卫戍区去查，你们

傅崇碧将军

还可以去提审戚本禹一次,他知道些情况。

交代完任务,已经是凌晨三点多钟,杨成武打电话给傅崇碧,要他带几个人马上到杨成武住处等,然后一起去秦城监狱。

傅崇碧带了刘光普等四人很快赶到了杨成武的家里。

等杨成武开完会回来,便驱车直奔秦城。到了监狱时,已经天色微明,在工作人员的引导下,他们很快见到了戚本禹……

据戚本禹交代,中央文革小组的工作人员韩书信知道此事。傅崇碧急找韩书信,而他正巧回四川休假,随即要韩书信连夜乘飞机飞回北京。韩书信一听说此事,便说何先伦知道。傅崇碧在北京西苑旅社找到何先伦,他又说承办人是中央文革小组的保密员卜信荣。

这时已是3月8日了。

如董保存的《杨余傅事件》一文所写:

大家目瞪口呆。查来查去,转了那么大的弯子。知情人就在钓鱼台!

他们赶快打电话报告江青。江青不在,肖力[1]接了电话。

傅崇碧问:"中央文革小组的工作人员有卜信荣这样一个人吗?"

"有。"

"他知道鲁迅手稿的下落。你给江青同志报告一下,我们随后就到。"

打完电话,傅崇碧他们立刻登车,驶向钓鱼台。

吉普车开得飞快,几分钟便到了钓鱼台。

钓鱼台的门卫,依旧像往常一样,站得笔直。见到傅崇碧的车号,他们正准备放行,但两辆吉普车同时刹住了。

他们先到传达室,让负责接待的同志给中央文革小组打电话,请示是否可以进去。因为卫戍司令的车可以自由出入,另一辆是不能放行的。

中央文革小组组长陈伯达的秘书很快答复:"可以进来。"

就这样,两辆车子缓缓开进了钓鱼台。

到了中央文革小组的灰色办公楼前,车子刚刚停下,见姚文元晃晃悠悠地走过来。礼节性打过招呼,他们便一起走进会议室。

进屋还没有站定,江青推门进来,见屋中站了五个军人,她顿时大怒,

---

[1] 即江青之女李讷。

吼道:"傅崇碧!你要干什么?到这里来抓人?这是中央文革小组所在地,谁让你们来的?"

这便是疯传一时的傅崇碧"冲击"钓鱼台事件!

那个同意傅崇碧进钓鱼台的陈伯达秘书,是王保春。笔者在 1988 年 11 月 4 日采访王保春时,请他详细谈了事件的经过。

王保春回忆说:

1968 年 3 月初,一天晚上,陈伯达从中央文革小组开会回来,要我打电话给杨代总长,说是有一件要事要他处理——鲁迅手稿丢失了,迅速查清下落。

杨成武转告了傅崇碧司令,要他去办。

傅崇碧经过几天调查,从中央文革小组的一个工作人员(记得此人是 54 军的,原驻四川的军队)那里得知,鲁迅手稿就在中央文革小组办公楼某个房间的保险柜里。

3 月 8 日傍晚,傅崇碧带人前往钓鱼台,想到中央文革小组核实一下。如果鲁迅手稿确实在中央文革小组那保险柜里,他的寻找手稿的任务也就完成了。

那天傍晚,陈伯达吃过晚饭,跟秘书王文耀上西郊散步去了,我在钓鱼台值班。

这时,在中央文革小组值班的是办事组组长肖力。肖力让办事员打电话给我说:"王秘书,傅司令现在东门,要求进来。"

我马上给东门警卫室打电话,告诉他们让傅司令进来。因为傅崇碧是北京卫戍区司令,而且又有急事要求进来,我当然同意让他进来。

这时,我又给钓鱼台警卫处打了个电话,要他们立即派一辆车,沿着西郊公路颐和园方向寻找,见到陈伯达的车子,马上追上,请他回钓鱼台处理急事。

傅崇碧的车子进钓鱼台之后,没有上我所在的 15 楼,而是直奔 16 楼——中央文革小组办公楼。

傅崇碧到了 16 楼后的情形,我不在场,不清楚。

没一会儿,陈伯达给追回来了。他一回来,直奔 16 楼,在那里开会。

开会中间,陈伯达来到 15 楼找我。当时,他的脸色很难看。

他一见到我,就问:"是你同意傅崇碧进来的?"

我回答:"是呀。"

他又问:"你为什么让他进来?"

当时,我感到奇怪,便说:"他是卫戍区司令,我怎么能让他等在门外?在礼节上也说不通呀!"

"你要写个检查!"陈伯达虎着脸对我说。

我简直糊涂了,这要写什么检查呢?我就问:"伯达同志,这检查怎么写呀?"

"你就写,你为什么不请示,就同意傅崇碧进来!"陈伯达说。

"你出去了呀!"我感到委屈。

"你就写吧,马上就写,我等着要。"陈伯达催促说。

我只得写检查,主要是写了事情的经过。写好后,当场交给陈伯达。陈伯达拿着我的检查,又去16楼开会。

江青一看我的检查,生气了,说:"王保春写的是什么呀,他没有触及灵魂!"

陈伯达拿着我的检查,又回到15楼,要我重新再写。

我很恼火。我说:"傅司令经常出入中南海、人民大会堂、钓鱼台,这是他的工作呀。他到钓鱼台来过多次。为什么这一次进钓鱼台就不许进来?我的检查,没法写深刻!"

这时,陈伯达拿起我的检查,给我加了一些"深刻"的话,然后,要我照着他改过的检查重抄一遍。我记得,他给我加上了"狂妄自大,不请示任何人,擅自同意"之类的话。另外,我自己一生气,又加上了:"由于本人水平低,不适宜于在中央机关工作,要求调离。"

陈伯达把我抄好的检查看了一遍,似乎满意了,又去16楼。

很快的,一两天后,我看到一份中央的传阅文件,其中有江青对我的检查的两条批示:

一、王保春同志应在组织生活会上作深刻检查,以使其他同志从中汲取教训,引以为戒;

二、王保春同志去留,由伯达同志定。

当时,我是想不通的。后来,到了1968年3月24日,林彪在人民大会堂召集会议,我也去了。

林彪说:"傅崇碧前一时期带了两辆汽车,全副武装,冲进中央文革小组的地点去抓人。这件事情本来是杨成武的命令,他给傅崇碧的指示,但是杨成武不承认……"

我一听,才知道事态的严重性,才明白为什么一次次要我作检查。我当时受到很大的压力。

不过，我毕竟在陈伯达身边工作多年。他不愿意另换一个陌生的人来替代我的工作，就让我继续当他的秘书。

有一天，我给江青看见了。江青对陈伯达说："王保春还没有走呀！"

这下子，陈伯达没办法了。

这时候正巧发生马列研究院秘书长自杀的事情[1]，陈伯达就把我派到马列研究院去工作，料理这件事。

我在那里工作了快一年，陈伯达又把我调回去，重新做他的秘书工作。

陈伯达当时的新秘书缪俊胜则这样回忆说：

接到杨德中（引者注：当时任中共中央办公厅警卫局副局长兼中央警卫团政委）的电话时，我在北郊木材厂，时为1968年6月。他说派车接我到钓鱼台15号楼。我到后没几分钟，陈伯达从楼上下来问了问我的基本情况，就让我回去了。这是下午的事。晚上就通知我到15号楼报到，我就算正式到陈伯达那里工作了。

我去那里是在陈伯达原来的秘书王保春调走以后。王离开是因为所谓"傅崇碧冲钓鱼台事件"。傅要到钓鱼台来，联系电话是王接的。傅是北京卫戍区司令，王哪有权阻拦呢？进来以后惊动了江青，她火儿了："是陈伯达秘书放进来的，写检查。"王第一次检查没通过。她说："这样的检查怎么能行？"回来又让陈伯达给他修改，加了些"深刻"的话，这才过关。这还不行，让调出办公室，才又调我来。

陈伯达身边就这么几个人，我跟王文耀搞机要，厨师宋师傅，钓鱼台配的服务员李保平和张素花，还有司机老俞。[2]

掀起抓"小爬虫""变色龙"运动

"杨、余、傅事件"的"余"，即余立金，空军政治委员。毛泽东巡视大江南北时，

---

[1] 马列研究院秘书长柴沫同志是个老同志。院长是陈伯达。陈伯达讲秘书长专了他的政，夺了他的权。柴沫受迫害而死。柴沫死后，陈伯达还开除了他的党籍。

[2] 缪俊胜口述、李宇锋整理：《我给陈伯达做秘书》，《中国改革》2011年第5期。

所带的随员便有余立金。毛泽东对余立金的信任，使林彪死党、空军司令员吴法宪极度不快。

一种奇怪的逻辑，硬把"杨、余、傅"拉扯在一起：傅崇碧"武装冲击"钓鱼台，被说成是杨成武的命令，而余立金又被说成是杨成武的"同伙"，与杨成武"勾结"要夺空军的权……

1968年3月24日晚9时，万人大会在北京人民大会堂举行。出席者一色绿军装，他们是中国人民解放军各总部、国防科委、国防工办、各军兵种、驻京各军事院校、北京军区部队所属各单位团以上的干部。

等了快两小时，才见到主席台上出现林彪、周恩来、陈伯达、康生、江青、姚文元、谢富治、黄永胜、叶群、汪东兴。

杨成武将军

会议气氛紧张，唱主角的林彪作了长篇讲话：

> 今天，这个会是要向同志们宣布中央最近的一个重要决定。最近我们党的生活中间又出现了新的问题，发生了新的矛盾，发生了阶级斗争中间新的情况。这个问题虽然没有像刘少奇、邓小平、陶铸、彭、罗、陆、杨那样大，但是也比一般的其他问题要大一些，主席说，是不很大也不很小的问题。这就是，最近从空军中发生了杨成武同余立金勾结，要篡夺空军的领导权，要打倒吴法宪；杨成武同傅崇碧勾结，要打倒谢富治；杨成武的个人野心，还想排挤许世友、排挤韩先楚、排挤黄永胜以及与他们地位不相上下的人。中央在主席那里最近接连开会，开了四次会，主席亲自主持，会议决定撤销杨成武的代总长职务；要把余立金逮捕起来，法办！撤销北京的卫戍司令傅崇碧的职务……

林彪历数杨、余、傅之罪，其中提及了那"大树特树"，提及了"冲击"钓鱼台……最令人惊讶的是，林彪把杨、余、傅与王、关、戚联系起来了：

> 江青同志有病时，他[1]同戚本禹这些人就搞江青同志过去的黑材料啊！

---

[1] 指杨成武。

早在去年春天就搞江青同志的黑材料，实际上成立了这种专案组，来迫害江青同志……他才是王、关、戚真正的后台！

简直像变魔术似的，这么一来，不仅"杨、余、傅"成了一伙，而且还跟"王、关、戚"是一伙呢！

会议进行到凌晨1时，毛泽东出现在主席台上，顿时全场欢声雷动。毛泽东一句话也没说，只是向大家招招手。他的出现，是以一种特殊的语言来表达林彪关于打倒杨、余、傅的讲话，是得到他允许的。

陈伯达庆幸自己躲过了这场政治灾祸：上一次，"揪军内一小撮"的社论是他签发的，王力、关锋为他"替罪"了；这一次"大树特树"也是他签发的，而账全都算到杨成武头上去了！

"好戏连台"。3月27日下午2时半，在北京工人体育馆云集首都10万军民，举行"彻底粉碎'二月逆流'新反扑，夺取无产阶级文化大革命全面胜利誓师大会"。

哦，何等的"巧妙"！这一回把"杨、余、傅"说成了是"'二月逆流'的新反扑"！

出现在主席台上的有周恩来、陈伯达、康生、江青、姚文元、谢富治、黄永胜、叶群、汪东兴、温玉成。

大会由陈伯达主持。

笔者从档案中查到当时的讲话记录，江青、康生、陈伯达在这次大会的讲话中，才第一次在公开场合中谈及了王、关、戚，而且上溯"二月逆流"，后挂"杨、余、傅"事件。

江青如此说：

现在要和同志们讲一讲"二月逆流"的问题。去年二月，以黑干将、叛徒谭震林为代表跳出来替他们[1]翻案。因为这个斗争是在很小的范围内进行的，广大群众是不知道的……在去年四五月间又出现了"左"倾冒险主义或者叫极左、形"左"实右，它的头面人物叫王力、关锋、戚本禹（群众：打倒王、关、戚！）。我们过去不知道他们是刘邓的黑爪牙，他们是刘邓安排在我们革命队伍里的钉子。（群众：打倒刘邓黑爪牙王、关、戚！毛主席万岁！）他们打着"红旗"反红旗，到处招摇撞骗，不请示不报告我们，封锁我们，架空我们，耍阴谋，干了很多坏事。我们因为他们是黑爪牙，把他们端出来、挂起来，不要干扰毛主席的战略部署，但是有人又企图利用这样的事情来否

---

[1] 指刘少奇、邓小平、陶铸。

定无产阶级文化大革命的胜利，否定革命群众、革命小将的功勋，来否定中央文革小组（群众：誓死保卫中央文革小组！）。因为他们是打着"红旗"反红旗的角色，势必蒙蔽欺骗一部分群众，这样我们便对他们采取非常谨慎的政策，采取分割政策。王、关分割不开，戚本禹做法不同，因此分割开来一个时期，但是分割出来不等于说他没有问题。果然到去年下半年他更猖狂起来了（群众：打倒戚本禹！），出现了许多不正常的现象。毛主席教导我们说，一个共产党员不要隐瞒自己的观点。我们在内部、在原则基础上和他们进行了一系列的斗争，去年11月我在文艺座谈会上的讲话就是不指名批评戚本禹！他勾结着杨成武，他们勾结很早了，我们不知道，勾结着余立金、傅崇碧，他们企图在群众面前造谣说中央文革小组出了坏人了，来否定中央文革小组。这意味着什么呢？（群众：打倒"二月逆流"的新反扑！）而且这些坏蛋都是"中央文革"端出来的。（陈伯达：主要是江青同志端出来的！）……

江青提及了"大树特树"和"冲击钓鱼台事件"，不断往自己脸上贴金，仿佛"先知先觉"：

有一篇文章叫做《大树特树毛主席的绝对权威，大树特树毛泽东思想的绝对权威》。这篇文章我反对两次。也是主席的教导，但是不听，一定要登。其实就是要大树特树杨成武的绝对权威……

在3月8日，傅崇碧不得到中央文革小组负责同志的允许，开了两部汽车擅自冲入中央文革小组所在地。同志们，这是个什么问题？！当场我们坚决抵制了他，严肃地批评了他！

江青聒聒噪噪讲了一通之后，康生上场了。康生说杨成武"表面上也反王关戚，但实际上他是王关戚的后台"。康生说，"二

多数情况下，江青（左）与康生总是配合默契

月逆流"是对"文革小组的组长陈伯达同志、副组长江青同志发起的一个新的反扑"。康生最擅长"翻老底",这一回,他以这样的口气谈到了本是他亲密伙伴的王、关、戚:

王力是个什么人?王力是个国民党,王力是执行邓小平、王稼祥"三和一少"路线的积极分子。他1962年在莫斯科裁军会议上就实行了邓小平的"三和一少"的路线,得到了赫鲁晓夫的欣赏,还要送给他金质奖章。关锋、戚本禹他们是什么人呢?他们是彭真的亲信。我介绍一下,黑帮、反革命、叛徒彭真收买关锋、戚本禹,同他们联络,请他吃饭,这些变色的小爬虫,就感恩戴德,在1964年1月27日戚本禹也代表关锋给彭真一封信,在这封信里这么说:"初次到彭真同志家里,感到有些拘束,但是吃了饭就舒服了,就已经像在亲人的家里一样。"他们是彭真的亲人了!他赞扬叛徒彭真说,"彭真平易近人"、"善于诱导的作风",诱导到反革命的作风!戚本禹说他"对照自己的思想作风和缺点,更加意识到应该努力地改正自己的缺点",这就是要全部投降!这些事情我们过去是不晓得的,在文化大革命中间揭露出来了,特别是江青同志先将王、关,后将戚本禹的问题揭出来,这是无产阶级文化大革命的伟大胜利,也是中央文革小组、江青同志的巨大功绩!

真是巧舌如簧,康生作了一番精彩的演说。这时,江青连忙说:"现在请陈伯达同志讲话。"

"理论家"的演说,富有"理论"色彩,他一下子就把"文革"概括为"五个大回合":

现在大概可以说,第一个大回合,就是打倒彭、罗、陆、杨。在这个回合的战斗中,我们在毛主席领导下胜利了。

第二个回合,打倒刘、邓、陶。在这一个回合战斗中,我们在伟大领袖毛主席的领导下胜利了。

第三个回合,就是击退了去年二月所兴起的二月逆流,这是以谭震林为代表的一些企图复辟资本主义野心家发动的。在毛主席的领导下,把这个二月逆流击退了,二月逆流彻底的破产了,彻底失败了。有很少数一些人企图为二月逆流翻案,这是妄想。这是第三个回合。

第四个回合,是击退了刘、邓、陶的小爪牙王力、关锋、戚本禹,这些家伙是变色的小爬虫,他们用各种办法钻到我们无产阶级的队伍中来,做了许多坏事,但是我们在毛主席的领导下,把他们打倒了,把他们揪出来了,把他们挂起来了。

无产阶级文化大革命的第五个回合的战⋯⋯傅崇碧的反革命阴谋,把他们打倒了。这是我⋯⋯把他们打倒了。

　　哦,从"彭、罗、陆、杨"到"刘、邓、陶",再到"二月逆流",又到"王、关、戚",直到"杨、余、傅",这便是"理论家"所勾画的"文革"的"层层剥笋"的概貌。

　　陈伯达咒骂"王、关、戚"是"变色的小爬虫"。康生也如此咒骂,但"发明权"属于陈伯达,早在延安,早在批判王实味时,陈伯达便用过"蚂蟥""白蛉子""小虫子"之类的话(当然"王、关、戚"与王实味完全是两回事)。

　　"理论家"在讲话中,"根据我们这两年的斗争经验",总结出三条教训:

　　一、要好好学习伟大导师毛主席的著作,好好执行毛主席的指示,紧跟伟大领袖毛主席的伟大战略部署。

　　二、我们要警惕,高度地警惕,警惕两面派,警惕变色龙,警惕小爬虫。

　　三、要打倒资产阶级小资产阶级派性,打倒宗派主义,打倒山头主义。

　　随着陈伯达的讲话印发全国,各地根据这一讲话自由发挥,纷纷抓"小爬虫""变色龙"。这种如同"牛鬼蛇神"那样没有严格、精确的政治含义的"帽子",又引起了一场新的混乱。

第十一章
与林彪结盟

陈伯达受到毛泽东的多次批评,受到江青的排挤,他倒向了林彪,而林彪手下有黄永胜、吴法宪、李作鹏、邱会作四员大将,却没有"相"。在历史上,陈伯达与林彪并无多少联系,这时由于特殊的政治需要,彼此很快结盟……

第三次家庭破裂

"我看呀,文化大革命的第六个回合,挨着你了!"

当陈伯达作完大报告,回到家里,妻子刘叔晏挖苦这位"理论家"。

从1967年2月10日开始,陈伯达的政治地位一次次摇晃。到了揪出王、关、戚,刘叔晏已在那里天天替陈伯达担心了。

回到家里,心烦意乱的陈伯达和担惊受怕的刘叔晏遇在一起,三天两头吵架。

好在陈伯达有钓鱼台的15楼,那"15楼"甚至成了他的代号——找"15楼",亦即找陈伯达之意。他常住15楼,不大回新建胡同家中。

夫妻之间的感情日渐恶化。

林彪秘书张云生在《毛家湾纪事》一书中,写及叶群"调停"陈伯达家事的情况:

> 叶群在工作人员中还不时透露,陈伯达和他的妻子刘叔晏之间的关系十分紧张:"老夫子是多好的人哪,可是刘叔晏还不满足。她总是和老夫子吵闹,弄得老夫子非常苦恼。我真同情老夫子,可是又有什么办法呢?"
>
> 一天,我正和于运深[1]在人民大会堂值班,接到叶群从养蜂夹道打来的电话:"等一会儿,黄志勇到人民大会堂去,你们接待一下。他到后,叫

钓鱼台"15楼"。陈伯达与夫人关系紧张时常住这里,不大回家

---

[1] 林彪的另一位秘书。

他稍等，我很快就去。"

黄志勇是装甲兵政委，平时与毛家湾的来往并不多，叶群这次叫他来干什么？我和于运深都觉得挺怪。

黄志勇到后，我把他请到秘书值班室。他已经年过半百，身材较高，但很消瘦。他知道，他只是奉叶群之召而来，因此并不与我们攀谈什么。他一个人闷闷地坐在那里，我和于运深继续看我们手边当日的文件。

时间不长，叶群到了。她一见黄志勇，就满脸堆笑地上前和他握手："叫你久等了。我实在没办法，只好搬你的兵了。"

黄志勇站起来，和叶群握手后又坐下。他微微露出笑意，但不像叶群那样形之于表。对于叶群的寒暄，他也不以语言相对。他的沉默寡言，正与叶群的锋芒毕露形成对照。我想如果不是性格上的原因，也肯定是这位客人饱经风霜，才使他显得这样老练。他一声不响地静听叶群对他有什么吩咐。

"我们到隔壁去谈谈吧！"叶群对黄志勇说。接着，叶群带头先走，黄志勇跟了出去。过了20多分钟，叶群到秘书值班室把于运深也叫了去。又过一会儿，小于回到值班室换衣服，忙着要走。

"主任叫我陪着黄志勇去执行一项任务。"于运深告诉我。

"什么任务？"

"关于陈伯达的事。"小于说，"陈伯达的老婆又闹事了，主任派黄志勇去帮助处理一下。"

"陈伯达家庭内部的事，主任也插手了？"

"插手了，不插手还行？"小于一边发着牢骚，一边戴上军帽，急匆匆地出去了。

快到深夜，于运深才回来。

"究竟是怎么回事？"我想打听一下缘由。

"纯粹是没事找事！"小于还在牢骚满腹，"陈伯达两口子闹别扭，主任派我们帮助陈伯达解围，我们成了派出所的民警了！"

"怎么解围的？"

"照主任交代，把刘叔晏转移到别的地方去了。"

陈伯达两口子吵架，居然惊动叶群，由叶群派人去"解围"。最后终于闹到要离婚的地步——陈伯达的第三次婚姻又要破裂。

陈伯达倒并不怕离婚。他已经离过两次婚。不过，这时候他已是中国的"第四号人物"，这类事倘若张扬出去，对于"中央首长"的形象无疑是不利的。

"刘叔晏吵得我无法工作！"陈伯达向周恩来诉说着。

只得采取措施：那是一天深夜，中央警卫团派出一辆苏式吉普车，由陈伯达以及秘书陪同，把刘叔晏带到北京西郊机场。一架专机等在那里，把刘叔晏送往山东青岛，在济南部队某疗养所疗养。说是疗养，实际上是强迫她离开北京。

刘叔晏几次三番想回北京，可是无法脱身，只得一直在山东青岛"疗养"着。

不过，倒是给她言中了——"文革"的"第六个回合"，所打倒的正是陈伯达！

陈伯达被打倒后，她也就在山东被隔离审查……

一直到 1982 年，她这才好不容易回到北京。刘叔晏当时对陈伯达很生气，回北京之后，把一子一女都从姓陈改为姓刘。

1989 年 9 月 20 日，陈伯达去世。刘叔晏虽然没有出席陈伯达的追悼会，但是送了花圈。

七年之后——1996 年 6 月——刘叔宴去世。中共中央办公厅人事局为刘叔晏举行了遗体告别仪式，她的遗体上覆盖着中国共产党党旗。

在刘叔晏离开北京之后，陈伯达搬了一次家，搬到了米粮库胡同去住。

那里也是一个四合院。陈伯达书多，修了个书库。他住东厢房，秘书住西厢房。中间的五间，或是书房，或是客厅。另外，还新修了一个玻璃走廊，以便使怕冷的他在冬天从这头走到那头时不会感冒。

陈伯达要了一个炊事员，在米粮库胡同家中给他做饭。他又常在钓鱼台 15 楼，那里有两个炊事员给他和工作人员做饭。

"唷，陈伯达，你一个人要三个炊事员服侍，架子好大哦！"江青知道了，尖刻地挖苦他。

陈伯达一赌气，辞掉了所有的炊事员。

没有炊事员，谁做饭呢？

只好由秘书来做。

秘书王保春回忆说："那一阵子，忙坏了我，又要做秘书工作，又得做饭。我只好天天烧挂面，再弄点鸡、鱼、虾之类——我知道陈伯达喜欢吃海鲜。"

秘书烧饭的手艺当然不及炊事员。以"小小老百姓"自命的陈伯达解嘲说："'老百姓'饿不死！"

消息传进周恩来耳朵里，周恩来发话了："秘书有秘书的工作，怎么可以去做饭？炊事员还是应当有的嘛！"

周恩来这么一讲，陈伯达高兴了。他正巴不得以周恩来来压江青。

陈伯达又有炊事员了，只是减了一个——米粮库胡同一个，钓鱼台 15 楼一个。

陈伯达跟江青常常"斗法"，这次关于炊事员的事，只是其中的一桩小事罢了。

跟林彪建立"热线"联系

陈伯达在中央文革小组的日子,已经越来越不好过了。

在打倒王、关、戚之后,中央文革小组只剩五个人,真的成了一个"小"组。可是,在这五个人之中,张春桥、姚文元是江青的"嫡系部队",康生是江青的"军师",陈伯达这个组长在中央文革小组中处于孤立的地位。连他自己也渐渐意识到,第六个回合所要打倒的,十有八九是他了!

他寻求新的政治伙伴,以求结成新的联盟,巩固自己每况愈下的地位。

靠毛泽东吗?毛泽东当然要依靠的。但是,毛泽东接二连三的批评,表明毛泽东对他的信任是很有限的。

靠周恩来吗?周恩来正气凛然,是不可能跟他拉拉扯扯的。

"第一号人物"毛泽东靠不上,"第三号人物"周恩来靠不拢,陈伯达的唯一选择,那就只有与"第二号人物"林彪接近。

在历史上,陈伯达与林彪本来没有什么"友谊"的渊源可寻。在工作上,一个是文人,一个是武将,也没有什么联系。可是,在"王、关、戚"被揪出来之后,在"杨、余、傅"事件之后,为着自身的生存,为着政坛格斗的需要,陈伯达渐渐从钓鱼台"离心",改换门庭,投向了毛家湾。

林彪呢?在"杨、余、傅"事件之后,黄永胜取代了杨成武,出任中国人民解放军总参谋长,林彪在军队里的势力日益扩大。不过,林彪手下清一色的都是武将,他所缺的是"秀才"。看出陈伯达在中央文革小组中受挤,林彪当然乐于把这么一位"理论家"拉过来。

出于各自的政治需要,出于各自的政治处境,林彪和陈伯达之间的来往渐渐多起来,以至陈伯达两口子吵架,也由叶群出面予以"调解"。

陈伯达与林彪的暗中联系,那"中转站"是叶群。陈伯达跟叶群同乡,况且早在延安就已经有过来往,所以很快就建立了"热线"。

林彪秘书张云生曾为陈伯达、叶群之间通话做过一次记录,他的

(右起)林彪、陈伯达、周恩来在天安门城楼上

回忆透露了陈伯达当年的心境：

　　一次，叶群正在听我讲文件，陈伯达来了电话。叶群接电话后，我想退出，叶群用右手掌在空中向下压了两下，又做出拿笔写字的姿势，示意让我留下作记录：

　　"你好，老夫子！"叶群接过电话后说，"几天没见了，真有些想念你……你讲吧，这里就我一个人。"我觉得很窘。叶群说这里就她一人，可是实际上还有我在旁听。叶群又一次做手势，再次示意我作好记录。"……啊！你想来毛家湾，还有点怕。你怕什么呢？……啊，你说不是怕林彪同志（叶群故意重复对方的话），你对林彪同志还是完全信任的。啊……你说你怕的是你周围的环境……你的心情一直很不舒畅，甚至有时候一个人在暗地哭过……怎么搞的？那几个小的[1]过去对你不好，不是都已经处理了吗？……啊，你说问题不是那样简单……嗯，你说主席对你是好的，林彪同志对你是好的，可是还有人对你不好。谁呢？……总理吗？……那又是谁呢？你不好说……江不是对你很好吗？……嗯，江不像过去了……她批评你政治上不成材……你说心里难过，总想哭……你想到毛家湾来，又不敢来……你暂时不来也好。你放心，林彪同志是关心你的，支持你的……对，一组那里对你的看法也还好，你别伤心，你要注意保重……你放心，我不会对任何人讲，绝不会。再见！"

　　叶群放下电话后，立刻把我作的电话记录收了去。她站起来说："对你们当秘书的，保不了密。知道了就行了，但不准对别人说。老夫子现在处境很困难，总想找我帮助，可是我能帮什么呢？我得找首长[2]去！"

　　从那以后，张云生常常接到福建口音的电话："我是陈伯达。我想和叶群同志讲个电话。"

　　陈伯达不大去毛家湾，怕的是太显眼，容易引起别人注意。他通过叶群这条"热线"跟林彪联系。一去二来，陈伯达跟叶群之间的电话越打越多，有时一谈就是个把小时！

　　陈伯达在电话中闲聊时说了句想吃海螃蟹，区区小事一桩，叶群却马上以"林办"名义打电话，让空军用飞机运来，送到陈伯达那里。

　　陈伯达收下毛家湾的礼物，回赠什么呢？他给林彪题诗，给叶群题诗。后来，甚至林彪手下那几员武将黄永胜、邱会作那里，都有了"老夫子"的题诗。

---

[1] 大概是指王、关、戚。
[2] "首长"指林彪。

陈伯达给邱会作题了这样一首诗：

繁霜冷雨独从容，晚节犹能爱此功。
宁可枝头抱蕊老，不能摇落坠西风。

这首《咏菊》诗是叶群所作，由陈伯达题写。邱会作把陈伯达手迹刻在菊花砚上，回赠叶群。

"中共中央非常委员会"案件

在"杨、余、傅"事件之后，"文革"从初期的"大轰大嗡"逐渐转入中期的"清理阶级队伍"和"整党"。

1968年5月25日，中共中央转发了《北京新华印刷厂军管会发动群众开展对敌斗争的经验》，把这个厂树为"清理阶级队伍"的"样板"。从此，"清理阶级队伍"便作为毛泽东关于"文革"的"伟大战略部署"，在全国城乡展开了。

这时，陈伯达抓了个"中共中央非常委员会"案件，紧追"后台"……

事情最初是在1967年10月发生的。那时，在北京出现一份不同寻常的传单——《中国共产党非常中央委员会致全党的公开信》。

这封《公开信》力透纸背，深刻地剖析了正在进行着的"文化大革命"，指出这是在政治上、组织上、思想上、经济上、文化上对党和国家的大破坏。

《公开信》指出，"文化大革命"是中央文革小组的陈伯达、康生、江青在那里兴风作浪。指出陈伯达是叛徒，康生是托派，江青是野心家。还指出撑这些"左派"的腰的是林彪。

《公开信》甚至指责了毛泽东，说他过分注重个人权力，遇事多疑，而且反复无常，往往从一个极端跳向另一个极端。《公开信》热情赞颂了在艰难中为国为民分忧的周恩来……

这份传单一在北京出现，立即惊动了中央文革小组，惊动了谢富治那个公安部。谢富治把《公开信》作为大案来抓。

谢富治调集了公安部的行家们集中力量突

"文革"中负责公安工作的谢富治

击侦破。才一个来月，1967年11月20日便在天津破获此案。

原来，作案者是天津一家煤球厂的一个工人。作案者供认："从头到尾，从始至终，都是一人干的，没有任何人参加。"

据作案者说，他自己起草了《公开信》，自己刻蜡纸，自己油印了80多份。1967年10月8日后半夜，亦即10月9日凌晨，他来到北京外交部街，把传单分别投进了附近的几个邮筒。

经过公安人员鉴定笔迹及对油印机进行鉴定，确定是由那位天津的煤球厂工人所写、所印的。

这一案件，公安部的专案人员认为可以结案了。

陈伯达却摇头："我不相信这件事就那么简单，肯定有后台！"

1968年4月28日下午，陈伯达和谢富治在北京人民大会堂接待厅接见专案组人员。陈伯达指着墙上挂着的"宜将剩勇追穷寇"的大字标语说："宜将剩勇追穷寇，你们要学习……抓到了刻蜡版的人是起点，不是终点。老板不是一般人，一般人干不出来。不是仅仅一个人搞的，可能有一个组织。"

陈伯达接着说："抓了几个煤球工人，煤球工人不熟悉党的情况。不行。我的意见你们不算破案。要像富治同志讲的，你们要追，要很严肃、很认真地穷追，追到哪个就是哪个。"

陈伯达还说："要追穷寇嘛，我看这里面有好几层，说不定有十八层，不是一两层，也不是两三层。"

这么一来，专案组就开始"追后台"，希图破获一个"反革命组织"。

追了几个月，进展不大。1968年8月19日、12月6日，陈伯达和谢富治又两次接见专案组，给他们打气。

陈伯达很明确地说："就是要往上追，总而言之，不管你三七二十一，搞到谁就是谁。"

陈伯达拿着《公开信》，故意问道："这个反革命信上讲，有一个人可以出来当权。谁是这么一个人啊？"

谢富治马上点明了："根子就是刘、邓黑司令部的人！"

吴法宪把话讲得更明白："还不就是那第二号走资派嘛！"

陈伯达见他们说出了自己的意思，补充道："你们要追穷寇！追穷寇！"

在陈伯达作了这么一番"指示"之后，专案组"立足于有"去审讯。也就是说，先确定了"有后台"，然后"追穷寇"。

这么追来追去，在1968年12月竟追出了一桩离奇的通天大案——"中国（马列）共产党"假案。在严厉的逼、供、信之下，中国科学院哲学社会科学部经济研究所实习研究员周慈敩被迫按照专案组的意图交代：在北京，成立了"中国（马列）共产党"。

据云,"伪党"的中央"书记"是朱德,"副书记兼国防部长"是陈毅,"总理"是李富春,"常委"有朱德、陈毅、李富春、徐向前、叶剑英、贺龙、廖承志、杨成武等,"委员"有王震、萧华、余立金、伍修权、王炳南、刘伯承、谭震林,等等。又云,这个"中国(马列)共产党"在1967年7月,曾秘密地召开过"代表大会"……

只是这个假案编造得太荒唐,而且牵涉面太大,又没有真凭实据,专案组追了一阵子,也坠入迷雾之中,无法真正立案。这样,在1969年8月,不得不把有关"伪党"的档案封存,不再"追穷寇"了……

1980年11月28日上午,最高人民法院特别法庭就这一问题,对陈伯达进行了严肃的审问。以下是审问时的记录:

审判员任凌云:"被告人陈伯达,特别检察厅控告你利用已破获的'中共中央非常委员会'传单案,以追'后台'为名,阴谋诬陷、迫害党和国家领导人。现在我问你,你在主管'非常委员会'传单案时,你和谢富治、吴法宪都向办案人员讲了些什么话?"

陈伯达答:"……说过什么话,我实实在在是忘了,但是,我承认我说过话……要追后台,这些话我说过。"陈伯达还说:"这不是说我根据记忆的。根据我这个人的性格和处理问题,可能是这样子。"

公诉人检察员曲文达发言,简要地叙述了"中共中央非常委员会"案件的情况,最后建议法庭宣读有关证据。

法庭出示、宣读和投影1968年4月28日、8月19日陈伯达、谢富治接见"非常委员会"传单案办案人员时的讲话记录(节录)和1968年12月6日陈伯达、吴法宪接见该案办案人员时的讲话记录[1]……

宣读后,审判员任凌云问:"这些话是你讲的吧?"

陈伯达答:"这样子,按照记录,这记录是真的记录。按照记录呢,我没有话说,就是这样子,照记录的做。如果你要说记录的每一个字我都要记得,我倒是自己欺骗自己。记录有的就是有的。"

问:"记录记的是不是你讲的事实?"

答:"追后台我是说过的。"

检察员曲文达经审判长许可后发言,他提出在追后台的过程中,赵登程根据陈伯达、谢富治、吴法宪的讲话,制定了一个在京的作战方案。法庭出示和宣读了赵登程1968年8月24日根据陈伯达、谢富治、吴法宪的讲话,

---

[1] 陈伯达的讲话,上文已引述,此处从略。

修改审定的《对反革命"非常委员会"专案在京的作战方案》，其中有："……认真领会了伯达、富治同志指示精神，不是根本未破案，而是根子未找到，是反革命修正主义分子、叛徒、特务，刘邓陶、彭罗陆杨、谭震林、安子文、薄一波等，他们干的，或在他们的指使下别人干的……"

出示、宣读后，审判员任凌云问："刚才出示、宣读的赵登程这个作战方案，你听到了吧？"

被告人陈伯达答："让我说话吗？"

审判员任凌云说："你可以说。"

陈伯达说："……整个案子我记不清楚了，但是我确实见过这个案子的一个头子。我有许多东西是怎么来的，这个，我是说在1931年听到陈原道同志说是河北省有一个非常委员会……那么，这个话说错了就是错了……追后台这是什么意思呀，这话当然是很不对的，很糟糕的，但是呢，不是没有一个来源，或者想象的，有一个东西，就是陈原道同志。我看在座的可能会有人知道这件事情的，1931年在天津确有一个非常委员会，中国共产党非常委员会，的确有。"

审判员任凌云问："你说你这个来源是这样的，那么我问你，你说的是1931年有这么个组织，有这么回事。但是这个案子是发生在1968年，已经破了案了，破了案以后几个月，你布置叫追后台……你叫追后台，你是追的什么人呢？这个刚才出示的证据已经很清楚了，和你说的是两码事。你是8月19日给专案人员讲话，给赵登程讲的，赵登程根据你这个讲话，在8月24日作出了作战方案。"

陈伯达说："这个发疯的人呀！发疯的人是会有的。我不能担保当时参加专案的人，没有发疯的人……"

问："按照你的讲话去追后台，你布置叫追后台，追出来那个假案，你有没有责任？"

答："有责任。"

审判员任凌云宣布："被告人陈伯达被指控伙同谢富治、吴法宪利用已破获的'中共中央非常委员会'传单案，以'追后台'为名，诬陷、迫害党和国家领导人的这一事实，法庭就调查到这里。"

起草"九大"政治报告的激烈争斗

1968年10月13日至31日，中共八届十二中全会在北京举行。

第十一章 与林彪结盟

原计划在这时召开的并非中共八届十二中全会，而是中共"九大"。

1967年11月27日以中共中央、中央文革小组联名发出的《中央关于对征询召开"九大"的意见的通报》，其中第六条是这么写的：

"关于'九大'开会时间，多数同志建议明年秋天国庆节前召开。'九大'过后接着开'人大'，把刘少奇罢掉，解决国家主席问题。这样，明年国庆节上天安门的都是毛主席无产阶级司令部的新的党和国家领导人。"

中共"九大"，是一次权力再分配的会议。中共高层的权力之争迟迟未能明朗化，于是原定在1968年国庆节前召开的中共"九大"也就迟迟开不起来。毛泽东只得提议，先开中共八届十二中全会，作为召开中共"九大"的预备会议。

毛泽东在中共八届十二中全会上，发布了一段"最高指示"："这次无产阶级文化大革命，对于巩固无产阶级专政，防止资本主义复辟，建设社会主义，是完全必要的，是非常及时的。"毛泽东的这段话，为召开中共"九大"定下了基调。

会议再一次批判了"二月逆流"，把"四帅""三副"说成是"一贯右倾"。会议通过了《关于叛徒、内奸、工贼刘少奇罪行的审查报告》，作出了把刘少奇"永远开除出党，撤销其党内外一切职务"的错误决定。

会议的公报宣告："全会认为：经过无产阶级文化大革命的风暴，已经从思想上、政治上、组织上为召开党的第九次全国代表大会，准备了充分的条件。"

这样，中共"九大"的准备工作也就紧打紧敲开展起来了。

为中共"九大"准备的主要文件共两项：政治报告和修改党章报告。

谁来起草报告，意味着谁在党内有多大的势力。围绕着由谁来起草，发生了一场激烈的争斗。

毛泽东、林彪、周恩来是不会去执笔起草这两个文件的。似乎顺理成章，应当由"第四号人物"、"理论家"陈伯达去起草。何况，陈伯达是"大手笔"，一系列中共重

中共"九大"前夕，毛泽东（中）、林彪（右）、周恩来是领导核心

要文件曾出自他的笔下。

张春桥、姚文元先下手为快，早已把修改党章之权抢到手。1967年12月16日，以中共中央、中央文革小组联名发出的《关于进行修改党纲党章工作的通知》中，便已指出："根据毛主席和党中央的指示，上海市革命委员会正在展开一场群众性的修改党纲党章的运动。他们采取领导和群众相结合的方法，以三种形式结合进行：一、组织了市一级的修改小组；二、分别到工厂、机关、学校、商店、公社、连队、街道选择一批点，组织了几十个群众性的修改小组，为市的修改小组提供参考性的修改稿；三、市一级的革命群众组织和驻沪三军自己选择一批基层单位，展开修改党纲党章的讨论，广泛听取和集中群众意见。这种做法收到了很好的效果……"

如此看来，修改党章的工作，陈伯达是无法插手了。

不过，在陈伯达看来，起草政治报告，非他莫属。

可是，毛泽东却指定由陈伯达、张春桥、姚文元三人共同起草。

这时候的陈伯达，常住米粮库胡同家中，已经不大去钓鱼台了。他与康生、江青、张春桥、姚文元之间，已产生很深的裂痕。他与林彪的日益接近，使这一裂痕日益扩大。他已很难跟张春桥、姚文元合作。

陈伯达如此回忆道：

> "九大"前，原来决定要我和张春桥、姚文元共同起草政治报告稿。我不愿同张、姚等人合作。起草人名单上，是我列在前面。我就自己着手，并组织几个人帮助搞材料。
>
> 在我起草的稿子上，我写过关于"刘邓路线"的话。毛主席看过，作了一个重要批示："邓小平同志打过仗，同刘少奇不一样，报告上不要提他。"
>
> 记得，毛主席的话，我向周恩来同志报告过。
>
> 张春桥几次打电话要我到钓鱼台去，和他们一同搞。我说，你们可以搞你们的。结果，他们就以康生带头的名义，搞出一个稿子。

实际上，起草人的名单虽是毛泽东定的，却叫林彪出面来抓起草工作——因为毛泽东已指定林彪来作政治报告。1969年2月下旬，林彪在毛家湾召见了三位"大秀才"——陈伯达、张春桥、姚文元。林彪说了自己的一些意见。这时，张春桥、姚文元对陈伯达说："你先动笔吧。需要我们时，就随时找！"

陈伯达在米粮库胡同埋头于写政治报告，与钓鱼台分庭抗礼。

他要秘书王文耀、王保春到处打电话，为他收集资料：

要新华社给他送来工厂、农村的生产情况资料；

第十一章
与林彪结盟

要中央研究室的"秀才"们帮助他找资料,查马列经典著作;

给李雪峰打电话,从石家庄弄来河北省的一些资料……

他想要北京市的资料,托秘书给北京市革命委员会主任谢富治打电话,却碰了钉子。谢富治说:"如果是中央要材料,我给。如果是你陈伯达个人要材料,我不能给!"

他起草的"九大"政治报告的题目是《为把我国建设成强大的社会主义国家而奋斗!》,全文分十个部分。他送给毛泽东审看的是第一部分和全文的提纲。当时,他还未写出全文。

陈伯达向中央请假一个月,全力以赴起草政治报告。

陈伯达深信,凭他的这支笔,完全可以独自写出政治报告,于是便不理张春桥和姚文元。

张春桥和姚文元着急了。他们借口陈伯达写得太慢,会影响"九大"的召开,准备另搞一摊,另外起草一份政治报告。

陈伯达得知张、姚的动向,就把自己的提纲和已经写完的三个部分,拿出来讨论。会上,张春桥、姚文元批评陈伯达的初稿是鼓吹"唯生产力论"。

于是,张春桥、姚文元拉了康生,决定另起炉灶。

康生很刁,推说自己生病,不参加具体讨论。张春桥、姚文元以为这是夺取起草权的好机会,花了一个星期就突击出一份政治报告来。

这时,康生开腔了,他给林彪打了电话。当时毛家湾林办秘书,记下了康生的话:"我最近生了病,没有直接参加政治报告的起草。春桥、文元写的稿子,我看了一遍。我觉得,作为接班人向'九大'作的报告,这个稿子的分量是不够的。但是在这样短的时间内,他们就能拿出有一定水平的初稿来,还是不易的。我看它可以作为进一步讨论修改的基础,因为它的基本思路是能站住脚的。"

康生又得到江青的支持,使陈伯达完全处于孤立的境地了。

终于,江青得知毛泽东对陈伯达写的初稿有过批示,而陈伯达竟不告诉她,更不告诉康生、张春桥、姚文元。

江青、康生大怒,说陈伯达"封锁毛主席的声音"!

陈伯达与江青、康生大

虽然身为中央文革小组组长,但张春桥(前排右)、姚文元(前排中)与江青、康生结盟,整天围在毛泽东(前排左)身边,陈伯达的日子并不好过

527

闹起来。陈伯达回忆了当时的情景：

> 在"九大"前，江青和康生出谋划策，以所谓我"封锁毛主席的声音"为借口，在人民大会堂东大厅搞了一个大会，到会的人在大厅里几乎坐得满满的。
>
> 江青自己宣布：她是会议主席，"陈伯达作检讨"。
>
> 她同康生两人"你唱我和"。我只说了一句话便被打断。
>
> 江青说："陈伯达不作检讨，不让他说了。"她也不让参加会议的其他人发言。
>
> 当时工作人员一般都穿军装，我在会上穿的也一样。江青提出要摘掉我衣帽上的帽徽领章。
>
> 我看，这个会是为打倒我而开的会，没有什么可辩，就大喊一声："大字报上街！"（即赞成打倒我的大字报上街）。
>
> 叶群在会上高呼："拥护江青同志！"

江青联合康生，差一点要把陈伯达打倒了。在这个节骨眼上，最令陈伯达吃惊的是，叶群居然会高呼"拥护江青同志！"。

不过，会议刚刚结束，叶群马上又悄悄地向"老夫子"打招呼：在那种场合，她只能那样喊。

开了那次批评会之后，陈伯达依然不服，他还是写他的那份政治报告，不愿跟康生、张春桥、姚文元合作。

这么一来，就有了两份不同的政治报告。毛泽东在这两份政治报告中必须作出选择：要么用陈伯达起草的，要么用康生、张春桥、姚文元起草的。

借助于江青在背后的活动，康生、张春桥、姚文元起草的政治报告交由中央讨论。这当然意味着他们写的政治报告一旦获得通过，将会被大会采用。

陈伯达在讨论的时候，抓住机会，也对他们的稿子提出意见。这时候的张春桥，已经不把他这个"组长"放在眼里，与他公开吵了起来。

陈伯达是这样回忆的：

> 冲突的一次集中的表现，是在"九大"预备时期。我在中央会议上，对康生、张春桥、姚文元等所拟的"九大"政治报告稿（即林彪在"九大"会上念的）提出了这样的意见："还是应当搞好生产，发展生产，提高劳动生产率。尽搞运动，运动，就像伯恩斯坦所说的'运动是一切，而目的是没有的'。"

张春桥反驳说:"你说的是'唯生产力论'!世界上劳动生产率最高的,是一些小国,如卢森堡、比利时等国;你举的现在中国的例子,也是中小城市……"

毛主席听了以后,进卫生间。出来后,毛主席说:"考虑在报告上添进陈伯达的意见。"

但是,这么一来,使江青、康生、张春桥、姚文元异常激怒。

过了两天,开一个会,对我进行了一个从来没有的、言词极其激烈的责斥和批评。

在我倒后,"四人帮"接连不断地攻击所谓"唯生产力论",并反过来对我加封一个所谓"伯恩斯坦"的名义。

陈伯达依然故我,还在写他的政治报告。他企望自己写的政治报告,能够得到毛泽东的赞许。一旦毛泽东认可了,他的稿子就会被采用,他非要争这口气不可。这倒不是为了一篇稿子。他知道,一旦康生、张春桥、姚文元的稿子被正式采用,那就意味着他这位"理论家"一钱不值!

与此同时,在钓鱼台,康生、张春桥、姚文元也在全力以赴,一遍又一遍地修改他们起草的政治报告。

这是一场激烈的竞争和格斗——"九大"的帷幕还未拉开,陈伯达跟江青、康生、张春桥、姚文元已在那里拼搏了!

离"九大"召开的日子越来越近了,两派"大秀才"还在那里斗法!

陈伯达改了一遍又一遍,总算写出了政治报告。他恭恭敬敬地给毛泽东写了一封信,连同他写的政治报告,装入一个大牛皮纸口袋。然后,把牛皮纸口袋亲手封好,写上"即呈毛主席"。

往日,他住中南海迎春堂,定然亲自走去,送到毛泽东那里。如今,他住在米粮库胡同,要见毛泽东已不那么容易了。他只得派人送往中南海。

陈伯达在家静候佳音,他深信,自己如此用心,花了一个月写出的政治报告,一定会受到毛泽东的嘉许,"九大"一定会用他的稿子。他毕竟是在毛泽东身边工作多年的"理论家",写过那么多中央文件,他的稿子必定会比康、张、姚的稿子高明得多!

很快有了回音。他派人送去的那个牛皮纸口袋,从中南海退回来了。毛泽东亲笔在牛皮纸口袋上写道:

退伯达同志

毛泽东

陈伯达以为毛泽东会有亲笔信给他，可是他一看那牛皮纸口袋，顿时傻眼了：原封不动，毛泽东没有拆！

陈伯达如五雷轰顶，毛泽东不拆信，意味着他的稿子不屑一看！那牛皮纸口袋是他亲手封的，他看得出，没有被拆过！

他拆开牛皮纸口袋，里面装着他给毛泽东写的那封恭恭敬敬的信……

陈伯达对笔者说："我当场就哭了，哭得很厉害，很厉害。我一辈子都没有那样哭过！我很伤心，很伤心！……"

是的，陈伯达是很伤心：

这不仅仅意味着他一个月的心思白费，而且意味着他在与江、康、张、姚的竞争中败北！

更重要的是，这意味着毛泽东对他的不信任——对他的稿子不看一眼！

哭罢，陈伯达咬咬牙，对秘书说："送中央办公厅印刷厂排印！"

"主席不用了，还排印？"秘书有些不解。

"印吧，印吧，做个纪念也好。"陈伯达嘟囔着。

陈伯达做好了下台的思想准备……

总算保住第四把交椅

1969年4月1日，中国共产党第九次全国代表大会终于在北京召开。24年前，在中央"七大"上，陈伯达只是中央候补委员；13年前，在中共"八大"上，陈伯达成为中共中央政治局候补委员；如今，他是跟在毛泽东、林彪、周恩来之后步上主席台的。

当天发布的中共"九大"主席团秘书处新闻公报，是这样描述的：

> 下午5时整，毛主席和他的亲密战友林彪同志登上了主席台。全场掌声雷动，经久不息。代表们极其热烈地欢呼"毛主席万岁！""敬祝毛主席万寿无疆！""中国共产党万岁！""无产阶级文化大革命胜利万岁！""战无不胜的毛泽东思想万岁！"
>
> 随同毛主席和林彪副主席登上主席台的有周恩来、陈伯达、康生、董必武、刘伯承、朱德、陈云、江青、张春桥、姚文元同志。
>
> 毛主席宣布中国共产党第九次全国代表大会正式开幕。接着大会选出了主席团。大会一致选举毛泽东同志为主席团主席，林彪同志为主席团副主席，周恩来同志为主席团秘书长，并且决定了主席团秘书处成员。

第十一章
与林彪结盟

(左起) 毛泽东、林彪、周恩来、陈伯达在天安门城楼上

大会通过了中国共产党第九次全国代表大会的议事日程：
一、林彪同志代表中国共产党中央委员会作政治报告；
二、修改中国共产党章程；
三、选举党的中央委员会。
接着，大会进行第一项议程。

林彪同志向大会作了政治报告。林彪同志在报告中根据毛主席关于在无产阶级专政下继续革命的学说，总结了无产阶级文化大革命的基本经验，分析了国内外形势，提出了党的战斗任务。林彪同志的报告，受到代表们的热烈欢迎，不时被经久不息的掌声和口号所打断……

坐在主席台上，陈伯达依然是"第四号"座位。不过，他的心中是惶恐的，因为林彪所念的是康生、张春桥、姚文元起草的政治报告，而他起草的政治报告被摈弃了。尽管没有点名，但是，他听得出，康、张、姚起草的政治报告中有段话是针对他的，称他为"机会主义者"：

"抓革命，促生产"，这个方针是完全正确的；它正确地回答了革命和生产，精神和物质，上层建筑和经济基础，生产关系和生产力之间的关系。毛主席总是教育我们："政治工作是一切经济工作的生命线。"列宁曾经这样痛斥那些反对从政治上看问题的机会主义者："政治同经济相比不能不占首位。不肯定这一点，就是忘记了马克思主义的最起码的常识。"……

据陈伯达回忆，在林彪念政治报告的时候，他的心情是"很不舒畅、很不痛快"的。他知道，每一次召开党的代表大会，也就是党对高层领导重新排列顺序的时候。他无法猜测自己会被排到第几号。他甚至以为，他可能会被甩出政治局！

531

4月14日，中共"九大"召开全体会议，进行大会发言。陈伯达心灰意懒，根本无意在大会上讲话。可是，毛泽东说，政治局常委都要在大会上发个言。陈伯达曾推托，说没什么可讲的。不过，毛泽东的"最高指示"不可违背，况且五名政治局常委中的四名——毛、林、周、康都准备在大会上发言，他不能不说几句。

说什么好呢？陈伯达只得急就成章，由他口授，秘书"二王"——王文耀、王保春为之记录，急急忙忙写了篇发言稿。唉，如果不是因为他写的政治报告被否决，按照他的习惯，早在"九大"召开之前，就会把大会发言稿写好。

讲什么好呢？就用毛泽东的一段"最新批示"作为发言的核心吧："在注意到一种主要倾向的时候，也要注意可能掩盖着的另一种倾向。"为了"保险"起见，在发言中，他一段又一段地引述毛泽东的一系列"最高指示"，以免被别人抓住小辫子。

这样的个人发言稿，本来用不着送毛泽东审阅的。又是为了"保险"，他让秘书王文耀抄了一份，直送毛泽东。

这一回，毛泽东没有原封退回，而是仔细看了，还写了一段指示：

我的话，你少用，变成你自己的话去说。

看到毛泽东的指示，陈伯达松了一口气，原来毛泽东怪他引用的"最高指示"太多！

他赶紧作了修改，把修改稿再送毛泽东审阅。

这一回，毛泽东只在他的修改稿上画了一个圆圈，表示已"圈阅"。

这样，4月14日的中共"九大"新闻公报便报道："在4月14日的全体会议上，伟大领袖毛主席作了极其重要的鼓舞人心的讲话。林彪同志作了重要讲话。周恩来、陈伯达、康生、黄永胜、王洪文、陈永贵、孙玉国、尉凤英、纪登奎等同志发了言。"

在大会发言的11人之中，毛、林、周、陈、康是作为中共中央政治局常委发言的，黄永胜作为解放军负责人发言，王洪文、陈永贵、孙玉国、尉凤英、纪登奎则分别作为工、农、兵、妇女、干部代表发言。

陈伯达原以为这一回大约连政治局委员都当不成，可是，出人意料，在4月28日下午举行的中共九届一中全会上，他仍当选为政治局常委，仍为"第四号人物"。陈伯达的回忆，透露了其中的奥秘：

"九大"选举常委的事，是周恩来同志告诉我的。他对我说：我没有想到你还列入这个名单里。

江青曾说，如果黄永胜当常委，她也要当。有一位同志因此提出，常委

第十一章 与林彪结盟

名单可以照旧不动。

毛主席同意了这个建议。

"第一夫人"这么一闹,反而使陈伯达保住了政治局常委、"第四号人物"的地位,她自己却进不了常委之列——她全然打错了算盘!

陈伯达(左4)在"九大"上投票

中共九届一中全会发布的新闻公报,以奇特的排名方式,公布了选举结果。现仍照公报原文及排名方式,照录于下:

    中央委员会主席   毛泽东
    中央委员会副主席 林彪
    中央政治局常务委员会委员 毛泽东 林彪
  (以下按姓氏笔画为序)
    陈伯达 周恩来 康生
    中央政治局委员 毛泽东 林彪
  (以下按姓氏笔画为序)
    叶群 叶剑英 刘伯承 江青 朱德 许世友 陈伯达 陈锡联 李先念 李作鹏 吴法宪 张春桥 邱会作 周恩来 姚文元 康生 黄永胜 董必武 谢富治
    中央政治局候补委员 纪登奎 李雪峰 李德生 汪东兴

这张名单是林彪集团鼎盛时期的象征——黄永胜、吴法宪、叶群、李作鹏、邱会作都进入了政治局。这五个新的政治局委员,加上林彪以及新"入伙"的陈伯达,林彪集团在政治局内占有七个席位——相当于政治局委员全体人数的三分之一!

这张名单也表明,中央文革小组的最后五位成员,也全体进入了政治局——陈伯达、康生、江青、张春桥、姚文元。

鉴于组长陈伯达已与康、江、张、姚严重对立,而且中央文革小组成员已全部进入政治局,中共中央政治局恢复了正常活动,因此中央文革小组自中共"九大"之后

成为"中央首长"的姚文元

已名存实亡。此后中央文件不再以中共中央与中央文革小组并列了。

尽管中共"九大"新闻公报宣称,这次大会是"团结的胜利的"大会,毛泽东的"最高指示"也说,"我们希望这一次代表大会,能够开成一个团结的大会,胜利的大会",但实际上,新选出的中共中央政治局已严重地存在着裂缝。倒是毛泽东早先在中共八届十一中全会闭幕式上说过的一句话,符合客观实际:"党外无党,帝王思想。党内无派,千奇百怪。我们共产党也是这样。"

在中共"九大"之后,陈伯达与林彪的接触日益频繁,在党内结成了一派……

毛家湾的座上客

在北京,中南海、毛家湾、钓鱼台唱起了"三国志":毛泽东、周恩来在中南海坐镇,林彪在毛家湾拉帮结派,江青在钓鱼台跟康、张、姚密谋。

毛家湾是北京一个很不显眼的胡同,它不像中南海那样是全国皆知的政治中心,也不像钓鱼台国宾馆那样气宇轩昂。毛家湾在北京平安里东南,中南海西北,皇城根附近。毛家湾分前、中、后三条小巷,在一道灰色的高墙之内,是一个又一个院子。那里原是高岗的住所,林彪本来住在北京西直门内南草厂胡同。自从林彪成为国防部长之后,权重一时,便迁入毛家湾。经过扩建,林彪公馆的建筑面积达1万多平方米。可是,在外边只见到一堵灰墙而已,老百姓们谁也不知道"副统帅"住在这里。

陈伯达本是毛家湾的稀客,通过"热线"联络,他跟毛家湾的关系日益密切。

往常,当陈伯达作为中央文革小组组长住在钓鱼台时,江青常常拉他看"参考片"。陈伯达对于电影没有太大兴趣,可是不去看又不好,因为江青往往在看完电影之后开碰头会。陈伯达一边看电影,一边打瞌睡。

如今,毛家湾也放起电影来。陈伯达一反常态,变成看电影的"积极分子",每逢"林办"来电话请他看电影,他必定去。

从米粮库胡同到毛家湾,小轿车十分钟就到了。不过,陈伯达的车子总是要先在市区东游西逛,直至断定后边没有车子跟踪,这才悄然拐进毛家湾。

每次来毛家湾"看电影"的"观众",无非是陈伯达、黄永胜、吴法宪、李作鹏、邱会作。

林彪,已经很明显地形成他的集团了。每一次"看电影",都成了林彪集团的一次秘密约会。林彪,是中共"九大"党章上明文规定的毛泽东的"接班人",是党的唯一的副主席。林彪集团,文

在一次集会上,林彪(左3)隔着毛泽东(左2)注视着讲话的陈伯达(左1)

有陈伯达,武有黄、吴、李、邱,"秘书长"有叶群,正是羽翼丰满之时,势力超过江青集团。

江青呢?她在跟林彪抗衡,她要扩大她的影响,提高她的声望。她与林彪暗中较量着。

据陈伯达回忆:

> 江青的卑鄙野心,作了不少"天开异想"。"九大"一结束,她即要把她个人突出在中央之上。比如,她给一个什么文艺团体"命名",要登报大书此事。周恩来同志退回这个新闻稿子。
>
> "九大"一结束,她还要用中央文革小组名义,重新发表她在上海的什么座谈会纪要,"要大家学习",又送到我处。我写上:"凡是中央文革小组文件,今后都必须由毛主席批。"
>
> 毛主席一见文件,就把"江青同志"四个字勾去了。
>
> 总之,她在北京并不如意。她和张春桥、姚文元在一段时间里回到上海去议论他们在"九大"后各种计谋。他们为什么不在北京呢?因为中央的会,中央的事,还是周恩来同志主持,他们的阴谋诡计,遇到了阻力。

后来,当江青回到北京,在1969年10月,林彪和叶群却又神秘地离开北京毛家湾,飞往苏州。林彪瞒着江青,也不惊动在上海的张春桥。

可是,张春桥迅速得知苏州来了一位"大人物",并马上电告江青。

林彪刚刚抵达苏州,江青就"追"来了——把一包文件派人送来,弄得林彪极度不快。

林彪秘书张云生记述了林彪与江青的这一幕争斗：

> 没过几天，江青就寄给林彪一包子文件，请林彪表态支持。
>
> 这包子文件里，共有两份篇幅很长的材料，另附有一封江青致林彪的短信。一份材料是江青署名致全党的一封关于文艺问题的长信。信中不仅把"文化大革命"前17年的文艺界说得一无是处，而且把"九大"前后的文艺工作现状也描述得一团漆黑。中心意思是批所谓"有些地区、有些人以宣传样板戏为名，行歪曲、破坏样板戏之实"。信中认为，很多地方正在排演的样板戏，没有一个是真正称得上"样板"的，样板戏已经被糟蹋得不成样子。信中认为这是"文艺黑线正在阴谋复辟"的"信号"。信中大声疾呼，必须向这些"反革命邪风"作坚决斗争，并要求以中央名义把她这封信转发全党，以引起广泛"警惕"。另一组材料的标题是《周扬鼓吹资产阶级文艺复兴的一些言论》，江青、姚文元在里边几乎逐句、逐段地加上了旁批，许多批注所上的纲领人不寒而栗。这是前边那一封信的"附件"，也是要转发全党的[1]。为了这两份材料能够顺利出笼，江青特致林彪一封信。信中大肆表白她是多么忠于毛主席和毛主席的无产阶级革命路线，并且多么渴望为此作出一点"贡献"。
>
> 但她又苦于"有些人"对她不够"理解"，使她难于施展。她相信林彪是"理解"她的，因此恳求林彪给予支持……

其实，在1969年夏，江青曾把这两份文件送给林彪。林彪批了"请政治局讨论后呈主席批示"。毛泽东看了江青的两份文件，不予理睬。这一次，江青再送林彪。

林彪怎么办呢？他又写了批示："再请政治局讨论后呈主席批示。"

林彪又把"球"踢给了毛泽东。毛泽东再次压了下来……

毛泽东、林彪、江青在演出颇为有趣的"三国志"！

"天才"之争

中共"九大"之后，召开第四届全国人民代表大会被提到议事日程上来了。因为三届人大是1964年召开的，已经过去五年，何况"罢免"刘少奇的中华人民共和国主席之职，必须通过人大。

---

[1] 江青的长信及关于周扬的批注，据云是姚文元起草的，前后改了8遍。

召开党的代表大会，要准备政治报告和修改党章报告；召开人大，则要准备政府工作报告和修改宪法报告。

起草政府工作报告，理所当然由周恩来总理主持。

修改宪法工作呢？毛泽东指定由康生主持，陈伯达参加。本来，应当由陈伯达主持的，因为陈伯达毕竟名列康生之前，是"第四号人物"。可是，由于在起草中共"九大"政治报告之争中，康生占了上风，所以这一回毛泽东仍指定康生来主持。

陈伯达作了如下回忆：

"九大"后，由康生主持修改宪法，叫我也参加。我记忆所及：康生主持的原来所拟的序言，不提中国人民大革命和社会主义改造和建设，好像只是"文革"才开始中国的革命。虽然后来会上讨论后，做了点缀，但没有必要的分量。

讨论会在怀仁堂举行。一天晚上，我在卫生间，忽然听见吴法宪声音很大，似乎还拍桌子。我出来时，事已沉寂，旋即散会。吴法宪没有走，我问他是吵什么事。据吴法宪说，张春桥否认毛主席是"天才"，所以他发火了。

听吴法宪说时，我认为吴法宪是对的，因为我也认为毛主席是一个天才人物，虽然我在过去似乎没有这样说过。马克思、恩格斯、列宁、斯大林都承认历史上有天才人物，说毛主席是"天才"并不错。但同吴法宪谈话时，我并没有大肆渲染这件事，听他说后，我只觉得张春桥可笑。

时间很短，我即同吴法宪出怀仁堂。开会的人都走了，可是，看见怀仁堂门外，康生的秘书李鑫一个在汽车上未走。我想，他会是康生留下观察的……

大约因为此事留给陈伯达的印象太深，他在晚年所写的另一份手稿中，重述此事，文字稍有不同：

在会议期间，我到卫生间，听到吴法宪的声音很大，或者可以说是声震屋瓦吧。我回到会议上时，已归乎平静。会议散后，我留下问吴法宪，吴法宪说，张春桥否认毛主席是天才。我平常不赞成文人以天才自居，却认为毛主席是天才。因此，同情吴法宪的说法。我同吴法宪从怀仁堂出来，看到康生的秘书李鑫单独在外边汽车里等着，好像在观察我和吴法宪的行动。

怀仁堂多事。这一回，为着修改宪法，又发生了激烈的争论。

修改宪法，怎么会忽然争起了"天才"问题？

原来，这次修改宪法，要在序言中提及毛泽东。关于毛泽东的评价，在当时，最"权威"的莫过于林彪为《毛主席语录》所写的《再版前言》中的一段话：

> 毛泽东同志是当代最伟大的马克思列宁主义者。毛泽东同志天才地、创造性地、全面地继承、捍卫和发展了马克思列宁主义，把马克思列宁主义提高到一个崭新的阶段。

其实，林彪这篇写于1966年12月26日的《再版前言》，是"中央文革"的"秀才"们为之捉刀的。其中"要带着问题学，活学活用，学用结合，急用先学，立竿见影，在'用'字上狠下工夫"这个学习毛泽东著作的"三十字方针"，是张春桥帮助林彪"总结"的（在林彪被打倒后，这"三十字方针"不准批判，当时许多人莫名其妙——因为不知是张春桥搞的）。

"天才地、创造性地、全面地"这三个副词，自《再版前言》问世之后，几乎成了毛泽东"专用"的了。几乎所有的社论、文章，一提到毛泽东，便要用这三个副词。如前所述，由陈伯达、姚文元执笔的《沿着十月社会主义革命开辟的道路前进》一文，多处用"天才地"这一副词，此文送毛泽东审阅，毛泽东批示认为"可用"。

可是，后来情况变化了。诚如毛泽东1970年12月18日跟美国记者斯诺谈话时所说："在过去几年中，有必要搞点个人崇拜。现在没有这种必要了，应当降温了。"斯诺写道："今天，情况不同了。主席说，所谓'四个伟大'——对毛本人的称号——'伟大的导师、伟大的领袖、伟大的统帅、伟大的舵手'讨嫌。总有一天要统统去掉。"[1]

正因为这样，毛泽东圈去了中共"九大"政治报告以及新党章中那三个副词，只剩下"继承、捍卫和发展"三个动词。康生、张春桥、

1970年12月18日，毛泽东（右）在会见斯诺（左）时对"天才"说表示怀疑，并表示要给个人崇拜降温

---

[1] 见《美国友好人士斯诺访华文章》一书第13~14页，三联书店1971年7月版。

姚文元参与起草，深知毛泽东这一变化了的"政治行情"。

林彪、陈伯达当然也知道这一"政治行情"。那"四个伟大"，那三个副词，都深深打上"林"字印记。毛泽东说"四个伟大"讨嫌，三个副词讨嫌，实际上是说林彪讨嫌！

林彪在他的多次讲话中，一再称颂毛泽东为天才。

林彪1966年5月18日在中共中央政治局扩大会议上，就说过：

> 毛主席的言论、文章和革命实践都表现出他的伟大的无产阶级天才。有些人不承认天才，这不是马克思主义，不能不承认天才。恩格斯说，18世纪的天才是黑格尔、圣西门，19世纪的天才是马克思。他说马克思比我们一切人都站得高一些，看得远些，观察得多些和快些，他是天才。列宁也承认天才，他说要有十几个天才的领袖，才能领导俄国取得革命胜利。毛主席是天才……20世纪的天才是列宁和毛泽东同志。不要不服气，不行就不行。不承认这一点，我们就会犯大错误。不看到这一点，就不晓得把无产阶级最伟大的天才舵手选为我们的领袖。

陈伯达也论述过天才问题，那是1952年4月18日，陈伯达在中国科学院发表讲话。他的话，比林彪严谨一些：

> 马克思在《资本论》的法文译本的序文上说："在科学上面是没有平坦的大路可走的，只有那在攀登上不畏劳苦不畏险阻的人，才有希望达到光辉的顶点。"马克思是历史上极其杰出的天才，但他在科学工作上是辛苦的过来人。任何人如果没有辛苦的、长期的研究，决不会有大的成就。马克思是如此，恩格斯是如此，列宁、斯大林是如此。在中国，毛主席也是如此。大家都要学一学马克思，我想我们的科学工作者不妨先了解一点马克思是怎样搞科学工作的。要找这些材料，大家不妨看看拉法格和李卜克内西的《马克思回忆录》，在这两篇回忆录里面，我们就能够懂得"天才就是勤奋"的道理。天才不是从天上来的，而是从地上来的。为什么能够成为天才呢？就是因为他站在一个非常可靠的踏实的地面的基础上。[1]

关于什么是天才，有没有天才，马克思是不是天才，毛泽东是不是天才……都是

---

[1] 陈伯达：《在中国科学院研究人员学习会上的讲话》，第15页，人民出版社1952年9月版。

可以讨论的。天才无非是比普通人聪明些,智商高些。毛泽东确实比普通的中国人要聪明得多,智商高得多。

问题的关键,诚如毛泽东早在1966年7月8日那封写给江青的信中所一语道破的:"我猜他们的本意,是为了打鬼而借助钟馗。我就在20世纪60年代当了共产党的钟馗了。"

于是,在修改宪法时,为了那么一个副词——"天才地",引起了怀仁堂内一番论战。这论战绝非关于天才的"学术讲座",却是一场借此而爆发的政治格斗!

国家主席之争

在修改宪法时,关于要不要写上国家主席的条文,又爆发了一场激烈的论战。

本来,中华人民共和国设国家主席,这是《中华人民共和国宪法》早就明文规定的。1954年9月,由第一届全国人民代表大会第一次会议制定的《中华人民共和国宪法》,其中第二章"国家机构"的第二节"中华人民共和国主席",对于国家主席有着详尽的条文。兹照1954年第10期《新华月报》所载《中华人民共和国宪法》第二章第二节原文,转录于下:

第二章　第二节　中华人民共和国主席

第三十九条　中华人民共和国主席由全国人民代表大会选举。有选举权和被选举权的年满三十五岁的中华人民共和国公民可以被选为中华人民共和国主席。

中华人民共和国主席任期四年。

第四十条　中华人民共和国主席根据全国人民代表大会的决定和全国人民代表大会常务委员会的决定,公布法律和法令,任免国务院总理、副总理、各部部长、各委员会主任、秘书长,任免国防委员会副主席、委员,授予国家的勋章和荣誉称号,发布大赦令和特赦令,发布戒严令,宣布战争状态,发布动员令。

第四十一条　中华人民共和国主席对外代表中华人民共和国,接受外国使节;根据全国人民代表大会常务委员会的决定,派遣和召回驻外全权代表,批准同外国缔结的条约。

第四十二条　中华人民共和国主席统率全国武装力量,担任国防委员会主席。

第四十三条　中华人民共和国主席在必要的时候召开最高国务会议，并担任最高国务会议主席。

最高国务会议由中华人民共和国副主席、全国人民代表大会常务委员会委员长、国务院总理和其他有关人员参加。

最高国务会议对于国家重大事务的意见，由中华人民共和国主席提交全国人民代表大会、全国人民代表大会常务委员会、国务院或者其他有关部门讨论并作出决定。

第四十四条　中华人民共和国副主席协助主席工作。副主席受主席委托，可以代行主席的部分职权。

中华人民共和国副主席的选举和任期，适用宪法第三十九条关于中华人民共和国主席的选举和任期的规定。

第四十五条　中华人民共和国主席、副主席行使职权到下届全国人民代表大会选出的下一任主席、副主席就职为止。

第四十六条　中华人民共和国主席因为健康情况长期不能工作的时候，由副主席代行主席的职权。

中华人民共和国主席缺位的时候，由副主席继任主席的职位。

中华人民共和国第一任主席是毛泽东。

1959年4月，当第二届全国人民代表大会第一次代表会议举行时，毛泽东声言为了集中精力考虑一些重大问题，决定辞去国家主席职务（在此之前，中共中央曾于1958年冬向全党发出了毛泽东准备辞去国家主席职务的说明缘由的文件），刘少奇当选为第二任国家主席。

1964年12月下旬至1965年初，在第三届全国人民代表大会第一次会议上，刘少奇又一次当选为国家主席。

在"文革"中，刘少奇惨遭迫害，于1969年11月12日晨6时45分，死于河南开封软禁之地。

在刘少奇死后，国家主席空缺。

谁继任国家主席呢？

虽然林彪（右）被说成是毛泽东（左）的亲密战友，但在设不设国家主席的问题上，二人并没有取得一致

按照当时的政治形势,只有两人可担此任:要么毛泽东,要么林彪。

毛泽东早在1958年就提出不当国家主席,如今年岁更大了,难道还会重新担任此职?

如果毛泽东不当国家主席,则非林彪莫属了!

重读宪法中关于国家主席的条文,林彪对国家主席所拥有的不小的权力产生很大兴趣。尽管在中共"九大",林彪成为唯一的党的副主席,他的接班人的地位已明文载入中共党章,不过,这个副主席之职,还填不了林彪的欲壑。因为他发现,党的副主席并没有多大实权:毛泽东是党的威望无比的领袖,一切党的重大事务必须由毛泽东拍板;至于政府,一切由周恩来主管。

林彪企望着当国家主席,而且看来唯有他可能当选国家主席——因为毛泽东既然早在1959年他66岁时便辞去国家主席之职,岂会在1970年他77岁时重新出任国家主席?

毛泽东当然对林彪的心态也一清二楚。

黄河有九曲,政治舞台上的语言,要拐九十九个弯。

林彪明知毛泽东不可能再出任国家主席,可是却再三"提议":国家主席请毛泽东"兼任"。林彪以为,毛泽东一定会谦让,会说"请林彪同志任国家主席"。一旦有了这样"一句顶一万句"的"最高指示",林彪就能理所当然地成为国家主席。

毛泽东呢?也有他的高招。他明白,如果他自己不当国家主席,那就必定要提名林彪为国家主席。然而,他又不愿意提名林彪担任国家主席,于是,他干脆建议在修改宪法时,删去在原宪法中的第二章第二节,来了个"不设国家主席"!

明明双方剑拔弩张,可是,却都"化了装":林彪敦请毛泽东担任国家主席,毛泽东建议不设国家主席。

1970年3月8日,毛泽东正式提议,召开四届人大,并修改宪法。毛泽东同时提议,改变国家体制,不设国家主席。这是毛泽东第一次明确提出不设国家主席。

3月9日,中共中央政治局根据毛泽东的意见,开始了修改宪法的准备工作。

于是,陈伯达与张春桥在起草宪法修改方案中,产生了争论:陈伯达主张应当放入有关国家主席的条文,张春桥则主张删去原有的有关国家主席的条文。

3月16日,中共中央政治局就修改宪法中的一些重大问题,写出《关于修改宪法问题的请示》,送呈毛泽东。毛泽东阅批了这一报告。

3月17日至20日,中共中央在北京召开工作会议,讨论召开四届人大的问题。

林彪在苏州。他在3月9日让叶群给在北京的黄永胜、吴法宪说:"林副主席赞成设国家主席。"

毛泽东不予理睬。

林彪只得自己出面，让秘书给毛泽东秘书打电话说："林副主席建议，毛主席当国家主席。"毛泽东的答复很巧妙。他让秘书回电苏州："问候林彪同志好！"

双方都在那里演戏！

4月11日夜11时30分，林彪在苏州让秘书于运深给中共中央政治局挂电话。当时于运深记下的林彪原话全文如下：

一、关于这次"人大"国家主席的问题，林彪同志仍然建议由毛主席兼任。这样做对党内、党外，国内、国外人民的心理状态适合。否则，不适合人民的心理状态。

二、关于副主席问题，林彪同志认为可设可不设，可多设可少设，关系都不大。

三、林彪同志认为，他自己不宜担任副主席的职务。

林彪这三条意见，第一条是假话，第三条是真话，第二条是无所谓的话，他确实是不愿"担任副主席"了！

就在接到林彪电话的翌日，中共中央政治局给毛泽东写了请示报告。毛泽东对此作了批示：

我不再做此事，此议不妥。

这是毛泽东第二次毫不含糊地否定了关于设国家主席的意见。

4月下旬，在中共中央政治局会议上，毛泽东借用《三国演义》中的典故，告诫林彪："孙权劝曹操当皇帝。曹操说，孙权是要把他放在炉火上烤。我劝你们不要把我当曹操，你们也不要做孙权。"

毛泽东谈笑风生，而他的笑声中饱含着尖刻的讽喻。

这是毛泽东第三次表明了不设国家主席的意见。

林彪仍一意孤行。据吴法宪在1971年10月21日亲笔交代：

林彪一方面努力做出毛泽东学生的姿态，另一方面迫切希望从毛泽东手头接过国家主席的位置。图为江青亲自拍摄的林彪学习"毛选"的照片

一、1970年4月中旬和下旬，主席两次告诫林彪不要再提国家主席之后，5月中旬有一次我见林彪时，我问他对宪法修改有什么意见，他说：他主张要设国家主席。不设国家主席，国家没有一个头，名不正言不顺。林彪要我和李作鹏在宪法工作小组会上，提出写上国家主席一章。

二、1970年7月，叶群曾向我当面说过：如果不设国家主席，林彪怎么办，往哪里摆？

三、1970年8月初，叶群打电话对我说：林彪的意见还是要坚持设国家主席，你们应在宪法工作小组提议写上这一章。

……

陈伯达坚决站在林彪一边，成为林彪的"亲密战友"。

1970年5月14日，叶群和黄永胜、吴法宪、李作鹏同游长城。回来后，叶群赋诗一首，其中有句"相将奋起卫红旗"。

据叶群自云："相，陈伯达；将，黄永胜、吴法宪、李作鹏、邱会作；红旗，林副主席。"

这么一来，陈伯达成了林彪之"相"。

7月中旬，在中央修改宪法起草委员会开会期间，毛泽东第四次提出不设国家主席。毛泽东指出：设国家主席，那是形式，不要因人设事。

其实，关于宪法中国家主席设不设之争，究竟为了什么，明眼人皆知。著名民主人士梁漱溟先生当时在全国政协机关的小组讨论会上发言，便点明了问题的实质：

比如设国家主席，一国的元首，不能没有。设国家主席是一回事，选谁当国家主席是一回事。国家主席不可不设，什么人当国家主席则可以经过法定手续来选。……[1]

如此明白的事，连"靠边站"的梁漱溟先生都看得清清楚楚，可是，国家主席设与不设之争仍在中共高层激烈地进行着——毛泽东不直接说不同意林彪当国家主席，而是说建议不设国家主席；林彪不直接说我要当国家主席，而是说国家主席还是要设，请毛泽东当国家主席。双方都想用冠冕堂皇的理由，达到自己的目的。

不过，在中共中央政治局常委之中，态度并不一致：

毛泽东四次申明不设国家主席、不当国家主席，态度非常明朗；

---

[1] 引自上海《开放》杂志1989年创刊号《梁漱溟"文革"自述》。

林彪怀着争权夺利的目的,主张设国家主席;

中共中央政治局另三名常委——周恩来、陈伯达、康生——则从不同的角度,主张设国家主席。

1998年由中共中央文献研究室编的《周恩来年谱1949~1976》(下卷)一书第386~387页,透露了当时中共中央政治局党委会的真实情况:

> (1970年)8月22日,到毛泽东处参加中共中央政治局常委会……关于设国家主席的问题,讨论中除毛泽东外,其他4名常委均提出,根据群众愿望和要求,应实现党的主席和国家主席一元化,即在形式上有一个国家元首、国家主席。周恩来提出,如果设国家主席,今后接见外国使节等外交礼仪活动可以由国家主席授权。康生说,设国家主席,这是全党全国人民的希望,我们在起草宪法修改草案时也这么希望,但又不敢违反主席关于不设国家主席的意见。处在这一矛盾中,我们感到压力很大。陈伯达说:如果这次毛主席再担任国家主席,将对全国人民是一个极大的振奋和鼓舞。陈伯达讲后,林彪也附和。毛泽东在会上仍然坚持不设国家主席,不当国家主席的意见,他说:设国家主席,那是个形式,我提议修改宪法就是考虑到不要国家主席。如果你们愿意要国家主席,你们要好了,反正我不做这个主席。

也就是说,在五常委之中,四人赞成设国家主席,只有毛泽东一人反对!

但是由于毛泽东的崇高威望,四常委最后还是同意了毛泽东的意见。

第十二章
兵败庐山

在1970年8月的庐山会议上,陈伯达积极为林彪出谋划策,毛泽东把反击的目标指向陈伯达,写了批陈檄文《我的一点意见》,宣告了陈伯达政治生涯的终结。随后全国掀起"批陈整风"运动,直至1971年9月13日林彪摔死于蒙古温都尔汗,于是"批陈整风"改为"批林批陈",陈伯达被戴上"国民党反共分子、托派、叛徒、特务、修正主义分子"五顶大帽子……

火急查找论"天才"语录

雾锁群嶂,云漫众峰。庐山,浮云遮望眼,难识真面目。

匆匆 11 载,弹指一挥间。1970 年 8 月 20 日,陈伯达从北京飞抵江西九江机场,又从那里上庐山。他不胜感慨,11 年前,在那次庐山会议——中共八届八中全会——上,他先是跟彭德怀站在一起,然后随机应变,倒打一耙,化险为夷。眼下,中共九届二中全会即将在庐山召开,故地重游,11 年前的余惊不时袭上陈伯达心头。

这次会议,按照事先通知的议程,共三项:讨论修改宪法问题;国民经济计划问题;战备问题。

成串的小轿车沿着盘山公路上行。155 名中共中央委员、100 名中共中央候补委员带着秘书、工作人员,云集庐山。

中央委员们当然知道上庐山干什么。在工作人员之中,却有毫无所知的。

笔者曾访问过当年的中央政治研究室秘书史敬棠。据他回忆,陈伯达秘书王保春打电话来,要他准备出发,但到哪里去、干什么,却一概不知。

史敬棠在 1950 年代曾帮助陈伯达编《中国近代工业史资料》,在陈伯达那里工作过,后来,他调到中共中央政治研究室当秘书,而研究室的主任便是陈伯达。

史敬棠接到紧急通知,赶往中共中央办公厅,那里的工作人员把他送到机场。这时,他仍不知飞往哪里。

上了大飞机,看见机舱里坐着朱老总和董必武,史敬棠这才意识到此行非同小可,更不敢随便打听。

大飞机离开北京之后,飞了好久,在一个机场着陆。这时,乘客改乘几架小飞机。越过一条大江(长江),降落在一个不大的机场上(九江机场,当时还不能起降大型飞机)。

换坐小轿车,直至上山时,史敬棠才明白到了庐山。

在庐山,史敬棠得到通知:"是伯达同志要你来。他住在半山,有事,会让秘书找你。"

另外,中共中央办公厅还告诉他:"你在你住的地方休息、看书,没有电话找你,不要外出，不要到处走。"

没多久陈伯达来电话，交给史敬棠一个奇特而紧急的任务："马上查找马克思、恩格斯、列宁、斯大林论天才的语录，查到越多越好！"

史敬棠毫无思想准备。倘若他事先知道上庐山是完成这个"任务"，他必定会从中共中央政治研究室带一整套马、恩、列、斯全集来。

他身边除了红色的《毛主席语录》，没有别的书。去附近的九江或者南昌图书馆去查吧，上了山就不准下山。

他寄希望于庐山图书馆。跑到那里一看，那是一个小型的图书馆，藏书不多。史敬棠把那里所有的马、恩、列、斯著作全抱了回来，在住处查找。查到一条，就用纸条夹好，再用铅笔在书上画好记号。

借来的书很有限，史敬棠只得挂长途电话给北京，请中共中央政治研究室的同事帮助查找有关"天才"的语录，通过电话一条条传上山。怕电话中会念错，中共中央政治研究室的同志还把查到的语录密封，直送中共中央办公厅，托飞往庐山的飞机捎来。

史敬棠告诉笔者，他当时只知道执行公务，一点也不知道陈伯达为什么急于要寻找这些关于"天才"的语录。

虽然史敬棠二十来岁就前往延安，1937年加入中国共产党，但他毕竟只是做秘书工作，中共高层的政治风云对于他来说如同庐山迷雾一样难知真情……

与林彪暗中密商

8月21日上午，林彪、叶群飞抵九江机场。

与林彪、叶群一起上山的，还有一位"军委秘书"。这位"军委秘书"酷肖林彪。他不是别人，正是林彪之子林立果。

林彪气派非凡，上山之前，他的住处已架好六条电话专线。上山之后，两架云雀式直升机在山上待命。这位"副统帅"仿佛随时预防不测。庐山上的严峻形势，林彪未上山就已有所准备了。

往常，陈伯达总往毛泽东那边跑。

林彪、叶群夫妇

如今他已改从新主，朝林彪这边跑。林彪抵达庐山的当天下午，"理论家"去林彪那里，谈了一个多小时。他们商量了如何对"陆定一式的人物"发动攻击。

陆定一早在1966年5月就被打倒了。眼下，他们所说的"陆定一式的人物"有着特殊的含义——指的便是张春桥。因为直接与毛泽东冲突，他们不敢；与江青、康生交锋，还不是时候；最合适的攻击目标，便是张春桥。在他们看来，张春桥的腰杆还不算太硬。"先打弱小之敌"，兵家历来如此。

"相"来了，"将"也来了。除了黄永胜留守北京之外，吴法宪、李作鹏、邱会作也都前来林彪下榻之处密商。

据吴法宪交代：

> 1970年8月21日在庐山，黄昏前叶群邀吴法宪、李作鹏、邱会作去游仙人洞。叶群说：设国家主席还要坚持。我根据林彪、叶群的交代，8月23、24、25日先后同王秉璋、王维国、陈励云等人讲过坚持设国家主席的问题，对其中有些人还讲过不设国家主席林彪怎么办，往哪里摆。

据陈伯达晚年回忆，他一上庐山，就与吴法宪、李作鹏、邱会作来往密切：

> 到庐山下飞机时，我告诉吴法宪，这次宪法草案修改后，主席如果批发，就很好，不要再提什么意见了。记得，后来吴法宪、邱会作、李作鹏几个人到过我那住处一次，我又再重复这个话。

翌日——8月22日——已处于暴风雨的前夜。

22日下午，中共中央政治局在庐山召开常委会，毛、林、周、陈、康相聚。常委会上似乎风平浪静。毛泽东重复他在中共"九大"召开时说过的话："希望这次大会，开成一个团结的大会，胜利的大会。"毛泽东又一次强调"团结"，显然是针对存在着不团结的现象而说的。

周恩来则对明日大会开幕式怎么开、三项议程怎么安排，谈了具体的意见。

林彪又一次提出在宪法中要有国家主席的条文，遭到毛泽东当面否定。林彪很不高兴，没有表示要在明天的开幕式上讲话。

政治局常委"五巨头"会议结束之后，陈伯达又去林彪那里。因为许多机密要事在电话中谈甚为不便，陈伯达与林彪的私下接触变得异常频繁。

政治局常委会决定，中共九届二中全会定于23日下午3时举行开幕式。

上午，陈伯达又去林彪那里。

中午，正准备午睡的史敬棠突然接到陈伯达的电话，要他立即去一下。

据史敬棠对笔者说，他到了陈伯达那里，见陈伯达桌子上放着一本1954年版的《中华人民共和国宪法》。陈伯达指着第二章第二节"中华人民共和国主席"，口授了若干修改意见，要史敬棠当场按他的意思写成新的条文。写完后，陈伯达看了一遍，又作了一些修改。前后大约花了一个小时。改毕，陈伯达让史敬棠回去。史敬棠如同被蒙在鼓里一般，不知陈伯达为什么如此着急要拟定关于中华人民共和国主席的新条文。

一场闪电式的攻击战，在一个多小时后的中共九届二中全会开幕式上展开了……

林彪发动突然袭击

23日下午，中共九届二中全会在雾中的庐山拉开帷幕，原定3时开会，但直到3时45分才正式开始。

周恩来根据昨日政治局常委会的决定，在会上宣布三项议程，谈了会议时间的安排，传达了毛泽东关于"开成一个团结的大会，胜利的大会"的意见。

就在周恩来讲完之后，林彪在大会上讲话。

大抵是把"出奇制胜"之类军事韬略搬到政治舞台的缘故，林彪的长篇讲话显然是经过精心准备、思索的。那天上午，他就和叶群仔细研究了一番。

根据当时林彪讲话录音所整理的原始记录，林彪的讲话是这样开始的：

> 昨天下午，主席召集了常委会，对这次会议作了指示。这几个月来，（大家）对于这个宪法的问题和人代会的问题都是关心的。这个宪法修改，人代会的召开问题，都是主席提出的。我认为这很必要，很合时宜。这次在国内、

在中共九届二中全会上，林彪发言，称颂毛泽东为天才，并且坚持要设国家主席

国外大好的革命形势下开人代会和修改宪法，对于巩固无产阶级文化大革命的成果，巩固和加强无产阶级专政、反帝反修的斗争，对国际共产主义的运动，都会是有深远影响的……

林彪在讲了这么一番堂而皇之的开场白之后，像往常一样，摆出"亲密的战友"、"最好的学生"的姿态，颂扬毛泽东，颂扬"毛泽东思想是全国一切工作的指导方针"。

说着，说着，渐入"正题"。

林彪说：

我们说毛主席是天才，我还是坚持这个观点。毛主席的天才，他的学问，他的实际经验，不断地发展出新的东西来。

你们大家是不是觉得老三篇[1]不起大作用呀？我觉得这个东西还是起作用。有人说毛主席对马列主义没有发展。从形而上学的观点，认为事物是凝固的、僵死的，而不是活生生的、可变化的，是随着条件的不同而有所不同的。这种观念不符合马列主义的起码原则，是反马列主义的。这点是值得我们同志们深思的，尤其是在中央的同志值得深思。因为他那个中央不同，我们这个国家是无产阶级专政的国家，共产党当权的国家。最高的一声号令，一股风吹下去，就把整个的事情改变面貌，改变面貌，改变面貌。因此，在这个问题上，我们值得把脑筋骨静下来想一想，是不是这回事情？……

林彪所说的"有人""他那个中央"，显然指的是张春桥。

林彪鼓吹了一番"天才论"之后，很含蓄地谈及了国家主席问题。有碍于昨天毛泽东已当面否决了设国家主席，林彪不便正面

陈伯达修改的林彪在中共九届二中全会上的讲话

---

[1] 指毛泽东写的《为人民服务》《愚公移山》《纪念白求恩》这三篇文章。

冲锋，便来了个"迂回进攻"。他说：

> 这次我研究了这个宪法，表现出这样的一个情况的特点，一个是毛主席的伟大领袖、国家元首、最高统帅的这种地位，毛泽东思想作为全国人民的指导思想，这一点非常重要，非常重要，是宪法的灵魂。

林彪所说的"国家元首"，也就是"国家主席"的另一种提法罢了。他的这段话，婉转地重申了设国家主席的主张。

林彪的这一席话，向毛泽东公开挑战。用"文革"的惯用语言来说，叫作"打着红旗反红旗"。林彪的讲话，打的是颂扬毛泽东的旗号，骨子里却在那里反毛泽东。毛、林从"亲密战友"到反目成仇，虽然有一个发展、渐进的过程，但林彪的这一突然袭击式的讲话，却是一个转折点。

我请陈伯达回忆这历史性的一幕，他如是说：

> 在庐山全会正式开会之前，林彪个人单独在一个房间同毛主席谈话，周恩来同志和我以及其他人都在另一个房间。等待时间并不很短。[1]
>
> 毛主席和林彪单独谈话以后，大会开了。
>
> 原定是康生报告"宪法草案"，可是林彪抢先说话。据记忆，是关于"宪法草案"中毛泽东思想的问题以及关于写"天才"的问题。
>
> 林彪讲后，康生便向我挑战，要我也接着讲。我没有讲。
>
> 于是康生夹七夹八地讲了，并引用当时林彪的几句话。
>
> 会散以后，我觉得要问林彪，他的讲话是否得到毛主席的同意。林彪说，他的讲话是毛主席知道的。
>
> 我离开林彪住处，下面就是"军委办事组"几个人的住处。我顺便过去了一下，他们问我可否给找一些马恩列斯关于天才的话，我答应给找。
>
> 我答应这事，实在很鲁莽，因为上山时候，我并没有想就这个问题发表什么意见，好像是仅带了列宁选集，不记得还带有几本什么书，所以临时托同去的人在山上找了一些，当夜就用电话将找到的一条一条告诉吴法宪。随后又另抄，第二天在会上给汪东兴。[2]

---

[1] 又据别人回忆，叶群当时守在走廊上，以防"11楼"闯进去。"11楼"即江青。

[2] 陈伯达的回忆与吴法宪1971年12月23日的交代不符。吴法宪揭发，1970年8月13日晚，叶群便打电话要陈伯达准备论天才的语录，并非上庐山才要陈伯达编的。

陈伯达提及的"军委办事组"几个人,也就是吴法宪、李作鹏、邱会作这几员"大将"。

陈伯达晚年在另一份手稿中,这么回忆道:

林彪反革命集团的主要成员李作鹏(左)、吴法宪(中)和邱会作(右)在庐山合影

在九届二中全会正式开会的那天,原来的日程是康生讲宪法草案的问题,并没有林彪讲话这个议程,但他忽然抢先讲话,态度完全反常。林彪讲话似乎有一个拟稿,但语言无序。因此,对他这个讲话,我觉得非常突然,是曾有怀疑的。

我散会后应该直接到毛主席处,请问林彪讲话所疑之处,但却匆匆赶去问林彪:他的讲话是否事先同毛主席谈过(因为在开会前,他们曾经在一起)。林彪诓骗我,我愚蠢至极,竟信不疑,犯了大罪。

从林彪那里出来后,我又到林彪下面几个人住处,议论江青一阵,接受了邱会作要我找天才语录的意见。因林彪的讲话很乱,我给叶群打电话,要她把林彪讲话记录给我整理,当然是想给林彪抹粉,表现我当时还没有看出林彪的反革命野心。

回到住处,就在带去的几本书中找来找去,找到一条,便给打一次电话。此事我做得太荒唐,害己害人,毛主席对我的最严厉批评和教育,是非常中肯的。

听林彪讲话的录音,不知是谁布置的,听录音时,我的座位和汪东兴靠近。我把已经找出的关于马克思主义经典作家的天才语录汇在一起交汪,记得对他说过,可以考虑打印一下。

据史敬棠回忆,在庐山,陈伯达要他找"天才"语录时,告诉他大约哪几篇马列著作中谈及天才问题,让史敬棠尽快查到原文。

林彪在好多次讲话中谈及天才问题,陈伯达曾想把林彪的话也编进去。林彪知道以后,坚决反对。因为林彪要这份论"天才"的语录,为的是用马列主义的"老祖宗"压毛泽东——倘若在其中加了林彪的语录,岂不成了画蛇添足?

吴法宪对于"天才"问题劲头十足,那是因为他在怀仁堂跟张春桥就这个问题吵过一架,他很想能够从经典著作中找到理论根据,以驳倒张春桥。

林彪讲话之后,他的"相"和"将"一片欢欣鼓舞。叶群对陈伯达、吴法宪、李作鹏、邱会作说：这是对"陆定一式人物不点名的点名"！"相"和"将"们自然一听就明白。

王维国、陈励耘要差一些，不知道林彪讲话针对谁。吴法宪张开左手手掌，用右手食指在掌心写了个"张"，王维国、陈励耘恍然大悟。

"这件事你们不能说出去。叶群同志说了，不能点名。是不点名的点名。"吴法宪关照着。

当天晚上，中共中央政治局开会，讨论国民经济计划，吴法宪突然提出："明天全会听林副主席讲话录音，学习林副主席讲话，进行讨论！"会后，吴法宪马上得到林彪表扬，说他"立了一功"。

"理论家"变得异常忙碌。往日，他在为毛泽东捉刀时，才会这样忙碌，如今，他为林彪而忙。他连夜编好《恩格斯、列宁、毛主席关于称天才的几段语录》，在电话中念给吴法宪听，吴法宪记录后，马上要打字员打印……

陈伯达所要打印的《恩格斯、列宁、毛主席关于称天才的几段语录》全文如下：

恩格斯、列宁、毛主席关于称天才的几段语录

恩格斯称马克思为天才

恩格斯称赞马克思写的《路易·波拿巴特政变记》一书为："这是一部天才的著作。"卡尔·马克思著《路易·波拿巴特政变记》中弗·恩格斯为本书德文第三版作的《序言》，《马克思恩格斯文选》第221页。

列宁称马克思、恩格斯为天才

1. "当你读到这些评论的时候，就会觉得自己好像是在亲自听取这位天才思想家讲话一样。"《卡·马克思致路·库格曼书信集俄译本序言》，《列宁选集》第1卷第769页。

2. "马克思的全部天才正在于他回答了人类先进思想已经提出的种种问题。"《马克思主

陈伯达所编《恩格斯、列宁、毛主席关于称天才的几段语录》

义的三个来源和三个组成部分》,《列宁选集》第2卷第378页。

3．"马克思的天才就在于他最先从这里得出了全世界历史提示的结论，并且一贯地推行了这个结论。这一结论就是关于阶级斗争的学说。"《马克思主义的三个来源和三个组成部分》,《列宁选集》第2卷第382页。

4．列宁在《预言》一文中，在引用了恩格斯谈到未来世界大战时所说的一段话后，赞扬恩格斯："这真是多么天才的预见！"

5．"在现代社会中，假如没有'十来个'富有天才（而天才人物不是成千成百地产生出来的），经过考验、受过专门训练和长期教育并且彼此能够很好地互相配合的领袖，无论哪个阶级都无法进行坚持不懈的斗争。"《怎么办？》,《列宁选集》第1卷第422页。

毛主席称马、恩、列、斯为天才

"马克思、恩格斯、列宁、斯大林之所以能够作出他们的理论，除了他们的天才条件之外，主要的是他们亲自参加了当时的阶级斗争和科学实验的实践……"《实践论》,《毛泽东选集》第1卷第264页。

陈伯达到底不愧为"理论家"。他自己一句话也不说，而是引用恩格斯、列宁以至毛泽东本人关于"天才"的语录，以这样"最权威"的"理论"来证实"天才论"。

陈伯达的逻辑也很"严密"：

恩格斯称马克思为天才；

列宁又称马克思、恩格斯为天才；

毛主席也称马、恩、列、斯为天才。

所以，陈伯达连夜找出的这几段语录，可以说是极为有力的"理论武器"。

据汪东兴回忆：

24日上午散会时，陈伯达在礼堂门口塞给我一份材料，他对我说："这份材料请打印5份。"

我问："你是要发给常委吗？"

他说："是。"

我一看要打印的材料是几条语录。我考虑常委看完后，可能要发给政治局委员，就交代会议秘书处打印20份。[1]

---

[1] 汪东兴：《毛泽东与林彪反革命集团的斗争》，第39页，当代中国出版社1997年版。

最为忙碌、兴奋的一天

24日的黎明悄然来临，林彪的"将"和"相"们虽然忙了一夜，却早早起床了，他们处于亢奋之中。"副统帅"昨日一马当先，今日他们便要上阵厮杀了。

一早，叶群便把林彪的意思，转告"将"和"相"。她说："今天下午要分组讨论，你们要在各组发言。如果你们不发言，林副主席的讲话就没有根据了。"

到了下午分组讨论的时候，几人一齐动作起来了。那份连夜赶印的论"天才"的语录，出现在各小组会会场。

陈伯达回忆说：

我是属于华北小组的，在会上，我发言除了会上记录外，也预先简单写了几句。内容已不完全记得，但天才问题是说了的。……

陈伯达所说的"预先简单写了几句"，也就是事先写好发言提纲。他的发言提纲已无从寻觅，但是，他的发言记录尚可从档案中查到。

陈伯达当时是跳得最高的一个。他先是以"理论家"的架势，谈论了一通毛泽东对于中国革命和马列主义的贡献、毛泽东思想是如何光辉，然后话锋一转，指向了张春桥：

但是，竟然有个别的人把毛泽东同志天才地、创造性地、全面地继承、捍卫和发展了马克思列宁主义这句话说成"是一种讽刺"。

林彪同志说，这次修改的宪法里面规定了毛泽东思想作为全国人民的指导思想，是宪法的灵魂，是30条里最重要的一条，这反映我国革命中最根本的经验。我完全同意林彪同志这个根本的观点。但是，同志们要懂得，加进这一条也并不是那么容易的，是经过很多斗争的。

吴法宪同志说得很对，有人想利用毛主席的伟大和谦虚，妄图贬低毛主席，贬低毛泽东思想。但是这种妄图，是绝对办不到的，在毛泽东思想教育下已经觉悟起来，已经站起来的伟大中国人民，很能够识破他们，揭穿他们的各种虚伪。

文化大革命取得了伟大胜利以后，有的人居然怀疑（八届）十一中全会关于无产阶级文化大革命的公报，这是不是想搞历史的翻案？

多么猖狂呀，有的反革命分子听说毛主席不当国家主席，手舞足蹈，非常高兴，像跳舞一样高兴。

就在陈伯达发言的同时，按照林彪的统一部署，林彪集团的成员们在各个小组里也纷纷发言，倾巢出动。

叶群在中南组，用很气愤的口吻说："林彪同志在很多会议上都讲了毛主席是最伟大的天才，说毛主席比马克思、列宁知道的多、懂得的多，难道这些都要收回吗？坚决不收回，刀搁在脖子上也不收回！"

吴法宪这位空军司令，在西南组以猛烈的炮火攻击张春桥："这次讨论修改宪法中有人对毛主席天才地、创造性地发展了马列主义的说法，说是个讽刺。我听了气得发抖。如果这样，就是推翻八届十一中全会，是推翻林副主席的《再版前言》……要警惕和防止有人利用毛主席的伟大谦虚来贬低伟大的毛泽东思想。"

李作鹏在中南组，提出一系列的"有人"、"有人"，暗指张春桥："本来林副主席一贯宣传毛泽东思想是有伟大功绩的，党章也肯定了的，可是有人在宪法上反对林副主席。所以党内有股风，是什么风？是反马列主义的风，是反毛主席的风，是反林副主席的风。这股风不能往下吹，有的人想往下吹，有人连'中国人民解放军是毛主席亲自缔造和领导的，林副主席直接指挥的'他都反对，说不符合历史。"

邱会作在西北组，同样来了个"不点名的点名"："对毛主席思想态度问题，林副主席说，'毛主席是天才，思想是全面继承、捍卫……'这次说仍然坚持这样观点。为什么在文化革命胜利、（九届）二中全会上还讲这问题？一定有人反对这种说法，有人说天才、创造性发展……是一种讽刺，就是把矛头指向毛主席、林副主席。"

由于"副统帅"事先统一过口径，所以"相"和"将"们步调是那么的整齐，全线出击。

不过，比起几员武将来，陈伯达终究是"宣传老手"。他迅速地改定自己的发言记录稿，作为华北组的二号简报付印（总号为六号）。这样他在华北组上的一席话，化为铅字，马上会使所有出席会议的中共中央委员看到。这期简报由华北组组长李雪峰在24日晚10时多签发付印，25日晨向与会者分发。

林彪（中）与"四大金刚"李作鹏（左1）、吴法宪（左2）、黄永胜（左4）、邱会作（左5）合影

24日晚，陈伯达还干了一件重要的事：林彪23日下午在

开幕式上的讲话,已由工作人员根据录音整理出来。林彪把记录稿交给陈伯达。以往,陈伯达总是替毛泽东的讲话记录稿做"文字理发匠"。如今,他"跟准"了林彪。林彪的讲话记录稿共24页,上万字,陈伯达作了精心修改。陈伯达把林彪原话中"因为他那个中央不同"之类太刺眼的词句删去了,把"最高的一声号令"改为"上层一些同志的一声号令",等等。

24日这一天,是陈伯达最为忙碌、兴奋的一天。

"翻车了,倒大霉了!"

又一个黎明到来了。

25日清早,散发着油墨气味的华北组二号简报在庐山上分发,庐山震动了!

简报称赞林彪在开幕式上的讲话"非常重要,非常好,语重心长",代表了全党的心愿,代表了全军的心愿,代表了全国人民的心愿。

简报强烈要求:毛泽东同志当国家主席,林彪同志当国家副主席——这是用特殊的语言和方式坚持设国家主席。

简报对陈伯达在讲话中提到的所谓"妄图否认我们伟大领袖毛主席是当代最伟大的天才"的人,表示最大、最强烈的愤慨;表示对这种人,应该"揪出来","应该斗倒斗臭,应该千刀万剐"!

这份简报,使庐山的政治气温骤然上升。

林彪听完秘书念简报,笑了。林彪说:"听了那么多简报,数这份有分量,讲到了实质问题。比较起来,陈伯达讲得更好些。"

吴法宪一看简报,后悔让陈伯达抢了头功。他急令西南组也出简报,吴法宪在自己的发言记录里补加了许多"尖端性"的词语[1],诸如"篡党夺权的野心家、阴谋家"、"定时炸弹"、"罪该万死"、"全国共讨之,全党共诛之"。

李作鹏一看简报,也着急了。他对邱会作说:"你看人家登出来了,你们西北组温度不够。"邱会作赞同道:"要加温,要加温!"

林彪的头脑热了,林彪的"相"和"将"们忙于加温。可是,毛泽东却说自己的手凉了!

那是毛泽东把南京军区司令许世友上将找去,把自己的手放在许世友的手上,对他说:"你摸摸,我手是凉的。我只能当导演,不能当演员。你回去做做工作,不要选

---

[1] 此处"尖端"意即极端。

江青（左）与张春桥

我做国家主席！"

庐山的气候瞬息万变。25日上午，叶群获知重要情报："11楼"带着张春桥、姚文元去找毛泽东告状了！

据云，江青一见到毛泽东，就尖声大叫："主席，不得了哇！他们要揪人！"

又据云，毛泽东让江青回去，只见张、姚……

毛泽东跟张、姚说些什么呢？叶群不得而知。不过，她猜得出来，张春桥是被"揪"的人，显然是向毛泽东求救！

毛泽东如何"裁决"，将决定庐山会议的斗争方向：只要毛泽东说一声"张春桥该揪"，那么庐山会议将是批判张春桥的会议，林彪和陈伯达将大获全胜；倘若毛泽东支持张春桥，那……

下午，按原定日程，仍是分组讨论。不过，毛泽东临时通知，召开中共中央政治局常委及各组组长会议。各组照旧讨论。

毛、林、周、陈、康"五巨头"又重新聚集在一起。笑容从毛泽东脸上消失，预示着会议的气氛是沉重的。"文革"把毛泽东推拥到至高无上的地位，他的"最高指示"意味着"终审判决"。

毛泽东严肃地作出三项指示：

第一，立即休会，停止讨论林彪在开幕式上的讲话。

第二，收回华北组二号简报。

第三，不要揪人，要按"九大"精神团结起来。陈伯达在华北组的发言是违背"九大"方针的。

毛泽东的目光射向陈伯达，十分严肃地说："你们继续这样，我就下山，让你们闹。设国家主席的问题不要再提了。要我早点死，就让我当国家主席！谁坚持设，谁就去当，反正我不当！"

毛泽东的话，使陈伯达丢魂丧胆，使林彪极为难堪。大约为了给林彪留点面子，毛泽东对林彪说："我劝你也别当国家主席，谁坚持设，谁去当！"

毛泽东的一席话，使庐山的政治气温骤降。林彪和陈伯达都意识到，这一回他们输了!

对于这次举足轻重的中共中央政治局常委扩大会议,陈伯达是这样回忆的:

> 在毛主席那里开会时,我的记忆中,江青、张春桥都未到,因为他们先向毛主席告状,事先已获得胜利,他们可不必出席,而李雪峰和我虽出席,却是处在被告的地位。
>
> 华北小组简报惹了大祸,我想是其中有类似"把人揪出来"的句子。我的记忆,这不是我说的,也不是李雪峰同志和华北组其他同志说的。如果我的记忆不错,好像是汪东兴说的。
>
> 江青、张春桥见了华北组简报,开始似乎有点恐慌,因为他们惯于"揪人",现在却有人也想把他们"揪出来"。
>
> 在揪人正盛时,我曾对康生说,我过去不知道有"揪"字和"砸"字,《康熙字典》上没有这两字。康生于是把《康熙字典》中这两个字翻出来,证明我的无知。现在"揪"字却安在江青、康生等人的头上了,真是中国人的所谓"一报还一报"。
>
> 我估计,谁提议"揪出来",他们是会知道的。郭玉峰参加华北组,他经常往康生、曹轶欧那里走,康曹同江、张又经常在一起,或许他们就是从郭玉峰口里知道的吧。
>
> 在毛主席那里开会时,那位提出"揪出来"的人也没有事,当时他出席或不出席,我记不清了。
>
> 从此之后,我就没有再参加过毛主席那里的会,都不再通知我了。
>
> 在事情发生的过程中,我去见过周恩来同志。记得他说:"江青、张春桥是先到我这里要谈话的,还没有见面,他们却又走了,直接到毛主席那里去了。"

值得提一笔的是,正当毛泽东召开中共中央政治局常委扩大会议批评林彪和陈伯达的时候,当时还只是中共中央委员的王洪文,不知高层的格斗,正在小组会上谈自己学习林彪讲话的"体会":"林副主席讲话非常重要。给我们敲了警钟,不承认天才,就是不承认毛主席的正确领导。

刚刚发迹的王洪文还显得有些青涩

......"

中共中央政治局常委扩大会结束之后,各组组长便紧急向小组传达毛泽东的指示。于是,各组急刹车,不再讨论林彪讲话,收回华北组二号简报。王洪文吓了一大跳,连忙改口……

从23日林彪在九届二中全会开幕式上发动突然袭击,到25日下午毛泽东下令收回华北组二号简报,连头带尾,不过两天半时间,林彪、陈伯达等一下子便兵败庐山。

林彪集团丢盔卸甲,一蹶不振:

林彪——闷闷不乐回到住所,一声不吭,脸色煞白。

叶群——吩咐秘书道:"要降温了!我的书面发言不要整理了,你把草稿给我。"

林立果——"翻车了,倒大霉了!"

陈伯达——后来回忆道:"'揪'到我头上,始料不及!"

吴法宪——后来回忆道:"我听了之后,情绪一落千丈,心情十分紧张,心冷了半截,后悔莫及了,知道犯了错误了!"

李作鹏——懊恼地说:"这下子麻烦了!"

邱会作——从会议记录中撕下自己的发言记录。

刚刚还气壮如牛,转眼间溃不成军,一败涂地。不过,在溃退之中,林彪仍竭力稳住他的队伍,以求保存实力……

毛泽东怒斥陈伯达

根据档案所载,25日之后的日程大致如下:

26日,中共中央办公厅通知:"今天不开分组会,各省自己谈,也可以参观庐山。晚上看电影。"

26、27日,周恩来、康生找吴法宪、李作鹏、邱会作谈话,追查他们在会上的发言情况,并要求吴法宪作检讨。

28日晚,林彪对吴法宪说:"我们这些人搞不过他们。搞文的不行,搞武的行。""你没有错,不要作检讨。"

叶群打电话安慰吴法宪说:"你犯错误不要紧张,还有林副主席、黄永胜在嘛!只要不牵涉到他们二人就好办,'大锅里有饭,小锅里好办'。"

8月29日晚8时零5分,陈伯达秘书缪俊胜打电话给林彪,接电话的是林彪秘书于运深。于运深所记电话记录如下:

伯达同志说:"林副主席讲话很好,表达了主席思想。不过,那里面有没有讲到主席多次强调这样的原话:'是开一个团结的会议,还是分裂的会议,是开一个胜利的会议,还是失败的会议。'我记不清楚了。如果还没有讲到,最好想办法在录音里面加上去。不晓得这个意见对不对。"

林彪由秘书于运深转达答复:"谢谢伯达同志的关心。"

这时的陈伯达,一度惶恐的心又安定下来。他有过多次挨毛泽东批评的"经验",从最初访问苏联时突然把他从谈判席上撵走,直至1958年的"郑州会议"、1967年2月10日的政治局会议……一次次挨批评,一次次检讨,一次次过关,这一回,他说过了几句检查的话,毛泽东没有再说什么,他以为大约又可以过关了。所以,他居然有时间把林彪的讲话稿再看一遍,提醒林彪该加句什么话……

陈伯达自从25日之后,从未去过毛泽东那里,变得消息闭塞。他不知道毛泽东那里的动向。

毛泽东这几日"沉寂"着。其实,毛泽东找了许多人个别谈话,在了解陈伯达的幕后活动,在考虑着如何"分割"林彪和陈伯达。林彪毕竟是"副统帅""接班人""第二号人物",他的名字是写入党章的。倘若在庐山发动一场批林运动,震动太大了,全党、全国都一下子转不过弯子来。虽然毛泽东明白陈依附林,林利用陈,林是头子,陈是军师,而林、陈不能一锅端,只可分而击之。

毛泽东找林彪个别谈话。毛泽东用了一个典故,比喻林彪道:"纣之不善,不如是之甚也!"

林彪听不懂,又不敢当面问毛泽东。

林彪让叶群打电话到北京毛家湾,要人查找这句话的出处、含义。

北京回电:"这句话的意思是'纣王虽然不好,但并不如人们所说的那样坏'。"

惨矣!在毛泽东的眼里,林彪已经成了"纣王"。当然,也有值得安慰的:"并不如人们所说的那样坏。"

8月31日,毛泽东终于对陈伯达来了个总清算、总攻击。毛泽东针对陈伯达所编的《恩格斯、列宁、毛主席关于称天才的几段语录》,写下那篇著名的《我的一点

九届二中全会上毛泽东显然心情不好,随后,他怒斥了陈伯达

意见》。虽说只是"一点意见",却"一句顶一万句",从政治上宣布了陈伯达的死刑。陈伯达的政治生命从此终结。

毛泽东的《我的一点意见》有700字,而当年"炮打"刘少奇的《炮打司令部》不过200多字。

《我的一点意见》全文如下:

这个材料[1]是陈伯达同志搞的,欺骗了不少同志。第一,这里没有马克思的话。第二,只找了恩格斯一句话,而《路易·波拿巴特政变记》这部书不是马克思的主要著作。第三,找了列宁的有五条。其中第五条说,要有经过考验,受过专门训练和长期教育,并且彼此能够很好地互相配合的领袖,这里列举了四个条件。别人且不论,就拿我们中央委员会的同志来说,够条件的不很多。例如,我跟陈伯达这位天才理论家之间,共事三十多年,在一些重大问题上就从来没有配合过,更不去说很好地配合。仅举三次庐山会议为例。第一次他跑到彭德怀那里去了。第二次,讨论工业七十条,据他自己说,上山几天就下山了,也不知道他为了什么原因下山,下山之后跑到什么地方去了。这一次,他可配合得很好了,采取突然袭击,煽风点火,唯恐天下不乱,大有炸平庐山,停止地球转动之势。我这些话,无非是形容我们的天才理论家的心(是什么心我不知道,大概是良心,可绝不是野心)的广大而已。至于无产阶级的天下是否会乱,庐山能否炸平,地球是否停转,我看大概不会吧。上过庐山的一位古人说:"杞国无事忧天倾",我们不要学那位杞国人。最后关于我的话,肯定帮不了他多少忙。我是说主要地不是由于人们的天才,而是由于人们的社会实践。我同林彪同志交换过意见,我们两人一致认为[2],这个历史学家和哲学家争论不休的问题,即通常所说的,是英雄创造历史,还是奴隶们创造历史,人的知识(才能也属于知识的范畴)是先天就有的,还是后天才有的,是唯心论的先验论,还是唯物论的反映论,我们只能站在马列主义的立场上,而决不能跟陈伯达的谣言和诡辩混在一起。同时我们两人还认为,这个马克思主义的认识问题,我们自己还要继续研究,并不认为事情已经完结。希望同志们同我们一道采取这种态度,团结起来,争取更大的胜利,不要上号称懂得马克思,而实际上根本不懂马克思那样一些人的当。

---

[1] 指陈伯达所编《恩格斯、列宁、毛主席关于称天才的几段语录》。
[2] 此处毛泽东用"我们两人一致认为",为的是"分割"林、陈,逐个击破。

出席庐山会议的林彪手下的"虎将"吴法宪,后来在《吴法宪回忆录》中写及:

> 1970年8月31日下午3时,林彪在他的住处召集黄永胜、我、李作鹏、邱会作和汪东兴开会。他对我们说:"下午到了毛主席那里,毛主席指示,陈伯达在全党、全国的威信太高了,这次庐山会议要把他拿下来,要我和你们先打个招呼,和陈伯达划清界限。毛主席说,要我先找你们开一个会议批判、揭露陈伯达。"
>
> ……在这次庐山会议上,林彪一番讲话(指开幕式上林彪赞颂毛泽东"天才"的发言),整个全会一哄而起,连毛泽东都说这是"有党以来从来没有过"。毛主席几次说:"陈伯达的威信太高了,要把他拿下来。"现在想起来,不是陈伯达而是林彪的威信太高了。
>
> ……其实陈伯达的威信一点都不高。在中央文革里,他就像一个受气的"小媳妇",康生、江青都是随便骂他、讽刺他。正是因为这个原因,他后来才逐渐向林彪和我们靠拢。[1]

毛泽东用的是"敲山震虎"之法。他"敲"的是陈伯达,"震"的是林彪。

9月1日,毛泽东的《我的一点意见》印发,全体中共中央委员人手一份。如同一颗原子弹在陈伯达头上爆炸,这位"天才理论家"顿时被摧毁!

笔者在采访陈伯达时,曾问及他当时读了毛泽东的《我的一点意见》时的心情。陈伯达说,他当时先是极度震惊、慌张,接着想到的是"完了"。但是,他也有想不通的地方。他最为想不通的是毛泽东的这句话:"我跟陈伯达这位天才理论家之间,共事30多年,在一些重大问题上就从来没有配合过,更不去说很好地配合。"陈伯

毛泽东的《我的一点意见》,宣判了陈伯达政治上的死刑

------

[1]《吴法宪回忆录》,香港北星出版社2006年版。

说:"我怎么也想不通。我在主席身边工作了那么多年,怎么会'在一些重大问题上就从来没有配合过'呢?"

陈伯达震惊也罢,想不通也罢,反正毛泽东的《我的一点意见》,实际上成了陈伯达在政治上的"死刑宣判书"!

中共九届二中全会改变了议程,转入批判陈伯达。只是因为毛泽东在《我的一点意见》中加了"我们两人一致认为",保护了林彪,使林彪依然保持"副统帅"的地位。作检查的只是陈伯达、吴法宪和汪东兴。

毛泽东召集中共中央政治局和各组组长开会。在会上,毛泽东说,在这次庐山会议的发言中犯了错误的人,应该作自我批评,应该作检查。毛泽东特别点了陈伯达的名,要他作检查。毛泽东还点了吴法宪、叶群、李作鹏、邱会作的名,嘱咐林彪召集他们开会,听取他们的检查。

在毛泽东的《我的一点意见》印发的翌日——9月2日——根据毛泽东的意见,林彪召集陈伯达、吴法宪、叶群、李作鹏、邱会作开会。另外,根据毛泽东的意见,汪东兴也参加了会议。在毛泽东看来,汪东兴出席会议,一方面可以了解会议的情况,另一方面汪东兴也犯了一点错误——尽管汪东兴的错误性质跟陈伯达、吴法宪、叶群、李作鹏、邱会作不同。

陈伯达在晚年回忆此事,是这么说的:

> 叶群来电话,要我到林彪那里作检讨。我在电话上说,我请求到下面(地方)去。参加林彪召集这个会的,除了住在他下面的几个人[1]外,还有汪东兴。

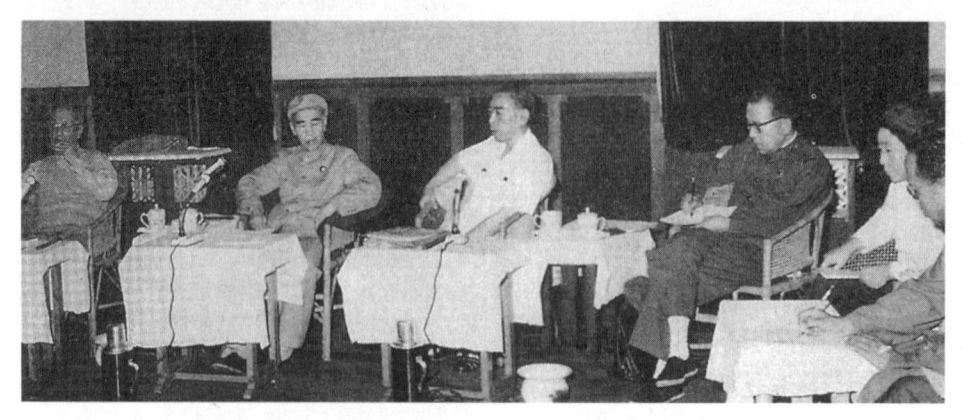

中共九届二中全会批判了陈伯达

---

[1] 指吴法宪、李作鹏、邱会作。

第十二章
兵败庐山

汪东兴则是这么回忆的：

> 会议开始时，林彪说："今天，找你们开个会。你们在会上为什么要在同一个时间发言？为什么都引用了同样的语录？你们要坦白，要交代！"
> 林彪讲完后，到会的人都不发言，有的翻材料，有的喝水。[1]

林彪的问题，确实令他手下的"将"与"相"们无法回答，因为那发言、那语录，本是林彪自己布置"在同一个时间发言"的，如今怎么倒过来问人家呢？！

汪东兴继续回忆道：

> 过了一段时间，林彪又说："嗯，为什么没有人发言？"
> 这时，我发了言，批判了陈伯达。我指出，华北组的讨论就是陈伯达放炮后搞乱的。
> 林彪听了，表情很尴尬。
> 我发言后，其他的人七嘴八舌地讲了一些。会议很快就散了。[2]

9月3日，林彪又召集了一次会议。这一回，没有通知汪东兴参加。毛泽东事后对汪东兴说："不要你了，说明你不是那个圈子里的人。"

陈伯达在华北小组接受批判。陈伯达晚年这么回忆：

> 记得平常我很少作记录，但就我所在的华北小组，我曾努力把同志们的批评记录下来。直到现在我还多少记得一些非常中肯的批评，例如，批评我没有什么实践，脑子里尽是"封资修"，等等。这些都永远是我应该记住的座右铭。

后来，事隔一年，在1971年8月中旬至9月12日，即"九一三事件"爆发前夕，毛泽东曾多次谈及庐山的九届二中全会，谈得就更加明朗化了，批了林彪，也批了陈伯达。

现据中共中央办公厅1972年3月18日印发的《毛主席在外地巡视期间同沿途各地负责同志的谈话纪要（1971年8月中旬至9月12日）》中，涉及陈伯达及九届二中

---

[1] 汪东兴：《毛泽东与林彪反革命集团的斗争》，第51页，中共中央党校出版社1997年版。

[2] 汪东兴：《毛泽东与林彪反革命集团的斗争》，第51页，中共中央党校出版社1997年版。

全会的部分，照原文摘要于下：

> 1970年庐山会议，他们搞突然袭击，搞地下活动，为什么不敢公开呢？可见心里有鬼。他们先搞隐瞒后搞突然袭击，五个常委瞒着三个[1]，也瞒着政治局的大多数同志，除了那几位大将以外。那些大将，包括黄永胜、吴法宪、叶群、李作鹏、邱会作，还有李雪峰、郑维山。他们一点气都不透，来了个突然袭击。他们发难，不是一天半，而是8月23、24日到25日中午，共两天半。他们这样搞，总有个目的嘛！彭德怀搞军事俱乐部，还下一道战书，他们连彭德怀还不如，可见这些人风格之低。
>
> 我看他们的突然袭击，地下活动，是有计划、有组织、有纲领的。纲领就是设国家主席，就是"天才"，就是反对"九大"路线，推翻九届二中全会的三项议程。有人急于想当国家主席，要分裂党，急于夺权。天才问题是个理论问题，他们搞唯心论的先验论。说反天才，就是反对我。我不是天才。我读了六年孔夫子的书，又读了七年资本主义的书，到1918年才读马列主义，怎么是天才？那几个副词（原注：指"天才地、全面地、创造性地"三个副词），是我圈过几次的嘛。"九大"党章已经定了，为什么不翻开看看？《我的一点意见》是找了一些人谈话，作了一点调查研究才写的，是专批天才论的。我并不是不要说天才，天才就是比较聪明一点，天才不是靠一个人靠几个人，天才是靠一个党，党是无产阶级先锋队。
>
> 天才是靠群众路线，集体智慧。
>
> 林彪同志那个讲话（原注：指林彪1970年8月23日在九届二中全会上的讲话）没有同我商量，也没有给我看。他们有话，事先不拿出来，大概总认为有什么把握了，好像会成功了。可是一说不行，就又慌了手脚。起先那么大的勇气，大有炸平庐山，停止地球转动之势。可是，过了几天之后，又赶快收回记录（原注：指叶群私自收回她在九届二中全会中南组会议上的发言记录）。既然有理，为什么收回呢？说明他们空虚恐慌。
>
> 1959年庐山会议跟彭德怀的斗争，是两个司令部的斗争。跟刘少奇的斗争，也是两个司令部的斗争。这次庐山会议，又是两个司令部的斗争。
>
> 庐山这一次的斗争，同前九次不同。[2] 前九次都作了结论，这次保护林副主席，没有作个人结论，他当然要负一些责任。对这些人该怎么办？还是教

---

[1] 指林彪、陈伯达瞒着毛泽东、周恩来、康生。

[2] 毛泽东曾历数与陈独秀、瞿秋白、李立三、罗章龙、王明、张国焘、高岗及饶漱石、彭德怀、刘少奇的斗争为党内"九次路线斗争"。

育的方针，就是"惩前毖后，治病救人"。对林还是要保。不管谁犯了错误，不讲团结，不讲路线，总是不太好吧。回北京以后，还要再找他们谈谈。他们不找我，我去找他们。有的可能救过来，有的可能救不过来，要看实践。前途有两个，一个是可能改，一个是可能不改。犯了大的原则性的错误，犯了路线、方向错误，为首的，改也难。历史上，陈独秀改了没有？瞿秋白、李立三、罗章龙、王明、张国焘、高岗、饶漱石、彭德怀、刘少奇改了没有？没有改。

我同林彪同志谈过，他有些话说得不妥嘛。比如他说，全世界几百年，中国几千年才出现一个天才，不符合事实嘛！马克思、恩格斯是同时代的人，到列宁、斯大林上百年都不到，怎么能说几百年才出一个呢？中国有陈胜、吴广，有洪秀全、孙中山，怎么能说几千年才出一个呢？什么"顶峰"啦，"一句顶一万句"啦，你说过了头嘛。一句就是一句，怎么能顶一万句？不设国家主席，我不当国家主席，我讲了六次，一次就算讲了一句，就是六万句，他们都不听嘛，半句也不顶，等于零。陈伯达的话对他们才是一句顶一万句。什么"大树特树"，名曰树我，不知树谁人，说穿了是树他自己。还有什么人民解放军是我缔造的和领导的，林亲自指挥的，缔造的就不能指挥呀！缔造的，也不是我一个人嘛。

对路线问题、原则问题，我是抓住不放的，重大问题，我是不让步的。

你们对庐山会议怎么看法？比如华北6号简报[1]，究竟是革命的，半革命的，还是反革命的？我个人认为是一个反革命的简报。九十九人的会议[2]，你们都到了，总理也作了总结讲话，发了五个大将的检讨[3]，还发了李雪峰、郑维山两个大将的检讨，都认为问题解决了。其实，庐山这件事，还没有完，还没有解决。他们要捂住，连总参二部部长一级的干部都不让知道，这怎么行呢？

我说的这些，是当作个人意见提出来的，同你们吹吹风的。现在不要作结论，结论要由中央来作。……

我一向不赞成自己的老婆当自己工作单位的办公室主任。林彪那里，是叶群当办公室主任，他们四个人[4]向林彪请示问题都要经过她。做工作要靠自己动手，亲自看、亲自批，不要靠秘书，不要把秘书搞那么大的权。我的

---

[1] 华北组二号简报因是九届二中全会会议简报第6号，所以也称"华北6号简报"，但以"华北组2号简报"更准确些。

[2] 指1971年4月中央召开的批陈整风汇报会议。出席这次会议的，有中央、地方和部队的人共计99人。

[3] 指黄永胜、吴法宪、叶群、李作鹏、邱会作5人的检讨。

[4] 指黄永胜、吴法宪、李作鹏、邱会作。

秘书只搞收收发发，文件拿来自己选、自己看，要办的自己写，免得误事。
……

最后一次求见毛泽东

面对毛泽东严厉、尖锐的批评，陈伯达陷入了四面楚歌的境地。

陈伯达把最后的一点希望，寄托在毛泽东身上。

陈伯达求见毛泽东，渴望毛泽东能够宽恕他。在庐山，唯一能够拯救陈伯达的是毛泽东。

陈伯达的回忆，透露了1970年9月5日上午他平生与毛泽东最后一次见面的情景，这是极其珍贵的历史记录：

我请求见毛主席。等了一会，毛主席那里来电话要我去，我很高兴去了。这是最后得见毛主席。

见面握手以后，他说："这两年你都不见我看我了。"

的确，这两年除了开会外，我很少单独去见毛主席，这是违反以前多年的习惯的。

解放初，最早我住党校，随后毛主席要叫我练习做点事，要我住中南海，因为打电话到党校找我来一趟至少要半个钟头或不止半个钟头，很不方便。住中南海后，见面倒是很方便，而且我总是随找随到。但是，"文革"后，江青对我干涉过见毛主席的事，说我每次说话太久。过一段时间，恰巧刘叔晏没有经过我同意，就自己经过公安部在住处做错一件事（查一个脚印，本来是无聊的事，如果我先知道，我想是不会让做的）。事后谢富治向江青汇报，江青于是就对我下逐客令："中南海是主席住的地方，你们不能再在中南海住了，要搬出去。"

本来我因为书堆得很多，又想有时找一些同志一起做点事较方便，所以请北京市委负责同志帮找一个地方，即新建胡同。江青下令把我赶出中南海，于是全家就在新建胡同安置了。自此以后，要见毛主席，总要先打电话向秘书打听，主席起床没有，有没有客人……有几次打听得很不愉快，有时秘书就干脆说，"我要回家了"。于是我感觉要见毛主席已是一件不容易的事，渐渐地不单独求见毛主席了。这样事，首先要涉及江青，我是很不便向毛主席说清楚的。当然，对党来说，这不过是极微小的事，但毛主席这时见面劈头一句话就提"两年不见"的问题，可见江青的挑拨离间手段所起的作用。

毛主席说我官做大了，架子大了，不来见了。还说我文章也不写了，总是动动嘴巴，叫别人去写……

毛主席批评我参加"军事俱乐部"。

我说，我愿作自我检讨。

毛主席说，这样很好，党的政策是惩前毖后、治病救人。

我感激毛主席这个宽大的盛意，但是一下子说不了很多话。

毛主席谈话很简短。告别时，毛主席同我亲切地握手，说："团结起来，争取更大的胜利。"

离开毛主席时，毛主席说，你可以去找和你一块工作的几个人谈谈。还有，他问我，李讷现在在哪里？

当时担任陈伯达秘书的缪俊胜回忆说：

高碧岑（毛主席的机要秘书）来电话说，主席叫他去（主席不叫他不敢去）。谈了有一个小时。临别，主席还亲自送他到小车边。他回来挺高兴，说主席就是批评他："你官做大了，也不到我这里来了，也不写文章了。"主席说，"你要跟他们见见面谈一谈"（"他们"，叫我说就是"老四人帮"，就是康生、江青、张春桥、姚文元）。[1]

陈伯达跟康生、江青、张春桥、姚文元是怎么谈的呢？陈伯达回忆说：

从毛主席那里出来后，我就到江青住处。到庐山后，江青两次打电话要我到她那里去，我没去；后来又来电话说要来我这里，她也未来。所以，一直未见面。这次，我是第一次去她那里，她故意嘲笑地说："稀客！稀客！"什么话也没有说，就要我跟她到康生那里。

在康生那里，先看到曹轶欧，她不招呼。进到康生住的大房子，张春桥、姚文元已先在，可见他们经常在一起议事。

谈话开始了。记得江青第一句话："你们借口拥护林副主席，实际上反对林副主席……"

张春桥说："你为什么不见毛主席？你借口徐业夫同志的电话不好联系，

---

[1] 缪俊胜口述、李宇锋整理：《我给陈伯达做秘书》，《中国改革》2011年第5期。

有什么不好联系的呢?"

姚文元骂我:"为新启蒙运动事,你让我坐等了好久……"[1]

以后各人相继轰,原话现在记不起来了。

随后,组织上通知我,由周恩来同志、康生帮助我写反省。记得周恩来同志沉默寡言,没有谈什么,发言的是康生。我在庐山的检讨发言内容,基本上是康生授意的。

在我做检讨的会上,我非常感谢恩来同志:他代我念那篇由康生授意而写就的稿子。当然,也可以说,因为我的普通话说不好。

会毕,就在会场上,我高兴地去感谢周恩来同志。康生也在那里。恩来同志说,你感谢康生好了。

恩来同志说的正符合事实,是康生给我打了检讨稿的底子。

康生很冷淡地回答:"不要怕丑。"

检讨会的第二天,我觉得事情完了,回家务农好了。可能是恩来同志不放心,叫了大夫、护士来看我,要我出去上庐山一游。我请他们和做招待工作的同志一块走。遇到风景好处,同大家照了几张相片。照相后,又继续游山玩水,这一天是从到庐山后最高兴的。

但是,风声所播,也是兴尽悲来了。流传的话就是:"陈伯达并没有沉痛,还去游山玩水哩。"

于是,又开会了,这时我已不参加任何大会小会,但似乎简报还看得见。有些关于我的事,是从简报上看到的。

后来听说,在一个会上,有人曾经批我在大的问题上没有同毛主席配合。周恩来同志解释说,是"在一些大的问题上没有配合,不是在一切重大问题上都没有配合"。并指出例子。在那样条件下,周恩来同志竟说这样的话,更使我感到他对事对人的公正。

9月6日下午,中共九届二中全会终于闭幕。在闭幕式上,中共中央宣布对陈伯达进行审查。

毛泽东在闭幕式上作了讲话。

毛泽东在讲话中说,必须从陈伯达问题中吸取教训,高级干部一定要读马、列的几本书。

毛泽东称陈伯达为"黑秀才"。

---

[1] 这是姚文元打算批判新启蒙运动,已经整理了材料,陈伯达不同意。

第十二章
兵败庐山

毛泽东说：

现在不读马列的书了，不读好了，人家[1]就搬出什么第三版[2]呀。就照着吹呀，那么，你读过没有？没有读过，就上这些黑秀才的当。有些是红秀才哟。我劝同志们，有阅读能力的，读十几本，增加对唯物论辩证法的了解……要读几本哲学史，中国哲学史，欧洲哲学史。一讲读哲学史，那可不得了呀，我今天的工作怎么办？其实是有时间的。你不读点，你就不晓得。这次就是因为上当，得到教训嘛，人家是哪一个版本，第几版都说了，一问呢？自己没有看过。

毛泽东在讲到庐山会议这场斗争时，批评林彪一伙"大有炸平庐山、停止地球转动之势"。

毛泽东说：

庐山是炸不平的，地球还是照样转。极而言之，无非是有那个味道。我说你把庐山炸平了，我也不听你的。

你就代表人民？我是十几年以前就不代表人民了。因为他们认为，代表人民的标志就要当国家主席。我在十几年以前就不当了嘛，岂不是十几年以来都不代表人民了吗？我说，谁想代表人民，你去当嘛，我是不干。你把庐山炸平了，我也不干。你有啥办法呀？

毛泽东强调搞好党内外团结，他说：

不讲团结得不到全党的同意，群众也不高兴……所谓讲团结是什么呢？当然是马克思列宁主义基础上的团结，不是无原则的团结。提出团结的口号，总是好一些嘛，人多一点嘛。包括我们在座的有一些同志，历来历史上闹别扭的，现在还要闹，我说还可以允许。此种人不可少。你晓得，世界上有这种人，你有啥办法？一定要搞得那么干干净净就舒服了，就睡得着觉了？我看也不一定。到那时候又是一分为二。党内党外都要团结大多数，事情才干

---

[1] 指陈伯达。

[2] 指陈伯达编印的《恩格斯、列宁、毛主席关于称天才的几段语录》中收了恩格斯为马克思《路易·波拿巴特政变记》德文第三版所作的序言中的话。

得好。

就在这天深夜，江青接到林彪的电话，说是叶群前来看她。

江青非常得意。因为叶群来访，定然是向她负荆请罪。出乎江青意料，叶群来了，竟带着黄永胜（9月30日从北京飞往庐山）、吴法宪、李作鹏、邱会作诸"将"而来，只是没有"相"。

叶群对江青说："这次我们上了陈伯达的当，犯了错误。林副主席多次批评我们，辜负了主席的教导，对不起江青同志。林副主席一定要我们来向江青同志道歉，请江青同志原谅。"

江青一听这话，大喜，说道："老夫子跟张春桥、姚文元有矛盾，文人相轻嘛！我们不能上他的当。"

这下子，双方都往陈伯达身上推。据吴法宪交代，林彪非常明确地对他说："错误要往陈伯达身上推，强调上当受骗！"

江青（右）与叶群

中共中央全会的新闻公报，按照惯例是在闭幕当天发布的。这一回例外，拖到9月9日晚才发布公报。这可能因为毛泽东需要时间斟酌公报词句。

正式发表的中共九届二中全会公报没有真实透露雾中庐山那场惊心动魄的斗争，只是用很模糊的语言写道："全党要认真学习毛主席的哲学著作，提倡辩证唯物论和历史唯物论，反对唯心主义和形而上学……伟大领袖毛主席教导我们：'国家的统一，人民的团结，国内各民族的团结，这是我们的事业必定胜利的基本保证。'"

直到一年以后发生"九一三事件"，人们重读公报上这段话，才明白是暗示着批判了"天才"论和林彪、陈伯达的分裂主义。

城门失火，殃及汪东兴

由于陈伯达成了中共九届二中全会的"焦点人物"，而陈伯达所编的《恩格斯、列宁、毛主席关于称天才的几段语录》也成了全会的"焦点"。"城门失火，殃及池鱼。"有人追究那《恩格斯、列宁、毛主席关于称天才的几段语录》是谁付印的，也就"殃及"汪东兴了。

第十二章
兵败庐山

汪东兴作为中共中央办公厅主任，付印种种中央会议文件，本是他职责范围内的事，何况，他与林彪集团又没有什么特殊的关系。然而，在那种尖锐、紧张的斗争气氛之下，谁沾了一点边，就会牵涉到谁。

汪东兴沾了一点边，追究起来，"问题"有三：

把《恩格斯、列宁、毛主席关于称天才的几段语录》付印；

汪东兴多年担任毛泽东的警卫工作，但是，1970年陈伯达倒台差点连累了他。图为汪东兴在中共中央警卫师党代会上讲话场景

陈伯达只要求印5份，而汪东兴嘱令印20份；

在小组会听了陈伯达的发言后，表示拥护毛泽东当国家主席。

为此，汪东兴受到毛泽东的当面批评。

汪东兴在毛泽东身边工作多年，马上意识到问题的严重性，深知只有检讨，才能过关。

汪东兴先是在中共中央政治局扩大会议上作了两次检查，然后写了一回书面检查。这么三次检查还不行，于是，他在1970年9月15日又写下一回书面检查，全文如下：

主席：

我这次犯了严重的错误，除了在中央政治局扩大会上的两次检查和一次书面检讨外，最近经主席多次谈话，对我进行严格的批评和亲切的教育。每次谈话对我的启发都很大，教育很深，我越想越难受，总觉得对不起主席，对不起党中央，对不起受误会的同志。我真是辜负了主席的信任和教育，干扰了主席的战略部署，这是有罪的。我应牢记这次教训，努力改正错误。

我完全拥护主席《我的一点意见》的英明指示。在这指示以前，我没有识破陈伯达。他的手段特别阴险、恶毒，利用九届二中全会搞突然袭击，造谣和诡辩，欺骗了不少同志。他打着论天才的旗号，其实要达到不可告人的目的，要夺毛主席的权，实行资产阶级专政。这次把陈伯达揪出来，使党更加团结、更加纯洁、更加巩固了，这是毛泽东思想的伟大胜利！

我在九届二中全会中前3天被陈伯达利用欺骗有三件事：（一）在华北组他突然的又是有计划的发言，利用我的无能，而心情非常激动，又不加分析，更不顾自己的身份,就起来发言,结果当了陈伯达坏人的炮手。(二)我怀疑陈伯达事先看过修改过华北组的简报,他利用简报来扩大到各组煽动欺骗人。我建议中央派人追查陈伯达,事先是否看过修改过这期简报。这期简报发出最早最快,而且简报内容中他的很少、我的很多,我看有阴谋,有鬼。(三)陈伯达利用听林副主席录音报告时,把论天才的语录交我打印5份(当时我交代打印20份,准备政治局同志要时免得再打印),现在看来是陈伯达的阴谋诡计,可能是要我发言时引用,结果未得逞。

由于我的世界观没有改造好,存在着个人主义,骄傲自满思想,有主观片面性,遇事易激动,缺乏冷静的考虑分析问题,再加上文化理论水平低,路线斗争觉悟不高,警惕坏人破坏中央团结不够,平常学用毛泽东思想不好,因此,遇到陈伯达这样的阴谋家、野心家,我不仅没有识破,反而受他蒙蔽利用了。

这次我所犯错误是严重的,是路线的错误,对我触动很大,教育很深,我应很好地接受这次教训。今后要活学活用毛泽东思想,特别要认真学习毛主席的哲学著作。通过学习提高认识,提高两条路线斗争的觉悟,在实际工作中,努力锻炼自己,谦虚谨慎,戒骄戒躁,切实改造世界观。上述认识是否妥当,请指示。

敬礼!

汪东兴
1970年9月15日

在汪东兴交上第二次书面检查的翌日,毛泽东找他谈话,给他定下"好人犯错误"的调子。在谈话中,毛泽东多次谈到陈伯达:

9月16日上午10点半,毛主席让吴旭君[1]通知我去谈话。这次谈话一直谈到了11点50分。

毛主席说:"你写的信我看过了,信中对问题的认识很好,接受教训。我看有些同志还不通。上了当,还不通?现在不通,慢慢总要通嘛!有些同志自己不懂马列主义,自己都没有看过马列主义这一方面的书,发言时又要引用。我看还是要进行教育,还是要在250多人[2]中指定读点马列主义

---

[1] 毛主席的护士长。
[2] 指中委、候补中委。——汪东兴原注

的书，30多本太多，可在30本书内选些章节出来。此事请总理、康老办，我还可以提选一些。不读马列主义怎么行呢？不行的。结果就被陈伯达摆弄了。"

在谈到军委办事组时，毛主席说："我们军委办事组内有几位同志也上了当了。发言时，一个口径，用一样的语录，连林彪也受他们的骗。据说他要写信给我，叶群和他们[1]不让写。我劝林应好好地想一想，表一个态嘛！今天未想通，待想通后表态也可以。"

在谈到陈伯达问题时，毛主席说："我们的任务是对付帝、修、反，而陈伯达不管帝、修、反。我写了一份700字的意见，给陈看时，他马上说他与苏修无关系。我又不是问他这事，他急着声明这个问题。"

在谈到九届二中全会的6号简报时，毛主席说："6号简报要抓紧核实，你怀疑陈伯达看过、改过，应找会议主持同志，还有王良恩同志和记录印发的人。为什么不经你看过，发出最早最快？由总理、康生和你一起查实为好。要他们不要再上陈伯达的当了，有错误就改正。"

毛主席一面抽着烟，不时地呷口茶，一面和我慢慢地谈着。

他问我："你说他们[2]在各组一起动作、煽动，他们几个，还有黄永胜报名要发言[3]，都用了语录，但他们的简报未发，一说不行了，记录就收回，这当中好像是有点名堂。你清不清楚？"

我摇了摇头，说："我不清楚。"

毛主席接着说："你跟我出来了，他们在北京是否在陈伯达处商量过？"

我又摇了摇头，说："不清楚。"

毛主席若有所思地说："谁说陈伯达住在何处有何活动？谁能知道？陈伯达案另办，与你们好人犯错误不同。"[4]

尽管毛泽东已经给汪东兴定下"好人犯错误"的基调，但是汪东兴还没有完全过关。在1971年4月18日，汪东兴在批陈整风汇报会期间，写下第三次书面检查——比第二次书面检查还长、还详尽。

就这样，汪东兴前后作了五次检查，其中三次是书面检查。

---

[1] 指黄永胜等人。
[2] 指吴法宪、叶群、李作鹏、邱会作。
[3] 会议前期，黄永胜留在北京，但他准备了书面发言稿。
[4] 汪东兴：《毛泽东与林彪反革命集团的斗争》，第62—64页，中共中央党校出版社1997年版。

毛泽东最后说:"你是办公厅主任,你不是有意要打印陈伯达搞的语录。他是常委,他要你打印一些东西也是可以的……"

这样,汪东兴才终于过关。

从"好人犯错误"的汪东兴的五次检查,可以从一个侧面看出当时批判陈伯达的形势是何等的严峻。谁跟陈伯达沾着一点边,即便是"好人",也要一次又一次地检查。

毛泽东认定陈伯达是"可疑分子"

据陪同一起下庐山的陈伯达秘书缪俊胜回忆说:

下山的时候,那些人都不和他接触了。坐飞机时,他想对余秋里说点什么,余一扭头就走了。去的时候还很融洽呢,回来时没人理他了。陈就跟我发牢骚:"说我要搞政变。我政变?我政变以后你当参谋总长?"还说"我救过主席"——这话他以前从没对我说过。

回北京后,就把他软禁在米粮库胡同的家里。什么都没了,车也收了,每天就是送个报纸。总理批了个负责监护和服务的人员名单,原来的工作人员只有我留下了。其他人都关起来了,连他的小孩都关了(1962年出生的,那时才几岁)。

那一段时间,他没事做,就看书、练字、抄书,如毛主席的《实践论》啥的。理发我给理,做饭我给做,反正他吃饭简单,再说那时弄啥吃着也没胃口了。[1]

缪俊胜提到的"他的小孩",即陈伯达的小儿子陈小弟(后来改名陈晓悌、陈晓云)。

从庐山回到北京,陈伯达的情景如本书第一章所述,起初的几天,到了晚上,他到北京郊外散步,"为的是排遣自己的苦闷"。当时他的行动还是自由的,不是有些书刊所谣传的他在庐山被戴上手铐,用飞机押往北京,投入秦城狱中。

1970年国庆节前,陈伯达接到通知,外出散步会遇上外国人,甚为不便。于是,他从此在米粮库胡同住所闭门不出,受到了软禁。

---

[1] 缪俊胜口述、李宇锋整理:《我给陈伯达做秘书》,《中国改革》2011年第5期。

林彪一回北京，头一件事便是赶紧清除家中的陈伯达的题字。

陈伯达给林彪题过：

> 天马横空，猛志常在。
> 天马行空，知无涯。

"天马"即神马，亦即"天才之马"。林彪本很喜欢陈伯达称他为"天马"。

陈伯达给叶群题过：

> 每临大事有静气，不信今时无古贤。

陈伯达把叶群喻为"古贤"，这也使叶群分外高兴。

陈伯达还给林彪、叶群共题：

> 李杜诗篇万口传，至今已觉不新鲜。
> 江山代有才人出，各领风骚数百年。

这原是清朝诗人赵翼的诗，陈伯达借来送给林彪夫妇，称颂他们是"天才"，要领"数百年"之"风骚"！

陈伯达的题字，林彪夫妇颇为珍爱，藏之卧室。如今要"划清界线"，不得不予以"扫荡"。

陈伯达的名字从报纸上消失了，"第四号人物"由康生取而代之。

尽管毛泽东在庐山上声明"这次保护林副主席"，但是他要以陈伯达为突破口，迫使林彪手下那几员大将作出检查。

在这几员大将之中，第一个交上书面检查的是吴法宪。他在9月29日就向毛泽东交上了书面检查。

1970年10月14日，毛泽东在吴法宪所写的书面检查中"这次党的九届二中全

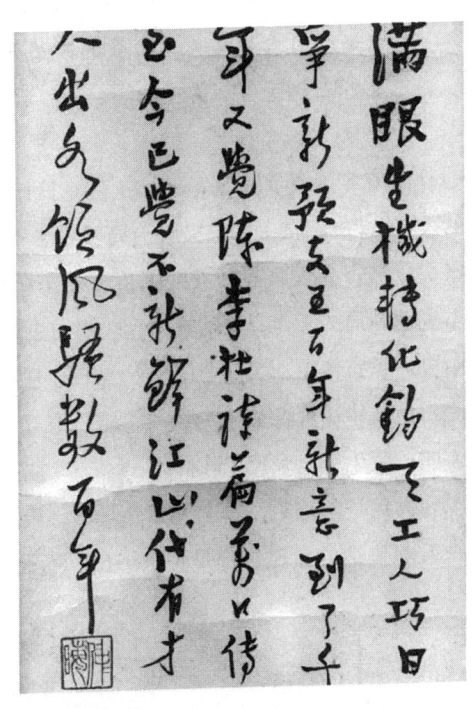

陈伯达书法

会，揪出了大野心家、大阴谋家、反党分子陈伯达"一句下面划了杠，并写下了批注，称陈伯达是"可疑分子"：

> （陈伯达）是个可疑分子，我在政治局的会议上揭发过，又同个别同志打过招呼。[1]

毛泽东在这里所说的"个别同志"，是指林彪。

毛泽东认为陈伯达"可疑"，表明毛泽东对陈伯达的批判，已经不只是局限于庐山上的中共九届二中全会，而是开始对陈伯达的历史表示"可疑"。

也就是说，毛泽东认为陈伯达的历史"可疑"，早已跟林彪"打过招呼"。

第二个向毛泽东交上书面检查的是叶群。叶群在回到北京后，于1970年10月12日写出书面检查，送到毛泽东那里。

毛泽东在10月15日对叶群的书面检查写下好几段批示，又一次称陈伯达是一个"十分可疑的人"：

> 不上当是不会转过来的，所以上当是好事。陈伯达是一个十分可疑的人。
> 不提"九大"，不提党章，也不听我的话，陈伯达一吹就上劲了。军委办事组好些同志都是如此。党的政策是惩前毖后，治病救人，除了陈待审查外，凡上当者都适用。[2]

1970年国庆节后不久——11月6日——中共中央发出《关于成立中央组织宣传组的决定》，决定在中共中央政治局领导之下，设立中央组织宣传组，管辖中央组织部、中央党校、人民日报社、红旗杂志社、新华通讯社、中央广播事业局、光明日报社、中央编译局的工作，管辖工、青、妇中央一级机关及其"五七干校"。这个新冒出来的中央组织宣传组，实际上相当于当年的中央文革小组。

中共中央任命康生为组长，组员有江青、张春桥、姚文元、纪登奎、李德生。这表明，康生完全取代了陈伯达。

大约是看出毛、林之间暗斗日烈，康生深知夹在当中容易惹是生非，弄得不好会跌入陈伯达的覆辙，于是称病不出。不久，李德生调往沈阳军区工作。中央的组织、

---

[1]《建国以来毛泽东文稿》，第13册，137页，中央文献出版社1998年版。

[2]《建国以来毛泽东文稿》，第13册，143页，中央文献出版社1998年版。

宣传大权，实际上落入江青、张春桥、姚文元手中。姚文元代替了陈伯达，成为中国的"舆论总管"。

就在中央组织宣传组成立后的第十天——11月16日——中共中央发出《关于传达陈伯达反党问题的指示》，并把毛泽东写的《我的一点意见》印发全党。这样，在党内公开了陈伯达的问题。

中共中央的指示指出，陈伯达是"假马克思主义者、野心家、阴谋家"，决定首先在党的领导机关内开展批陈整风运动。

中共中央要求高级干部认真学习马列著作和毛泽东著作，以求弄清什么是唯物论的反映论、什么是唯心论的先验论。

中共中央《关于传达陈伯达反党问题的指示》全文如下：

> 毛主席批示：照发。

中共中央关于传达陈伯达反党问题的指示
（1970年11月16日）

（一）在党的九届二中全会上，陈伯达采取了突然袭击，煽风点火，制造谣言，欺骗同志的恶劣手段，进行分裂党的阴谋活动。伟大领袖毛主席洞察一切，立即写了《我的一点意见》一文，粉碎了陈伯达的反党阴谋，拨正了全会的航向。在毛主席亲自领导下，全会揭露了陈伯达反党，反"九大"路线，反马克思主义、列宁主义、毛泽东思想的严重罪行，揭露了他假马克思主义者、野心家、阴谋家的面目，这是我们党的伟大胜利，是毛泽东思想的伟大胜利。

（二）九届二中全会以后，在一部分党的高级干部中口头传达过陈伯达反党的问题。

为了教育干部，让较多的同志了解这个问题，中央决定将毛主席《我的一点意见》一文印发给你们，请你们立即向党的地区级核心小组成员、部队师级党委委员和同级党员负责干部以及中央各专案组人员宣读和传达。传达内容主要以毛主席《我的一点意见》一文为准。

（三）毛主席的《我的一点意见》是马克思列宁主义的重要文献，对于我们党的思想理论建设和组织建设有重大的深远意义。在这个文件中，毛主席揭露了陈伯达反动的资产阶级唯心论，驳斥了他的谣言和诡辩，进一步阐明了马克思列宁主义认识论的基本观点，号召全党同志站在马列主义的立场上，同陈伯达划清界限，努力学习马克思列宁主义，不要上号称懂得马克思，而实际上根本不懂马克思那样一些人的当。各单位要组织听传达的同志认真学习和讨论毛主席的这个重要文件，结合学习毛主席的哲学著作和党中央1970年59号学习通知所规定的著作，自觉地改造世界观，提高政治思想水平和识别真假马克思列宁主义的能力，团结起来，争取更大的胜利。

（四）各单位应由主要负责同志，亲自传达陈伯达反党的问题。

陈伯达历史复杂，是一个可疑分子，中央正在审查他的问题。各单位在传达时，要号召了解他情况和问题的同志进行检举和揭发，并请你们将揭发材料妥送中央。

（五）对陈伯达的问题，外间有一些猜测，敌人也在探听消息。传达时请你们注意保密，有关文件不准翻印、抄传，听传达的同志不准记录，不准传谣。

各地传达情况和反映，望及时报告中央。

中共中央的第四点，清楚地体现了毛泽东的意见："陈伯达历史复杂，是一个可疑分子。"这表明，对于陈伯达的揭发、批判，要从现实延伸到历史了。

毛泽东借助批陈"挖墙脚"

尽管抓住了陈伯达，打开了林彪集团的缺口，但是如何扩大这一缺口，却并不容易。吴法宪和叶群虽然向毛泽东交上了书面检查，而黄永胜、李作鹏、邱会作却仍保持沉默。

就在这时，中国共产党陆军38军委员会写出检举揭发陈伯达反党罪行的报告，上报中央军委办事组并报中共中央。这一报告说：

陈伯达千方百计地突出自己，反对伟大领袖毛主席和他的亲密战友林副主席，对抗毛主席的革命路线。

陈伯达不择手段地插手军队，搞宗派活动，妄图乱军、夺权。

陈伯达在处理保定问题中，大搞分裂，挑动武斗，镇压群众，破坏大联合、三结合。

尽管这一报告在许多问题上夸大其词，但是给毛泽东提供了一个在军队系统进行反击的极好机会——因为林彪集团的主要影响是在军队系统。毛泽东明里批陈，实际上要借此"挖"林彪集团的"墙脚"。何况北京军区直接关系到首都的安全、关系到毛泽东的安全，必须掌握在毛泽东信任的将领手中。

1970年12月16日，毛泽东抓住《中国共产党陆军38军委员会检举揭发陈伯达反党罪行的报告》，在上面作了批示：

毛泽东关于批判陈伯达的批示

毛主席关于中国共产党陆军38军委员会检举揭发陈伯达反党罪行的报告批示

（1970年12月16日）

林、周、康及中央、军委各同志：此件请你们讨论一次，建议北京军区党委开会讨论一次，各师要有人到会，时间要多一些，讨论为何听任陈伯达乱跑乱说，他在北京军区没有职务，中央也没有委任他解决北京军区所属的军政问题，是何原因陈伯达成了北京军区及华北地区的太上皇？林彪同志对我说，他都不便找38军的人谈话了。北京军区对陈伯达问题没有集中开过会，只在各省各军传达，因此没有很好打通思想，使全军更好团结起来。以上建议，是否可行，请酌定。

后来，事实表明，陈伯达在北京军区"乱跑乱说"是有的，但是毛泽东所说的"陈伯达成了北京军区及华北地区的太上皇"，并不存在；那句"林彪同志对我说，他都不便找38军的人谈话了"，实际上林彪所说的情况也并不存在。

毛泽东的这一批示，直接促成从1970年12月22日到1971年1月26日召开了"华北会议"。北京军区司令员郑维山，北京军区政委、河北省革命委员会主任李雪峰等北京军区、华北地区的负责人都出席了会议。

毛泽东在12月19日就"华北会议"作出批示：

建议李德生、纪登奎二同志参加会议。永胜、作鹏应同德生、登奎一道参加华北会议。

毛泽东要李德生、纪登奎参加"华北会议",其实已经考虑安排他们去那里担任领导职务;至于要黄永胜、李作鹏去出席会议,无非是要他们在会上作检讨。

"华北会议"的目的是"集中揭露、批判陈伯达"。但是,会议前期,如毛泽东所批评的那样:"批陈不痛不痒。"

1971年1月9日,中央军委又召开143人参加的"批陈整风座谈会"。会上,黄永胜等人既不批陈伯达,又不作自我检查,使毛泽东极为不满。

这时,在报刊上,对陈伯达的批判尚未公开化。但是陈伯达很久没有露面,已引起国内外注意。

由于毛泽东尖锐地批评了"华北会议",会议从初期的"批陈不痛不痒",来了个180度的大转弯,给陈伯达乱上线、乱上纲:

陈伯达……反对……林副主席;
陈伯达投靠……刘少奇,招降纳叛,搞独立王国;
他对彭德怀、高岗、彭真、罗瑞卿、陆定一、杨尚昆、陶铸、胡乔木、周扬、杨献珍等反党分子都很亲;
他是萧华、杨、余、傅……的黑后台;

但是,黄永胜等仍保持沉默,不作检查。

1971年1月24日,根据毛泽东的指示,周恩来在"华北会议"上宣布中共中央决定:

李德生任北京军区司令员,谢富治任北京军区党委第一书记,李德生任第二书记,纪登奎任第三书记。

周恩来代表中共中央还宣布:

将李、郑两同志调离原职,继续进行检查学习,接受群众教育,待有成效后,再由中央另行分配工作。

李,北京军区政委、河北省革命委员会主任李雪峰;郑,北京军区司令员郑维山。

后来，在"九一三事件"之后，在 1971 年 12 月 11 日的中共中央通知中评价北京军区负责人的这一更替：

> 这就搞烂了林陈反党集团经营多年的那个山头主义的窝子，挖了他们的墙脚。

实际上，原北京军区并不存在所谓"山头主义的窝子"的问题，而且原北京军区也不是林彪集团的"墙脚"。

1992 年 4 月 1 日，中共中央作出《关于恢复李雪峰同志党籍的决定》，指出：

> 1973 年 8 月 20 日，中共中央决议（中发 [1973]34 号文件）中认定李雪峰同志为林彪反党集团的主要成员，是不符合事实的。

当然，这是后话。在当时，李雪峰等被"挖墙脚"挖掉了。

"批陈整风"推向全党全国

1971 年 1 月 26 日，对于陈伯达的批判升级了。从现实深追到历史，中共中央发出《反党分子陈伯达的罪行材料》，向党内公布了陈伯达的历史老账和现实新账。

1971 年 2 月 19 日，毛泽东在关于开展批陈整风运动的指示中说：

> 请告各地同志，开展批陈整风运动时，重点在批陈，其次才是整风。不要学军委座谈会，开了一个月，还根本不批陈。更不要学华北会议前期，批陈不痛不痒。

1971 年 2 月 20 日，军委办事组根据毛泽东批评军委座谈会不批陈的问题，写了一个检讨报告。

毛泽东在这个检讨报告上又批示说：

> 你们几个同志，在批陈问题上为什么老是被动？不推一下，就动不起来。这个问题应该好好想一想，采取步骤，变被动为主动。

毛泽东在这个检讨报告上还批示：

为什么老是认识不足？38军的精神面貌与你们大不相同。原因何在？应当研究。

这表明，毛泽东对黄永胜、李作鹏、邱会作不作自我检查又不认真批陈是抓住不放的。

1971年2月21日，中共中央发出《关于扩大传达反党分子陈伯达问题的通知》。

1971年2月23日，中共中央转发毛泽东主席关于批陈整风的指示，全文如下：

照发

毛泽东

中共中央转发毛泽东主席关于批陈整风的指示
（1971年2月23日）

各大军区党委常委、各省、市、自治区党委常委或党的核心小组，中央机关、中央军委、国务院主要负责同志：

在2月19日中央政治局邀集各地来京参加国家计划会议的各大军区党委和各省、市、自治区党委或党的核心小组主要负责同志到会的会议上，首先宣读了伟大领袖毛主席对会议的指示：

"请告各地同志，开展批陈整风运动时，重点在批陈，其次才是整风。不要学军委座谈会，开了一个月，还根本不批陈。更不要学华北会议前期，批陈不痛不痒，如李、郑主持时期那样。"

宣读后，到会的各地主要负责同志表示了坚决拥护、认真执行毛主席的英明指示。

为使各地和中央各领导单位在开展批陈整风运动时，能对毛主席的极其重要的指示有深刻的理解，并联系到庐山会议上反党分子陈伯达的阴谋活动和两条路线斗争的严重性，特将毛主席的指示全文印发给你们，请认真学习和执行。

迫于压力，黄永胜、李作鹏、邱会作在1971年3月先后写出了书面检查。

黄永胜在3月21日交出书面检讨，并在书面检讨的第二页上写道：

过去我对反党分子陈伯达这个人有迷信，被他所谓"天才理论家"，文化大革命"有功"、"小小老百姓"等假象所迷惑。

3月24日，毛泽东在黄永胜的这段话旁边，写下一段关于陈伯达问题的定性的重要批示：

陈伯达早期就是一个国民党反共分子。混入党内以后，又在1931年被捕叛变，成了特务，一贯跟随王明、刘少奇反共。他的根本问题在此。所以他反党乱军，挑动武斗，挑动军委办事组干部及华北军区干部，都是由此而来。[1]

毛泽东的这段批示，从陈伯达的现行问题追溯到历史问题，给他戴上一系列帽子："国民党反共分子"，"叛徒（被捕叛变）"，"特务"，"一贯跟随王明、刘少奇反共"。毛泽东的这段批示为他提出的陈伯达是一个"可疑分子"作出了明确的答案。

对于给他戴上的这一连串"帽子"，陈伯达心中是不服的。在陈伯达晚年，他一方面承认自己在"文革"中的"大罪"，一方面又否认那一大堆关于他的历史问题的"帽子"。1984年，陈伯达曾写下这样一段话：

我愿意有人批评我，而且批评从严，可促我进点步。不过，如果摭"四人帮"骂我的余调，给我重戴"四人帮"给我戴的帽子，什么"叛变了党"、"成了叛徒"、"有案可查"，等等，只要我还有点喘息，也就不能默然。

不言而喻，陈伯达明明知道说他"被捕叛变，成了特务"是毛泽东亲笔写下的批示，但他不能点毛泽东的名，而只能说成"'四人帮'给我戴的帽子"。

3月15日，毛泽东在对《无产阶级专政胜利万岁》送审稿上作的批语，也涉及陈伯达：

我党多年来不读马、列，不突出马、列，竟让一些骗子骗了多年，使很多人甚至不知道什么是唯物论，什么是唯心论，在庐山闹出大笑话。这个教训非常严重，这几年应当特别注意宣传马列。[2]

---

[1] 中共中央关于批发《关于国民党反共分子、托派、叛徒、特务、修正主义分子陈伯达的反革命历史罪行的审查报告》的通知及附件材料。1972.07.02，中发〔1972〕25号。

[2]《建国以来毛泽东文稿》，第13册，216页，中央文献出版社1998年版。

于是，毛泽东又给陈伯达多戴了一顶"帽子"："骗子"。后来，报刊上用"刘少奇一类政治骗子"作为陈伯达的代称，便源于此。

3月30日，毛泽东对刘子厚在河北省"批陈整风"会议上的检查作了批示，称许多人上了陈伯达的"贼船"！

毛泽东的批示如下：

此件留待军委办事组各同志一阅。上了陈伯达贼船，年深日久，虽有庐山以来半年的时间，经过各种批判会议，到3月19日才讲出几句真话，真是上贼船容易下贼船难。人一输了理（就是走错了路线），就怕揭，庐山会议上的那种猖狂进攻的勇气，不知跑到哪里去了。

毛泽东
3月30日

毛主席在最后一页批示：

这还是申明。下文如何，要看行动。

4月7日，毛泽东派纪登奎、张才千参加军委办事组，打破黄永胜、吴法宪把持军委办事组的局面。毛泽东称之为"掺沙子"。

4月15日至29日，中共中央召开了批陈整风汇报会，亦即"九十九人会议"。黄永胜、吴法宪、叶群、李作鹏、邱会作、李雪峰、郑维山作了检讨。周恩来作总结讲话。

4月29日，中共中央发出《关于把批陈整风运动推向纵深发展的通知》。这样，批判陈伯达的运动便推向了全党，推向了全国。

报刊上开始不点名地批判陈伯达，用代词"刘少奇一类政治骗子"或者"刘少奇、王明一类的假马克思主义政治骗子"暗指陈伯达。

7月21日，《人民日报》引用了林彪批判"小小老百姓"的话，给"林副主席"

1971年4月7日，在没有正规军队任职经验的状况下，纪登奎被毛泽东任命为中央军委领导成员、军委办事组成员。这一做法，被毛泽东称为是"掺沙子"，目的是为打破林彪及其同伙对军队的把控

在群众中挽回一点影响。"林副主席"是这么批判陈伯达的：

> 名为"小小老百姓"，实则大大野心家。

"批陈整风运动"从 1970 年 8 月 31 日毛泽东印发《我的一点意见》开始，到 1971 年 9 月 13 日爆发"九一三事件"，前后进行了一年多。

毛泽东喜欢"运动"，曾发动了一场又一场。这场"批陈整风运动"，是在复杂的背景下开展的。

毛泽东发动这场运动，名曰"批陈整风"。他强调，"重点在批陈，其次才是整风"。其实，毛泽东的策略是逐步解决：毛泽东的真正目的是借助于批判陈伯达，进一步批判林彪集团。然而，在当时又要在名义上"保护林副主席"，因为林彪的问题如同一个尚待成熟的"疖子"。所以，"批陈整风"一直未能"打开天窗说亮话"——不能直截了当地挑明陈伯达的后台是"林副主席"，只能批判林彪手下的"相"与"将"。

关于"批陈整风运动"，笔者认为中共党史专家、国防大学王年一教授所作的评价颇为中肯：

> "批陈整风运动"十分复杂，既有正确的方面，更有不正确的方面，正确与错误混杂。总的说来，要逐步解决问题是正确的，但问题没有抓准，批陈颇多牵强附会，没有打中要害，若干问题没有正确处理，人为地制造了纠纷。[1]

从"批陈"到"批林批陈"

1971 年 8 月 14 日，毛泽东离开北京，到南方巡视，从武汉到长沙、南昌、杭州、上海，一路上向各地党政军负责人"吹风"。林彪下达了趁毛泽东南巡进行谋杀的手令。

9 月 12 日，毛泽东冲破林彪的种种暗杀之网，回到北京。

9 月 13 日，0 点 32 分，林彪、叶群、林立果乘"256 号"三叉戟飞机从山海关机场强行起飞。

就在这个时候，作为紧急措施，陈伯达被 8341 部队从北京米粮库胡同家中连夜押往秦城监狱。

林彪"折戟沉沙"，摔死在蒙古温都尔汗，陈伯达在秦城狱中毫无所知。据陈伯达

---

[1] 王年一：《大动乱的年代》，第 415 页，河南人民出版社 1988 年版。

陈伯达倒台第二年，林彪也殒命温都尔汗。图为九一三事件前林彪夫妇合影

回忆，过了好几个月，他才知道林彪死了。……

在"九一三事件"之后的第五天——1971年9月18日——中共中央发出《关于林彪叛国出逃的通知》，在中共高层第一次通报了林彪叛国出逃的情况：

中共中央正式通知：林彪于1971年9月13日仓皇出逃，狼狈投敌，叛党叛国，自取灭亡。

现已查明：林彪背着伟大领袖毛主席和中央政治局，极其秘密地私自调动三叉戟运输机、直升机各一架，开枪打伤跟随多年的警卫人员，于九月十三日凌晨爬上三叉戟飞机，向外蒙、苏联方向飞去。同上飞机的，有他的妻子叶群、儿子林立果及驾驶员潘景寅、死党刘沛丰等。在三叉戟飞机越出国境以后，未见敌机阻击，中央政治局遂命令我北京部队立即对直升机迫降。从直升机上查获林彪投敌时盗窃的我党我军大批绝密文件、胶卷、录音带，并有大量外币。在直升机迫降后，林彪死党周宇驰、于新野打死驾驶员，两人开枪自杀，其余被我活捉。

对林彪叛党叛国事件，中央正在审查。现有的种种物证人证业已充分证明：林彪出逃的罪恶目的，是投降苏修社会帝国主义。根据确实消息，出境的三叉戟飞机已于蒙古境内温都尔汗附近坠毁。林彪、叶群、林立果等全部烧死，成为死有余辜的叛徒卖国贼。

中共中央《关于林彪叛国出逃的通知》第一次明确地指出：

陈伯达路线，实际上是林彪、陈伯达路线。

这一极为重要的论断，把陈伯达与林彪紧紧联系在一起。
于是，陈伯达与林彪作为"林陈反党集团"被批判。
从此，"批陈整风运动"转为"批林整风运动"。
从此，"批陈"也就与"总后台"林彪联系起来。

中共中央发出的《关于林彪叛国出逃的通知》还指出：

> 林彪叛党叛国，是长期以来，特别是党的九届二中全会以来阶级斗争和两条路线斗争的继续，是林彪这个资产阶级个人野心家、阴谋家的总暴露、总破产。九届二中全会上，国民党老反共分子、托派、叛徒、特务、反革命修正主义分子陈伯达敢于那样猖狂进攻，反党，反"九大"路线，反马克思主义、列宁主义、毛泽东思想，主要原因就是依仗林彪这个黑后台。陈伯达路线，实际上是林彪、陈伯达路线。在九届二中全会以前，第一个坚持设国家主席，阴谋策划向党进攻的是林彪。在九届二中全会上，第一个站出来"采取突然袭击，煽风点火，唯恐天下不乱，大有炸平庐山，停止地球转动之势"的，是林彪。审定那个"欺骗了不少同志"的《恩格斯、列宁、毛主席关于称天才的几段语录》和《林副主席指示》的八条语录的也是林彪。伟大领袖毛主席洞察一切，立即写了《我的一点意见》一文，粉碎了林彪陈伯达分裂我党、我军，篡夺党和国家的权力、复辟资本主义的反革命阴谋，拨正了全会的航向，使绝大多数同志在毛主席正确路线指引下团结起来，保证了全会的胜利。

中共中央发出《关于林彪叛国出逃的通知》，历数中国共产党半个世纪以来所经历的"十次重大的路线斗争"，把跟林彪、陈伯达路线的斗争列为第十次路线斗争：

> 半个世纪以来，我们党经历了十次重大的路线斗争。这就是以毛主席为代表的马克思列宁主义路线，在新民主主义革命时期，同以陈独秀、瞿秋白、李立三、罗章龙、王明、张国焘为代表的六次机会主义路线的斗争，在社会主义革命时期，同以高岗饶漱石、彭德怀、刘少奇、林彪陈伯达为代表的四次机会主义路线的斗争。

鉴于当时紧张的形势，中共中央的这一"通知"规定对于"九一三事件"严格保密：

九一三事件后，"批陈整风"变成了"批林批孔"。图为一个基层民兵组织"批林批孔"会场情景

林彪叛党叛国问题,根据内外有别、有步骤地传达的原则,目前只传达到省、市、自治区党委常委以上的党组织。有关林彪的文字、图画、电影等均暂不改动。并望切实注意严格保密。

在"九一三事件"发生后的第20天,中共中央发出通知,决定成立"林—陈反党集团专案组":

毛主席批示:同意。

中共中央通知
(1971年10月3日)

为彻底审查、弄清林—陈反党集团的问题,中央决定成立中央专案组,集中处理有关问题。中央专案组由周恩来、康生、江青、张春桥、姚文元、纪登奎、李德生、汪东兴、吴德、吴忠十人组成。在专案组领导下,设立工作机构,由纪登奎、汪东兴两同志负责进行日常工作。各地、各单位今后凡向中央上报有关林—陈反党集团的揭发材料,统请以绝密亲启件送交中央专案组统一处理。

紧接着,在1971年10月6日,中共中央发出通知,第一次提出,毛泽东和林彪、陈伯达之间的斗争,是两个司令部之间的斗争:

中央在审查林彪叛党叛国事件中,查出了大量物证人证,进一步说明:林彪叛党叛国是"九大"以来,特别是九届二中全会以来两个司令部,即以毛主席为首的无产阶级司令部和以林彪为头子的资产阶级司令部之间斗争的继续。

早在九届二中全会以前,林彪就背着毛主席和中央政治局大多数同志,同老反共分子陈伯达勾结在一起,指挥黄永胜、吴法宪、叶群、李作鹏、邱会作等多次开会,多方串联,阴谋策划,妄图推翻以毛主席为首的党中央。林彪、陈伯达及其一伙在庐山会议上的全部活动,完全是有准备、有纲领、有计划、有组织的。他们突然袭击,煽风点火,破坏九届二中全会原定议事日程,背叛"九大"路线,妄图分裂我党我军,向毛主席夺权,颠覆无产阶级专政,复辟资本主义。它的性质完全是一次被粉碎的反革命政变。

九届二中全会以后,在全党开展批陈整风,进行思想和政治路线教育的同时，毛主席对林彪，对黄、吴、叶、李、邱等进行严肃批评和耐心教育，希望他们能够同陈伯达划清界限，回到正确路线方面来。但是，林彪及其一伙毫无悔改之意。军委座谈会，开了一个月，还根本不批陈。拖了七个月，黄、吴、叶、李、邱才勉强写了"检讨"。毛主席当时曾明确批示，他们以后是实践这些申明的问题。林彪则长期称病，对毛主席批示同意的中央文件，林彪看也不看，连"完全同意主席批示"这样几个字，也要秘书摹仿他的字代写，对毛主席和党的事业充满仇恨，躲在黑暗的角落里加紧策划新的反革命阴谋。

陈伯达被戴上五顶"帽子"

中共中央从1971年到1972年，转发了三批由中央专案组整理的《粉碎林陈反党集团反革命政变的斗争》的材料。

1971年12月11日，中共中央关于组织传达和讨论《粉碎林陈反党集团反革命政变的斗争》（材料之一）的通知，以"四个两"来概括与"林陈反党集团"的斗争，即"两个阶级、两条道路、两条路线、两个司令部"的斗争。

这一通知是这样概括的：

> 粉碎林彪陈伯达反党集团反革命政变阴谋的斗争，是一场惊心动魄的阶级斗争，这场斗争，是"九大"以来，特别是九届二中全会以来，两个阶级、两条道路、两条路线斗争的继续，是两个司令部，即以毛主席为首的无产阶级司令部，同以林彪为头子的资产阶级司令部斗争的继续。

中共中央关于组织传达和讨论《粉碎林陈反党集团反革命政变的斗争》（材料之一）的通知，还指出了"林陈反党集团"的目的：

> 林彪陈伯达反党集团的罪恶目的，是要分裂我们党，用阴谋手段篡夺党和国家的最高权力，背叛"九大"路线，从根本上改变党在整个社会主义历史阶段的基本路线和政策，颠覆无产阶级专政，复辟资本主义。他们要把毛主席领导下我党我军我国人民亲手打倒的地主资产阶级再扶植起来。在国内，他们要联合地、富、反、坏、右，实行地主买办资产阶级的法西斯专政；在国际，他们要投降苏修社会帝国主义，联苏联美反华反共反革命。林彪反党集团的路线，集中反映了国内被打倒的地主资产阶级和帝、修、反的反革命复

辟的愿望。

对于陈伯达的批判,当时归结为批"黑四论",即:

唯心主义的先验论;唯生产力论;阶级斗争熄灭论;地主、资产阶级人性论。

陈伯达被戴上五顶"帽子",即:

国民党反共分子;托派;叛徒;特务;修正主义分子。

这五顶"帽子",除了托派之外,那四顶都是毛泽东亲自给他戴上去的。

此外,还有:"彭德怀军事俱乐部成员""刘少奇资产阶级司令部头面人物""尊孔派""反共老手""大儒""伪君子""政治骗子""黑秀才"……

面对这么一大堆"帽子",连陈伯达本人在晚年谈及此事,也不由得感叹道:"帽子之多,罪名之众,可叠如山,叹为观止矣!"

1972年7月2日,中共中央关于批发《关于国民党反共分子、托派、叛徒、特务、修正主义分子陈伯达的反革命历史罪行的审查报告》的通知说:

现将中央专案组《关于国民党反共分子、托派、叛徒、特务、修正主义分子陈伯达的反革命历史罪行的审查报告》和陈伯达的反革命罪证发给你们,请你们按照中发〔1972〕3号文件的精神,组织传达,阅读和讨论。

陈伯达到延安以后直至九届二中全会期间的反革命罪行,还在继续审查中。有关陈伯达罪行的揭发材料,望各地继续报送中央。

1972年7月,中共中央发出中央专案组的《关于国民党反共分子、托派、叛徒、特务、修正主义分子陈伯达的反革命历史罪行的审查报告》以及附件《国民党反共分子、托派、叛徒、特务、修正主义分子陈伯达的反革命历史罪证》。

中共中央《关于国民党反共分子、托派、叛徒、特务、修正主义分子陈伯达的反革命历史罪行的审查报告》,全文近万言共分五大部分:

一、陈伯达是一个国民党反共分子
二、陈伯达1929年在莫斯科参加托派组织,回国后继续进行托派反共活动

三、陈伯达1931年在天津被捕叛变，成了特务

四、陈伯达背着毛主席、党中央，同苏方人员秘密来往，进行阴谋活动

五、陈伯达在社会主义革命时期一贯坚持修正主义、妄图复辟资本主义

这一审查报告称：

陈伯达"一贯站在国民党右派立场，进行反共反革命的罪恶活动"；

陈伯达"就是要消灭中国共产党"；

陈伯达"策划和指点国民党右派"；

陈伯达"从事托派反动活动"；

陈伯达"出卖组织，出卖同志，是一个可耻的叛徒"；

陈伯达"被捕叛变，成了特务"；

陈伯达"在莫斯科会谈期间行踪诡秘，同苏方搞了一些不可告人的勾当"；

……

这一审查报告，最后得出如下结论：

> 陈伯达是一个反革命两面派的政治骗子。长期以来，他竭力伪装自己，采取造谣和诡辩的手法，欺骗党、欺骗群众。现在，经过广大干部和群众的揭发，专案组的调查，证实陈伯达是一个罪大恶极的国民党反共分子、托派、叛徒、特务、修正主义分子。

今天，以历史的目光重新审视这份《关于国民党反共分子、托派、叛徒、特务、修正主义分子陈伯达的反革命历史罪行的审查报告》，其中固然有一部分属实，但是也不乏捕风捉影、无限上纲上线的成分。

1973年8月20日，中共中央批准中央专案组《关于林彪反革命集团罪行的审查报告》，决定永远开除林彪及其反革命集团主要成员陈伯达、叶群、黄永胜、吴法宪、李作鹏、邱会作的党籍。其中，关于陈伯达是这么写的：

> 永远开除林彪反党集团主要成员、国民党反共分子、托派、特务、修正

当年中共中央正式印发的批判材料上，赫然罗列着陈伯达的五顶"帽子"

主义分子陈伯达的党籍，撤销其党内外一切职务。

1980年11月，陈伯达作为林彪、江青反革命集团的十名主犯之一（对已死的6名主犯不再起诉），被押上中华人民共和国最高人民法院特别法庭。

不过，中华人民共和国最高人民法院特别法庭没有依据1972年中共中央《关于国民党反共分子、托派、叛徒、特务、修正主义分子陈伯达的反革命历史罪行的审查报告》对陈伯达进行定罪。其中的原因是：

> 这是中央"两案"审判指导委员会在组织进行"两案"审判准备工作的一条根本原则，属于党内路线错误的问题，列入党内审查的范畴，不作犯罪事实起诉。[1]

如本书第一章所述，中华人民共和国最高人民法院特别法庭着重于陈伯达在"文革"中以推翻人民民主专政为目的而触犯刑律的五条罪行进行起诉、审判。陈伯达在法庭上"供认了自己的犯罪事实"，对于这五条罪行是承认的。

陈伯达被中华人民共和国最高人民法院特别法庭判处18年有期徒刑。

判刑之后，陈伯达对于人生倒也想得开、想得穿：

"古人说，人生七十复何求。我年已八十，大大超过了七十，又复何求？"

"有来必去，理亦当然。"

1989年9月20日，已经刑满的85岁的陈伯达离开了这个世界。

在他生前笔者采访他时，他一次又一次说："我的罪恶是重大的。"

本书卷首所载陈伯达对笔者所说的一段话，是他晚年心态的缩影。

---

[1] 肖思科：《超级审判》，第625页，济南出版社1992年版。

尾 声
形形色色的评价

> 历史如同油画,近看看不清,站远了才能看清楚。陈伯达究竟是什么样的历史人物?作者罗列了形形色色关于陈伯达的评价,供您参考……

陈伯达是一个错综复杂的人物。对于他的政治性的评价，已经写在诸多中共中央文件之中，不必再重复了。

在结束本书的时候，我想罗列种种"民间"的关于陈伯达的评价。所谓"民间"的，就是个人对于陈伯达的看法。不同的人，视角不同，对于陈伯达的评价也各不相同。这些评价不一定准确，但是可供参考。

笔者摘录对于陈伯达的形形色色的评论，供读者诸君多角度、多方位进行思索。

人民出版社原总编辑曾彦修指出：

> 陈伯达这个人，可以说是个很聪明、很有才的人。他给我的印象是，才胜于学，学胜于德，德毁于位。
>
> 陈伯达不是个政客，他并不想当政客，当政客就要活动，要到处跑，要讲话，他不擅长这些。他正式讲话，五分钟都困难。在延安，我觉得他只想当个政论家，他只希望他的一篇文章出来，得到全党注意，全国注意。他一生的文章，没有离开最高的领导，都是受命而写的。[1]

缪俊胜在"文革"中担任陈伯达秘书，直到陈伯达入狱。他对陈伯达的评价是：

> 要说他这人的特点，头一个是尊重主席。他到主席那儿去，从来是远远地就下车了，也不直接进去，问警卫"主席休息了没有？"没休息，他才说"你进去报告一下，我给他送两本书（或是其他什么事）。"老实得像个小学生。
>
> 另一个是怕江青。主席在庐山批评他，"你官做大了，不到我这儿来了。"为啥不去了呢？也是江青弄的。江在"中央文革"碰头会上说过，"碰头会只有总理跟主席汇报，任何人不准干扰毛主席。"他怕江青，不然她闹呀，不听不行啊。江青还经常通知他去看电影，他不敢不去。江还给他摔过杯子，他把那个烂杯子捡起来带回去，尽量不留残迹。
>
> 再一个特点就是做事认真。陈伯达搞文字工作，一个标点符号都很认真。

---

[1] 曾彦修口述、李晋西整理：《陈伯达的为官和为学》，《老人报》2012年3月14日。

你要弄错了，他就会给你纠正过来。

生活上他很简单，不讲吃，不讲穿，不抽烟，不喝酒。他也不喜欢前呼后拥，有一段时间，他都不让随车跟着。个人卫生上，他是勤洗澡不洗头，每天晚上洗澡，水放好之后，他到里面咕噜一下就出来了，不说搓呀泡呀的。一般不洗头，就用农村人用的那种篦子梳一梳。

他一天到晚就是看书、写东西。有个小录音机，哇啦哇啦地在那儿说，录完以后，整理出来就是一篇文章，真是出口成章。

他脾气随和，从没跟我发过火，倒是我跟他耍过一次态度，他还向我道了歉。那次，他叫我在电话里给新华社传个一百多字的稿子，我念了三次，他还不放心："你念清楚了吗？"我说念清楚了。他说："你再去说一遍。"我说："我不说了，我要再说，人家该说陈伯达办公室的秘书有病。"那时，天气比较热，他穿一个大裤衩子跑来跑去，在电话里又亲自说了一遍。咋这么不相信人呢？一个中央常委处事怎么这样呢？我生气地坐在门口的一个藤椅上了。他知道我不满意，一会啪啦啪啦来了，说："不要生气了。"他一说，我倒不好意思了，心想，这事要是搁到康生或者江青那儿，一下就把我给抓起来了。

政治上的事我不好说，但生活中，我感觉他平易近人，比较俭朴。他勇于承担责任，尤其是涉及主席和总理的，从来都不说对方的不是，都承认是自己的错。

在"文革"前，陈伯达曾担任国家计委副主任，分管国家计委研究室，而杨波当时任研究室副主任，主持工作，所以杨波跟陈伯达有许多接触。杨波在《我所了解的陈伯达》中说：

陈伯达到处口口声声说他是"小小老百姓"，其实他骨子里是把自己放在"一人之下，万人之上"的位置上，谁也得罪不起他。他刚愎自用，却喜欢摆出一副民主开明的面孔。每次开调查会他讲话后，总要问我有什么意见，开始时我还不明白他的为人，就按照我一贯心直口快的性格，常提出一些不同意见。但很快我发现，不管你说什么，有没有道理，他都根本不予考虑，还是坚持自己的想法。后来我就再也不提什么意见了。他也知道我这个人不怎么听人摆布，所以对我渐渐地有所忌惮。[1]

杨波在《我所了解的陈伯达》中写及胡乔木对陈伯达的感触：

---

[1] 杨波：《我所了解的陈伯达》，《百年潮》2010年第11期。

陈伯达嫉妒心很强。谁在毛主席那里做出工作成绩，谁为中央起草过好文件，他都怀恨在心，总要设法排斥、打击。对此，胡乔木感触很深，曾说过一句亲身体会的话："谁在毛主席那里做了一件事，就好像在他陈伯达身上挖了一块肉一样。"[1]

王梦奎曾与胡乔木有诸多交往，差一点成为胡乔木的秘书（王梦奎自己担心不能胜任这一工作而推辞了）。值得注意的是，他在《回忆胡乔木》一文中，有一小段也写及胡乔木对陈伯达的评价。王梦奎写道：

我向胡乔木问过一个长期困惑不解的问题：毛主席为什么那么重用陈伯达？他不假思索地答道，主席不大熟悉马列主义文献，我们的理论和政策表达要和马列主义文献相衔接，需要陈伯达这样熟悉马列著作的人。别的人，比如说我，当然不能说不熟悉，但毕竟不是科班出身。陈伯达在苏联学习过，是科班出身，又有比较好的中国传统文化修养，毛主席需要这样的人。[2]

笔者从毛泽东的卫士李家骥的回忆录中，读到以下的故事，恰恰印证了胡乔木对王梦奎说的那段话：

（1949年）主席刚到北平时住香山，几个月后搬到中南海的菊香书屋。最初陈伯达住颐和园。因为主席经常找他，陈伯达也搬到中南海。开始他住在勤政殿一间小屋里，后来又搬到了迎春堂。迎春堂由三个四合院组成，他住一个院，另外两个院子住的是熊复和周扬。

一天主席带我和警卫战士王振海到南海散步，中途忽然对我说，我们顺便看看陈伯达。

我和主席说说笑笑，一会就走到陈伯达家门口。主席亲自敲门，大声喊道："陈伯达在这儿住吗？"没有动静，王振海又敲了一阵门："伯达同志开门啊！"

不一会，陈伯达披着上衣，穿着拖鞋，歪戴着眼镜出来开门。当他看到是主席来了，很是吃惊，连忙说："主席有事通知我到你那里就行，怎么还劳驾主席到我这儿。"

"我们出来散步，顺便到你这里看看。搬家以后还没来过，住的房子还行

---

[1] 杨波：《我所了解的陈伯达》，《百年潮》2010年第11期。
[2] 王梦奎：《回忆胡乔木》，《百年潮》2008年第9期。

尾 声
形形色色的评价

吗？"主席说着就往屋子里进。

"还好，还好。"陈伯达有些不知所措。我们走进陈伯达办公室：只见东西不多但很乱，桌子、椅子，甚至地上都是书、报和文件。

"这就是你的办公室吗？"主席上下左右环视一周后问道。

"是的，是的，房子挺好，是我没住好。"陈伯达不好意思地说。

主席安慰说："我们的伯达同志是大忙人。哪天可以让小李、小王帮你收拾一下。"

"不必，不必，谢谢，谢谢。"陈伯达不好意思地说，马上动手归拢书刊。"哎呀，我忘请主席坐了。"陈伯达这才想起来请主席坐下，他忙搬把椅子给主席，又不好意思地说："像个鸡窝，请主席别见笑。"

主席朝陈伯达笑笑，接过椅子坐下，又不介意地说："伯达，马克思在《资本论》中有这样一段话，你帮我找找。"说着主席从口袋里取出一张写着字的纸条递给陈伯达。

陈伯达接过纸条，看了一遍，便从书架上取下《资本论》，翻了几下便找到了，并对主席说："主席，你看是不是这一段？"

主席接过书一看："对，就是这一段！让小李把书给我带回去，用完再退你。"[1]

钱伯城在《陈伯达之命运》一文中，这样评论陈伯达：

陈伯达其人落落寡合，习惯做"单干户"，不为人喜，尤不为"秀才"群体的气节之士所喜。但陈伯达有"理论"，他的"理论家"称号并非"浪得虚名"，常能见人所未见、发人所未发，能从人们不经意处抓住要点，抽绎综合，启人思考。多年前，传闻他一件小事，给我留下较深印象。一位从延安出来的学者，写过一篇文章，记述陈伯达在马列学院讲课，引用王国维以唐宋词的三种境界（即"昨夜西风凋碧树""衣带渐宽终不悔""众里寻他千百度"）来形容治学的艰苦历程，勉励青年要具备这样的坚韧精神，刻苦向学。自此治学三境界说大行于世。然而人们只知此说出自王国维，却不知陈伯达亦有一点鼓吹之功。[2]

---

[1] 李家骥：《领袖身边十三年：毛泽东卫士李家骥访谈录》，中央文献出版社2007年版。
[2] 钱伯城：《陈伯达之命运》，《同舟共进》2008年第8期。

钱伯城在《陈伯达之命运》一文中还写道：

1988年10月底左右，公安部为陈伯达举行刑满仪式十来天后，作家叶永烈对他进行了采访。在与采访者第一次谈话时，陈伯达不胜感慨地说了下面一席话：

我是一个犯了大罪的人。在"文化大革命"中，我愚蠢至极，负罪很多，枪毙我都不过分。"文化大革命"是一个疯狂的年代，那时候我是一个发疯的人。

我的一生是一个悲剧。我是一个悲剧人物。希望人们从我的悲剧中吸取教训。

年已久远，我又衰老，老年人的记忆不好，而且又常常容易自己护短。如果说我的回忆能为大家提供一些史料，我就慢慢谈一些。不过，我要再三说明，人的记忆往往不可靠。你要把我的回忆跟别人的回忆加以核对，特别是要跟当时的记录、文章、档案核对。我的回忆如有欠实之处，请以当时的文字记载为准。

我是一个罪人。我的回忆，只是一个罪人的回忆。

古人云："能补过者，君子也。"但我不过是一个不足齿数的小小的"小人"之辈，我仍愿意永远地批评自己，以求能够弥补我的罪过……

这份充满自责自谴的文字，哀哀其鸣，先后载于1990年出版的《陈伯达其人》和1993年出版的《陈伯达传》卷首，是叶永烈根据采访录音和记录文字整理而成，虽然个别文字可能有修改，但可信是陈伯达真实思想的表达，是他留给后人的一份"政治遗言"。

陈伯达在他的最后遗言中，说自己一生是一个悲剧，自己是一个悲剧人物。若从个人角度看，从他所处的时代、社会和政治体制看，这样认识自然不错；但是，若从历史角度看，则是一个群体的悲剧，他是这个群体中有代表性的一个精英人物。这个群体，可称之为儒生群体，用今天的话说，就是为不同政治体制的最高领导人做秘书的"秀才"群体。

刘洋波在《浅析陈伯达在"文革"中悲剧命运——兼论党内知识分子在毛时代权力运作体系中的地位和作用》一文中，简练地概括了陈伯达的一生：

陈伯达是个有争议的人物。他的人生就像一出悲喜剧，大起大落，前后迥异。他曾经是（20世纪）30年代新启蒙运动的发起者，40年代《评〈中国之命运〉》的作者，新中国开国基石《共同纲领》的草拟者，50年代《毛泽东选集》的编辑者，新中国第一个五年计划纲要的撰写者，第一部《中华人民共和国宪法》的起草者。同时，他又是1970年庐山会议的失势者，"批陈整风"运动批判的对象，1980年中华人民共和国最高人民法院特别法庭所审判林彪、江青反革命集团案的16犯之一，在很多人眼里，他和江青、林彪集团有剪不断理还乱的关系。陈伯达对自己的评价是："我的一生是一个悲剧，我是一个悲剧人物，希望人们从我的悲剧中吸取教训……"

作为陈伯达之子，陈晓农又是如何看待他的父亲呢？

陈伯达生前，曾经委托笔者在上海图书馆查找他一生中发表的唯一的小说。笔者在"民国十四年（即1925年）2月7日"出版的《现代评论》第1卷第9期上，找到了署名"陈尚友"的小说《寒天》。

陈晓农认为，《寒天》里的一段话，可以说是陈伯达晚年的写照：

我现在正如那每次都打败了仗的久经战阵的兵士，遍身负着伤痕，倒卧在暮色苍凉的草野里，望着西山的残阳在苟延残喘。

作为儿子，陈晓农谈及父亲陈伯达时，是这么说的：

父亲本是个比较软弱的文人。我母亲[1]亲口对我说过："你爸爸是个老实精。"叔宴妈妈[2]也说过："你爸爸性格太懦弱。"但有时在关键时刻，在重要问题上，他也能独出己见，而且很倔强。

我自己亲见的父亲表现倔强的事，就是"文革"初他对"血统论"的批判。当时那个"老子英雄儿好汉，老子反动儿混蛋"的对联来势汹汹，猖獗一时。不同意这个对联的人一般也只是说这个对联"讲阶级路线过了头""过分了""过左了"，没有人把它和"反动"一词相联系。"红五类"、"黑五类"等说法也是这样。有些领导人对"黑五类"的说法表示过质疑，但是没有反对"红五类"的说法。而父亲1966年10月16日在中央工作会议的讲话中却毅然决然说道："各地流行着一种所谓'自来红'的谬论。制造这种谬论的人，

---

[1] 指余文菲。

[2] 指刘叔宴。

利用一部分年青人天真提出的'老子英雄儿好汉'来蛊惑一批学生。实际上，这是剥削阶级的反动的血统论。这是彻头彻尾反马克思列宁主义的，反毛泽东思想的，是彻头彻尾的历史唯心主义。""现在有一些学生接受什么'自来红'、'自来黑'的观点，接受什么要在学生中划分什么'红五类''非红五类'或者什么'黑几类'的观点……我们劝青年们不要接受这种血统论的错误观点"。

1966年10月，将那个对联的思想，以及划分"红五类""黑五类"等行径，定性为"剥削阶级的反动的血统论"，是父亲力排众议做出的论断。"血统论"这个词就是父亲给那股披着"革命"外衣的思潮起的一个恰如其分的名称。

父亲为人处世，也有诸多缺点错误，也有人云亦云、随波逐流的时候，也有愚忠盲从、偏听偏信的时候。"驯服工具"和"齿轮螺丝钉"的观念也曾灌输于他。

笔者注意到署名"余樵"的《历史可以这样改写吗？——评所谓"陈伯达抛出'血统论'"》一文：

第一次看到"陈伯达抛出'血统论'"这个说法，是在《中华儿女》（国内版）2002年第2期发表的刘西尧的回忆文章《"文革"中我给周恩来当联络员》里。刘西尧回忆说：他刚被派到中国科学院做周恩来的联络员时，碰上两派群众在吵闹，有人扭住一个"出身不好"的造反派揪打起来。他接着写道："这也和陈伯达的'德政'有关。因为他抛出了'血统论'的名言：'龙生龙，凤生凤，老鼠生儿打地洞。'"这一段回忆的小标题也就十分突出地用了这样一句话："陈伯达抛出'血统论'"。

最初看到这个说法，笔者没怎么在意，只觉得是刘老先生年纪太大了，记忆上出了问题。不然，明明是陈伯达在"文化大革命"初期为了毛泽东"战略部署"的需要，代表"无产阶级司令部"首先批判了"血统论"，包括"血统论"提倡者宣扬的"龙生龙，凤生凤，老鼠生儿打地洞"之类说法，怎么现在会写成了"陈伯达抛出'血统论'"呢？

然而，无独有偶，过了没多久，笔者又在另一部有关"文化大革命"的纪实著作里读到了类似的说法。那是范硕先生写的《叶剑英在非常时期1966~1976》，上、下两集，华文出版社2002年6月第一版。作者在书中写到1966年10月中央工作会议上陈伯达的报告时，列举了报告中的一系列"谬论"，其中写道："他蓄意破坏青年团结，制造'剥削阶级的反动血统论'，什么'老子英雄儿好汉'，什么'龙生龙，凤生凤，老鼠生儿打地洞'等谬论。"作者把"剥削阶级的反动血统论"、"老子英雄儿好汉"、"龙生龙，凤生凤，老鼠生儿打地洞"统统说成是陈伯达"制造"的"谬论"了。如果说刘西尧的回忆是记忆错误，那么范硕的书就不应有这样的问题了，因为作者在书中许多地方都强调了对某一事情调查了多少人，查阅了多少资料，应该是很严肃的记载。怎么也会出现与刘西尧回忆同样的错误呢？

历史就是历史，不论陈伯达当年那个报告有些什么问题，也不论他批判"血统论"的目的何在，他当年的的确确是率先提出了批判"血统论"。这是数亿人都清楚的史实。刚刚过去不久的，还有亿万亲历者、见证人活着并保存着自己鲜活记忆的历史，能够被人白纸黑字地改写成另一个样子吗？若按正常的思维，这似乎不太可能。然而这样的事居然就发生了。这能不引起我们深思吗？

原中国科学院哲学社会科学部学部委员、全国政协常委千家驹先生在读了笔者的《陈伯达传》之后，写下长篇书评，其中这样评论陈伯达：

> 这个自称"小小老百姓"而实际上是大大野心家的陈伯达，在"文化大革命"中是一个不可一世的大人物，曾任中央文革小组组长，在中共领导人中一度排名第四，即毛泽东、林彪、周恩来、陈伯达。其"威信"之高，甚至超过了周总理。他和江青一句话（某某不是好人或不是我们的人）就可以置你于死地。
>
> 陈伯达在共产党内以"老夫子"闻名，他是共产党少有的一支笔，也就是说是起草文件的大"秀才"。他表面上是一个"书生"，不像"特务头子"康生那样阴险毒辣，但其作恶多端，不下康生。因缘时会，做了毛泽东的政治秘书而爬上了中国最高层的政治舞台，结果是跌得粉身碎骨，遗臭万年。读这本《陈伯达传》的回忆录，他是有自知之明的，他为叶永烈题词："往者不可谏，来者犹可追"，但是大错已经铸成，真是"一失足成千古恨，再回头已百年身"，悔之已晚，追也无及了。
>
> 本书有一段很短的"卷首语"记述陈伯达自己的话："我是一个犯了大罪的人，在'文化大革命'中我愚蠢至极，负罪很多。'文化大革命'是一个疯狂的年代，那时候我是一个发疯的人……"
>
> 我读了这"卷首语"后批："人之将死，其言也善。"陈伯达有自知之明，可谓难得。

所以叶永烈执笔写的《陈伯达传》这部回忆录，他是以忏悔的心情，罪犯的心态来追忆自己的过去的。他没有文过饰非，没有自我原谅，没有夸大，也没有缩小他自己的罪过。他说了一句非常中肯的话，他说："文化大革命是一个疯狂的年代，那时候我是一个发疯的人。"[1]

1989年5月9日　完成初稿
1989年10月3日　补充第一章
1990年3月2日　作若干小修改
1998年7月24日　完成增补、修改
2003年7月26日　又作增补、修改
2009年2月15日　再作增补、修改
2012年4月24日　又作增补、修改
2013年4月24日　再改
2016年4月9日　改定

---

[1] 千家驹：《疯狂的年代，发疯的人——读叶永烈著〈陈伯达传〉一书》，香港《信报》1991年6月12日，台湾《时报周刊》1991年9月第342期。

附 录

附录一　陈伯达著作目录

说明：凡是不以陈伯达署名的著作，在括号内标明原署名。另外，陈伯达曾起草了大量的社论及中央文件，考虑到那些文章毕竟不是以他个人名义发表的，而且是以中央的精神起草，在起草过程中又经多方讨论、修改，所以不作为陈伯达个人著作收入本目录。另外，陈伯达晚年文稿目录，系由陈伯达之子陈晓农提供。

《兵？匪？》，1922年4月，《学生》杂志第9卷第4期（陈建相）
《我觉悟了》，1922年，《惠安旅厦学会月刊》第2期（陈建相）
《卷头语》，1924年4月15日，《厦门通俗教育社半月刊》第1卷第2期（尚友）
《原意志》，1924年5月，《厦门通俗教育社半月刊》第1卷第3期（尚友）
《朱妇毙婢案发生后的期望》，1924年6月1日，《厦门通俗教育社半月刊》第1卷第5期（尚友）
《别读者》，1924年7月15日，《厦门通俗教育社半月刊》第1卷第8期（尚友）
《我所希望于本社的》，1924年7月15日，《厦门通俗教育社半月刊》第1卷第8期（尚友）
《寒天》（小说），1925年2月，《现代评论》第1卷第9期（陈尚友）
《努力国民革命中的重要工作》，1925年9月16日，《洪水》第1卷第1期（陈尚友）
《中国的言论界》，1925年10月1日，《洪水》第1卷第2期（陈尚友）
《寄——》（诗），1925年10月16日，《洪水》第1卷第3期（陈尚友）
《绝句四首》，1926年8月16日，《洪水》第2卷第16期（陈尚友）

《我社的过去与将来》，1927年1月，《厦门通俗教育社年鉴》

《满庭芳献》，1927年5月，《清化周刊》第27卷第14期（陈尚友）

（注：1928年2月《文学周报》第5卷署名"史达"的《王静庵先生致死的原因》及1930年7月《新东方》第1卷第5、6、7期署名"万里"的《战后世界殖民地之新形势》，曾被认为是陈伯达之作。据陈伯达告知，那不是他写的，偶因笔名相同罢了。）

《怎样组织与怎样斗争——向党组织提出的意见书》，1934年《党内通信》

《论谭嗣同——近代中国思想史稿之一》（单行本），1934年2月，上海人文印务社出版

《从名实问题论中国古代哲学的基本分野》，1934年，《文史》第1卷第2期

《研究中国社会史方法论的几个先决问题》，1934年8月20日，《文史》第1卷第3期

《中国社会停滞状态的基础》，1934年12月1日，《文史》第1卷第4期

《公孙龙子的哲学》，1935年1月，《盍旦》第1卷第1期

《关于朱湘及其他》，1935年2月，《太白》第1卷第10期（梅庄）

《中国古史上的神话传说源流考》，1935年3月20日，《太白》第2卷第1期

《关于命运》，1935年5月，《芒种》第6期（梅庄）

《殷周社会略考》，1935年5月5日，《太白》第2卷第4期

《论中国哲学年会》，1935年6月10日，《读书生活》第2卷第3期（徐明华）

《论近人讲惠施及其他辩者（一）》，1935年8月16日，北平《晨报》（周金）

《论近人讲惠施及其他辩者（二）》，1935年8月26日，北平《晨报》（周金）

《春秋战国社会略考》，1935年9月，《太白》第2卷第12期

《读"民主与独裁"座谈会后书》，1935年9月，新民学会《知识往来》1卷2期（周金）

《远东白俄的活动零简》，1935年9月，《通俗文化》第2卷第6期（周金）

《腐败哲学的没落》，1935年秋，日本《唯物论研究》秋季号。此文后来在1936年5月被上海《读书生活》杂志第4卷第1期、第2期转载

《所谓"中日经济提携"问题的透视》，1935年12月，《世界知识》第3卷第6期（周金）

《周霄问仕》，1935年12月，《浪花》第1卷第1期（梅庄）

《论自由》，1935年12月，《盍旦》第1卷第3期（梅庄）

《写历史和做历史》，1935年12月，《盍旦》第1卷第4期（周金）

《墨子哲学》，1936年2月，《盍旦》第1卷第5期（周金）

《日本的"一九三六年"》，1936年2月，《世界知识》第3卷第10期（周金）

《国防概论》（史达），1936年2月，单行本

《挽救目前华北的大危机》，1936年5月，《永生周刊》第1卷第10期（周金）

《腐败哲学的没落》，1936 年 5 月 10 日，《读书生活》第 4 卷第 1、2 期
《论农民问题》，1936 年 6 月，新知书店，单行本
《哲学的国防动员》，1936 年 9 月，《读书生活》第 4 卷第 9 期
《文学界两个口号问题应该休战》，1936 年 9 月，《认识》第 1 卷第 2 号
《叶青哲学批判》，1936 年 9 月，《新世纪》创刊号
《绥东事件》，1936 年 9 月，《通俗文化》第 4 卷第 5 期（周金）
《绥东、丰如、新条件》，1936 年 9 月，《通俗文化》第 4 卷第 9 期（周金）
《敌兵的调度，"中日经济合作"，平津文化界学生界近况》，1936 年 10 月，《通俗文化》
《我们还需要"德赛二先生"》，1936 年 11 月 17 日，《时代文化》创刊号第 4 卷第 7 期（周金）
《论新启蒙运动——第二次的新文化运动——文化上的救亡运动》，1936 年 10 月，《新世纪》第 1 卷第 2 期
《论中国的自我觉醒》，1936 年 11 月，《新世纪》第 1 卷第 3 期
《雪夜》，1936 年 12 月，《清华周刊》第 45 卷第 8 期
《关于中庸》，1937 年 1 月，《时代文化》第 1 卷第 4 期（周金）
《智慧与感情》，1937 年 1 月，《新大众》创刊号（周金）
《关于新方法论在理论上和运用上的两个问题》，1937 年 1 月，《自修大学》第 1 卷第 1 期
《真理的追求》（其中收入的文章大都在杂志上发表过，同时注明原载杂志的名称及卷、期），1937 年 3 月，新知书店出版文集：

小序

一　新启蒙运动论文

《新哲学者的自己批判和关于新启蒙运动的建议》（《读书生活》第 4 卷第 9 期）；
《新启蒙运动》（《新世纪》第 1 卷第 2 期）；
《我们还需要"德赛二先生"》（《时代文化》第 1 卷第 1 期）；
《新启蒙运动杂谈》（《现实月报》"新启蒙运动特辑"）；
《论中国的自我觉醒》（《新世纪》第 1 卷第 3 期）。

二　哲学批判

《腐败哲学的没落》（《读书生活》第 4 卷第 1 期）；
《叶青哲学批判》（《新世纪》创刊号）；
《现代旧哲学的新姿态》（《时代论坛》第 1 卷第 3 期）；
《评日人三木清"现代文化的哲学基础"》（《孟旦》第 1 卷第 4 期）；

《评二十四年中国哲学年会》（原署名徐明华，《读书生活》第 2 卷第 3 期）；

《断片五则》。

三　中国社会史研究

《研究中国社会史方法论的几个先决问题》（《文史》第 1 卷第 3 期）；

《中国古史上的神话传说源流考》（《太白》第 2 卷第 1 期）；

《论中国社会的停滞状态》（《文史》第 1 卷第 4 期）；

《评郭沫若讲"中国文化之交流"》（《盍旦》第 1 卷第 4 期）。

附录：郭沫若《水与结晶的溶洽》。

《哲学上的两条路线及其历史演变》，1937 年 5 月，《自修大学》第 1 卷第 8 期

《严肃批评界的阵容》，1937 年 6 月，《读书月报》第 1 卷 2 期

《思想的自由与自由的思想》，1937 年 6 月 15 日，《认识月刊》创刊号

《论五四新文化运动》，1937 年 6 月 15 日，《认识月刊》创刊号

《思想无罪》，1937 年 7 月 15 日，《读书》第 3 号

《人性个性党性》，1937 年，《群众》第 9 卷 15 期

《改造军队和武装民众问题的商榷》，1937 年 11 月 20 日，《解放》第 24 期（史达）

《日寇分裂中国的伎俩》，1937 年 11 月 27 日，《解放》第 1 卷第 25 期（史）

《日寇在北平成立傀儡组织》，1938 年 1 月 11 日，《解放》第 28 期（史）

《孙中山先生关于民族革命统一战线思想的发展》，1938 年 4 月 1 日，《解放》第 33 期

《争取中国的自由与创造自由的中国》，1938 年 4 月，《自由中国》

《"五卅"血案十三周年》，1938 年 5 月 30 日，《解放》40 期

《我们继续历史的事业前进——为纪念中国共产党成立十七周年而作》，1938 年 7 月 1 日，《解放》第 43、44 期

《论文化运动中的民族传统》，1938 年 7 月 23 日，《解放》第 46 期

《革命救国的三民主义》，1938 年单行本

《关于知行问题之研究》，1938 年 8 月 28 日，《解放》第 50 期

《最近公布的图书杂志审查法》，1938 年 9 月 8 日，《解放》第 51 期（达）

《罗斯福在加拿大的演说》，1938 年 9 月 8 日，《解放》第 51 期（达）

《德国法西斯侵略者对全欧的威胁》，1938 年 9 月 18 日，《解放》第 52 期（达）

《新哲学会缘起》，1938 年 9 月，《解放》第 53 期

《向保卫大武汉的军民致敬》，1938 年 9 月 30 日，《解放》第 53 期（达）

《箭在弦上的欧洲战争危机》，1938 年 9 月 30 日，《解放》第 53 期（达）

《中国国民党"九一八"告同胞书》，1938年9月30日，《解放》第53期（史）

《抗议瓜分捷克的慕尼黑协定》，1938年10月15日，《解放》第54期（达）

《鲁迅逝世二周年纪念》，1938年10月31日，《解放》第55期

《捷克被瓜分后》，1938年11月7日，《解放》第56期（达）

《欧洲最近的局势》，1938年12月12日，《解放》第58期（达）

《哀悼民族英雄——范筑先先生》，1938年12月12日，《解放》第58期（达）

《一二·九运动三周年纪念》，1938年12月12日，《解放》第58期

《西安事变中的蒋介石》，1938年12月，《安东日报》

《三民主义概论》，1938年单行本

《评陈独秀的亡国论》，1939年1月15日，《解放》第60、61期

《民国二十八年新年献辞》，1939年1月15日，《解放》第60、61期（达）

《中国古代哲学的开端》，1939年1月28日，《解放》第62期

《"一·二八"七周年纪念》，1939年1月28日，《解放》第62期

《纪念杰出的文豪》，1939年1月，《鲁迅风》3期

《关于文艺的民族形式问题杂记》，1939年2月16日，《新中华报》

《老子的哲学思想》，1939年2月16日，《解放》第63、64期

《在文化阵线上——"真理的追求"续集》，1939年2月，生活书店出版文集：

一　新启蒙运动论文续集
《思想的自由与自由的思想》；
《思想无罪》；
《学习批评》；
《旧形式的利用》；
《文化上的大联合与新启蒙运动的历史特点》；
《论抗日文化统一战线》；
《论文化运动中的民族传统》；
《我们对于目前文化运动的意见》。
二　哲学研究
《关于知行问题的研究》；
《断片二则》。
三　中国思想史散稿
《论五四新文化运动》；
《论中国启蒙思想家谭嗣同》。

《健全的民族主义与健全的抗日战争》,1939年3月3日,《新中华报》

《纪念马克思与孙中山》,1939年3月8日,《解放》第66期

《关于文艺的民族形式杂记》,1939年,《文艺战线》第3期

《孔子的哲学思想》,1939年4月15日,《解放》第69期

《一种必要的文化建设——扫除文盲》,1939年4月19日,《新中华报》

《关于马克思学说的若干辩证》,1939年5月1日,《解放》第70期

《关于斯大林同志和莫洛托夫同志在联共全会上的报告》,1939年5月1日,《解放》第70期(达)

《五四运动的二十年——感想与回忆》,1939年5月,《中国青年》

《老子的哲学思想》,1939年5月,《解放》第63、64期

《随感录:一、警戒历史覆辙的重要;二、提防作伪》,1939年7月,《解放》第79期

《提防作伪》,1939年8月5日,《解放》第79期

《警戒历史覆辙的重复》,1939年8月5日,《解放》第79期

《惠施及其辩者的哲学思想》,1939年8月15日,《理论与现实》第1卷第2期

《墨子的哲学思想》,1939年8月30日、1940年3月31日、1940年4月20日,《解放》第82、102、104期

《随感录:一、谈谈我国今日所需要的;二、论"现代国民的资格"》,1939年8月,《解放》第85期

《国民精神总动员应有的认识——抗战中新人生观的创造》,1939年8月,解放社出版单行本

《十月社会主义革命与马克思主义》,1939年8月,《解放》第89期

《中国青年运动史编辑委员会为征求中国青年运动史资料启事》,1939年9月16日,《新华日报》

《论"现代国民的资格"》,1939年9月30日,《解放》第85期(伯达)

《谈谈我国今日所需要》,1939年9月30日,《解放》第85期(伯达)

《论共产主义者对三民主义关系的几个问题》,1939年10月30日,《解放》第87、88期

《痛悼吴承仕先生》,1940年1月6日,《新中华报》

《杨子哲学思想》,1940年2月15日,《中国文化》创刊号

《关于目前宪政运动基本问题的意见》,1940年3月8日,《解放》第101期

《纪念"五四"》,1940年5月10日,《新中华报》

《论"新哲学"问题及其他——致张申府先生的一封公开信》,1940年7月25日,《中

国文化》第 1 卷第 5 期

《青年人的方向——在毛泽东青年干部学校的讲话》，1940 年 8 月，《中国青年》第 2 卷第 7 期

《青年人的方向》，1940 年 8 月 5 日，《解放日报》

《论孙中山先生及其学说——〈三民主义概论〉增订版序》，1940 年 9 月 1 日、1940 年 10 月 1 日，《解放》第 114~116 期

《吃人的妖怪及其他》，1940 年 9 月 25 日、1940 年 10 月 25 日，《中国文化》第 2 卷第 1、2 期（伯达）

《关于"孝"——旧教条的批判之一》，1940 年 10 月 25 日，《中国文化》第 2 卷第 2 期

《关于文艺民族形式的论争》，1940 年 10 月 25 日，《中国文化》第 2 卷第 2 期

《两大中心思想的斗争》，1940 年 11 月 25 日，《中国文化》第 2 卷第 3 期

《新道德观》，1940 年 12 月 25 日，《中国文化》第 2 卷第 4 期

《关于目前宪政运动基本问题的意见》，1940 年，《解放》第 101 期

《墨子哲学思想》，1940 年，《解放》第 102 期

《杨子哲学思想》，1940 年，《群众》第 4 卷第 10 期

《不同的字典及其他（不同的字典、恨人和爱人、日本人的语气）》，1940 年，《中国青年》第 3 卷第 2 期

《新妇女的人生观》，1941 年 1 月 8 日，《中国妇女》第 2 卷第 8 期（伯达）

《由封建的中国到半殖民地半封建的中国》，1941 年 5 月 15 日，《解放》第 128 期（伯达）

《关于目前青年们的恋爱、结婚和生小孩子》，1941 年，《中国青年》第 3 卷第 5 期

《反对新形式的旧礼教》，1941 年 5 月 20 日，《中国文化》2 卷 6 期（伯达）

《由封建的中国到半殖民地半封建的中国——近代中国经济杂说之一》，1941 年，《群众》6 卷第 11、12 期

《庆祝郭沫若先生五十寿辰》，1941 年 11 月 18 日，《解放日报》

《中国工业与中国资产阶级》，1942 年 2 月 4、5、7、9 日，《解放日报》（连载）

《教条和裤子》，1942 年 3 月 9 日，《解放日报》

《关于王实味——在中央研究院座谈会上的发言》，1942 年 6 月 15 日，《解放日报》

《旧阶级本性的改造》，1942 年 6 月 27 日，《解放日报》

《写在实味同志"文艺的民族形式短论"之后》，1942 年 7 月 3~4 日，《解放日报》

《回答于炳然同志》，1942 年 7 月 23 日，《解放日报》

《思想的反省》，1942 年 8 月 28 日，《解放日报》

《关于党内生活》，1943 年 1 月 10 日，《解放日报》

《关于马克思主义等等》，1943年1月19日，《解放日报》
《应用辩证法，反对自由主义》，1943年1月21日，《解放日报》
《中国共产党与废除不平等条约》，1943年2月15日，《解放日报》
《谈调查研究》，1943年3月，《新中华报》
《党和党的理论》，1943年3月27日，《新中华报》
《人性　个性　党性》（曾载1937年《群众》第9卷第15期），1954年3月27日，《解放日报》
《胆大心细》，1943年4月3日，《新中华报》
《具体地分析具体情况》，1943年4月24日，《新中华报》
《评〈中国之命运〉》，1943年7月21日，《解放日报》
《阎锡山批判》，1944年8月，《群众》第10卷第21、22期
《纪念邹韬奋先生》，1944年11月22日，《解放日报》
《阎锡山批判》，1945年1月，太岳新华书店印单行本
《介绍窃国大盗袁世凯》，1945年9月，《群众》第10卷第23期
《近代中国地租概说》，1945年10月26~28日，《解放日报》
《介绍窃国大盗袁世凯》，1945年11月18~21日，《解放日报》
《驳大公报》，1945年12月8日，《解放日报》
《延安举行"一二·九"座谈会，阐述"一二·九"意义及经验》，1945年12月10日，《东北日报》
《介绍窃国大盗袁世凯》，1946年，华北新华书店印单行本
《近代中国农业的剩余劳动率剥削率》，1946年2月27日，《解放日报》
《哀若飞同志》，1946年4月20日，《解放日报》
《论农民问题》，1946年6月，新知书店出版单行本
《蒋介石应该爱国》，1946年7月13日，《人民日报》
《论孙中山主义》，即《三民主义概论》重改本，1946年8月，作者出版社
《社会科学读本在渝出售广告》，1946年10月25日，《新华日报》
《中国四大家族》，1946年11月13~19日，《解放日报》
《曾国藩和袁世凯》（和范文澜合著），1946年，新华书店印行单行本
《土皇帝阎锡山》，1946年，新中国出版公司出版单行本
《有事和群众商量》，1947年7月7日，《人民日报》
《近代中国地租概说》（增订本），1947年10月，华北新华书店出版
《消灭蒋介石，打碎蒋家小朝廷的全部统治机构》，1948年2月23日，《人民日报》
《蒋介石盗卖中国的新二十一条》，1948年2月27日，《人民日报》

615

《发展工业的劳动政策与税收政策》，1948年4月29日，《人民日报》

《蒋介石卖国史上的新罪行——不抵抗主义》，1948年9月18日，《冀热察日报》

《论学习经济工作》，1948年11月10日，《人民日报》

《不要打乱原有的企业机构》，1949年2月5日，《人民日报》

《社会科学基础教程》（和杨松等合著），1949年2月，大众书店印行

《新妇女的人生观》，1949年3月9日，《群众日报》

《"四一二"历史大血泪》，1949年4月12日，《人民日报》

《五四运动与知识分子的道路》，1949年5月4日，《人民日报》

《中国四大家族》，1949年7月，上海新华书店出版

《介绍窃国大盗袁世凯》，1949年7月，上海新华书店出版

《文化会第七日，要求提高思想，强调学习毛泽东思想和作风，苦心反复研究社会各种现象》，1949年7月10日，《人民日报》

《韬奋同志逝世五周年纪念特刊——他是彻底的民主主义者》，1949年7月24日，《文汇报》

《人民公敌蒋介石》，1949年8月，上海新华书店出版

《中国人民政协第一届会议上，社会科学工作者首席代表发言》，1949年9月24日，《人民日报》

《新华书店出版工作会议，到会讲话，号召工作态度要严肃负责》，1949年10月15日，《人民日报》

《鲁迅是我们的榜样——在首都各界纪念鲁迅大会上的演说》，1949年10月20日，《人民日报》

《十月社会主义革命与中国革命》，1949年11月7日，《人民日报》

《斯大林与中国革命——为庆祝斯大林七十寿辰而作》，1949年12月25日，《人民日报》

《关于学习》，1950年3月21日，《学习》第2卷第10期

《关于学习》（转载），1950年8月4日，《文汇报》

《关于版本问题》，1950年9月20日，《人民日报》

《中国新经济研究会新建设社联合举行座谈会记录》，1950年12月8日，《文汇报》

《列宁是中国人民伟大的朋友和导师》，1951年1月22日，《人民日报》

《毛泽东思想是马克思列宁主义与中国革命的结合》，1951年6月28日，《人民日报》

《论毛泽东思想》，1951年7月，人民出版社出版

《读〈湖南农民运动考察报告〉》，1951年10月，人民出版社出版

《纪念斯大林同志的伟大著作——〈中国革命问题〉二十五周年》，1952年4月21

日,《人民日报》

《毛泽东论革命的辩证法》,1952年5月13日,《人民日报》

《斯大林和中国革命》,1952年7月,人民出版社出版

《在科学院讲话》,1952年7月18日,《科学通报》第3卷第9期

《在中国科学院研究人员学习会上的讲话》,1952年9月4日,《人民日报》

《在中国科学院研究人员学习会上的讲话》,1952年9月,人民出版社出版

《努力学习斯大林的学说是我们的任务》,1953年3月12日,《人民日报》

《关于十年内战》(1944年春写),1953年3月,人民出版社出版

《在总政党史训练班的报告》(内部印行),1953年

《关于农业合作化问题的决议草案的说明》,1955年10月19日,《人民日报》

《中国农业的社会主义改造》,1956年2月3日,《人民日报》

《谈哲学社会科学如何跃进?厚今薄古,边干边学》,1958年3月11日,《人民日报》

《在北大六十周年纪念会上的讲话》,1958年5月5日,《人民日报》

《南斯拉夫修正主义是帝国主义政策的产物》,1958年6月,《红旗》第1期

《美帝国主义在南斯拉夫的赌注》,1958年6月,《红旗》第2期

《全新社会,全新的人》,1958年7月,《红旗》第3期

《在毛泽东同志的旗帜下》,1958年7月,《红旗》第4期

《关于领导农业生产的问题》,1959年4月,《红旗》第7期(周金)

《厚今薄古,边干边学》,1959年7月,《红旗》第13期

《批判的继承和新的探索》,1959年7月,《红旗》第13期

《资产阶级世界观还是无产阶级世界观》(党内文件),1959年10月23日

《无产阶级世界观和资产阶级世界观的斗争》,1959年11月,《红旗》第22期

《在高等军事学校讲话》(内部印行),1959年11月28日

《在全国文化工作会议上的报告》(内部印行),1959年12月30日

《对编写哲学教科书的意见》(内部印行),1960年4月24日

《在省市委文教书记座谈会上的发言》(内部发行),1960年9月

《开滦煤矿调查记录》(内部印行),1961年10月

《在开滦煤矿九次座谈会上的谈话》(内部印行),1961年10月

《"争取进步联盟"的解剖》,1964年6月,《世界知识》第6期

《下乡问题》(内部印行),1964年10月4日

《我国计划革命和工业革命的工作方法问题》(内部印行),1964年10月

《工业问题》(内部印行),1964年10月

《吊唁柯庆施同志》,1965年4月,《人民日报》

《在北京大学的讲话》，1966 年 7 月 22 日

《在北京大学的讲话》，1966 年 7 月 23 日

《在北京广播学院的讲话》，1966 年 7 月 24 日

《在北京大学的讲话》，1966 年 7 月 26 日

《在北京师范大学的讲话》，1966 年 7 月 27 日

《在人民大会堂中国科学院万人大会上的讲话》，1966 年 7 月 30 日

《在中央文化革命小组接待室对同学们的讲话》，1966 年 8 月 5 日

《给毛主席的一封信》，1966 年 8 月 13 日

《在北京大学的谈话》，1966 年 8 月 24 日

《在大风大浪里成长——1966 年 8 月 16 日在外地来京学生群众会上的讲话》，1966 年 9 月，《红旗》第 11 期

《接见重庆大学"八一五"战斗团及其他革命师生时的讲话》，1966 年 9 月 25 日

《无产阶级文化大革命的两条路线——1966 年 10 月 16 日在中央工作会议上的讲话》，1966 年 10 月 16 日

《在人民日报社编辑部接见北京地质学院"东方红"、北京航空学院"红旗"、北京政法学院等群众组织的讲话》，1966 年 10 月 25 日

《与王力一起接见福建惠安一中二十五名红卫兵讲话纪要》，1966 年 10 月 29 日

《在纪念鲁迅大会上的闭幕词》，1966 年 10 月 1 日，《人民日报》

《对冲击国防部的红卫兵的指示》，1966 年 11 月 8 日

《与王力一起和北京第一机床厂各派代表谈话纪要》，1966 年 11 月 18 日

《接见北航"红旗"的讲话》，1966 年 11 月 19 日

《与王力一起接见商业部招待所来访群众的讲话》，1966 年 11 月 23 日

《在北京钢铁学院的讲话》，1966 年 11 月 27 日

《在首都文艺界无产阶级文化大革命大会上的讲话》，1966 年 12 月 4 日，《人民日报》

《对科学技术工作的若干指示》（《教育革命》整理），1967 年

《在接见红卫兵和革命同学时的讲话》，1967 年 1 月 4 日

《与康生、江青、王力等接见赴广州专揪王任重革命造反团代表时的讲话》，1967 年 1 月 4 日

《与江青等在新华社的讲话》，1967 年 1 月 7 日

《接见首都革命造反派时的讲话》，1967 年 1 月 10 日

《在人民日报社的讲话》，1967 年 1 月 17 日

《在工矿企业职工座谈会上的讲话》，1967 年 1 月 19 日

《陈伯达同志与蒯大富同志通话记录》，1967 年 1 月 22 日

《给光明日报金×同志的电话》，1967年1月23日

《在人民大会堂与首都部分造反派座谈会上的讲话》，1967年1月26日

《在北京第一机床厂的讲话》，1967年1月28日

《在军级以上干部会议上的讲话》（党内文件），1967年3月9日

《与北京大学师生的谈话》，1967年3月27日

《在军委扩大会议上的讲话》（党内文件），1967年4月10日

《与北京师范大学师生的谈话》，1967年5月4日

《在北京市革命委员会全委会上的讲话》，1967年5月5日

《纪念毛主席〈在延安文艺座谈会上的讲话〉二十五周年》，1967年5月24日，《人民日报》

《接见外事口革命造反派的讲话》，1967年6月3日

《在北京航空学院谈教育革命》，1967年6月11日

《在中央直属文艺系统斗批党内最大一小撮走资派大会上的讲话》，1967年6月11日，《人民日报》

《与清华大学师生的谈话》，1967年6月26日

《在教育部的讲话》，1967年7月5日

《在首都大专院校复课闹革命誓师大会上的讲话》，1967年7月19日，《新北大》

《在接见河南代表时谈武汉事件》，1967年7月22日

《关于武汉问题的谈话》，1967年7月28日，《武汉烈火》

《在北京军区学习毛主席著作积极分子会议上的讲话》，1967年12月10日

《在四季青公社田村大队和门头村大队的讲话》，1968年2月2日

《在北京工人体育场关于"杨、余、傅"及"王、关、戚"问题的讲话》，1968年3月27日

《接见中央办公厅毛泽东思想学习班福建班的讲话》，1968年4月23日，《福建"8·29"战报》

《在中共八届十二中全会上的讲话》，1968年10月

《对河北大学教改的指示》，1969年

《在中共"九大"上的讲话》（党内文件），1969年4月14日

《在山西太原的讲话》，1970年7月

《在包头一中的讲话》，1970年7月13日

《在中共九届二中全会华北组的发言》，1970年9月24日

附录二　陈伯达晚年文稿目录

陈伯达之子陈晓农根据陈伯达手稿，整理出以下目录：

一　自述部分
关于所谓"历史问题"的说明
记两件公案
谨答一个调查提纲
我所了解的北方党的情况
关于《毛泽东选集》出版的情况
关于"百家争鸣"的事
周扬同志去小站的经过及其他
我与刘少奇的关系
中央文革小组成立的经过
工作组问题
关于制止武斗的一些情况
"学术权威"问题
"文革"中若干重要事情
我所知道的"杨、余、傅"事件
答复关于解学恭的调查提纲
"文革"中江青等人的一些情况
有关华北问题的几点答复

从"九大"到"庐山会议"

九届二中全会忆记

对自己问题的几点归纳

订正一份材料

关于起诉书第二项

关于"批斗刘少奇"问题的材料补正和更正

关于冀东问题

一份陈述提纲

致叶剑英的信

致胡耀邦等领导人的信

散稿拾零十则

附录:一篇未写完的手稿

二 学术部分

文艺评论类

《石头记》里的一件公案

求知难

读《儒林外史》札记

"青州兵"和曹操

一部历史悲剧——《水浒传》

文艺的魅力

试论但丁

三 哲学类

认识的渐变和突变——从《坛经》看中国

佛学中的顿渐两派

黑格尔反对绝对

科学、假设、实践

儒法两家"其实是兄弟"——评"四人帮"杂记

基督教东来记——利玛窦《中国札记》和史式微《江南传教义》二书述略

读书四记

辩证法和理性

略说"尺度"

关于唯意志论、反理性主义、直觉主义、实用主义等等

记黑格尔、恩格斯、列宁谈形式逻辑

论《易》初稿

四　经济类

试说一下日本的"生产学运动"

社会主义制度下劳动的普遍化

劳动时间问题和苏修帝国主义

马克思列宁论劳动生产率

马克思论机器体系

恩格斯论工业发展和城乡融合问题

记塘沽工人的话

美日两国垄断资本的角逐和两国的"精神危机"

马克思论工业革命的开端

"电子学革命"的公开战与秘密战

试谈辩证法与马克思主义政治经济学

试说社会主义农业的若干问题

同痛苦的转变进行搏斗——电子学革命问题杂缀

评美国人的两本书——《大趋势》和《第三次浪潮》

"改革问题"等等

长思

关于日本垄断资本主义的点滴

农业合作化的若干材料

工业问题

在陈伯达晚年文稿中：

《儒法两家"其实却是兄弟"》曾内部印发；

《求知难》以笔名"纪训"曾公开发表于《读书》1982年第10期；

《认识的渐变和突变——从"坛经"看中国佛学中的顿渐两派》署名"程殊"发表于1983年7月出版的《理论与实践》第2期。

后 记

我在完成了总题为《"四人帮"传》的4部系列长篇——王洪文、张春桥、江青、姚文元长篇传记——之后,又写完了这部陈伯达的传记。

写王、张、江、姚四部长篇传记时,我占"地利"优势。因为"四人帮"亦称"上海帮",上海是他们的"基地",作为上海作家来写"上海帮",确实要比外地作家方便得多。写这部《陈伯达传》则不然,我一次又一次前往北京采访,最后才终于完成全书。

比之于王、张、江、姚来,陈伯达的资历要深得多,历史的跨度也大得多,因此写作的难度更高。他的错综复杂的一生,从未有人写过。见诸报刊的关于陈伯达的报道,不过几篇千把字的文章而已,本书是第一部关于他的长篇传记。

陈伯达曾是中共"第四号人物",是中共九届政治局五位常委——毛、林、周、陈、康——中最后逝去的一位,同时又是臭名昭著的"中央文化革命小组"的组长,是林彪、江青反革命集团的16名主犯之一。研究"文革"史,不能不研究陈伯达史。正因为这样,写作这部陈伯达长篇传记,是"文革"史研究这样的"母题"之下一个必不可少的"子题"。

陈伯达号称"理论家"、"中共中央一支笔"。尽管康生也自诩"理论家",但康生"述而不作",而陈伯达手中的笔一直在写:在民主革命时期,他写了《人民公敌蒋介石》《中国四大家族》《介绍窃国大盗袁世凯》《评〈中国之命运〉》等,解放后写了《论毛泽东思想》《斯大林和中国革命》,参与起草(常常是主要执笔者)《共同纲领》《中华人民共和国宪法》《关于农业合作化问题的决议》"人民公社六十条"关于国际共产主义运动的"二十五条"、关于社会主义教育运动的"二十三条"、"五一六通知"、关于"文化大革命"的"十六条"……

陈伯达又是毛泽东多年的政治秘书，与毛泽东有着许多交往，而且两次同赴苏联，分别与斯大林及赫鲁晓夫会谈。

在"文革"中，作为中央文革小组的组长，陈伯达犯下严重错误。"文革"初期，他是江青的亲密伙伴，后来倒向林彪，成为林彪的"军师"。在中共九届二中全会上，毛泽东写了《我的一点意见》，打倒了这位"天才理论家"……

陈伯达的一生，与中国许多著名人物、著名文件、著名事件紧紧联系在一起。正因为这样，写作陈伯达传记，我把史实的准确性放在第一位。这是一部严肃的长篇传记，不是"野史"，不是"传奇"，我是以严肃的态度从事创作的。

我查阅了中共中央关于陈伯达问题的一系列文件，查阅了中央专案组关于陈伯达的审查报告以及罪证材料，查阅了中华人民共和国最高人民法院特别法庭审判陈伯达的有关材料和审判记录，查阅了陈伯达的众多的著作及"文革"中各种讲话记录。

我访问了许多熟悉、了解陈伯达历史的知情人，而且直接采访了陈伯达本人。我请陈伯达回忆往事，同时又把他的回忆与档案、别人的回忆加以核实。

我采用类似江南先生的《蒋经国传》的方式写作本书，强调了史料的翔实、第一手和准确性，坚决摒弃胡编乱造的不严肃的作风。但是，陈伯达漫长的80多年的人生道路，涉及众多的历史事件，作者所掌握的史料毕竟有限，而且有些当事人的回忆因年事已高、年代久远变得依稀模糊，谬误之处在所难免，盼读者予以指正，以求将来在修订再版时加以补正。

陈伯达之子陈晓农给予笔者许多帮助，我的兄长给我提供了整套有关陈伯达的档案文件，在此一并致谢。

叶永烈

1989年5月10日初稿

2016年4月9日改定

于上海"沉思斋"